台灣 在 民國

1945 ——— 中國大陸期刊與雜誌的台灣報導 ——— 1949

目　次

第四章　　旅遊見聞

——《旅行雜誌》對台灣的介紹

第五章　　結論

《台灣在民國》推薦序一

天主教輔仁大學歷史學系教授兼系主任　林桶法

　　台灣在甲午戰爭之後成為日本的殖民地，許多日本人移居台灣，增加一些日本的元素；民國成立後雖有一些台灣人到中國大陸地區，但由於中華民國並未統治台灣，台灣與民國並無強連結的關係，台灣與中國大陸的往來並不頻繁，日久之後，國民政府對台灣的認知、台灣對中國大陸地區的了解都極為片面。經過五十年後，日本在第二次世界大戰戰敗投降後，日人大多數被遣返，國府派人接收台灣，台灣正式成為中華民國的一省，許多方面出現結構性的改變。

　　從人民的移動而言，1945年8月15日日本無條件投降後，中華民國開始派員接收台灣，根據《中華民國五十五年統計提要》有關港口或機場的出入境統計，1946年為26,922人，1947年為30,716人，1948年為63,389人，統計達十萬人以上。1949年一年中更超過30萬人來台定居，這波的移動不僅是一種移民，也是一種逃難潮，是外省人移民來台的最高點，其後相繼又有十餘萬人移居台灣，如果加上六十萬名軍人，統計約有一百二十萬「外省人」移居台灣，「外省人」成為繼閩南、客家、原住民之後成為台灣的四大主要族群（目前加上新住民為五大族群）。

　　從政治結構而言，1945年8月後可稱為中華民國在台灣，1949年國軍敗退，行政院正式宣布移居台北，1949年後由於未能「反攻大陸」，形成中華民國是台灣，結果是中華民國政治體制移植於台灣。

　　從文化發展而言，台灣在日治時期受到日本文化的影響甚大，本土文化也慢慢茁壯，1945年後隨著政府遷台附帶為台灣注入許多中國文化的元素，特別在展示文化方面，從中國大陸遷移來台的故宮博物院、中央博物院、中研院歷史語言研究所等文物，更有其重要的貢獻，中央

圖書館的典藏善本書的遷台，增加台灣圖書的收藏，豐富台灣的文化內涵。台灣過去百年來經歷過許多苦痛，但也成就許多令人驕傲的果實，台灣有胡適、傅斯年、殷海光、徐復觀、牟宗三等帶來的自由、民主及新儒學的價值，也有延續日治以來林獻堂、蔣渭水等所關注的台灣主體性文化。「中國文化」與「本土文化」的相遇應該可以像梁啟超與林獻堂第一次相遇，成為美談，然而事實並非如此，由於雙方過於本位，加以「強勢」的文化缺乏對台灣本土文化的尊重，造成發展的不平衡現象。

台灣在「民國」過去較少被討論，許毓良教授長期關注於中國大陸與台灣的關係，較早撰寫許多清朝統治台灣的一些課題，分別出版《清代台灣的海防》（北京：社會科學文獻出版社，2007）、《清代台灣軍事與社會》（北京：九州出版社，2008年）等專書及許多專文獲得學界的肯定。今以《台灣在民國》為題對於1945年至1949年間的問題撰寫專書，值得注意。

本書共分五章，除緒論與結論外，第二章政治報導——從接收台灣到捲入內戰，第三章社會經濟專欄——二個迥異地域人們的接觸，第四章旅遊見聞——《旅行雜誌》對台灣的介紹。

本書的特色之一是以中國大陸的期刊、雜誌做為敘述的主軸，1945年8月台灣雖由中華民國統治，但實際上許多人對台灣是既陌生又好奇，政治上透過《觀察》、《群眾月刊》、《新台灣》等指出接收台灣及治理台灣的一些問題，社會方面以《新聞天地月刊》、《婦聲月刊》等引述中國大陸與台灣接觸間的一些案例，更以《旅行雜誌》為例說明當時中國大陸人來台旅行的一些見聞，有別於過去專門以檔案做為論證的敘述。

特色之二是故事性強、可讀性高，學界討論議題雖然嚴謹卻常流於枯燥，然而本書由於以雜誌、期刊為主，因此許多敘述具趣味性，如提到1945年至1949年大陸人眼中的台灣有「三多」：樹多、自行車多、

女人多；又雜誌中提到對台灣女子的印象：健康、常赤腳、普遍受教育；這些雜誌的敘述可以彌補檔案的不足。

特色之三是資料豐富、敘述內容甚廣，許教授蒐集1945至1949年間有關對台灣地區報導及討論的相關雜誌與資料，因此使用的資料相當多元，敘述方面包括政治、經濟、社會、文化、地理等內容，讓讀者了解當時中國大陸人眼中的台灣，保存1949年前的原始觀點而非1950年代後受政治影響後的觀點，相對的較為客觀。

本書除提供1945年～1960年代台灣研究的素材外，內容提到的若干的觀察及中國大陸人對台灣的觀點，或許可以部份反應1950年代後統治菁英者對台灣的誤解與片面；此外，對於「省籍」糾葛的原因或許可以提供另一個解釋方向。

《台灣在民國》推薦序二

國立政治大學歷史學系教授　劉維開

　　1946年10月21日，蔣中正以國民政府主席的身份偕夫人自南京飛抵台北。這是蔣中正第一次到台灣，但是他對台灣並不陌生，在早年追隨孫中山護法，任職粵軍時，即對台灣有所認識。他與同在粵軍任職的霧峰林家後人林祖密往來密切，曾寓居林氏在鼓浪嶼的別墅多日，遊覽鄭成功練兵地，對鄭氏事蹟亦有所理解。1921年10月，他由香港搭船返上海，曾經在基隆港停留將近七個小時，雖未能登岸，但留有相當印象；在1946年10月26日巡視基隆，參觀港口後，於當日日記記下感想：「遊覽內港碼頭，此乃二十五年餘由粵經此，欲登岸遊覽而不可得之所也，感想千萬。」

　　蔣中正此行目的，在參加10月24日在台北舉行的台灣光復一週年活動。抵台北的次日，22日，先至圓山忠烈祠致祭，後經北投至淡水，巡視清代遺留的砲臺，「故址營舍猶存，榕樹未衰，見劉銘傳手書『北門鎖鑰』營額，不勝感慨」。23日至中部巡視，上午10時半由台北起飛，11時半抵台中，先至市長官舍休息。午餐後，1時30分由台中乘車經霧峰、草屯、國姓、埔里，4時到日月潭，駐涵碧樓。蔣氏見日月潭湖光山色，稱：「湖水之綠，山色之秀，風景可謂佳絕，此誠余平生所理想之風景也」。5時乘汽艇遊湖，並巡視潭中隧道出入口之工程。在台灣電力公司總經理劉晉鈺的說明下，了解日月潭水利發電的建設經過，於日記記道：「甚歡日人不憚工程之艱巨，更覺其鍥而不捨恒心可佩矣」。次（24）日晨，遊覽朝景，記道：「空氣清新，風光美麗，尤以幽靜雅逸更為難得。俗塵煩囂之人得此不禁歎世外桃源即在於此矣」。10時，乘車至第一發電廠視察，見水源與電廠模型全景，

「更覺工程之艱巨與大觀矣」。巡視發電廠約半小時，乘車回涵碧樓。午餐後，2時出發，循前一日原路回台中，見沿途民眾歡迎排列迎送，「其情不自禁敬仰之心流露於行動聲色者，誠不能以筆墨所能形容也」。25日，蔣氏伉儷參加台灣光復一週年慶祝大會以及台灣第一屆全省運動大會開幕式；27日，離台返回南京，行前發表巡視台灣觀感，並提示今後之重心工作，表示：「台灣的教育已經普及，社會組織亦頗健全，今後的工作，應提高人民的文化與生活水準，尤其要發揚我民族固有的德性，使台省同胞人人知道團結與合作的重要，並具有自尊自重的品德，來共同努力建設台灣為中國的模範省。」而蔣氏此行最重要的觀察與心得，則為「台灣尚無共匪之細胞，可稱一片乾淨土，應珍重建設，使之成為全國之模範省也」。

就蔣中正在台灣期間，於日記中所記或公開場合所發表談話，集中在三個方面：政治狀況、社會經濟、湖光山色，某種意義上，這是當時國人對於這個「光復區」關注的焦點，也正是許毓良教授這本《台灣在民國》的主要內容。

許毓良教授現任天主教輔仁大學歷史學系副教授，台灣師範大學歷史研究所博士、中國社會科學院近代史研究所博士後研究，主要研究領域是台灣史、清史、軍事史、海洋史，著有《清代台灣的海防》、《清代台灣軍事與社會》等論著，近年來的研究方向由清代台灣史移往光復初期台灣的社會經濟研究。他在搜集本書資料時，注意到1947年二二八事件發生後，台灣旅平同鄉會等平津地區團體曾經出版《台灣二‧二八大慘案——華北輿論集》，收錄華北地區報刊關於二二八事件的報導或評論，乃對該書加以校註，於2016年2月由前衛出版社出版，算是本書的副產品。本書中，許毓良教授以北京國家圖書館及北京大學圖書館典藏1945年至1949年有關台灣資料的期刊與雜誌為基礎，查閱了1479篇與台灣有關的文章，從政治報導、社會經濟專欄、旅遊見聞三個方面，解讀分析當時中國大陸發行的期刊與雜誌如何報導台灣，提供戰後

台灣史研究的另一個視角。書中還附有許多當時期刊與雜誌刊登的照片，特別是一些旅遊景點，今昔對照，可以看出時代留下的印記。

許毓良教授稱本書「是一種集腋成裘之作」，關鍵在於資料運用十分特殊，完全以期刊、雜誌為主。期刊、雜誌在史料學的意義，是從事歷史研究的資料之一。期刊、雜誌是指定期或不定期的出版品，它有固定的刊名，統一的版式，連續的卷號與期號，每期都有多頁並且裝訂成冊。依照內容，有綜合性刊物，有專業性刊物；按照出版時間，有週刊、旬刊、半月刊、月刊、季刊、年刊等。本書附錄所列北京國家圖書館88種、北京大學圖書館190種期刊與雜誌，在內容或出版時間，基本上包括了各種類型在內。期刊、雜誌在中國近現代史研究上具備特別的史料價值。近代中國雜誌與期刊的創辦是由西方引進，但是它的興起實際上與清末改良與革命兩派的爭論有密切的關係，進而使其成為政治的宣傳工具之一。近代中國的期刊與雜誌，有相當一部份是政府、政黨或政治團體的機關刊物，透過期刊與雜誌可以為研究政府、政黨或政治團體的主張、活動等方面，提供大量的資料。本書所引用期刊或雜誌，有相當大的部分是屬於這一類，如《中央週刊》為中國國民黨機關刊物、《立法專刊》為立法院刊物、《經濟動向統計》為主計處刊物等。其次，期刊的種類繁多，性質不一，可以反映社會政治、經濟、文化等方面，尤其期刊的篇幅較報紙多，出版週期長，對於社會政治、經濟、文化等的報導和記載，更為詳細深入，為研究當時社會狀況提供了豐富的資料，如本書所引用的《東方雜誌》、《新聞天地》、《觀察》等。第三，期刊能提供比報紙多的理論性、學術性文章，特別是部份學術性刊物，對於了解當時的學術發展以及社會思潮，有一定的幫助，如本書所引用的《化學世界》、《水產月刊》、《教育雜誌》等。第四，休閒旅遊類的刊物或畫報，除了文字外，還能提供大量圖片資料，涵蓋面廣，是社會史史料的重要來源，如本書第四章「旅遊見聞」所運用的《旅行雜誌》，對於台灣的風景既有文字說明，又有圖片輔助，成為我們理解

當時台灣的重要資料。

　　許毓良教授曾經在政治大學歷史研究所攻讀碩士，與筆者為前後期，而筆者長期教授民國史與史料分析等相關課程，本書不止為戰後台灣史或民國史範疇的著作，更是史料學上一本很好的著作，樂於推薦，亦希望讀者能由本書獲得更多對台灣光復初期歷史的理解。

自序

　　本書是從我升等副教授的著作——《台灣在民國（1945-1949）：以大陸期刊、雜誌報導所做的研究》再次校稿後出版。能夠讓我的研究成果再度公開，我十分感謝前衛出版社社長林文欽先生的信任，以及林君亭先生、執行編輯張笠先生、整體編輯團隊的協助與幫忙，才能讓此書改換更有意義的封面後重新亮相。原本我的研究領域是清代台灣史，可是為何對戰後台灣史有興趣？這就要回溯到2001至2002年，我到北京國家圖書館與北京大學圖書館找尋撰寫博士論文的資料，無意中發現到二個圖書館對於民國期刊、雜誌館藏豐富。特別是這些期刊、雜誌，有不少關於1945至1949年台灣的報導或觀察，兩岸學界仍未注意到它們的重要性。因此我計畫在博士論文完成後，必須再找個時間、找個機會，前往這二個重要的圖書館，盡其所能把資料都帶回台灣。

　　2007年我進入輔仁大學進修部歷史系任教，即開始思索日後升等副教授，代表著作研究課題是什麼？於是博士生階段的想法，有了落實的可能。2009至2011年我故地重遊，多次前往北京國圖與北大圖書館，終於把想要的資料印回。2012年我提交升等專著，隔年8月通過成為副教授。由於先前升等，代表著作委由輔大書坊出版。當時與書坊達成共識「綁約」三年，三年過後可由作者收回版權，遂有今天本書重新問世。我為什麼不厭其煩說出這一段故事，原因是2013至2017年四年之間，台灣發生太多的事情。除了2014年台北市長選舉「白色力量」壓倒泛藍，把政治素人柯文哲推上市長寶座外，2016年台灣還出現「第三次政黨輪替」，選出史上第一位女總統蔡英文。可是過程中是這麼順遂嗎？

　　2014年台北市長選戰距離投票日前十餘天，國民黨榮譽主席連戰幫其子連勝文助選時，痛批柯文哲「渾蛋」、「日本皇民化的官三

代」。之後前行政院長郝柏村也開砲，指柯文哲是台灣皇民後裔。[1]
連、郝的說法立刻引來軒然大波，因為一場選戰挑起台灣社會最敏感的
神經：「省籍」。連帶也牽扯出「統獨」、「二二八」、「皇民化」議
題。[2]事後連戰為「混蛋（渾蛋）說」引發爭議道歉[3]，可是郝柏村沒
有，並且在選後重提「皇民說」。他強調柯文哲的祖父和李登輝都是皇
民，柯文哲的祖父二二八被抓挨打和他的基本思想有關。[4]針對這一
點，不由得讓作者想到書中提到1945年來台接收官員，對於日治末期
出現的「皇民化」，皆視為要根絕的毒草。難道事隔六、七十年，在郝
氏心中根深蒂固的觀念仍沒有改變？

　　類似的情況也出現在蔡英文總統與歌手周杰倫身上，前者是在
2016年總統大選前夕，藍軍系統以「蔡英文不能說，不敢說的秘
密」，抹黑蔡英文之父為「漢奸」。並且諷刺蔡英文「要怎麼告訴別
人，我的爸爸曾經在中國大陸幫日本皇軍修理戰鬥機。」[5]後者是2016
年初周杰倫突然被中國大陸網友攻擊為「漢奸」，周氏控告網路文章刊
載的「北京人和書畫院」名譽侵權，最後交由北京市朝陽區法院審
理。[6]「漢奸」的帽子飛來飛去，對比書中提到二戰結束後，身處在大
陸的台灣人，不少被送交「戰犯」或「漢奸」審判真是似曾相識。可見
得時至二十一世紀，台灣社會的許多對立、兩岸關係的諸多現象，追根
究柢還是要從1945至1949年尋找答案。如果這樣的敘述還不夠具體，

1　盧姁倩、陳彥廷，〈郝柏村：柯是台灣皇民後裔〉，《自由時報》，A3版九合一選舉倒數10天，
　　2014年11月19日。

2　趙少康，〈希望是最後一次〉，《蘋果日報》，A22版論壇，2014年11月21日。

3　吳思萍、陳惠惠、林河名、郭乃日，〈混蛋說惹議・連戰：引發不安非常抱歉〉，《聯合報》，
　　A1版，2014年11月22日。

4　方志賢，〈不甩撕裂族群批評・郝柏村重提皇民說〉，《自由時報》，A4版政治新聞，
　　2014年12月9日。

5　劉熙明，〈中國漢奸何其多〉，《自由時報》，A19版自由廣場，2015年6月19日。

6　大陸新聞中心，〈周杰倫告「漢奸論」、庭審擇日宣判〉，《聯合報》，A12版兩岸，
　　2016年1月8日。

這四年來台灣社會的新聞報導，可以再分成三大議題與之連結。

在政治上，若以2015年第二次世界大戰結束七十年為例就非常清楚。許多國家規畫著紀念活動，5月9日俄羅斯在莫斯科紅場舉行盛大閱兵。在台灣的中華民國，馬英九政府要以十六項活動紀念。連七十年前尚未成立的中華人民共和國，也宣布在9月3日舉行閱兵，且邀台灣派人參加。[7]10月25日當天總統馬英九特別撰文投稿，宣揚抗戰勝利與台灣光復七十周年二者結合的意義。[8]同時重返當年接受日本呈遞降書的台北公會堂（現中山堂），擴大舉行紀念大會，廣邀抗日英雄與先賢先烈家屬，齊唱台灣光復紀念歌，場面熱烈。[9]

然而台灣社會只有一種聲音嗎？有謂對於二戰後亞洲唯一未解放的殖民地台灣人來說，如何面對終戰確實是重要命題。[10]特別針對馬英九在諸多場合，一再重複「光復三段論」；當年沒有抗戰勝利，就沒有台灣光復，也就沒有今天民主繁榮。[11]越來越多的歷史研究顯示，前二段──抗戰勝利與台灣光復的歷史，仍有許多細節極待釐清。首先從台籍日軍的觀點來看，戰爭結束，殖民地台灣人一夕變成中國人。台灣人日本兵、高砂義勇軍，從戰地煙硝中回家，才發現這段歷史是荒謬的、無意義的存在。他們在中華民國黨國史觀、光復史觀裡，成為一種忌諱，而被選擇性的遺忘。[12]

其次沒有所謂光復台灣，只有軍事占領。日本投降後，蔣介石根據麥克阿瑟《一般命令第一號》，派遣陳儀來台，接受末代總督安藤利吉

7　盧世祥，〈台灣要如何紀念終戰七十年〉，《自由時報》，A8版政治新聞，2015年3月29日。

8　馬英九，〈紀念抗戰勝利暨台灣光復70周年的深層意義〉，《聯合報》，A14版民意論壇，2015年10月25日。

9　本社台北訊，〈70年前受降地紀念台灣光復〉，《台灣時報》，第7版國際／兩岸，2015年10月26日。

10　劉德謙，〈未解放的台灣〉，《自由時報》，A21版自由廣場，2015年4月3日。

11　盧世祥，〈打破「台灣光復」的迷思〉，《自由時報》，A6版政治新聞，2015年10月11日。

12　楊長鎮，〈殖民地的終戰人格分裂症〉，《蘋果日報》，A12版論壇，2015年5月18日。

的投降。這份降書是重要的史料，可是原件迄今尚未公開。[13]因此有學者指出，該降書必然像岡村寧次的降書內容，明言是根據麥帥命令而非《開羅宣言》投降。因此陳儀代表同盟國軍事占領台灣，必須按照《海牙第四公約》「佔領不移轉主權」原則。可是陳儀在受降典禮後廣播卻說：「從今天起台灣及澎湖列島已正式重入中國版圖，所有一切土地、人民、政事皆已置於中華民國政府主權之下。」[14]果然1949年1月12日總統蔣介石發給台灣省主席陳誠的電文，即明確指出「台灣法律地位與主權在對日和會未成之前，不過為我國一托管地之性質。」[15]可見得國府接收過程，其實是違背國際公約。

　　其三《開羅宣言》國際法位階問題。2013年是《開羅宣言》七十周年，當時總統馬英九出席公開場合，均極力為此宣言辯護。他駁斥開羅宣言僅是新聞公報的說法，並強調在國際法上，一位國家元首在他職權範圍內所做的具體承諾，「是具有國際法效力的。」[16]直到今天，台灣的歷史教科書都寫到，根據開羅宣言的主張，日本應將台灣交還給中華民國。[17]可是如此的說法，早在1947年9月上海《現實新聞週報》就有不同觀點。該期刊認為台灣歸屬二大宣言──開羅宣言與波茲坦宣言，其內容都是原則性。如果戰後沒有再簽訂國際條約，就缺乏法律上的依據。該文以雅爾達秘密協定為例，事後中國若不予同意，如果沒有後來的中蘇友好條約，蘇聯在中國東北所享受的權利是沒有根據。

13　到底有沒有降書，也有學者持不同看法，並認為陳儀交給安藤利吉是「合同命令第一號」，安藤在「受領證」簽字後轉交給參謀長諫山春樹，再轉交給陳儀。參閱蘇瑤崇，〈對幾個戰後台灣歷史的誤解〉，《自由時報》，A15版自由廣場，2016年11月2日。

14　到底有沒有降書，也有學者持不同看法，並認為陳儀交給安藤利吉是「合同命令第一號」，安藤在「受領證」簽字後轉交給參謀長諫山春樹，再轉交給陳儀。參閱蘇瑤崇，〈對幾個戰後台灣歷史的誤解〉，《自由時報》，A15版自由廣場，2016年11月2日。

15　鍾麗華，〈蔣介石曾言「台灣不過為我國一托管地」〉，《自由時報》，A6版政治新聞，2017年1月4日。

16　彭顯鈞，〈馬：開羅宣言具國際法效力〉，《自由時報》，A3版焦點新聞，2013年12月2日。

17　洪榮志、林志成，〈開羅宣言有效力・教科書沒錯〉，《自由時報》，A2版焦點新聞，2017年11月2日。

　　在社會上，省籍問題雖然已不是台灣內部最嚴重的傷痕，可是一旦被挑起仍隱隱作痛。這四年之中，最大的風波則是2016年6月的「素珠之亂」。[18]洪素珠，曾在高雄鳳山海光四村長大，父親也是外省人的她，曾在2010年花費二個月時間，親自掌鏡完成《走入1975記憶裡的眷村紀錄片》，片中與榮眷有說有笑。[19]之後洪氏成為「公民記者」，因在其臉書發布二二八紀念日「採訪」並辱罵外省老榮民影片，大聲咆嘯要他們滾回中國大陸，引發網友撻伐與高雄地檢署分案調查。[20]總統蔡英文也在臉書轉貼國民黨主席洪秀柱的臉書貼文：「我們的社會，能夠停止內耗，中止撕裂嗎？」[21]二位受辱的老榮民——高齡88歲彭子珂、89歲的周富文最終選擇原諒，寬大的胸襟令人敬佩。[22]

　　相關議題還有星雲大師的個案，在其大著《星雲智慧》率直問：「我在出生地揚州住了12年，在南京與鎮江住了12年，在台灣住了66年，我還是被稱為外省人。」[23]最後星雲自嘆：「我只能自稱台灣中國人。」當然他又解釋，所說的中國是歷史中國、文化中國、全民中國，是民族血肉相連，不能改變的中華民族。[24]星雲大師屢次提及中國，同年年底總統馬英九在與小學生放流魚苗時，也說在我們中國歷史上，周朝就有規定不能捕撈不到一尺的魚。「我們中國」四字一出，旋被民進黨立委質疑大中國思想。於是中國大陸自由作家胡勇，立刻撰文替馬辯解，指出馬英九既然身為中華民國總統和中國國民黨黨員，說出「我們

18　邱祖胤，〈省籍變色龍〉，《中國時報》，A11版時論廣場，2016年6月20日。

19　劉宥廷、呂素麗、林宏聰、吳江泉，〈6年光陰故事・洪素珠愛恨丕變〉，《中國時報》，A3版焦點新聞，2016年6月13日。

20　鍾錦榮，〈洪素珠辱罵老榮民・雄檢將查〉，《台灣時報》，第3版焦點，2016年6月11日。

21　本社綜合報導，〈洪素珠激怒全民〉，《蘋果日報》，A1版頭條，2016年6月11日。

22　本社綜合報導，〈包容：蔡英文、洪秀柱、朱立倫齊呼終止撕裂・讓仇恨消失〉，《蘋果日報》，A1版頭條，2016年6月12日。

23　李艷秋，〈誰決定星雲是外省人〉，《中國時報》，A14版時論廣場，2015年9月23日。

24　星雲大師，〈星雲嘆：我只能自稱台灣中國人〉，《中國時報》，A12版文化新聞，2015年10月12日。

中國」不過順理成章而已。[25]孰不知這四個字，在1948年9月北平《中建半月刊》已經被報導。原來二二八事件後台灣人學會謹慎，或者說話萬分小心。如提到中國時，就會刻意強調「我們中國」，語氣是那麼不自然。而外省人帶著優越感走遍台灣各地，外省人與台灣人距離越來愈遠。這就說明時過七十年，台灣社會仍有所謂「高級外省人」存在，當然相對也出現黨國體制的「高級台灣人」。[26]

再者，現今兩岸關係的發展，部分也可以回溯至1945至1949年歷史脈絡。2017年10月有民眾在國家發展委員會公共政策網路參與平台提案，提議我國時區調快一小時，脫離中國大陸時區，改為與日韓同一時區。提案民眾理由是讓到台灣的中國客或外國旅客，能體會到台灣與中國大陸彼此不相從屬的關係。[27]此議案最後不獲通過，可是本書提到1948年初，中國按照格林威治時間，劃分出五個時區。台灣與南京、上海、北平同屬中原區，因此從時間開始，一天的作息已經在整個中國時區架構下進行。

當然，嚴肅之餘也有輕鬆的一面。如作者看到南京《工商新聞》報導淡水海水浴場，紅紅綠綠男女一海春色大惑不解，認為在海水浴場戲水、游泳有何大驚小怪？之後看到前輩攝影家張才作品才恍然大悟，原來1948年張才在淡水沙崙海水浴場拍攝到二位少女，身穿「第一代」比基尼泳裝凝視海濱，健美體態想必在中國大陸非常難得出現。[28]另外1945至1949年是台灣社會全面去日本化時候，不可避免台灣人學習中文仍有日語文法痕跡，例如：台灣省民一同的「一同」、華達洗衣舖配

25　胡勇，〈理直氣壯說我們中國〉，《中國時報》，A12版時論廣場，2015年12月7日。

26　秦靖，〈特權護航高級外省人〉，《自由時報》，A17版自由廣場，2015年12月11日；王景弘，〈高級台灣人陳庚金〉，《自由時報》，A8版政治新聞，2017年2月20日。

27　王茂臻，〈時區調快對台灣有什麼好處？〉，《聯合晚報》，A7版私房新聞，2017年10月29日。

28　吳垠慧，〈張照堂影像的追尋重出江湖〉，《中國時報》，A14版文化新聞，2015年10月24日。

達迅速的「配達」。可是當今的台灣已是中文的世界,但對於「哈日族」來說,特別是出版界喜歡在中文書加上日文詞彙,覺得這樣才比較「潮」。然此時的日語文法使用上就出現問題,例如:旅遊書籍常見的「散策」,日文解釋是散步,但中文解釋是拄著拐杖散步。[29]前後七十年時間,台灣人從日文學習中文,又從中文學習日文,不管何時總有製造話題的一面。

在藝文上,1949年創作的〈燒肉粽〉(原名賣肉粽),應該是所有台語歌謠中最知名,也最朗朗上口的歌曲。[30]這首歌何以被創作?原來作者邱東松有一天半夜聽到巷口傳來陣陣「賣燒肉粽」的叫賣聲,他有感於小販討生活的辛勞,於是寫下這首經典歌曲。[31]事實上該歌曲一經傳唱,遂因歌詞淺白,反映失業率居高不下,人民難以為生,馬上被當局列為禁歌。直到1973年台語歌手郭金發改歌名為〈燒肉粽〉,亦把歌詞「自悲自嘆歹命人」,改成「想起細漢真活動」,重新翻唱才起死回生。[32]前輩作曲家邱東松所處的時代,亦在1948年台北《建國月刊》有著生動的描繪。當時台北夜市悽慘的聲音,就是「賣燒肉粽」、「賣香煙」、「賣米奶」的聲音。他們全都是小販,而且是十幾歲男女孩童,為生活所迫的呼喊。第二次世界大戰結束以後,台灣人有著前所未有的興奮。想不到二年多來政府施政造成美夢破碎,經濟變調、物價高漲,這就是勝利帶給台灣人的果實。

2015年是台灣現代舞之母蔡瑞月逝世十周年。二二八時期蔡女士曾受牢獄之災,白色恐怖又被關在綠島一段時間。1999年蔡瑞月故居被指定為市定古蹟,隔沒兩天就遭人縱火,許多珍貴資料毀於一旦。但

---

29 凱莉,〈日文化的台灣書名〉,《蘋果日報》,A22版論壇,2015年10月24日。

30 中央社台北訊,〈燒肉粽紅遍全台逾半世紀〉,《台灣時報》,第5版綜合,2016年10月9日。

31 徐如宜,〈唱民間疾苦‧燒肉粽差點變禁歌〉,《聯合報》,A6版社會,2016年10月9日。

32 曾明泉,〈燒肉粽‧政治人物最該悼念郭金發〉,《自由時報》,A15版自由廣場,2016年10月11日。

蔡瑞月仍堅持在此處編舞，藝文界人士受到感動，也到蔡瑞月舞蹈研究社進行創作。[33]我們若從中國大陸期刊報導來看，蔡瑞月女士在台灣舞蹈史的留名必須再添一筆。1947年北平《時代生活三日刊》、1948年上海《寰球月刊》，前後來到台北採訪她。文中盛讚她開設的舞蹈研究所轟動一時，特別是知道蔡氏聲名的中國大陸人士，來台北都會去她的舞蹈教室拜訪。作者在書中就認為1945至1949年，台灣女性若要選出知名度前三位，蔡瑞月女士一定會在其中。

最後是屬於輕鬆小品的校刊，2016年9月的一則新聞專門報導台北市高中的校刊，這會讓許多讀者回憶青少年生澀的時光。不過文中提到成功中學最早的校刊名為《成功青年》，創刊的時間為1953年。[34]有趣的是該校還有一本更早的校刊鮮為人知。作者在北京大學圖書館找到1945年以後，成功中學最早的校刊名為《成功月刊》，創刊號是發行於1946年12月15日。這本期刊有無持續發刊，現在看來很難考證，但為何鮮為人知？因為創刊號即刊登當時台灣大學代理文學院院長林茂生的演講詞。因此作者合理懷疑，《成功月刊》在二二八事件後，在台灣被許多圖書館「自行下架」。甚至於月刊的編輯群，這些高中生本身有無受到事件的波及不無疑問。然而可以很確定的是1945至1949年的史料，中國大陸重要圖書館的館藏常有意想不到的收穫。

戰後台灣史從1945年算起，直到今日已經超過七十年。如果說一個時代的的長短，可以彰顯它的重要性，那麼戰後台灣史的重要性已經超過日治。本文並不打算討論日治或日據辭彙的適切性，畢竟那是另一個歷史階段研究的問題。更重要的是作者關心「光復」用法的適切性。上文已經提到學界細緻研究指出，當時只有「軍事占領」，沒有「光復

33　梁珮綺，〈蔡瑞月逝世 10 週年・柯文哲致敬〉，《自由時報》，AA2 版體育、都會生活，2015 年 5 月 23 日。

34　張潼、陳芃，〈編校刊・我們都被經費追著跑〉，《中國時報》，B1 版台北焦點・社綜・運動，2016 年 9 月 6 日。

台灣」的舉措。可是本文為何在書中遣詞用字,一律指稱為「台灣光復」。主因是1945至1949年的台灣人,的確存有「光復前」的希望,對接收「光復當下」的失望,以及國共內戰國民黨政權全面潰敗,導致「光復後」絕望的心態。因此作者認為這四年歷史的重要性,的確有如前中國國民黨文傳會主委楊渡所稱,實為1945年之後台灣歷史最關鍵的四年。[35]然而這段歷史不需要塗塗抹抹,也不需要遮遮掩掩。[36]因為作者強調的「光復」,不是民族主義或黨國史觀下的光榮[37],而是一個地方的老百姓對未來衷心期待到不表意見的過程。當然,日後學界準備對1945年以後台灣歷史做出分期,作者還是主張1945至1949年稱為光復時期,只是這個光復應為打上引號的「光復時期」。

更值得注意是2017年即將結束,而12月份最重要的政治新聞是立法院通過《促進轉型正義條例》。該條例界定的威權時期,是從1945年8月15日日本投降開始,到1992年11月6日金門、馬祖結束戰地政務為止。[38]可以很清楚預料到,本書所討論1945至1949年的歷史絕非過去式,若從以後台灣政壇發展情況來看正是未來式。

我在輔仁大學任教已滿十年。這十年當中我立業成家,本書做為一個升等副教授的成果,我要謝謝我的母親、妻子、岳父、岳母在背後的支持。當然寶貝女兒的出生,成為我甜蜜的負擔,更成為我在學界持續研究的動力。最後這本書要獻給誰呢?還是跟我先前二本書一樣,獻給我天上的父親,雖然遠離我28年,但仍然是我最想念的慈父!

許毓良,2017年12月25日深夜。

35　楊渡,〈台灣史消失的四年〉,《中國時報》,A14版時論廣場,2017年5月24日。

36　楊渡,〈台灣史可以這樣塗塗抹抹嗎〉,《中國時報》,A14版時論廣場,2017年6月21日。

37　左正東,〈台灣光復的三個光榮〉,《中國時報》,A12版時論廣場,2015年10月26日。

38　本社,〈社論—弔詭的促進轉型正義史觀〉,《聯合報》,A2版焦點,2017年12月11日。

01

緒論

　　台灣，一個東亞北迴歸線經過的島嶼。有此一說它是南島民族的起源地[1]，其實也告訴我們，該島長時期都是原住民的世界。不過台灣歷史特別之處，在於與中國的文化交流特別晚。雖然歷史上有幾次，中國王朝出兵於此；但沒有帶來影響性的文化，原住民仍然是原住民。這點與中國周邊地區比較起來迥異，而「漢化」的時間要到十七世紀才比較明顯。[2]另外一大特色，也從十七世紀到二十世紀，近四百年間統治者政權凌替之速，跟東亞其他國家比較起來顯得頻繁。如荷西時期（1624-1662）、鄭氏時期（1662-1683）、清代（1683-1895）、日治（1895-1945），以及一般稱之為的「戰後」，其斷限是1945年迄今。[3]值得注意的是1945至1949年，除了普遍稱為戰後最初的四年外，也是民國最後的四年。因此只要以不同的歷史觀點——台灣史、中國史，去定義同一個階段，竟有戰後「初期」與民國「末期」的極大差別。環顧台灣四周的國家，沒有相類似的個案，充分顯示出台灣歷史的複雜性。[4]

　　中華民國一詞創立於1905年，為孫中山（1866-1925）草擬同盟會《革命方略》時採用。可是「中華民國」一詞沒有進行國際宣傳，直到民國元年（1912）元旦外人方知。[5]然在此之前，1895年台灣已經割讓予日本，故中華民國的肇建，因台灣是日本的殖民地而沒有參與。直到1945年台灣光復，台灣才成為中華民國的一省。不料往後的四年

1　李玉柔，《台灣南島民族的族群與遷徙（增訂新版）》（台北：前衛出版社，2011 年 1 月），頁 64-66。

2　參閱歐陽泰（Tonio Andrade）著，鄭維中譯，《福爾摩沙如何變成台灣府？》（台北：遠流出版事業，2007 年 2 月）。

3　黃秀政、吳文星、張勝彥，《台灣史》（台北：五南圖書出版，2007 年 9 月初版十一刷），頁 9。

4　許毓良，〈第 15 回東アジア学次世代フォーラム：1945-1949 年日本の雑誌の台湾に関する報道〉，日本學習院大學東洋文化研究所，東京，日本學習院大學北 1 號館 4 樓東洋文化研究所會議室，2010 年 7 月 21 日。

5　鄭鶴聲，〈中華民國之真諦及其使命〉，《三民主義半月刊》，南京，第 10 卷第 11 期，1947 年 8 月 15 日，頁 1；鄭鶴聲，〈中華民國之真諦及其使命（續）〉，《三民主義半月刊》，南京，第 10 卷第 12 期，1947 年 9 月 1 日，頁 16-22。

——1945至1949年，中國出現重大變化，同時也深刻影響到台灣。以世界研究中國史的標準來看，中華民國的歷史為1912至1949年。[6]短暫的歷史與中國史上的正統王朝相比，只比秦朝（221B.C.-207B.C.）、南朝之齊（A.D.479-A.D.502）、陳（A.D.557-A.D.589）、五代每個政權稍久而已，接替它的則是1949年10月建政的中華人民共和國。[7]但中華民國沒有消失，1949年底它把憲法帶到台灣，台北成為中央政府的所在。[8]往後的歷史多半以台灣史的分期——戰後視之，但是當今台灣社會仍以民國紀年，反而突顯「民國在台灣」的事實。

本文要研究的主題是「台灣在民國」，即從民國史的角度討論台灣，也是1945至1949年台灣被國民政府接收的歷史。這一段歷史從政治上說被稱為「光復」，可是從社會、經濟、文化發展來看，正是所謂「去日本化、就中國化」的階段。值得注意是按照本文的斷限，以當今台灣學界習慣用法，應該要稱呼「戰後」才對，但本文反而使用「舊的」詞彙——光復。[9]最主要有二點原因：一是從統治層面看，「光復」在這一時期被使用，根源於中國各界看待台灣這塊新領土的收復，沒有也不可能存在「戰後」的概念。二是從歷史分期看，本文使用主要的史料——大陸期刊、雜誌，當時每位投稿人報導台灣各項新聞，本身亦沒有「戰後」的觀念。

有看法指出台灣光復這個題目，已經有一段時間不太被提起，而且這是一個事實；但台灣光復還是有重大意義，因為它標示著另一個時代

6　費正清（John K. Fairbank）、費維愷（Albert Feuerwerker）主編，《劍橋中華民國史（上、下卷）》（北京：中國社會科學出版社，1994年8月二刷）。

7　費正清（John K. Fairbank）、羅德里克・麥克法夸爾（Roderick McaFarquhar）主編，《劍橋中華人民共和國史（1949-1965）》（上海：上海人民出版社，1992年5月四刷）。

8　張玉法，《中國現代史（下冊）》（台北：東華書局，1993年4月九版五刷），頁722-723。

9　其實說舊也只是指學術上的用法而言，十年來政府的出版品，還是用「光復」一詞。參閱廖咸浩發行，《台灣光復60週年紀念專刊》（台北：台北市文獻委員會，2005年12月）；國家圖書館參考組，《台灣光復主題書目暨台灣研究網路資源》（台北：國家圖書館，2010年10月）。

的開始——漢民族或者中華民族繼續統治。[10]既然如此對於光復與戰後，這二個完全不同的歷史解釋，還是有必要討論清楚。陸軍一級上將何應欽（1890-1987）之《八年抗戰與台灣光復》，應該可以做為1990年代以前，官方對於台灣光復前後歷史的看法。書中內容先提到日本軍閥在台灣的苛政與皇民化運動，其次是開羅會議與台灣光復，最後是提到蔣介石（1887-1975）與台灣的關係。[11]

到了1990年代中期，台灣省文獻委員會編纂的《台灣近代史》又是另一個重要指標。該單位召集當時台灣史學界重量級學者，完成政治、經濟、社會三部專著。可是從內容上看，發覺1945年後的標題，雖大部分都寫出「光復」，但在〈經濟篇〉中卻出現「戰後自統制至計畫式自由經濟的實施」。這或許可以說是一個分野，而對於1945年以後的歷史分期，使用「戰後」一詞越來越多。[12]同樣的發展在當下又出現「終戰」一說，有說法稱台灣60年來歷經數度政權興替，以及快速資本主義化，台灣光復歷史早已湮滅荒廢。然而光復史最動人之處，在於去殖民、祖國化、民主化。[13]並說明「光復」被「終戰」取而代之，最早出現於1995年的台北市街頭。[14]有文章乾脆把「終戰」與「光復」並陳，且認為這二個字眼，指的是一個階段的起迄。它始於1945年8月15日日本投降，直到1945年10月25日台灣省行政長官公署接收台灣與統治。[15]

10 本社，〈台灣光復六十五週年專題座談會——台灣光復前後之社會變遷〉，《傳記文學》，台北，第97卷第6期，2010年12月，頁36-59。

11 何應欽，《八年抗戰與台灣光復》（台北：黎明文化事業，1981年10月六版）。

12 李國祁總纂，《台灣近代史——政治篇》（台北：台灣省文獻委員會，1995年6月）；李國祁總纂，《台灣近代史——經濟篇》（台北：台灣省文獻委員會，1995年6月）；李國祁總纂，《台灣近代史——社會篇》（台北：台灣省文獻委員會，1995年6月）。

13 曾健民，《台灣光復史春秋——去殖民、祖國化和民主化的大合唱》（台北：海峽學術出版社，2010年7月），頁2。

14 曾健民，《一九四五光復新聲——台灣光復詩文集》（台北：INK印刻出版，2005年11月），頁3。

15 蘇瑤崇，〈「終戰」到「光復」期間台灣政治與社會變化〉，《國史館學術集刊》，台北，

到底是使用「光復」還是「戰後」，才是正確的歷史分期？作者認為這與政治立場毫無關係，重要的是在研究議題時，有沒有解讀出史料透露出來的時代意義。又如史學大師郭廷以（1904-1975）教授，1949年10月脫稿於大陸的著作，稱1945年國民政府接收台灣為「再度光復」，有別於1662年鄭成功（1624-1662）揮師來台的「初次光復」。[16]「再度光復」一詞終究沒有成為學界普遍性的用法。旅日學者黃英哲教授也提到，日本學界習慣將第二次世界大戰結束以後，稱之為「戰後」，但台灣人記憶較為深刻的是「光復後」。對一些學者來說，「戰後」指的是戰爭結束，但這場戰爭沒有結束的一天。經濟學者劉進慶（1941-2005）教授更指出：「對台灣出身的他而言，戰後反而是被捲入更激烈的戰爭中，台灣、朝鮮、中國在東亞又是一場戰爭的開始。」[17]同樣地「光復後」也沒有成為歷史分期。

另外，1945至1949年歷史記憶問題，更可以看到正反意見。最常見的是台灣人民熱烈歡迎官員與國軍的描述，像是1945年10月5日台灣省行政長官公署、台灣省警備司令部，設前進指揮所於南方資料館（今教育部堄址）。末代台灣總督安藤利吉（1884-1946）發出第一號備忘錄，封閉日本殖民地銀行、特別戰時機構。10月10日為光復後第一個國慶日，台北市得勝街、北門外街、龍山寺街、石坊街搭蓋起高高的牌樓。[18]然而本文也可以找到，完全異於光復之初歡天喜地的記錄，其中提到蔣政權運用「殖民地式」方法統治台灣經濟，並利用特務系統讓蔣經國（1910-1988）接班。[19]特別的是台灣史學者許雪姬教授研究日記

第 13 期，2007 年 9 月，頁 47-83。

16 郭廷以，《台灣史事概說》（台北：正中書局，1954 年台初版），頁 228-246。

17 黃英哲，〈「戰後」？一個初步的反思〉，《文訊》，台北，第 295 期，2010 年 5 月，頁 13-15。

18 載市政，〈記台灣光復的歷史鏡頭〉，《這一代雜誌》，台北，第 3 期，1977 年 9 月，頁 40-42。

19 林清國，《悲痛的台灣》（高雄：宇宙圖書，1987 年 12 月），頁 5-43、96-145。

的成果，發覺第二次世界大戰日本戰敗，台灣人反映出自己將成為中華
民國國民的喜悅，但免不了回顧日人治台，甚至於同情已經戰敗的日
人。[20]本文要問的是為什麼歷史記錄會有如此大的反差？關鍵在於台灣
人把1945年前後歷史做對照，比較台灣總督府與台灣省行政長官公署
治台的差別。所以日本統治時期的台灣，究竟是一個什麼樣的情況？十
足影響研究者對光復後歷史比較的判斷。

　　如果以1960年代為起點，台灣對於日本統治時期的討論，可以說
一面倒以抗日史為主，包括：前期的武裝抗日，以及中、後期的政治抗
日與祖國的抗日活動。[21]1970年代的研究內容稍有修改，天主教輔仁大
學歷史系教授蔣君章（1905-1986），以「陷日期間的台灣」為題，討
論軍國主義的暴政、台胞抗日運動勃興，但也提到日本治台政策改變與
抗日新發展。[22]另一部著作則以日本據台的「瘋狂」統制為題，大篇幅
講述武裝抗日史，其餘才是殖民地政策、統制機構、現代實業建設
等。[23]1980年代對於相同議題討論，開始有新的變化。主要是跳脫原本
抗日史的範圍，除了教育史、制度史的成果外，也出現歷史評價的問
題。此時民族主義不是研究這段歷史的唯一觀點，但有看法認為台灣脫
離殖民統治之後，還有歌頌帝國主義與辯護的言論出現，毋寧是一項歷
史的反諷。[24]

　　政治學者黃昭堂（1932-2011）提出「殖民地無善政」的說法，但
他更提醒這段歷史最重要之處，則是經過初期的武裝抗日，直到20世
紀初議會設置運動，台灣的民族主義逐漸摸索、萌芽。這種和日本人對

20　許雪姬，〈台灣史上一九四五年八月十五日前後——日記如是說「終戰」〉，《台灣文學
　　學報》，台北，第 13 期，2008 年 12 月，頁 151-178。
21　郭正民，《台灣簡史》（新竹：作者自印出版，1962 年 5 月），頁 14-24。
22　蔣君章，《台灣歷史概要》（台北：遠東圖書，1971 年 11 月再版），頁 98-114。
23　王國璠、邱秀堂編，《台灣叢談》（台北：台灣史蹟源流研究會，1979 年 7 月），頁 423-
　　513。
24　王曉波，《台灣史與近代中國民族運動》（台北：帕米爾書店，1986 年 11 月），頁 4。

應所產生的民族主義，就算進入中日戰爭採行皇民化運動，也出現新的發展。原來台灣民眾認為使用漢字、保有自己的姓名、參拜寺廟完全是「自己的文化」，並非伴隨漢民族意識而來。台灣總督府對台灣文化的壓抑，相反地會挑起台灣人意識而要保有全部。但是另一方面日本統治台灣已經四十年，台灣人也逐漸向「日本」接近，他們與日本人語言上的隔閡，因日語的學習逐漸消除。[25]所以國府官員來到台灣時，他們看到台灣是一個日語的世界，馬上認為這是皇民化的惡果。因此「改造」台灣社會，成為光復之初重要工作。

　　第一步就是在台灣推行「國語」，將台灣納入中國的語言秩序，並行使語言的權力，進行政治、文化的控制，以求盡速完成國民統合。當時台灣的語言已經被「日本化」，文化上的問題自不待言。為此國府在1946年4月成立台灣省國語推行委員會，從事中國語文、文字的推行工作，這項工作在台灣稱為「國語運動」。當然它的目的，希望藉著國語的推行，消除日本殘留在台灣的文化，完成台灣的中國化。[26]最有趣的記錄是台灣史前輩學者戴國煇（1931-2001）教授留下，他回憶光復後中央軍抵台，台灣人遇到二個麻煩，除了不會說國語外，大陸同胞「國語」發音多種不易聽懂。[27]

　　以今天研究來看，中國對日抗戰勝利後，台灣日化已深；國府派陳儀入台，開始「改造」工作。兩年內廢了日文，大興中國化的再造工程，速度之快使清領及日據瞠乎其後。[28]又台灣省行政長官公署推行文

25　黃昭堂著，林偉盛譯，〈殖民地與文化摩擦──台灣同化的糾葛〉，《台灣風物》，台北，第41卷第3期，1991年9月，頁17-44。

26　黃英哲，〈一九五〇年代台灣的「國語」運動（上）〉，《文學台灣》，台北，第46期，2003年4月，頁318-333；黃英哲，〈一九五〇年代台灣的「國語」運動（下）〉，《文學台灣》，台北，第47期，2003年7月，頁172-188。

27　戴國煇主講，〈台灣史的微觀及宏觀〉，《國史館館刊》，台北，復刊第24期，1998年6月，頁7-26。

28　李喬學，〈我們如何當上中國人？──評黃英哲「去日本化」「再中國化」：戰後台灣文化重建（1945-1947）〉，《文訊》，台北，第270期，2008年4月，頁110-111。

化重建時，雖以「中國化／去日本化」的文化政策為起點，卻因陳儀本人的「開明」傾向，邀集一些進步文人來台。使得中國化的文化政策，陸續增加「台灣化」、「現代化」的內容。[29]另外，清洗個人在日本統治時期的記錄，亦是光復初期台灣社會領導階層常做的事。因為1945年以後在台灣撰修的人物傳，發現其內容有去奴化、趨祖國化的書寫。最常見的是將他們在日治時期參加皇民奉公會的事蹟削除，易之以熱愛祖國的事蹟。[30]

前述的總總，即是台灣學界對於1945至1949年研究成果的泛論。本文的研究動機則是嘗試從不一樣的史料，再進行同一時期的研究。看看能否得出不同的結論，或者更加驗證、強調、甚至於修正先前的看法。會有這樣的觀點，在於既有成果使用的史料多是「台灣的」，包括：官方檔案、口述歷史、回憶錄、日記、台灣報紙、台灣雜誌。除了中央級單位檔案之外，大部分的內容都是台灣人自己留下的記錄，或者在台灣印行的報刊。簡言之，都是台灣一隅的資料。因此作者很好奇一個問題，甫成為中華民國新領土的台灣，大陸人士是如何看待它？而這樣的疑問，就要從期刊、雜誌的研究下手，才能找到答案。原因是當時它們雖然跟報紙一樣，都被視為大眾媒體的一部分，但是性質卻很特別。最大的差異是當時的期刊、雜誌是屬於「思考過」、「沉澱過」的寫作。故在內容上除有新聞報導，更多的是分析、評論、批判的文章。這比起報紙是每日刊，或者隔日刊，所注重的新聞速度與熱度，不一定細心處理新聞的每個細節，期刊、雜誌取捨謹慎得多。而以發刊時間的不同，可以再分為三日刊、半週刊、五日刊、週刊、旬刊、雙週刊、半月刊、月刊、雙月刊、季刊、半年刊。還有另一特點是想要訂閱期刊、

---

29 徐秀慧報告，應鳳凰講評，〈中國化？台灣化？或是現代化？——論陳儀時期的文化政策（1945.8-1947.2）〉，《文訊》，台北，第232期，2005年2月，頁50-51。

30 許雪姬，〈去奴化、趨祖國化下的書寫——以戰後台灣人物傳為例〉，《師大台灣史學報》，台北，第4期，2011年9月，頁3-65。

雜誌的人，本身對時論一定也相當注意，加上所費不貲，他們應該都屬
於社會中知識階層人士，包括：學術界、教育界、新聞界、政界、商界
等。很清楚地期刊、雜誌的記者與編輯，以至於大部分讀者，知識水平
有一定程度。所以本文大量使用民國時期的雜誌，從史料性質來討論設
定的議題，應是一個可行的方法。事實上民國時期大陸期刊對台灣的關
注遠超乎想像，1945年8月15日戰爭結束以前，就有多篇文章報導台
灣。

1.光復以前大陸期刊、雜誌所見的台灣訊息

　　作者可以找到民國時期，大陸期刊所刊登台灣與中國最早的抗戰地
圖，則是在1939年1月《衢民雜誌》的創刊號（照片1-1-1）。[31]1937年
7月6日中日戰爭爆發前，本文找到的文章僅有6篇，分別都投稿到上海
出刊的《水產月刊》。由於日本統治時期台灣漁業發達，故吸引大陸記
者報導。文章中稱中國海岸線長達一萬二千里，有良好基礎可以發展漁
業。但是沿海海盜猖獗，加上技術落後、漁具窳劣，漁業發展不振。[32]
相較同時期台灣，日本在台灣大力發展漁業，並由台灣總督府進行水產
行政的指導。當時台灣有所謂三大漁貨——鰮魚、鰹魚、鯛魚。此外珊
瑚加工業、養殖漁業、製冰冷凍也很發達。[33]
　　其實清末台灣漁業非常幼稚，日本統治之後移植良好技術，整體進
步才非常迅速。1933年的報告顯示台灣漁業總產額達15,939,488日元。
投入漁業勞動的人口，男性104,613人、女性12,768人。動力漁船850

31　編者，〈抗戰形勢圖〉，《衢民旬刊》，浙江衢縣，創刊號，1939年1月5日，封面。

32　余愷湛，〈發刊詞〉，《水產月刊》，上海，第1卷第1期，1934年6月，頁1。

33　其遠，〈台灣水產業之展望〉，《水產月刊》，上海，第1卷第4期，1934年9月，頁
　　41-。

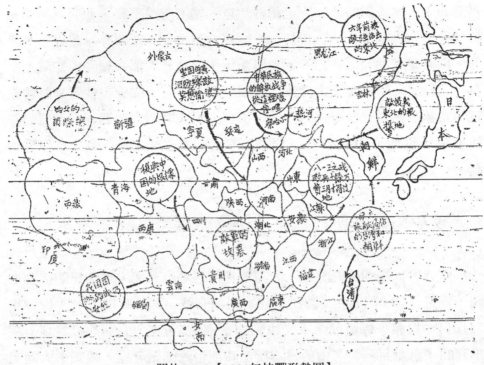

照片1-1-1【1939年抗戰形勢圖】

艘，風帆或搖槳漁船9,015艘。[34]1934年的報告提到台灣南、北部的漁
產有鰹、鮪、旗魚、血鯛、狗母魚，台灣東部的漁產有除了前述外，亦
有飛魚、惣田鰹，西部漁產有鰡、馬嘉魚。水產養殖鹹水類有鰡、鱒、
牡蠣、車蝦、蝦、目魚。淡水類有鯉、虱目魚、鱉。台灣漁業的根據地
有三處——基隆、高雄、蘇澳，同年漁業產值高達16,633,640日元。如
果仔細區分，沿海漁獲包括：定置漁業491,098日元、焚寄網漁業
424,697日元、旋網漁業366,258日元、流網漁業425,511日元、刺網漁
業100,166日元、地曳網漁業753,310日元、河川漁業215,636日元、其
他4,878,564日元，總計7,655,240日元。[35]另外刊登的新聞，竟也有台灣

34　騰裕譯，〈一九三三年台灣水產統計概要〉，《水產月刊》，上海，第1卷第10期，1935
　　年3月，頁44-55。

35　黃文澧，〈一九三四年台灣水產業的總檢閱〉，《水產月刊》，上海，第3卷第5、6期合刊，

漁船前往東沙島的消息。原來1936年台灣漁船首度遠征到東沙島捕魚，不過該地屬於廣東省轄區，中國漁業當局密切注意台灣漁船的闖入。台灣漁船當時聘用華工約250餘人，定期前往東沙島作業。[36]

1937年7月7日中日戰爭爆發後，大陸期刊報導按照戰爭局勢，分成日本扶植的傀儡政權，以及重慶國民政府出刊者。整體而言，還是以重慶國民政府統轄地區出刊的雜誌，報導台灣的事務較多。事實上在傀儡政權與重慶國民政府控制地方，都沒有真正的言論自由。對於前者的描述，有云戰局演變到今天離結束的日子還早，可是戰爭帶來的傷害顯著。故有輿論主張時局必須有言論、出版、結社與身體的自由。[37]亦有雜誌聲稱人類所遭受的戰爭災難快要過去，中華民族復興的時機即將到來。政府若做到開放言論、報導、集會、結社、宗教信仰、學術自由，這才是民眾自由與大眾解放。[38]當然也有事後追溯的報導，如勝利把我們的言論解放，以往在日軍的佔領下，不敢說的話全都可以說了。[39]對於後者的描述，顯得很含蓄，但是希望政府保障什麼，也表示政府沒有做到這些事情。有謂第二次世界大戰後的中國一切百廢待舉，舉其要者政治上須實施民主主義政治、實施憲政、完成地方自治、統一軍隊、保障人權、言論與學術研究的自由，經濟上須復興農村、分配土地、國際資金與技術的合作、民營企業的扶植。教育上須教育行政專業化、國民義務教育的推進、大學地點的分配、中小學課程標準的制定、邊區教育的發展、教育經費的保障與擴充。[40]

1936 年 6 月，頁 41-50；黃文灃，〈一九三四年台灣水產業的總檢閱（續完）〉，《水產月刊》，上海，第 3 卷第 7 期合刊，1936 年 7 月，頁 34。

36 本社，〈漁界消息——某國人偷產、東沙島海產日形活躍〉，《水產月刊》，上海，第 3 卷第 3、4 期合刊，1936 年 4 月，頁 97。

37 編者，〈我們的話（代發刊辭）〉，《大公》，南京，創刊號，1945 年 5 月 5 日，頁 1。

38 編者，〈大眾的立場（代創刊辭）〉，《大眾》，南京，創刊號，1945 年 6 月 23 日，頁 1。

39 本社，〈發刊詞〉，《大華週報》，北平，創刊號，1945 年 10 月 13 日，頁 1。

40 本刊同人，〈我們的態度〉，《平論半月刊》，上海，創刊號，1945 年 9 月 16 日，頁 2。

　　然而無論如何，兩地出刊雜誌的言論是重要，因為這些內容在現今台灣學界少有注意。以日本扶植的華北政務委員會轄區雜誌來說，最早出現台灣的報導是雷伊泰灣海戰（Battle of Leyte Gulf）前夕。1944年10月12至16日美軍突然調派飛機約1,100架狂炸台灣各地，日本大本營宣稱陸、海軍航空隊出擊，擊沉美國航空母艦11艘、戰艦2艘、巡洋艦4艘、驅逐艦1艘、飛機112架，但是自身損失飛機312架。此為當局宣稱台灣海面航空戰的「真相」（照片1-1-2）。[41]之後戰況不利日軍的消息也有報導，聲稱美軍進攻菲律賓後，推測下一步應會進攻台灣，並與重慶方面的陸軍一起夾擊日本。[42]當時美軍已經順利收復菲律賓，日軍在太平洋的防線僅剩本土、西南群島（琉球群島）、台灣。可是若把後方基地視為台灣，則是大錯特錯，因為日本本土與大陸佔領地已經前線化。[43]

　　隨後出刊雜誌，刊登唯一一篇以台灣為標題的文章。內容提到台灣戰略地位的重要，因為1945年2月美軍進佔馬尼拉，這與台灣相隔的巴士海峽，將成為菲島決戰的勝負關鍵。台灣成為日軍在南方的最前線，戰火或許會延燒到該島。[44]不過美方認為琉球的戰略價值比台灣為高，主因是台灣地理形勢與義大利戰場相似，又太多的山丘與河流。這使得島嶼面積不大的琉球較台灣容易攻克，而且對於日本沿海的封鎖非常有利。[45]這則新聞的預測果然準確，1945年3月美軍開始對西南群島展開

41　本社，〈十月之國際〉，《中國公論》，北京，第12卷第1期，1944年10月，頁5-6。

42　本社，〈全東亞無處不是「前線」〉，《中華週報》，北京，第2第5期，1945年1月28日，頁3。

43　本社，〈全東亞無處不是「前線」〉，《中華週報》，北京，第2第5期，1945年1月28日，頁4-5。

44　孟陶譯，〈維繫台灣安危的巴斯海峽〉，《369畫報》，北京，第31卷第6期，1945年2月23日，頁4。

45　孟陶譯，〈美國之西南群島作戰論〉，《369畫報》，北京，第31卷第12期，1945年4月9日，頁2。

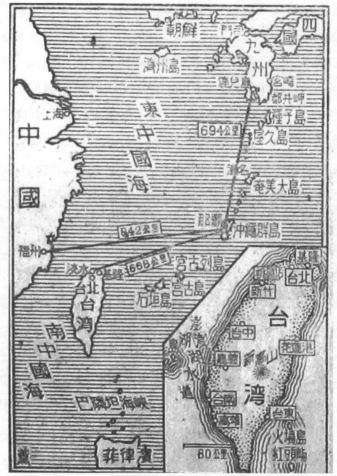

照片1-1-2【太平洋戰爭末期北京的雜誌所刊登台灣地圖】

攻勢，此地區距離九州650公里，距離台灣600公里。[46]

　　另外對汪精衛（1883-1944）政權控制的大城市——上海、南京來說，1944年12月13日美軍飛機大批空襲台灣，上海的宣傳刊物也鼓吹台灣的重要性，並認為美軍可能進攻琉球或台灣其中之一，為了是要尋覓通往中國本土的道路。[47]此刻美國要設法轟炸日本外圍島嶼，也企圖

<hr />

46　本社，〈圍繞沖繩島日美兩軍激戰〉，《中華週報》，北京，第 2 第 15 期，1945 年 4 月 8 日，頁 4。

47　橘善守，〈尼米茲攻勢與大陸作戰〉，《文友半月刊》，上海，第 4 卷第 4 期，1945 年 1

在中國大陸集結軍隊，然後向日本本土進攻。[48]最後一任滿洲國駐南京
公使中山優（1894-1973），也是中日問題專家。他認為解決滿洲問題
有三種方法：一為把滿洲國編入日本版圖。二為滿洲國編入中國版圖，
並允許自治。三為維持現狀，以中日兩國民族為主要構成要素，建設新
的理想國家。[49]台灣在當時的報導，沒有所謂的「領土問題」，只有戰
況激烈的消息。1945年6月21日沖繩登陸戰之後，下一個戰場可能是中
國大陸沿海。不過台灣仍由日軍控制，可以對美軍的行動採取牽制。因
此美軍只有攻下呂宋、沖繩是不夠，還要先攻陷台灣與香港，才能切斷
中國與馬來亞日軍彼此的聯繫。[50]讓作者詫異的是雖然日本快要戰敗，
但對於美軍的拿手戰術——跳島戰術（Leapfrogging），竟有正確的訊
息。此戰術又名蛙飛戰術，其意思是在海洋上從敵國遠距離進攻，而至
近距離的島嶼，已達到向敵國本土進攻為目的。美國太平洋艦隊司令尼
米茲（Chester William Nimitz，1885-1966）使用跳島戰術，向日本進
攻而聞名。所以他選擇進攻靠近日本的沖繩，不會登陸台灣。[51]

　　至於重慶國民政府轄區的雜誌，因牽涉到要收回台灣的問題，相關
報導就比較多。本文可以找到的文章，刊登時間比傀儡政權轄區雜誌為
早。1944年6月重慶《海軍雜誌》報導台灣戰略價值，稱這座島嶼是
「固定的航空母艦」，日本人在台北、基隆、新竹、台中、嘉義、台
南、高雄、屏東、台東、花蓮港、宜蘭、馬公修建機場，而規模較大是
新竹與高雄。[52]同年8月13日遠在重慶的中國國民黨中央執行委員會常

　　月15日，頁7。

48　章克，〈最近國際情勢的分析（三月二十七日在南京國立中央大學演講辭）〉，《大公》，
　　南京，創刊號，1945年5月5日，頁3-4。

49　陳學稼，〈怎樣結束中日戰爭〉，《大公》，南京，第8期，1945年5月29日，頁109-
　　111。

50　吳樹昌，〈沖繩決戰結束以後？〉，《大眾》，南京，第2期，1945年6月30日，頁10。

51　宋維敬，〈跳島戰略與日本的勝敗〉，《大公》，南京，第13期，1945年7月3日，頁
　　194-195。

52　陳幸西，〈站在軍事立場去認識台灣〉，《海軍雜誌》，重慶，第16卷第12期，1944年6月，

務委員潘公展（1895-1975），對上海市民進行心戰廣播，提到從塞班島出發的美國軍機，將會出現在菲律賓、台灣、中國海岸。[53]需要留意的是也在同年，中國國民黨中央組織部宣佈撫卹台盟（台灣抗日復土同盟）創辦人、台籍黨員翁俊明（1893-1943）同志。翁氏主持台灣黨務艱苦備嘗，以「積勞病故」遺族生活頗為艱苦，黨部擬撥給特卹金5萬元以彰忠藎。查翁俊明前經中央撫卹委員會核發一等卹金900元以十年為期，關於特卹一節茲報中央第264次常會，決議通過核發。[54]

爾後太平洋戰爭的新聞，跟台灣相關者都是《海軍雜誌》負責。當時美軍為使菲律賓戰事能順利進行，需要轟炸台灣並解除駐防日軍的威脅。美國眾議院海軍委員會主席文生（Carl Vinson，1883-1981），答覆台灣為何重要的詢問，說出：「此乃600哩圓圈之中心，在此圓圈之四周，有菲島的北部海岸，日本各諸島守軍間的交通線，以及日本本土，對日本帝國生存極為重要。」[55]事實上自台灣與澎湖群島被日本統治後，中國東海與南海的交通，就被澎湖的馬公軍港所控制。[56]美國若要往中國沿海進兵，首先要解決台、澎被日軍扼守的問題。

1944年8月初日本無線電廣播稱，美國艦隊如果直接進攻日本與東南亞的航路，就是日、美海軍決戰的時機。同年10月9至17日美國第三艦隊飛機，轟炸日本各機場，由馬爾克斯群島、琉球群島，經過台灣以達呂宋。日軍的南洋補給線恐被切斷，台灣、琉球岌岌可危。[57]針對台

頁 15-16。

53　潘委員公展，〈天快亮了！——三十三年八月十三日廣播〉，《中央黨務公報》，重慶，第 6 卷第 16 期，1944 年 8 月 16 日。

54　本社，〈特卹委員翁俊明同志〉，《中央黨務公報》，重慶，第 6 卷第 19 期，1944 年 10 月 1 日，頁 20。

55　本社，〈一週瞭望——美國出襲下的台灣〉，《昆明週報》，昆明，第 100 期，1944 年 10 月 21 日，頁 3。

56　郭壽生，〈中國海防線與海權中心區域〉，《海軍雜誌》，重慶，第 17 卷第 5 期，1944 年 11 月，頁 4。

57　郭壽生，〈菲律賓海戰真相〉，《中央週刊》，重慶，第 7 卷第 11、12 期合刊，1945 年 3 月 30 日，頁 2-6。

灣的空襲行動，美軍宣稱總共擊毀日本小型船艦338艘、軍機934架。[58]
同年10月17至20日美軍成功登陸雷伊泰島（Leyte），切斷了日本通到
南洋的生命線。日本需要善用台灣的基地，才能穩住海、空軍防線。台
灣外圍防線在315至770海浬，內圍防線在200海浬左右。日軍在台灣駐
紮兵力，最多曾達5個師團，並有1,500餘座小堡壘，每個堡壘的距離是
跑步速度一小時內，可見得日軍在台灣軍事佈署嚴密。[59]

　　1944年11月11日合眾社宣稱美軍飛機奇襲台灣，摧毀日軍飛機221
架，擊沉日軍船隻35艘，美軍損失飛機22架。[60]不過根據美國新聞處從
華盛頓傳來的消息，較為確切的數字是擊沉日本船隻14艘、重創22
艘，擊沉小艇37艘，擊毀日本飛機407架，美軍損失40架飛機。[61]美軍
向台灣大舉出擊，其實就是向日本本土推進作戰的前奏。[62]美國眾議院
海軍委員會主席文生宣稱，美軍B-29超級空中堡壘轟炸機，空襲台灣
岡山與其他重要基地。[63]這次攻擊日本方面也有廣播，誇稱美國軍機
1,100架來襲台灣，但有110架被擊落。[64]琉球與台灣的空襲，都是美軍
在關島兵力的投射。中國方面一直希望美軍能登陸大陸，所持的理由是
在中國作戰，可以比日本本土或台灣遭到更少抵抗。[65]

58　芸生，〈菲律賓美日大海戰之研論〉，《海軍雜誌》，重慶，第17卷第6期，1944年12月，
　　頁1-4。

59　郭壽生，〈論太平洋空前大海戰〉，《海軍雜誌》，重慶，第17卷第6期，1944年12月，
　　頁12-18。

60　本社，〈世界海軍要聞——艦隊襲擊琉球台灣澎湖之輝煌戰果〉，《海軍雜誌》，重慶，
　　第17卷第6期，1944年12月，頁11。

61　本社，〈世界海軍要聞——美方發表美機襲台灣澎湖琉球呂宋雙方損失之統計〉，《海軍
　　雜誌》，重慶，第17卷第6期，1944年12月，頁13。

62　本社，〈世界海軍要聞——艦隊猛襲台灣之意義〉，《海軍雜誌》，重慶，第17卷第6期，
　　1944年12月，頁13-14。

63　本社，〈世界海軍要聞——文生談台灣在戰略上之重要性〉，《海軍雜誌》，重慶，第17
　　卷第6期，1944年12月，頁14。

64　本社，〈世界海軍要聞——東京廣播美海空軍襲擊琉球台灣情況〉，《海軍雜誌》，重慶，
　　第17卷第6期，1944年12月，頁21。

65　蔡鴻幹，〈現階段美日海戰之檢討〉，《海軍雜誌》，重慶，第17卷第6期，1944年12月，
　　頁1-5。

　　其實自美軍攻下馬里亞納（Mariana），以及日本本土的跳板硫磺島之後，已經在太平洋上用兵自如。此時出手可以抓住琉球、威脅台灣。[66]1944年11月5日東京發出廣播，聲稱日本軍機從台灣東部起飛，對美軍機動部隊（航母艦隊）反覆猛攻。總計擊沉美國航空母艦7艘、驅逐艦1艘；擊傷航空母艦2艘、戰艦1艘、巡洋艦1艘、不明艦艇11艘。[67]但是熟知太平洋戰史的人都知道，這只是一種戰時鼓舞士氣的宣傳，實際上日本根本抵擋不住美軍強大攻擊。美軍在菲律賓戰鬥結束後，下一個進攻的目標有可能是台灣，做為在中國東海岸登陸第一步。因為美國太平洋艦隊總司令尼米茲將軍曾表示，在進攻日本之前必須先在中國東部登陸，從事這一工作的跳板沒有比台灣更好的地方。[68]這也是許多軍事觀察家一致的看法，可是又有消息傳來華盛頓方面，對於登陸台灣認為不是最佳選擇，反而是進攻琉球群島來得容易。[69]合眾國際社自珍珠港電稱，尼米茲將軍發表1945年1月2至3日，美國軍機再度奇襲台灣與琉球報告。總計擊沉日艦27艘、重創68艘、擊落敵機110架、擊傷220架。[70]這場空襲東京方面也有回應，透過廣播稱美國軍機出動500架，但被擊落17架，另有8架受傷，台灣損失輕微。[71]

　　尼米茲將軍在華府參加參謀首長會議時曾表示：「對日本帝國最後攻擊，或將從中國陣地發動。美軍也將在中國登陸，可能選擇在上海以北的地方」。不過必須先掃除障礙才行，日軍可以阻止美軍在華北登陸

66　羊卜，〈一週間：黑寡婦乘聖揚威〉，《大義》，成都，第6期，1945年3月31日，頁2-3。

67　本社，〈世界海軍要聞——敵大本營發表「帝國海軍出動」台灣洋面〉，《海軍雜誌》，重慶，第17卷第6期，1944年12月，頁21。

68　沙勒特作，掃蕩報譯，〈太平洋烽火迫近倭本土〉，《海軍雜誌》，重慶，第17卷第8期，1945年2月，頁4。

69　Lowis Wood作，大公報譯，〈太平洋美軍的一次行動〉，《海軍雜誌》，重慶，第17卷第9期，1945年3月，頁5。

70　本社，〈世界海軍要聞——航艦飛機襲台灣之戰果〉，《海軍雜誌》，重慶，第17卷第9期，1945年3月，頁6。

71　本社，〈世界海軍要聞——東京廣播美艦隊襲台灣琉球之經過〉，《海軍雜誌》，重慶，第17卷第9期，1945年3月，頁16。

的二大基地——台灣、琉球群島。美軍可以攻佔台灣,但可能付出高昂
代價。因為日本士兵的頑強,勢必在台灣也會表演一番。因此攻擊面積
較小的琉球,實為一個明智的決定。[72]之後的戰役台灣躲過一劫,美軍
也在付出慘重傷亡後才佔領琉球。1945年6月30日琉球戰事告終,美軍
計畫如果要登陸華南,可能地點有九個——廣州灣、江蘇海州(連雲
港)、海南島、香港、廈門、福州、汕頭、膠州灣、滬杭沿海。但不管
哪一個地點,都要考慮駐防台灣的日軍隨時會增援與側擊。[73]但是這些
現在看來是多餘,因為在廣島、長崎原爆之後,日本宣佈無條件投降。
美軍既沒有登陸中國沿海,也沒有登陸日本本土,剩下的就是善後東亞
的國際秩序了。

　　戰時重慶出刊的雜誌,除了戰況的報導外,其餘消息也值得注意。
首先是對於鄭成功的討論,此議題是重慶國民政府與傀儡政權轄地雜誌
感到興趣。南明史專家柳亞子(1887-1958),為抗戰時期以鄭成功故
事改編的「海國英雄」撰寫序文。柳氏在這篇文章中提到,要把日本人
統治下的台灣奪取過來。不管讓它成為中華民國的一省,或者獨立另建
台灣共和民主國,都要讓台灣同胞自己決定。[74]這篇文章後來又稍做修
改刊登,但對於台灣人民自己決定前途並沒有修改或刪除。柳亞子的意
見在當時非常特別,作者在其他雜誌找不到相同的言論。[75]至於汪精衛
政府出刊雜誌亦有專文討論鄭成功(1624-1662),南洋史專家李長傳
認為他的事蹟在於驅逐荷蘭人於台灣,以及獨力支撐殘明危局,同時提
出暹羅王鄭昭(鄭信,1734-1782)與鄭成功齊名。[76]

72　郭壽生,〈登陸華北〉,《中央週刊》,重慶,第7卷第21、22期合刊,1945年6月7日,
　　頁2-4。

73　蔣君章,〈美軍登陸中國的有利地帶〉,《中國青年月刊》,重慶,第13卷第1期,1945
　　年7月,頁5-6。

74　柳亞子,〈海國英雄敘〉,《黃河》,西安,第1卷第12期,1941年2月,頁477。

75　柳亞子,〈「海國英雄」序〉,《大千雜誌》,桂林,第2期,1943年7月,頁12。

76　李長傳,〈鄭成功之生平〉,《求是月刊》,南京,第1卷第2號,1944年4月15日,頁
　　12-16。

　　其次從歷史來看台灣與中國的關係，當時認為三國時代是中國與台灣聯結的開端，吳大帝孫權（182-252）曾派大員赴台，因當地生番言語不通無功而返。[77]以地名考察台灣，該島古稱夷州、流求、留仇、流虬、瑠求、東番，孤懸海外，康熙二十二年（1683）始內屬，隸福建省置一府三縣。嘉慶十六年編查台灣府人口，戶數241,217、口數2,003,861，至光緒中台灣的戶口超過300萬。同治十三年（1874）牡丹社事件、光緒二年（1876）福建巡撫丁日昌（1823-1882）奏准福建巡撫冬春移駐台灣，以及光緒七年（1881）福建巡撫岑毓英（1829-1889）巡閱台灣事。[78]也或許重慶方面認為戰後復員之重要，故出版雜誌中刊載一些與台灣相關文章趨多。特別是從地理、氣候、生物、人口、資源、交通等大範圍的概述。[79]

　　其三從社會、經濟來討論，中華民國外交官也是半山的黃朝琴（1897-1972），曾於1945年初在重慶投稿翻譯著作，點出台灣的人口問題。文中提到1937年台灣人口每平方公里密度為157人，比德國、義大利二國為高，並與1925年日本人口密度比較相等。同時與中國比較，中國人口出生率38.3%、死亡率44.6%，台灣人口出生率44.6、死亡率20.7%。故台灣的死亡率較中國為低，出生率又比中國為高，實為台灣的醫藥設備較為完善。[80]可是當時「大後方」人們對台灣了解深刻嗎？其實也不盡然，如社會學家吳清友提到東南區少數民族的分佈，包括：浙江、福建等省，這裡的少數民族主要是畬民，但該文卻沒有提到台灣的高山族。[81]因此作者認為當時大陸對台灣的認識，都限於「點」

77　矯漢治，〈台灣島〉，《政治生活半月刊》，重慶，第 1 卷第 4 期，1944 年 9 月 1 日，頁26-30。

78　許同華，〈台灣舊事述略〉，《東方雜誌》，重慶，第 41 卷第 17 期，1945 年 9 月，頁 45-50。

79　易日，〈台灣概觀〉，《東方雜誌》，重慶，第 41 卷第 17 期，1945 年 9 月，頁 45-50。

80　黃朝琴編譯，〈台灣之人口〉，《政治生活半月刊》，重慶，第 2 卷第 4 期，1945 年 3 月 16 日，頁 15-35。

81　吳清友，〈新中國的民族政策〉，《大學月刊》，成都，第 4 卷第 5、6 期合刊，1945 年 9 月，

的層面。想要知道的都是與戰爭有關，或者是台灣產業當中比較重要的項目。例如：同樣在重慶出刊的雜誌《工程》，也花費不少筆墨，介紹日治時期台灣糖業發展概況，從甘蔗品種培育、新式糖廠建立、最新製糖技術引進，以及不同蔗糖產品。[82]

　　相同道理來檢視接收官員的訓練，或許也有同樣的答案。開羅會議的決議「戰後台灣重歸我國」（原文用戰後，但為普通用語，非歷史分期），於是最高當局決定在中央訓練團設立台灣行政幹部訓練班，以培養台灣光復後所需的高級行政幹部。本班教育長陳公洽（陳儀，1883-1950）努力擘劃下，親自主持甄審與考試，選定120位優秀學員，於1944年12月24日開始訓練。本班第一條規定就是高等考試及格者才能加入，可見得政府重視訓練班素質。班中採取分組研究的辦法，計分民政、司法、教育、財政金融、農林漁牧、工商交通六組。當時對台灣光復與建設工作，從雜誌內容可以讓人感覺到熱忱。[83]甚至於有福建人士在考試院所屬的雜誌──〈輔導月刊〉投稿，希望可以前往台灣擔任司法官。[84]但關鍵的是這些人了解台灣社會嗎？恐怕這也不是訓練班上課的主題，否則這些官員來到台灣後，不會驚訝好像來到日本社會一樣。

　　日本終究還是戰敗，1945年8月14日天皇廣播投降以前，日本人民還不知道已經打了敗仗。[85]曾任甘肅省第一中學校長的王維屏（1887-1956），也在1945年8月29日於遷校貴州的浙江大學舉行演講，指出中國接收台灣工作相當艱難。蓋因於台灣受日本統治五十年，無論政治、社會、經濟、文化都已深入基層。故中國接收後應從改革教育著手，而

頁 40-46。

82　張力田，〈台灣糖業概況〉，《工程》，重慶，第 18 卷第 1 期，1945 年 4 月，頁 14-18。

83　杜振亞、吳建華，〈我們到台灣去──考試同年在中央訓練團台政班〉，《輔導通訊月刊》，重慶，第 6 期，1945 年 6 月，頁 7-13。

84　馬元樞，〈通訊選趣──願任台灣司法官〉，《輔導通訊月刊》，重慶，第 5 期，1945 年 3 月，頁 41。

85　陳博生，〈我所見到慘敗的日本〉，《大地週報》，北平，創刊號，1945 年 12 月 1 日，頁 10-11。

36萬日本人從統治者變成被統治者。此「少數民族」要如何處置，為當今治台重要工作。[86]光復之後在台日人一下子變成少數民族，可能他們也始料未及，而此時的台灣正在迎接新時代來臨。

2.台灣、大陸學界研究成果回顧

當今學界對於台灣1945至1949年的研究，以二二八事件的成果累積最為豐碩。可是在1990年以前，台灣社會對於二二八的討論並不開放。以台灣省政府為例，新聞處歷年編輯之《台灣光復廿年》、《台灣光復三十年》、《台灣光復卅五》[87]，以及中央通訊社之《台灣光復四十週年專輯》[88]，台灣省政資料館之《台灣省政建設概況——慶祝台灣光復五十週年》，完全沒有提到1947年的二二八事件。[89]可是1959年台灣省文獻委員會編纂的《台灣省通志稿》[90]，以及1968年同單位出版的《台灣省通志》，很清楚地寫入該事經過情形。[91]作者認為當時省志的編修者，都有極大的勇氣，把這禁忌話題記載在大事記。同一個時期大華晚報作者群在編輯《台灣通覽》，只在台灣史略記上：「台灣省因台北市緝私菸稅案，發生暴動，共黨份子趁機煽動，以擴大事端。」[92]

政府對於二二八欲蓋彌彰的態度，到了1990年代有重大轉變。

86 編輯部，〈校聞——王維屏先生講台灣問題〉，《國立浙江大學校刊》，遵義，復刊第130期，1945年9月1日，頁4。

87 參閱台灣省政府新聞處編，《台灣光復廿年》（台北：中華大典編印會，1966年6月再版）；台灣省政府新聞處編，《台灣光復三十年》（台中：台灣省新聞處，1975年10月）；台灣省政府新聞處編，《台灣光復卅五年》（台中：台灣省新聞處，1980年10月）。

88 參閱中央通訊社編，《台灣光復四十週年專輯》（台北：中央通訊社，1986年3月）。

89 參閱台灣省政資料館，《台灣省政建設概況——慶祝台灣光復五十週年》（南投：台灣省政資料館，1995年10月）。

90 陳世慶纂修，《台灣省通志稿卷首下大事記（第三冊）》（台北：台灣省文獻委員會，1959年6月），頁122-126。

91 李汝和主修，《台灣省通志卷首下大事記（第二冊）》（台北：台灣省文獻委員會，1968年6月），頁166-169。

92 大華晚報社，《台灣通覽》（台北：大華晚報社，1960年2月），頁9。

1994年中國國民黨中央政策會，舉辦二二八事件處理、善後問題公聽會，可以視為一個轉折。[93]往後開始有單位進行系統性研究報告，同樣在1994年由台灣史學者賴澤涵、黃富三、黃秀政、吳文星、許雪姬執筆的報告，文中結論認為二二八事件誠為台灣歷史上的一大悲劇。[94] 2003年二二八事件紀念基金會決定成立「二二八事件真相研究小組」，再進行一次探討二二八真相、釐清責任歸屬、消弭二二八傷痕。[95]如此來看1994年應該是台灣學界對二二八研究的分野，之前對於二二八的研究，多是歷史學者為主，並且多是個人研究。之後台灣學界對於該議題，開始趨向分工，有從歷史、政治、社會、文學的觀點切入，面相更為多元，研究陣容更為壯大。

　　若從研究成果累積先後討論，首先是1987年旅居海外的學者專家，聚集在美國加州舊金山南灣（South Bay），舉行「二二八事件四十週年紀念學術討論會」，此為史上、也是海外的第一次會議。[96]其次1990年李筱峰教授出版《二二八消失的台灣菁英》，為首部從人物史角度討論此議題。[97]另外陳俐甫教授的成果也值得注意，差不多於同時，他用「禁忌」、「原罪」、「悲劇」，以及「台灣」、「中國」等幾個觀點來看待二二八。[98]1991年歷史學者李敖也對二二八進行研究，他指出一點很特別，原來國民黨把二二八的原因，歸咎由「共黨煽惑暴

93　參閱中國國民黨中央政策會，《「二二八事件」處理（善後）問題公聽會紀實》（台北：中國國民黨中央政策會政策研究工作會，1994 年 4 月）。

94　行政院研究二二八事件小組，《二二八事件研究報告》（台北：時報文化出版，2003 年 2 月十刷），頁 408。

95　真相研究小組，《二二八事件責任歸屬研究報告》（台北：二二八基金會，2006 年 2 月），頁 3-4。

96　陳芳明編，《二二八事件學術論文集》（台北：前衛出版社，1992 年 8 月四刷），頁 15。

97　參閱李筱峰，《二二八消失的台灣菁英》（台北：自立晚報文化出版部，1990 年 12 月三刷）。

98　參閱陳俐甫，《禁忌‧原罪‧悲劇──新生代看二二八事件》（台北：稻鄉出版社，2000 年 6 月二刷）；陳利甫、林偉盛、夏榮和譯，《台灣‧中國‧二二八》（台北：稻鄉出版社，1992 年 3 月）。

動」，共產黨也樂得順水人情，大接漏油來。[99]旅日台灣史學者戴國煇教授，也是早期投入二二八研究的重要學者。他的大著《愛憎二‧二八》，以二二八親歷者的角度，提到此事件與後來的白色恐怖，做出敲詐勾當、趁火打劫的台籍人士也不乏其人。故加害與受害雙方，絕不能簡單地用省籍判然二分。[100]1991年二二八民間研究小組，舉辦台灣解嚴後第一場以「二二八」為題的學術研討會。[101]隔年中央研究院中山所召開學術會議，會中吳文星、黃富三、許雪姬教授分別發表有關二二八事件論文。[102]這二場研討會討論主題焦點不同，前者比較重視歷史人物扮演的角色，後者重視機關單位與二二八關係。然而最值得注意的成果，則是台美學界聯合完成——《悲劇性的開端——台灣二二八事變》。該書由美國學者馬若孟（Ramon H. Myers），台灣學者賴澤涵、魏萼執筆。書中提出幾個問題頗具深思意義，如二二八事件受台灣歷史背景影響有多深？國民黨統治台灣與台灣人的感覺、哪些人真正參加二二八事件？以及從歷史學與社會學分析，二二八事件究竟是一個什麼性質的事件？[103]

1994年以後二二八研究熱潮消退。這段時期政治學者陳翠蓮教授的著作，從「派系鬥爭」與「外國勢力」的觀點，來探討二二八頗為新穎。[104]歷史學者鄭梓教授從「報告文學」來看台灣光復，並重新解讀《新新雜誌》、《台灣文化月刊》、李純青（1908-1990）的作品，討

99 李敖，《二二八研究》（台北：李敖出版社，1991年1月），頁2。

100 戴國煇、葉芸芸，《愛憎二‧二八——神話與史實：解開歷史之迷》（台北：遠流出版事業，1992年六刷），頁6-7。

101 參閱二二八民間研究小組，《二二八學術研討會論文集（1991）》（台北：自立晚報文化出版部，1992年2月）。

102 賴澤涵主編，《台灣光復初期歷史》（台北：中央研究院中山人文社會科學研究所，1993年11月），頁107-222。

103 賴澤涵、馬若孟（Ramon H. Myers）、魏萼著，羅珞珈譯《悲劇性的開端——台灣二二八事變》（台北：時報文化出版，1993年2月）。

104 陳翠蓮，《派系鬥爭與權謀政治——二二八悲劇的另一面相》（台北：時報文化出版，1995年2月）。

論台灣光復是喜劇、悲劇、悲喜劇。[105]1997年二二八50週年，台灣學界再次舉辦學術研討會。這次會議論文與先前比較起來，研究觸角又伸往「歷史背景」與二二八的關係。故會中討論1945至1955年台灣政治、1940年代台灣經濟、大中國與小台灣的經濟矛盾等。[106]爾後相關著作，就要到2004年以後才又出現，特別是有不少翻案之作。如台灣省行政長官陳儀的歷史評價，出現不同的看法。[107]再者，成果中所收錄的史料——台灣民主自治同盟座談會記錄，也非常特別。[108]另外，新聞學者夏春祥教授討論二二八事件中，媒體印象與社會記憶的關係。夏氏把台灣社會對二二八記憶，分為初始期、社會失憶期（1948-1982）、眾聲喧嘩期（1983-2004）、民主深化期（2004-迄今）。[109]然真正挑戰長期以來，學界對二二八的看法，實為中央研究院士黃彰健（1919-2009）所著《二二八事件真相考證稿》。黃院士比對所有的口述歷史，找尋、整理有「出入」之處，對整個事件過程提出不少疑點。[110]

　　2007年二二八60週年中央研究院台灣史研究所，接受台北市文化局的委託，舉辦學術研討會。會議論文有讓人耳目一新的題目——討論校園與二二八事件，以及原住民菁英的角色。[111]未幾陳翠蓮教授的文章，嘗試把台灣政治的轉型正義與二二八做連結，特別討論「外省人原罪論」的形成。[112]當今台灣學界對二二八討論，熱潮又有點消退。在這

---

105 鄭梓，〈二二八悲劇之序曲——戰後報告文學中的台灣「光復記」〉，《台灣史料研究》，台北，第 9 期，1997 年 5 月，頁 48-81。

106 參閱張炎憲總編，《二二八事件研究論文集》（台北：財團法人吳三連台灣史料基金會，1998 年 2 月）。

107 參閱王曉波主編，《陳儀與二二八事件》（台北：海峽學術出版社，2004 年 2 月）。

108 參閱王曉波主編，《台盟與二二八事件》（台北：海峽學術出版社，2004 年 2 月）。

109 參閱夏春祥，《在傳播的迷霧中：二二八事件的媒體印象與社會記憶》（台北：韋伯文化國際出版，2007 年 12 月）。

110 參閱黃彰健，《二二八事件真相考證稿》（台北：聯經出版社，2007 年 2 月）。

111 參閱許雪姬主編，《二二八事件 60 週年紀念論文集》（台北：台北市政府文化局，2008 年 3 月）。

112 陳翠蓮，〈歷史正義與困境——族群議題與二二八論述〉，《國史館學術集刊》，台北，

期間大陸學者的研究，出現北京學界的成果，或許也可以做一參考。[113]

　　台灣獨立的研究，有云1928年台灣人就有建立台灣共和國的想法。可是第二次世界大戰之後台獨的嚆矢，則是1947年二二八事件後台灣青年同盟成員黃紀男（1915-2003）等的主張。[114]不過有更早的研究顯示，台灣光復之初有一部分御用仕紳，在日本少壯軍人操縱下倡議過台獨。[115]台灣學界有長期研究台獨運動者，提及前述原是日本軍人牧澤義夫、宮中悟（悟）郎所發動，但不受林獻堂（1881-1956）、辜振甫（1917-2005）、徐坤泉（1907-1954）、林熊祥（1896-1973）、許丙（1891-1963）、簡朗山（1872-？）等人接受，同時也不受到總督安藤利吉的支持。[116]只是日後對於台獨運動影響最大，還是二二八事件。而往後的發展，台獨與二二八事件一樣，長期成為台灣社會禁忌話題。直到解嚴與2000年政黨輪替，過程中造就了「客觀的台獨」、「實質的台獨」、「主觀的台獨」、「建制的台獨」、「法理的台獨」。[117]其實史學界對於台獨的討論，研究成果並不多；反倒是著眼於理論，強調獨立建國著作不少。[118]的確，如此的政治主張也有人持相反意見，而統獨論戰在台灣已有40年。[119]

　　光復初期政治議題研究，1970至1980年代台灣學界對此討論，全

第 16 期，2008 年 6 月，頁 181-219。

113 褚靜濤，《二二八事件實錄（上、下卷）》（台北：海峽學術出版社，2007 年 6 月）；褚靜濤，《二二八事件研究（上、下冊）》（台北：海峽學術出版社，2011 年 7 月）。

114 施正鋒總編，《台灣獨立建國聯盟的故事》（台北：前衛出版社，2000 年 2 月），頁 10。

115 南方朔，《帝國主義與台灣獨立運動》（台北：四季出版社，1982 年 10 月三版），頁 19-20。

116 陳佳宏，《海外台獨運動史》（台北：前衛出版社，1998 年 10 月），頁 50。

117 參閱陳佳宏，《台灣獨立運動史》（台北：玉山社，2006 年 8 月）。

118 參閱陳隆志，《台灣的獨立與建國》（台北：月旦出版社，1996 年 3 月五刷）；許慶雄，《台灣建國的理論與基礎》（台北：前衛出版社，2000 年 10 月）；莊萬壽主編，《台灣獨立的理論與歷史》（台北：前衛出版社，2002 年 12 月）。

119 參閱王曉波，《交鋒——統獨論戰三十年》（台北：海峽學術出版社，2002 年 1 月）。

部都集中在國民革命與台灣。[120]事實上1945年台灣人對於光復的心情是喜悅，直到1946年8月台灣仕紳還組織「台灣光復致敬團」，前往大陸巡迴拜會國府高層。奇怪的是台灣省行政長官陳儀，對於致敬團的大陸行卻有意見，甚至於提出5個條件要求團員遵守。[121]從「人民團體」的行動都要干涉來看，陳儀在治台期間權力之大不言可喻。學界早已經注意到此問題，台灣省行政長官與長官公署的設立，在戰爭結束後各省復員與重建，實為一個很獨特的個案，這也是1944年陳儀在重慶提出。[122]中央設計局台灣調查委員會時期，陳儀已非常活躍。蔣介石指派他為主任委員，進行台灣相關法令與專題研究，並培訓一千餘名行政人材，完成接管計畫研究報告。[123]對於台灣省行政長官公署與台灣接收，台灣史學者鄭梓教授有長期深入探討。他對於長官公署的存在也以「特殊化」稱之。[124]如此的論述，再與軍政一元、立法、司法對照，發覺此項制度承襲殖民地遺規色彩很重。[125]再者，長官公署權力獨大，也有可能與駐台其他機構發生業務上摩擦。有研究成果指出海關與省署從資產的接收，以至於港口實質控管歸屬權，都出現爭議。[126]

1939年2月第一屆國民參政會第三次大會，蔣介石（1887-1975）在閉幕會致辭已提到，要建立永久的、真正的民主政治基礎。1946年2

---

120 李雲漢，〈國民革命與台灣〉，《台灣史研討會——中華民族在台灣的拓展》（台北：國立台灣大學歷史學系，1978年6月），頁158-176。

121 許雪姬，〈「台灣光復致敬團」的任務及其影響〉，《台灣史研究》，台北，第18卷第3期，2011年6月，頁97-145。

122 薛月順，〈陳儀與台灣省行政長官公署的興廢〉，《國史館館刊》，台北，復刊第24期，1998年6月，頁27-50。

123 鄭梓，《戰後台灣的接收與重建——台灣現代史研究論集》（台北：新化圖書，1994年3月），頁46-72。

124 鄭梓，〈戰後台灣省制之變革——從行政長官公署到台灣省政府〉，《思與言》，台北，第26卷第1期，1988年5月，頁136。

125 鄭梓，〈戰後台灣行政體系的接收與重建——以行政長官公署為中心之分析〉，《思與言》，台北，第29卷第4期，1991年12月，頁235-244。

126 李文環，〈戰後初期（1945-1947）台灣省行政長官公署與駐台海關之間的矛盾與衝突〉，《台灣史研究》，台北，第13卷第1期，2006年6月，頁99-148。

月1日蔣介石在政治協商會議的閉幕詞，開宗明義就是要建設獨立自由統一的民主國家。[127]想要成為民主國家，最基本的要求就是舉行定期選舉，台灣光復初期政府在這一點上，確實回應人民的要求。台灣產生的民意代表，按照選舉時間先後，依序有1946年3、4月選出的各縣市參議員，1946年4月15日選出的省參議員，1946年8月選出的第四屆國民參政會台灣地區的國民參政員，1946年10月選出制憲國民大會台灣省代表，1948年初選出台灣省的監察委員，1948年1月下旬選出台灣省的立法委員。[128]台灣史學者李筱峰教授對於相關議題有獨到見解，他又進一步分析這些民意代表的性別、年齡、學歷、職業等。[129]不過從戰後台灣選舉史觀之，從省參議會到省議會，一直都是台籍精英走向政治最重要的舞台。鄭梓教授早期的研究對象，即是台灣省參議會。它的重要性是國民大會、立法院未遷台前，是為台灣最高民意機構。台籍精英在議場中表達出的迎合、抗拒、消融的態度與立場，正是呈現台灣政治環境改變最佳寫照。[130]

其他的政治議題討論，光復初期共黨或左翼也值得注意。當時中國共產黨決定成立台灣省工作委員會，並任命有「長征」經驗的蔡孝乾（1908-1982），潛回台灣發展組織。省工委會吸收的對象，最知名者為醫師也是學運份子郭琇琮（1918-1950）。[131]作家藍博洲更以此歷史背景，再追索一些重要的人物，如基隆中學校長鍾浩東（1915-1950）、爾後擔任台盟中央委員陳炳基（1927-2015）、爾後擔任中共全國政協委員吳克泰（1925-2004）、爾後擔任台盟中央委員葉紀東

---

127 穆超，《民主政治評論》（南京：時代出版社，1946年8月），頁1-21。
128 李筱峰，〈台灣戰後初期民意代表政治經歷分析〉，《台灣風物》，台北，第35卷第4期，1985年12月，頁1。
129 參閱李筱峰，《台灣戰後初期的民意代表》（台北：自立晚報，1986年4月再版）。
130 參閱鄭梓，《台灣省參議會史研究——變遷時代裏的一個過渡型代議機構》（台北：華世出版社，1985年3月）。
131 陳正茂，〈記光復初期中共在台之地下組織：「台灣省工作委員會」〉，《傳記文學》，台北，第95卷第3期，2009年9月，頁13-19。

（1927-2000）。[132]或是以團體——台大麥浪歌詠隊，介紹1948年前後台灣知識份子的學生運動。[133]

當然，國民黨在台灣更是一個重要議題。[134]澳洲學者J. B. Jacobs對於台灣人與中國國民黨關係，嘗試從「半山」角度討論，為早期重要成果。[135]1945年11月11日中國國民黨台灣省黨部成立，從主任委員李翼中開始，直到今天國民黨的歷史，大概可以說是半部戰後台灣史。然而國民黨另一組織——三民主義青年團，搶先一步於同年10月1日，在台灣成立5個分團的籌備處。不料三青團在二二八事件時，成員多捲入造成嚴重損失，旋被解散。[136]歷史學者林桶法教授，嘗試以國民黨為中心，研究1945至1949年中國的變局。焦點在於接收工作、和平工作、國共內戰、通貨膨脹、幣制改革、派系、中央與地方。[137]以當時的台灣來說，除了國共內戰戰火沒有延燒至此，其他的在台灣多少都發生過。大陸學者汪朝光研究同一段落，但他討論的主題扣緊「國共政爭」與「中國命運」。論點在於國民黨軍事失敗之餘，亦離開民權主義、民生主義。建國最基本經濟問題，也思想混亂分歧、政策徬徨曖昧。它既不能減租或土地利益為農民，也未能立法保障工人，更未能以經濟保護中產階級。[138]這些竊政台灣也發生過，但特別的是1948年蔣介石起用陳誠後，台灣的諸多問題反而減輕了。這一點應該是1949年後，台灣與大

---

132 參閱藍博洲，《幌馬車之歌》（台北：時報文化出版，2004 年 10 月）；藍博洲，《青春戰鬥曲——二二八之後的台北學運》（台北：愛鄉出版社，2007 年 2 月）。

133 藍博洲，《麥浪歌詠隊——追憶一九四九年四六事件（台大部分）》（台北：晨星出版，2001 年 4 月）。

134 陳三井，《中國國民黨與台灣》（台北：中央文物供應社，1985 年 2 月）。

135 J. B. Jacobs 原著，陳俐甫、謝榮和合譯，〈台灣人與中國國民黨 1937-1945 ——台灣「半山人」的起源〉，《台灣風物》，台北，第 40 卷第 2 期，1990 年 6 月，頁 17-54。

136 陳正茂，〈深耕台灣——記光復初期的國民黨與三青團〉，《傳記文學》，台北，第 96 卷第 2 期，2010 年 2 月，頁 23-34。

137 林桶法，《戰後中國的變局——以國民黨為中心的探討》（台北：台灣商務印書館，2003 年 11 月），頁 3。

138 汪朝光，《1945~1949：國共政爭與中國命運》（北京：社會科學文獻出版社，2010 年 2 月），頁 3。

陸彼此最大的不同。

　　至於光復初期軍事史研究，重要的著作有《台灣省軍事接收總報告》，內容包括：陸軍第一、二、三組、軍政組、海軍組、空軍組、憲兵組、軍令部，以及日軍俘虜的管理與遣送。[139]其次，中國第二歷史檔案館也公開館藏，5張軍事地圖——日軍陸海軍飛機場、國軍海軍組軍隊部署概要、日軍軍需工廠與倉庫位置、日軍兵器廠位置、澎湖要塞交通網。[140]日本戰敗後，在台日本軍人有些並不願意被遣返，想要留在台灣歸化中國。可是最後沒有如願，遂在長官公署作業下，從基隆、高雄、花蓮三港口進行載運遣返。[141]而相關議題研究，另有孫立人將軍與台灣新軍的討論[142]，以及蔣介石的「覆面部隊」、「影子兵團」——白團。[143]

　　光復初期社會史研究方面，1990年代台灣學界的研究，關注的焦點是語言與文化。對於語言，1945至1946年台灣社會有一股學習國語的熱潮，而且長官公署也雷厲風行，廢除報紙、雜誌的日文版。由於政府態度積極、也帶有強制性，國語推動頗有成效。然而二二八事件發生，原本普通的語言就變成了政治問題，深深地影響台灣社會。[144]對於文化，台灣與大陸一開始就在歷史不同軌跡運行，加上日本統治台灣

---

139 參閱台灣省警備總司令部接收委員會，《台灣軍事接收總報告（上、下冊）》（台北：正氣出版社，1946年6月）；台灣省警備總司令部接收委員會，《台灣軍事接收總報告附錄（上、下冊）》（台北：正氣出版社，1946年6月）。

140 中國第二歷史檔案館編，《台灣光復紀實》（南京：江蘇人民出版社，2005年7月），頁165-170。

141 陳幼鮭，〈戰後日軍日僑在台行蹤考察（上）〉，《台灣史料研究》，台北，第14期，1999年12月，頁2-31；陳幼鮭，〈戰後日軍日僑在台行蹤考察（下）〉，《台灣史料研究》，台北，第15期，2000年6月，頁65-98。

142 朱浤源，〈台灣新軍的搖籃：鳳山第四軍官訓練班（1947-1950）〉，《台灣光復初期歷史》（台北：中央研究院中山人文社會科學研究所，1993年11月），頁437-471。

143 參閱林照真，《覆面部隊——日本白團在台祕史》（台北：時報文化出版，1996年7月）；楊碧川，《蔣介石的影子兵團——白團物語》（台北：前衛出版社，2000年7月）。

144 許雪姬，〈台灣光復初期的語言問題〉，《思與言》，台北，第29卷第4期，1991年12月，頁155-183。

50年，台灣與大陸社會發展差距更遠。如此的例子，以二地的用電量、教育普及率皆可證明。[145]

2000年以後學界把社會史議題轉往領導階層，有成果開始注意台日香蕉貿易，培養出一批台灣經濟精英。大環境的背景與出口單位有關，如青菓運銷合作社、農會與為數眾多的商人。特別是1948年7月台灣蕉商藉由中日重新恢復貿易，趁機再打開台蕉輸日的市場。[146]這當中的關鍵人物，就是有台灣食品界拓荒之稱者的謝成源（1903-1985）。對於類似的研究，農會精英扮演的角色也值得注意。因為二二八事件後台灣政治精英受到極大傷害，不過農會領導階層傷害不嚴重。於是這些人趁勢崛起，先後擔任地方公職，填補政治精英的遺缺。[147]

陳翠蓮教授對於相關議題研究，也注意到台灣精英在光復初期的活動。但她用一個比較具體的個案——延平學院，來說明台籍精英的理想，憧憬新時代來臨，以及時不我予的政治環境。[148]作者在研究光復初期大陸期刊對台灣報導，偶會發現來台外省人用「奴化」，稱呼受過日本統治的台灣人。其實此等「稱呼」，亦在1946年形成論戰。過程中台灣知識份子強烈反擊，認為官方以此為藉口，掩飾統治的失敗。[149]

外省人議題的研究上，「外省人」一詞每到選舉，必定在台灣社會喧擾一次。戴國煇教授提到初到台灣的外國人，往往會被本省人、外省人用字困惑。總的來說本省人是指1945年8月15日二戰結束前，設籍定

145 李筱峰，〈二二八事件前的文化衝突〉，《思與言》，台北，第29卷第4期，1991年12月，頁183-215。

146 劉淑靚，《台日蕉貿網絡與台灣的經濟精英（1945-1971）》（台北：稻鄉出版社，2001年12月），頁13-54。

147 薛化元、黃仁姿，〈戰後台灣精英的連續與斷裂：以農會精英為例（1945-1953）〉，《台灣史研究》，台北，2011年9月，頁93-140。

148 陳翠蓮，〈戰後台灣菁英的憧憬與頓挫：延平學院創立始末〉，《台灣史研究》，台北，第13卷第2期，2006年12月，頁123-167。

149 陳翠蓮，〈去殖民與再殖民的對抗：以一九四六年「台人奴化」論戰為焦點〉，《台灣史研究》，台北，第9卷第2期，2002年12月，頁145-201。

居台灣的住民。相對地台灣光復後從大陸來台者，就被稱為外省人。[150]
外省人來到台灣的回憶，茲舉軍民代表性個案說明。王宗漢教授，
1949年隨裝甲兵部隊來到台灣，搭乘的軍艦從基隆入港。他記錄艦隻
駛近碼頭，台灣少女划著舢舨靠近叫賣香蕉。而部隊從基隆搭乘火車前
往台中，對於台灣鐵路「逢山挖洞、遇峽造橋」的精神與工程，甚為佩
服。[151]作家柏楊（1920-2008），1949年也搭乘軍艦來到台灣，艦隻駛
入左營軍港，旋來到台北。根據柏楊表示，他沒有愛過一個地方，像這
樣一下就愛上台灣。沒什麼大道理，沒什麼口號，只是在很多細節上，
體察出自己這份感情。[152]

　　口述歷史與回憶錄固然有浪漫情懷之作，但更有現實、寫實的記
錄。女青年大隊第二中隊長郭文萃女士，提到本省籍女孩幫忙女青年大
隊工作。沒想到這位談得來小姐，很直接告訴過郭文萃，他們比較喜歡
日本人，因為日本軍隊不像中國軍隊這麼糟等等。郭文萃也去過女孩
家，女孩父親受日本教育，對一行訪客不太歡迎。[153]王曉波教授，回憶
起學生時代被台籍同學仇視為「外省郎」，還被罵成「山豬」。[154]最特
別的經歷是台灣人蔡國信，使用「施紹勳」假名報考青島海軍官校被錄
取，最後隨著海軍撤退到左營。施紹勳與吳麗鑾結婚後，住在左營海軍
眷村。吳麗鑾回憶1962年隔壁家有小孩特別愛哭，（外省）媽媽為哄
小孩常說：「再哭、再哭我就叫台灣人來抓你。」吳麗鑾聽到心想，台

150 戴國煇著，魏廷朝譯，《台灣總體相——住民‧歷史‧心性》（台北：遠流出版事業，
　　1995年二版三刷），頁17。
151 王宗漢，《皖生台胞一世情——王宗漢七十自述》（台北：立華出版，2002年5月），頁
　　162-167。
152 柏楊口述，周碧瑟執筆，《柏楊回憶錄》（台北：遠流出版事業，1996年7月），頁188-
　　189。
153 陳三井、朱浤源、吳美慧訪問，吳美慧記錄，《女青年大隊訪問紀錄》（台北：中央研究
　　院近代史研究所，1995年9月），頁16-17。
154 王曉波，《台灣史與台灣人》（台北：東大圖書，1999年8月三版），頁2。

灣有人有那麼可怕嗎？她不知隔壁就住台灣人。[155]

　　事實上外省人的作品已出現反思。早在1970年代，新聞界老兵陳黎陽先生，自己創辦黨外雜誌——《這一代》，也在創刊號記上他剛到台灣時，大館子裡客人90%都是外省人。20年之後本省人成為富翁了，所以博士、碩士不希罕。外省人呢？十年風水輪流轉，現在真是嗚咽之時！最不幸是當時35至60歲之一群，他們生於戰亂，流離奔波，來台以軍人最多，流亡學生、公教人員、商人等次之。[156]曾任陸軍總部政治部副主任蕭學良（1910-？）將軍，1982年從美國紐約回到大陸定居，結果在回憶錄內容的詩文中提到：「住留台灣三十年，內心好似滾油煎；西望故國山河好，無情歲月催人老。」[157]

　　台灣社會對於外省人的看法，比回憶錄更尖銳，這肇因於二二八事件，本地人辨認開槍的國軍，把他們都看成「外來省分的人」。因此半個世紀以來，「兇手」被連結成一個等同數萬倍的符號——外省人。外省人原罪有多深？多少付出才能換取本省人的接納？[158]可能沒有答案，不過有些人的作法，已經直接把台灣當做唯一的祖國。[159]政論性文章認為外省人不必替蔣家政權背黑鍋，50年代白色恐怖時期，許多外省知識份子亦被蔣介石殺害。[160]當今台灣社會二個與外省人有關的現象，一為職業軍人省籍的比例，外省第二代仍佔多數。另一為黑社會幫派省籍比例，也是外省人佔多數。[161]前監察院長王作榮（1919-2013）設身處

155 楊振隆總編，《二二八口述歷史補遺》（台北：財團法人二二八事件紀念基金會，2007年12月），頁49-56。

156 陳黎陽，〈外省人的惆悵與希望〉，《這一代雜誌》，台北，第1期，1977年7月，頁21。

157 蕭學良著，《台灣聞見錄》（長沙：湖南人民出版社，1987年7月），頁5。

158 陳文茜，〈啊！外省人〉，《商業周刊》，台北，第842期，2004年1月12日，頁20。

159 田欣，《台灣，我唯一的祖國——一個外省新台灣人的心聲告白》（台北：前衛出版社，1995年12月）。

160 李筱峰，《李筱峰專欄——為這個時代留下永遠的歷史見證與紀錄》（台北：新自然主義，2004年8月），頁219-223。

161 王曉波，〈外省人權益與族群和諧——二月一日講於「洪鈞培文教基金會」〉，《海峽評論》，

地提到對外省人看法，認為台灣是中華民國的一省，外省人與本省人都是一個民族。如果中華民國仍統治全中國，不會發生少數統治多數的問題。現在問題是中華民國政府只統轄台、澎、金、馬，統治權所及的人口80%是本省人。那麼統治權仍在外省人手裡，變是少數統治多數。[162]

省籍問題在光復初期的台灣已經出現，它對當今台灣社會的影響，使得《當代》雜誌必須製作「台灣族群的殊異現象」專輯來討論。其中法國學者高格孚（Stéphane Corcuff）教授提到台灣有一部分的外省人，就是不能接受他們在台灣已經建立起來的新家。[163]高格孚應是外國第一位研究此議題學者，他實際居住眷村近身觀察，並發出一千多份問卷調查整理資料。他認為台灣人會把外省人與壓抑台灣社會的新政治秩序（un nouvel ordre politique）畫上等號。[164]故他的大作一出版，相關書評至少4篇。[165]台灣學界近年也有同樣的成果，社會學者張茂桂教授主編相關論文集，討論國家認同、外省人在台灣的流亡、家園的建立與想像、國家制度、外省人職業分佈。[166]值得注意的是1945至1949年，外省人中哪一個「省市」的人，最讓台灣人印象深刻？答案是上海人。台灣史學者謝國興教授，撰文討論1949年來台的上海商人，並提出

台北，第 186 期，2006 年 6 月，頁 55。

162 王作榮，《壯志未酬——王作榮自傳》（台北：天下遠見出版，1999 年 4 月八刷），頁 509-510。

163 高格孚，〈台灣人與中國人的衝突〉，《當代》，台北，復刊第 111 期，2006 年 9 月，頁 32-33。

164 參閱高格孚（Stéphane Corcuff），《風和日暖——台灣外省人與國家認同的轉變》（台北：允晨文化實業，2004 年 7 月修訂版）。

165 梁裕康，〈外省人的認同探索——評高格孚著「風和日暖——台灣外省人與國家認同的轉變」〉，《政治與哲學評論》，台北，第 8 期，2004 年 3 月，頁 213-219；蕭阿勤，〈評論——高格孚，「風和日暖：台灣外省人與國家認同的轉變」〉，《台灣社會學刊》，台北，第 33 期，2004 年 12 月，頁 239-247；蔡明燁，〈爭議的共識、共識的爭議——評介「風和日暖」〉，《書訊月刊》，台北，第 67 期，2004 年 7 月，頁 14-16；林呈蓉，〈評介：高格孚氏「台湾外省人の現在：変容する国家とそのアイデンティティ」〉，《台灣史料研究》，台北，第 38 期，2011 年 12 月，頁 182-185。

166 張茂桂主編，《國家與認同：一些外省人的觀點》（台北：群學出版，2010 年 2 月）；蔡明璋，〈評介「國家與認同：一些外省人的觀點」〉，《研究台灣》，台北，第 6 期，2010 年 12 月，頁 131-138。

1970年代以前上海商人在台灣產業是一大勢力，也對台灣經濟起飛有重大貢獻。[167]

　　循著上述議題延伸就是1949，民國百年時台灣學界與藝文界，曾經熱烈討論1949對於中華民國的歷史價值。林桶法教授利用國史館、中國第二歷史檔案館、中央研究院近代史研究所、上海市檔案館、美國史丹福大學胡佛研究所典藏蔣介石日記等，討論蔣介石來台灣，以及伴隨著他來台的機關、重要文物、軍民，文中也有不少篇幅提及外省人入台的過程與影響。[168]至於報導文學雖然不是歷史學，但影響力不容小覷。時任行政院文化局長龍應台，先前所著《大江大海一九四九》掀起一陣討論熱潮。[169]之後亦有《太平輪一九四九》接續討論這段歷史，講述來台者搭乘客輪遭遇船難幸與不幸的故事。[170]稍晚又有《1949，南渡還是北歸》，講述胡適（1891-1962）、朱家驊（1893-1963）、傅斯年（1896-1950）等的抉擇。[171]國立歷史博物館亦主辦同主題的展覽，定名為1949──新台灣的誕生。為什麼說是「新」？因為從民主政治、經濟、跨文化的潛力，都為1950年以後的台灣豎立新的里程碑。[172]

　　歷史資料的部分，2009年國史館召開政府遷台六十年學術討論會，其實也是口述座談回憶「我的1949」。會中邀請中央研究院士張

167 謝國興，〈1949 年前後來台的上海商人〉，《台灣史研究》，台北，第 15 卷第 1 期，2008 年 3 月，頁 131-172。

168 參閱林桶法，《1949 大撤退》（台北：聯經出版社，2012 年 4 月十一刷）；林桶法，〈政府機關遷台的問題〉，《國史館館訊》，台北，第 5 期，2010 年 12 月，頁 74-99。

169 對於 1949 年的歷史，有太多的記憶與看法是不一樣。作家李敖出書反駁龍應台的著作，可是山東流亡學生黃端禮，也出書公開澎湖七一三的事情，認為兩者都被騙。參閱龍應台，《大江大海一九四九》（台北：天下雜誌，2011 年 12 月三版十七刷）；李敖，《大江大海騙了你──李敖秘密談話錄》（台北：李敖出版社，2011 年 4 月二十六刷）；黃端禮，《澎湖七一三的真相》（高雄：上銘書庫，2011 年 12 月）。

170 參閱張典婉，《太平輪一九四九：航向台灣的故事》（台北：商周出版，2009 年 10 月）。

171 參閱葉偉，《1949，南渡還是北歸》（台北：海鴿文化出版，2012 年 3 月）。

172 蘇啟明、楊儒賓主編，《1949 ──新台灣的誕生》（台北：國立歷史博物館，2009 年 10 月）。

玉法教授、政大歷史系退休的閻沁恆教授、中央研究院近代史研究所退休的陳存恭教授，暢談1949年的個人史。[173]另外《美國外交關係文件》1949年部分第8、9冊涉及到中國事務，也有不少台灣的記錄翻譯成中文版問世。[174]

光復初期經濟史研究方面，日本統治時期台灣米糖經濟已高度成長[175]，不過台灣的土地畢竟有限，想要持續發展唯一的方法就是工業化。於是除了農產品加工外，建設電力事業、依賴日本工業資本與技術、利用海外原料建立國防工業與重工業，則是日治台灣工業建設三個方針。[176]經濟學者劉進慶教授提到戰後所謂的「接收」就是對日本人企業的處理。決定性地規定以後台灣經濟構造的重組方向，這種接收時實際上就是戰前日本人在台灣擁有的龐大資產，置於國民政府的管理之下。[177]其他成果顯示，1946至1952年台灣工業成長的項目，依序為肥料、紙張、水泥、其他（酒精、燒鹼、鋁錠、棉紗、硫酸合計）、發電量、用材、金、煤炭、糖、原油。[178]

1945至1949年台灣農、林、漁業，以及工、礦、商業，都有穩固的基礎與潛力。甚至於在「反攻大陸」的年代，這些產業被視為台灣屹立不搖的保證。[179]可是時至今日，學界對這些產業個別公司的研究並不多。這些大企業公司本身對於經營史的編纂，亦非認為是重要的事，故少數幾家留下的記錄就別具特色。首先是台灣糖業公司，1970年代曾

---

173 鄭坤騰，〈政府遷台六十週年學術討論會：口述座談——我的1949〉，《國史館館訊》，台北，第 4 期，2010 年 6 月，頁 15-30。

174 王景弘編譯，《美國外交檔案密錄——1949 大流亡》（台北：玉山出版事業，2011 年 4 月），頁 7。

175 段承璞編著，《台灣戰後經濟》（台北：人間出版社，1992 年 6 月），頁 63-65。

176 張宗漢，《光復前台灣之工業化》（台北：聯經出版社，1985 年 10 月二刷），頁 250。

177 劉進慶著，王宏仁、林繼文譯，《台灣戰後經濟分析》（台北：人間出版社，1995 年 4 月三刷），頁 24。

178 劉士永，《光復初期台灣經濟政策的檢討》（台北：稻鄉出版社，1996 年 3 月），頁 118-119。

179 馬名清，《台灣與反攻》（台北：大陸出版社，1965 年 4 月），頁 384-711。

編修《台糖三十年發展史》，1980年代有《台糖四十年》，1990年代有《台糖50年邁向新世紀》，2000年代有《台糖六十週年慶紀念專刊》。雖然內容大多是人事、組織、業務、工作的彙編，但已經是公營企業中最重視公司史的機構。[180]另外光復時期台糖公司重要推手，結果也成為白色恐怖犧牲者——首任總經理沈鎮南（1902-1951），亦有研究注意。[181]

其次是台灣肥料的公司史，台灣農業的繁榮發展，化學肥料使用助益甚大。台肥公司曾在1980年編修《台肥四十年》，1990年代有《台肥五十年》，2000年代有《台肥的希望與榮耀——深耕一甲子、風華60年》。雖然整體內容以財務、管理、產品、研發為主，但這也是台肥內部重要的記錄。[182]

至於公營企業研究，從日治到戰後的台灣電力公司，台日學界分別有成果討論。前者認為兩個時代的台電，只是電力政策的執行機關。台電雖有電力專業能力，但無論是人事、經費、重大能源規劃，台電多屬於配合的附屬地位。[183]後者大部分篇幅討論殖民地時期的電力開發，僅有一段討論朝向中華民國經濟的台電復興計畫，直到大陸失陷後台電又再度重整。[184]最後是台灣鋁業公司與中國石油公司高雄煉油廠，這二大公司都位於高雄市，也是台灣早期工礦的代表。台灣史學者葉振輝教授選譯上海美國總領事館，呈報給國務院的通訊（dispatches）與附件，

---

180 參閱台灣糖業股份有限公司編，《台糖三十年發展史》（台北：台糖公司，1976 年）；蔣渝等編輯，《台糖四十年》（台北：台糖公司，1986 年）；蔣渝編輯，《台糖 50 年邁向新世紀》（台北：台糖公司，1996 年）；台灣糖業股份有限公司編，《台糖六十週年慶紀念專刊》（台北：台糖公司，2006 年）。

181 程玉鳳，〈沈鎮南與戰後台灣糖業的接收與重建 1945-1950〉，《國史館館刊》，台北，復刊第 37 期，2004 年 12 月，頁 23-43。

182 參閱王玉雲、任魯編，《台肥四十年》（台北：台肥公司，1986 年）；吳澄泉，《台灣肥料公司五十年紀念專集》（台北：台肥公司，1996 年）；楊台執行編輯，《台肥的希望與榮耀——深耕一甲子、風華 60 年》（台北：台肥公司，2006 年）。

183 吳政憲，《台灣來電》（台北：遠足文化，2005 年 2 月），頁 133。

184 湊照宏，《近代台灣の電力產業——植民地工業化と資本市場》（東京：御茶の水書房，2011 年 1 月），頁 193-216。

讓讀者一窺光復初期台灣工礦復員的情況。[185]

　　另外，國民政府資源委員會的研究也有學者關注。該機構1932年在南京成立，1952年在台灣撤銷。當時中國重要產業，如石油、金屬礦開採與冶煉、鋼鐵、電力、煤炭、機械、化學等都在該會領導之下。全盛時期有大中小企業近千家，員工30多萬人。[186]現任美國University of Massachusetts Dartmouth亞洲史教授程麟蓀，對資委會在台灣接收有撰文探討。該文對於糖業、電力事業、石油業、煉鋁業、金銅礦業、機械造船工業、化肥、碱業、水泥業、造紙業有泛論。[187]資源委員會委員長孫越崎（1893-1995）也留下回憶錄，他拒絕蔣介石的命令，不肯把南京5個廠──電照廠、有線電廠、高壓電瓷廠、無線電廠、馬鞍山機器廠，全部遷到台灣。[188]

　　商業議題研究上，1945至1949年通貨膨脹的壓力一直困擾當政者。台灣也面臨相同問題，分析原因主要有二：一為1946年大陸惡性通貨膨脹不斷輸入台灣。二為台灣光復初期生產停頓，中國在資本累積極度缺乏情況下，無法給予援助，而台灣自籌重建資金也導致通貨膨脹。台灣通貨膨脹的壓力，要到1949年新台幣改革後，以及1950年台灣銀行辦理優利儲蓄存款，問題才逐漸趨緩。[189]台日貿易發展也值得注意。1947年開始台日貿易從戰後短暫的中斷，又開始持續進行。1949年4月在美軍佔領當局同意下，日本與台灣簽定戰後第一個貿易合同。台灣可以向日本輸出總值57,000美元的香蕉，用以交換日本的藥品與漁

185 葉振輝譯。《半世紀前的高雄煉油廠與台鋁公司──史料選譯》（高雄：高雄市文獻委員會，1995年10月），頁2。

186 薛毅，《國民政府資源委員會研究》（北京：社會科學文獻出版社，2005年4月），頁1。

187 程麟蓀，〈接收台灣工礦企業以後〉，《回憶國民黨政府資源委員會》（北京：中國文史出版社，1988年2月），頁223-241。

188 孫越崎原作，〈我與資源委員會（下）〉，《傳記文學》，台北，第63卷第6期，1993年12月，頁82-92。

189 潘志奇，《光復初期台灣通貨膨脹的分析》（台北：聯經出版社，1985年7月二刷），頁1-3。

具等。[190]

　　最後是光復初期人物史研究，蔣介石無疑是最重要，而他的重要性在於新史料公開——蔣介石日記。1990年代中期歷史學家黃仁宇（1918-2000），利用《蔣介石日記類鈔》、《蔣介石先生》、《總統蔣公大事長編初稿》，來解讀可能帶有「日記」內容的史料。[191]其實蔣介石日記並無散佚，它被妥善保存於台北。2005年1月蔣家後代與美國史丹福大學簽署保管合約，暫時寄放於該校胡佛研究所。2006年3月蔣介石日記正式在胡佛研究所對外公開，不過日記的年代只至1931年。作者從大陸期刊看到，蔣介石的愛將張治中（1890-1969），「公開」蔣氏早晨作息。提到蔣介石每天五、六點起床，起床最先做的事是運動，他所做的運動並非操場或野外運動，而是一種有益身心的室內運動。運動完後就是寫日記，把昨天做的事和待人接物的一切，都在日記上寫出來。寫完日記就開始處理事務，凡是重大的問題都親自計畫，以及親自下命令，都在這個清爽的時候辦理。[192]

　　台灣學者利用《蔣介石日記》進行研究，除了林桶法教授的成果之外，蔣永敬、劉維開教授也利用日記，重新討論國共內戰中的國共和談、國府遷台、舟山撤防等議題。[193]大陸方面以歷史學者楊天石教授最重要。楊氏利用日記，先解讀蔣介石的早年經歷、北伐前後、抗日期間、國共矛盾等關鍵性問題。[194]另外陳紅民教授的研究團隊，亦使用《蔣介石日記》，重新討論1949年以後蔣介石退守台灣、重掌國民黨

190 王鍵，《戰後日台經濟關係的演變軌跡》（北京：台海出版社，2009年3月），頁230-231。
191 黃仁宇，《從大歷史的角度解讀蔣介石日記》（台北：時報文化出版，1995年二版二刷），頁8-13。
192 張治中，〈主席一天的生活〉，《天下》，上海，第1卷第2期，1947年3月，頁4。
193 參閱蔣永敬、劉維開，《蔣介石與國共內戰（一九四五～一九四九）》（台北：台灣商務印書館，2011年12月）。
194 參閱楊天石，《蔣介石日記解讀——找尋真實的蔣介石（上、下冊）》（太原：山西人民出版社，2010年7月五刷）。

政權、保衛大台灣、朝鮮戰爭、改造國民黨、反共抗俄總動員、建設三民主義的模範省、對日和約、美援、整肅內部、雷震案、政治新佈局。[195]

　　其他人物的研究與本文相關者，亦有二二八事件受難者台灣省參議會議員王添灯（1901-1947）。[196]台灣獨立運動的先驅，最後也被迫返台的廖文毅（1910-1986）。[197]躲過二二八事件，卻躲不過白色恐怖的三民主義青年團台灣分團主任李友邦（1906-1952）。[198]霧峰林家成員、台灣仕紳人格者，東渡日本最後客死異鄉的林獻堂（1881-1956）。[199]半山身分跟著國府回台接收，擔任首任台北市長、首任台灣省參議會議長、首任台灣省議會議長的黃朝琴。[200]中國青年黨資深黨員、首任台灣新生報社長、三屆台灣省議員的李萬居（1901-1966）。[201]跨足學政兩界的奇女子謝娥（1918-1995），以及第一屆國民大會代表、台灣女權運動的先驅鄭玉麗（1921-2006）。[202]

　　大陸來台人士有「財經官僚」出身，先後擔任台灣省行政長官公署財政處長、台灣省政府財政廳長、經濟部長、副總統的嚴家淦（1905-1993）。[203]「技術官僚」出身，先後擔任日月潭發電廠機電處長、台灣

195 參閱陳紅民、趙興勝、韓文寧，《蔣介石的後半生》（杭州：浙江大學出版社，2010 年 3 月）。
196 參閱張炎憲主編，《王添灯紀念專輯》（台北：財團法人吳三連台灣史料基金會，2005 年 2 月）。
197 參閱李世傑，《台灣共和國臨時政府大統領廖文毅投降始末》（台北：自由時代出版社，1988 年 11 月）。
198 參閱李友邦，《日本在台灣之殖民政策（覆刻版）》（台北：世界翻譯社，1991 年 9 月二版）。
199 參閱黃富三，《林獻堂傳》（南投：國史館台灣文獻館，2004 年 11 月）。
200 參閱李新民，《愛國愛鄉——黃朝琴傳》（台北：近代中國雜誌社，1984 年 11 月）。
201 參閱李佳徽，《知己？異己？港台認識人——李萬居與李南雄父子的中國認識》（台北：國立台灣大學政治學系中國大陸暨兩岸關係教學與研究中心，2011 年 7 月）。
202 應大偉，《半世紀的影像與回憶——台灣女人》（台北：田野影像出版社，1996 年 7 月），頁 30-43。
203 周慕瑜，〈敬悼嚴家淦先生〉，《傳記文學》，台北，第 64 卷第 2 期，1994 年 2 月，頁 14-15。

電力公司總經理、交通部長、行政院長的孫運璿（1913-2006）。[204]
「北梅南歐」劇作家，也曾參加過閩變，以及上海知名電影編劇的歐陽
予倩（1889-1962）。[205]中國共產黨婦女運動者、中國戰時兒童保育會
發起人、知名作家安娥（1905-1976）。[206]最後是國民黨去台高官大結
局——何應欽（1890-1987）、白崇禧（1893-1966）、陳誠、陳果夫
（1892-1951）、閻錫山（1883-1960）、張群（1889-1990）、吳鐵城
（1888-1953）、孫立人、吳國楨（1903-1984）、朱家驊、湯恩伯
（1898-1954）、馬鴻逵（1892-1970）、于右任（1879-1964）等。[207]

3.1945至1949年大陸期刊、雜誌對台灣報導綜述

第二次世界大戰正酣之時，決定台灣未來的會議召開。1943年11
月下旬（11月27日），蔣、羅、邱三大領袖在開羅舉行歷史性會議，
事後發表公報同意中國收回過去日本所攫奪領土，例如：東北四省、台
灣和澎湖群島。[208]開羅會議討論問題有二——政治問題、軍事問題。東
北四省與台灣歸還中國，起先由美方霍浦金斯（Harry L. Hopkins，
1890-1946）起草，以宣言書方式公佈。一開始起草內容僅提到台灣，
未提到澎湖島。中國方面予以修正，但記不得澎湖島的英文名字，經過
查閱字典才解決。[209]那天下午（11月30日）最後一次召開政治會議，蔣
氏夫婦、邱吉爾（Winston L. S. Churchill，1874-1965）、哈里曼大使

---

204 參閱丘秀芷，《懷念孫運璿》（台北：天下遠見出版，2007年2月）。

205 蘇關鑫編，《歐陽予倩研究資料》（北京：中國戲劇出版社，1989年1月），頁1-11。

206 參閱安娥，《安娥文集（上、中、下冊）》（北京：中國文聯出版社，2008年9月）。

207 參閱楊帆，《國民黨去台高官大結局》（北京：華文出版社，2011年五刷）。

208 胡嘉，〈戰後中國政治地理的重要變革——戰後新中國之一〉，《青年界月刊》，上海，
　　新1卷第3號，1946年3月，頁27-28。

209 楊宣誠，〈參加開羅會議經過——應台省警備司令部新聞處之邀在中山堂講〉，《建國月
　　刊》，台北，第1卷第5期，1948年2月，頁10-11。

（William A. Harriman，1891-1986）和艾登（Robert A. Eden，1897-1977），在花園與羅斯福總統（Franklin D. Roosevelt，1882-1945）晤談2小時，他們草擬一個公告，決定用那些語句來告訴世界。滿洲、台灣和澎湖群島交歸還中國。[210]

　　1945年8月15日日本投降，台灣接收事宜隨即展開，國軍已於美軍協助下，逐漸完成接收工作。[211]美國對於台灣的戰略地位非常清楚，戰爭才剛結束，國務院的公報就提到台灣在遠東的戰略價值。除了新加坡之外，沒有一個地方能控制周遭的一切。[212]有此一說亞洲的地中海呈現三角形，一個頂點是台灣，一個頂點是新加坡，一個頂點是澳洲約克角（Cape York）。[213]當時中國對於台灣社會與人民是陌生，可是對於台灣戰略地位與美國是同樣了解。一般認為台灣被葡萄牙人稱為Formosa，被日本人稱為不沉空母、被中國人稱為國防前哨。[214]

　　二二八事件時國防部長白崇禧巡視台灣，並向21師官兵發表講話，內容提到台灣是我們的海防重鎮，是我們的海軍基地，是中國在太平洋堅強的第一線堡壘。台灣在日本統治時期是南進基地，因此海、空軍設備都相當完善。[215]光復後台灣可以成為的中國的海軍中心、僑商經濟中心、遠洋航運中心、南中國漁業中心。[216]這樣的特色，越到國共內戰末期越是重要。雖然台灣對中國只是邊緣地，但在東亞海上台灣卻是

---

210 小羅斯福著，蔣學模譯，〈邱吉爾如何與史達林鬥爭——開羅會議和德黑蘭會議的幕後秘密〉，《文摘》，上海，第 10 卷第 2 期，1946 年 10 月 16 日，頁 7。

211 居燕，〈月間大事述要——國內〉，《中國建設》，北平，創刊號，1945 年 10 月 20 日，頁 22。

212 Dooman、Barton Coull 合著，譯自美國國務院公報，〈台灣——新光復的一省〉，《讀者》，漢口，試版第 4 號，1945 年 11 月 16 日，頁 15-18。

213 陶朋非，〈地理政治的世界（上）〉，《時與潮半月刊》，上海，第 27 卷第 7 期，1947 年 6 月 1 日，頁 27。

214 王慰曾，〈介紹台灣〉，《太平洋月刊》，北平，第 1 年第 4 期，1947 年 4 月，頁 41。

215 夏雨，〈論海防重鎮——台灣〉，《海事》，台北，第 2 期，1947 年 4 月，頁 2-3。

216 柳浪，〈認識新四省〉，《青年知識半月刊》，上海，第 11 期，1946 年 12 月 1 日，頁 204。

中央。該島已經表現出不一樣的地位,特別扼守著台灣海峽,海權與空權都彰顯台灣的重要。[217]

中國的出版界、新聞界對於台灣,也與官方一樣,知道這座島嶼的重要,而且充滿好奇。雖然本文大量採用1945至1949年的大陸期刊、雜誌,但中國自辦雜誌的歷史卻不長。[218]大概從清末梁啟超(1873-1929)創辦《新民叢報》才算開始。起初印刷、裝訂都採用線裝書方式,直到1904年《東方雜誌》出刊,才採用報紙印刷、西式裝訂。民國初年雜誌印刷以18開紙最為流行,但到了1927年商務印書館購買捲筒機,雜誌的印刷從18開改為16開,此後16開與23開版式的雜誌大為流行。然而中國出版的雜誌壽命都很短,當時歷史較久的就是《東方雜誌》。其他如《小說月報》、《婦女雜誌》、《學生雜誌》、《兒童雜誌》,也僅有10餘年的歷史。前面4種若在加上《教育雜誌》、《學藝雜誌》、《小說世界》、《少年雜誌》、《兒童世界》、《兒童畫報》,號稱民國十大雜誌。[219]值得注意的是中國幅員遼闊、人口眾多,但整個出版事業與歐美比較並不發達。日本人曾向來台記者表示,中國出版界真可憐,像《論語雜誌》如此暢銷也不過賣至10萬本。美國銷路很好的雜誌,如《讀者文摘》、《時代》、《生活》每期出刊200萬份。[220]

運用大陸期刊、雜誌討論光復初期的台灣,除了可以了解當時大陸人士,如何看待中華民國的一塊新領土之外,還有另一個很重要的理由。原來1947年二二八事件後,台灣各報紙、雜誌自動停刊者比比皆

---

217 沙學浚,〈台灣島與台灣海峽之地位價值〉,《世紀評論週刊》,南京,第2卷第11期,1949年9月13日,頁10-12。

218 對於民國雜誌研究專書,台灣與大陸學界成果不多。參閱周為筠,《雜誌民國——刊物裏的時代風雲》(北京:京城出版社,2009年8月)。

219 危月燕,〈談中國的雜誌〉,《春秋》,上海,第5年第1期,1948年4月,頁10-17。

220 桂林,〈週末夜談〉,《建國月刊》,台北,第1卷第4期,1948年1月,頁34。

是，僅存者不過事前十之一、二。[221]當時有外省記者表示，說來慚愧由於台灣新聞檢查嚴密，住在台灣的人要知道台灣的真相，有時需要從省外報刊得知。[222]二二八事件後，中國管制新聞最徹底的省份就是台灣。當地的報紙都是官營，日報計有11種、晚報2種，三日刊有8種。[223]1948年1月11日台灣省雜誌聯誼會成立，並宣佈四點工作方針：一為交換意見，充實雜誌內容。二為發行聯合月刊，為台省代表雜誌。三為爭取政府與社會各界之扶助。四為聯絡世界各國雜誌界，並與國內雜誌界通聲氣。[224]但是台灣的新聞業已經被管制，如果再用當地發刊的雜誌討論，不能辨別雜誌客觀性，故非用大陸發刊的雜誌不可。

再者，大陸的期刊、雜誌在許多看法上，都與蔣介石政府不同調，例如：戰後各地的接收與復員、制憲與行憲、召開國民大會與選舉正副總統、國共內戰問題、日本對華賠償、中國對日和約的簽訂、日本的重建等，顯示出不是一言堂的言論。

最後，民國時期中國與其他重要國家相比，特殊的城市文化表現出迥異的政治特色。若以英國、法國、義大利、德國、日本為例，該國的首都：倫敦、巴黎、羅馬、柏林、東京，既是首都、政治中心，也是經濟、交通、新聞、學術的中心。相較於美國與蘇聯領土幅員遼闊，首都與商業中心各有一個代表都市，如華盛頓——紐約，以及莫斯科——列寧格勒。只有中國最為特殊，政治中心——首都南京，經濟與新聞中心——第一大城市上海，學術與文教中心——北平（北京）。整體來說，這三個城市出刊的雜誌風格各異，北平（北京）雜誌諸多論點與南京相

---

221 本社，〈台灣造紙工業〉，《工人週刊》，天津，第21期，1948年8月28日，頁5。

222 本刊特約記者，〈紙包著火的台灣〉，《大學評論》，南京，第2卷第7期，1948年11月16日，頁12。

223 穆異，〈台灣的新聞事業〉，《創世半月刊》，上海，第17期，1948年6月1日，頁17-18。

224 編者，〈台灣省雜誌聯誼會成立大會宣言〉，《建國月刊》，台北，第1卷第5期，1948年2月，頁1。

異，上海有親左派雜誌，也有親國府或各黨派的雜誌，反映出百家爭鳴的結果。南京由於是首都，所以有許多期刊是政府出版品，顯示官方立場。

附錄一、二的內容為北京國家圖書館與北京大學圖書館，館藏1945至1949年有關台灣資料的期刊、雜誌。[225]這二個圖書館在民國時期具有強烈的代表性，一是全中國最重要的圖書館，另一是全中國第一流大學。值得注意的是北京國圖典藏1945至1949年的雜誌有582種，但有台灣資料僅有88種。北大圖書館典藏同時期的雜誌有911種，但有台灣資料為190種，從比例上看二者都不高。但是細看二個圖書館的館藏，發覺北京國圖相關台灣資料的雜誌，1945之前到1947年比較多。北大圖書館相關台灣資料的雜誌，為1948至1949年比較多，二者剛好形成資料互補的效用。

的確，作者僅使用北京國家圖書館與北京大學圖書館的館藏，沒有再用其他民國創立至今的圖書館資料。不過以這二個圖書館的館藏資料來討論台灣，似乎已經足夠。當然在找尋相關期刊、雜誌的過程中，也有因忽略而漏失。重要的是這些被「遺漏」的文章，數量上不會超過本文使用的一千餘篇。因此就算發現本文未使用的文章，它們的內容不會更改本文的討論架構，也不會推翻本文所做的結論。透過附錄一、二的內容整理，發覺總共278種雜誌中，上海出刊的雜誌115種、南京出刊的雜誌42種、北平（北京）出刊的雜誌35種、重慶出刊的雜誌12種、香港出刊的雜誌8種、台北出刊的雜誌7種，其他地方出刊的雜誌58種，無出版地1種。再對應表1-3-1內容，作者找尋到1,479篇相關台灣文章，前三名依然是上海635篇、南京378篇、北平（北京）155篇。因此經過資料的整理後，發覺上海、南京、北平（北京）出刊雜誌，不管

---

225 2009 至 2011 年找尋資料過程中，北京大學圖書館過刊閱覽室，從 409 室搬遷到 401 室；北京國家圖書館縮微文獻閱覽室，從舊館「大搬家」到新館。作者從檢索、查閱、抄錄、拍攝、複製，整個資料帶回台灣，費時三年才完成。

是種類還是篇數，對於台灣的新聞報導與評論最多。

表1-3-1　北大圖、北京國家圖書館典藏1945至1949年雜誌相關台灣文章數

	南京	上海	北平或北京	重慶	台北	香港	其他地方	總計
1945.8.14 以前	7	10	6	31	0	0	9	63
1945.8.15 以後	1	12	7	4	0	0	6	30
1946 年	29	113	23	5	2	2	17	191
1947 年	150	228	87	1	25	29	33	553
1948 年	157	204	24	3	17	15	30	450
1949 年	34	67	8	1	0	67	4	181
1950 年	0	1	0	0	5	5	0	11
總計	378	635	155	45	49	118	99	1,479

　　民國期刊能夠討論出1945至1949年台灣哪些事情？在研究方法上，本文進行史料堆砌，設法將文字的描述，編織成一種讓人可以連結的圖像。具體方式是使用同質性的史料──期刊、雜誌，歸納、整理並總結輿論的看法。而這種看法就是當時大陸人士，對於台灣的一種既定印象，或者一種既定圖像。結果發覺所謂「圖像」，可以分成政治、社會、經濟、旅遊四類。每一種對台灣的看法雖有不同，但它們的交集都表示台灣是一個好地方，只是與大陸各省迥異。這些迥異之處就是期刊、雜誌記者採訪的重點，亦是本文著重的議題。

　　如此的研究方法是可行，因為不少雜誌對台灣的報導，都刊登超過10篇以上的文章。這除了表示對台灣新聞的重視外，更可以做為長期觀察的記錄。上海，當然是第一個要被討論的地方。當時的文章都說當地受到戰爭的破壞，但戰後上海文化界又高度飛揚。[226]作者找到上海刊登相關台灣的文章，1946、1947、1948都居於首位。重要者有《旅行雜誌》、《新聞天地週刊》、《化學世界半月刊》、《公益工商通訊》、《世界月刊》、《水產月刊》、《觀察》。[227]另外還有二本雜誌

226 本刊同仁，〈創刊詞〉，《上海文化》，上海，創刊號，1945 年 12 月 20 日，頁 1。
227 觀察週刊有針對二二八事件整理的選集，參閱張邦維、黃文雄主編，《二二八事件後的台灣──「觀察週刊」的報導》（台北：一橋出版社，2004 年 8 月）。

相當特殊，因為它們再刊登文字之餘，也附上許多照片，為我們提供難得的圖像史料。

其一，《寰球月刊》以畫報的形式，普遍介紹台灣的風土民情。例如：光復初期台灣日本情調仍然很濃，但台人留有許多祖國的習尚，甚至於清末的古蹟也不少，相信不久的將來可以逐漸「祖國化」。又如「皇民化」的象徵——台灣神社，其建築物照片絕少出現在大陸的雜誌。可是該文竟攝有台灣神社內部鳥居照片，這是今天難以蒐集的圖像史料（照片1-3-1）。[228]另外，台灣省行政長官陳儀身著西裝，主持外國記者招待會也很珍貴（照片1-3-2）。[229]

照片1-3-1【台灣神社內部的鳥居】

228 邵度，〈台灣行（二）〉，《寰球月刊》，上海，第 24 期，1947 年 10 月，頁 16-17。
229 張競生，〈台灣紀遊〉，《寰球月刊》，上海，第 12 期，1946 年 10 月，頁 25。

照片1-3-2【身著西裝的陳儀主持記者招待會】

　　其二，《藝文畫報》對台灣風景的報導更是全面，1948年7月製作「台灣特輯」，向大陸讀者介紹台灣人文景色。例如：台灣十大都市依序為台北市、高雄市、台南市、基隆市、嘉義市、台中市、新竹市、彰化市、屏東市、花蓮市。[230]台灣二大名山：玉山、阿里山。[231]台灣工業化發展稱雄全國，並且在殖民時期，就有「工業日本、農業台灣」的口號。中日戰爭爆發以後，日本人積極建設台灣的工業。[232]台灣的農業主要農產品，包括：米、甘蔗、蔴、水果。[233]台灣交通的發達，在國內諸省中首屈一指，欲環島一周差不多48個小時可以完成。公路如蜘蛛網般密佈全島，惟路面年久失修、高窪不平，車輛缺少而陳舊，行屢諸多不便。另外獨有的台車，也是外省遊客感到新奇交通工具（照片1-3-3）。[234]初到台灣的人，對台灣橋樑之多、橋體建築的巨大，都感到有

230 趙定明等，〈台灣特輯之一：十大都市〉，《藝文畫報（台灣專號）》，上海，第2卷第8期，1948年7月，頁2。

231 趙定明等，〈台灣特輯之二：二大名山〉，《藝文畫報（台灣專號）》，上海，第2卷第8期，1948年7月，頁3。

232 趙定明等，〈台灣特輯之三：工業化稱雄全國〉，《藝文畫報（台灣專號）》，上海，第2卷第8期，1948年7月，頁4。

233 趙定明等，〈台灣特輯之四：農產品得天獨厚〉，《藝文畫報（台灣專號）》，上海，第2卷第8期，1948年7月，頁5。

234 趙定明等，〈台灣特輯之五：縱橫的交通線〉，《藝文畫報（台灣專號）》，上海，第2卷第8期，1948年7月，頁6。

照片1-3-3【台車】

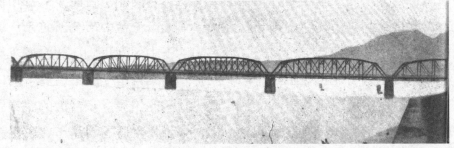

照片1-3-4【屏東大鐵橋】

興趣。特別是屏東的下淡水溪鐵橋，為遠東第一長橋，工程之浩大連黃河鐵橋與之相比都遜色（照片1-3-4）。[235]

　　台灣的廟宇也是讓人好奇之處，《藝文畫報》難得拍攝光復之初，延平郡王祠主殿內部泥塑鄭成功像（照片1-3-5）。[236]值得注意的是該報在報導台灣的景點，不同於《旅行雜誌》的處理，《藝文畫報》很清楚地說明日治台灣風景「八景十二勝與兩別格」，八景當中

---

235 趙定明等，〈台灣特輯之六：懸空的鐵索橋〉，《藝文畫報（台灣專號）》，上海，第2卷第8期，1948年7月，頁7。

236 趙定明等，〈台灣特輯之七：神社與廟宇〉，《藝文畫報（台灣專號）》，上海，第2卷第8期，1948年7月，頁8。

照片1-3-5【延平郡王祠鄭成功像】

有遠東第一大燈塔——鵝鑾鼻燈塔的描述。[237]如果說台灣的風景有哪個地方最吸引大陸遊客，日月潭一定是首選中的首選。故《藝文畫報》另闢一文介紹。[238]這種尋幽探訪的心態，使得台灣原住民的生活更讓大陸讀者好奇。所以專文最後一篇就是介紹「高山族」各部落情況。[239]

　　南京刊登相關台灣的文章方面，只有1947、1948年居多，原因是發刊者以政府出版品為主，而政府各單位尚在復員中。重要者有《經濟動向統計》、《各重要城市物價指數月報》、《經濟統計月報》、《中國各省重要糧食市場中等熟米價格統計表》。民間雜誌社發刊文章超過10篇以上，則有《中國工程週報》、《工商新聞》，《中國新聞半月刊》、《工程》、《京滬週刊》。特別是《中國新聞半月刊》連載26期刊登〈台灣按摩女〉的連載小說，可以說是外省作家以台灣特種行業為題材，創作的第一篇作品。

---

237 趙定明等，〈台灣特輯之八：名勝與古蹟〉，《藝文畫報（台灣專號）》，上海，第2卷第8期，1948年7月，頁9。

238 趙定明等，〈台灣特輯之九：日月潭〉，《藝文畫報（台灣專號）》，上海，第2卷第8期，1948年7月，頁10。

239 趙定明等，〈台灣特輯之十：高山族的原始生活〉，《藝文畫報（台灣專號）》，上海，第2卷第8期，1948年7月，頁11。

　　北平（北京）刊登相關台灣的文章方面，只有1947年比較多。因為當年二二八事件發生，當地出版《台灣二‧二八大慘案──華北輿論集》，有較多的文章刊登。另外《紀事報每週增刊》對於台灣也有不少報導。

　　重慶刊登相關台灣的文章方面，很清楚都集中在1945年8月14日以前。這是報導太平洋戰爭台灣戰況，以及收復台灣的新聞，其中《海軍雜誌》為主要報導者。

　　台北刊登的文章方面，理當不可能如此少。[240]不過本文討論的焦點，為1945至1949年外省士人眼中的台灣，因此同時期台灣出刊的雜誌非最重要。不過作者找到的資料，都是台灣各圖書館「稀見」，或者「無館藏」。稀見者有《國語通訊》、《旅行雜誌》。無館藏者有《海事》、《東南風》、《成功月刊》，以及1947與1948年的《氣象通訊月刊》，1948年第9期的《國立台灣大學校刊》。值得一提的是沈雲龍主編《台灣月刊》，1946年11月25日出版第一期，內容豐富被譽為關心台灣近情者必讀，上海《中華時報》代為販售、銷路頗佳。[241]

　　香港刊登的文章則很有趣，可以說全部集中在1949年。這肇因於中共軍隊已經佔領南京，有些雜誌社遷往香港繼續營業。也有左派早以此地為據點，創立機關雜誌為傳聲筒，刊登反國民黨的文章。其中《新台灣》最為重要，因為它是廖文毅出資，蘇新擔任主編的雜誌。不久廖、蘇二人因台灣獨立問題鬧翻，廖文毅退出後，改由華僑鉅子陳嘉庚（1874-1961）贊助。[242]

---

240 針對 1945 至 1949 年台灣刊行雜誌的討論，可以參閱何義麟，〈戰後初期台灣出版事業發展之傳承與移植（1945-1949）──雜誌目錄初編後之參考〉，《台灣史料研究》，台北，第 10 期，1997 年 12 月，頁 3-23；許毓良，〈戰後臺灣史研究的開啟：以 1945-1949 年臺灣各類型雜誌刊載的內容為例（上）〉，《輔仁歷史學報》，台北，第 21 期，2008 年 7 月，頁 195-251；許毓良，〈戰後台灣史研究的開啟：以 1945-1949 年台灣各類型雜誌刊載的內容為例（下）〉，《輔仁歷史學報》，台北，第 23 期，2009 年 7 月，頁 267-336。

241 編者，〈文化公園〉，《青年知識半月刊》，上海，第 11 期，1946 年 12 月 1 日，頁 203。

242 蘇新，《未歸的台共鬥魂──蘇新自傳與文集》（台北：時報文化出版，1993 年 7 月二刷），頁 251。

　　其他地方登相關台灣的文章方面，如天津、長沙、漢口、廣州、青島較為重要。雖然都是雜論居多，但可以彌補上述出刊地雜誌內容的不足。如〈台灣需要好政府〉、〈台灣女人多〉、〈台灣推行國語近況〉、〈孫立人這樣訓練軍隊〉等。

　　1946年3月天津市廣東中學教員前往市教育局，對新頒布的中學史地教科書提出抗議。因為書中內容明確把台灣列為日本殖民地，令人感到納悶的是勝利已經半年多，為什麼還糊里糊塗地編輯？[243]這樣的抗議有效嗎？至少1946年出版的《中國地理教科圖》，以及1948年出版的《最新中國分省地圖》，沒有再出現相同的錯誤。奇怪的是地圖說明文字沒有問題，但地圖中的台灣鐵路路線卻畫錯。1946年版出現「台灣環島鐵路」（照片1-3-6），1948年版雖沒畫出環島鐵路，但西部幹線延伸到恆春半島（照片1-3-7），也是無法想像的事。[244]對於台灣的錯誤「想像」，期刊、雜誌的報導有責任釐清。

　　整體來看大陸期刊、雜誌對於台灣的介紹相當深入，首先是台灣史的討論，有些敘述與看法跟現今比較毫不遜色。而且對台灣史有興趣的知識份子不乏其人，例如：知名劇作家田漢（1898-1968）多次來到台灣，據他表示除了中央山脈橫斷之願未達外，其餘重要地方都去過了。田漢可以做為大陸知識份子遊台的代表，遊記中侃侃而談台灣的歷史，以及與中國的關係——荷西、鄭成功、施琅、中法戰爭、台灣民主國。[245]中央大學歷史系教授郭廷以（1904-1975），應該是台灣光復以後首位研究台灣史的外省學者。他認為台灣進入歷史時期是在明朝晚

---

243 衣城，〈台灣是誰的國土〉，《文聯半月刊》，天津，革新第2號，1946年3月15日，頁101。

244 中國史地圖表編纂社，《中學適用中國地理教科圖》（上海：大中國圖書局，1946年12月增訂再版），頁26；新史地研究社主編，《最新中國分省地圖》（北京：中華書局，1948年2月），頁18。

245 田漢，〈台灣一周〉，《創世半月刊》，上海，第14、15期合刊，1948年5月1日，頁18-21；田漢，〈台灣一周〉，《創世半月刊》，上海，第16期，1948年5月16日，頁20-21。

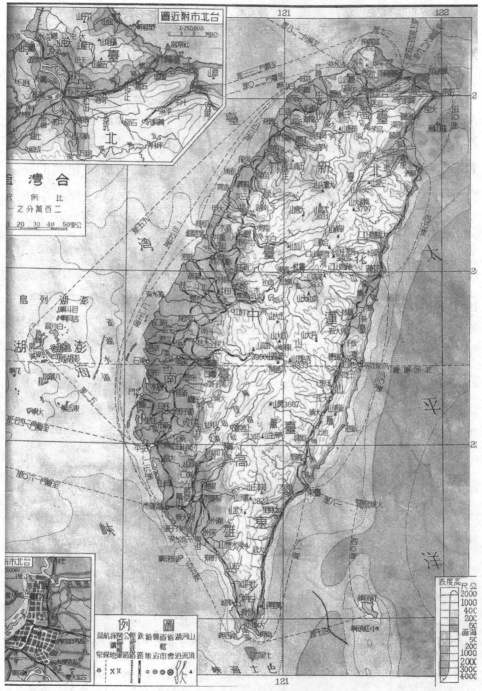

照片1-3-6【錯誤的台灣環島鐵路圖】

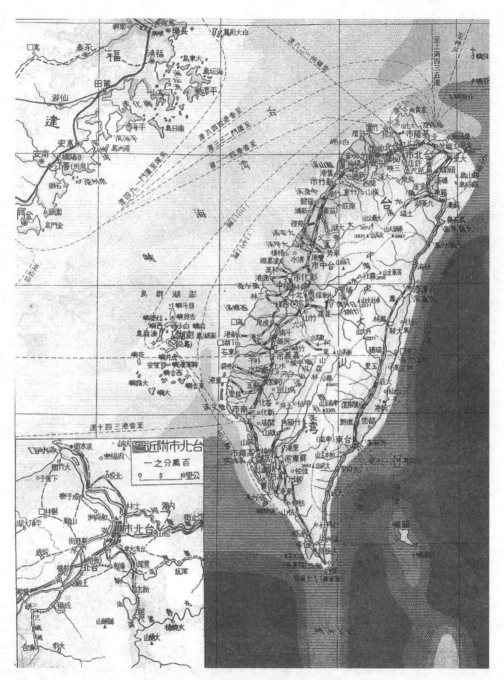

照片1-3-7【錯誤的台灣西部幹線圖】

期，中西接觸日趨密切，台灣為西人所知，進而為西人所侵。同時列舉出鄭氏來台、鄭氏與英國的關係、清末台灣開港、牡丹社事件、中法戰爭、乙未割台，做為討論主題。[246]一般看法認為，最受台胞尊敬的歷史人物有三位──鄭成功、吳鳳（1699-1769）、劉銘傳（1836-1896）。[247]

　　對於荷蘭統治台灣的歷史文章不多，作者僅找到上海《正言報》記者沈雷漁（1891-？），撰文討論台灣土地地權歷史。認為地權發展從荷蘭治台的「王田」開始，之後鄭氏來台土地分為官田、私田、營田。清代允許人民開墾台灣土地，到了19世紀台灣田地開墾至50餘萬甲。[248]然出乎意料之外，對於鄭氏歷史的文章卻不少。1947年上海《茶話月刊》，翻譯日文研究成果提到鄭、荷雙方簽訂的降約（實為和約）。鄭成功對荷蘭人處置十分寬大，引伸中國對日本的受降條件寬大情形類似。[249]亦有文章提到「甲螺」何斌，來廈門勸說鄭成功取台灣。收復台灣後鄭氏改為東都，設立承天府與天興、萬年二縣。之後還提到鄭氏覆沒後，台灣出現「天地會」、「三合會」組織，進行反清復漢的工作。[250]根據清初劉廷獻所著《廣陽雜記》內容頗多鄭成功事，文史專家杜天縻（1891-1958）撰文考證鄭成功之死，面目皆爪破，自曰：「吾無面目見先帝及思文帝也。」[251]結論是鄭氏三代終清一世與之對抗，但清末欽差大臣沈葆楨（1820-1879），還是替鄭成功奏准立

---

246 郭廷以，〈台灣的國際關係〉，《新中華》，上海，復刊第6卷第6期，1948年3月16日，頁6-12、32。

247 貫嶽生，〈初訪台灣〉，《草書月刊》，上海，新5、6期合刊，1948年3月，頁54。

248 沈雷漁，〈臺灣土地制度的演變〉，《建國月刊》，台北，第2卷第3期，1948年6月，頁12-14。

249 鳳茜，〈世事滄桑話台灣〉，《茶話月刊》，上海，第14期，1947年7月，頁91-92。

250 福田，〈鄭成功與張滄水〉，《建國月刊》，台北，第1卷第5期，1948年2月，頁18-20。

251 杜天縻，〈台灣與鄭成功〉，《亞洲世紀月刊》，上海，第1卷第5期，1947年9月，頁23-24。

祠。[252]

　　清代台灣史的文章，1947年北平的《中國學生》刊登一文很特別，介紹許多清代台灣的文獻史料，包括：《平台紀略》、《台灣（海）使槎錄》、《台灣志略》、乾隆朝《台灣府志》等書，以現在研究的眼光來看，很驚訝60幾年前就有一份完整的書單。[253]值得注意的是不僅北平學界有此研究，南京方面也有文章，找到康熙三十四年（1695）徐懷祖的《台灣隨筆》加以評論。[254]另外，對於清末台灣郵政討論，也有一篇內容不俗的專文。如光緒十一年（1885）台灣建省，三年後首任巡撫劉銘傳創立郵政、發行郵票。當時郵票有二種——衙門官署使用的公事用票（official stamp）、台灣商票提供人民寄信之用（照片1-3-8）。[255]

照片1-3-8【清末台灣郵票】

---

252 施瑛，〈海東故土憶延平〉，《茶話月刊》，上海，第 11 期，1947 年 4 月，頁 21-23。

253 敏，〈史地——台灣簡述〉，《中國學生》，北平，第 2 卷第 1 期，1947 年 1 月 1 日，頁 18。

254 盧前，〈小疏談往——徐燕公話台灣〉，《中央日報週刊》，南京，第 4 卷第 8 期，1948 年 5 月 30 日，頁 2。

255 王炳輝，〈台灣初期郵政制度及郵票字根之分析〉，《近代郵刊》，上海，第 4 卷第 4 期，1949 年 4 月，頁 74-77。

　　台灣民主國的研究也有可看之處，主要使用《東方兵事紀略》、《嶺雲海日樓詩鈔》、《光緒朝中日交涉史料》、《李文忠公全集》、《東華續錄》、《清季外交史料》、《憶台雜記》等。[256]其他文章還特別提到台灣民主國成立後大將軍劉永福（1837-1917），委託安平海關稅務司G. McCallum兼辦設立郵政，並在廈門、汕頭、香港設立代辦所。[257]國民政府時期，南京國史館編纂丘逢甲傳，應該是該單位所編人物傳記第一位台灣歷史人物。不過觀其內容以乙未割台戰爭內容居多，佔總篇幅二分之一以上，並提到羅福星（1886-1914）字國權，也是廣東省嘉應人，出於邱逢甲之門。[258]

　　日治時期台灣史的文章，台灣與大陸皆有討論，但焦點各異。台灣的文章偏重統治之道，有謂日本人統治台灣六樣法寶——築路、築港、調查土地、鴉片專賣、樟腦與食鹽專賣，前三者是三大事業，後三者是三大專賣。[259]日本帝國主義開發台灣的目的，要使台灣經濟能夠近代化。然而要讓台灣幼稚的產業能夠資本主義化，至少要花費十年的時間。可是清代遺留的土地制度十分混亂，有墾主、墾戶、大租、小租，土地地權四分五裂。於是日本統治台灣後，面臨龐雜的地權情況，遂在1898年開始進行土地調查事業，直到1904年差不多已經完成。透過調查使得全台形勢都在掌握當中。[260]

　　總督府的財政收入上，日本人進行鴉片專賣前，先調查有鴉片煙癮的人。這項工作直到1900年才調查完畢，全台吸食鴉片人口169,064

256 梁叔瑩，〈記台灣民主國始末〉，《東方雜誌》，上海，第 44 卷第 12 期，1948 年 12 月，頁 30-35。

257 林敏中，〈台灣郵政史略〉，《廣州郵刊》，廣州，第 3 期，1947 年 6 月，頁 11-12。

258 王宇正、王宇高，〈丘逢甲傳〉，《國史館館刊》，南京，第 1 卷第 4 號，1948 年 11 月，頁 78-80。

259 速齋，〈日人治台時的道路、築港工作〉，《建國月刊》，台北，第 1 卷第 2 期，1947 年 11 月，頁 13-16。

260 速齋，〈日人治臺時的土地調查工作〉，《建國月刊》，台北，第 1 卷第 3 期，1947 年 12 月，頁 26-28。

人。之後從事鴉片漸禁工作，1917年吸食鴉片人口驟降為62,317人，1929年再降至26,273人。另外食鹽專賣也很有成績，台灣是海島，理當有充足的海鹽製造才對。可是從清代到日治初期，台灣的食鹽要靠進口才足夠。1902年實施食鹽專賣後，台灣可以全力生產食鹽6萬斤，除了提供島內需求亦有剩餘。三年以後台灣食鹽生產超過1億斤，使得食鹽輸入地的台灣，搖身一變成為食鹽輸出地。至於樟腦的專賣，為了避免台灣與日本內地生產樟腦有所競爭，1903年台灣總督府宣布樟腦專賣，這與日本內地是實施同樣的專賣制度。[261]

　　大陸文章關注台灣人的「適應」問題，日本統治時期的抗日運動從武裝變成政治，起點是「六三法」撤廢運動，文化協會就在這背景下誕生。成員當中的李應章（1897-1954）埋首於二林從事農民運動，1925年引發「二林農民大爆動」。之後台灣文化協會部分成員，宣告脫離並組織民眾黨，主要角色有林獻堂、蔣渭水（1891-1931）、蔡培火（1889-1983）、謝春木（1902-1969）。未幾台灣共產黨也成立，主要成員有謝雪紅（1901-1970）、王萬得（1903-1985）、蘇新、潘欽信（？-1951）。沒想到光復以後，前述的人士大多未受政府重用，而且台灣社會從被帝國主義榨取，轉變成被封建官僚榨取。許多貪贓枉法的案件接連出現，例如：王添灯筆禍案、貿易與專賣二局長大貪污案、台北縣政府怪火案、員林法警衝突案、台北市日產房屋恐慌與米荒等。[262]中央通訊社台灣特派員、爾後成為報人的葉明勳（1913-2009），對於台灣基督教史亦有興趣，投稿論述17世紀天主教已傳入台灣，蘇格蘭系統與加拿大系統長老教會在清末時傳入，其餘都是日治時期才傳入台灣。當時台灣基督教分為天主公教、長老教會、日本基督

---

261 速齋，〈日人治臺時的專賣事業〉，《建國月刊》，台北，第1卷第4期，1948年1月，頁23-26。

262 余景文，〈台灣政治運動的由來與內幕〉，《時與文週刊》，上海，第1卷第15期，1947年6月20日，頁9-11。

教會、日本聖公會、日本組合基督教會、日本聖教會、救世軍、第七日
再臨團。[263]

　　光復初期台灣與中國歷史的論述，最重要就是要拉近與中國革命的
關係。因此孫中山（1866-1925）多次來台，就成為重要論述。[264]刻板
印象中，台灣人對中華民國很陌生，常看到的照片為歡迎國軍搭建的牌
樓，上面懸掛的國旗竟然畫反（照片1-3-9）。這是個案嗎？當時大陸
期刊也寫出如何懸掛國旗，或者如何繪製國旗的文章。[265]而且告訴讀
者，國旗不是隨便放一放，升旗是每日很鄭重的事。當時常把國旗與中
國國民黨黨旗一併懸掛，1928年國民政府規定國旗在黨旗之左，黨旗
在國旗之右。[266]因此大陸民眾對於國旗的概念，恐怕也不是每個人都清
楚。

1-3-9【吳濁流肖像與台灣光復照片】

263 葉明勳，〈日本統治下的台灣宗教活動〉，《新聞天地月刊》，上海，第 12 期，1946 年 4
月 30 日，頁 13。

264 鄧慕韓謹述，〈國父事略〉，《三民主義半月刊》，南京，第 10 卷第 8 期，1947 年 9 月 26 日，
頁 1-3。

265 斯恫，〈關於國旗〉，《大華週報》，北平，第 4 期，1945 年 11 月 3 日，頁 14-15。

266 編者，〈怎樣懸掛國旗〉，《大華週報》，北平，第 3 期，1945 年 10 月 27 日，頁 14。

　　所以找到一個案例，就可以發現正反的說法，在光復初期的台灣屢見不鮮。大陸期刊最常說，台灣的風景實在太美了，可以說全都是熱帶風光。[267]日本人在台灣留下一個「綠洲」，換句話說留下一片美好森林，碧綠的森林在內地不容易見到，我們所見到的山、海、長江、大河、沙漠都是黃色。[268]可是又有人反駁，一個地方待得久，不易發現新奇與美麗。台灣風景美是騙人的話，這裡的風景暨平凡又粗獷，沒有線條的美，也沒有曲線的美。[269]

　　不過神祕的台灣，還可吸引未曾去過的人。受陳儀之邀來台的周文德，對於台灣有深刻的印象。他撰文向大陸讀者介紹台灣，首先指出台灣是北迴歸線經過之地，亦是一個亞熱帶的島嶼。1860年「中國地質學之父」德人李希都芬（Richthofen）赴台，完成研究報告〈台灣北岸的山脈構造〉，是為台灣地質研究的嚆矢。周文德也提到台灣的山脈、土壤、溪流、颱風。[270]其次在植物方面，台灣具有生長在蘭嶼與恆春半島的海岸植物、分佈西南海岸的紅樹林、500公尺以下的熱帶降雨林植物、500公尺以上的森林帶植物。文中也不忘提及「台灣有三怕」——瘧疾、毒蛇、番人，其中瘧疾最為可怕。瘧疾靠瘧蚊傳播，全世界有瘧蚊30多種，台灣可以發現15種。[271]不過周文德認為外省遊客來到台灣，最先映入眼簾者，應該是建築物與橋樑。台灣建築物以機關房舍較具有美感，並有歷史價值。包括：更名為介壽館的舊台灣總督府、可以容納3,000餘人的台北市中山堂、位於中山公園的台灣博物館等。傳統建築

267 陳煒，〈台灣通訊（第一信）：台灣的飲食男女〉，《小上海人半月刊》，上海，第1卷第2期，1946年10月10日，頁10。

268 梁希，〈日本人在台灣留下的禮物〉，《文匯叢刊》，上海，第6期，1947年9月，頁24-25。

269 路客，〈台灣小天地〉，《新聞天地月刊》，上海，第27期，1947年9月1日，頁28。

270 周文德，〈北回歸線上的高山國〉，《科學畫報月刊》，上海，第13卷第6期，1947年6月，頁377-384。

271 周文德，〈台島科學趣談撮雜（上）〉，《科學畫報月刊》，上海，第13卷第7期，1947年7月，頁431-437。

以台北市龍山寺、台北縣板橋的林氏庭園、北港媽祖廟、台南赤崁樓
等。至於台灣島內多吊橋是一大特色,而且大多是平行索線、不加固定
的公路大橋。當中最具特色是橫跨於卑南溪上的台東大橋,橋長490公
尺,寬4.5公尺,塔柱高32公尺。[272]

　　同樣地在大陸期刊找到文章,肯定日本人建設台灣的成果,也不會
讓人感到意外。行政院長張群(1889-1990)出席國府月會,報告視察
台灣的感言。明確地指出台灣的偉大從有形方面來看,要算是阿里山的
製材與日月潭的水利;但台灣的自然條件並不優厚,全靠日人以人力戰
勝自然。[273]1948年5月5日第七屆全國運動會在上海開幕,特別是台灣
與東北都有派代表與會,讓整體賽事倍感親切。[274]台灣隊的表現令人激
賞,因為記者看到台灣隊競賽的成績與精神,都不是祖國教養出來,而
是日本人教育的成績壓倒內地選手。日本過去是中國的敵人,但我們不
應該因為是敵人而抹煞一切。故各省同胞應該學習台灣同胞的精神,進
而促成中國的現代化。目前來到台灣的都是達官貴人,或者經商的富戶
巨賈,他們不會在台灣得到什麼教養與警惕。這些人也不足以擔任內地
和台胞溝通的責任,只有他日大批青年前往台灣,才能加速彼此的交
流。[275]

　　從台灣進而讓中國現代化,不是一人之論。更有文章疾呼,今後的
台灣要負擔一個重大使命,就是利用它的特點,使祖國大陸迅速工業
化。台灣的新產業機構比大陸好,但比先進國家差。台灣正好做為一個
橋樑,做為中國大陸新產業發展的踏腳石。現在祖國大陸不安定,台灣

---

272 周文德,〈台島科學趣談撫雜(下)——建築、交通、水利〉,《科學畫報月刊》,上海,
　　第13卷第8期,1947年8月,頁511-514。

273 李石立,〈台灣的偉大〉,《社會評論半月刊》,長沙,第66期,1948年5月16日,頁
　　13。

274 編者,〈一週國內大事簡述(五月一日至七日)〉,《京滬週刊》,南京,第2卷第18期,
　　1948年5月9日,頁2。

275 沛人,〈譽滿全國的台灣隊〉,《中央日報週刊》,南京,第4卷第7期,1948年5月23日,
　　頁7。

比較安定，因此台灣應該考慮運用時機迅速復舊，以便立定它對祖國大
陸負的責任基礎。[276]其實不只在經濟上，軍事上亦有相同的言論。當時
國軍接收澎湖時，提到馬公港可以停泊35,000噸主力艦2艘，10,000噸
巡洋艦4艘，其他艦艇可以停泊數量不計其數。澎湖測天島巡防處汽艇
「澎湖號」，駛出港灣引導軍艦灣泊，汽艇上的人說台灣話，軍艦上的
官兵都聽不懂。但是測天島全部是海軍建築，舉凡船塢、油庫、電廠、
工廠、庫房、司令部、住宅、俱樂部一應俱全。這位海軍投稿人，佩服
日本人創造力的偉大，因為50餘年前此處只不過是荒島。[277]

　　上海市是當時全中國首屈一指的大都市，若以1948年郵政儲金匯
業局經濟研究室，列出全國25個重要都市為標準，台灣竟然沒有一個
都市上榜。[278]有意思的是大陸期刊怎樣形容上海？從空中鳥瞰的確非常
具有規模（照片1-3-10）[279]，可是到了地面馬路、街道，就只有「亂」
字形容（照片1-3-11）。[280]對於台北的形容，則是街道寬闊整齊，特別
是中山路與中正路，兩旁種植榕樹與棕櫚樹，任憑在上海找遍整個市區
也不會發現（照片1-3-12）。最重要是台北市車輛不多，不像上海一樣
壅擠，乘客上下公共汽車都會排隊，顯得有秩序。[281]

　　由於台灣教育普及，人民大多守紀律、有禮貌、能判斷是非。台灣
給人的印象是社會秩序安定、人民可愛。住家、旅館房門沒有上鎖，也
很少發生偷竊的事情。街道上不容易看到警察，也很少看到不守秩序、

---

276 陳鶴聲，〈世界與台灣〉，《世界月刊》，上海，第 1 卷第 10 期，1947 年 6 月，頁 24-
　　25。
277 許成功，〈港灣指南一斗室孤燈話澎湖〉，《中國海軍月刊》，上海，第 4、5 期合刊，
　　1947 年 9 月，頁 34-35。
278 編者，〈全國各重要都市七種主要日用必需品每週價格表〉，《儲匯服務》，南京，第 82 期，
　　1948 年 6 月，頁 19。
279 毛文德，〈上海市中心鳥瞰〉，《藝文畫報》，上海，第 2 卷第 4 期，1947 年 11 月，頁 1。
280 吳紹同、汪俊樑，〈上海街頭的擠與亂〉，《寰球月刊》，上海，第 15 期，1947 年 1 月，
　　頁 17。
281 KH，〈台省來鴻──我到了台北〉，《茶話月刊》，上海，第 10 期，1947 年 3 月，頁
　　130-135。

照片1-3-10【上海市區鳥瞰圖】

照片1-3-11【混亂的上海市街頭】

吵架打架的事情。然而二年來台灣社會和風氣每況愈下，盜竊頻傳、整
潔也不能維持。搭公車、買東西爭先恐後屢見不鮮，過去商販不還價的
習慣現也改變。[282]原因是大陸社會存在的投機取巧、欺騙敲詐的惡習已
經帶入台灣，破壞台灣原有善良的風俗。以前台灣人搭乘汽車、火車都

---

282 任美鍔，〈台灣印象〉，《京滬週刊》，南京，第 1 卷第 49 期，1947 年 12 月 14 日，頁
14。

照片1-3-12【台北市市容】

很有秩序排隊，現在也學會搶佔座位。市場交易原先都是不二價，現在都學會了謊價，對外省人尤甚。所以官商學界的人捫心自問，台灣人是向誰學會種種花樣？[283]

對民族主義者來說，守不守秩序不是重要的事，重要的是台灣有沒有日本文化的影子。上海出版的兒童讀物，其中一篇〈可愛的祖國〉，寫道在勝利的一天，有四個小朋友相聚，分別來自台灣、東北、北平、上海。台灣小朋友說：「我的祖國是中華民國，淪陷五十年後現在重回祖國懷抱。」來自台灣省的小朋友，深恨五十年來日本用毒辣手段，毒害台灣省同胞。[284]「大人」們的刊物也稱，台灣被日本奴化50年之久，期間日人所施的毒辣統治手段無為不至。光復之後政府要掃除各方面的積毒，一定要有縝密的計畫，才能完成重建工作。[285]

所以在官員眼中，針對日本統治末期出現的「皇民化」，皆視為要根絕的毒草。因此台灣同胞要是說得一口流利的日語，學著日本卑躬屈

283 孟君，〈台灣的教育問題〉，《時事評論週刊》，上海，第 1 卷第 16 期，1948 年 10 月 20 日，頁 18-19。

284 張一渠，〈可愛的祖國〉，《兒童故事月刊》，上海，創刊號，1946 年 12 月，頁 23-24。

285 徐金濤，〈重歸祖國的台灣〉，《青年界月刊》，上海，新 1 卷第 1 號，1946 年 1 月，頁 58-61。

膝的禮節，不說祖國的方言（閩南語、客語）就是中毒太深。[286]但是台灣溫泉旅館都是日本式，館內潔淨整潔，下女們的招待保持舊有日本婦道的傳統作風，非常著重禮貌留意「親切」、「叮嚀」。[287]這樣的日本風尚，算不算已經被奴化？由於日本實施「皇民化」政策，把住在台灣的中國同胞，都教化成日本人。過去台灣的初等教育發達，實業教育普及，無非是要使台灣同胞做為日人的忠順幹部。當時討論殖民時期台灣教育史分成三期——1895至1919年台灣教育令發佈以前、1919至1943年台灣教育令發佈以後、1943至1945年台灣教育令改正後。光復以後台灣省行政長官公署推行中華民國教育，主要方針是普及本國語言文字、闡揚三民主義、實施教育機會均等、培養民族文化、培育台省和國家需要的人才、獎勵學術研究。[288]

　　幸好在皇民化運動時，台灣人的住宅還是中式居多，否則這又是奴化的證據。有云台胞保留著祖國的各種風俗，如賦詩下棋是台省風雅人事高尚娛樂；日本人住的是黑瓦黑漆的木屋，台胞則是紅瓦紅磚的房屋。[289]奇怪的是日本統治台灣若實行壞的制度，為什麼有些事情在大陸也可以看見？這裡指的是1946年初上海實施「營區管制」（1月上海市政府發給國民身份證、同時編查保甲與清查戶口），大陸的投稿人指出，這種制度在殖民時期台灣已經實施。[290]

　　另外，語言是台灣表現出異地最大特色。台灣面積35,973平方公里，人口5,870,000人，其中包含生番人（高砂族）約20萬人，日本人

---

286 毛守豐，〈台灣學生〉，《新學生月刊》，上海，第1卷第6期，1946年10月，頁84-90。

287 冰獨，〈台灣行（三）〉，《寰球月刊》，上海，第25期，1947年11月，頁14-15。

288 毛守豐，〈專論——台灣省教育的過去和現在〉，《建設評論》，上海，第1卷第4期，1947年8月，頁11-17。

289 陳士華，〈遊新店碧潭〉，《中建半月刊》，上海，第3卷第10期，1948年10月16日，頁16。

290 燕武，〈台灣的「警管區」制〉，《消息半週刊》，上海，第12期，1946年5月16日，頁192。

約30萬人，其餘都是華人。這些華人多為閩粵二省移民後代，風俗習慣與原鄉無異。惟有語言除了日本語外，福建語和廣東話較為普遍。光復之初國語和上海話完全不通，漢文僅殘存在半百以上老人的記憶中。[291]台大校刊《東南風》再補充，日本統治時期，把台灣人與中國人隔開，不准兩者接近，也不准台灣人說祖國的語言。今日台灣光復骨肉重圓，台大東南風社聚集省內外青年於一堂，為文化交流工作而努力。[292]

可是接收之初，來台加入國語推行的教師人數太少，僅有西北師院、重慶女子師院等國語專修科畢業生20餘人。1946年10月底，台灣省國語推行委員會主任委員魏建功（1901-1980），來到北平甄選中、小學教師200餘人赴台。[293]當時常會看到大陸期刊文章，形容初到台灣的奇特經驗，最多是搭乘火車時，車廂裡乘客有的講閩南土話、有的講日語、有的講上海話、有的講國語。[294]不過日本統治時期台灣文學作家賴明弘，曾在光復之初投稿於上海《新文學月刊》，內容提到他反對「鄉土文學論戰」中黃石輝（1900-1945）、郭秋生（1904-1980）的主張，認為不能用台灣語文來寫作台灣鄉土文學。因為台灣話是中國地方方言之一，如果只用台灣語文來寫作，將會阻礙中國與台灣文化思想的交流。[295]

戰爭勝利後的中國呈現出甚麼樣的態勢？中國國民黨主政下各地接收屢傳不當，又發動內戰企圖用武力消滅中國共產黨。此時國民黨給青年人的感想是腐朽與貪污，該黨已無革命靈魂，成為幾個人的黨。同時

---

291 林尚炎，〈素描台灣〉，《中堅月刊》，上海，創刊號，1946 年 1 月，頁 43。

292 編者，〈發刊辭──東南風吹起〉，《東南風》，台北，創刊號，1948 年 1 月 12 日，第二版。

293 台灣省國語推行委員會，〈魏主任委員在北平〉，《國語通訊》，台北，第 3 期，1947 年 2 月，頁 6。

294 陳士華，〈淡水之游〉，《中建半月刊》，上海，第 3 卷第 2 期，1948 年 6 月 16 日，頁 15。

295 賴明弘，〈重建祖國之日──台灣文學今後的前進目標〉，《新文學月刊》，上海，第 2 號，1946 年 1 月 28 日，頁 150-106。

黨內缺乏人才，黨務缺乏具體工作，任何政策都是宣傳多於實質。[296]原本勝利國國民應該有的安樂與興奮，完全化為烏有。反而得到的事物價高漲、交通破壞、到處圍城、到處厮殺、飢民處在邊緣線上掙扎。[297]事實上中國內部也沒有分歧的政見，中國各黨派都承認三民主義是救國的聖經，中國也沒有其他路子可走，每個中國人都想要和平建國。[298]那麼台灣的官員表現如何？光復初期台灣各地官員每個星期六，一定會到台北渡過一宵，就好像是南京的要人們，每週一定要去上海。來台的公務人員，有人帶著觀光性質、有人是來做生意、有人是來當官發財，真正想為台省做點事的人很少。[299]

對於大陸普通老百姓來說，台灣光復以後有不少人到台灣淘金，內地人們也期待台灣運來糖與水果。可是當二二八事件發生時，許多人的美夢都破碎了。只不過台灣依然還是台灣，但內地人士看來都是個謎。台灣不是一個資源富厚的地方，光復之際受到戰爭破壞，台灣整個經濟瀕臨崩潰邊緣。政府既然接收台灣，應該以整個台灣經濟前途來考慮。台灣省行政長官陳儀治台，太過注意財政而忽略民生，以致於戰後還是困苦。在台灣人看來，還是日本統治時代治安好、吏治明、生活易。不過台胞的知識水準、守法精神、儉樸勤勞也是旅台者共見，如果有良好再教育配合運動，在任何方面都可以有好的表現。[300]於是台灣的各級學校，就有責任培養優秀的人才為國家所用。針對這一點，台灣是有能力辦到。

當然，這些學校都是日本人所建，有些撰稿人還是不忘記指責台灣

---

296 雷凡，〈論國民黨〉，《太平洋月刊》，北平，第 1 年第 2 期，1947 年 2 月，頁 18-20。

297 本社，〈創刊詞〉，《中國學生》，北平，創刊號，1946 年 6 月 15 日，頁 1。

298 耿守銓，〈本刊成立編輯委員會的意義〉，《太平洋月刊》，北平，第 1 年第 1 期，1947 年 1 月，頁。

299 陳新，〈台灣人失望了〉，《新聞天地月刊》，上海，第 12 期，1946 年 4 月 30 日，頁 22-23。

300 李秋生，〈專論——台灣問題的癥結〉，《亞洲世紀月刊》，上海，第 2 卷第 2 期，1948 年 2 月，頁 5-7。

受到奴化。因為台灣在日本統治之下，運用有計畫的奴化教育，改變台灣人的精神與心理。根據統計1940年台灣25歲以下的男女，使用日語、日文者超過60%。[301]台灣的教育發達，總計小學1,000所、男子中學19所、女子中學19所、師範學校6所、實業學校6所、專門學校4所、大學1所。這些數目不算小，但都是日本帝國主義者實施文化侵略的重要機關。[302]

如果撇開這些不談，看看其他大陸記者，如何看待台灣進步的一面。例如：台灣省的氣象事業發軔甚早，1885年已經有氣象記錄，爾後台灣總督府成立台北測候所，1938年升格成立總督府氣象台。1945年11月1日長官公署正式接收，改制為台灣省氣象局。編制內員工400餘人，接收儀器1,283件，圖書雜誌館藏甚豐，堪為全國之冠。[303]另外，光復初期省立台北師範學校（今國立台北教育大學）教育方式，全採軍事管理，學生們都是理光頭，沒有人留西裝頭。本校著重國語教育，雖然英文程度很差，但學生們國語極好。圖書館是全校的菁華，館藏2萬餘冊書籍，絕大部分都是日文，不過新購得中文教育與文學圖書有3、4千冊。台灣的學校中校舍保存最好，應該就是本校，因為戰爭中沒有受到轟炸。[304]

台灣高等教育之開始，以1919年總督府設立台北高等商業學校、台北農林專門學校為起點。直到光復為止，日本人在台灣設立7所高等教育學校——台北經濟專門學校（台北高等商業學校改）、台北帝國大學附屬農林專門部（台北農林專門學校改）、台中農林專門學校、台南工業專門學校、私立台北女子專門學校、台北帝國大學附屬醫學專門

---

301 李夢南，〈我們的台灣〉，《平論半月刊》，上海，創刊號，1945 年 9 月 16 日，頁 14。

302 李夢南，〈我們的台灣（完）〉，《平論半月刊》，上海，第 3 期，1945 年 10 月 16 日，頁 11-12。

303 鄭國駒，〈台灣氣象事業之設施〉，《寰球月刊》，上海，第 26 期，1947 年 12 月，頁 21。

304 廖進來，〈台北師範訪問記〉，《新學生月刊》，上海，第 3 卷第 6 期，1947 年 10 月，頁 100-102。

部、台北帝國大學。光復七所學校進行大改制，台北帝國大學由行政院教育部台灣區復員輔導委員會接收，統合台北帝大附屬醫學專門部，以及農林專門部，改制成國立台灣大學。而其他學校由台灣省行政長官公署接收，台北經濟專門學校一度改制成省立法商學院，不久就併入台大法學院。台中農林專門學校改制成省立農學院，台南工業專門學校改制成省立工學院。1947年8月把日治台北高等學校升格為省立師範學院，私立台北女子專門學校則廢除（今台北市國語實驗小學現址）。故光復初期台灣總共有4所高等教育學校——國立台灣大學、台灣省立師範學院、台灣省立農學院、台灣省立工學院。3所省立學院學生1,375人、教職員142人。[305]

　　這當中最重要是國立台灣大學，該校原為台北帝國大學，1928年3月成立、抗戰勝利後由教育部接收。1946年1月合併省立法商學院於該校法學院，使得法學院教學內容更充實。1947年台大有文、法、理、工、農、醫六個學院，暨圖書館、醫學專修科、熱帶醫學研究所等部門。當時該校有教員450人、學生2,000人，齊濟一堂堪稱本省最高學府。[306]至於台大與其他各省市大學比較如何？有云光復初期的台灣有四大特色——物產豐富、工業發達、教育普及、交通便利，特別是國立台灣大學的規模與設備，可以算是國內最大的學府。[307]這樣的教育成果，對戰後全中國建設極有幫助。因為中國的科學不發達，並不是中國科學家才智不如人，關鍵是國家對於科學研究未盡倡導輔助之責。[308]台大先天條件齊全，然而卻有二個問題亟待克服。

---

305 台灣省教育攷察團，〈台灣教育攷察報告〉，《教育研究》，廣州，第110期，1948年9月1日，頁104-107。
306 王泳，〈國立台灣大學〉，《建國月刊》，台北，第1卷第2期，1947年11月，頁20-22。
307 趙定明等，〈台灣特輯〉，《藝文畫報（台灣專號）》，上海，第2卷第8期，1948年7月，頁1。
308 任鴻雋，〈我們的科學怎麼樣了〉，《中國學生》，北平，創刊號，1946年6月15日，頁2。

　　一為留用日籍師資的處理。1947年初台灣大學增設數學、物理、礦冶、森林、園藝、農業、生物七個系。全校學生1,400餘人，來自內地學生僅160人。因語言關係內地學生與台灣學生生活極有隔膜，所以採取分班上課。而且台大教授人數感到缺乏，內地來的教職員僅40餘人，留用日籍教授約200多人，其中半數即將被遣返。[309]日籍教授對於研究助益有多重要？同年台大每月以（總數）台幣300萬元，做為教授的研究經費。該校教授願做研究工作者，校方每月再撥台幣2萬元。[310]當時獲得研究經費者，留台日籍教授80餘人，我國教授不足10人。[311]曾任北京大學校長李石曾（1881-1973）也撰文提到，他不反對台灣大學留用日本教授，但不能專有日本教授，應該有從中國、歐美聘請來的教授。[312]不過這些日籍教授終究要被遣返，遺缺就由新聘各省市大學教授遞補。

　　二為台大校長上任如三日京兆。當時報導台大二年換三位校長，而且新的校長上任，照例調入大批職員來校。這些都是台北帝大時期沒有發生過，這種情況要求台大安定、進步，不是緣木求魚嗎？新任莊長恭（1894-1962）校長官派十足，校長室門禁森嚴，院長、教授們要見校長，還要先遞出名片，由侍從轉呈秘書室才行。然後約期會晤，可是又常不守約，同學們想見校長更無從辦到。[313]莊校長的傳聞太多，並且都傳到大陸去。他把原有教授、副教授裁去100多人，創學校裁員的記

---

309 杜天縻，〈一月來的教育動態〉，《改造雜誌》，上海，第 3 期，1947 年 2 月 15 日，頁 54。

310 這些金額不算多，上海滯留的日僑，技術人員的月薪，最多者法幣 100 萬元，最少也有法幣 30 萬元。若以 1 元台幣兌換 44 元法幣計算，約折合台幣 22,727 至 6,818 元。參閱金鵬，〈上海的日僑發福了〉，《大路半月刊》，上海，第 2 期，1947 年 5 月 5 日，頁 54。

311 本社資料室，〈最近國內外教育動態〉，《中華教育界》，上海，復刊第 1 卷第 3 期，1947 年 3 月，頁 54。

312 石曾，〈世界與中國之台灣觀〉，《世界月刊》，上海，第 1 卷第 6 期，1947 年 2 月 1 日，頁 5。

313 本社，〈台大再易長〉，《自由與進步半月刊》，南京，第 1 卷第 5 期，1948 年 8 月 1 日，頁 2。

錄。莊校長剛來時，原任教務長盧恩緒首先遞出辭呈。莊校長批示「姑予照准」，但這一「姑」，「姑」的盧恩緒莫名其妙。教職員自動請辭者，莊校長也批示「交人事室查辦」，大概查辦就是「查照辦理」的縮寫。又圖書館館長范壽康（1895-1953）也主動請辭，莊校長批示「未便照准」。所有的公文寫作權被引用了，台灣大學有這樣一位校長，來日辦校成績可想而知。[314]

　　1948年1月2日行政院教育部長朱家驊（1893-1963）視察台灣大學，朱氏對日本人留下的大量儀器、圖書加以讚美。然後訓示同學應以這些設備，孜孜深造以為他日之用。同學代表起立公開9項提案給朱部長，包括：增加經費、核發復員費、多派部聘教授、提高教授待遇、建設大禮堂與體育館、充實中文圖書、增加公費（名額）、收回校產、增設商學院。[315]如此的讚美也是有內情，因為台大被普遍認為是一所安定的學校（沒有學潮），所以國人對該校希望特別大。當時校長莊長恭，曾任中央研究院化學所所長，屬於教育部長朱家驊系統。自從解聘教職員百餘人事件後，已經名聞天下。國立台灣大學護校委員會的地下組織，散發〈為國立台灣大學校長莊長恭倒行逆施目無法紀告全國人士書〉，列舉八大罪狀——破壞法令、甘心附逆、違反國策、濫用私人、虛糜公款、激起事端、敗壞學風、侮蔑教授。[316]這使得光復初期台大辦校蒙上陰影，直到第四任校長傅斯年上任，問題才逐步解決。[317]

　　不過台大畢竟有根基，1947年底台灣大學利用原有熱帶研究所，已呈准教育部備案，本學期起增設植物研究所、農業化學研究所、農業生物研究所、電機工程研究所，正向教育部申請還有醫學研究所。[318]醫

314 記者，〈台灣大學新校長的妙批〉，《羣言雜誌月刊》，上海，第14期，1948年10月，頁5。
315 編者，〈朱部長視察台灣大學〉，《東南風》，台北，創刊號，1948年1月12日，第二版。
316 蔡大弓，〈台大校長不易為〉，《新聞天地月刊》，上海，第49期，1948年10月1日，頁16。
317 焦潤明，《傅斯年傳》（北京：人民出版社，2002年12月），頁357-385。
318 本社資料室，〈最近教育動態——高教設施學術研究〉，《中華教育界》，上海，復刊第1

學是台大培育人才最傲人的成績，時論台灣光復以後除了工礦、水利等較規模的設施外，值得稱道應該算是醫學研究與衛生設施。當時台灣醫學博士竟有200餘名，並有一個創立40年歷史的醫學會，會員1,300餘名，其中台灣人有600餘人。該會還有出版醫學雜誌，刊登醫學專門論文，內容精彩是台灣醫學成果的展現。[319]卸任台大文學院長錢歌川（1903-1990）也撰文，提到台大所有1,980學生中，台灣籍1,722名，外省籍258名。特別台大附屬醫院建築規模雄偉，總共有病床702張，一方面提供醫學院學生實習，一方面為市民治病。實為遠東有數之大醫院，規模較北平協和醫院尤有過之。[320]此外，台灣的生物學研究，也超越各省市大學。有云台灣大學各學系的設備都很完全，國內任何大學都不能與之比擬。台灣省立師範學院生物學系，其前身是台北高等學校植物學與動物學教室。雖成為「學院」是光復後的事，但先前成果積少成多，如標本室動物標本相當豐富，貝類標本收集最多。台灣省立博物館亦是日本人所建，收藏動、植物標本5萬多種，哺乳類標本較少，魚類與昆蟲佔多數。最重要的是館內出版《台灣省博物館季刊》，刊登許多有價值的文章，打破了科學界的沉寂。[321]

　　這就是1945至1949年大陸期刊、雜誌對台灣的看法。整體而言談論到社會、學術，對於台灣的讚美很多；但要是談到政治、教育，指責日本奴化的文章也不少。若分門別類細論，外省記者、報導人，對於台灣圖像如何勾勒？可不可以形成一個清晰的輪廓，讓我們了解光復初期的台灣，在他們的眼中有何定位？這就是下述要討論的主題。

卷第 11 期，1947 年 11 月，頁 56。

319 本社，〈台灣淪陷五十年談醫學的光彩〉，《紀事報（每週增刊）》，北平，第 32 期，1947 年 1 月 25 日，頁 6。

320 錢歌川，〈國立台灣大學近貌〉，《廣西教育月刊》，桂林，第 2 卷第 1 期，1948 年 8 月 15 日，頁 25-26。

321 繆文瑞，〈台灣的生物學界〉，《科學大眾》，上海，第 6 卷第 2 期，1949 年 9 月，頁 53-56。

02

政治報導──從接收台灣到捲入內戰

　　中國歷經八年的對日抗戰，戰後最大的收穫就是取得台灣。外國評論員也以台灣——國民黨中央政府的實驗地，看好這座島嶼的重建工作。不料陳儀領導下的長官公署，貪污腐化的行徑，讓台灣出現人謀不臧的惡評。1947年爆發的二二八事件，不管從中國或者台灣來看，都是一個晴天霹靂的動亂。之後魏道明以文人身份，擔任首任台灣省主席。任內喊出安定中求繁榮的口號，看似稍稍彌平台灣人民對政府的不滿。可是國共內戰中，國府屈居下風的陰影，又讓台灣籠罩著不安。第二任省主席陳誠治下，台灣搖身一變成為復興基地，並且成為蔣介石與C.C.派的避風港。國民黨治台不是一個遠景的開始，不過從整個中國政局看，也是無可避免的結果。

第一節　政學系要角陳儀治下的台灣省行政長官公署

　　1945年8月15日，日本天皇裕仁向全國及海外軍民廣播投降詔書，接受波茨坦宣言（Potsdam Declaration）結束第二次世界大戰。台灣，做為日本統治下的一個殖民地，它的命運也隨之改變。事實上中國對於戰後台灣的處理，很早就展開行動。1944年4月17日，在開羅會議結束五個月後，重慶國民政府於中央設計局內設立台灣調查委員會，從事台灣相關事務的調查。[1]1944年7月行政院祕書長張厲生（1901-1971）、中央設計局祕書長熊式輝（1893-1974），均向國民政府主席蔣介石（1887-1975）報告，會商台灣設省事宜。很明顯地將來國民政府接收台灣，統治工作即以省政為依歸。1945年3月國府文件——〈台灣接管計劃綱要〉，明確地寫上以台灣為省，接管時正式成立省政府；然接收後之省政府，應由中央政府以委託行使之方式，賦以較大之權力。[2]

1　台灣省文獻委員會，《台灣史》（台北：眾文圖書公司，1996年6月五刷），頁715、718。
2　中國第二歷史檔案館編，《台灣「二・二八」事件檔案史料》（北京：檔案出版社，1991

　　何謂賦以較大之權力？1945年8月29日國府任命陳儀（1883-
1950）為台灣省行政長官，可謂揭曉謎底。隔日，台灣省行政長官公
署各處處長人選，也隨之公佈。[3]值得注意的是人事任命雖已發佈，但
法源的制訂卻趕不上作業。同年9月21日，國民政府經立法院會議通
過，才公佈〈台灣省行政長官公署組織條例〉。雖然第一條條文開宗明
義寫出台灣省「暫設」行政長官公署，但行政長官權力極大。除了指揮
所屬各機構外，對於台灣省之中央各機關，也有指揮監督之權。最重要
的是在職權範圍內，台灣省行政長官可以發佈署令，並得以制定台灣省
單行規章。[4]這項條例發佈前，國府事前沒有與台灣人商議，討論需要
透過什麼樣的機制，確保穩定統治。同樣的道理，1946年1月16日經立
法院會議通過，國府公佈之〈台灣法院接收民事事件處理條例〉，以及
〈台灣法院接收刑事案件處理條例〉的立法過程也是如此。[5]因此從這
三大條例發佈可知，國民政府對台灣的接收與統治，流露出完全宰制的
心態。

　　戰後國府接收各地，時論台灣省行政長官公署，本是一個過渡時期
的組織。特點是長官公署下轄的處、會、局、室，確實可以成為公署內
部機關。易於監督指揮、效率較高。而且在這種組織下，秘書長地位隨
之提高，亦可以負起幕僚長任務，代長官分勞。因此一般認為，該制二
年之內不會變更。特別是接收台灣未久，政府威信確立至關重要，不可
隨便更改組織，讓人民有無所適從之感。[6]有意思的是一般大眾都知道

年12月），頁19-22。

3　鄭梓，〈戰後台灣行政體系的接收與重建——以行政長官公署為中心之分析〉，《思與言》，
　　台北，第29卷第4期，1991年12月，224-225。

4　立法院祕書處，〈台灣省行政長官公署組織條例〉，《立法專刊》，南京，第24輯，1946
　　年1月，頁110。

5　立法院祕書處，〈台灣法院接收民事事件處理條例〉，《立法專刊》，南京，第24輯，
　　1946年1月，頁210-213；同前註，〈台灣法院接收刑事案件處理條例〉，頁214-218。

6　楊君勱，〈台灣民政問題探討〉，《輔導通訊月刊》，南京，第11期，1946年9月，頁
　　13。

「民無信不立」的道理，但台灣行政長官公署運作才一年，就發佈八千餘件命令。這比起日治五十年，台灣總督府不過發佈六千餘件命令，可謂小巫見大巫。又如夏令時間更改後，關於辦公時間三天內更改三次。遂被人譏諷「法令如毛、朝令夕改」矣。[7]從歷史發展來看，行政長官體制的確常被攻擊過於專權。不過熟悉中國官場的人都知道，當時的政府並無「政制」，只有「人事」。即便在大陸各省施行的省府制，省府主席照樣可以專權。[8]可見得在民國時期，政治體制是一回事，地方首長的操守與能力又是另一回事，甚至於後者的重要性還數倍於前者。此點是一針見血之論，陳儀的背景至關重要。

　　陳儀是當時國民黨政學系的要角，而討論起政學系，追根溯源要從梁啟超（1873-1929）開始。梁氏從清末到民初，歷經百日維新、保皇運動、擁袁倒袁，他與門徒故舊向心團結的方法，並非制定嚴格黨章做為約束，而是以「學統」做為號召。特別是梁啟超曾在日本橫濱開辦東亞商業學校，幾乎成為當時中國留日學生的語言學校。這當中有一畢業生李根源（1879-1965）居於關鍵，因為1918年他南下廣東組織政學系。五年之後李根源退出政治舞台，政學系主持大權交給楊永泰（1880-1936）。[9]楊永泰的得勢是因為成為蔣介石戎幕，不過楊氏有辦法進入核心，倚靠的是張群（1889-1990）從中引見。1918年北伐成功後，南京國民政府的權力分享，大抵復興社管軍、C.C.管黨、蔣氏親屬管財、政學管政。[10]1936年楊永泰被暗殺後，張群成為政學系的領導者。可是到了1945至1947年，政學系的發展呈現戲劇性。當時有人看壞該系，稱它是「過去之名詞」。[11]但百足之蟲有過人之處，特別是對

7　司馬，〈台灣點滴〉，《觀察》，上海，第1卷第21期，1947年1月18日，頁22。

8　思藍，〈我看台灣〉，《觀察》，上海，第1卷第19期，1947年1月14日，頁25。

9　本社，〈政學系的來龍去脈〉，《中國政治內幕》，上海，第1輯，1948年4月，頁10-12。

10　辛烽，〈張群與政學系〉，《大美週報》，漢口，第1卷第9期，1947年7月，頁90。

11　仲父，〈記政學系〉，《天下》，上海，第1卷第2期，1947年3月，頁5。

付政敵陳果夫（1892-1951）、陳立夫（1900-2001）的C.C.派。雙方在政府中樞權位的爭奪，政學系時起時落。可是對於地方政府職位的派任，彼此是平分秋色。[12]最具代表性的例子陳儀，曾任福建省主席，後被調任中央訓練團教育長、陸軍大學校長，接收台灣時又被任命為行政長官。不過政學系發展有一大缺點，即是上層掌權的人不少，但中、下層幹才卻很缺乏。[13]這一點將會成為陳儀治台的致命傷。

1. 接收與復員

　　陳儀，曾名陳毅，後改名儀。字公俠，又改公洽，號退素，浙江紹興人。早年留學日本，先後自日本陸軍士官學校、陸軍大學畢業。回國後曾投入孫傳芳（1885-1935）麾下效力，北伐時倒向國民革命軍。[14]時論如何看待這位軍人？有謂三民主義忠實信徒，有謂私生活檢點不用誹議。但論其行政能力，「口號」施政是為特色。從1934至1941年治閩時，提出的「工作是道德、忙碌是幸福、閒空是墮落、懶惰是罪惡。」到1945年治台時，提出的「三不」——不說謊、不偷懶、不揩油；「三心」——榮譽心、愛國心、責任心，都讓人印象深刻。不過他在閩台二地的施政，最讓人訾議的是採取統制經濟、專賣政策。這套措施的構想是先發達國家資本，再藉以累積的資本普及民生。[15]其背後的設計師，即是無政府主義背景的沈仲九。沈氏在台灣被形容為對人態度誠懇，無半點官僚氣息。[16]雖然透過雜誌的報導，得知陳儀、沈仲九在

---

12 編者，〈政學系、民社黨、青年黨的家譜〉，《現代文摘週刊》，上海，第1年第1期，1947年6月4日，頁19-20。

13 正興，〈政學系的復興〉，《紀事報（每週增刊）》，北平，第20期，1946年11月2日，頁9。

14 陳文瑛，〈陳儀早期經歷〉，《陳儀與二二八事件》（台北：海峽學術出版社，2004年2月），頁7-10。

15 明公，〈我所知道的陳公洽〉，《自由天地半月刊》，南京，第3卷第1期，1948年1月16日，頁6-8。

16 萬力，〈台灣的傳奇人物——沈顧問〉，《觀察》，上海，第1卷第17期，1946年12月21日，

私德上有好的評價，可是這套措施已經在福建失敗過一次。此次陳儀治台把他在福建的班底全帶到台灣，有識者早擔心會以悲劇收場。當中的關鍵是陳儀信任幹部如信任自己，從來不會考慮他的幹部們是否有貪污舞弊、官僚腐敗之事。[17]這對當時台灣民眾，翹首盼望光復的心情而言，中國官場惡風所引發的危機，將橫在眼前卻渾然不知。

　　至於陳儀對於台灣這塊土地的認識，跟國府其他政要相比要熟悉得多。原因是1935年福建省主席任內，他曾來台參訪始政四十年博覽會，稱許日人對台灣的建設。不過他在治閩期間，處理台灣籍民對廈門治安的擾亂，想必也對台灣人留下負面的印象。[18]1945年陳儀重新來到台灣，他所面臨的問題跟以往不同，因為牽涉到「接收」、「復員」與「重建」。[19]特別當年下半年，一些惡劣情況的出現，考驗台灣民眾對政府的信心。首先是傳染病的死灰復燃。日治時期由於海港檢疫、地方衛生行政的落實，使得鼠疫、霍亂、天花在1920年代已在台灣絕跡。不料接收數月，台灣到處散發天花患者，斃命好幾百名霍亂患者，十數年來未嘗出現的鼠疫再度復出。[20]其次，根據台灣省氣象所報告，1945年11月至隔年4月，是為五十年來（1895-1945）發生最嚴重的旱魃。[21]這可以想見民生用水、農業用水若調度吃緊，長官公署又無法有效解決問題，民怨定會懷疑政府施政效能。最後也是最重要，根據1946年遠

頁23。

17　張望，〈從陳儀的失敗談到幹部決定一切〉，《羣言雜誌月刊》，上海，復刊第 7 期，1947年 5 月，頁 13。

18　光復後第三任高雄市長黃強曾撰文，提到「台灣籍民」的歷史，原來日治時期台灣浪人前往中國沿海城市，如廈門、汕頭、上海、天津、青島從事搗亂，走私漏稅、販賣毒品、開設賭館、鑄造偽幣，無所不為。這使得這些城市的市民，都認為台灣人皆是如此。參閱黃強，〈我亦來談一談台灣〉，《國防新報半月刊》，上海，第 15 期，1947 年 8 月，頁 18。

19　接收與復員都是當時的用詞，不過台灣因從日本的殖民地，變成中華民國的一省，所以還有重建的問題。參閱壬子，〈接收要幾年〉，《大觀報（原名大觀樓旬刊）》，昆明，新第 2 期，1946 年 2 月 28 日，頁 1。

20　台高同學會，〈論中醫問題〉，《大眾醫學》，廣州，第 2 卷第 1 期，1947 年 1 月，頁 4-5。

21　李家盛、梁濟羣、商漢圖，〈調查報告——台灣省乾旱氣象調查〉，《氣象通訊月刊》，台北，第 3 卷第 6 期，1948 年 6 月，頁 1-2。

東人口統計，台灣每平方公里人口為177人。中國大陸若扣除東北、內蒙古、新疆、西藏，各省每平方公里人口為99人。因此台灣的人口密度，超過中國大陸各省二倍弱。[22]它有可能發生的情況是台灣糧食供應出現失調，人民引發對政府的失望與不滿，將會比各省來得嚴重。

　　美國是主導第二次世界大戰後，重建東亞國際秩序的力量。1945年6月美國新聞界對於中國政府，如何接收台灣提出一些看法。有謂日產的處理實為關鍵，例如：日本的公家產業到底是賠償中國戰時損失，或者充做戰後台灣行政經費？又日本的私人產業是就地拍賣廉售給台灣人，或者仍讓日本人掌管成為國外投資？其實當下還無法預測國府的作法。[23]同年8月之後，也是來自美國的報導，建議國府接收台灣，若要爭取台灣民心，最佳方法是解除日本人對台灣，在軍事、政治與經濟上的控制。而且要注意不能「算舊帳」與當地士紳發生衝突，主要是戰時他們都被迫與日本人合作。如果國府能顧及到這一點，能在接收時給他們多一點保障，將會有穩定社會民心的效果。[24]

　　1945年9月2日陳儀在重慶首次發表治台方針，他提出三大重點：國語教育、徹底實施三民主義、使台灣脫離日本壓榨的痛苦生活。特別是最後一項，「使台灣脫離日本壓榨的痛苦生活」，在當時似乎對台灣有刻板印象。因為從經濟層面來看，有報導台北商店三千餘家，十室九空；台灣人民衣著奇缺，數年沒有更換過新衣；台灣年產一千萬石稻米，僅有三百餘萬石供台灣人食用。日本人對台灣經濟採取獨佔政策，鹽、鴉片、樟腦等實施專賣。戰爭爆發後生活必需品，如米、糖由政府實施統制。此外又有苛捐雜稅，壓迫台灣人無法喘息。[25]但不管如何，

22 方顯廷，〈專論──遠東各國人口問題〉，《經濟評論週刊》，上海，第4卷第19期，1949年2月26日，頁4-5。

23 中央宣傳部國際宣傳處編譯，〈台灣問題（遠東觀察週刊轉載）〉，《國際問題參攷資料》，重慶，第522號，1945年6月23日，頁10。

24 王慰曾，〈介紹台灣〉，《太平洋月刊》，北平，第1年第4期，1947年4月，頁29-30。

25 人本，〈收復台灣以後〉，《中國建設月刊》，上海，第2號，1945年10月，頁3。

時論抗戰勝利後，蔣介石政權最大的收穫，無疑地就是取得台灣，這一點是完全可以確定。[26]

1945年9月14日起，台灣省行政長官公署各級官員陸續抵台。[27]包括：陸軍上校張延孟來台準備接收事宜。公署秘書長葛敬恩（1889-1979）也來台北，籌設台灣省前進指揮所。[28]繼之憲兵第4團先遣部隊從福州出發抵達淡水，隨後第70軍官兵也分乘美國軍艦抵達基隆。甚至於中國共產黨也指派台籍黨員蔡孝乾（1908-1982），從陝西延安潛回台灣發展組織。陳儀本人則是在10月24日抵達台北，隔天在台北公會堂（今中山堂）舉行受降典禮。最後一任台灣總督安藤利吉（1884-1946）向陳儀呈遞降書，代表著日本對台灣統治的結束。同日台灣省行政長官公署向全台通告，由陳儀擔任行政長官，開啟了國府統治台灣的歷史。[29]

再從台灣各界對當時政府官員的態度來看，光復的喜悅似乎是一個好的開始。事實上現今出版的回憶錄、口述歷史，對當時台灣民眾夾道歡迎官員、軍隊的描述栩栩如生。[30]同時期出刊的雜誌，對這種場景的報導尤為深刻。例如：基隆的人民看到國軍上岸，高興到無法形容，他們都願意邀請國軍至家中作客，這種景象報導人稱在大陸數十年從未看到過。陳儀受降典禮一完畢，全台北市30萬民眾高興為之瘋狂，三天

---

26 憬之，〈台灣見聞〉，《脫胎換骨（羣眾週刊）》，香港，總第 58 輯，1948 年 3 月 5 日，頁 18。

27 胡嘉，〈戰後中國政治地理的重要變革——戰後新中國之一〉，《青年界月刊》，上海，新 1 卷第 3 號，1946 年 3 月，頁 28。

28 當時葛敬恩被認為是中國陸軍參謀的典範，北伐時的風雲人物，湯恩伯曾經是其部下。參閱劉光炎，〈台灣歸來（一）〉，《中央週刊》，南京，第 8 卷第 43 期，1946 年 11 月 7 日，頁 15。

29 薛化元主編，《台灣歷史年表：終戰篇 I（1945-1965）》（台北：財團法人張榮發基金會國家政策研究資料中心，1990 年 11 月），頁 4。

30 這個史實在 2006 年 8 月，高中歷史教科書首次出現台灣史單獨一冊時，也被部分教科書寫入內容，參閱陳國棟主編，《教育部審定高級中學歷史 1》（台北：龍騰文化，2006 年 6 月），頁 145；陳豐祥主編，《教育部審定普通高級中學歷史一》（台北：泰宇出版，2007 年 3 月），頁 125。

三夜都不斷有人舉行遊行慶祝。[31]接收後的台灣，不管從全中國或者全世界的眼光而論，陳儀當知環境的得天獨厚。對於前者，農業灌溉遍及可耕地的75%。水力電廠最高負載20萬瓩（全台總發電量最高47萬瓩）。全島36,000平方公里土地上，舖設公私營鐵道4,000公里，公路17,000公里，內有全國第一鋼骨水泥公路100公里，大小汽車5,500餘輛，並且擁有東方第三良港——基隆。這座港口雖在戰爭慘遭轟炸破壞，但港灣設備仍可睥睨全國，即上海也自嘆不如。主因是上海雖被譽為世界第一大商埠，但萬噸以上輪船不能泊岸。至於其他船隻靠港，搬運船上貨物只能仰仗人力。可是基隆港早有現代化起重設備。[32]對於後者，台灣蔗糖業生產量曾佔世界第三位。樟腦獨佔全世界70%產量。台灣島上富有溫帶與熱帶動植物，台灣大學農學院的設備，不僅冠於日本，也冠於世界。台中的農業學校（今國立中興大學），配合台中糖業與稻作而設，規模也非常宏大。一個生物學家、一個農業學家，一生可以終老於台灣，做出最精深的研究。[33]

另外，台灣優越的戰略地位，更可成為中國發展海軍的首選。其實接收之初，對身兼台灣省警備司令的陳儀來說，如何運用「警備」來維持統治才是重點，基地建設還不是施政項目。[34]但基隆與高雄的重要性，只要是談到台灣的軍事，必定是期刊、雜誌討論的焦點。如基隆要塞的利用，就是一個重要的例子。[35]至於高雄的發展，起先不如基隆。但太平洋戰爭時期，日本把高雄港提升為與大阪、大湊、鎮海、旅順同

31　張琴，〈台灣真相〉，《文萃叢刊》，上海，第2年第24期，1947年4月，頁24。

32　苔蘚，〈東方第三良港——基隆〉，《茶話月刊》，上海，第9期，1947年2月10日，頁39。

33　曹聚仁，〈記者團在台灣〉，《上海文化》，上海，第10期，1946年11月1日，頁64；林之東，〈可哀的台灣〉，《時與文週刊》，上海，第3卷第6期，1948年5月21日，頁15。

34　行政長官兼警備司令表面上，做到軍政一元化。可是軍權其實落在參謀長柯遠芬之手，陳儀徒有空名。因此有人認為，二二八事件如燎原之勢，關鍵在於軍政分離。參閱本刊特約駐台記者，〈台灣・陳儀・魏道明〉，《中國新聞半月刊》，南京，第3卷第4期，1948年12月1日，頁8。

35　人本，〈收復台灣以後〉，《中國建設月刊》，頁4。

級的要港。不但興建規模龐大的要塞，亦有完善的港灣設施。[36]不料這二處駐軍，在之後的島內騷動，竟搖身一變槍口對內。

然而陳儀面臨的問題是複雜，當務之急須把在台灣的日僑遣返。當時戍台日軍除了原台灣軍外，還從滿洲、菲律賓、沖繩撥派的一部分援軍。直到戰敗為止，數總共有18萬餘人（一說20萬人）。[37]日本平民約有40萬人，若按他們居住地方而論，高雄的日人最多，號稱當地每二人中有一位日本人。其次是台北地方每三人中有一人是日本人。這些日本平民多是受薪公務員，有許多人出生於台灣後，還沒有去過日本。此刻陳儀按照國府的命令，要把他們全部遣送回日本，其處境比上海、平津、東北日僑還慘。他們當中有小學老師擔任人力車伕、大學教授擺舊書攤，也有製作「福福餅」（大福）維生。[38]而日軍戰俘部分被命令清掃市區馬路，像是台北市接收後秩序尚未恢復，垃圾堆積成丘都沒人掃除，就由日俘擔任清潔工作。[39]

其實日本人是極不願離開台灣，1945年9月9日在南京參加受降典禮的第十方面軍（台灣軍改制）參謀長諫山春樹（1894-1990）曾私下表示，希望中國政府能對日人採取寬宏大量的政策，容許他們繼續留在台灣。諫山還說：「日本人一定奉公守法、做良好的公民」。[40]看來戰爭結束後，在台日人反而希望取得中華民國國籍。此外，美國的立場也值得關注。日本宣佈投降後，美軍比國軍更早來到台灣（9月4日）。[41]

36 齊化，〈台南第一要港——高雄一瞥〉，《中國海軍月刊》，上海，第2期，1947年4月，頁24。

37 曹聚仁，〈從台灣揭開一頁外交秘史〉，《紀事報（每週增刊）》，北平，第24期，1946年11月30日，頁4。

38 龍在田，〈台灣現勢提綱〉，《新文化半月刊》，上海，第2卷第1期，1946年4月16日，頁24。

39 金輪，〈台灣的交通工具〉，《機聯會刊》，上海，第176期，1946年4月16日，頁5。

40 憶琴，〈不許日人重到台灣（台灣通訊）上〉，《民主論壇週刊》，上海，第1卷第7期，1947年6月28日，頁17-18。

41 居燕，〈月間大事述要——國內〉，《中國建設》，北平，創刊號，1945年10月20日，頁22。

根據記者的觀察，美國軍人很快就拜倒在日本女孩的裙下。從基隆到台北，再從台北到北投，穿著鮮艷和服的日本女子，總是依偎在美國大兵的身旁。爾後中央社台北分社想要徵用一所日本房子，美國人立刻插手過問。這樣的結果報導人視為美國大兵，對於溫柔日本姑娘的一點表示。當然它反映的問題是日本人心態上不甘領受中國統轄，希望接受美國的管理。[42]有趣的是來台的外省人士，如何看待日本人與台灣人？南京中央大學森林系教授梁希（1883-1958）的意見能為參考。他認為日本人在台灣開闢了一條「新民主主義」的道路。因為在日本統治之下，日本人掌握全台資源，台灣人沒有出現大地主、大資本家。現在日本人一走，日產統統被沒收成為公家產業。換句話說日本政府替台灣掃清了一條道路，台灣的鐵路、工礦被接收後，一下子變成國營或省營，私人資本自然受到節制。梁希還說這是英國工黨的理想，但沒辦法實現，可是在台灣馬上就成真，可謂迎頭趕上。[43]

　　然有二則報導很特殊，代表著日人對於國府接收後的反應，也反映出台灣人對長官公署的觀感。第一，許多報導都稱投降的日軍私藏軍火。以空軍接收為例，國軍細查日軍在台灣建築數座完善的機場，估計至少有2,000架戰鬥機的佈署，但接收時只有900多架。又如二戰期間美軍轟炸台灣，地面防空砲火非常密集，可是接收時高射砲僅數門。[44]更有報導指出，趁著前進指揮所未到台灣以前，日軍以卡車裝載軍火，進出山中藏匿物資。[45]故有的雜誌譏諷說，日本人有著「深謀遠慮」。宣佈投降之後，當地軍人把許多軍火及大量輕重武器藏在山中。而且他們對台灣人說，日本人一定很快會回來，也一定會用到這些武器。令人不

---

42 金德璋，〈美國人在台灣〉，《人民世紀》，上海，第 3 期，1946 年 3 月 16 日，頁 24。

43 梁希，〈日本人在台灣留下的禮物〉，《文匯叢刊》，上海，第 6 期，1947 年 9 月，頁 25。

44 鄧漏禹，〈台灣是日本的秘密〉，《中國的空軍》，南京，第 88 期，1946 年 1 月，頁 1。

45 編者，〈日本人的歸台夢〉，《時代生活三日刊》，北平，第 3 卷第 13 期，1946 年 10 月 12 日，頁 8。

解的是台灣民眾向長官公署密報，但被人推拖說是警備司令部的事；結果他們又到警備司令部報案，又被推說是接收部門的事。原來這些武器藏在山中，尋找費事又無「油水」，故沒有單位願意過問。[46]第二，日人留用問題。戰後台灣人都認為可以翻身，在各行業取代日本人的位置。孰料留用的日本人仍高高在上，最讓人無法忍受的是日本警察竟也留用，讓台灣人無法接受。結果中央指派宣慰使李文範（1884-1953）來台，台灣人以他為投訴對象。唯一民間辦報的《民報》（1946年林茂生創辦），在社論公開說：「陳儀長官或者本心不壞，無奈班底太差」。[47]

此外，台灣人涉及到戰犯或漢奸審判，也是棘手的問題。第二次世界大戰時，部分台灣人曾前往中國發展，有的求學或開業，少部分者則投入日本在華的軍政、文化組織工作。這些人有時以台灣人身份，有時又冒充中國籍自稱是福建人。使得戰後軍事法庭逮捕他們時，有時以戰犯，有時又以漢奸身份審判、莫衷一是。當時第一個台灣人的判決是湖北高等法院1945年訴字第2號，被告莊泗川自1938年起，歷任上海新申報、漢口武漢報、大楚報、中日文化協會湖北分會、東亞聯盟湖北分會、武陽漢口經濟取締委員會要職。但經宣告無罪開釋，一時被台灣人所稱頌。[48]但其餘的審判案，就沒有這麼幸運。其中爭議最大的是台灣人在中國的產業，究竟是否屬於「敵產」的問題。

1946年1月行政院公佈〈朝鮮與台灣人產業處理辦法〉，最重要是凡屬兩者之私產，由處理局依照辦法接收、保管與運用。台灣人民凡能提出確切籍貫，證明未擔任日軍特務工作，或憑藉日人勢力迫害本國人民，或幫同日軍逃避物資，亦無其他罪狀，經確實證明後私產呈報行政

---

46 王慰曾，〈介紹台灣〉，《太平洋月刊》，頁31。

47 龍在田，〈問題的台灣〉，《中國建設月刊》，上海，第 2 卷第 2 期，1946 年 4 月，頁 39。

48 李宜琛，〈論台籍的戰犯與漢奸〉，《法律知識》，北平，第 1 卷第 5 期，1947 年 4 月 1 日，頁 2。

院核定，即可交還。[49]由此過程可知，戰爭結束以後所有台灣人在中國的產業要被先行接收，並且自己要提出證據，證明自身產業的清白才能由行政院核准還產。先不說台灣人本身有無能力拿出證據，即便拿出證據也要有一連串的公文旅行，最後能拿到總私產的幾成讓人懷疑。於是了解台灣人即使躲過戰犯、漢奸審判，但是個人的產業通常就此充公。故衍生出另一問題，即是「台灣人是否為吾國同胞」？

因此當時不少報導，均討論台灣人是否為中國人的問題，特別是上海與北平。例如：上海市黨政委員會、上海市公用局的作法，激起許多旅滬台人的不滿。因為上海有關當局認為台灣人原在日本統治之下，在吾國未有明文承認其中華民國國民以前，自應以「敵僑」待遇，其財產應視同為「敵產」。[50]在北京大學附屬醫院擔任醫師的梁永祿，以自身為例說明不願意待在日本人統治下的台灣，並在1938年舉家遷徙到北平。可是戰後當局處理台胞財產之事，讓梁氏充滿挫折。他甚至於不惜以自己年幼女兒、兒子，身著中國服飾的照片，大聲疾呼正視台胞的愛國熱忱（照片2-1-1）。[51]此外，台籍日本兵歸鄉的問題也很複雜，海南島就是一個典型個案。當時在榆林待遣的台籍日軍原本有12,000餘人，但半數搭船回去遇到海難，現還剩6,000餘人未及遣返。由於等不到救濟，部分人攜械與當地土匪或共產黨游擊隊合流，部分人在三亞一帶做起小生意謀食。[52]上述的這些事情，島內外的台灣人都企盼陳儀能幫忙解決。可是長官公署的官員有能力滿足台灣人的期望嗎？這就要看各級官員與國軍官兵素質如何。

---

49 編者，〈人的呼聲——關於處理台灣人產業之意見書〉，《人言週刊》，北平，創刊號，1946 年 1 月，第 6 版。

50 編者，〈確定台灣同胞的身份〉，《人言週刊》，北平，第 8 期，1946 年 3 月，第 3 版。

51 梁永祿，〈台灣人的傾訴〉，《人言週刊》，北平，創刊號，1946 年 1 月，第 6 版。

52 本刊特約記者，〈海南島的台灣人〉，《觀察》，上海，第 1 卷第 16 期，1946 年 12 月 14 日，頁 15。

照片2-1-1【梁永祿兒女照】

　　民國時期知名劇作家田漢（1898-1968），導演過多部戲劇，也擁有對社會敏銳的觀察力。[53]他來到台灣旅遊時，提到台北市植物園（今植物園），因日本人長期蒐羅熱帶、亞熱帶植物富甲東方。可是接收時遇到外行，園中曾被國軍做為牧馬之用，許多名貴植物都被馬啃食，發覺搶救時已所剩無幾。[54]這不是一個笑話，而是表示當時整體官員的水平。如此水平再加上接收時貪贓枉法，馬上就會澆熄台灣民眾的熱情。值得注意的是大陸其他省分的接收，有無相同的清況？北平的《世界日報》報導，辦理接收的公務員貪污不法，使人看了非常驚異。在光復之後，像這樣繁重的工作者，居然有中飽自肥的現象，實在是可恥辱而絕對有負民望的事。[55]有謂抗戰勝利和平已經來臨了嗎？當然沒有，因為

53　勉齋輯錄，〈湖南文藝作家小誌〉，《文藝先鋒》，南京，第 10 卷第 4 期，1947 年 4 月，頁 52。

54　田漢，〈台灣一週〉，《創世半月刊》，上海，第 16 期，1948 年 5 月 16 日，頁 21。

55　王易，〈還是貪污〉，《文聯週刊》，天津，第 1 卷第 7、8 期合刊，1945 年 12 月 7 日，頁 1。

國民黨與共產黨互爭受降日軍。其次是民生，戰爭時期大後方與淪陷區的人民，受到貪官、奸商的剝削。期待天明可以鬆一口氣，不料物價飛漲，江浙同胞首先遭殃。最後是復員，地下鑽出的接收人員，大變「五子登科」的戲法。甚至於「重慶人」成為最討厭、最可恥的名詞。[56]

「重慶人」是上海報紙對來自重慶接收官員的稱呼，這個新鮮名詞直接稱接收就是劫收。[57]而「接收就是劫收」一語，也很快在台灣流傳開來。[58]當時的手法有二：一為從事洋樓大廈產業爭奪戰。報導的個案是台北縣政府，轄有小規模的工廠和礦產20餘處。官員任意安插私人，弄得每個工礦都虧本，但錢則進入官僚私人腰包。二為標賣敵產，其法是少數官僚用十分之一不到價格標去。或者先把敵產充做機關辦公室，再從辦公室變成職員宿舍，再從職員宿舍變成私人公館，再從私人公館變成公司行號、茶館酒樓。如此台北新開張的酒館舞廳竟達200餘家，記者還指出這些地方都有官僚資本參與其中。[59]

令人好奇的是這些接收官員，心中是如何看待台灣人。時論認為國內派來的人是最高貴、最有身份、最吃香。其次是日本人，最後才是台灣人。這種待遇讓台灣人百思不解，是否台灣不是中國的領土，而是殖民地。還是台灣人曾做過日本人的奴隸，現在地位不能比過去的主子高，不然同胞為何不如敵人。[60]種種疑問縈繞在台灣人內心，再對照接收的現狀，故出現眾所周知中的五天五地——（盟軍轟炸）驚天動地、

56 本社，〈社評——不要再讓人民受勝利的災難〉，《古今談月刊》，重慶，第1第3期，1945年12月15日，頁1-2。

57 徐斌，〈吶喊——橫在人民中間的一道不可忽視的鴻溝〉，《太平洋月刊》，北平，第1年第1期，1947年1月，頁27。

58 當時在台日產，屬於交通農林工礦產業者，規定一律復工。其餘產業都經政府決定撥交公營，或者出租、出賣。根據官方統計，國營有18個單位、國省合營42個單位、省323個單位、縣市經營92個單位。至於售出的132個單位，本省人得標佔97%。如果從這些數據來看，完全無法判別到底是接收，還是劫收，故雜誌的「內幕」報導就顯得重要。參閱黃宇楨，〈台灣的日僑與日產〉，《青年中國週報》，上海，第58期，1948年1月11日，第3版。

59 劉乃光，〈「劫收」下之台灣〉，《青年與婦女》，上海，第1卷第6期，1946年9月，頁7。

60 艾惕，〈如此台灣〉，《人民世紀》，上海，創刊號，1946年2月23日，頁13-14。

（日寇投降）歡天喜地、（接收老爺）花天酒地、（貪官污吏）烏天黑地、（台灣人民）怨天怨地。[61]1946年2月長官公署秘書長葛敬恩，親口對訪問他的記者說：「我最初一直以為台灣的接收工作是非常良好，因此也頗以此自慰與自豪，但現在纔知道完全相反，其糟的情形比諸上海、平津一帶了無遜色，真是慚愧。」[62]北京大學教授周炳琳（1892-1963）對陳儀也有看法，他認為陳儀的確想做些事業、也很廉潔。但他施政最大的缺失，是未能撫慰脫離祖國懷抱多年的台胞，卻急於事功。結論為若不使台民有活路，統治問題難以解決。[63]

　　周炳琳的看法點出一個很重要的問題，即是復員工作該如何進行。針對這一點，陳儀在治台之初與其他省分相比，有很大的機會把台灣帶上軌道。其中士氣最高昂的是學校教員。來自中國其他省分的教員，都在上海候船等待出發。對他們來說前往台灣是去異鄉工作，但所從事的教職是神聖。因為他們都有使命感，要讓台灣人接受祖國的教化，故自認為比其他工作部門人員還要偉大。可是他們在上海受到官僚無理的對待，台灣省行政長官公署駐滬辦事處，對於船隻安排遙遙無期不說，甚至把這一千餘人，由二艘輪船搭載的計畫，改成由一艘輪船負責。船隻人貨爆滿的情況，有人以奴隸船來形容。[64]

　　再者，善用台灣人與之合作，也是陳儀的一個機會。時論台灣各方面的人才都異常整齊，故接收台灣反倒可以推動中國政治、經濟、文化的進步。特別是對台治理，足以影響中國的國際地位，如果對此無充分認識，恐會貽笑世界。因此台灣的人才若能善用，必能貢獻於國家；反

61　五天五地最後一條有時會稱為「物價飛漲、呼天喚地」。而本文稱之為眾所周知，在於已寫入高中歷史教科書成為教材。參閱王仲孚主編，《普通高級中學教育部審定歷史1》（台北：康熹文化，2006年9月），頁154；致果，〈台灣通訊〉，《一週間》，長春，第7期，1946年8月，頁15。

62　龍在田，〈台灣現勢提綱〉，《中國建設月刊》，頁24。

63　本社，〈南行所見──周炳琳四月二十六日在北京大學講演〉，《時與文週刊》，上海，第1卷第9期，1947年5月9日，頁14。

64　陳子胥，〈海宙船上送客行〉，《人民世紀》，上海，第6期，1946年4月6日，頁19。

之不利用人才，定會發生嚴重的社會問題。當時要注意的台灣人才，以在華北的台灣人為首選。因為他們國語能通、素質整齊、品性比較善良。[65]若能指派他們回台接收，可以透過他們讓台灣民眾理解接收工作的緩急，更可以維繫台灣人民對祖國的感情。[66]台南地方法院院長涂懷楷（1911-？）在接收一年的回顧中，對於該院全體職員，以本省籍90%、外省籍10%頗感自豪。[67]但是涂氏沒細說所謂的職員，指的是推事（法官）、檢察官，還是文書、總務、工友、司機。雜誌對於社會真實情況報導如何？其實在各機關中，不獨首長皆為大陸來台之人，且秘書、科長、股長也是如此。台灣人民不免有嫉妒的心理，而外省人士又忽視台灣人的心理，往往頤指氣使、官架子大。只因台灣人不懂「等因奉此」，便認定無工作能力、加以輕視。使得各單位常常發生，台灣人與外省人的派別，造成磨擦、爭鬧。[68]

事實上在全中國，復員工作可說是荒腔走板。1945年11月27日北平《世界日報》報導辦理接收的公務員，多有貪污不法讓人看了非常驚訝。如此繁重的工作，竟有中飽私囊的情況。[69]而抗戰才剛勝利，上海某報就呼籲政府不要失禁民心。西安《秦風日報》社論稱「抗戰突然勝利」，因為突然所以政府不及準備，三個月來的接收弄得不成樣子。[70]當時矛頭指的是東北接收，它涉及到中蘇交涉與中共問題。[71]

美國《時代雜誌》（TIME）記者格雷（William Gray）撰文提出

---

65 葉孤帆，〈專論──台灣省當前幾項緊要問題〉，《時代生活三日刊》，北平，第1卷第11期，1946年3月5日，頁8。

66 葉孤帆，〈專論──台灣省當前幾項緊要問題〉，《時代生活三日刊》，北平，第1卷第12期，1946年3月8日，頁3。

67 涂懷楷，〈一年來台灣司法之回顧〉，《輔導通訊月刊》，南京，第13期，1947年3月，頁19-20。

68 張琴，〈台灣真相〉，《文萃叢刊》，頁25。

69 王易，〈還是貪污〉，《文聯週刊》，天津，第1卷第7、8期合刊，1945年12月7日，頁1。

70 編者，〈我們的話（創刊詞）〉，《大地週報》，北平，創刊號，1945年12月1日，頁2。

71 紀壽，〈週話──接收東北問題〉，《大地週報》，北平，創刊號，1945年12月1日，頁2。

警語。他指出在中國幾乎無人相信政府有能力處理國政。雖然他承認國
共內戰的摧殘，以及共產黨鼓動的怠工，的確阻止復興的工作。但是更
重要的是有一更大的因素，傷害了人民對政府的信任——貪污。他以上
海為例，中央政府接收上海時，從日本那裡接收了紗廠，全改為國營後
壟斷了棉紗市場。此外政府又使某些私人公司，暗自操控米糧市場。[72]
然上海的事務跟台灣有何關係？原來台灣砂糖也被大量運往上海，來滬
購買砂糖的商人，只能忍氣吞聲向台灣糖業公司購買，而龐大的糖業市
場早被操縱了。受人注意的是陳儀開始被點名批判，該文稱陳儀以台灣
人馴良，馬上教他的姪兒主持台灣公司，以200元一噸買進煤炭，再以
4,000元一噸價格賣出。當時有思想的中國人開始同情台灣人，《大公
報》刊登過一篇文章云：「根本說來中國不配取得台灣……它缺少人
材、技術、貨物、資本。它統治著，但毫無效能，它只取而不予，這是
政府的羞恥。」該文最後還稱，在台灣許多外國的觀察家都承認，假如
今天的台灣人可以投票選擇統治者的話，他們一定歡迎美國人，不得已
求其次還是日本人吧。[73]

　　格雷的言論很快激起中國新聞界二極反應，不過對行政院長宋子文
（1894-1971）殺傷力極大。宋氏擔任行政院長很少召開記者會，但為
了格雷的撰文，還特地召開記者會澄清。[74]上文的敘述有二點需要注
意，其一，時論都稱陳儀自奉儉樸、清廉，但在這篇文章中好像又不是
這麼回事。另外台灣人痛恨日本警察，但在此文又說，不得已被日本人
統治還是比較好。由此可知戰後初期，台灣人對時局心態上的矛盾。不
過陳儀的廉潔應該還是事實，只是稱讚他廉潔的同時，對於他治台的失

72　1946 年 1 月 10 日《時代雜誌》刊登記者格雷（William Gray）的撰文，原文只以上海為例，
　　並沒有提到台灣。不過「不移」翻譯這篇文章，刊登在《再生週刊》的內容卻增加了台灣，
　　可見得這是翻譯者自己的意思，不是格雷的原文。參閱 TIME Magazine U.S.-CHINA: bad
　　government , http://www.time.com/time/magazine/article

73　不移譯，〈「時代」記者格雷評中國政府——原題：「壞政府」〉，《再生週刊》，上海，
　　第 119 期，1946 年 6 月 29 日，頁 8-9。

74　木，〈短評——壞政府〉，《再生週刊》，上海，第 119 期，1946 年 6 月 29 日，頁 2。

敗，仍不免嚴格檢驗。[75]前面曾說過陳儀治台提出不說謊、不偷懶、不揩油為口號，結果被輿論挖苦只有不偷懶做到。因為要不懶惰地揩油、撒謊，屬下才能獲取暴利。[76]其二，戰後初期來台外省人士最不能接受，就是把行政長官公署的統治與日本的「德政」相比。例如日治時期五分錢可以買一尺布，現在則要三、四十元；日本人管的時候街道非常整潔，誰家門前髒亂，馬上叫到派出所打一頓。中國警察現只督促各家勤於打掃，但不打不罰，所以街道不會整潔；台灣米老是漲價，都是由於中國人來之後給吃貴了。[77]

1946年10月21至28日蔣介石首次來到台灣，視察台灣省行政長官公署一年來的施政。他對陳儀主持的接收與復員感到滿意，並公開表示台灣的復員工作已進行80%，尤其是交通與水電事業，可說是恢復到戰前日本時代的水準。[78]當今檢討台灣復員工作的成就，對於美國協助遣返台灣的日本僑俘感到謝意，由此台灣的社會秩序才能儘快恢復。今後台灣的施政應該加強人民的民族意識與國家觀念，在政治上要注重民意、培養民氣，在教育上要注重互助與自動的精神，使學術思想自由發展。最後蔣氏希望全體台灣同胞，一起努力來建設三民主義。[79]從上述討論對照蔣介石的看法，除了遣返日僑的確是完成之外，其餘的內容只能說被矇蔽。也或許蔣氏期許台灣三至五年必成模範省份，也或許當時

---

75 1946年3月國民黨二中全會舉行時，陳儀曾對台灣接收情況做出報告。只是本文都提到這麼多不法之事，陳儀在會中要如何掩飾令人好奇。參閱資料室輯，〈半月大事記（1946年3月1日-15日）〉，《民言半月刊》，天津，第4、5期合刊，1946年3月16日，頁23。

76 生甫選輯，〈陳儀的日本太太〉，《羣言雜誌月刊》，上海，復刊第6期，1947年3月，頁20。

77 洪瀁，〈各地通訊──一個台灣國語推行員的信〉，《中流月刊》，北平，第2期，1947年4月，頁22。

78 蔣介石的認知很有問題，也可能被蒙蔽。同時期有雜誌報導台灣最重對外聯絡交通──海運，目前船舶奇缺，對外航運不通。參閱劉光炎，〈台灣歸來（二）〉，《中央週刊》，南京，第8卷第44期，1946年11月15日，頁16。

79 劉光炎，〈國內外大事週覽──蔣主席台灣之行〉，《中央週刊》，重慶，第8卷第42期，1946年10月31日，頁4。

台灣是少數沒被共產黨勢力擴張的地區（照片2-1-2）。[80]這塊令蔣介石相當放心的地方，才決定成為軟禁張學良（1901-2001）的處所。1946年11月2日特務把張學良從貴州桐梓押解到台北，在小住草山賓館數日後，旋被帶往新竹的井上溫泉（今五峰鄉清泉溫泉）。[81]張學良從貴州飛到台北，飛機在松山機場降落，才知道他到了台灣。當時盛傳張學良有出任台灣省行政長官之說，陳儀則調任東北行營主任。[82]當然這都是傳聞，實際是張氏在新竹展開13年的幽居生活。

　　李友邦（1906-1952），台北蘆洲人，19歲台北師範學校畢業（今國立台北教育大學，一說未畢業）前往上海發展，之後投考廣州黃埔軍校，是為第二期畢業生。1945年12月8日李氏回台，擔任三民主義青年團台灣直屬區團部主任，帶領15萬名團員從事復員工作。當記者採訪時，他談到台灣現狀充滿信心；並認為在陳儀領導下，台灣逐漸走上民主的道路。例如：縣區級長官都已實施民選，這在中國各地尚未開始，但在台灣已經做到了（其實是縣市參議員、台灣省參議員實施民選，行政官員非民選）。但李氏也指出糧食不足、工人失業、中文雜誌書報十分缺少，不利文化與教育等問題，亦是有關單位必須重視。[83]李友邦點到陳儀施政上的短處，爾後二二八事件爆發時，有人檢討陳儀在政治方面放任，經濟方面緊抓是策略上的失敗。[84]

　　政治上的放任當時指的是對台灣人輿論或從政機會的開放，可是現在看來所謂政治上的放任，比較接近陳儀放任屬下貪污不管。時論台灣省行政長官公署有所謂的「四兇」──秘書長葛敬恩、工礦處長包可永

80　方皇繪，〈中國現勢圖〉，《民主週刊》，上海，第 36 期，1946 年 6 月 22 日，頁 900。

81　秋田，〈關於張學良種種〉，《中國新聞半月刊》，南京，第 1 卷第 3 期，1947 年 8 月 10 日，頁 14。

82　司馬長空，〈張學良到台灣〉，《新聞天地月刊》，上海，第 19 期，1947 年元月 1 日，頁 2。

83　德明、健行、雨華，〈與李友邦先生談論當前台灣〉，《真話週刊》，上海，新 5 期，1946 年 3 月 9 日，頁 14-15。

84　易正甫，〈台灣還需要些什麼〉，《小象旬刊》，上海，第 1 卷第 4 期，1947 年 8 月 15 日，頁 11-12。

照片2-1-2【1946年6月國共內戰戰區圖】

（1907-？）、財政處長嚴家淦（1905-1993）、民政處長周一鶚
（1905-1984），再加上一位教育處長范壽康（1896-1953）。原因是
一般的貪官污吏都是他們的下屬。前文提到的沈仲九，被人認為清廉，
但是跟陳儀一樣都喜歡聽奉承的話。公署的權力運作方式是四兇與范壽
康，先向沈仲九進行政務彙報，再由沈仲九向陳儀簡報。由此可知陳儀
是被屬下包圍起來，除非他想主動「貼近民意」，否則輿情很難上達。

再加上陳儀性格剛愎自用，過於袒護部屬。雖得到任何部屬貪污的密報，都要檢舉人自己拿出證據，而不派有關單位調查，日久民怨積累沸騰。當時最知名的案件為省專賣局長任維鈞貪污案、葛敬恩女婿李卓芝任台北市專賣分局長貪污案、貿易局長于百溪（1906-？）貪污案、台北縣長陸桂祥貪污案。特別是于百溪與任維鈞的案子，由中央清查團的劉文島（1893-1967）負責。由於罪證確鑿，劉文島立即在台灣招待記者，聲明陳儀必須把于、任二人撤職查辦。但劉氏離開台灣後，陳儀沒有任何行動。直到劉文島在上海二度發表談話，陳儀才把這二人撤職。[85]

　　由於台灣與京滬的報紙，都放出打擊台灣貪污和惡劣政治的議論。使得陳儀、葛敬恩、包可永有一陣子非常惱火。此後他們就非常重視新聞宣傳政績，例如陳儀聘請夏濤聲（1899-1968）為宣傳委員會主委。至於台灣新生報的經營，則委由社長李萬居（1901-1966）、總編輯陳正飛主持。該報首三版內容用中文，第四版用日文，創刊日號稱達18萬份，創下中國報紙銷售數量新紀錄。[86]夏濤聲還以上海為全中國文化中心為由，特請《上海文化》雜誌社，代購全上海所有中、英文報紙，每日航空郵寄到台北的行政長官公署宣傳委員會，以便掌握中國大陸之輿論。[87]又如1946年外國記者團，以及國民黨宣傳部副部長許孝炎（1900-1980）率團先後來訪，都給予殷勤的接待。說也奇怪，日後京滬的報紙就很少批評陳儀的施政。雖然輿論與陳儀的關係好轉，但施政的腐敗還是沒有改善。等到長官公署接收一年，蔣介石來台巡視，台灣人才盼到希望。這次原本計畫趁蔣氏在台傾訴種種不滿，不料蔣氏只公

85　劉文島來台與陳儀的新聞，不同雜誌有不一樣報導。有謂1946年8月12日，劉文島與陳儀在台灣共同參加總理紀念週。會中劉文島還公開讚揚陳儀，並說他得到消息，在台灣的野心分子趁機活動，挑撥人民與政府的感情。參閱劉乃光，〈「劫收」下之台灣〉，《青年與婦女》，頁9。

86　編者，〈中國文化〉，《上海文化》，上海，第2期，1946年2月10日，頁4。

87　編者，〈文化服務〉，《上海文化》，上海，第2期，1946年2月10日，頁26。

開接見（台北）市民一次，無法解決台政所有問題。台灣人民的委屈無處發洩，就只能等到二二八事件爆發，造成無法挽回的悲劇。[88]

2. 文化、政治、經濟的重建

雖然大陸發行的雜誌，在1947年1月很快地總結陳儀治台六項缺失——貪污橫行、危機日深、教育腐敗、工廠關門、盜賊橫行、交通窒息。[89]不過回顧七十年前的歷史，陳儀的施政也非無成果。外國評論員以「台灣——國民黨中央政府的實驗地」，來說明台灣對南京國民政府的重要。關鍵在於台灣沒有內戰（有東北問題，但沒有台灣問題）[90]、糧食可以自足、電力相當充足、有一個最完好的交通系統、二個完善的港口、愛國的台灣人民。[91]然要注意的是陳儀重建台灣的過程中，美國在幕後提供的協助。根據親共產黨雜誌的報導，美軍是以「幫助接收」、「幫助軍事基地的修復」名義來台。1946年10月國府與美方在台北疑有秘密協定，內容與台灣建設有關者，最重要的是准許美國私人資本在台灣公開活動。[92]所以台灣的重建工作，均受到國、內外高度的矚目。

國語教育是文化建設的重點項目，台灣當時是一個日語與閩南方言的地方，因此國語推行是當務之急。不過抗戰勝利後的中國，各省都在

---

88 張琴，〈台灣真相〉，《文萃叢刊》，頁 26-32。

89 編者，〈台灣在十字路上〉，《時代生活三日刊》，北平，第 4 卷第 18 號，1947 年 1 月 28 日，頁 6。

90 馮鑄，〈論東北問題〉，《大學月刊》，重慶，第 5 卷第 2、3、4 期合刊，1946 年 4 月，頁 5-7、25。

91 文達譯，〈〈密勒氏評論週刊〉台灣——國民黨中央政府的試驗地〉，《民主星期刊》，重慶，第 61 期，1946 年 11 月 23 日，第二、三版。

92 1946 年 10 月蔣介石、宋子文、麥克阿瑟，在台北的草山賓館密會並簽署協定。所謂協定的內容，除了美國資本在台，還有國民黨承認美國在台灣的特殊地位、准許美國建設台灣的軍事基地、美國資本投入東勢水力發電廠工程、開放基隆與高雄為國際港、美軍指揮下的日籍人員在台有特別居住權。參閱林以民，〈美帝國主義對台灣的侵略〉，《羣眾週刊》，香港，第 2 卷第 7 期（總第 57 期），1948 年 2 月 26 日，頁 6。

推行國語運動，不是只有台灣而已。由於中國人口多，輻員遼闊，從1912年開始的國語教育，直到1940年代還未做到全國「國語統一、言文一致」。[93]然而持續八年的中日戰爭，反倒促進國語普及的速度。由於當時是全國動員，因此國語推行到大後方每個公家單位、學校、部隊。特別是利用話劇活動、廣播事業來推行國語，成效卓著。[94]而國語推行的工作，從1935年起由國語推行委員會負責，時至1941年國民政府編定「中華新韻」統一語音。台灣、澎湖接收後推行的國語，主要目的是讓台灣人恢復民族意識。[95]戰爭結束後，國府所頒佈的第一道國語教育相關法令，就是1945年10月4日教育部訓令參字第50122號——促進注音國字之推行。[96]這就是台灣省行政長官公署推行國語政策的背景。

　　當時只要是對台灣教育有認識的人，都對台灣在日人治理之下，教育設備的充實與高就學率感到讚賞。1946年9月教育部特派督學王培仁、孫夏棠來台視察，咸認為台灣各級學校校舍遠比內地為佳，台灣學生多簡樸而有禮貌。[97]中國知名教育家、福建協和大學教授檀仁梅（1908-1993），亦在同年10月來台參訪，並受到教育處長范壽康、主任督學廖鸞揚（1910-？）的接待，寫下許多對台灣教育第一手觀察的心得。雖然他指出日治時期台灣高等教育錄取對台灣人限制很嚴，中等教育對台灣人有蔑視。但整體而言台灣人教育普及率非常高，以1943年的數據為例，竟達71.31%，比起大陸還要進步。[98]故長官公署在此基

93　齊融，〈國語運動的難關〉，《國文月刊》，上海，第80期，1949年6月，頁1-3、24。

94　孫伏園，〈國語運動人人有責〉，《國語週刊》，蘭州，第32期，1945年10月1日，頁2。

95　本社，〈勝利前後國語推行委員會改組文件〉，《國語週刊》，蘭州，第46期，1946年1月7日，頁1-2。

96　本社，〈勝利後國語教育第一道法令〉，《國語週刊》，蘭州，第36期，1945年10月29日，頁1。

97　本社，〈一月來教育動態（自35年9月15日至10月15日）：台灣教育一斑〉，《改造雜誌》，上海，創刊號，1946年11月12日，頁100-101。

98　檀仁梅，〈從數字看台灣的教育〉，《改造雜誌》，上海，第3期，1947年2月15日，頁

礎上，擬定七個教育目標做為重建的準繩。包括：1.肅清毒化思想推行
三民主義、2.消除語言隔閡讓國語教育迅速推展、3.改革原有學制使得
學校教育面目一新、4.各級學校師資補充培植兼籌並顧、5.重視教育事
業經費、6.推行社會教育完成民眾機構、7.未來教育趨向發展科學並配
合建設。前文所謂的「毒素」指的是日治末期的皇民化思想，現在由三
民主義取代。國語推行先由教育處設立國語推行委員會，然後在各縣市
設立國語推行所，各推行所再分區設立國語講習班，配合學校教育負責
辦理國語事宜。當時樂觀的認為到了1948年，國語在台灣可以全面普
及。簡言之，接收初期政府官員對於日本人興辦教育的精神並未全部否
定。范壽康還宣稱力主保持過去日本人興辦教育時注重科學的優點，並
要加以發揚讓教育與經濟、政治建設相互配合。[99]

　　國語在台灣推行之初，可以很快得到普及的原因，關鍵是台灣人對
於政府的向心。1945年8月日本投降未久，以台北為中心的學生運動很
快展開，並且組織全島從中等學校至大學的「學生聯盟」。該聯盟的主
旨是宣傳對祖國的認識，以及迅速接收祖國文化、排除日本思想。雖然
陳儀蒞台一個月，旋命令該組織解散，但是解散後學生聯盟的成員，在
半年內很快學會國語。[100]不過接收初期台灣國語學習環境，在台灣省編
譯館館長許壽裳（1883-1948）看來還不合格。最主要的原因是台灣中
文出版事業還不完備。當時台灣的書店陳列書籍，不外乎是舊式的三字
經、千字文，或者是急就章的國語讀本，或者是三民主義宣傳讀物，或
者是上海來的小報刊物。學習國語參考書籍的缺乏，阻礙了台灣人學習
國文的程度。[101]另外台灣在國府接收之後，各省市學校與台灣發展的校

　　26-27。

99　之華，〈台灣之教育〉，《改造雜誌》，上海，創刊號，1946 年 11 月 12 日，頁 56-57。

100 夏瓊，〈進步中的台灣青年〉，《青年知識半月刊》，上海，第 18 期，1947 年 9 月 15 日，
　　頁 15-16。

101 許壽裳，〈台灣省的編譯事業〉，《正論月刊》，南京，第 1 卷第 3 期，1947 年 1 月，頁
　　17。

際交流也很值得注意，其中引人矚目的是教會學校扮演先鋒角色。當時台灣總共有5所（基督教）教會中學——台北中山女中、台北淡水中學、台北淡水女中、台南長榮中學、台南長榮女中，並陸續與「中華基督教教育協會」取得聯絡。[102]

1946年12月5日行政院教育部台灣省教育視察團舉行教育問題座談會，三位視察官員為程柏廬、郭蓮峰、陳雯登（1903-？）都是知名教育專家。然而這一次會議火藥味濃厚，跟幾個月前部派督學完全不同。台北市建國中學校長陳文彬（1903-1982）直言，民生問題未解決以前，教育問題無法解決。本省國民學校許多兒童，常迫於生計出去賣香菸、菓品而不能就學，此等嚴重問題需請有關當局重視。台大文學院代理院長林茂生（1887-1947）也發言，精神教育不必明示「中國化」，內地人士服務於本省，應以善良行為潛移默化，使人們心悅誠服、不言而化。[103]

在政治重建方面，擴大台灣人對政治的參與是一大重點，也是長官公署重要施政。可是此點只對台灣發行的雜誌、期刊有吸引力，相較於大陸發行的雜誌、期刊來說，並沒有大幅的報導。反倒是台灣省戰犯軍事法庭的新聞，大陸來台的記者充滿了興趣。前面說過，美國人已建議國府接收台灣不要「算舊帳」，但是改變不了陳儀的心意。1945年8月15日日本宣佈投降後，在台日軍少佐中宮悟郎、牧澤義夫，密謀組織「台灣自治委員會」。可是該計畫得不到台灣總督安藤利吉的支持，最後胎死腹中。陳儀蒞台後接獲密告，遂在1946年2月21日逮捕該委員會的參與者。他們包括：許丙（1891-1963）、簡朗山（1872-？）、辜振甫（1917-2005）、林熊祥（1896-1973）、徐坤泉（1907-1954）。台

---

102 原文稱私立中山女中為戰時創辦，可見得不是今天台北市立中山女子高級中學。而該文列舉的教會學校都是新教系統，因此也非天主教設立的台北市私立靜修女子高級中學。參閱衛禮士，〈會務動態〉，《中華基督教教育協會會訊》，上海，第1期，1947年1月，頁3。

103 編者，〈本省教育座談會紀錄〉，《國民教育指導月刊》，台北，第1卷第5期，1946年12月，頁22-26。

灣省戰犯軍事法庭檢察官黃夢醒以刑法第28條、刑法第100條第2項，以及戰爭罪犯審判條例第2條第4款、第4條、第6條、第12條、第14條，把這5位全提起公訴。這項報導沒有做後續追蹤，不過已經昭告它是政治叛亂案，可能會用政治方法結案（照片2-1-3）。[104]當然，國府除了整肅之外，也有拉攏台灣人的措施。1947年12月24日國民參政會第四屆參政員補選名單，台灣省部分選入林忠（1913-？）、林宗賢、羅萬俥（1898-1963）、林獻堂（1881-1956）、林茂生、吳鴻森（1897-1991）、杜聰明（1893-1986）、陳逸松（1907-1999）。[105]

照片2-1-3【台灣省戰犯軍事法庭被告家屬】

　　其實陳儀的施政有不少是遠離社會現狀，如為了保護森林資源，旋公佈5年之內不准伐木，結果弄得房屋重建木料大漲，興建一棟洋式的房子約30,000元台幣。[106]台灣人談到光復，有著說不出的痛苦。上文說

104 彭翰，〈台灣「自治」陰謀案紀詳〉，《現實新聞週報》，上海，第 1 期，1947 年 7 月 25 日，頁 5-9、20。

105 本社，〈中樞要聞──參政員任期延長〉，《半月新聞》，上海，第 2 期，1946 年 2 月 1 日，頁 39-40。

106 胡爾，〈草山散記〉，《世界半月刊》，上海，第 1 卷第 4 期，1946 年 12 月 16 日，頁

到學校教員士氣高昂，但是曾有記錄1946年4至12月，長官公署只給教員發過一次薪水，逼著一對教員夫婦和6個孩子因生計而自殺。[107]這些報導指的就是接收之初，很快到來的通貨膨脹與米價飛騰。

對於經濟重建來說，台灣省行政長官治理之初，以澎湖的重建工作最感困難。當時澎湖全縣才70,000餘人，日治時期澎湖糧產僅可供全縣4個月之需，可是接收後半年僅降雨2次。島上居民大多以捕魚為生，然因為油料缺乏，多數漁船停航。[108]甚至於有記者乾脆以「天堂的地獄」，來形容台灣是天堂、澎湖是地獄，對比澎湖生活上的困苦。[109]故當時澎湖都要靠台灣經援，因此本文討論到經濟重建的問題，焦點全以台灣本島為主。不過在此之前要解釋一下，重建經濟的過程中，最常提到的「官僚資本」是什麼意思？該字眼有三種定義：其一，利用公款做投機事業。其二，利用職位走私漏稅。其三，壓制私人企業，以發達同質性的政府企業。[110]官僚資本帶來的影響是貪官污吏的橫行，造成少數統治階級人物格外奢侈，附庸他們的人藉機不法外，其餘的人都處於饑荒的邊緣。同一時期大陸各地接連爆發許多工潮、學潮，甚至於連大學教授、法院書記也加入。南京國民政府在進行內戰，無力處理千瘡百孔的經濟問題時，只能期待美國的幫助。[111]

台灣並未與大陸各省一樣，加入學潮、工潮的行列。但台灣當時的經濟困境，可說有過之而無不及。因為台灣當時所實施，即是連大陸都未全面推行的經濟措施——統制經濟。統制經濟的解釋，根據曾任北京

67。

107 其善，〈異地書簡——台灣來鴻〉，《光明報》，香港，新9號，1946年12月8日，頁12。

108 本社，〈新聞（國內之什）——澎湖接收完竣〉，《水產月刊》，上海，復刊第1卷第1期，1946年6月，頁31。

109 黎堅，〈澎湖〉，《紫羅蘭畫報三日刊》，北平，第19號，1946年12月9日，頁4-5。

110 編輯部，〈經濟新辭典——官僚資本〉，《工商經濟月刊》，廣州，第1卷第2期，1947年6月16日，頁19。

111 商隱，〈當前經濟危機的本質〉，《工商月刊》，上海，創刊號，1946年8月15日，頁7-8。

大學政治系主任陳豹隱（1886-1960）的說法，即是為了戰時或經濟恐慌時期，因某種需要所行的一種臨時救濟處置，並以統制的方法與外國競爭。實際操作應是以經濟力量為主，再以政治力量為輔，才合乎經濟法則。可是當時政府當局，對於統制經濟的作法，可說變成了獨佔。因此越統制越糟糕，越統制越沒辦法。特別是利用統制經濟為幌子，假公濟私、壟斷專權，使得國庫與生產者都受到很大的損失，變成一種罪惡。[112]根據報導陳儀對於統治經濟的啟蒙者，即是主閩時代的財政廳長兼銀行行長徐學禹（1903-1984）。雖然徐氏在台任職是交通處長，表面上看來跟財經無關。但陳儀在台實施經濟手法，就是抄襲當年徐學禹起草治閩的藍本。[113]

　　接收前後的台灣，在美國駐台北副領事George Kerr（葛超智）看來，除了擁有日本所留下來，大量軍用物資外，還擁有工業訓練的人材，以及現代化社會的經濟組織。如果可以適當的管理，它可以成為農業、工業並行的重鎮。[114]事實上台灣在日本的統治之下，也是實施統制經濟，並且獨佔農業與工業。以農地而論，日本人在台灣掌握的公有地，達全部耕地的三分之二。此外80%的產業組織，直接握在日本人手裡。所以日人治台，可謂用全盤統制與經濟榨取。然而在他們的榨取之下，也投下諸多經費，做為培植和發展台灣經濟，其中最具代表性的建設是日月潭發電廠與嘉南大圳。故台灣人雖被殖民地政府壓榨，但也還能維持相當程度的生活水準。根據1939年的數據，台灣在生產價值4億9千萬美元的物品中，糖米總共佔有70%。而平均台灣每個人約輸出31美元，甚至於遠超過美國每人輸出23.44美元，由此可知台灣在經濟上的優越性。但到了光復以後，陳儀承襲日本人衣缽，對經濟採取全盤統

112 本社，〈統制經濟與民主〉，《聯合經濟研究室通訊》，重慶，第 5 期，1946 年 9 月，頁 1-3。

113 遺民，〈財神菩薩妙計可用──陳儀治台依其藍本〉，《島聲旬刊》，青島，第 7 期，1947 年 5 月 30 日，頁 4。

114 美國海軍中尉 George Kerr 作，喻德基譯，〈台灣面面觀──一個美國人為中國重建台灣設計構圖〉，《讀者》，漢口，試版第 5 號，1945 年 12 月 16 日，頁 4。

制政策。只是日本人統制收到效果，國府派來的官員就出了亂子。例如：中央每年向台灣要求無價取得15萬噸的糖。[115]上海郵政局對這批糖還有報導，聲稱發售台糖生意興隆。惟以人手及普遍供應起見，每人每日限購一份，每日發售300份。[116]這就是當時台灣省行政長官公署大失人心的根本原因。

對長官公署來說，想要貪污不法的人，透過統制經濟的確可以大發利市。下表2-1-1是收復區經濟事業接收處理統計數據。從內容來看，台灣工商事業之發達，早已超越各省許多。除了公司行號的數目，台灣少於其他地區外；在工廠、礦場、電氣事業的發展，有的數倍於其他地區，有的居於領先的地位。

表2-1-1 第二次世界大戰結束後國民政府接收敵偽工商事業

	蘇浙皖	湘鄂贛	閩桂粵	冀熱察綏	魯豫晉	台灣	共計
工廠	604	166	66	411	153	835	2,235
礦場	5	17	3	9	─	24	58
電氣事業	19	5	4	9	1	35	73
公司行號	74	27	─	216	23	15	355
總計	702	215	73	645	177	909	2,721

資料來源：經濟部統計處，〈收復區經濟事業接收處統計〉，《經濟統計月報》，南京，第2期，1947年6月，頁6。

另外，台灣土地問題的處理，也引起許多非議。1941年的統計數據，台灣水田面積為54萬4千餘甲，旱田面積33萬1千餘甲，二者總計87萬6千餘甲，佔台灣總面積24.85%。這些土地南京當局如何處理呢？當時公佈敵偽組織對於公私有土地所有權之處分，及其所發的土地權利證件一律無效。土地權利人所有證件，經加蓋敵偽組織印信者，於土地

---

115 鑄，〈時評——台灣的經濟背景〉，《經濟評論週刊》，上海，第1卷第3期，1947年4月19日，頁4；本刊特約記者，〈台灣事件的分析〉，《觀察》，上海，第2卷第5期，1947年4月29日，頁16。

116 趙章嘉，〈合作之頁——上海郵政員工消費合作社綜合報導〉，《上海郵工月刊》，上海，第12期，1947年5月1日，頁16。

清理時必須在原敵偽印信上加蓋「無效」。再者，敵偽對於放領之公有土地一律無效，但如果取領人為自耕農，並且持續耕作可重新辦理土地承領。台灣省行政長官公署地政局長王雍暤（1892-1976）甚至公開表示，台灣是滿清時代割讓土地，與抗戰淪陷土地有異。凡勝利前日本政府依法徵收，或者收買、已辦交換之土地，均屬中華民國政府公有土地。除日本政府強制沒收，或未予交換而有證件足資證明，經查證屬實經核准可以做為例外。這項政策幾乎把台灣人所有土地當作敵產來看待。更何況台灣「光復」（上下引號原文有加）以來，接收各種產業的事實，對於官僚資本壟斷的行為，早已經把台灣人嚇壞了。現在台灣大、小地主，對於自己的土地有可能變為國家的土地大感不平；就是依附在土地的佃農，也因官僚的管理而感到害怕。民心一再的浮動，讓長官公署的統治基礎產生動搖。[117]

不過陳儀在經濟重建上，最讓台灣人抱怨的，則是執行統制經濟的二大機構：專賣局、貿易局。在專賣局方面，該局組織非常龐大，下轄分局與辦事處，遍及省內，並且還有附屬酒廠、菸廠、樟腦廠、火柴廠、糖廠等。其中釀酒廠就有34處，不但人民莫測高深，連內部人士恐也弄不清楚。因為管理不善、督導不周，所以成本偏高、質量很差、售價更高。但所有產品都是壟斷性質，人民迫於需要也非買不可。[118]事實上陳儀繼承日本人對於台灣所有專賣事業，項目包括：菸、酒、鹽、樟腦、火柴、石油、鴉片、酒精與度量衡。[119]這當中又以二種商品的產銷，最讓人詬病。首先是樟腦，以往美國是台灣樟腦銷售對象，主要用於賽璐璐（celluloid）。後來呢塑料（人造塑膠）發明後，賽璐璐就落

117 潘公昭，〈台灣的土地問題〉，《中國建設月刊》，上海，第3卷第1期，1946年9月，頁44-46。

118 民吁，〈台北通訊──封建經濟形態下的台灣〉，《工商新聞週報》，南京，第9期，1946年12月28日，第6版。

119 王慰曾，〈介紹台灣〉，《太平洋月刊》，頁31-32。

伍，樟腦也開始滯銷。[120]其次是香菸，日治時期雖是實施專賣，但總督府允許民間有小規模的私人經營。可是陳儀來台後，完全廢止私人經營。不料專賣局生產香菸品質極差，氣味霉辣不能入口，一般人皆不願吸食。海軍副總司令桂永清（1900-1954）來台時，曾遇到長官公署科長二人抽著美國菸。桂氏感到好奇為何自己抽的是專賣局物美價廉的香菸，但他們不抽專賣局自製香菸。這二名科長才笑著說，桂氏抽的香菸是專賣局招待外賓之用。桂永清在與陳儀見面後提到此事，陳儀等到桂氏離開台灣下令撤查，結果都跟上述提到的貪污案一樣都不了了之。[121]

在貿易局方面，組織也同樣龐大。省內有特約承銷商，省外除上海設有辦事處外，亦準備在天津、青島、大連、福州、香港、東京設立辦事處。該局經營的項目有糖、煤、樟腦、茶葉、木材、水果的出口，以及布匹、肥料、麵粉的進口。[122]不過台灣出口物資，因該省無指定銀行，必須在上海各指定銀行結算外匯後，始可結關。或者將貨物運到上海，辦完結關手續，才能將貨物運往國外。這二種方法不管哪一種，對台灣出口商品都是費時費事。中央銀行有鑒於此，乃商定凡台灣結匯之事，宜悉委託台灣省銀行負責代辦。今後台灣省一切出口物資，只須就地與台灣省銀行辦妥結匯手續，即可結關將貨物運往國外。[123]這種「省營」貿易手法可謂陳儀獨創，對象是蔗糖、紙張、肥料、煤。這當中也有二種商品的產銷，最讓人詬病。其一是糖業，由於接收者不善經營，糖廠倒閉半數以上。[124]

其二是煤炭，該礦產在日治與接收初期都允許民間私營。但是長官公署眼見有利可圖，旋宣佈加以統制。公署組織一個燃料調劑委員會，

120 梁希，〈日本人在台灣留下的禮物〉，《文匯叢刊》，頁25。
121 張琴，〈台灣真相〉，《文萃叢刊》，頁29-30。
122 民吁，〈台北通訊──封建經濟形態下的台灣〉，《工商新聞週報》，第6版。
123 本社，〈國內國外貿易消息誌要〉，《國際貿易》，上海，第1卷第14期，1946年12月15日，頁31-32。
124 王慰曾，〈介紹台灣〉，《太平洋月刊》，頁31-32。

以工礦處長包可永為主任委員。所有私人煤礦的煤炭，按規定全部賣給燃料調劑委員會，不得私人買賣，並且價格由該委員會自訂。1946年春夏煤炭每噸官價500元台幣（法幣17,500元），包可永轉一手賣給上海市燃料委員會，每噸變成100,000元法幣。到了同年冬天，煤炭每噸收購價格是1,000元台幣，但賣至上海變成每噸300,000元法幣。根據非正式統計，在1947年二二八事件前夕，台灣燃料調劑委員會獲利至少2至3億元台幣。可是這筆款項在二二八事件時調查，發現並未解送到省庫，去向令人懷疑。[125]

　　還有一重要問題也值得注意，即是台幣匯率的波動。當時雜誌戲稱台灣接收後，有兩種「票子」流通、不易處理。第一種是郵票，時至接收已7個月，還使用日本人發行的郵票，僅在上面加蓋「中華民國台灣省」字樣。[126]雜誌文章坦承中國是一個很窮的國家，政府來接收台灣，並沒有帶來很多錢。故只能就現成的郵票，便宜行事、節省利用。1946年7月長官公署發行上海加蓋之限台灣貼用改值郵票，1角5分改30錢、2角改1元，還是未能印出在台灣發行的郵票。[127]

　　第二種是鈔票，1946年6月1日接收後的台灣銀行終於成立，換發新的台幣是它最重要工作。[128]新發行的台幣面額有1元、5元、10元、50元、100元與500元，而且是在重慶印製後運往台灣。可是實際上為擔心通貨膨脹，市面上流通僅1元、5元、10元，至於50元、100元、500元運抵台灣卻不敢發行。[129]這表示台灣金融市場，一開始的前景就

---

125 張琴，〈台灣真相〉，《文萃叢刊》，頁28。

126 這種加蓋郵票面額分為3錢、5錢、10錢、30錢、40錢、50錢、1元、5元、10元，全為無齒設計，亦未見日方使用過，故被台灣省行政長官公署充做過渡時期的郵票。參閱本社，〈新郵消息——台灣加蓋〉，《近代郵刊》，上海，第1期，1946年1月，第3版。

127 本社，〈新郵消息——限台灣貼用票〉，《近代郵刊》，上海，第8期，1946年8月，第3版。

128 1946年3月國民參政會在重慶召開時，有人提出質詢稱，台灣接收半年多來，還在使用日本通貨。參閱本社，〈國民黨施政的檢討〉，《民言半月刊》，天津，第6期，1946年4月10日，頁5。

129 陳知青，〈台灣的金融經濟問題〉，《機聯會刊》，上海，第186期，1946年9月16日，頁16。

不樂觀。

　　台幣發行時，當初的設計就為避免法幣幣值波動，對台灣經濟造成負面影響。因此台灣與中國大陸使用的二種不同幣值。[130]而最早的匯率是1元台幣兌換20元法幣。之後中國大陸出現通貨膨脹，在1946年底匯率變成1元台幣兌換35元法幣。[131]可是這對台灣省行政長官公署來說是一大難題，因為既然要實施統制經濟，對於匯率的維持就必須有能力掌控，並且負責的官員不能從事套匯。當時發生的弊端是官定匯率為1元台幣兌換35元法幣，可是市場交易匯率是1元台幣兌換27或28元法幣。這種黑市價位，都可以在上海北四川路一帶的小錢鋪，或者台北、基隆一帶的鞋鋪兌換。[132]故台灣銀行匯出1千萬元至上海，可以兌換到3億5千萬法幣。假如再將3億5千萬法幣匯票，賣給省內的進口商，用市場匯率1：28計算，可以淨賺台幣2,500,000元。1946年底台灣省紡織公司某文書科長，串通某公司的石炭調整委員會，匯出台幣3千6百萬元寄存駐滬工礦聯合辦事處，如此巨大弊案終於被發現。只是涉案人都已脫逃，無從治罪。[133]再者，外國銀行、大陸的銀行都不能在台灣設立分行。而當時台幣與美元的匯率，則是1美元兌換85元台幣。1946年3月24日陳儀公開表示，可以把匯率調成1美元兌換15元台幣，被雜誌批評為不負責任的談話。[134]

　　然而經濟重建再怎樣的失敗，台灣人民都可以忍耐，惟獨米糧價格上揚，成為反抗陳儀統治的導火線。台灣自清代以來就有穀倉之稱，日

---

130 戰後國民政府接收台灣與東北都未實施法幣制，台灣以發行台幣取代法幣，東北暫時使用滿洲國時代的「偽幣」。法幣與偽幣的兌換，則是1元法幣兌換200元偽幣。參閱史思明，〈勝利面孔與妓女守節〉，《平論半月刊》，上海，第4期，1945年11月1日，頁2。

131 桂，〈時評——台幣匯率再度提高〉，《經濟評論週刊》，上海，第1卷第15期，1947年7月12日，頁3。

132 程文華，〈今日的台灣〉，《大中國月刊》，北平，創刊號，1947年6月6日，頁62。

133 本刊特約記者，〈隨時可以暴動的台灣局面〉，《觀察》，上海，第2卷第2期，1947年3月8日，頁19。

134 龍在田，〈台灣現勢提綱〉，頁23-24。

人治台後改良稻作品種，致使產量大增。1938年台灣年產稻米17,670,418市石（1,378,778公噸），突破歷史新高。即便到了1945年第二次世界大戰結束，台灣稻米產量銳減45.5%，但也有7,890,221市石（626,208公噸）。不可諱言，光復後的台灣實為中國米穀產區，如能復興農村、促進生產，不但自產米穀可以留省食用，更可以接濟閩粵之不足。[135]可是從下表2-1-2來看，從1946年下半年至1947年上半年，台灣食米的價格節節高漲。

　　以全中國的食米價格而言，當時米價最便宜的地區是在貴州，最貴之處是在華北。價昂的城市有時天津奪魁，有時青島奪魁，但是長期居於米價首位的是北平。南京是國民政府的首都，上海是全中國的經濟命脈，這二處地方、政府理當壓抑米價。然而從1947年1月之後，京滬二地的米價就難以控制。上海的米價1市石的價格，竟然上漲至100,400元法幣。台灣的米價如果跟南京、上海、北平相比，大抵是呈現「居中」的水準。但不要忘記台灣是產米之鄉，它的米價至少也要與同樣是魚米之鄉，長江下游的二大城市——南京、上海相當才對。可是不管哪一個月份，台灣的米價總比京滬還要貴上約四成。特別把台灣島內6座城市相比，中北部的3座城市——基隆、台北、台中，米價逐漸走高，且無回跌的跡象。南部的2座城市——台南、高雄，米價在1946年9至11月有小幅下跌，但之後也大幅上揚。最特別的是台東，1946年10月以後，算是台灣米價最便宜的地方。但二二八事件發生後，米價成為一市石123,292元法幣，比台北還要昂貴。[136]

---

135 糧食部調查處，〈台灣食米之供銷〉，《糧情旬報》，南京，第 248 期，1946 年 9 月 26 日，頁 1-3。

136 二二八前夕台灣的米價說法不一，如作者找到的資料有云，一斤米漲至 40 多元。如果按照 1 台幣兌換 35 元法幣匯率，一斤米漲至法幣 1400 至 1715 元左右。而度量衡的換算，一市石等於 100 斤。所以「一斤米」漲至 40 元，換算一市石等於漲至法幣 140,000 至 171,500 元。這與表 2-1-2 所記，1947 年 3 月的數據有差距。因此本文仍以糧食部調查處的數據為準探討。參閱本刊特約記者，〈台灣事件的分析〉，《觀察》，頁 16。

表2-1-2 1946年9月至1947年2月台灣與大陸米價統計（單位:每市石／法幣元）

	台灣						南京	上海	北平	全國最高	全國最低
	台北	基隆	台中	台南	高雄	台東					
1946.9 上旬	62771	64159	58478	67106	67703	65223	35000	48400	130000	139200 （天津）	4306 （貴州遵義）
1946.10 上旬	66164	65729	66329	64295	62889	51792	40000	51200	143700	143700 （北平）	5080 （貴州興仁）
1946.11 上旬	65598	65077	60133	62768	62574	58737	40200	50800	118800	122616 （青島）	4800 （貴州興仁）
1946.12 上旬	80485	80904	72152	79116	75818	67881	45000	51800	109500	109500 （北平）	4920 （貴州興仁）
1947.1 上旬	87177	87235	80233	85995	84843	78846	54000	63400	119360	119360 （北平）	5200 （貴州興仁）
1947.2 上旬	113470	118922	102061	127356	117399	106972	72200	72400	187500	187500 （北平）	5200 （貴州興仁）
1947.3 上旬	111255	111720	—	—	—	123292	84800	100400	230720	241800 （青島）	7900 （貴州興仁）

資料來源：
糧食部調查處，〈中國各省重要糧食市場中等熟米價格統計表（35年9月上旬）〉，《糧情旬報》，
　　南京，第248期，1946年9月26日，頁4-6。
糧食部調查處，〈中國各省重要糧食市場中等熟米價格統計表（35年10月上旬）〉，《糧情旬報》，
　　南京，第251期，1946年10月26日，頁4-6。
糧食部調查處，〈中國各省重要糧食市場中等熟米價格統計表（35年11月上旬）〉，《糧情旬報》，
　　南京，第254期，1946年11月26日，頁4-6。
糧食部調查處，〈中國各省重要糧食市場中等熟米價格統計表（35年12月上旬）〉，《糧情旬報》，
　　南京，第257期，1946年12月26日，頁4-6。
糧食部調查處，〈中國各省重要糧食市場中等熟米價格統計表（36年1月上旬）〉，《糧情旬報》，
　　南京，第260期，1947年1月26日，頁7-9。
糧食部調查處，〈中國各省重要糧食市場中等熟米價格統計表（36年2月上旬）〉，《糧情旬報》，
　　南京，第263期，1947年2月26日，頁4-6。
糧食部調查處，〈中國各省重要糧食市場中等熟米價格統計表（36年3月上旬）〉，《糧情旬報》，
　　南京，第266期，1947年3月26日，頁4-6。

　　為什麼台灣米價會如此昂貴，是否因台灣缺糧所致？時論是資金的問題。由於台灣的工商業都已經被長官公署，以統制經濟壟斷所有的利益。因此民間沒有辦法競爭之餘，只能依靠囤積來累積資金。當時台灣最好囤積貨品，又沒有被長官公署壟斷就是稻米，故米價一路直線上

升。[137]雖然當時報紙每天刊登，政府拋售糧食的消息，也苦口婆心向鉅商富戶勸告合作，但平抑米價效果有限。1947年2月2日台北市的街頭，出現「台灣民眾反對抬高米價行動團」的傳單。內容是警告奸商巨賈，不要以少數資產階級操縱台灣600萬人生活。如果米商不調降糧價，三天後該團要率領無產民眾，向各地糧商發動搶米運動。雖然這個團體，最後沒有任何行動，可是陳儀的統治威信已受到傷害。[138]

除了商人對米穀囤積居奇外，長官公署對米穀的徵收也須注意。1946年10月至1947年9月，全國徵穀48,722,363市石，台灣被分配徵收數額2,197,749市石，佔總數約二十四分之一。從數據上來看，政府在台灣所徵收數額，佔總比例不高。[139]可是對台灣糧價高漲情況來說，已是雪上加霜。特別是糧價高漲的台灣，台灣人還是會主動徵納。因為日治時期的教育，讓台灣人養成守法的習慣。即便政府進行徵糧，並將各戶應徵糧額代金全盤公佈，責成銀行代收，台灣人都會繳給當地銀行。但這在大陸就很難辦到，各省就算設立田賦糧食管理處，專辦徵收農糧之事還是很困難。[140]至於提到徵收，台灣省行政長官公署的收入與支出，也有參考價值。下表是1947年1月各省市收入、支出前五名的金額，它的排名依序是台灣、上海、浙江、江蘇、南京。很清楚地台灣在財政上的實力，遠比號稱中國最現代化的城市——上海還來得高，而且收支平衡。

---

137 龍在田，〈問題的台灣〉，《中國建設月刊》，頁 39。

138 本刊特約記者，〈隨時可以暴動的台灣局面〉，《觀察》，頁 19。

139 主計處，〈糧食徵集（民國三十六年一月）〉，《經濟動向統計》，南京，無期刊編號，1947 年 1 月，頁 8-9。

140 楊森，〈東北台灣之行——市政建設和一般觀感〉，《貴州建設月刊》，貴陽，第 1 卷第 5、6 期合刊，1947 年 1 月，頁 10。

表2-1-3 1947年1月中國前五名省市庫收支排名（單位:法幣）

	台灣 （第一名）	上海 （第二名）	浙江 （第三名）	江蘇 （第四名）	南京 （第五名）
收入	41,057,234,676	25,071,840,852	8,582,316,302	5,457,204,064	5,253,632,288
支出	35,711,328,400	27,046,058,038	7,254,595,435	3,586,956,476	4,345,705,260
資料來源：主計處，〈省市庫收支（民國三十六年一月）〉，《經濟動向統計》，南京，無期刊編號， 　　　　　1947 年 1 月，頁 31。					

　　在一般物價上，台灣與上海已經相差不遠，只是菜價略便宜一點。台灣公務員的待遇比內地各省更低。教育界生活更是清苦，一個中學的教職員，想要維持一人的生活很不容易。[141]1946年下半年與1947年上半年，行政院主計處統計局針對各省省會，有一物價指數統計可以參考。從表2-1-4來看，1946年4、8月台北的零售物價，不管是哪一個類別均為全中國最便宜。如此的結果配合前文的討論，可以發現人民的感覺不一定是如此。但是從1947年1、2月數據觀察，台北的零售物價開始上揚，特別是肉類、其他食品、衣著三項指數，不是全國第一、就是接近第一。至於糧食類台北的零售物價指數，遠比濟南為低，原因是濟南受到國共內戰波及，使得糧食價格大漲。事實上糧食還分有稻穀、小麥、高粱等作物，因此糧食類中台北的零售物價指數似乎不高，感覺上情況似乎不太嚴重。但是台灣主要種植稻穀，故對照表2-1-2台灣與大陸米價差距，即可知台灣人民生活感受相當痛苦，陳儀已經身處動亂的邊緣還不自知。

---

141 程文華，〈今日的台灣〉，《大中國月刊》，頁62。

表2-1-4　1946年4月中國各類零售物價指數各地位次

年月	位次	總指數	食物類			衣著類指數	燃料類指數	雜項類指數
			肉類指數	糧食指數	其他食品指數			
1946年4月	最高	杭州	昆明	廣州	康定	合肥	杭州	成都
	最低	台北	台北	台北	台北	台北	台北	台北
1946年8月	最高	合肥	合肥	桂林	杭州	合肥	杭州	漢口
	最低	台北	台北	台北	台北	台北	台北	台北
1946年12月	最高	太原 142	太原 127	太原 133	太原 124	太原 150	太原 143	太原 182
	居中	台北 102	台北 104	台北 101	台北 105	台北 100	台北 104	台北 99
	最低	廣州 86	廣州、合肥 94	北平 91	合肥 98	福州 90	桂林 92	廣州 98
1947年1、2月	最高	廣州 168	漢口 169	濟南 224	漢口 163	台北 175	廣州 224	南京 264
	居中	台北 161	台北 161	台北 163	台北 160	蘭州 134	台北 142	台北 164
	最低	成都 121	成都 116	成都 121	成都 113	西安 119	成都 117	成都 125

資料來源：
1. 國民政府主計處統計局，《各重要城市物價指數月報》，南京，第 4 期，1946 年 4 月，無頁碼。
2. 國民政府主計處統計局，《各重要城市物價指數月報》，南京，第 8 期，1946 年 8 月，無頁碼。
3. 國民政府主計處統計局，《各重要城市物價指數月報》，南京，第 12 期，1946 年 12 月，無頁碼。
4. 國民政府主計處統計局，《各重要城市物價指數月報》，南京，第 15 期，1947 年 3 月，無頁碼。

3. 二二八事件

1947年2月28日台灣發生的動亂，在當時被稱為二二八事件、二二八事變、二二八民變、台灣事件、台灣事變、台灣暴動、台灣騷動。不過以二二八事件最常被使用。此事件已經過七十餘年，或許有人認為在台灣一隅發生的騷動，不是民國時期重要的大事。如此的看法是錯誤。因為二二八事件發生時，大陸有許多雜誌、期刊，紛紛視為重要新聞。如1947年4月在上海創刊的《人文》，自詡進行現代史料編纂的工作，即把二二八事件列為當代的大事。[142]該雜誌以台省發生騷亂、台省騷動擴大、蔣主席指示處理台省事件方針、台事變主犯傅學通處死，做為編年大事記的內容。[143]事實上大陸的雜誌、期刊，報導二二八事件時，多

---

142 黃天培，〈復刊詞〉，《人文》，上海，第 1 卷第 1 期，1947 年 4 月，頁 1。

143 編輯部，〈大事類纂（民國三十六年一至三月）〉，《人文》，上海，第 1 卷第 1 期，1947 年 4 月，頁 37；編輯部，〈大事類纂（民國三十六年四至六月）〉，《人文》，上海，第

以「一個擺菸攤的老太婆被捕」做為開端。初始懷疑一個小事可以闖下
滔天大禍，爾後才知道事情沒那麼簡單。台灣人民在二戰勝利後，原本
寄望回到祖國懷抱過好日子，沒想到事情完全相反。[144]有的雜誌甚至先
下了註腳，稱台灣光復是中國抗戰唯一的收穫，不幸在2月28日台灣省
因當局取締攤販，激起台民暴動。同時聲稱這次暴動，主要是海南島歸
來的前台籍日軍5萬壯丁為主力。[145]5萬壯丁是什麼概念呢？當時台灣總
人口數為6,250,403人，男口為3,139,275人，女數為3,111,128人，其中
壯丁數為1,333,029人。那就表示台灣壯丁中有二十六分之一投入動
亂。[146]也有的雜誌先行「定調」，稱這是政府在政治上最大的失敗，在
國內、國際上有不可掩蓋的責難。二二八事件不是單純的小事件，過程
中台胞已經提出自治的要求。站在中國人的立場，對於台灣不幸的事
件，只有慚愧、只有痛哭。對於台胞自治的要求，只有同情、只有贊
助。[147]顯然二二八事件後整個台灣局勢完全不同，否則台灣人不用從行
政長官制度，跳過省主席制直接要求「自治」。

　　事件發生後陳儀有無受到批評？陳儀行事風格毀譽參半的特質，再
一次呈現。支持陳儀的人，承認陳儀是政學系的巨頭，而且也承認社會
普遍認為，政學系成員都是官僚主義。可是陳儀以60餘歲的年齡，每
天清早還去公署上班；直到下班僚屬散盡，還一個人在燈下批閱公文。
同時接見賓客也毫無倦容，像樣老而彌健的大官，在中國官場上很少
見。文中認為陳儀在台灣的失敗，有些是陳儀施政的錯誤，有些是中央

1卷第2期，1947年7月，頁9。

144 本社，〈時事評論——台灣事件〉，《半月新聞》，上海，第4、5期合刊，1947年3月25日，頁1-2。

145 息予，〈一月新聞輯要——大不幸的台灣事件〉，《中學生》，上海，第186期，1947年4月，頁101-102。

146 資料室，〈全國戶口統計表〉，《大風月刊》，南京，創刊號，1947年4月1日，頁37-38。

147 小記者，〈台灣在殺聲震撼中〉，《太平洋月刊》，上海，第1年第3期，1947年3月，頁42。

政策的錯誤。但支持者以罕見嚴厲的語氣說，日後國府在台灣的統治，要使台灣人民徹底明瞭「台灣永遠是中國的」。因為這樣才能永遠掌牢住這個孤懸海外的島嶼。[148]這句話必須要置於當時環境，才能夠了解接收後，台灣與中國的關係。二二八事件發生後，京滬一帶的報紙，快要把台灣報導成一個「獨立國」。關鍵是當時輿論把台省同胞的疾苦，及其對祖國的隔膜歸咎於台省當局的「特殊化」（行政長官制度、專賣制度、台幣使用）。然而支持陳儀的人卻說，這個特殊化政策是「特殊好」，不是「特殊壞」。而且這是中樞許可的特殊，並不是陳儀搶在前面的特殊。問題誰是中樞？原來陳儀受知於蔣介石，只聽命於蔣氏，不受行政院長宋子文節制。二二八事件後美國記者訪問台灣，他的結論是根據台灣民意，一致希望獨立，或受到美國、日本的保護。[149]

反對陳儀的人，有的直接稱他為「台灣王」。同時表示一年來，他帶給台胞的貪污苛政，最後引發動亂。特別是〈台灣旅平同鄉會等發告全國同胞書〉發揮很大的影響力。它讓大陸百姓知道台灣人跟日本明爭暗鬥51年，最後光復竟是被逼造反。[150]更有云在法理上，台灣是中國的行省之一。但依當時台灣政制與實況來說，似乎與內地隔離。這樣使得台灣定位屬於自治領？聯邦？封建郡縣？或是獨立國？原來當時大陸人要來台灣，除公務人員出差另有文書證明外，其他人都要持有「派司」（pass）才可以赴台。同樣地離台也要出示「出境證」。[151]因此有雜誌直指行政長官制度不倫不類，光復之初政府規定台灣為行省，但以這種特殊化的長官制度來統治，直覺上都會認為歧視台胞。雖然中樞已經決定派兵，但此等事情原本可以大事化小、小事化無，無奈政府一味以槍

---

148 易聲伯，〈陳儀為什麼在台灣失敗？〉，《周末觀察週刊》，南京，第1卷第11期，1947年9月13日，頁4-6。

149 汪留照，〈台灣與祖國〉，《觀察》，上海，第1卷第13期，1946年11月23日，頁23-24。

150 本社，〈短評──打陳儀〉，《中流月刊》，北平，創刊號，1947年3月，頁23。

151 章英，〈台灣鱗爪〉，《觀察》，上海，第1卷第9期，1946年10月26日，頁18-19。

砲鎮壓，造成局勢混亂。故當局必須當機立斷把握時機，凡能允許台灣人民的，就應該速做圓滿的處理，以免夜長夢多、事態擴大。[152]這當中點出二個重點——鎮壓與夜長夢多。

鎮壓是國府處理大陸各地學潮、工潮時常見的手法。[153]1946年11月25日雲南昆明學生為了反對內戰、呼籲和平，召開時事晚會，不料被駐軍以機槍、小鋼砲射擊威脅。昆明全市大、中學校學生忍無可忍，乃於26日起相繼罷課。不料當局竟變本加厲，採取種種不法手段，拘捕、毆打學生，以暴力阻止學生愛國運動。11月30日下午在南屏街、福照街、武成路等處，毒打學生、開槍射擊，為暴行之開始。於次日正式爆發「一二・一慘案」。[154]

夜長夢多指的就是中國共產黨，疑似主導或參與二二八事件。雖然中共否認在台灣設有聯絡人，也不承認煽動這次事件，可是多數雜誌抱持懷疑的態度。[155]當時期刊、雜誌懷疑中共的介入是有道理，因為國共內戰早已爆發。政學系兩大要角——陳儀與熊式輝，分別接收台灣與東北，結果二地治理都告失敗。尤其東北的中共部隊起初不足5,000人，現可以跟國軍分庭抗禮。[156]因此台灣是否被中共黨員滲透，自然是國府大員關心的問題。二二八事件可謂一葉知秋，有評論要袞袞諸公，如果還想留點政治生命，應該幡然改圖，絕對捨棄搜刮、榨取、鉗制、防民、監謗等工作，而要廣開言路、深求民隱，符合大眾的願望。[157]

---

152 志徐，〈時事紀要——台灣的騷動〉，《世紀評論週刊》，南京，第 1 卷第 11 期，1947 年 3 月 15 日，頁 18-20。

153 早在二二八之前就有國民黨血腥鎮壓的案件，台灣人的訊息掌握太不靈通。編者，〈南通血案抗議〉，《民主週刊》，上海，第 26 期，1946 年 4 月 13 日，封面。

154 編者，〈一二・一慘案實錄〉，《文林》，大連，第 1 期，1946 年 6 月 5 日，頁 12-14。

155 編者，〈短評——用不著「煽動」〉，《羣眾週刊》，香港，第 8 期，1947 年 3 月 20 日，頁 4。

156 本社，〈政學系是怎樣的一個集團〉，《中國晨鐘月刊》，北平，第 10 卷 8 月號，1948 年 8 月，頁 2。

157 耘，〈七日談——台灣的民變〉，《工商新聞》，南京，第 19 期，1947 年 3 月 10 日，第 1 版，頁 1。

　　知名紅學學者吳世昌（1908-1986）曾撰文評論二二八事件，他不諱言說國民黨以征服者姿態回到收復區，尤以下級幹部彰顯此等作風。台灣是從日本人手中奪回，這班征服者的第一個感覺是「我解放了你們」。你們從今以後不要再做亡國奴，應該要感謝我。其次台灣人受了五十年日本奴化教育，不免有許多錯誤觀念，現在要重新教育你們，怎樣做三民主義新中國的人民。這就是征服者的優越感。[158]因此事件發生後，可以發現一致的看法。即是對於台灣的評論，都認為台灣人在日本殖民地教育下「受毒」很深，這幾乎成為眾口鑠金的印象。[159]甚至於當時台灣人自己看該事件起因，所列舉17項原因中第一項就認為，台灣青年均受日本教育、中毒頗深，緣是思想易受淆惑。[160]

　　事實上對於台灣省行政長官公署來說，1946年下半年與1947年上半年，有諸多危機警告統治當局。首先是1946年11月5日台南發生大地震，震度是十年來未有。最大震輻超過2公分，時間長達10分鐘。總共毀房4,000餘棟，傷亡500多人。[161]台南至永康、台南至新市的鐵軌也全部扭曲。善後救濟分署第3工作隊，奉命前往台南與地方政府協同救災。據云該隊救災工作非常努力，已經治療傷者、病患1,000餘人。[162]其次是1947年2月11日上海發生黃金潮，金價飆高至空前記錄。上海黃金每條至法幣480萬，台灣黃金每條至法幣140萬元，物價馬上隨金價

---

158 吳世昌，〈論台灣的動亂〉，《觀察》，上海，第 2 卷第 4 期，1947 年 3 月 22 日，頁 8-9。

159 易正甫，〈台灣還需要些什麼〉，《小象旬刊》，頁 13-14。

160 另外 16 項分別是國內政治混亂引起失望、在台日人挑撥離間、海南島歸返台籍日軍受到歧視、中央接收大員貪污、各地官吏政績不良、清查團奉命蒞台虛應故事、公署辦事不顧民瘼、台胞主持機關首長不問才具一律撤換、赤色恐怖蔓延迅速、從大陸與南洋回鄉台胞生計困難、共黨利用時機加緊煽動、國內物價高漲波及台灣、糧食鬧荒物資斷絕、專賣壟斷民生斷絕、台籍公務員待遇不公、專賣局查緝私貨濫用職權。參閱台籍一郵工，〈從台籍同胞眼中看「二二八」事變〉，《上海郵工月刊》，上海，第 12 期，1947 年 5 月 1 日，頁 10。

161 本刊特約記者，〈二二八事件後的台灣〉，《觀察》，上海，第 2 卷第 6 期，1947 年 5 月 5 日，頁 17。

162 編者，〈台南地震災情慘重〉，《寰球月刊》，上海，第 16 期，1947 年 2 月，無頁碼。

飛騰。[163]此時台幣與法幣的匯率，也調整為1元台幣兌換60元法幣。[164]
二二八事件不只是台灣一隅的問題，更是中國政治觸礁的信號。加上黃
金潮是中國經濟潰爛的警報，官僚對於這些警訊不知有無警覺？[165]

　　1947年2月黃金潮爆發，台灣無米為炊，全島怨聲載道。長官公署
無計可施，特別是對於非法走私米糧之輩，如花蓮縣長張文成（1904-
？）消遙法外，只能好官自我為之。人民由於乏食，使得抒發洩怨氣的
事件連續發生。最有名的個案是花蓮縣有一公車司機，不滿士兵中途攔
車強迫乘客下車。這些士兵不但未購票上車，還把理論的司機毆打成
傷。之後司機駕駛這輛公車，行經海邊直接連人帶車衝下，遂與士兵們
同歸於盡。[166]此事迅速傳至全台，對社會人心影響不小，甚至連知名劇
作家歐陽予倩（1889-1962）也提到。[167]

　　歐陽予倩在民國以改良舊式戲曲著稱，主要活動的地方是廣西桂林
與上海。[168]1946年12月10日歐陽予倩應台灣省行政長官公署宣傳委員
會之邀，與新中國戲劇社從滬赴台。[169]這一次歐陽與劇社來台，算是台
灣戲劇界的大事，因為可以讓台灣觀眾完整地接觸到中文話劇演出。在
台的半年期間，也讓歐陽遇到二二八事件。[170]歐陽道出此事件，起因於
2月27日專賣局稽查要沒收一個小販的香菸。小販跪地哀求，但稽查拔

163 言穆淵，〈黃金潮與黃金政策〉，《民友月刊》，成都，第2號，1947年4月，頁3。

164 本社，〈金融與匯兌〉，《半月新聞》，上海，第4、5期合刊，1947年3月25日，頁
　　23。

165 隱，〈七日談——台灣這一棒〉，《工商新聞》，南京，第20期，1947年3月17日，第1版。

166 張琴，〈台灣真相〉，《文萃叢刊》，頁32。

167 歐陽予倩甚至描寫更清楚，說這名司機常被士兵毆打，於是趁這次機會開車衝海，就與40
　　餘名士兵同歸於盡。參閱歐陽予倩，〈台遊雜拾〉，《人世間》，上海，第2期，1947年4月，
　　頁40。

168 一士，〈舊瓶裝新酒的歐陽予倩〉，《紀事報（每週增刊）》，北平，第10期，1946年8
　　月24日，頁1。

169 本社，〈歐陽予倩赴台〉，《紀事報（每週增刊）》，北平，第28期，1946年12月28日，
　　頁10。

170 蘇關鑫編，《歐陽予倩研究資料》（北京：中國戲劇出版社，1989年1月），頁51-52。

槍恐嚇，並用槍柄擊破小販的頭，頓時血流如注，引起旁觀人的公憤，欲捉拿稽查。稽查情急又開槍擊斃1人，時值憲警到場，逮捕稽查送至憲兵隊。可是群眾鼓譟要求槍斃稽查，並包圍憲兵隊與警察局。一直到2月28日群眾交涉均不得要領，遂發展成遊行示威。[171]

當天台北市民自動集結數千人，先到專賣局（今南昌路台灣菸酒公司總部）請願。可是無人接見，有人就開始攻擊專賣局。然而局內大門堅固，無法破壞，一行人又轉往前任局長任維鈞，以及現任局長陳鶴聲（1907-？）的官邸，搗毀所有物品。未幾他們再往專賣局台北分局（今重慶南路彰化銀行台北分行現址），把紙菸、酒類等物搬出燒毀（照片2-1-4）。最後群眾前往行政長官公署（今行政院現址）請願，與門口衛兵發生衝突，衛兵以機槍掃射造成死傷。不久台北市變成恐怖世界，大約有1萬人聚集在馬路，遇見外省人不分男女一律毆打。2月28日上午外省人被打傷或打死者有數百人，憲兵、警察無人敢出動維持秩序。當天深夜廣播電台向人民放送，台灣自光復後，政治黑暗、貪官污吏遍地。陳儀受包可永、嚴家淦、周一鶚、葛敬恩包圍，台灣人民不如起來驅逐各地貪官污吏，以求生存。剎那間台北暴動的消息全台皆知，隔日台灣人民自動起來，分別驅逐官吏、或搜查其住宅，整個動亂無法遏制。[172]當時考驗是不是外省人的方法，一是說台灣話，二是說日本話，三是唱日本國歌。而在記者眼中風頭最健，也最可憐、最傻瓜就是由學生組成的「忠義服務隊」。[173]

二二八事件是光復初期研究成果中，最為人所重視、累積成果最多的議題。本文的重點不在考證事件過程的細節，而是要透過同時期大陸雜誌、期刊，反映出他們的看法為何？這些文章的焦點，多是在描寫暴

171 歐陽予倩，〈台遊雜拾〉，《人世間》，頁41-42。

172 張琴，〈台灣真相〉，《文萃叢刊》，頁33。

173 夏奕，〈它告訴我們什麼〉，《新聞天地月刊》，上海，第23期，1947年5月1日，頁28-30。

力之下，受害者的慘況。有云在台外省公務人員，在這次暴動中已白白
犧牲幾千人，有冤莫伸。其虎口餘生者，亦未聞有切實保障之辦法。[174]
或云台灣二二八慘案剛開始，群眾先攻擊專賣局職員，後及於公署公務
員，再後是任何一個無辜的外省人。女人有令其赤裸遊行，小孩有挖目
剖腹之事。[175]或云台灣發生空前暴動，外省旅台人員，不分男女老幼，
均成為被攻擊之目標。或生命財產化為烏有，或子存母死慘不忍睹，或
割耳斷臂駭人聽聞。[176]這些攻擊外省人士的台灣人，多半被認為是地痞
流氓的傑作。當時台北市的流氓分成三派，其一是在太平町（今延平北
路一段至三段），住在該地的浪人很多都是從海南島回來，並且沒有產
業。其二是萬華地方，這裡的浪人都是有產業。其三是在近郊的士林，
也有不少浪人。或有云2月28日當天外省人死傷在3,000餘人以上。[177]

照片2-1-4【二二八事件中台北市本町被燒毀的汽車】

---

174 許伯棣，〈讀者投書──台灣的公務人員〉，《觀察》，上海，第2卷第5期，1947年4月29日，
　　頁2。

175 陳至明，〈讀者投書──台灣暴動鱗爪〉，《觀察》，上海，第2卷第5期，1947年4月29日，
　　頁2、20。

176 東方生，〈台灣通訊二則〉，《三民主義半月刊》，南京，第10卷第4期，1947年5月1日，
　　頁30-31。

177 君君，〈台灣暴動紀實〉，《觀察》，上海，第2卷第5期，1947年4月29日，頁17-
　　18。

　　值得注意的是當時雜誌，稱二二八事件爆發後有所謂「七日民主」。3月1日台北市外省人仍被攻擊，政府開始派兵乘大卡車在各馬路武裝巡邏，時亦開槍射死人民，馬路上到處有死人。2日有國大代表李萬居（1901-1966）、謝娥（1918-1995）、國民參政會參政員林忠、省參議長黃朝琴（1897-1972）、市參議員周延壽（1899-？）、紳士王添灯（亦是省參議員，1901-1947）、商會長蔣渭川（1896-1975）等出面調解，並提出四項要求。一為要求政府停止戒嚴，二為釋放被捕市民學生，三為立刻槍決槍殺小販的兇手，四為准予組織二二八事件處理委員會。陳儀除了第三點之外，其餘全部同意（兇手即是傅學通，一審判決死刑，上訴後改制有期徒刑六年）。3日二二八事件處理委員會成立，隔日向長官公署提出有名的32條要求。這些要求即便在當時看來也無奇不有，因為所謂處理委員會本身就相當複雜。其成員包括地方仕紳、學生、職業青年、商人、退役軍人、浪人、婦女。這些人意見分歧，誰也不能代表全體；並且暗中分配官位，內部鬥爭激烈。處委會成立後，發出許多文告，如保護外省同胞、禁止趁機搶劫、毆人。另外也有許多團體，如青年聯盟、學生聯盟、民族聯盟等，到處張貼標語。內容有「外省人一律是我們的同胞不准毆打」[178]、「我們只反對貪官污吏，不反對外省人」、「打倒三葛（葛敬恩三兄弟）」、「打倒四兇」等不勝枚舉。

　　另外，台北市的學生在二二八事件爆發之初，做出的表現很引人側目。3月3日國立台灣大學、台灣省立師範學院（今國立台灣師範大學）、私立延平學院（今延平中學）的學生，以及其他各校學生數千人前往中山堂開會。並且有原住民學生，力勸新店方面（新北市烏來區）同族人士下山助陣；亦有學生組成部隊，攻擊北投軍營，計畫搶奪物

---

178 外省人在二二八事件遇難情況，各家說法不一。歐陽予倩的看法是一參考，另外也有說法，上海、廈門謠傳台灣人把外省人全部殺死，實情沒有那麼嚴重。參閱洪濤，〈各地通訊——一個台灣國語推行員的信〉，《中流月刊》，頁 22。

資，但都宣告失敗。[179]歐陽予倩也記載到這次動亂，不過他的觀察跟上文有相同，也有不同之處。他說從海南島返回的士兵，以及從福建回台的浪人，攻擊起外省人最為兇暴。群眾憤怒的時候是很可怕，甚至於有的醫院都不敢收容受傷的外省人。可是也有許多台胞，極力保護外省朋友。到了3月1日，毆打外省人的事較少，他還一個人獨自去拜訪朋友，因為路上已經趨於平靜。最重要的是歐陽對這次事件看法為何？他認為台灣事變是積恨觸發，排斥外省人不過一小插曲。如果存心要對付外省人，只要一聲吆喝，全部的外省人都完了。[180]群眾憤怒到極點，行動越出規範在所難免。二二八事變中毆打外省人一節，結果被以「排外」二字抹煞。糧食問題、失業問題、政治改革問題、專賣制度問題全部失焦。政府也把問題導向是「台人排外」，可見得台灣人對於政治運動的組織和技術都不夠。更重要的是二二八事件處理委員會是陳儀同意才成立，不料該組織不能控制群眾，事態變得嚴重。原來處委會最初提的條件是懲兇、撫卹、軍警不准攜帶武器等6條。之後考慮到台人治台、長官公署改制、專賣局與貿易局存廢等問題。再進一步又想到糧食物資與內戰，又要爭取七大自由。所以向公署提出要求內容從6條便成8條，再從8條變成22條，再從22條加成27條，最後再追加5條成為32條。其中還要警備司令部解除武裝、長官公署改成省政府、無條件釋放戰犯與漢奸，於是叛亂罪馬上成立，政府高度鎮壓變得理所當然。[181]

李純青（1908-1990），台灣台北人，1930年代前往中國發展，長期任職於香港、重慶、南京大公報，亦是中共地下黨員。[182]事件發生時李氏雖不在台灣，但他綜合在上海所能接收到的消息，提出六點看法也

---

179 有為，〈台灣學生在民變中的活動〉，《新台灣》，香港，新台灣叢刊第 1 輯，1947 年 9 月 25 日，頁 51。

180 張琴，〈台灣真相〉，《文萃叢刊》，頁 33-35。

181 歐陽予倩，〈台遊雜拾〉，《人世間》，頁 42。

182 南方周末，〈特殊的大公報人李純青〉；摘自人民網名人印跡 http://media.people.com.cn

需要注意。包括：台北發生騷論一開始是無組織、2月28日至3月4日死傷人數不如外傳之多、向政府交涉與談判的人沒有叛國跡象、台灣民變非野蠻的排外運動、沒有奸人與奸黨的問題、32條的產生是台胞不了解國情的結果。[183]至於台北以外的動亂，大陸期刊、雜誌報導的很少，僅有新竹、台中與高雄較多。

　　在新竹方面，報導曾有一隊「暴動」的學生，要求見張學良，結果被憲兵拒絕。後來經過交涉，憲兵同意學生代表探視。[184] 不料2名代表一入內旋被扣留，其中1名轉身逃跑，但被車子從後追撞碾斃。[185] 在台中方面，3月7日台中市參議會舉行會議，議長黃朝清（1895-？）發表講話稱此次事件，完全是為了爭取民主政治、肅清貪官污吏。副議長林金標也提議四點，一為慰問此事件傷者，二為對於民眾組織的治安隊表示敬意，三為恢復治安與各機關照常辦公，四為成立台中市政府臨時監理委員會，以檢舉貪官污吏。[186]台共要角謝雪紅（1901-1970）很早就是焦點。新聞戲劇化地聲稱她指揮學生軍，總數有4,000餘人，全由台中1個農學院（今中興大學）、8個高級中學、10個初級中學的學生組成。48個小時內，就把台中縣、市的黨政憲警軍機關掌握。[187]台中的報導，有些是少見的第一手描述。如當時外省人認為暴動發生時，躲入警察局或派出所是很安全。因為他們印象中，台灣人是很守法，絕不敢攻擊警署。又台灣人對外省人的看法，則是每個外省人都有手槍。[188]

---

183 純青，〈台灣民變真象鈎沉〉，《觀察》，上海，第 2 卷第 4 期，1947 年 3 月 22 日，頁 10-11。

184 張學良知道二二八事件，是在三天之後。參閱馬岳，〈人物畫虎錄之一：蛻變中的張學良〉，《生活月刊》，上海，創刊號，1947 年 6 月，頁 51。

185 竺君，〈台灣事變中的張學良〉，《評論報週刊》，上海，第 19、20 期合刊，1947 年 5 月 16 日，頁 14-15。

186 王濟昌，〈台灣二二八事件之分析〉，《再生週刊》，上海，第 159 期，1947 年 4 月 12 日，頁 11。

187 夏瓊，〈進步中的台灣青年〉，《青年知識半月刊》，頁 13、17。

188 胡爾，〈台灣逃生記〉，《世界月刊》，上海，第 1 卷第 9 期，1947 年 5 月，頁 38、40。

　　在高雄方面，3月3日夜間街頭開始出現騷亂。高雄市警察局及所屬的幾個派出所，都已經被燒毀。警察局長童葆昭因無力處理情況，還被同仁看見在局內暗自流淚。當時高雄市所有的外省公務人員都往高雄要塞撤退，報導人是一位外省警察，記下在高雄街道撤退中的屈辱。因為台灣人不僅在沿途搶劫，有的還拿出相機照像。當時每個人的心中都憤怒到極點，恨不得立刻開槍攻擊，但上頭有令「不准開槍」（照片2-1-5）。[189]另外，對於「學生軍總司令」涂光明（1912-1947）也有描述。原來外省軍警移駐高雄要塞，為涂光明向要塞司令彭孟緝（1908-1997）提出的要求。涂氏旋上山與國軍談判，同時要求國軍解除武裝。彭孟緝聞言大怒，高聲罵涂光明。涂立刻摸入口袋拔槍，但被要塞侍衛制伏，立刻被槍決。[190]

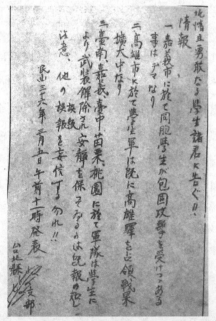

照片2-1-5【二二八事件中學生軍所貼的戰報】

189 編者，〈我是怎樣親歷台灣事變的〉，《時代生活週刊》，北平，革新第1號，1947年5月4日，頁2。

190 台灣寄，〈台亂斷影錄〉，《島聲旬刊》，青島，第6期，1947年4月30日，頁1。

　　3月5日蔣渭川前去拜訪陳儀，陳儀表示只要台灣人不要共產化，不要脫離中央，一切政治革新的要求都可以。當日蔣謂川以日語向日本廣播，痛斥日本認為二二八事件為叛亂之舉。6日蔣渭川再透過廣播，談及有人攻擊他此次出面交涉別有用心。蔣氏特別聲明絕無求官企圖，等到事件平息，將重操舊業經商。3月7日二二八事件處理委員會向陳儀遞交32條，陳儀以踰越地方政治之範圍拒絕接受。[191]這種風雨欲來的局勢，到了3月8日整個爆發出來。有駐台記者寫道，台灣省行政長官公署以武力不足，暫時屈服於群眾改革的要求。台灣人卻被這勝利沖昏頭腦，以為台灣人真的要出頭了。故3月3日至8日，二二八事件處理委員會假中山堂辦公，簡直變成台灣的臨時政府。他們根本沒有想到，這是官方的緩兵之計，更沒有領略祖國槍桿政治的毒辣、陰險及變化多端的滋味。台灣人真是單純天真得可怕，他們需要付出血底的代價。[192]8日下午二時，台灣青年聚集攻擊基隆要塞司令部；當天晚上也有人攻擊台北圓山海軍辦事處、供應局、倉庫、警備總司令部。[193]

　　也是在3月8日下午，國軍在基隆登岸，並以機槍隊為先鋒，遇到市民即密集掃射。同日閩台監察使楊亮功（1895-1992），也與軍隊同時抵達基隆。楊亮功的秘書被市民攻擊，楊氏立刻下令射殺暴徒。[194]此外基隆市長石延漢（1910-？）領導下的警察局也展開反擊，數百個「奸匪」、「暴徒」，都被裝入麻袋丟入海中，海面上天天都有死屍浮出。基隆要塞司令史宏熹（1905-？）也率領部隊「鎮暴」，因此被陳

191 本社，〈時事評論──台灣事件〉，《半月新聞》，上海，第4、5期合刊，1947年3月25日，頁17-18。

192 雪穆，〈我從台灣活著回來〉，《文萃叢刊》，上海，第2年第24期，1947年4月，頁39-40。

193 資料室，〈今日的遠東〉，《改造雜誌》，上海，第4期，1947年3月15日，頁28。

194 楊亮功以閩台監察使的身分來台，但對於二二八事件的調查，沒有報告出任何的真相，在當時輿論早有微詞。故有人揶揄他從為政不在多言，到為政無言。這或許是該事件「事出有因、查無實據」。參閱江潮，〈台灣「御史」楊亮功〉，《人物雜誌》，重慶，第2年第5期，1947年5月，頁40-42。

儀記大功一次。3月9、12日則是台北最恐怖的時候，市民因事外出也遭射殺。馬路上、小巷內、鐵道邊到處都是死人，比2月28日當天死亡人數更多。士兵們說：「台灣人不承認是中國人，上頭准許我們來殺他們，看他們還能造反不成。」[195]這段話是雜誌捏造的聳動內容嗎？其他雜誌也有類似刊載，有記者10日下午走在台北街頭，通過步哨時衛兵聽到口音知是內地人，即揮揮手讓他通過。但遇到台灣人，則開槍射殺。記者看到之後帶著沉重心情遊走市區，舉目所及大街小巷都是被槍殺的屍首。此時記者看到2個軍官迎面走來，此二人打量一下知道不是台灣人後，其中一名對另一名說：「真無聊！我們找個把『肉把子』打去」。[196]

有報導指出台北市幾所學校被鎮壓的慘況，最高學府台灣大學學生約1,800餘人，有50%以上的學生逃走。延平學院700餘名學生全都逃光，陳儀表示該校辦理不善，隨即被查封。其他中學校學生逃亡比例也有十分之三、四。[197]也有消息說國軍鎮壓台北市時，以建國中學學生被「屠殺」最多。[198]槍殺之後就一連串的逮捕，當時被捕有市民、學生、紳士、浪人，最奇怪的是外省青年也一批批被抓。根據私人統計，在台北市被殺的約有2,000餘人；被捕的也有千餘人，但都不知下落。[199]高雄市的情況，根據外省警察投稿內容，可以了解高雄要塞司令彭孟緝的決定。3月6日彭氏下令主動出擊，首先憲兵每人發給一枝步槍、一把刺刀、100發子彈與3、4枚手榴彈。這名報導人也穿上軍裝拿起武器跟著鎮壓。一行人乘坐軍用卡車衝下山，一路抵達高雄市警局門口。他們還沒有跳下車，槍聲已經響起。當日晚上這批警察，撤退到高雄市政府

---

195 張琴，〈台灣真相〉，《文萃叢刊》，頁37。
196 雪穆，〈我從台灣活著回來〉，《文萃叢刊》，頁40。
197 張琴，〈台灣真相〉，《文萃叢刊》，頁37。
198 有為，〈台灣學生在民變中的活動〉，《新台灣》，頁52。
199 張琴，〈台灣真相〉，《文萃叢刊》，頁37。

與國軍會合。7日高雄市區已被控制，軍警抓到許多暴動份子，罪證確鑿者直接槍斃。直到8日情況好轉，漸有市民在市區走動，10日市區恢復平靜。最後結論是高雄的暴動，研判有共產黨人參加。[200]再據熟悉二二八事件者的統計，二二八事件台灣死難者有1萬人，並有40萬人被迫失業。[201]或云全台戰鬥死傷人數約七、八千，被捕下落不明人數五、六千，被打死打傷的外省人約五、六千，總計約一萬七、八千人，真是空前的浩劫。[202]

　　新聞界也在這次事件中，慘遭陳儀秋後算帳。[203]新生報社長李萬居（1901-1966）的住宅，被大批軍人闖入。李氏被打到頭破血流，僅倖免於死。最後念及他有功於黨國，沒有被當做暴徒處決。大明報總編輯馬銳籌，以及主筆王孚國都被逮捕。上海商報駐台特約記者鮑某也被逮捕。人民導報社長宋斐如（1903-1947）、重建日報社長蘇春皆亦先後被捕。警備司令部立即宣佈中外日報、人民導報、大明報、重建日報、民報停刊，罪名是「異黨份子從中活動」、「挑撥政府與人民之間的感情」。這些被逮捕的外省人中，有不少是C.C.派的成員。事實上陳儀在台灣打壓C.C.派是不遺餘力。例如：國民黨台灣省黨部是C.C.派活動的大本營，平日原屬於黨部的宣傳活動，都被長官公署宣傳委員會搶去風采。二二八事件處理委員會成立時，C.C.派也有人從中參與，剛好給了陳儀整肅的機會。上述的重建日報就是C.C.派的傳聲筒，故很快就被陳儀查封。省黨部宣傳處長林紫貴，因窩藏蔣渭川而被捕禁閉一天。台灣

---

200 編者，〈我是怎樣親歷台灣事變的〉，《時代生活週刊》，北平，革新第2號，1947年5月11日，頁2。

201 趙則誠，〈地理常識：中國的左腳──台灣〉，《生活報五日刊》，哈爾濱，第58期，1949年3月21日，第二版。

202 張琴，〈台灣真相〉，《文萃叢刊》，頁37。

203 1946年1月10日重慶政治協商會議閉幕，蔣介石公開宣佈人民享有身體、信仰、言論、出版、集會、結社之自由。司法與警察以外機關，不得拘捕、審訊即處罰人民。但從二二八事件來看，一樣都沒有做到。參閱本社，〈蔣主席的四項承諾之一〉，《民言半月刊》，天津，第6期，1946年4月10日，封面。

高等法院某檢察官,亦是C.C.派在台灣的高級特務。在他任內接手陳儀底下官員的貪污案件,因此對於長官公署不法最為清楚。二二八事件後陳儀認為他是心腹大患,派人暗殺未果,遂提出條件只要該檢察官交出卷宗,即讓他離開台灣。此事兩造談成交易,該名檢查官搭乘台南號輪船前赴上海,把實情說出給報導的記者,才成為雜誌刊載的內容。[204]

　　3月10日中樞舉行紀念週,蔣介石報告台灣事件之經過,認為起因是回台的台籍日軍,以及共產黨趁專賣局取締攤販問題,藉此煽動的結果。再加上事件發生時,二二八事件處理委員會提出無理之要求,故中央已決定派軍隊赴台。該部從基隆登岸後秩序亦佳,同時再派大員赴台協助陳長官處理此事。蔣介石本人也嚴電留台軍政人員,靜候中央派員處理,不得採取報復行動,以期全台同胞親愛團結、互助合作。[205]蔣介石公開宣示,再對照上文提到軍隊來台後的鎮壓,方知這些都是官樣文章。不過大陸的雜誌、期刊提出一個觀點頗值得注意,即是台灣的動亂是邊疆嚴重的問題。原來當時除了台灣之外,內蒙古、新疆、西康、西藏都有情勢不穩的現象。以內蒙古來說,國府與盟旗、盟旗與盟旗間的關係始終沒有解決。再加上外蒙古已經獨立(1946年1月),有識者擔心內蒙古會起而效尤。以新疆來說,「東土耳其斯坦運動」正在醞釀中,其主張也是要脫離中國而獨立。對西康來說,因禁種鴉片引起羅羅區人民與政府對戰。[206]對西藏來說,該地久已半獨立狀態,對祖國政治不感興趣。目前台灣局勢稍穩是因為兵力雄厚,但是台灣要求高度自治的呼聲很高。[207]因此以台灣事件而論,表面上是地方問題,其實影響國

---

204 雪穆,〈我從台灣活著回來〉,《文萃叢刊》,頁41-42。

205 本社,〈現代史料——台灣發生騷動〉,《東方雜誌》,上海,第43卷第6期,1947年3月,頁86。

206 英夫,〈申論——台灣事件與邊疆問題〉,《中堅月刊》,上海,第3卷第5期,1947年3月,頁6。

207 本社,〈邊疆政治的嚴重問題〉,《星報週報》,漢口,第30期,1947年3月16日,第4版。

家前途甚鉅，故解決之道在於如何化解內地與台灣人民彼此的誤解。[208]

3月11日在南京當局同意下，由國防部法規司司長何孝元、部長辦公廳秘書長張亮祖，以及台灣人所組成慰問團代表，團長張邦傑、副團長楊肇嘉（1892-1976）領軍，總共16人飛抵台北。他們從松山機場來到市區，隨行的記者被台北景象震驚。因為沿途設有崗哨，就好像當年日軍封鎖上海虹口一樣。有人告訴他們，陳儀已經下了命令，只要大街上有四、五人走在一起，就可以開槍射擊，因此無人敢走在路上。同行記者有的身歷1945年10月25日，台北市慶祝光復的歡騰場面，現在看到這種景象不勝唏噓。這一群慰問團人士，被陳儀安排到長官公署對面的新生活賓館，之後就像被軟禁不能外出。長官公署派了大批便衣密探與憲兵來服務他們，甚至於上廁所也有人尾隨。慰問團成員看到這些監視者，每個人都是西裝革履，手指戴上閃亮的鑽戒，心想小公務員為何這麼闊氣？未幾台灣警備司令部參謀長柯遠芬（1908-1997），也來和這群中央宣慰團團員講話，但感覺出不懷好意。柯氏很篤定地說，在3月20以前可以完全鎮壓民眾。3月12日在陳儀強勢安排下，這支慰問團被送出台灣。[209]

蔣介石所謂中央派出大員，除了前文曾提到的閩台監察使楊亮功之外，最重要的是國防部長白崇禧（1893-1966）。3月17日白崇禧偕同蔣經國（1910-1988）來台，抵達台灣後旋宣佈四項重點。其一，改台灣省行政長官公署制為台灣省政府制。其二，台灣省警備司令不由台灣省主席兼任，省府委員與各廳處長先任用台人。其三，民生工業公營範圍縮小，並修正台灣單行經濟制度。其四，二二八事件處理委員會與此次事變有關人員，除共黨外一律免究。18日白氏訪問省參議會，19日

---

208 陳定閎，〈安定邊疆〉，《革新週刊》，南京，第 2 卷第 12 期，1947 年 4 月 15 日，頁 16。

209 編者，〈台灣十小時〉，《台灣二‧二八大慘案——華北輿論集》，北平，特刊號，1947 年 4 月 20 日，頁 43-44。

赴基隆視察，20日至新竹（照片2-1-6）。[210]事實上從3月中旬以後，二
二八的善後工作，雜誌、期刊報導就多是白崇禧的消息。[211]4月2日白崇
禧自台灣返回南京，並在7日中樞紀念週上報告「宣慰」經過。其內容
對該事件死傷人數有所統計，截至3月31日為止，共計傷亡2,300人。內
官兵440人，公教人員與暴動份子1,860人。暴動份子所搶軍火，計手榴
彈4,800枚、步槍3,000枝、手槍90枝。暴動份子潛藏於中央山脈約40
人，為共產黨員謝雪紅所領導。[212]

照片2-1-6【國防部長白崇禧檢視基隆要塞國軍擄獲之武器】

　　白崇禧在台中時曾聽到謝雪紅（1901-1970），率領300名部隊進
入埔里，由於她是女子引起白崇禧注意。曾表示謝雪紅等如果將槍械繳

210 本社，〈白部長飛台灣處理善後〉，《星報週報》，漢口，第31期，1947年3月23日，第3版。
211 編者，〈三月份重要電訊日誌〉，《大風月刊》，上海，創刊號，1947年4月，頁39。
212 本社，〈國內新聞——台灣事件總結〉，《半月新聞》，上海，第6期，1947年4月25日，
　　頁20-21。

出、解散隊伍,政府將寬大為懷、既往不咎。[213]

　　至於美國新聞界如何看待二二八事件?當時認為台灣是美國打下的,而且台灣又是重要戰略據點,美國對這個島嶼是不能忘情。加上美國人認為先前日本治理得很好,甚至比美國治理菲律賓還要有成績,故中國收回台灣以後發生的事情,美國一直感到不平。這一點美國人情感複雜,幾乎他們自己也不能了解。[214]台灣人旅居大陸的團體,對於二二八事件發生時,聯名控訴陳儀統治失當所激起的效果,已在〈台灣旅平同鄉會等發告全國同胞書〉的前文提及。其實它包含六個團體——台灣省旅平同鄉會、台灣省旅平同學會、台灣省旅青同鄉會、長春台灣省同鄉會、瀋陽台灣省同鄉會、天津市台灣同鄉會。3月12日他們發表聲名,勸阻政府不要派兵赴台。[215]台灣省旅平同學會還各別撰文聲明,提出8項主張,如反對武力鎮壓、撫卹傷亡與釋放台胞、嚴懲開槍兇手、撤辦陳儀與貪官污吏、實行台灣自治、廢除台灣省行政長官公署、撤銷貿易局與專賣局、反對官僚資本。[216]由於這些團體的聲明,並沒有阻止國軍的行動,故他們又在大陸各城市舉行記者會,希望透過輿論制止血腥鎮壓。3月6日台灣省旅平同鄉會會長梁永祿,聯絡北大、清華、燕京大學學生社團,做為奧援的力量。3月9日長春台灣省同鄉會會長郭松根(1903-1982)發表談話,向輿論說明台灣人愛國的熱忱,以及政府接收不當。3月13日天津市台灣同鄉會理事長吳三連(1899-1988)招待記者,向輿論披露長官公署不法情事。[217]3月19日這些團體在北京

213 白克,〈隨白部長宣慰〉,《新聞天地月刊》,上海,第 23 期,1947 年 5 月 1 日,頁 31-32。

214 本社,〈一週時事述評——台灣事件的檢討〉,《中央週刊》,南京,第 9 卷第 16 期,1947 年 4 月 11 日,頁 19-20。

215 編者,〈為台灣二・二八大慘案敬告全國同胞書〉,《台灣二・二八大慘案——華北輿論集》,北平,特刊號,1947 年 4 月 20 日,頁 2。

216 編者,〈為台灣二・二八大慘案敬告全國同學書〉,《台灣二・二八大慘案——華北輿論集》,北平,特刊號,1947 年 4 月 20 日,頁 3。

217 編者,〈台胞在華北及東北二・二八大慘案發生後的活動經過概述〉,《台灣二・二八大慘案——華北輿論集》,北平,特刊號,1947 年 4 月 20 日,頁 6-7。

王府井大街京華酒家,舉行國際記者招待會,會中有美國(領事館)新聞處、合眾社、聯合社,以及英國、法國、瑞士等記者出席。[218]

　　中國共產黨對於二二八事件有何看法?他們是從對國民黨鬥爭來看全局,特別是要與大陸情勢做聯結(照片2-1-7)。國軍在台灣進行鎮壓時,正巧政府發佈周佛海(1897-1948)的減刑。故共產黨宣傳蔣介石一方面對漢奸包庇優容,一方面對人民進行殘酷屠殺。[219]另外,共產黨極力否認在二二八事件中趁機煽動。並且指責「蔣政府」,因一開始在台兵力薄弱,所以採取緩兵之計。表面欺騙台灣人民,答應進行政治改革;私下派遣大軍赴台,以武力鎮壓民變。[220]事實上共產黨檢討國府對台灣的接收,點出許多讓台灣人在觀感上與統治上,皆不能忍受之事。例如;國軍搭乘船隻抵達基隆以前,在碼頭歡迎的人潮不下4,000餘人。結果迎接到的是衣衫襤褸的兵老爺,台灣人簡直不敢相信自己的眼睛。因為他們認為戰勝國的軍隊一定是軍容壯盛,誰想到是一群「叫化子」。更慘的士兵們踏上台灣,霸佔民房、搶奪民產,欺逼壓榨、無所不為。台胞側目由敬愛轉為輕蔑,再由輕蔑轉為仇視。復加上長官公署的苛捐雜稅,比起接收之初增加82倍;失業、物資缺乏、交通停頓。造成街頭乞丐三五成群出現,偷盜搶奪治安事件頻傳。政府宣傳的謊言,掩蓋不住事實。[221]

　　親共報導也指出,二二八事件軍隊來台鎮壓,至少殺害10,000多人民。而該事件反抗國府的統治,最後流於失敗的原因是事前沒有計畫,再加上二二八事件處理委員會,對政府採取和平與妥協的方法,以致於

218 編者,〈聯合招待外國記者概況〉,《台灣二‧二八大慘案──華北輿論集》,北平,特刊號,1947 年 4 月 20 日,頁 7-8。

219 編者,〈短評──恐怖的台灣〉,《羣眾週刊》,香港,第 10 期,1947 年 4 月 3 日,頁13。

220 紀鴻,〈蔣介石統治台灣的破產〉,《羣眾週刊》,香港,第 8 期,1947 年 3 月 20 日,頁 5-7。

221 俊英,〈水深火熱中的台胞〉,《羣眾週刊》,香港,第 8 期,1947 年 3 月 20 日,頁 5-7。

在幻想中上當。[222]故雜誌建議台灣人民，直接走上「自治」的道路。理由是文章認為蔣介石對於台灣的統治，其野蠻的程度超過日本帝國主義。大陸對國民黨的武裝鬥爭早已開始，台灣人民對法西斯蔣氏應拒絕妥協。再把台灣自治運動的推展，從大城市轉移到小鄉村。中國共產黨甚至熱烈讚揚台灣英雄加入戰鬥，而且預祝台胞取得光榮勝利。[223]

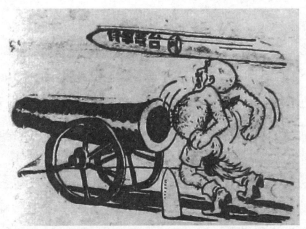

照片2-1-7【親共雜誌漫畫諷刺蔣介石忙於內戰又要處理二二八事件】

　　透過上述可以了解，二二八事件發生前，其實共產黨不具有決定性影響。可是當時正值國共內戰，以共產黨的立場自是希望台灣人民，與他們一樣站在反蔣陣線，故《解放日報》社論才會大力支持台灣應該實行自治。這對國府已經提高警覺，兵力駐防是日後統治台灣的保證。時論認為二二八事件最後成為燎原之勢，主因在於陳儀認為台胞知識程度較高，不至於「叛變」，故允許中央把原駐台第71軍調離台灣。[224]因此

222 志中，〈紀念「二・二八」台灣民變〉〉，《羣眾週刊》，香港，第2卷第7期（總第57期），1948年2月26日，頁5。

223 本社，〈台灣自治運動——解放日報十日社論〉，《羣眾週刊》，香港，第9期，1947年3月27日，頁6-7。

224 陳養浩，〈讀者投書——暴動以後的台灣〉，《觀察》，上海，第2卷第5期，1947年4月29日，頁20。

有人建議為充實國防計，台灣必須經常駐防2個師、憲兵2個團，而且還要充實各縣市警察力量。[225]

　　第二次世界大戰結束後，政學系在中國政治舞台上突飛猛進。尤其是東北九省，誰都知道是政學系的天下。主持台灣的陳儀，更是一個出色的人物。然而政學系也是一個十足官僚階層的代表，故世界潮流向前趨的時候，這一套官僚作風畢竟是背時逆勢。當時給政學系迎頭一棒的，就是二二八事件。政學系惡劣的命運，即是從陳儀身上開始。國府對於陳儀究竟要如何處置，亦是意見分歧。有人主張查辦，也有人不主張查辦。而不主張查辦的理由，則是要顧全政府與陳儀的面子。[226]因此主張查辦，也是要向政學系開砲的人，終於找到機會——1947年3月國民黨三中全會。3月21日的會議上，向以「大砲」聞名的C.C.派中央委員黃宇人，要求黨中央徹查陳儀的政績。但這一次的攻擊，被政學系人物巧妙應付過去。隔天大會將要閉幕，攻擊陳儀最力的劉文島與賴璉（1900-1983）等人，突然提出臨時動議，要求將陳儀撤職查辦。此時主席團被政學系人物掌握，旋回答台灣事件由政府處理，目前已經平息，希望提案人撤回原議。不料話剛說完，下面一片激烈反對，大家要求表決。主席在場面亂哄哄情況下沒辦法，只能裁示做出表決，結果通過徹查陳儀。[227]

　　陳儀如何應付局面？4月22日陳儀召集台灣省行政長官公署各處、會、局科長以上人員訓話，對外宣稱他已經在3月17日向中央請辭。[228]4月23日行政院撤銷台灣省行政長官公署，並依照省政府組織改制。5月11日陳儀離開台灣，當天在松山機場舉行離台前最後記者會，並舉行告

225 王楚生，〈讀者投書——改革台灣建議七點〉，《觀察》，上海，第 2 卷第 5 期，1947 年 4 月 29 日，頁 2。

226 木，〈「面子」問題〉，《新文化半月刊》，上海，第 3 卷第 5 期，1947 年 4 月 14 日，頁 3。

227 心意，〈政學系的難關〉，《自由天地半月刊》，南京，第 1 卷第 5、6 期合刊，1947 年 3 月 31 日，頁 8-9。

228 觀察，〈百字評——送往迎來〉，《海事》，台北，第 2 期，1947 年 4 月，頁 7。

別演說（照片2-1-8、2-1-9）。他云：

> 余今日即將離去，不勝惜別之感。台省建設前途至為光
> 明燦爛，希望台胞激起愛國心，在魏主席領導下，努力
> 生產、提高生活水準。學習國文國語、了解祖國文化、
> 實現三民主義的新台灣。[229]

照片2-1-8【陳儀告別演說】

照片2-1-9【陳儀走在機坪準備登機飛往南京】

---

229 本社，〈台灣迎新送舊〉，《中國生活畫報》，上海，第 10 期，1947 年 7 月，頁 13。

　　這則演說被認為語重心長，據聞場面十分感人，但對於鎮壓造成的流血隻字未提。[230]不過陳儀畢竟是政學系老手，隔年8月又被國府任命為浙江省主席，主浙期間任用前台灣省立師範學院院長李季谷（1895-1968）擔任教育廳長。[231]直到1949年2月被湯恩伯（1898-1954）告發與共產黨有謀，遂被解職並押往台灣監禁。1950年5月被帶赴台北縣新店槍決，結束陳儀與台灣三進二出（1935、1945-1947、1949-1950）的歷史。[232]

　　二二八事件之後，國民政府確實改變對台灣的治理方式。時論指出該事件原因都認為中國官場習氣太重，貪污、壓制、低能是普遍現象，去台的官員當然離不開這一套。並且日治的台灣已經相當工業化，可是自接收以來仍有工廠未復工，因此失業人數變多。[233]加上1895年以後，台灣人就與日本人展開半世紀的抗爭，這種不平則鳴的反抗因子是台灣人具備。光復以後對台灣人來說，只是從帝國主義的壓榨，改成由封建官僚的榨取而已。如果不從經濟、民生上解決問題，只想用武力方法讓台灣人噤聲是毫無用處。[234]也有許多人擔心，該事件恐讓台灣變成亞爾薩斯與洛林，因為台島的動亂不是野心家煽動，而是那裡的政府官員舉措失當引起反感。[235]

　　中國是靠民族主義收復台灣，光復之初台胞歡天喜地，可是政府來台的人馬，只有點綴幾個重慶來的台灣人，其餘大權都握在外省人手

230 之後陳儀在上海，對往訪他的人說，台人做亂的時候，有三人幫忙不少——劉啟光、黃朝琴、李萬居，其中劉啟光最有功勞。參閱編者，〈台灣消息〉，《新台灣》，香港，新台灣叢刊第1輯，1947年9月25日，頁58。

231 儲裕生，〈陳公俠主浙新猷〉，《大眾新聞半月刊》，南京，第1卷第5期，1948年8月1日，頁15。

232 參閱王曉波主編，《陳儀與二二八事件》（台北：海峽學術出版社，2004年2月），頁201-203。

233 年鴻，〈台灣事變〉，《社會評論半月刊》，長沙，第39期，1947年4月1日，頁13。

234 余景文，〈台灣政治運動的由來與內幕〉，《時與文週刊》，上海，第1卷第15期，1947年6月20日，頁9-11。

235 施瑛，〈海東故土憶延平〉，《茶話月刊》，上海，第11期，1947年4月，頁23。

裏。不久這些親近政府的台灣人，就被罵成是「半山」。從統計數字上看，外省籍官吏僅佔全體的19.95%，但重要職位都被外省人盤踞，台灣籍官吏充其部屬、唯命是從，隔閡就產生出來。[236]二二八事件的爆發，對於南京當局來說是很突然。因為只要熟悉時局的人都知道，當時國府各大員沒有人比陳儀更熟悉台灣。早從日本投降以前在中央設計局主持台灣調查委員會，又在中央訓練團設立台灣訓練班。前者研究台灣問題，後者訓練接收台灣的幹部，照道理對於接收工作應駕輕就熟。可沒想到長官公署行政效率低落，官吏貪污橫行，連日本人也望塵莫及。[237]

　　因此有輿論認為，要讓日後台灣政局能夠穩定，前提是台灣民眾必須享受民主的權利。具體作法是二二八事件處理委員會所提的32條，需要有所回應，以免內地其他地方仿效。果然海南島也出現混亂，人民反對徵稅與對敵產管理不當，顯然是受到台灣事件的影響。[238]當然也有雜誌提出善後方式，如果是親國府的輿論，則勸告當局日後統治台灣，要求取人民徹底了解與合作。另外要增加台胞對於祖國的認識，而且這種工作最好是由文化界負責。[239]如果是親共黨的輿論，則主張為了自治運動的勝利，必須有堅強的團體來領導。並且這個團體要訓練大批的幹部，派到城市與農村去領導武裝。同時堅決反對日本與美國力量進入台灣，並指出二二八事件中，台灣有人求助日本協力[240]、乞求美國援助，

---

236 梁辛仁，〈我們對不起台灣──二二八民變分析〉，《新聞天地月刊》，上海，第 22 期，1947 年 4 月 1 日，頁 1-2。

237 本社，〈社論──從台灣事變說起〉，《世紀評論週刊》，南京，第 1 卷第 11 期，1947 年 3 月 15 日，頁 3。

238 劉乃光，〈台灣事變的前因後果〉，《青年與婦女》，上海，第 2 卷第 1 期，1947 年 4 月，頁 4-5。

239 編者，〈台灣問題今後的處理〉，《時代生活週刊》，北平，革新第 2 號，1947 年 5 月 11 日，頁 2。

240 光復之初日本對於台灣的影響力，不因戰敗而有遞減。二二八事件發生時，不少人都提到日人從中挑撥台灣人與外省人情感。甚至說中國軍隊是有槍沒子彈，即便有子彈，中國兵也不懂得開槍，台灣人儘管管閒。參閱憶琴，〈不許日人重到台灣（台灣通訊）下〉，《民主論壇週刊》，上海，第 1 卷第 8 期，1947 年 7 月 5 日，頁 15。

或者恢復日本統治、成為美國殖民地、國際託管等,都是奴隸性的錯誤思想。台灣必須是中華民國的一省,在民主的聯合政府下,才能實施真正的自治。[241]最重要的是當時大陸發行雜誌、期刊,已經給二二八事件起因定調,稱之為「官迫(逼)民反」。[242]這些混亂的善後工作,都是接任陳儀的官員所要面對的事情。

第二節　唯一的文人省主席魏道明與台灣省政府

　　1947年3月8日《大公報》刊載,行政院通令全國各地行政機關,凡易招反感之行政措施,應酌予減免,如取締攤販、取締人力車、拆除棚戶等。這項政令是在台灣事變以後發佈,一般認為受到台變的教訓。[243]由此可知,二二八事件的影響波及全國。事實上剛成為中華民國一省的台灣,島上所發生的一切,皆受到大陸知識份子的關注。上海《中美日報》副刊主編范泉(1918-1999),曾撰文追悼「失蹤」的楊逵(1906-1985)。原來楊逵在戰前開闢革命文學的道路,戰後又努力學習中文。結果不到二年時間,就可以寫出非常鋒利的「魯迅式」雜文,令人敬佩。[244]另外也在上海發刊並大受歡迎的《密勒氏評論報》(The China Weekly Review),其社長兼總編輯約翰·鮑威爾(John William Powell,1919-2008)在台變後來台考察。他除了對陳儀的不

241 志中,〈回憶「二二八」民變〉,《新台灣》,香港,新台灣叢刊第1輯,1947年9月25日,頁16-17。

242 編者,〈發刊詞〉,《台灣二・二八大慘案——華北輿論集》,北平,特刊號,1947年4月20日,頁1;呂季銘,〈氣憤填膺語台灣〉,《北方雜誌》,北平,第4期,1947年4月,頁23。

243 有年,〈時事評論——台變的教訓〉,《湖北論壇》,漢口,第2卷第4期,1947年4月,頁3。

244 范泉,〈記楊逵——一個台灣作家的失蹤〉,《文藝叢刊》,上海,第1集,1947年10月,頁16-17。

當統治進行抨擊，還明確指出台灣與中國的文化間隔（隔閡）。故中國官吏視為的小事，像台灣人不許在街道上丟垃圾，都讓他們感到不解。而官員與士兵見到好東西就拿，甚至連食物也不例外。[245]

　　二二八事件結束後，閩台監察使楊亮功（1895-1992）曾表示台灣事件，應以政治以外的方式解決。何謂「政治以外」楊氏沒有解釋，但普遍受到輿論的反對。因為台灣的善後，不僅是內政、政府威信問題；它更足以影響國際視聽，以及中國的國際地位。因此最好以法律的方式解決。[246]南京當局的作法，可謂政治與法律並行。法律方面，國防部長白崇禧（1893-1966）宣稱，除共產黨之外一律免究。政治方面，即是台灣統治機關大幅改組。同年3月13日南京傳來消息，可能以重慶行轅主任朱紹良（1891-1963），或者新太子派首領蔣經國（1910-1988）、中國國民黨中央黨部秘書長吳鐵城（1888-1953）取代陳儀。[247]未幾情況又有改變。4月22日行政院決議撤銷台灣省行政長官公署，改訂「省政府組織法」，並任命魏道明（1899-1978）為台灣省政府主席。[248]

　　值得注意的是台灣人事更迭之前，中央的人事早有變化。1947年3月1日國防最高委員會，准許行政院長宋子文（1894-1971）辭職。[249]同年4月17日新任行政院長，亦是政學系首腦張群（1889-1990）就

245 John W. Powell 作，守一譯，〈時論選輯——台灣需要好政府〉，《湖北論壇》，漢口，第 2 卷第 5 期，1947 年 5 月，頁 30。

246 琛，〈法律時評——從法律的角度望台灣〉，《法律知識》，北平，第 1 卷第 4 期，1947 年 3 月 15 日，頁 1。

247 本社，〈時事評論——台灣事件〉，《半月新聞》，上海，第 4、5 期合刊，1947 年 3 月 25 日，頁 18；司馬天，〈台灣省易長之謎〉，《中國新聞半月刊》，南京，第 1 卷第 12 期，1948 年 2 月 29 日，頁 9。

248 薛化元主編，《台灣歷史年表：終戰篇 I（1945-1965）》（台北：財團法人張榮發基金會國家政策研究資料中心，1990 年 11 月），頁 40。

249 本社，〈社論——宋子文的去職〉，《世紀評論週刊》，南京，第 11 期，1947 年 3 月 15 日，頁 3-4。

職。[250]當時魏道明在政治系譜上屬於孫科（1891-1973）為首的太子派。此派雖在政治實力上，遠遜於政學系與C.C.派，但正在養精蓄銳、以待時機。[251]現在魏道明被任命為首任台灣省主席，不啻替太子派鞏固了一個陣地。不過省府主席在體制上，還是不如行政長官握有大權。1927年南京國民政府成立後，省之體制由單一（首長）制改為合議制。其法是廢除省長，改設省政府委員會；主席以下分設各廳處，共理省政。[252]

最特別的是除了政治派系外，魏氏擔任此職在政壇上與眾不同。原因是魏道明是所有省府主席中，唯一一位文人。故《密勒氏評論報》刊登出一篇讀者投稿文章，譏諷中華「軍」國情況嚴重。幸好台灣省主席是一文人，否則25個省主席全是軍人身份，中國做為民主國家豈不貽笑國際。[253]因此當魏道明人事命令發佈，馬上有雜誌以「台灣文人政府」為題撰搞。認為長於外交，又在美國外交界享有盛名的魏氏，來到台灣必有新的觀感。[254]事實上台灣自接收以後，已經成立許多民意機構。台灣人對此等機構的運用與監督，遠非大陸各省人民對參議會漠然態度可比。這證明台灣人民水準，較之內地為高，故可以利用此項優勢，增加政府與台民合作之機會。[255]再者，內地省分來台人數僅2萬左右，多居住在大城市，無法與當地人士融合。復加上工作待遇比台灣人為高，尤其是官吏分配到敵產，生活比台灣人更加優渥，容易引起反

250 辛烽，〈張群與政學系〉，《大美週報》，漢口，第1卷第9期，1947年7月，頁90。

251 本社，〈政治舞台上的十大派系〉，《中國政治內幕》，上海，第2輯，1948年5月，頁61-63。

252 程方，〈我國地方行政之幾個實際問題〉，《中國青年月刊》，重慶，第13卷第3期，1945年9月，頁13。

253 杜無門，〈中華「軍」國〉，《評論報週刊》，上海，第19、20期合刊，1947年5月16日，頁16-17。

254 本社，〈一週時事述評——台灣文人政府成立〉，《中央週刊》，南京，第9卷第18期，1947年4月25日，頁18。

255 編者，〈台灣問題今後的處理〉，《時代生活週刊》，北平，革新第2號，1947年5月11日，頁2。

感。這二點都是輿論善意提醒魏道明需要注意。[256]

魏道明以立法院副院長身份，接任台灣省主席，而本身又有駐美大使的經驗，被看好可以穩住台灣政情。台灣旅京滬六團體在魏氏出發前，曾前往拜會並交換省政與台變善後意見。特別是省政府各廳處增設副首長一人，可以拔擢更多台灣人士參與。報導還指出陳儀（1883-1950）雖治台失敗，但他任內極力阻擋內地豪門資本伸展來台。希望魏氏上任後可以維持，否則必被陳儀所竊笑。[257]事實上魏道明接任台灣省主席之前，也深知責任重大。故先在南京進謁蔣介石（1887-1975）請訓，再與陳儀敘談治台心得。魏氏在離開南京前曾發表談話，提及治理台灣的計畫。他認為要繁榮台灣，必先重視安定。而維護安定之道，在於遵循法治。經濟方面，他表示台省幣制不會變更。工業方面，則要改變台灣過去是日本「工業附庸」的角色。文化方面，將著重與文化界人士交流。輿論肯定他的想法，在弭平二二八事件後，所存留之不安定痕跡。再來是改變過去的統制經濟，改善台胞的生活；並以文化交流，來消除台胞對祖國的隔閡。施政要達到的目的，則是透過長官公署制改成省府制，把統治的「特殊化」完全消除。[258]

1947年5月15日魏道明與夫人鄭毓秀（1891-1959），以及新任台灣省警備司令部參謀長紐先銘，從上海飛抵台灣（照片2-2-1、2-2-2）。[259]台灣省參議會議長黃朝琴（1897-1972）率領盛大隊伍歡迎，並在魏道明一行抵達後致歡迎辭。內容大意是中央特地派外交上，極有成就的魏主席來台，可見得中央非常重視台省。黃氏的致辭用台灣語、客

---

256 編者，〈台灣問題今後的處理（續）〉，《時代生活週刊》，北平，革新第 3 號，1947 年 5 月 18 日，頁 2。

257 本社，〈社論——台灣改制後怎麼辦？〉，《世紀評論週刊》，南京，第 1 卷第 18 期，1947 年 5 月 3 日，頁 3-4。

258 舒羽，〈新台灣的建設〉，《自由天地半月刊》，南京，第 1 卷第 9 期，1947 年 5 月 15 日，頁 2。

259 編者，〈政治揣摩〉，《人人週報》，上海，第 1 年第 3 期，1947 年 5 月 19 日，頁 2。

家語、日語翻譯。魏道明簡單回應，稱台灣被日本竊據五十多年，經過八年血戰才歸入祖國懷抱。初來此地極感興奮，今後願全力與台胞共謀台省之幸福。[260]台灣百姓對於魏道明早引頸企盼，時論日本統治時代，換一位總督只要3天就上任了，這表示魏氏來台似乎太晚。不過最讓記者感到興趣的，則是公署調整問題。魏氏明確表示省政府當設一專責機構，經常與新聞界保持聯繫。[261]這一點對拉近民眾距離相當重要，原因是二二八事件前，大公報曾刊登〈請愛護台灣這一片淨土〉一文。不料事件後被台灣省警備司令部藉機封閉該報駐台辦事處。[262]又上一節提到，陳儀在事件中大肆逮捕報社主筆、編輯、記者，現如何修補與新聞界的關係，已成魏道明的當務之急。其實魏道明下飛機不到3小時，就趕著和記者做第一次會面。當時他透露出治台方針，強調有秩序的民主，應該要尊重人民的公意，並且還要遵循法治途徑。在經濟上將以最大努力，從安定中求繁榮。[263]魏道明的豪語，即是在五年之內，要將台灣人一切風俗習慣，都改革到要適應中國的環境。[264]看來穩健與融入中國的治台舉措，將是魏道明對省政最高的指導原則。

---

260 本社，〈精神健旺的魏道明博士〉，《紀事報（每週增刊）》，北平，第53期，1947年6月20日，頁3。

261 本社，〈魏道明蒞台記〉，《紀事報（每週增刊）》，北平，第53期，1947年6月20日，頁3。

262 雲坡，〈時事評論──遷怒與回敬〉，《湖北論壇》，漢口，第2卷第4期，1947年4月，頁4。

263 本社，〈施政方針〉，《紀事報（每週增刊）》，北平，第53期，1947年6月20日，頁3。

264 本社，〈魏道明的豪語、五年改革台胞〉，《紀事報（每週增刊）》，北平，第56期，1947年7月12日，頁4。

照片2-2-1【魏道明抵達台北松山機場】

照片2-2-2【鄭毓秀抵達台北松山機場】

1. 安定中求繁榮的口號

　　台灣省主席魏道明任期一年半有餘，跟他的前任台灣省行政長官陳儀相仿，都是國府治台之初重要的人物。可是學界對於魏道明的研究不多，忽視他在台灣史的重要性。魏氏主政下的台灣，可以分成二階段討論──1947年5月至隔年5月，1948年6月至同年12月。這時期最重要的分水嶺，即是中華民國憲法制定，以及行憲所做的政府組織架構的改變。

　　第一階段的前半年1947年5月至12月，可謂魏道明與台灣社會的蜜月期。不管從哪個角度來看，台灣人對他有高度期待。有記者回憶1946年10月，魏道明曾到東北與熊式輝（1893-1974）晤談。他路過北平時即有消息說要接任某省省主席，但隨即遭到本人嚴詞否認。現在他以立法院副院長身分來台，是否有「降格」以求的問題？事實不然，因

為當時官場盛傳台灣省的一個廳長，地位與中央部會次長相當。再加上魏道明給人的印象是八面玲瓏，雖說是太子派的成員，但與政學系、C.C.派有不錯的交情。因此來台任職，正是從立法院冷宮殺出。[265]台灣民眾對魏氏來台，一開始就感覺到新氣象。最主要是不多帶班底的風格，很像昔日台灣總督上任的作風。其實不僅魏道明有如此作法，他任命的官員也沒有帶著大批隨員，製造出聲勢浩大的就職氣氛。[266]

　　1947年11月30日台灣省政府宣佈改組，它有四點特色受到新聞界的注意。首先省府委員達15人之多，據稱是適應台灣的新形勢。其次各廳設置副廳長，此舉只有在新疆省才有的作法，現也在台灣推行。再次是台灣人被大幅提拔，在省府中有12人之多。最後是省府委員中，全部為文人，而且受過高等教育。這跟其他省分比較起來，已是進步的象徵。[267]另外，台灣省政府秘書長徐道鄰（1906-1973）也是一位值得注意的人物。若按舊制台灣省行政長官公署秘書長權力極大，可是葛敬恩（1889-1979）上了年紀，辦事不免糊塗。改組後的省府，秘書長權力不若以往，但從徐道鄰的任命來看，可以視為省府第二號人物。為何徐氏的角色洞見觀瞻呢？原來徐道鄰早受陳儀的重用，擔任長官公署設計考核委員會主委。該職行政院原本命令陳儀自兼，但陳儀決定由徐道鄰出任，可見得對他的器重。再者，新任省府財政廳長嚴家淦（1905-1993），也是陳儀時代留下的官員。現有報導他在官場的手腕十分高明。因為財政廳長若換人，魏道明推動省政的財源可能會有影響，所以還是留任嚴氏。他如教育廳長許恪士（1896-1967），原是中央大學的

---

265 方清，〈台灣省府的人事分析〉，《正論週刊》，北平，第 4 期，1947 年 6 月 23 日，頁 17。

266 魏道明本身以身作則，但下屬的作風不一定相同。事務官不隨政務官進退，在內地各省已逐漸實施，台灣在日本統治時期也是如此。但之後官場，讓台灣人看呆了，為什麼處長調動，科長、科員也跟著調動。參閱暮雲，〈魏道明蒞任後的台灣〉，《亞洲世紀月刊》，上海，第 1 卷第 3 期，1947 年 7 月，頁 35；啞音，〈現階段台灣政情〉，《勝流半月刊》，杭州，第 6 卷第 9 期，1947 年 11 月 1 日，頁 496。

267 本社，〈一週時事述評──台灣省府之改組〉，《中央週刊》，南京，第 9 卷第 20 期，1947 年 5 月 10 日，頁 25。

教授，C.C.派對他十分景仰。建設廳長楊家瑜是魏道明的人馬，省府委員朱佛定（1889-1981）充當智囊角色。台灣人在這波人事案中，大部分被任命副廳長、處長。社會賢達被任命省府委員，並且16人中台籍佔7人。[268]重要者有林獻堂（1881-1956）、南志信（卑南族，1886-1958）、游彌堅（1897-1971）、劉兼善（1896-1980），至於民政廳長由丘念台（1894-1967）擔任，教育廳副廳長為謝東閔（1908-2001）、建設廳副廳長為陳尚文（1896-？）、農林處長為徐慶鐘（1907-1996）、衛生處長為顏春輝（1906-2001）。[269]

從上述內容來看，魏道明抵台後的情況，有左右逢源、垂拱而治之感。然而實情是有變數，最具關鍵性的發展是徐道鄰請辭。徐道鄰是徐樹錚（1880-1925）之子，學貫中西、才華洋溢，蔣緯國（1916-1997）以師事之。此次台灣省府改組，中央特派他為省府秘書長，襄贊政務。其使命地位有如諸葛武侯之襄阿斗，但下台的情景卻好似屈原。因此徐道鄰本有一片雄心，整頓改革、大展鴻圖，不料3個月之後（9月10日）匆匆辭職。徐氏的離任對魏道明政府最大的傷害，即是省政府與行政長官公署作業交接無法落實，其中以每年收入佔半數以上的貿易局為最。[270]重點是徐道鄰為何離開台灣？原因出在夫人鄭毓秀身上。

鄭毓秀是同盟會會員，可謂革命元勳。時人對她的評價相當兩極，正面說法稱她為女中豪傑。民國成立後她當選廣東省議會議員，為中國婦女出席議會第一人。之後赴法國留學，攻得法學博士學位，返國擔任上海法院院長，未幾與魏道明結婚。[271]1948年1月舉行行憲後首次立法

---

268 編者，〈一週國內大事簡述（四月廿六日至五月二日）〉，《京滬週刊》，南京，第1卷第17期，1947年5月4日，頁2。

269 方清，〈台灣省府的人事分析〉，《正論週刊》，頁18。

270 枚，〈二度秋風話台灣〉，《再生週刊》，上海，第187期，1947年10月25日，頁17。

271 編者，〈鄭毓秀女中丈夫〉，《民治週刊》，天津，第1卷第11期，1947年6月1日，頁9。

委員選舉，鄭毓秀投入上海地方選戰並當選。可是當時輿論對鄭氏的惡評開始出現，有人私下稱為「立委太后」。台灣省官員也對她阿諛逢迎，故修築淡水英國領事館通往海濱的道路，並且定名為「毓秀路」，讓魏道明夫婦可以往返避暑。[272]從這些跡象來看，鄭毓秀是來到台灣之後，才開始受到訾議，而徐道鄰的去職即是與鄭毓秀不合。雜誌報導當時在台灣做生意，最好的辦法就是走門路。什麼事只要通過她，必可以水到渠成。例如：台灣銀行對商匯限制頗嚴，台灣木材是禁止出口，但在某公館卻有不少木頭在「走公」。徐道鄰離台時曾說，清末慈禧太后斷送半個中華民族，某夫人作為將斷送整個台灣。[273]當時台灣社會傳出消息，台北幾個大公司都是「鄭記」招牌。如果說他們沒有動過省庫一分錢，報導的記者聲稱不相信。不過在期刊、雜誌看來，魏道明還是很廉潔，在台期間沒有搜刮民脂民膏。[274]

台灣省主席魏道明對於夫人作為應有所知，但穩定台政才是他最關心。軍政如何配合統治是首要工作，特別是省主席不能兼任警備司令，故軍方要如何指揮或協調？原任高雄要塞司令彭孟緝（1908-1997），在「八一三」淞滬之戰時是英雄人物，二二八事件時靠著機智與魄力，使南部混亂的局面迅速受到控制。這讓彭氏在台變後受到高度的讚賞。國防部長白崇禧來台視察時，也對他讚賞有加，故拔擢為台灣省警備司令。如果從政府組織架構上看，台灣省主席與台灣省警備司令的位階平行。可是彭孟緝站在國家民族的立場，衷心接受魏道明的領導。然而彭孟緝個性十分衝動，曾在開會的公開場合，抨擊放言高論的台灣人，導致改任國民黨台灣省黨部主委丘念台為此生氣，甚至於離台表示抗

---

272 本社，〈立委太后鄭毓秀〉，《明報畫刊》，北平，第 103 期，1948 年 6 月 5 日，無頁碼。

273 張颮風，〈徐道鄰一怒離台灣〉，《現實新聞雙週報》，上海，第 9 期，1947 年 10 月 17 日，頁 3。

274 本刊特約駐台記者，〈台灣‧陳儀‧魏道明〉，《中國新聞半月刊》，南京，第 3 卷第 4 期，1948 年 12 月 1 日，頁 8。

議。[275]除了彭孟緝之外，另一位在軍方的重要人物，則是台灣省警備司令部參謀長紐先銘。紐氏是魏道明的外甥，上海某些小報稱他為「小主席」。雖然說法有些誇張，但可以看出他和魏道明一家的關係。紐先銘善辭令、能文章，私生活不壞。可是少年得志、鋒芒太露，多少有驕氣拒人於千里之外。有常識的人，都知道中國政治離不開武力。雖說這不代表治理台灣要靠槍桿子，但有槍桿子做後盾，政治力量更可以發揮。魏道明對彭孟緝、紐先銘完全信任，時論是台灣小康局面的主要因素。[276]

　　1947年8月13日台灣省政府新設新聞處，並任命C.C.派的林紫貴擔任處長。該單位的主要任務是管理新聞之發佈，政府與新聞界之連繫，指導拍攝新聞電影片，以及輔導電影、戲劇、廣播與其他藝術的宣傳工作。如果說魏道明的治台手法與陳儀有何不同，那麼本文認為魏氏採取懷柔的方式，比起陳儀的不知變通更有效果。例如：魏道明的省府新聞處，比長官公署的宣傳委員會掌管的事情還多，但多透過「輔導」，讓台灣民眾反抗情緒較少，且達到省府引導社會輿論的目的。另外還有一統治措施，說明魏道明不動聲色、暗地控制的特性。9月13日上海《大公報》報導，台省嚴密執行戶口登記。當時訂立方法把戶口分成三個等級——甲種最守法、乙種不守法、丙種最不守法。甲種戶口每二月稽察一次，乙種戶口每十五日稽察一次，丙種戶口每日稽察。此法連大陸的記者都認為污辱台灣人，並且是日本人、陳儀都未曾做過，甚至其他國家也前所未聞，魏道明竟然決定實施。[277]因此有報導挖苦稱，在中國的基層政治裡，守法的官吏實在太少，不守法的與最不守法的倒是常態。在這些人的管制下，最守法的人一定會被看成最不守法。那麼按照台灣

275 丘念台在台灣有「孔夫子」之稱，回台有三件得意之作：力陳釋放戰犯、組織台灣光復致敬團、營救二二八嫌犯。參閱陳保羅，〈台灣的孔夫子——丘念台〉，《新聞天地》，上海，第 55 期，1949 年 1 月 1 日，頁 16。

276 本刊特約駐台記者，〈台灣‧陳儀‧魏道明〉，《中國新聞半月刊》，頁 8。

277 編者，〈台灣消息〉，《新台灣》，香港，新台灣叢刊第 1 輯，1947 年 9 月 25 日，頁 56。

的辦法，可就適得其反。[278]

　　不過最讓魏道明苦惱的是京滬一帶的「大人」，他們常來台灣觀光、遊歷，魏氏招待他們可不能怠慢。但是這種送往迎來，其實很勞民傷財。再加上這些人若在台灣開設公司，經營普通商人不能做的生意，魏氏礙於情面通常也大開方面之門。[279]這些大官們的作風、去向，沒想到連一海之隔的台灣，也常成為焦點。最著名的個案是三民主義青年團成員，建議把「既得利益者」孔祥熙（1880-1967）、宋子文，永遠囚禁在台灣。[280]1947年7月戰略顧問委員會委員張發奎（1896-1980），也來台灣一遊。此行有不少謠傳，有謂張氏準備出任海南島行政長官。可是南京當局害怕他與李濟琛（1885-1959）、蔡廷楷（1892-1968），趁機製造「華南革命」，故遲未任命。雜誌報導張發奎穿起西裝，懶洋洋旅遊台灣解悶。[281]這種在政壇失意的政治人物，往後將會陸續出現在台灣。

　　二二八事件前曾借調擔任基隆市長、現已回任的台灣氣象局長石延漢（1910-？），他在本局二週年紀念獻辭提到的事情，可以讓我們參考。首先他指出二二八的裂痕已經消弭無遺，特別是台灣氣象局本省同仁，都已經返回崗位安心工作。[282]其次石氏自認為二年來的成果，行政管理的規格化、標準化，以及人事安定都是有目共睹。[283]再次是石氏總結兩年來，台灣氣象局需要改進的地方——人事、經費、公文。人事問

278 若寒，〈人世點滴：三種戶口〉，《人世間》，上海，第 7 期，1947 年 10 月，頁 4-5。

279 本刊特約駐台記者，〈台灣‧陳儀‧魏道明〉，《中國新聞半月刊》，頁 8。

280 梅雨，〈透視黨團合併〉，《中國新聞半月刊》，南京，第 1 卷第 3 期，1947 年 8 月 10 日，頁 4。

281 木子，〈張發奎遊台解悶〉，《中國新聞半月刊》，南京，第 1 卷第 3 期，1947 年 8 月 10 日，頁 15。

282 本社，〈在艱苦中成長——代本局二週年紀念獻辭〉，《氣象通訊月刊》，台北，第 2 卷第 11 期，1947 年 11 月，第一版。

283 本社，〈本局第二次台所長會議——石局長致開幕詞〉，《氣象通訊月刊》，台北，第 2 卷第 12 期，1947 年 12 月，第三版。

題為編制人員太少，不敷工作上的需求。經費問題是台北以外的氣象台，年度經費缺乏。公文問題是公文無理耽擱時間太長，導致辦事沒有效率。[284]石延漢的認知可以分成二方面討論。其一，台灣人是否忘卻二二八的恐怖？經濟記者陳霞州曾對1947年11月21日，在台灣舉行的國民大會代表選舉冷清做出評析。他認為台灣人在歷經二二八事件後，已改變昔日的作風，不願多管閒事，只求溫飽而沉默了。[285]

其二，公務員的考選情況。1947年8月20日考試院參事兼人事處處長劉光華（1892-？），率領銓敘部荐任科員闍童來台視察。在9月5至14日的行程中，前往台北、新竹、台中、台南、高雄、屏東，分別由縣市長召集各單位主管座談。再分訪省府各廳處、法院、大學、省參議會，並與律師、會計師、考試及格人員見面，聽取各方意見。9月20日劉光華離台前，約聘台南地方法院院長涂懷楷（1911-？）為通訊員，加強與台灣的聯繫。[286]劉氏回到南京後，迅速整理大要做出報告。在考選上，分成律師、會計師、中醫。律師在日治稱辯護士，台灣人在日本統治時期，須依日本內地辯護士法規定，才能取得執業資格。1945年國府接收後本省辯護士，必須向台灣高等法院登記，結果共有42人。對於未具合法資格律師之補救辦法，現在正執業中者，可以用代理訴訟案的成績，檢呈台灣高院審核後，再呈送給行政院司法行政部，核轉考試院考選委員會檢覈。會計師在日治稱計理士，資格取得須經計理士考試及格，或於專科以上學校主修會計學科畢業乃可。1945年後計理士向行政長官公署會計處聲請檢覈僅5人，尚未蒙核定。至於中醫可以不辦檢覈，而只舉行試驗，免除口試。

在任命人員考試上，由於台胞國文太差，前擬「現行考試得附日文

---

284 本社，〈本局第二次台所長會議──石局長致閉幕詞〉，《氣象通訊月刊》，台北，第 3 卷第 1 期，1947 年 12 月，第三版。

285 陳霞洲，〈大選在台北〉，《創世半月刊》，上海，第 5 期，1947 年 12 月 1 日，頁 21。

286 本社，〈考銓行政要聞──視察考銓行政〉，《輔導通訊月刊》，南京，第 15 期，1947 年 9 月，頁 51-52、61。

譯稿辦法」施行期限，有延長之必要。經與各方洽詢，擬再延長一年。
魏道明主席希望中央可以特派大員，主持台灣分設試區的高考。特經細
商，擬同時將普考、縣長考試，以及律師、會計師等甄別考試綜合舉
行。最後劉光華還提到，現在省府各機關人員平均90%以上為本省籍。
可是彼等對國文、公文法規均欠熟悉；辦理公文至感困難，對於行政效
率影響甚大。[287]當然，劉光華的報告很忠實地反映台灣公務人員現況。
可是從他們的立場上看，考試檢覈固然重要，待遇薪水更加重要。[288]就
有雜誌報導在魏道明赴台前夕，有公務員因生活所迫跳車自殺。[289]再
者，政府對台灣人的錄用不管何時，都宣稱比例甚高。但上文已經提
到，人民對政府的熱情已經消退，這些公僕在崗位上到底還有無士氣，
恐怕都是一個問題。有謂光復已經三年，一切機關、工廠重要位置，還
是由外省人擔任。省府各廳雖設有副廳長，但他們的權限還趕不上主任
秘書。這對本省人是一很大刺激，本省人與外省人隔膜的形成，這是一
個很大的原因。[290]

　　1947年12月3日台灣省主席魏道明在省參議會進行施政總報告，他
馬上提到上任後，有許多謠言環繞著他。有人說陳儀肖似老虎，魏道明
像是豺狼；而魏氏的貪污敲詐，比陳儀還要嚴重。它造成的嚴重結果，
比二二八時候更壞。又有人說夫人鄭毓秀經營事業、壟斷市場。更有人
說現在的台灣，政府派出十萬大軍駐紮，人民都在刺刀下過日子。魏道
明直指這些謠言，目的是污衊本省同胞想要脫離祖國。並且指控散播謠
言的人，一是共產黨的傑作，一是外國的刊物，它們全是國際政治的陰
謀。魏氏重申台灣問題已經確定，就國際立場來說，日本所竊據的中國

287 劉光華，〈視察台灣省攷銓行政報告摘錄〉，《輔導通訊月刊》，南京，第 17 期，1948 年
　　3 月，頁 61-63。
288 台灣與福建的公務人員待遇相同。參閱明竭，〈台灣公教人員待遇〉，《旅行月刊》，福
　　建雲霄，第 3 卷第 4、5 期合刊，1948 年 2 月。
289 晚，〈台公務員跳車自殺〉，《大美週報》，漢口，第 1 卷第 3 期，1947 年 6 月，頁 23。
290 本刊特約駐台記者，〈台灣・陳儀・魏道明〉，《中國新聞半月刊》，頁 8。

領土，都必須歸還。所以台灣在將來的對日合約中，決不能成為問題。至於省政方面，現實問題的重心不在政治而在經濟。故在具體做法上有三項——謀求經濟安定、推進復興工作、改善大眾經濟。[291]

看來魏道明除了駁斥他與鄭毓秀的傳言外，台灣省政首要工作已非政治，而是經濟。所以台灣人在政治上的感受，也就不是魏氏要解決的問題。在當時台灣交通事業發展，已被劃定成中國的分區，倒是值得注意的事。如民航的空中交通管制區，所劃定的八個分區，台灣與南京、上海、廈門、北平、天津同屬一區。[292]民航機載客飛抵台北，當地的機場檢查是全國最嚴格，總共有四個單位：海關、憲兵、警察、檢疫所。如果飛抵台南，也有需要通過海關、空軍、檢疫所三個單位。[293]船隻停靠台灣國際商港或省際商港，也有六個單位聯合稽查，它們包括：各港港務局或港務辦事處、各港海關、各港檢疫所、各港港務警察局或警察局、各港憲兵隊或軍隊、其他省府指定參加檢查的機關。[294]這些管制表示政府對台灣的控制趨嚴，一方面也顯示國共內戰前景不太樂觀，政府開始注意最後方的台灣，可以扮演的角色。

第一階段的後半年：1948年1月至5月，台灣省政府的重要工作，即是公佈省轄市政府的組織章程。依照時間先後順序是台北市、台南市、台中市、基隆市、新竹市。而各市政府的組織架構如下表：

---

291 魏道明，〈求謀經濟安定推進復興工作——三十六年十二月三日上午八時台灣省參議會第四次大會施政總報告全文〉，《建國月刊》，台北，第 1 卷第 4 期，1948 年 1 月，頁 6-14。

292 楊起璠，〈論空中交通管制〉，《民用航空月刊》，南京，第 1 期，1947 年 12 月，頁 13-14。

293 劉謀詰、張同青，〈簡化空運旅客檢查手續之商榷〉，《民用航空月刊》，南京，第 4 期，1948 年 3 月，頁 4。

294 本社，〈台灣省各港進出口船舶查驗聯合辦公處組織及辦事細則〉，《海事》，台北，第 8 期，1947 年 12 月，頁 46。

表2-2-1 1948年台灣省各省轄市組織機構

各省轄市	下轄各級組織機構										
台北市	秘書室	第一科	第二科	民政局	財政局	教育局	工務局	警察局	一	一	一
台南市	秘書室	地政科	軍事科	民政科	財政科	教育科	工務局	警察局	社會科	會計室	人事室
台中市	秘書室	地政科	軍事科	民政科	財政科	教育科	工務局	警察局	社會科	會計室	人事室
基隆市	秘書室	地政科	軍事科	民政科	財政科	教育科	工務局	警察局	社會科	會計室	人事室
新竹市	秘書室	地政科	軍事科	民政科	財政科	教育科	工務局	警察局	社會科	會計室	人事室

資料來源：
1. 編者，〈台北市政府組織章程〉，《法制半月刊》，南京，第 5 期，1948 年 4 月 15 日，頁 31-32。
2. 編者，〈臺南市政府組織規程〉，《法制半月刊》，南京，第 7 期，1948 年 5 月 15 日，頁 25-26。
3. 編者，〈臺中市政府組織規程〉，《法制半月刊》，南京，第 7 期，1948 年 5 月 15 日，頁 26-27。
4. 編者，〈基隆市政府組織規程〉，《法制半月刊》，南京，第 7 期，1948 年 5 月 15 日，頁 27-28。
5. 編者，〈新竹市政府組織規程〉，《法制半月刊》，南京，第 7 期，1948 年 5 月 15 日，頁 28-29。

　　從上表來看，除了台北市之外，其餘的省轄市組織編制完全一樣。事實上從法條來看，各省轄市的組織有許多相同之處。例如：市長為簡任或薦任官員擔任，綜理本市政府事務，指揮監督所屬機關。秘書室掌理文書、庶務、出納、機要、印信、統計及不屬其他科室事項。地政科，台北市政府稱第一科，掌理土地行政。軍事科，台北市政府稱第二科，掌理兵役行政。民政科，台北市政府稱民政局，掌理民政與戶政。財政科，台北市政府稱財政局，掌理賦稅、債券、金融、公款與公產。教育科，台北市政府稱教育局，掌理教育與文化。工務局，掌理市政工程及其他工程。警察局，掌理警察與保安。社會科，掌理社會與合作事項。會計室，掌理會計事項。人事室，掌理人事事項。此外，1948年初成立的台灣省訓練團也很重要。該團直屬於台灣省政府，並受行政院內政部監督指揮，掌理全省地方行政及自治幹部訓練事宜。團長由台灣省主席擔任，教育長一人為簡任職等，主任秘書、教務處長、訓練處長、總務處長各一人，均為薦任職等，軍訓隊部上校總隊長一人，中尉

副官與書記各一人。[295]

　　上述政府機關的設置，因為有了切實的法源，使得依法行政的立場更為穩固。不過在這當中，對台灣人參與中央政治影響最大的是行憲後，國民大會代表、立法委員的選舉。台灣被分配到國民大會的代表是18人，依法在台北縣、新竹縣、高雄縣、台東縣、花蓮縣、澎湖縣、台中縣、台南縣、台北市、基隆市、新竹市、台中市、彰化市、台南市、嘉義市、高雄市各選出1人。再加上台中與台南各增選婦女代表1人，總計是18位名額（照片2-2-3）。[296]

照片2-2-3【國民大會台灣代表】

　　至於立法委員的配額，則是按照人口數目計算。300萬以下人口的省市選出5名立法委員，然後人口超過300萬者，每滿100萬人可增選1

---

295 編者，〈台灣省訓練團組織規程〉，《法制半月刊》，南京，第 1 期，1948 年 1 月 16 日，
　　頁 19。

296 編者，〈國民大會代表名額分配表〉，《法制半月刊》，南京，第 3、4 期合刊，1948 年 3
　　月 1 日，頁 49。

名立法委員。當時台灣總人口是6,357,456人，故選出8名立法委員，再加上1名職業團體代表，總計是9位名額。[297]1948年3月29日行憲國民大會在南京召開，可是因國共內戰的情勢，4月18日通過《動員戡亂時期臨時條款》。內容為總統在動員戡亂時期，為避免國家或人民遭遇緊急危難，或應付財政經濟上重大變故，得經行政院會議之決議，為緊急處分。不受憲法第三十九條或四十三條所規定程序之限制。條文還明訂第一屆國民大會，應由總統至遲於民國39年12月25日以前召集臨時會，討論有關修改憲法各案。如屆時動員戡亂時期尚未依前項規定宣告終止，國民大會臨時會應決定臨時條款是否延長或廢止。[298]當時公佈這項法令時，南京當局沒想到會在內戰中失利、敗退台灣。因此它對中國政局的影響不是在大陸，反而是1950年以後的台灣。

此時的魏道明已經上任半年有餘，理當熟稔台灣省政的運作。不料1948年1月南京開始謠傳，可能會撤換魏氏的消息。特別是夫人鄭毓秀與上海《鐵報》正在進行官司訴訟，台灣省主席即將異動的新聞迅速傳開。當時盛傳接替魏道明的人選有五人：資源委員會委員長翁文灝（1889-1971）、尚無出處的張發奎將軍、中央黨部秘書長吳鐵城、立法委員梁寒操（1899-1975）、新疆省主席張治中（1890-1969）。翁文灝屬於政學系要角，也有傳聞政學系要與TV宋（宋子文）結盟，由翁氏讓出位子給錢昌照（1899-1988），然後翁氏轉任台灣省主席。可是政學系不放棄，費盡功夫安插翁文灝至資源委員會的佈局，復加上官方強烈否認翁文灝異動，此人事選項排除。張發奎是國防部長白崇禧所推薦，結果沒有下文。至於國民黨內部有人希望梁寒操能夠出任台灣省主席，但支持的力量不大。張治中卸任新疆省主席不久，另有安排不可能調往台灣。因此對魏道明威脅最大的是吳鐵城。

---

297 編者，〈立法院立法委員名額分配表〉，《法制半月刊》，南京，第3、4期合刊，1948年
　　3月1日，頁68。

298 編者，〈動員戡亂時期臨時條款〉，《法制半月刊》，南京，第9期，1948年6月15日，頁7。

吳鐵城也是政學系的要角，他與張群過從甚密。表面上中央黨部秘書長握有大權，但實際上根本無法控制整個國民黨。政學系計畫吳鐵城改任台灣省主席，而吳氏本人也有意接受這項安排，當時政學系的人物紛紛前往台灣走動。國民政府委員孫科與王寵惠（1881-1958），見狀也趕來台灣支持魏道明，不許政學系再「染指」台灣。其實魏道明在台灣省主席任內，從到任之初的政通人和，到現在四面楚歌已是問題重重。因為魏道明上任班底不強，加上陳儀時代留下的舊人頗多，受到人事牽絆的魏氏，已開始感到治理台灣不易。當時造成輿論批評的大案，例如：台灣省氣象局長石延漢貪污被捕、基隆市長梁劼誠因案被控，都使得魏道明倦勤。[299]

1948年3月初吳鐵城以國民黨中央黨部秘書長身分視察華南。當他到廣州時，曾對記者說：「如果時間允許，我要到台灣看看。」雜誌對吳氏的解讀是政學系，準備在行憲後進行華南的人事佈局。[300]3月17日吳鐵城來台視察，途經台北、桃園、新竹，所到之處與本省之立法委員、監察委員、國民大會代表、省參議會議員舉行公宴。一時魏道明下台甚囂塵上，吳鐵城上台呼聲四起。[301]其實吳鐵城的舉動，背後仍要看政學系領袖張群的態度。原本張群的如意算盤是行憲後，自己續任行政院長的職位，並由吳鼎昌（1884-1950）擔任總統府辦公室主任，而立法院長則由吳鐵城出任。不料1948年1月全國立法委員選舉，政學系搶下的席次不多，反倒是對手C.C.派大有斬獲。於是實際掌握國民黨內部大權的組織部長陳立夫（1900-2001），有可能出任立法院長。宋子文自行政院長辭職後，半年的光景又出任廣東省主席、廣州行轅主任，據傳支持的力量就是政學系。因此宋子文與張群已經合作，如果吳鐵城謀

299 石延漢被捕後，國立台灣大學校長陸志鴻曾營救。參閱司馬天，〈台灣省易長之謎〉，《中國新聞半月刊》，頁4、9；懍之，〈台灣見聞〉，《脫胎換骨（羣眾週刊）》，香港，總第58輯，1948年3月5日，頁19。

300 達可，〈吳鐵城粵行之謎〉，《明報畫刊》，北平，第94期，1948年4月3日，頁4。

301 何吟，〈春在台灣〉，《生生畫刊》，北平，第30期，1948年3月28日，第4版。

求立法院長失敗，就派他去台灣取代魏道明。[302]

台灣人民如何看待政局？當時台灣人民稱魏道明為「維太命」，他們的確希望省主席能帶來維太命（vitamin），給窮困的台灣同胞滋補。魏道明到任之初，也的確想要作為，但到底還是太困難了。因為臨時拼湊的班底，能夠幫忙的人沒幾個。所以宣傳已久的救濟失學、失業，解決土地問題都告失敗。省政府的官員，成天在基隆、台北松山、台中、高雄，忙著接送來台的大官。[303]當時來台的大官，有的雜誌還個別點名。包括一月份來的居正（1876-1951）、朱家驊（1893-1963）、錢昌照、林蔚（1890-1955）、杜聿明（1904-1981）、李石曾（1881-1973）。二月份來的張嘉璈（1889-1979）、湯恩伯（1898-1954）、孫科、吳紹澍（1906-1976）、翁照垣（1892-1972）、鮑爾漢（1894-1989）。三月份來的吳鐵城、王曉籟（1886-1967）、丁超五（1884-1967）。四月份來的趙君勱、關麟徵（1905-1980）。五月份來的胡文虎（1882-1954）、胡世澤（1894-1972）、賀耀祖（1889-1961）、鄧文儀（1905-1998）、熊式輝（1893-1974）。六月份來的徐永昌（1887-1959）、洪蘭友（1900-1958）、邵力子（1882-1967）、賴璉（1900-1983）、羅卓英（1896-1961）。[304]

再者，軍人無法無天的情況，不因二二八事件結束，有任何的改善。當時聯勤總部台灣供應局與台灣某大企業有業務往來，結果該企業在期限內交不出貨品，供應局局長即把該公司副總經理拘留在軍法室。台灣人民認為憲法已經明定「人民不受軍法審判」條文，為何軍人還會違背憲法，公然侵害人身自由。[305]至於公務人員不法的情況，也沒太大

302 達可，〈未雨綢繆請宋子文幫忙、如這著棋走錯則希望攬取台灣〉，《明報畫刊》，北平，第 94 期，1948 年 4 月 3 日，頁 4。

303 新人，〈我從台灣歸來〉，《警務月刊》，上海，第 2 卷第 6 期，1948 年 5 月，頁 9-10。

304 馬榮，〈且從側面看台灣〉，《風雲半月刊》，上海，第 1 卷第 3 期，1948 年 9 月 1 日，頁 13-14。

305 林建勳，〈台灣人民看憲法〉，《觀察》，上海，第 4 卷第 7 期，1948 年 4 月 10 日，頁 2。

的改善。當時台灣省菸酒公賣局酒科科長朱梅（1905-？），曾經撰文敘述親眼所見的情形。原來日本人在酒廠遺留的啤酒，接收後被某人拿來做禮物到處送人。1947年7月1日公賣局的啤酒正式出廠，這可是台灣光復以後，首批自釀的啤酒。然而味道難喝不說，竟然想要代銷啤酒的人，都要給公賣局40,000元的禮金。如果不給這筆運動費，該局就不允許它銷售，因此有許多老店，都被撤銷代售的資格。[306]附帶一提的是在魏道明統治下，台灣社會的治安還是沒有起色，各處盜匪橫行。有雜誌作者來到阿里山原住民部落，讚賞此處的世外桃源、道不拾遺。[307]

　　親共的雜誌對於魏道明的報導更充滿批判，他們認為魏道明安定台灣的方法，就是加強鎮壓。在嚴防奸宄的前提下，軍隊、警察、憲兵、特務佈滿每個角落。在戶口清查之外，還有所謂的緊急搜查；它是在夜深人靜時，出動大批人馬抓人。當時台灣大學的一位助教，台南新營中學的二位教員，因為參加過學生自治會的工作而被捕。1947年5月大陸各省爆發學潮，適逢魏道明上任台灣省主席不久，故嚴陣以待防止「國內思潮」波及。[308]官方對台灣社會各階層控制轉嚴，學校有「復學」青年軍，工廠有國防部調派的轉業軍官，郵電檢查名費實存，收音機不能從甲地搬到乙地。人民出入台灣更受限制，機場、港口戒備森嚴，還首次出現「審核名單」。[309]

　　1948年3月29日國民大會在南京召開，4月19日選舉蔣介石為行憲後第一任總統，李宗仁為行憲後第一任副總統，二人即在同年5月20日就職，可說為民國歷史開創新局。[310]4月18日國民大會也通過〈動員戡

---

306 朱梅，〈為官一年〉，《世界月刊》，上海，第 2 卷第 11 期，1948 年 5 月，頁 55-57。

307 桂子，〈阿里山掠影〉，《民教月刊》，台南，第 1 期，1948 年 1 月，第 2 版。

308 茅錦泉，〈瀰漫全國的戰後學潮！〉，《大眾新聞半月刊》，南京，第 1 第 4 期，1948 年 7 月 16 日，頁 10-15；茅錦泉，〈瀰漫全國的戰後學潮（續）〉，《大眾新聞半月刊》，南京，第 1 第 5 期，1948 年 8 月 1 日，頁 17-20。

309 憬之，〈台灣見聞〉，《脫胎換骨（群眾週刊）》，香港，總第 58 輯，1948 年 3 月 5 日，頁 18。

310 張玉法，《中國現代史（下冊）》（台北：東華書局，1993 年 4 月九版五刷），頁 705-

亂時期臨時條款〉，這也引發輿論對蔣介石擴權的疑慮。上海的《密勒氏評論報》對此有一些看法，很值得做為參考。該報表示中國這個國家不需要獨裁，但是中國人民卻希望總統如蔣氏者，能做為一個超越各黨各派的領袖。總統應以嚴厲手段，廓清官場中的貪污與裙帶之風，左右應多任才智之士。現在僅有台灣省主席魏道明為文人，其餘全國各省主席皆為軍人。行憲之後應請軍人解除文官職務，使「二十世紀的人士（民主人士）」來接替他們。[311]魏道明的文人角色在中國政壇的特殊性，不管是在就任之初，或者行憲當下都一再被提到，看樣子他的地位應該無可取代。

1948年5月24日行憲後首任行政院長，在眾人的驚奇聲中由翁文灝擔任。上文已經提過翁文灝雖是政學系要角，但該系從未有安排他出任行政院長的計畫。現突然以黑馬之姿上任，跌破當時政壇所有人的眼鏡。不過在此之前行政院長的寶座，可能的人選還有三位：北京大學校長胡適（1891-1962）、原行政院長張群、聯合國軍事代表團中國代表團團長何應欽（1890-1987）。最後翁文灝因與宋子文有關係、政學系有淵源、國民黨中央政治委員會秘書長陳布雷（1890-1948）的兒女親家、立法院大多數委員同意，並深得蔣介石信任，而被任命為行政院長。[312]翁氏就任前，行憲後第一任立法院長已由孫科擔任，使得張群的所有計畫全部落空，魏道明仍穩坐台灣省主席的職位。

第二階段1948年6月至12月，已是魏道明在台灣省主席最後半年。輿論如何評價他在台灣的功過？印象中台灣是全中國的模範省。最重要的是台灣與大陸中隔海峽，內地的陋規、民族的惡習、一切腐朽貪頑的行徑，比較不容易傳染到台灣。根據台灣的消息，國人先後赴台表現出

706。

311 G. Y. W. Mlug 著，朱望之譯，〈對於蔣總統的期望〉，《正論月刊》，北平，新6號，1948年6月，頁23-24。

312 黃岡，〈翁文灝怎樣上台的？〉，《大眾新聞半月刊》，南京，創刊號，1948年6月1日，頁4-6。

貪污、腐敗、無能、自私、傲慢種種劣行，令台灣人齒冷，並發生不快
與輕視之感。過去陳儀治台未曾弄好，現在魏道明治台亦無成績。[313]不
過會出現如此的看法，還必須從整個動盪的中國，來看台灣潛在的人
心。當時有三件大事，突顯中央對台灣的良法──台灣沒有徵兵、台米
留台、使用台幣。對於前者來說，舉國徵兵潮鋪天蓋地，唯獨台灣人民
無所顧慮。至於台米留台，雖不是百分之百，但絕大部分的米糧，還是
由台省當局掌握。這對台灣勉強造就一個安定的局面十分重要。對於後
者來說，中央給予魏道明「隨時自動調整台幣匯率之權」。這使得被稱
為「防波堤」的台幣，更能發揮最大的效用。可是局勢的不安，從台灣
省警備副司令紐先銘近日飛往平津與太原時，曾說「抗日傍山，剿匪靠
水，台灣是戡亂的根據地。」已知大局非常不利南京當局。[314]

　　國共內戰情況不利於國府，於是華南的許多省份，就成為國府重要
的依託，當時台灣與閩粵正發展省際合作的關係。魏道明已經致函廣東
省主席宋子文，贊同台粵兩省農產物資交換。宋子文也函覆魏道明，表
示竭誠合作發展兩省經濟。[315]至於台閩交流是政治上的借將，1948年
10月新任福建省主席李良榮（1906-1967），特別來台與魏道明協商兩
省軍事、政治上的聯防。結果李氏聘請前台灣工業研究所長陳華洲
（1906-1959）為省府委員，借助他的專業來開發福建的經濟。有趣的
是當時的看法，一般認為國共內戰的戰火，不會波及到福建。[316]故台閩
粵的合作，可以更鞏固華南的政經局勢。

　　魏道明在台灣省主席最後數月，若說還有一些政績，應是對於高雄

313 揮星，〈讓台灣隔離瘟疫〉，《青年知識半月刊》，上海，第2卷第5期，1948年11月1日，
　　頁108。

314 馬榮，〈且從側面看台灣〉，《風雲半月刊》，頁13-14。

315 本社，〈粵台物資交換計劃、兩省主席完全同意〉，《開平華僑月刊》，廣東開平，第2卷第6、
　　7期合刊，1948年7月，頁35。

316 陳福悲，〈從福建說到台灣〉，《展望週刊》，南京，第3卷第11期，1949年1月15日，
　　頁8-9。

市的建設。主其事者是「一二八」淞滬戰役十九路軍的參謀長黃強
（1887-1974）。原來黃強有留學法國的經驗，又是夫人鄭毓秀的好
友，魏道明才禮遇他出任高雄市長。黃強指出高雄已是中國的經濟、軍
事重鎮，日本人留下的煉油、製鋁、水泥、製碱、造船等工業，都已經
次第修復。高雄市逐漸從廢墟甦醒過來，國內外要人與企業家來台者，
必到高雄一遊考察。[317]更值得注意的是黃強對於高雄的歷史，也非常的
熟悉。在投稿到雜誌的文章中，已知道高雄舊名打狗，並且對於荷蘭、
鄭氏、清代治台的經過也有敘述。最重要的是他對於日本在高雄的建
設，下過心力研究。現在這個17萬人口的港市，在接收以後的重建項
目，碼頭已完成2,720公尺的修築，倉庫的容量達123,781噸，煉油廠日
煉原油500桶，水泥廠日產水泥400噸，碱廠每月出燒碱200噸、鹽酸
200噸、漂粉150噸、液體氯15噸，肥料廠年產20萬噸。[318]

　　事實上與台灣其他縣市比較，黃強主政高雄市是幸運的，因為有民
間資本投入幫忙。1948年7月高雄市主要仕紳駱榮金、陳啟為、唐傳宗
（1904-1992）、戴強等，組織高雄建設股份有限公司，預計募集資金
台幣一億元，用來協助高雄發展、振興土木業。[319]不過在眾多稱讚高雄
建設前景的同時，有一則報導讓人懷疑實情是否如此。原來高雄港已淤
塞嚴重，港務局接收日本的小挖泥船不能得力。日本在投降以前，把一
艘萬噸的大挖泥船自沉港底，於是港務局長林則彬（1901-？）計劃打
撈。正巧台灣向伊朗採購的原油，委託英國油輪載運過來，港務局非得
使用萬噸大挖泥船疏清港底淤泥，否則英國油輪無法進港灣泊。可是在
打撈時，高雄要塞司令部、海軍總司令部分別宣稱，擁有高雄港沈船的
所有權，使得林則彬無法即時疏通航道。[320]從這個個案來看，高雄的建

317 歐冶子，〈黃強與高雄市〉，《國防新報月刊》，上海，革新號第2期，1948年4月，頁
　　20-23。
318 黃強，〈高雄市之過去現在將來〉，《建國月刊》，台北，第1卷第2期，1947年11月，頁7-8。
319 本社，〈建設高雄市〉，《中國工程週報》，南京，第54期，1948年8月30日，頁5。
320 鈺，〈台灣港口林局長打撈沉船的故事〉，《人物雜誌》，重慶，第3年第8、9期合刊，
　　1948年9月，頁31。

設軍方握有很大的發言權。單憑前文的敘述，恐怕都忽略了軍方在高雄的地位。也或許如此，魏道明才派黃強擔任高雄市長，冀望運用他在軍中的威望，讓高雄市政推行時，比較少受到軍方的牽絆。

另外，還有一則案件說明魏道明與下屬官員難於辦事。1948年5月28日台北縣新店溪橋上突然發生一起火車焚燒案。據報罹難者約200人，造成轟動全台，也是轟動全國的大案。當時雜誌報導事件的緣由，全是鐵路局長郎鍾騏（1903-1990）隨意安插私人，又沒有讓鐵路局工有充足應變訓練的結果。有雜誌更說這種腐敗的政治風格，外省人已經聞慣了，但台灣人還不太習慣。對於台灣人來說，日本統治時期的壓迫是恨之入骨，但對於日本官員的辦事精神與國府官員相比，也不無懷念。[321]三個月之後台灣省參議會開議，此案馬上成為質詢的焦點。當時省參議員質疑郎鍾騏資歷不夠，來台前只擔任過京滬區鐵路的機廠長，來到台灣後馬上被拔擢為鐵路局長。其實有雜誌替郎氏抱屈，原因是郎氏在大陸已經任職到京滬路的副總工程師，在鐵路的專業上毫無問題。郎鍾騏在京滬鐵路時，以強力整頓著稱，可是到了台灣卻橫遭問題。因為在台灣，如果以嚴厲的方式帶領部屬，就會被人在後面說是外省人欺負台灣人。如果又裁汰老員工，那就更會被人說是看不起台灣人。充分反映出當時台灣社會，不同省籍人士的矛盾。[322]

同樣地台灣省警務處長王民寧（1905-1988）的個案更為複雜，王氏是台灣台北人，早歲從日本士官學校畢業後，即前往中國發展。1945年10月國府接收台灣時，以台灣省警備司令部少將副處長返台任職。二二八事件時，陳儀拔擢王民寧擔任警務處長，以緩和當時台灣人的要求。魏道明來台時，故意不更動他的職位，讓台灣省一級主管中，

321 成河，〈台灣焚車慘案的前因後果〉，《自由與進步半月刊》，南京，第 1 卷第 6 期，1948年 8 月 16 日，頁 14。

322 水原，〈台灣焚車案的新聞人物——郎鍾騏〉，《春秋》，上海，第 5 年第 5 期，1948 年 10 月，頁 138-139。

象徵性有一台灣人任職。可是1948年的台灣情勢出現變化，台灣海外獨立運動開始進行。該組織與台灣島內的聯繫，竟以台灣選出的國大代表為中心。再者，中日對於戰爭賠償的問題，日方提議台灣須派代表參加，而且所做的戰爭賠償，也必須先給台灣。此點讓蔣介石大為光火，立刻電召王民寧從台北趕赴南京報告。最後升任王氏為總統府中將參軍，架空他的權力後，改派軍統背景的胡國振擔任台灣省警務處長。希望以胡氏「鐵血警察」的稱號，穩定台灣的控制。[323]

　　1948年下半年國共內戰的局勢，使得京滬一帶的有錢人與政治人物開始思考南逃。有云最有辦法的人前往美國，其次香港，最後台灣。[324]美國對於南京當局已經灰心，但對於台灣則另眼相看。因為從島嶼戰略來看，台灣與日本、琉球、菲律賓成為島鏈，做為對抗蘇聯重要防線。國府對於台灣的治理已經三年，時論喜歡把陳儀與魏道明拿來比較。陳儀想把台灣隔絕於中國，繼承日本的一切，拿出自己所計劃的辦法，關起門來硬幹。不幸這套辦法不被台灣人接受，幹部沒有廉潔幹練，本人又太自信剛愎，最後激起民變發生流血慘案。魏道明八面玲瓏、無為而治。所謂「安定中求繁榮」口號，就是把什麼都放寬，讓大家自由發展。魏氏對行政部門的人事並無意見，但暗地插足於省營事業。加上仕紳與官僚合作，彼此皆大歡喜。不過台灣人眼見大陸戡亂，政府行憲從國民大會到立法院，全都是在吵嚷中渡過，中央的威信大受影響。於是台灣人開始提出「地方自治」的主張，認為台灣有別於戡亂地區，加上憲法賦予地方自治權力，二二八事件後陳儀允諾台灣可以先辦地方自治，這就成為魏道明下台前面臨的問題。[325]

---

323 雪屏，〈台灣警務處長更迭內幕〉，《群言雜誌週刊》，上海，第22期，1948年12月18日，頁8-9。

324 當時大陸富豪相當輕視台灣，稱為三等避難所。參閱夢君，〈麗島近影〉，《時事評論週刊》，上海，第1卷第24期，1948年12月16日，頁19。

325 張令澳，〈目前局勢論台灣〉，《自由與進步半月刊》，南京，第1卷第7期，1948年9月1日，頁2、12。

　　當然，上文提到政學系欲找人取代魏道明的風波，至此還未消失。
1948年8月梁寒操來到台灣，擔任《台灣新生報》董事長，動向就備受
矚目。[326]除了梁氏之外，當時還有一位人選更值得注意：張學良
（1901-2001）。[327]二二八事件之前，就有傳聞張學良可能會取代陳
儀，擔任台灣省行政長官。[328]台變之後，台灣的輿論隨即建議讓張學良
出任台灣省主席。[329]上一節內容已提到，張學良被軟禁在新竹的井上溫
泉（照片2-2-4）。有人質疑政府為何不釋放張學良，其實當時據傳釋
放張氏不是問題，問題是張學良釋放後，政府要派給他什麼事做？[330]

照片2-2-4【張學良在台灣】

　　1947年5月國民政府委員莫德惠（1883-1968）來到台灣，探望張

326 平言，〈梁寒操何意遊台灣〉，《羣言雜誌月刊》，上海，第 11 期，1948 年 9 月，頁 8、
　　15。
327 竹馬，〈幽居台灣兩年的張學良〉，《羣言雜誌月刊》，上海，第 7 期，1948 年 8 月，頁
　　14-15。
328 諸葛子明，〈張學良移居台灣〉，《評論報週刊》，上海，第 4 號，1947 年 11 月 30 日，頁 4-5。
329 揚村，〈訪問張學良記〉，《中國新聞半月刊》，南京，第 1 卷第 3 期，1947 年 8 月 10 日，
　　頁 10-12。
330 秋田，〈關於張學良種種〉，《中國新聞半月刊》，南京，第 1 卷第 3 期，1947 年 8 月 10 日，
　　頁 13-15。

學良並討論東北問題，不過沒有消息說要釋放張學良。[331]1947年底西北行轅主任張治中來台探視張學良，不久就傳出張氏將身兼要職，這個職位很可能是東北行營主任。[332]其實據張學良表示，他已經無意仕途。在十年的軟禁期間，他開始對明史有興趣並進行研究。張學良甚至說如果自由，他最想進入中央研究院充任研究員。[333]不過大陸雜誌的報導，並不是這麼簡單看待。由於現在國內局勢複雜，東北戰況又不利，均給了張學良「出山」的大好機會。特別張氏還說願意把台灣做為第二故鄉，欲做久居之計。種種跡象看來1948年以前張學良的復出有相當大的可能。[334]

　　1948年10月是台灣光復三週年，台灣省主席魏道明為達「安定中求繁榮」的政策效果，準備舉辦為期六週的台灣省博覽會。恭逢如此的盛典，住在台灣的人卻沒有比外來者更有興致，因為物價上漲早就使他們失去喜悅。以台灣的面積與人口比例，其學生之多與各省相較是全國第一。可是學潮為什麼在台灣施展不開？原因是二二八的傷痛猶存。[335]此外台灣省的警務也被軍統所控制，上文所提到的胡國振只是一個開始。實際上掌管情治的單位是台灣省警備司令部第二處。第二處的軍統特務常很得意的說：「除了魏道明，什麼人我們都可以抓。」又常不諱言地說：「在國內軍統和中統是常衝突，但是在這裡（台灣）不會。」在香港的左派雜誌甚至直指，在台灣的特務首腦，並且秉承蔣介石意志

331 王公亮，〈權威人物論「釋放張學良」問題〉，《現實新聞週報》，上海，第 1 期，1947年 7 月 25 日，頁 3。

332 楊隆生，〈張治中為甚麼要到台灣去〉，《自由天地半月刊》，南京，第 2 卷第 9 期，1947年 11 月 15 日，頁 9、12；本社，〈張學良在台近況〉，《工人週刊》，天津，第 12 期，1947 年 6 月 8 日，頁 11。

333 彭翰，〈張學良在台灣〉，《現代文摘週刊》，上海，第 1 年第 1 期，1947 年 6 月 4 日，頁 19-21。

334 譚空，〈張學良出山之謎〉，《周末觀察週刊》，南京，第 2 卷第 7 期，1947 年 11 月 15 日，頁 6-7。

335 本刊特約記者，〈紙包著火的台灣〉，《大學評論》，南京，第 2 卷第 7 期，1948 年 11 月16 日，頁 11-13。

的人,就是華南商業銀行董事長劉啟光(1905-1968)。而在台灣所謂的軍人監獄,不一定是監禁軍人。因此台灣省警備司令彭孟緝曾公開表示,只要是「流氓」不管是有罪無罪,抓起來就可以實行保安處分。故台灣的軍人監獄人犯暴增,一千三百多人中有80%是非軍人,特別是總數的70%是沒經過審判就陷囹圄。[336]台灣如此的局勢,正是蔣介石的設想,特別是對未來的人事佈局。1948年11月北平《明報畫刊》的記者,突然訪問在台灣養病許久的陳誠(1898-1965)。陳誠表示現在在草山(陽明山)休養,絕口不提軍事。就算是彭孟緝來探視他,也只希望彭氏努力維護台灣的安定而已。[337]但這是實情還是作戲?一個月之後很快就知道。

2. 經濟圖振與融入中國

　　魏道明治台的口號是「安定中求繁榮」,不過他的台灣省政府僚屬,還特別接上一句「由繁榮求進步」做為註腳。[338]事實上用這句話來形容台灣的經濟,也很貼切。因為它說明逐漸形成反共後方的台灣,在國府的計畫中發展經濟的重要。當時南京當局對台灣的經濟政策有二:一是民生工業之公營範圍盡量縮小,至於公營與民營的審核須由經濟部與資委會決定,再報行政院核定實施。二是中央派出人員至台灣,聽取地方意見隨時呈報,以供政策的修正或廢止。在大陸經濟專家的眼中,台灣是個農業社會,農業生產佔整個生產值為四分之三。而台灣的工業原是輕工業,糖業、紙業、製鹼、肥料均有基礎,並有40,000噸藏的煤,豐富的石油,以及內地不及的銅,工業前途很有希望。[339]如此的局

---

336 巧軍,〈台灣的特務和監牢〉,《羣眾週刊》,香港,第 2 卷第 38 期(總第 88 期),1948 年 9 月 30 日,頁 22-23。

337 本社,〈台灣風景線——隱居台灣的陳誠將軍近況〉,《明報畫刊》,北平,第 126 期,1948 年 11 月 20 日,頁 8。

338 黃強,〈高雄市之過去現在將來〉,《建國月刊》,頁 8。

339 夏正時,〈談台灣經濟政策〉,《經濟家月刊》,南京,第 1 卷第 2 期,1947 年 4 月,頁 4。

面，在1947年9月3日於上海召開的全國國貨展覽會成為話題。台灣省台北商會理事長劉啟光，盼大陸工業界把握時機，展開國內外市場。特別是上海各工商團體，已商定聯合組織台灣中國國貨展覽會，會場將設於台北，並有可能組台灣中國國貨公司。[340]

有趣的是上述的報導，只是大陸雜誌對台灣經濟「前景」表示看好，重要的是還必須檢視台灣省政府的財政能力。1947年4月22日台灣省行政長官財政處長嚴家淦宣佈，台幣對法幣的匯率從原本的1：35調整為1：40。5月16日魏道明蒞台後宣佈提高台幣對法幣的匯率，從原本1元台幣兌換40法幣，變成1元台幣兌換44元法幣。6月2日台幣對法幣再度更動為1：51。7月3日台幣對法幣又更動為1：65。10月份台幣對法幣又變成1：72。台幣匯率一個年度中持續升值，主要是想安定台灣的經濟。可是一般的看法是台灣經濟的安定，不是取決於台灣本身，而是取決於內地，特別是上海的經濟。上海經濟如果不安定，要求台灣經濟穩定是徒然。可是提高台幣的匯率，在另外一些人的眼中無異是自殺政策。它造成的結果是出口窒息，使得台灣的糖價都比上海貴，法幣頭寸如何換得？台灣土產商品價格飛漲，只因台灣銀行法幣頭寸奇缺，商業匯兌整個停止。[341]由於大陸輸台物資逐漸增加，但台灣輸入內地貨物逐漸減少。台匯的需要激增，若不想辦法提高匯率，或實施匯率統制，則必須增加台幣發行始能應付所需。可是若真的執行，無異將於內地通貨膨脹延及台灣。因此當時有識者建議，台灣應將本身所產物品，積極向南洋銷售擴大市場；並把所賺得的外幣，向國內生產機構換取原料與工具。如此才有可能把台幣對外收支，不至於產生鉅大的差額。[342]

---

340 資料室，〈工商業寶庫〉，《機聯會刊》，上海，第209期，1947年9月1日，頁16-17。

341 暮雲，〈魏道明蒞任後的台灣〉，《亞洲世紀月刊》，1947年7月，頁36；枚，〈二度秋風話台灣〉，《再生週刊》，頁17；本社，〈魏道明的豪語、五年改革台胞〉，《紀事報（每週增刊）》，頁4。

342 桂，〈時評——台幣匯率再度提高〉，《經濟評論週刊》，上海，第1卷第15期，1947年7月12日，頁3。

　　然而這樣的建議，高估台省當局的能力。於是有雜誌批評陳儀領導的政府，實為低能、貪污、腐敗、毫無工作效率，魏道明領導的政府是敷衍、拖延、拿不出政策，僅是用外交手腕來處理地方行政。故當台灣銀行停止台滬間自由匯兌時，原已消滅的匯兌黑市又趨活躍。同一時期黑市匯率徘徊在1元台幣兌換法幣52至53元之間。[343]而當時台灣與大陸物價上漲有多嚴重？從1947年4月到1948年11月的米價漲幅，可以很清楚發現政府對於米價飆高已經束手無策（參閱表2-2-2）。

　　1947年3月上旬，台灣正逢二二八事件期間，台北的米價一市斤111,255元法幣，基隆是111,720元法幣，台東是123,292元法幣，可是才相隔一個月，除了台北的米價維持一樣的數字之外，基隆與台東的米價可用「飛漲」來形容，前者是215,061元法幣，後者是179,311元法幣。這個數字跟大陸比較，已經跟上海的米價差不多。於是從上表一年半（1947年11月-1948年11月）的數據來看，台灣民眾因米價飛漲帶來的痛苦，完全是可以預見的。

　　重要的是這當中，還有一些數據值得深究。從時間上來看，台灣省政府對於米價平穩的維持，看得出來有「三條防線」。一是1947年7、8月米價平均維持在每市斤3萬法幣之上，二是1947年9、10、11月米價平均維持在每市斤4萬法幣之上，三是1947年12月與1948年1月米價平均維持在每市斤6萬法幣之上。可是從1948年3月開始，台灣米價上升到平均每市斤18萬法幣之上後，直到1948年8月台灣米價漲到平均每市斤21萬法幣。從3萬法幣變成21萬法幣，短短一年米價上漲7倍，這是國府接收後，台灣人的苦楚。1948年8月19日南京當局決定實施金圓券[344]，同年9、10月台灣米價尚穩定，可是從11月開始台灣米價竟比前一月，再上漲7、8倍之多。可謂省府對台灣米價平抑全面失敗。

---

343 資料室，〈工商業寶庫〉，《機聯會刊》，上海，第 210 期，1947 年 9 月 15 日，頁 20。

344 編者。〈一週國內大事簡述（八月十四日至八月二十日）〉，《京滬週刊》，南京，第 2 卷第 23 期，1948 年 8 月 22 日，頁 1。

表2-2-2　1947年4月至1948年6月台灣與大陸米價統計

（單位：每市石／法幣元）

	台灣						南京	上海	北平	全國最高	全國最低
	台北	基隆	台中	台南	高雄	台東					
1947.4 上旬	111255	215061	—	—	—	179311	91200	114200	241920	241920（北平）	9360（貴州興仁）
1947.5 上旬	197117	219250	—	236798	245145	249591	172800	222000	568000	568000（北平）	19000（貴州興仁）
1947.6 上旬	275263	283350	—	174223	220889	311495	300400	356500	616800	616800（北平）	28800（貴州畢節）
1947.7 上旬	314968	337847	261426	177233	283462	286543	292000	370500	1152000	1152000（北平）	34000（雲南大理）
1947.8 上旬	335503	348826	321620	198200	368277	413369	245000	319000	950400	950400（北平）	36206（貴州安順）
1947.9 上旬	424196	385048	362700	211467	431170	449608	282400	359500	982400	982400（北平）	34000（貴州興仁）
1947.10 上旬	403130	402192	352855	196190	416268	473784	398000	456250	1080600	1080600（北平）	46000（雲南祥雲）
1947.11 上旬	420961	430920	396116	220362	436263	474800	445600	538500	966400	1504000（青島）	46800（貴州興仁）
1947.12 上旬	633692	635048	521757	275641	575530	770740	607500	740500	1315200	2461000（瀋陽）	75000（雲南大理）
1948.1 上旬	672714	676305	574428	391235	697353	838007	1052000	1259000	3024000	3024000（北平）	227333（雲南祥雲）
1948.2 上旬	879750	833541	—	871558	812200	926800	1315000	1500000	3206667	8694000（瀋陽）	446000（雲南昭通）
1948.3 上旬	1816406	2031465	—	1949000	1412500	2229000	2544800	3192000	5136000	5296000（天津）	238200（貴州畢節）
1948.4 上旬	3326200	3175281	—	3492667	2588000	3958667	2560000	3537000	6176000	6272000（天津）	513400（貴州畢節）
1948.5 上旬	3759800	3897476	—	4227667	4244333	4611667	4060000	4610000	7808000	8208000（天津）	672400（貴州安順）
1948.6 上旬	4370400	4842077	4049333	4742667	4531667	5565000	6500000	7250000	13568000	68176000（瀋陽）	976667（貴州盤縣）

台灣						南京	上海	北平	全國最高	全國最低
台北	基隆	台中	台南	高雄	台東					
1948 年 7 月至 8 月台灣與大陸米價統計（單位：每市石／法幣萬元）										
1948.7 上旬	1064	1114	1072	1156	1018	871	2152	2650	4384	28728（瀋陽）	322（貴州安順）
1948.8 上旬	2105	2173	2152	2737	2521	2587	3940	—	7870	47932（瀋陽）	469（貴州安順）
1948 年 9 月至 11 月台灣與大陸米價統計（單位：每市石／金圓券）										
1948.9 上旬	—	—	8.79	12.36	—	—	18.34	20.52	30.72	344.32（瀋陽）	2.36（貴州安順）
1948.10 上旬	—	9.93	8.79	12.25	11.05	10.07	18.50	20.57	36.80	768（瀋陽）	5.19（貴州安順）
1948.11 上旬	—		70.82	—	81.15				248.80	432.00（青島）	11.57（貴州安順）

資料來源：
1. 糧食部調查處，〈中國各省重要糧食市場中等熟米價格統計表（36 年 4 月上旬）〉，《糧情旬報》，南京，第 269 期，1947 年 4 月 26 日，頁 4-6。
2. 糧食部調查處，〈中國各省重要糧食市場中等熟米價格統計表（35 年 5 月上旬）〉，《糧情旬報》，南京，第 272 期，1947 年 5 月 26 日，頁 4-6。
3. 糧食部調查處，〈中國各省重要糧食市場中等熟米價格統計表（35 年 6 月上旬）〉，《糧情旬報》，南京，第 275 期，1947 年 6 月 26 日，頁 4-6。
4. 糧食部調查處，〈中國各省重要糧食市場中等熟米價格統計表（35 年 7 月上旬）〉，《糧情旬報》，南京，第 278 期，1947 年 7 月 26 日，頁 4-6。
5. 糧食部調查處，〈中國各省重要糧食市場中等熟米價格統計表（36 年 8 月上旬）〉，《糧情旬報》，南京，第 281 期，1947 年 8 月 26 日，頁 4-6。
6. 糧食部調查處，〈中國各省重要糧食市場中等熟米價格統計表（36 年 9 月上旬）〉，《糧情旬報》，南京，第 284 期，1947 年 9 月 26 日，頁 4-6。
7. 糧食部調查處，〈中國各省重要糧食市場中等熟米價格統計表（36 年 10 月上旬）〉，《糧情旬報》，南京，第 287 期，1947 年 10 月 26 日，頁 4-6。
8. 糧食部調查處，〈中國各省重要糧食市場中等熟米價格統計表（36 年 11 月上旬）〉，《糧情旬報》，南京，第 290 期，1947 年 11 月 26 日，頁 4-6。
9. 糧食部調查處，〈中國各省重要糧食市場中等熟米價格統計表（36 年 12 月上旬）〉，《糧情旬報》，南京，第 293 期，1947 年 12 月 26 日，頁 4-6。
10. 糧食部調查處，〈中國各省重要糧食市場中等熟米價格統計表（37 年 1 月上旬）〉，《糧情旬報》，南京，第 296 期，1948 年 1 月 26 日，頁 4-6。
11. 糧食部調查處，〈中國各省重要糧食市場中等熟米價格統計表（37 年 2 月上旬）〉，《糧情旬報》，南京，第 299 期，1948 年 2 月 26 日，頁 4-6。
12. 糧食部調查處，〈中國各省重要糧食市場中等熟米價格統計表（37 年 3 月上旬）〉，《糧情旬報》，南京，第 302 期，1948 年 3 月 26 日，頁 4-6。

　　從台灣各地來看，1947年4月台北的米價與基隆、台東相比，算是便宜的地方。不過在1948年1月以前，全台米價最便宜的地方是台南。不管什麼時期，全台米價最貴的地方是台東。1948年3月以後，台南米價一反常態高過台北；直到1948年8月有數據的記錄，皆是如此。另外

從台北與南京、上海比較來看，台北的米價在1948年4月以前，大多跟上海差不多，但比南京稍昂。可是在此之後，京滬的米價都比台北為高，很顯然是受到戰爭的影響。至於全國米價最高的地方：北平、青島、瀋陽、天津，難以想像住在這些地方的人們，要如何生活？1948年11月上海的雜誌，深入報導台灣商品的漲風。並云台幣的特殊幣制，讓大陸幾次物價漲風襲擊不到台灣。可是從「八一九」防線（物品的定價管制）之後，上海漲風強襲台灣。[345]當時台南一斤豬肉台幣3,600元、上海力士香皂一塊4,500元。記者評論台灣所生產的米糖不缺乏，只是這些物資都流入黑市。台省跟京滬平津一樣，對於這樣的局面毫無辦法，只能用「限價」做為最後手段。因此自金圓券發行後，台幣對金圓券的匯率是1835：1。[346]而「一八三五」就是大陸漲風的橋樑，只要金圓券貶值，台幣也跟著貶值。需注意的是從台灣出口數字來看，雖然台灣的物資並不缺乏，但工業產品都是來自上海。所以只要上海經濟受到波動，台灣的物價定是飛漲。[347]

　　然而台灣還是有機會發展經濟，主要是政府與民間還是有資本的累積。在政府方面，獎勵米糧生產是魏道明的重任。1948年5月台灣省主席魏道明、建設廳長楊家瑜、財政廳長嚴家淦、民政廳長朱佛定，連袂主持兩大水利工程完工典禮。它們一是台南縣大茄苳堤防，另一是台東縣的卑南大堤。特別是大茄苳堤防是地方百姓請求興建，總工程款是台幣5,400萬元，填土工作都是人民自動參與，意義重大。卑南大堤總工程款是台幣3億多元，完成後台東鎮2萬多居民可以得到保障，並可以

---

345 當時有組台北市物價審議委員會，嚴格執行八一九防線。參閱本社特約記者，〈「改幣」後的台灣經濟（台灣通訊）〉，《經濟評論週刊》，上海，第 4 卷第 2 期，1948 年 10 月 23 日，頁 13-14。

346 金圓券一問世，大量的游資湧入台灣，把台灣的物品全部套購，漲風不可遏止。因此當時云「上海在打老虎、台灣在養老虎」。參閱錚錚，〈「上海在打老虎、台灣在養老虎」──台灣・冒險家的樂園〉，《夔言雜誌週刊》，上海，第 14 期，1948 年 10 月 2 日，頁 12。

347 張文鎮，〈上海風襲台灣〉，《自由與進步半月刊》，南京，第 1 卷第 12 期，1948 年 11 月 16 日，頁 14。

多增田地11,000市畝。[348]再者，同年台灣省農林處為啟發農民對稻作技術的精進，以期達到稻穀增產計畫。為此增設稻作增產競賽會，並由各縣市政府與各級農會協助實施稻作競賽。[349]另外從下表2-2-3來看，1947年下半年台灣省庫每月的收入，總是名列通省五名以內。雖然大部分拔得頭籌者為上海，但在1947年7月台灣竟也領先上海，成為公庫收入之冠。最重要的是台灣省庫的收入與開支，並無呈現赤字，這一點是上海無法相比。

　　1948年2月有消息稱中美要共同開發台灣，這是整個華南（湘贛粵桂閩）大建設的一環，並以台灣最重要。故南京當局已經有意，要以台灣取代東北的經濟地位。事實上以台灣做為經濟的重鎮，也是當之無愧的地方。政府的盤算是以台灣的資源，做為抵償外債之用。如果向美國貸款，就以台灣的產品充做資本。美國人對台灣興趣之高，遠比華南各省為強。紐約華爾街操縱下的報紙，不停鼓吹台灣的不安，以及願意讓美國託管的消息。中美計畫對台灣工業發展的項目，包括水力、電力、鐵、煤、鋅、硫磺與茶糖。[350]大陸各省的投資冒險家，嗅到這股味道，也開始注意台灣產業的發展。1948年10月26日中國工程師學會在台北盛大開幕，與會工程師為台灣的建設個別提出看法。特別是新設的工業項目，建議有燃料工業（天然氣）、電化與電熱工業（石墨）、有機合成工業（電石與糖蜜）、纖維工業等。[351]1948年11月1日南京當局下令，台幣對金圓券的匯率從原本1835：1，調整成1000：1。由於台幣升值，使得台幣做為抵抗大陸物價漲風的防波堤功能重現。同年12月

348 編者，〈國內工程消息──台兩大水利工程完工〉，《工程報導》，上海，第37期，1948年7月，頁19。

349 編者，〈獎勵農民稻作技術力求糧食增產〉，《工作競賽月刊》，南京，第5卷第5期，1948年9月，頁32。

350 林真，〈翁文灝南巡秘錄〉，《中國新聞半月刊》，南京，第1卷第12期，1948年2月29日，頁8。

351 本刊特約記者，〈台灣‧冒險家的樂園（台北通訊）〉，《自由批判旬刊》，北平，第1卷第11期，1948年12月1日，頁18-19。

台灣省主席魏道明，甚至於還向中央爭取台幣與金圓券的匯率，再調整成370：1。[352]種種跡象顯示政府對於整個內戰的頹勢，以及台灣經濟發展對大陸的重要，分別有力挽狂瀾的措施。

表2-2-3　1947年5-11月中國前五名省市庫收支排名

1947 年 5 月中國前五名省市庫收支排名（單位：法幣千元）				
	上海（第一名）	新疆（第二名）	台灣（第三名）	山東（第四名）	浙江（第五名）
收入	27,345,931,373	19,242,904,108	18,507,978,954	15,827,462,886	14,183,113,703
支出	32,768,379,071	15,483,897,791	17,962,867,975	16,661,316,186	12,379,579,478
1947 年 7 月中國前五名省市庫收支排名（單位：法幣千元）				
	台灣（第一名）	上海（第二名）	新疆（第三名）	河北（第四名）	廣西（第五名）
收入	65,256,462	51,609,425	21,479,032	19,313,368	18,495,668
支出	35,950,548	42,158,110	20,218,005	15,398,514	16,208,613
1947 年 8 月中國前五名省市庫收支排名（單位：法幣千元）				
	上海（第一名）	遼寧（第二名）	山東（第三名）	台灣（第四名）	廣西（第五名）
收入	59,151,868	22,674,770	21,348,650	21,085,378	18,998,611
支出	50,214,235	13,914,720	14,697,916	30,537,392	19,742,145
1947 年 9 月中國前五名省市庫收支排名（單位：法幣千元）				
	上海（第一名）	山東（第二名）	新疆（第三名）	遼北（第四名）	台灣（第五名）
收入	102,729,131	35,995,226	31,823,310	24,930,485	22,390,178
支出	57,173,483	32,659,256	31,823,310	17,900,112	39,826,627
1947 年 10 月中國前五名省市庫收支排名（單位：法幣千元）				
	上海（第一名）	新疆（第二名）	山東（第三名）	台灣（第四名）	天津（第五名）
收入	96,045,797	48,240,233	41,408,560	39,080,013	35,309,204
支出	92,394,854	38,576,676	40,159,401	37,153,406	19,983,747
1947 年 11 月中國前五名省市庫收支排名（單位：法幣千元）				
	上海（第一名）	台灣（第二名）	河北（第三名）	浙江（第四名）	山東（第五名）
收入	111,401,819	89,079,593	71,859,130	50,240,593	47,131,468
支出	111,456,418	58,693,225	61,622,791	42,130,758	57,934,984

資料來源：
1. 主計處，〈省市庫收支（民國三十六年五月）〉，《經濟動向統計》，南京，無期刊編號，1947 年 6 月，頁 34-37。
2. 主計處，〈省市庫收支（民國三十六年七月）〉，《經濟動向統計》，南京，無期刊編號，1947 年 8 月，頁 34-37。
3. 主計處，〈省市庫收支（民國三十六年八月）〉，《經濟動向統計》，南京，無期刊編號，1947 年 9 月，頁 36-39。
4. 主計處，〈省市庫收支（民國三十六年九月）〉，《經濟動向統計》，南京，無期刊編號，1947 年 10 月，頁 37-40。
5. 主計處，〈省市庫收支（民國三十六年十月）〉，《經濟動向統計》，南京，無期刊編號，1947 年 11 月，頁 37-40。
6. 主計處，〈省市庫收支（民國三十六年十一月）〉，《經濟動向統計》，南京，無期刊編號，1947 年 12 月，頁 37-40。

---

352 本刊特約駐台記者，〈台灣‧陳儀‧魏道明〉，《中國新聞半月刊》，頁 8。

　　1947年魏道明上任之初，有記者比較陳儀與魏氏的經濟政策。陳儀欲以專賣與（壟斷）貿易，來增加省庫的收入與維持財政平衡，不讓人民多增稅賦的負擔。沒想到（壟斷）貿易得罪大商賈，專賣奪取小生意人的生路。魏道明蒞台後撤銷設計考核委員會、編譯館、法制委員會，再將專賣局更名為菸酒公賣局。首任局長蔡幼甫還向大眾解釋，菸酒公賣局的「公」字，指的是公家的意思，而不是公眾的意思。因此公賣局不過是換塊招牌，大多仍然沿襲長官公署時代的作風。至於貿易局，魏道明重新改制為物資調節委員會。首任主任委員為李曉生，他的重要工作是進行糖的配給。[353]1947年高雄市長黃強撰文提到台灣糖業強大的生產力，甘蔗產量佔全世界十五分之一，故黃強曾建議華僑資本投資台糖。[354]然而實際的情況，接收之後的新式糖廠總共有42處，糖業私有鐵路2,837公里，蔗栽面積16萬公頃，糖業直接、間接影響人口100萬人。1938年台糖全盛時期量產130餘萬公噸，可是1947至1948年第一期台糖產量不足30萬公噸，遂被稱為「沒落」的台糖，也難怪台省要實施糖的配給。更有報導台灣糖廠產銷黑幕，更極盡營私舞弊之能事。聰明的官員除了用漁船走私台糖之外[355]，更有管道運往極度缺乏食糖的日本（20斤白糖可換黃金1兩）。官營茶業也是進行統制運銷，以賤價向茶農收購茶業，再以高價運往外埠。[356]林業也是官商勾結嚴重，1948年4月前花蓮縣長張文城（1904-？）等，盜伐林木貪污台幣28億餘元進行審理。可以想見即使省府有心重建台灣經濟，但整個官僚體系的腐化，使得任何經建計畫都淪為空談。[357]

---

353 篲雲，〈魏道明蒞任後的台灣〉，《亞洲世紀月刊》，頁36。

354 黃強，〈我亦來談一談台灣〉，《國防新報半月刊》，上海，第15期，1947年8月，頁19-20。

355 當時最有名的是日籍船隻「日昌丸」走私案，走私物品以糖鹽為主。參閱本社，〈日昌丸走私案內幕〉，《明報畫刊》，北平，第96期，1948年4月17日，頁7。

356 皇甫栢，〈不冒煙的煙囪——冷眼瞧台灣之一〉，《正論月刊》，北平，新8號，1948年8月，頁20-21。

357 林之東，〈可哀的台灣〉，《時與文週刊》，上海，第3卷第6期，1948年5月21日，頁16。

　　另外一事也值得注意，1947年底的台灣將成為國軍整訓的基地，因此台灣航運的軍差非常嚴重。當時航行台灣與大陸的船公司有國營招商局、台灣航業公司、中興航業公司、中聯輪船公司，以及益祥輪船公司。所有船公司的輪船，都被要求運載軍事物資。特別是台航與招商局，軍差最為繁重。這影響台灣出口大陸商品的承載，使得台糖、台煤、台鹽不能如期運往上海，要運往台灣的種籽、農具也堆滿上海倉庫，造成二地經濟重大損失。[358]左派雜誌針對這種現象的批評，絕對是不留情面。據云台灣工礦項目種類繁多，資源委員會委員長翁文灝侈言，台灣產業生產量已達到戰前最高額的30%。然而不管是煉油、樟腦、糖業、紡織、金銅礦、機械造船、肥料都無成績。[359]所以有記者沮喪說，從數量來說台灣各地可以看到煙囪。可是經過受限於經濟條件與大員的「劫收」，能夠冒煙的煙囪十不一二。

　　在民間資本方面，1947年底之前「到台灣淘金去」，已經是國人響亮的口號。[360]上海國泰影業公司少東柳和清，秘密在台灣成立影片公司即是一例。[361]可是到了1948年底情勢完全改觀，主要是因應內戰不利國府的局面，竟出現所謂「工業南逃」的現象，其逃往的地方就是廣東與台灣。[362]上文提到法幣與金圓券在當時全面破產，雜誌抨擊在短短84天中，用20億金圓券搜刮全國人民的財物。不僅如此，物價飛漲問題仍沒解決。以煤來說，長江以北的開灤與淮南煤礦已經淪陷，只剩江西萍鄉與台灣煤礦應急。台灣每月產煤25,000噸，也不是官方宣傳的

---

358 乃鐵，〈航運業的厄運〉，《工商天地》，上海，第2卷第1期，1947年10月15日，頁9。

359 憬之，〈台灣見聞〉，《脫胎換骨（群眾週刊）》，頁19。

360 張颱風，〈徐道鄰一怒離台灣〉，《現實新聞雙週報》，頁3。

361 越仁，〈台灣將成立影片公司〉，《紀事報（每週增刊）》，北平，第46期，1947年5月3日，頁11。

362 本報集體討論，〈工業南逃問題〉，《經濟導報週刊》，香港，第72期，1948年5月25日，頁4-5。

50,000噸。[363]不過這兩則報導，都分別點出台灣的重要性。

　　1948年一位大陸小規模資本家曾對台灣有著深刻地觀察，他認為1945年國府接收以後，來台的大陸商人都是在內地立足不易，才會來台灣闖蕩。所以這些人在台灣，都是從事貿易居多；資本既絀、又無遠圖，名為公司實為合夥經營的字號。二二八事件使得這些人談虎色變，但雜誌記者認為這是給外省人一個自覺，證明一切政治、教育、經濟均要再檢討不可。台灣人不能信任政府，這是不能與外省人合作最大原因。可是台灣人不信任政府其來有自，以商人為例日本殖民台灣雖採壓榨式經濟，但日本對產業的供給做得很好。可是現在台灣的工廠受到颱風的損害，單單申請水泥重建就作業繁複。事實證明中國的工業，能得到政府的幫助微乎其微。[364]根據台北來滬人士表示，三年來台灣工業發展困難，原因三點：資金、器材、技術人員缺乏。同一時期上海遷台的紗廠最多，紗錠總數約9萬枚，較台灣原有紗錠總數為9：1。然台灣住居的問題嚴重，上海若干土木技師紛紛來台，承辦各種建築工程、盛況空前。即過去生意相當冷淡的珠寶店，近日莫不利市百倍。[365]

　　「工業南逃」對台灣最大的利處，就是充實台灣自日本殖民以來，一直未發展出規模的紡織工業。以上海中國紡織建設公司為例，一開始它們對於設備移往台灣顯得積極，因為台灣電力充足、人工成本便宜，可以在遷台後得到政府扶植繼續生產。[366]不過考慮到物料安全，設備與人員較難遷徙，於是暫時放棄工廠南遷計畫。然卻擴大駐台辦事處，似乎欲留「後路」。[367]1948年8月台灣旅行社董事長華壽嵩表示，要將台

363 經濟座談會紀錄，〈論目前經濟形勢〉，《經濟導報週刊》，香港，第 98 期，1948 年 11 月 23 日，頁 1。

364 范劍平，〈台灣購廠記〉，《機聯會刊》，上海，第 235 期，1948 年 10 月 1 日，頁 21。

365 本社，〈新聞選輯──遷台工廠以紗廠最多〉，《公益工商通訊》，上海，第 4 卷第 6 期，1948 年 12 月 31 日，頁 24。

366 本社，〈新聞選輯──紡建部分機器遷台〉，《公益工商通訊》，上海，第 4 卷第 5 期，1948 年 12 月 15 日，頁 22。

367 本社，〈新聞選輯──紡建放棄南遷計畫〉，《公益工商通訊》，上海，第 4 卷第 6 期，

灣建設成「中國的公園」，吸引大陸觀光客來訪，增加本省的收入。[368] 不過這種大賺其錢的作法，還不如外貿來得重要。當時除了台滬之間密切的貿易往來外，台灣與香港也有重要的貿易發展。台灣主要是向香港採購五金工業原料，香港則是從台灣進口茶糖與樟腦油。[369]同年9月的數據顯示，大陸改制金圓券後，台灣的外貿出口有短期的榮景。8月份1至22日出口貨物僅美金24萬元，但同月23至31日突增美金58萬元。而激增的出口商品，依貿易額多寡，先後順序為糖、茶葉、水泥、竹子。[370]

至於在融入中國上，魏道明到任的豪語，就是要讓台灣人的風俗習慣在5年之內，改革到適應中國的環境。因此如何讓台灣人「融入」中國，也是省府從文化與教育必須努力的事務。1948年中國按照格林威治時間，劃分出五個時區——長白、中原、隴蜀、新藏、崑崙。台灣與南京、上海、北平同屬中原區。[371]於是從時間開始，一天的作息，已經在整個中國時區架構下進行。這當中有四個發展值得注意，首先是文物展與博覽會。1948年2月教育部長朱家驊赴台視察，並決定把京滬兩處博物館文物來台展覽，讓台灣同胞了解中國歷史。展出物品大多是中央博物館與中央圖書館的珍藏，少部分是上海收藏家出借。這些660餘件文物在台北市的台灣省立博物館展覽（今國立台灣博物館），為期十天參觀者達5萬餘人。台灣大學更邀請知名教授來台，配合展覽主題舉行演講，計有向達（1900-1966）主講敦煌藝術，李宗侗（1895-1974）主講中國古代社會，錢鍾書（1910-1998）主講中國詩與畫，王天木主

1948 年 12 月 31 日，頁 23。頁 20-21。

368 馬榮，〈且從側面看台灣〉，《風雲半月刊》，頁 14。

369 編者，〈貿易消息——國內之部〉，《進出口貿易月刊》，上海，第 1 卷第 2 期，1948 年 7 月，頁 28。

370 編者，〈貿易消息——國內之部〉，《進出口貿易月刊》，上海，第 1 卷第 5 期，1948 年 10 月，頁 37。

371 編輯部，〈公牘——全國各地標準時間推行辦法圖〉，《公路公報》，南京，第 24、25 期合刊，1948 年 4 月 30 日，頁 15。

講指南針發明史，蔣復璁（1898-1990）主講古代圖書館，屈萬里（1907-1979）主講古籍，莊尚嚴（1899-1980）主講中國藝術。[372]

　　1948年10月25日官方還有一項更重大的活動，那就是台灣省博覽會。該活動從全中國的角度來看，應該也是一項重要大事，可是大陸、台灣的雜誌專文報導不多。對於它們的採訪，可能屬台灣的報紙比較有興趣。不過對照大陸、台灣的雜誌對博覽會的報導，都有一個共同點，即是台灣繼京滬及全國各大都市之後，捲入搶購浪潮，鬧得十店十空，連油鹽炭米生活必需品都很難買到。於是社會大眾對博覽會的興趣，被大大的減低了。[373]大陸期刊批評台灣博覽會更為激烈，上海《鐵報》認為台灣省政府此時舉辦博覽會，完全是為紛亂的時局粉飾太平。這逼得建設廳長楊家瑜出面澄清，說明舉辦博覽會的宗旨是檢討光復三年，本省工礦、文教的情況。特別是台灣人喜歡把1935年日本人辦的「始政四十年博覽會」來比較，楊家瑜承認日本人辦的規模較大，但台灣省政府辦的意義崇高。因為前者是在宣揚侵略主義，後者是從事和平建設。[374]不管如何，這場博覽會是1945年以後，台灣省所舉辦的第一次博覽會，宣傳政績的意義極強。當時有四座陳列館，第一陳列館是剛修復完畢的省府大廈（今總統府），展覽交通與郵電設施。第二陳列館為工礦館，在省府大廈前面右側（今總統府與介壽公園間的停車場），由台樟、台肥、台鋼、台機公司主持。第三陳列館在新公園的博物館內（今二二八紀念公園的國立台灣博物館）。第四陳列館在第二陳列館後方（今介壽公園），做為省外介紹館。再加上一座臨時商場，位於省府大廈前面左側（今總統府與懷寧街間的停車場）。這座臨時商場亦是國貨展覽品推廣部，連續6個星期的博覽會，在經過幾天的擁擠後各陳列館

372 李宗侗，〈文物展覽會在台灣〉，《世界月刊》，上海，第 2 卷第 11 期，1948 年 5 月，頁 24。

373 洪波，〈記台灣省博覽會〉，《電信界》，台北，第 7 卷第 3 期，1948 年 12 月，頁 9。

374 楊翰，〈台灣省博覽會記盛——台灣通訊〉，《工商新聞》，南京，第 103、104 期合刊，1948 年 11 月 1 日，頁 12-13。

都顯得冷清。唯獨臨時商場市民蜂擁前來搶購民生用品，造成盛況空前。[375]

其次是教育參訪，特別是1948年2月台灣教育參觀團前去上海市考察。[376]曾任上海私立建承中學校長戴介民（1902-1973）提出看法，他認為台省與內地各省進行教育交流是有必要。戴氏不吝惜稱讚台灣總督府對於教育建設的用心，如學校設備完善、教育重視地方性、著重學以致用、教育普及。然缺點是台日學生教育不平等、限制台胞受教育的範圍、灌輸侵略思想、提倡武士道、教育機械化。因此政府接收以後，仍要盡力保持這些優點，但要掃除台胞受到殖民教育的毒害，使內心完全重返祖國的懷抱。[377]上海市教育會理事長蔣紀周（1909-？）撰文歡迎台灣省參訪團時，不忘提及這是奉教育部命令，由台灣省十七縣市優秀教育代表組成，參觀京、滬、平、津、蘇、杭的學校與教育設施。[378]上海市立格致中學校長周斐成在參訪團來滬時，曾建議台省進行民族教育的內容。它包括二點：加緊復興祖國文化、貫徹教育方針與政策。對前者來說，最重要是語言與文字的改革，周氏十分強調國語推行運動的成效，並要參訪團趁這次大陸行，多多注意祖國的文獻、古蹟、圖籍、書畫等。對於後者來說，周氏建議參訪團在大陸時，要多向中樞與全國教育界，陳述日本先前在台教育政策的遺毒。同時了解現行國家教育政策與方向，交換意見成為回台後改進之準繩。[379]

鑒於這次參訪的建議，1948年8月台灣省教育廳為提高國民教育效

---

375 洪波，〈記台灣省博覽會〉，《電信界》，頁9-10。

376 陳惠，〈青青子佩惠我好音——歡迎台灣教育參訪團〉，《上海教育》，上海，第5卷第3期，1948年3月8日，頁1。

377 戴介民，〈教育的交流工作——代對台省教育考察團歡迎辭〉，《上海教育》，上海，第5卷第3期，1948年3月8日，頁5-6。

378 蔣紀周，〈歡迎台省教育參訪團〉，《上海教育》，上海，第5卷第3期，1948年3月8日，頁4。

379 周斐成，〈向台省教育參訪團獻辭〉，《上海教育》，上海，第5卷第3期，1948年3月8日，頁3。

率，遂舉行工作競賽，要求各省立小學全體遵守。辦法有三項：一是各縣市小學競賽，每學期由教育廳舉行一次。二是縣市各小學競賽，亦是每學期舉行一次，不過由各縣市教育局主辦。三是各小學自行舉辦，每學期讓各教職員彼此競賽。而競賽內容包括：國民教育經費使用是否達到標準、國民教育基金是否如期籌足、師資訓練是否按照計畫進行、國民教育各學校班級數目是否合乎規定、學齡兒童與失學民眾是否如期就學等。[380]

　　其三是體育交流，1945年台灣接收之後，隔年即在台北市舉辦第一屆台灣省運動會。1947年12月7至12日台灣省政府假台中市競賽場地，舉辦第二屆台灣省運動會。這次比賽成績除少數運動項目外，均打破上屆省運與全國記錄，這似乎在替隔年舉行的全國運動會做準備。[381]1948年5月5日第七屆全國運動會在上海市體育場舉行，記者稱當天會場湧入10萬名觀眾，實為歷屆全運會規模最大的一次。[382]台灣代表隊在這次為期11天的全運會表現亮眼，男子隊總成績排名第一為155.5分，比起第二名空軍獲得69分，分數還要多出一倍。女子隊總成績排名第三為31分，比起第一名青島市47分，第二名廣東省33分也所差不遠。獲得第一名的項目有男子100公尺、男子200公尺、男子400公尺、跳高、撐竿跳、男子400公尺接力、男子1500公尺異程接力、男子1600公尺接力、女子標槍、男子壘球、男子乒乓、棒球、男子拳擊輕丁級、男子拳擊輕丙級。[383]這次的比賽讓大陸民眾，見識到日治時期殖

380 編者，〈提高國教工作效率、台省舉辦工作競賽〉，《工作競賽月刊》，南京，第 5 卷第 5 期，1948 年 9 月，頁 31。

381 趙定明，〈台灣第二屆全省運動會〉，《寰球月刊》，上海，第 27 期，1948 年 1 月，頁 10。

382 第一屆在南京（1910），第二屆在北京（1914），第三屆在武昌（1924），第四屆在杭州（1930），第五屆在南京（1933）、第六屆在上海（1935）。參閱新聞報等，〈第七屆全國運動會特輯〉，《藝文畫報》，上海，第 2 卷第 7 期，1948 年 5 月，頁 1。

383 中央社、世界社等，〈第七屆全國運動大會〉，《寰球月刊》，上海，第 31 期，1948 年 5 月，頁 4、6-7。

民者重視體育教育，所孕育培養出的選手實力（照片2-2-5）。[384]

照片2-2-5【全運會得獎最多的台灣隊】

　　其四是宗教傳佈，這裡指的是回教重新打入台灣。[385]事實上台灣光復以後，大陸回教徒來台者逐漸增多。中國回教協會鑒於需要，決定先成立台灣省支會，並聘請王靜齋（1879-1949）、常子春（1897-1989）、鄭厚仁前往台灣進行籌辦事宜。[386]當時在鄭厚仁的建議下，發起「台灣建寺運動」，立即得到內地回教教眾的支持。教育部聞訊亦派台灣專員白令愚，陪同王靜齋來台考察，同時也得到台灣省主席魏道明的允諾，願意協助所有建寺工作。華中剿匪總司令白崇禧與新疆省主席鮑爾漢，也分別致電魏氏請其幫助辦理。[387]

　　1948年初有「四大名阿訇」之稱的王靜齋來到台灣，王氏提到來

384 沛人，〈譽滿全國的台灣隊〉，《中央日報週刊》，南京，第4卷第7期，1948年5月23日，頁7。

385 蘇里曼，〈中國回教史上新的一頁──回教打入台灣〉，《月華週報》，北平，第37號，1948年6月8日，第二版。

386 本社，〈分支區會之活動──新疆台灣籌組分會〉，《中國回教協會會報》，南京，第7卷第8至12期合刊，1948年3月，頁27。

387 本報，〈開創新紀元、台灣創建清真寺〉，《月華週報》，北平，第30號，1948年4月26日，第一版。

台看到的事務，其中最讓他感到驚訝的是台灣「從無」回教徒。整個台灣也沒有一家回教食品餐廳，因此回教徒從大陸來台，都要自己燒飯做菜。接收之初大陸口味菜館林立，如山東館、北平館、平津館，就是沒有清真館。王氏聲稱常子春、鄭厚仁不常在台，因此傳教工作由他擔負重任。當時中國回教協會台灣省支會，設立在台北市衡陽路44號復勝大樓，而該會所收第一位台灣人回教徒，即是居住在彰化縣鹿港的郭德馨。郭氏表示在鹿港還有許多郭家後代，祖先都是來自清代福建省泉州府惠安縣白奇鄉的回民。[388]這一點引起台灣省支會的興趣，難得在二期大陸回教雜誌中，看到特派員的訪問文章。郭德馨把在台北開設皮鞋店的教友郭秋興，也一併介紹入會。根據郭秋興表示，鹿港的回教徒從清代以來都被同化。只是保留一絲回教的習俗，即是家人過世七七四十九天內不吃豬肉。之後他們從祖父輩以來，就忘記回教教義與儀式。[389]不過回教在當時的台灣傳播，還是有大的困難。最早入會的信徒有150名，但絕大多數都是大陸來台者，本地人極少。郭秋興向記者直言，找新人入教這事做不到，可是把鹿港回教徒後代介紹入教能辦到。[390]1945至1949年，實為回教在台灣的草創階段。直到1950年以後，跟隨國民政府遷台的回教徒眾多，然沒有王靜齋等辛苦耕耘，回教在台灣的傳佈恐怕更困難。

3.日美菲與台灣前途

　　二二八事件後台灣人對於台灣的前途，出現不一定要成為中國領土

---

388 王靜齋，〈從壽縣教案談到回教再次打進台灣〉，《月華週報》，北平，第41號，1948年7月2日，第三版。

389 蘇里曼，〈月華通訊——台灣畫面〉，《月華週報》，北平，第44號，1948年7月2日，第四版。

390 本報駐台灣通訊員，〈回教打入台灣之後——第二次訪問郭秋興〉，《月華週報》，北平，第60號，1948年10月30日，第四版。

的想法，因此「託管」、「國際共管」、「獨立」的主張開始出現。左
派雜誌對台灣島上提出這些主張顯得敏感，他們認為台變後，台灣倖存
的仕紳漸被收編，被點名者包括：台南的韓石泉（1897-1963）、侯全
成（1902-1973）上層仕紳實力派，高雄社會名流楊金虎（1898-
1990）、蔣金聰、陳啟川（1899-1993），台中的羅萬俥（1898-
1963）、林獻堂（1881-1956）、黃朝琴，台北的劉明（1901-
1993）、顏欽賢（1902-1988）與板橋林家。剩下反抗者稍有聲勢，則
是提倡託管或共管論者。[391]左派記者指控二二八事件時，在日本的麥帥
總部捏造「台灣民主同盟」主張台灣託管，試探台灣人的反應。故共產
黨注意美國對台灣事務的介入，很有可能在戰略地理上，將日本、琉
球、台灣、菲律賓連成一氣。進而成為抵抗華南反民主、反人民的前哨
（阻止共產赤化中國），退而成為蔣介石最後的堡壘。[392]看來台灣前途
的決定，除了台灣人本身的意見外，國民政府與美國政府才是最後的決
定者。

　　1948年3月29日國民大會在南京開幕，赴京的台灣代表告訴採訪記
者，台人政治訓練良好，選國代時投票比例達90%，渠等在大會中要求
政府，明定台灣為自治實施示範區，限期選出各縣市人民代表（縣市議
會），以及限期選出各縣市首長。[393]4月11日台灣代表發表一則談話更
受到矚目。內容為「台灣人民所要求者，為遵憲法所賦予少數民族之自
治，而非獨立，亦非託管。」旋有大陸期刊做出評論，認為1945年國
府統治台灣後，即把貪污政治帶到台灣去。復次南京當局不斷向台灣索
取物資，以供所謂「戡亂」之用，於是台灣人民有「衣不如新、人不如

---

391 香港左派雜誌文章研究台灣民主國，從「獨立宣言」可以了解台灣人民（割日）的苦悶，
　　也可以明白台灣人民的民族精神，以及當時為什麼要獨立。參閱陳新唐，〈新台灣！〉，《新
　　台灣》，香港，新台灣叢刊第1輯，1947年9月25日，頁22。

392 吳小敏，〈民變後台灣人民的傾向〉，《新台灣》，香港，新台灣叢刊第1輯，1947年9
　　月25日，頁18-23。

393 釗庸，〈半月時評——台灣自治之聲〉，《現代知識半月刊》，北平，第2卷第12期，
　　1948年4月16日，頁2。

故」之感！但台灣既已成中國之一部分，要求南京當局實施憲法之規定，在若干條件下施行自治有其必要。但是何以聲明，不是「託管」，而謂「亦非託管」，顯示成有託管的資格與企圖。無疑表現美國竭力經營下的台灣，隨時可能造成託管的局面。[394]很明顯台灣籍國代不敢提出台灣獨立的要求，只用「自治」為號召，希望以此法讓國府對台灣的「干擾」降至最低。即便如此，此舉還是被大陸人士解讀為想透過美國勢力，改變台灣統治的情況。

　　大陸新聞界對於台灣獨立的問題相當注意，1948年的雜誌開始出現對於台獨的報導專欄。如指出菲律賓的《馬尼拉公報》（Manila Bulletin），對於台灣的造謠與荒誕主張，以透過台灣省參議會與各縣市參議會通電駁斥，以正國際視聽。同年8月23日美國合眾社（UPI）從東京發電報導一項消息，聲稱主張台灣獨立的地下組織，正在日本進行計畫。他們反對日本、中國，以及共產黨統治台灣。而其主張有五點：一為處理台灣應與朝鮮相同，台灣獨立之事應獲得美國援助。二為聯合國應調查二戰後中國接收台灣的所有不當。三為台灣人民係混血種，與其他鄰近國家沒有自然關係。四為台灣在日本手中受到折磨，故應出席對日和會。[395]五為決定台灣前途的方式是舉行公民投票。[396]當時台灣人對於台灣的前途應有看法，可是在大陸出版的雜誌，不會刊登台灣人支持台獨的文章。針對於此，作者找到一篇在上海《輿論半月刊》刊登的文章，是為台灣人投稿反對台獨之作。先不討論這篇文章是否為授意，其內容指出台獨言論對於國內的衝擊極大，有相當高的參考價值。原來上文所稱東京的台獨地下組織，全名為「台灣再解放聯盟」

394 力，〈時評：邊疆問題與自治〉，《人道》，香港，第15期，1948年4月23日，頁1。
395 對日和約也有5個問題，第一個問題是日本領土問題，第二個問題是日本監督、第三個問題是對日經濟管制、第四個問題是日本工業水準、第五個問題是賠償。參閱Keystone，〈對日和約的幾個問題〉，《文摘》，上海，第12卷第4期，1947年11月1日，頁21-22。
396 竹馬，〈台灣獨立的謠傳〉，《羣言雜誌週刊》，上海，第13期，1948年9月25日，頁13。

（最早在上海成立）。它是由台灣獨立聯盟、台灣青年聯盟、台灣新婦女協會、台灣人民聯盟、台灣經濟研究協會、台灣學生聯盟，以及台灣文學協會所組成。該聯盟台獨言論既出，台灣省參議會議長黃朝琴、台灣旅滬同鄉會理事長李偉光（1897-1954）撰文駁斥。而該文也強烈建議希望中央要求（東京）盟軍總部，對於從事活動的地下組織，加以追究和取締。另外也希望台省當局，檢討光復以來令人未盡滿意之政策。[397]

1945年10月日本雖結束對台灣的統治，但這塊被它治理半世紀的島嶼總難以忘懷。[398]根據法國新聞社東京來電，日本希望與美國共同託管琉球群島，並在千島群島與庫頁島取得捕魚權，同時在台灣取得特別移民權。[399]1947年6月日本與中國交涉，想把大量的日本人再移住台灣。[400]此舉有記者把台灣人的心態說成來者不拒，當報紙發表日本人移民台灣的新聞，很多人多暗懷喜色正等待這一天到來，因為台灣人始終不信賴中國人。[401]這樣的發展似乎把台獨團體，在日本的活動全做了連結。不過有見識的記者，很快地把台獨的消息，做為棒喝南京當局的清醒劑。這可以再度告訴中國人，不論國共冷戰熱戰，倒霉的八年抗戰徒換一場空歡喜，多少土地喪失了（外蒙古），重回祖國的台灣又被人覬覦。[402]民主黨派九三學社創建者孟憲章（1895-1953），大概是當時所

---

397 徐棟，〈台人看台灣獨立運動的演變和發展〉，《輿論半月刊》，上海，第 1 卷第 4 期，1948 年 10 月 16 日，頁 9-10。

398 本社，〈這一週——日本野心難戢〉，《民主論壇週刊》，上海，第 1 卷第 5 期，1947 年 6 月 14 日，頁 2。

399 本社，〈這一週——遠東近況〉，《民主論壇週刊》，上海，第 1 卷第 4 期，1947 年 6 月 7 日，頁 3；編者，〈一週國內大事簡述（五月三十一日至六月六日）〉，《京滬週刊》，南京，第 1 卷第 22 期，1947 年 6 月 8 日，頁 2。

400 雪門，〈新聞地理——日本要求移民台灣〉，《民眾雙週刊》，上海，第 1 卷第 6 期，1947 年 6 月 28 日，頁 13。

401 陳中平，〈陳儀‧魏道明‧與台灣〉，《三民主義半月刊》，南京，第 10 卷第 9 期，1947 年 7 月 15 日，頁 24。

402 本刊旅台記者汝清，〈椰風蕉雨話台灣〉，《大學評論》，南京，第 2 卷第 2 期，1948 年 10 月 9 日，頁 12。

有知識分子中，最關心以日本為台獨根據地的人物，一連發表二篇文章抨擊日本的野心。孟氏指稱合眾社從東京發來的外電，紛紛被上海幾家大報駐台特派員仔細追蹤，它們包括：大公報、新聞報、中央日報。這些駐台記者，不約而同訪問黃朝琴、魏道明、彭孟緝，再透過他們的意見攻擊台獨的荒謬言論。[403]孟憲章認為台獨運動與日本極端國家主義者難脫干係，因為同年7月4日日本「憲法之神」的老議員尾崎行雄（1858-1954），最早提出台灣、朝鮮、琉球、滿洲，應舉行公民投票以決定未來。隨著美國扶植日本轉為積極，日本右派法西斯份子對台灣抱持著野心。[404]

除了日本之外，對台灣真正發揮實質影響的是美國。當時國共內戰正酣，可是局勢對南京當局逐漸不利。1947年美國派出特使魏德邁（Albert C. Wedemeyer,1897-1989）來華，察看中國局勢與是否調整對華政策。因為美國的對華三政策——全面援助國民政府、打消援助國民政府念頭、繼續馬歇爾（George Catlett Marshall,1880-1959）離華聲明以來的觀望政策，舉棋不定要做哪種選擇？[405]值得注意的是六週的行程，魏德邁一行去過瀋陽、撫順、北平、天津、青島、濟南、南京、上海、漢口、廣州，同時也來到台灣（照片2-2-6,2-2-7）。[406]

台灣人認為他是美國人，台灣未來的命運總與他有點關係。上海《現實新聞週報》對於台灣歸屬的二大宣言：開羅宣言（Cairo Declaration）、波茲坦宣言（Potsdam Declaration），提出現在看來也顯得特別的意見。它認為這類宣言都是原則性，如果在戰後沒有再簽訂

403 孟憲章，〈警惕以日本為根據地的台灣獨立陰謀〉，《輿論半月刊》，上海，第1卷第3期，1948年10月1日，頁3-5。

404 孟憲章，〈從台灣獨立陰謀看日本極端國家主義之抬頭〉，《再造旬刊》，上海，第2卷第1期，1948年10月5日，頁6-8。

405 魏文華，〈二任特使魏德邁〉，《現實新聞週報》，上海，第2期，1947年8月1日，頁18-19。

406 編者，〈一週國內大事簡述（八月二十三日至八月二十九日）〉，《京滬週刊》，南京，第1卷第34期，1947年8月31日，頁1。

照片2-2-6【魏德邁檢閱駐台國軍】

照片2-2-7【魏德邁（左）與魏道明】

國際條約，就缺乏法律上的依據。並舉例1945年美英蘇同意的雅爾達
秘密協定（Yalta Agreement），如果中國不予同意，如果沒有後來的
中蘇友好條約，蘇聯在中國東北所享受到的權利是沒有根據。當時中日
和約尚未簽訂，雖然已知和約內容台灣必歸中國版圖，但以今天來說中
國只做了事實的占領，法律手續猶未完備。[407]二二八事件期間，台灣受

---

407 中國人民希望在對日和約中，處理台灣並想得到領土主權。但一大部分的台灣人與外籍居

到「國際共管」聲浪浮現，美國報紙更大篇幅報導。未幾日本要求移民台灣，不啻為這個議題丟出震撼彈。爾後美國軍機與軍艦，紛紛抵達台灣。於是社會謠傳不已，說是日本將移民30萬人來台，已是戰犯的前台灣總督長谷川清（1883-1970）秘密來台，甚至於蘇聯塔斯社（TACC）也發佈新聞，聲稱成千的日本軍政人員進入台灣。由於傳聞太多，逼迫魏德邁澄清他是杜魯門總統（Harry S. Truman，1884-1972）的特使，強調美國對台灣沒有野心。[408]

這些傳聞不管是真是假，對於在內戰逐漸取得優勢的中國共產黨來說，決不能容許台灣在美國保護下分離出去。因此從1947年10月開始，在香港的左派雜誌分別撰文批判「蔣美」在台灣的陰謀。高調宣傳台中市近郊有全國最大的第三飛機場（日治公館機場），以及台北松山第13航空隊全部飛機、台南機場部分飛機都在美國控制下。該雜誌直指「美帝國主義者」，欺騙台灣人民。稱台灣人民如果願意脫離中國統治，改為國際共管，台灣人的一切問題迎刃而解。[409]雜誌又報導台灣已被蔣介石出賣給美國，充做美軍的基地。現在美國又策動「台奸」要求託管，託管的對象還是美國，這就讓美國侵略合法化。[410]本文認為左派雜誌如此攻擊，那是因為已經看到琉球的現況。當時中國國內也有琉球歸還說的提出，可是美軍已在琉球興建大規模的軍事基地，故琉球歸還中國之問題尚須考慮。[411]

有意思的是作者找到的大陸雜誌，討論台灣與美國進行「國際託

民，都懷疑這是否是聰明的處置辦法。參閱 The World Today 載，李象偉節譯，〈英國人眼中的台灣〉，《時與潮半月刊》，上海，第31卷第5期，1948年7月16日，頁11。

[408] 費澤，〈好似「一個主人的身份」飛到——魏德邁在台灣〉，《現實新聞周報》，上海，第6期，1947年9月5日，頁20、29。

[409] 志中，〈台北通訊——蔣美在台灣的陰謀〉，《羣眾週刊》，香港，第37期，1947年10月9日，頁22。

[410] 編者，〈短評——反對「台灣託管」陰謀〉，《羣眾週刊》，香港，第37期，1947年10月9日，頁14-15。

[411] 編者，〈我們的呼聲——台灣與琉球〉，《青年半月刊》，北平，第3卷第8期，1947年1月15日，頁2。

管」的問題，大抵在1947年底後就沒有文章發表。[412]只有香港《羣眾週刊》緊咬此議題不放。甚至於到最後，乾脆文章標題直接用美帝國主義對台灣侵略。因為台灣全省交通發達、資源豐富、教育普及，實為美國垂涎的寶島。中共指控美國資本大舉侵略台灣，佔台省工業生產總額60%的糖業，已經由美國投入30%資本參與。美國萊諾公司（Reynolds Metals Company）也與高雄鋁廠簽約，美方將投入700萬美元資本合辦。[413]至於高雄的煉油廠，美國也有計畫修復，並將提煉從伊朗運來的原油。另外美國海軍將擴建左營軍港，美國陸軍也幫助「蔣軍」在鳳山訓練軍隊。[414]1948年底香港傳來的消息，台灣主要獨立團體有二，一是台灣再解放聯盟（Formosan League for Re-emancipation），二是台灣民眾聯盟（Formosan People League）。台灣民眾聯盟也稱台灣人民聯盟，它在香港曾發表綱領政策——台灣的出路。而這二個團體都由廖文毅（Thomas W. I. Liao，1910-1986）主持，有時西文報紙會報導，台灣民眾聯盟主席是陳梧桐（G. T. T'SANG），這是一大錯誤。中共除了對台獨主張，稱之為荒謬絕倫外，還提到他們是徹底反蘇反共的團體。共產黨希望台灣人民不要上美帝國主義者的當，要正確選擇解放的道路。[415]當然，台灣最後沒有被託管，也沒有獨立，也沒有被中國共產黨統治。反而是國民政府播遷來台，開啟一段「民國在台灣」的歷史。

　　至於菲律賓與台灣的關係，倒不是說菲國也成為海外台獨的重鎮。1947、1948年菲律賓的言論，目的是要合併台灣成為該國的領土。理

412 左派雜誌的報導也不一定正確，如有記者說美國在南京默許下，策動「台灣獨立運動」。參閱李亞先、李亞民記，〈一年來的往來帳（下）〉，《民主青年十日刊》，大連，第24期，1948年3月8日，頁11-13。

413 高雄煉鋁廠是當時中國唯一的煉鋁廠，故更有雜誌專門報導這項合作案。參閱幼慈，〈「有志一同」在台灣〉，《知識與生活半月刊》，北平，第23期，1948年3月16日，頁14-15。

414 林以民，〈美帝國主義對台灣的侵略〉，《羣眾週刊》，香港，第2卷第7期（總第57期），1948年2月26日，頁6-7。

415 鄭克修，〈揭穿台灣親美派的陰謀〉，《光明報》，香港，新2卷第8期，1948年12月16日，頁4-5、13。

由是台灣土著高山族，血統上和菲律賓（土著）相近，言下之意台灣可以併入菲律賓。[416]原來1947年菲律賓政府公報也刊載，主張台灣實行「自決」權力。有雜誌主筆認為此舉應是美國在背後授意，正巧是中國向美國索回琉球群島之際，可能是美方採圍魏救趙策略。[417]不過中國輿論界還是嚥不下這口氣，有別於菲律賓政府用原住民角度，有記者從漢人移民的歷史駁斥菲國的過份。[418]不過從接收後台灣對外關係上，菲律賓此舉只是花絮而已。

4.許壽裳案

魏道明任台灣省主席期間，所發生最大的一起社會刑案，即是國立台灣大學中文系主任許壽裳（1883-1948）被刺案。[419]許壽裳字季黻，或作季茀，筆名上遂，浙江省紹興縣龍尾山人，亦是章太炎（1869-1936）早期弟子中，不忘師說、不拘泥師說，日有進境而成純科學態度學者的第一人。[420]許壽裳性情樸厚端篤，少所教遊、少所發抒，故不太適合做文藝創作家，比較適合作學術研究與教育家。1902年公費留學日本考入東京師範學校史地科，與魯迅（1881-1936）、周作人（1885-1967）兄弟交好（照片2-2-8）。[421]1909年返國任浙江兩級師範學堂教務長，1912年任國立北京大學高等師範學校教授，1917年出任江西省教育廳長，1922年出任國立北京女子高等師範學校校長，1929

416 張令澳，〈目前局勢論台灣〉，《自由與進步半月刊》，南京，第1卷第7期，1948年9月1日，頁2、12。
417 宋一文，〈現實評論──美奴菲律賓的狂言〉，《現實新聞雙週報》，上海，第14期，1947年12月26日，頁14。
418 陳中平，〈台灣與中國──謂台灣光復二週年併駁斥菲律賓人的謬論而作〉，《三民主義半月刊》，南京，第11卷第7期，1947年12月15日，頁27-29。
419 許世瑮，〈記父親〉，《世界月刊》，上海，第2卷第10期，1948年4月，頁32。
420 孫伏園，〈記許壽裳先生〉，《黃河》，西安，復刊第3期，1948年5月，頁34-37。
421 孫伏蘭，〈許壽裳先生〉，《人物季刊》，成都，第2卷第5期，1948年春季，頁34-35。

年任中央研究院文書幹事，1934年改任國立北平大學女子文理學院院長。1937年中日戰爭爆發，許壽裳向大後方遷徙，旋改任西南聯合大學歷史系主任。1940年改任國立中山大學國文系教授，1942年被聘任考試院考選委員會專門委員。[422]故從學經歷來看，許壽裳資歷完整，屬於中國學術界主力型學者。更重要的他也是陳儀的好友，因此當陳儀就任台灣省行政長官時，需要一位精通日語、學術界有聲望、又不辭辛苦、富有青年朝氣、具有開拓事業的學者，那可說非許壽裳莫屬。[423]

照片2-2-8【年輕時的魯迅與許壽裳（左）合照於日本東京】

　　1946年6月24日許壽裳首次來台，籌備設立台灣省編譯館事務。許氏可說是赤手空拳辦事，一人身兼辦稿、寫信、抄電報、貼郵票等書記的工作。直到同年11月所有工作就緒，編譯館才開始運作。許壽裳原本計畫1947年7、8月間，該館要完成中、小學全部的教科書與參考書。並且編教科書的主旨，則是以自由、民主、平等思想為前提。此等消息一宣布後，上海大公報針對許氏的計畫做出稱讚，回過頭來批評大陸的

422 編輯部，〈許季茀先生是略〉，《人世間》，上海，第10期（第2卷第4期），1948年3月，頁30。

423 吳世昌，〈哀悼許季茀先生〉，《觀察》，上海，第4卷第6期，1948年4月3日，頁19。

教科書中小學教科書的落後。台灣省編譯館除了教材編輯組外，還設有社會讀物、名著編輯、台灣研究三組，都是適應台灣新環境而成立。直到二二八事件發生，館內的工作才停頓。[424]

　　之後成為國立台灣大學文學院長的臺靜農（1902-1990），回憶1946年秋第一次來台，同時進入台灣省編譯館任職的點滴。臺靜農極力推崇許壽裳所著《怎樣學習國語與國文》，因為這是許氏正視廣大台灣青年的需要，以此為己任撰寫的一部通俗之作。沒想到1948年以後國語推行的當下，台灣社會還在討論中日語法混淆的困難問題，卻未注意許氏的這本書都已經有答案。[425]知名英語文學研究者李霽野（1904-1997），也在1946年來台任職台灣省編譯館，隔年在許壽裳介紹下，前去台大外文系任教。在李氏的筆下，許壽裳常以「唐人譯經」的精神，勉勵他的部屬做事要埋頭苦幹。[426]原任重慶私立鄉建學院講師的林辰，雖然沒有來過台灣，但他是魯迅研究的重要學者之一。嘗聽聞也在台灣省編譯館任職的楊雲萍（1906-2000），蒐集魯迅與許壽裳有關文章，在台編印成《魯迅的思想與生活》。但許壽裳所寫幾篇重要的文章，如〈我所認識的魯迅〉、〈懷舊〉、〈認識魯迅〉、〈魯迅的幾封信〉、〈魯迅與民族性研究〉，都沒有收錄在此書，故林辰希望這本遺集重印時能放入。[427]為什麼上海的《人世間》、《中國作家》雜誌，要刊登這些懷念文章呢？原因是許壽裳不明死在台灣。

　　1947年二二八事件發生時，台灣群眾也衝入台灣省編譯館，但靠著一位台籍女打字員的勸說，阻止了對館內的破壞。然同年3月28日陳儀大整肅的過程中，台灣省編譯館也受到波及，共有2名外省職員因案

---

424 賀霖，〈許壽裳先生在台灣〉，《人世間》，上海，第 10 期（第 2 卷第 4 期），1948 年 3 月，頁 42-47。

425 臺靜農，〈紀念許季茀先生〉，《中國作家》，上海，第 3 期，1948 年 5 月，頁 10-12。

426 李霽野，〈許季茀先生紀念〉，《中國作家》，上海，第 3 期，1948 年 5 月，頁 12-14。

427 林辰，〈對於許壽裳先生的感謝與悼念〉，《中國作家》，上海，第 3 期，1948 年 5 月，頁 14-16。

被捕。他們靠著許壽裳的營救才脫險,可是該館開始受到誹謗。中傷館
方經費太多,但沒有成績。陳儀因人設事,才設立一個思想有問題的機
構。因此魏道明來台後,就裁撤台灣省編譯館。1947年9月台大發出聘
書,延請許壽裳擔任中文系主任,可是沒有太多的實權,因為連開課都
是文學院長錢歌川(1903-1990)排定。由於許壽裳是魯迅的好友,因
此許氏想要把魯迅(批判當道)的靈魂帶到台灣。[428]這一點以視魯迅為
敵人的國民黨而言,成為一件芒刺在背的事。先前陳儀以行政長官之
尊,可以保護他的好友許壽裳;但現在陳儀已經離台,許氏的安危就要
自己照顧了。

　　左派雜誌很早就揭露台灣特務控制的恐怖,上文提到蔣介石改調軍
統出身的胡國振為台灣省警務處長,就說明特務統治在台灣的重要。其
實在台灣省政府、中國國民黨台灣省黨部、憲兵團部、警務處、警備司
令部,都有便衣特務。他們雖然人數有限,但收買無數的流氓充做耳
目。此外在台北市的圓山,以及台東縣的火燒島(綠島),都設立所謂
的勞動營,做為流放政治犯的地方。[429]時論二二八事件之後,台灣特務
橫行,昔日「鎮壓暴民」的劊子手,官位爬的越高。[430]1948年2月18日
許壽裳在寓所被刺身亡震驚全國。中國民主同盟重要人士之一的景宋
(1898-1968),回憶許氏被刺情形,並提及許壽裳的妻子當時不在台
灣,情況危急的過程。[431]《台政日刊》編輯姚隼曾對這起刑案有一手的
描述,他云許氏的寓所在台北市青田街6號。許壽裳與任台灣師範學院
副教授的長子許世瑛(1910-1972),以及就讀台大農學院二年級生的
四女兒許世瑋(1928-?),再加上2位下女同住。18日晚上許壽裳按照

428 憬之,〈記許壽裳之死〉,《知識與生活半月刊》,北平,第23期,1948年3月16日,
　　頁13。

429 巧軍,〈台灣的特務和監牢〉,《羣眾週刊》,頁22-23。

430 楊羣,〈痛苦的台灣〉,《民潮月刊》,香港,第11期,1947年8月,頁3。

431 景宋,〈我所敬的許壽裳先生〉,《人世間》,上海,第10期(第2卷第4期),1948年
　　3月,頁34-41。

平常作息，9點鐘就入睡，子女整個晚上沒有聽到任何異聲。沒有想到隔日早上6點，子女覺得許壽裳還未打開臥室房門，深感奇怪進入察看，發覺他已經死在床上。右下顎還被人用柴刀身砍四刀，死狀淒慘。正在台灣南巡途中的國府副主席孫科，以及陪同的魏道明聽聞兇案異常重視，旋指示隨行的彭孟緝立刻趕往台北緝兇歸案。[432]

　　許氏的死在左派雜誌的眼中，絕對不是簡單的刑事案件；並且被解讀是繼聞一多（1899-1946）、李公樸（1902-1946）、陶行知（1891-1946）之後，國民黨特務暗殺的傑作。[433]1948年4月台大中文系教授李何林（1904-1988），逃出台灣前往華北解放區。他應該是最早提出許壽裳的死，非小偷殺人而是政治謀殺。許氏曾向李何林表示，台灣的特務在報紙上一再對他污衊謾罵，他憤慨但不答覆，因為「沉默是最好的答覆」。原來身為魯迅好友的許壽裳，在魯迅逝世後極力為文，闡揚魯迅的人格與思想，早被C.C.派所盯上與不喜。陳儀擔任台灣省行政長官時，想延攬許壽裳擔任台大校長，不料被教育部阻擋。因此陳儀才任命許氏擔任台灣省編譯館館長，這就讓C.C.派沒有辦法阻攔。然還是阻止不了國民黨中央宣傳部在台辦的《中華日報》，以及三民主義青年團台灣支團主委莊鶴礽發行的《平言雜誌》、台灣警備司令部參謀長柯遠芬（1908-1997）發行的《正氣月刊》、「文化特務」曾今可（1901-1971）的圍剿。南京C.C.派首腦透過中國國民黨台灣省黨部主委李翼中（1896-1969）的情報，完全得知許壽裳在台灣的一舉一動。[434]

　　時任台北地方法院刑庭庭長陳醒民，也撰文回憶許案從案發到偵破、起訴、審理的奇怪經過。當時認為嫌疑最大者是許世瑋的男友陳耀

432 姚隼，〈許壽裳先生之死〉，《文潮月刊》，上海，第4卷第5期，1948年3月，頁1680-1682。

433 錫金，〈悼許壽裳先生──幾合居雜記之七〉，《生活報五日刊》，哈爾濱，第23期，1948年8月21日，第一版。

434 李何林，〈提供許壽裳先生兩年前在台被殺是政治性暗殺的種種事實〉，《觀察》，北京，第6卷第8期，1950年2月16日，頁21-24。

祥，後來才抓到真兇高萬俥。高氏是台灣人，當時輿論有謂台胞受日本帝國五十年武士道教育薰陶，殘忍成性才會造成行竊失風殺人的悲劇。陳醒民提到兇手被捕後，送到台北地方法院檢察處五天就被提起公訴，可是一般刑案都要拖上一、二個月。最後竟不到一個月，兇手就被槍決伏法。特務欲蓋彌彰，利用一個台灣工人的偷竊煙幕，以為可以混淆天下人之耳目。[435]這就是魏道明治下的台灣，最不光彩、也最不可告人的黑幕。[436]

5.鄭成功主義

　　1948年底國共內戰的態勢，越來越不利南京當局（照片2-2-9）。因此台灣的軍事將領，很多都變成雄才大略的鄭成功（1624-1662）。台灣省警備副司令紐先銘曾在北平，對《大公報》記者發表談話，認為「一旦大陸有事、台灣是最好的基地」。這正說明現代鄭成功們的抱負，「鄭成功主義」瀰漫在台灣駐防的國軍中，在此地的軍政長官意識中、談吐中，都可以嗅得到味道。[437]然而引人好奇的是台灣，為什麼可以做為國軍最後的基地呢？1947年底西北行轅主任張治中來台，嘗說台灣在國防上地位極為重要，且較國內地方安定，在努力建設過程中，尤要重視軍民的努力。[438]有意思的是國防地位重要，其實指的是海軍戰略地位重要，因此1946年以後大陸的雜誌報導台灣的軍事設施，全部以海軍基地為主。特別是位於青島的海軍官校，學生畢業前都必須來一

---

435 陳醒民，〈許壽裳案的審判人對於李何林文的補充〉，《觀察》，北京，第6卷第10期，1950年3月16日，頁23、29。

436 許壽裳死後由台灣大學主持治喪儀式，並以火葬。參閱編者，〈悼許季茀先生〉，《國立台灣大學校刊（半月刊）》，台北，第9期，1948年3月1日，第1版。

437 林之東，〈可哀的台灣〉，《時與文週刊》，頁16。

438 楊隆生，〈張治中為甚麼要到台灣去〉，《自由天地半月刊》，南京，第2卷第9期，1947年11月15日，頁9、12。

趁船艦南行之旅，測驗在海面上航行的能力。故在這群學生中，對於台灣二大軍港：高雄與澎湖，都有深刻地描述。

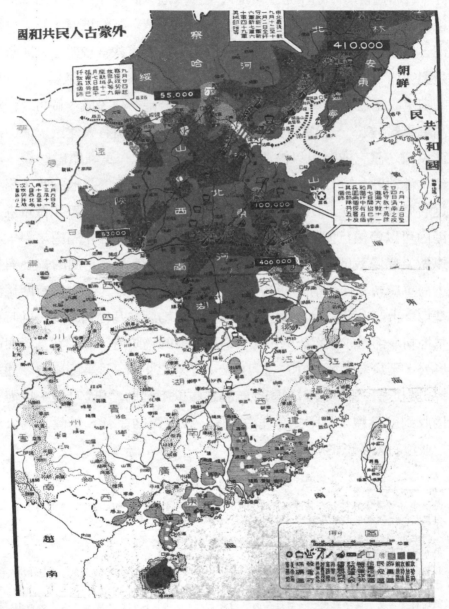

照片2-2-9【深紅色部分是1948年秋季中共佔領區，淺紅橫線是中共游擊區】

　　原來台澎區海軍專員辦公室設在高雄左營，這座由日本人興建的建築，外觀壯麗、雄偉，二戰時美軍以為它是醫院而沒有轟炸，才能保持完好。[439]不過當時軍艦不是直接進入左營軍港，而事先停泊在高雄港，然後再搭車前往左營軍區。高雄港被形容成一個很好的港灣，為了拱衛該港，要塞砲台分佈在臨海的每個山頂上。最讓這些官校學生大開眼界的是要塞內，雷達設備、電器設備、防空設備、火藥庫一應俱全。[440]澎湖的海軍設施也不遑多讓，日本人已經把馬公港，建設成一個可以停泊一萬噸軍艦5艘、一千噸軍艦13艘的港口。甚至於還有人建議，大力建設澎湖灣，讓它成為可以停泊三萬噸船艦20艘、一萬噸船艦20艘、海岸建重油池9座，可以儲存汽油十萬七千多噸。[441]至於其他的官校學生描述的更傳神，並云他們看到測天島內的設施，才知道甚麼叫做軍港。而港內可以停泊巨型船艦的浮筒達20多個，以馬公對外隔絕之深，必可以做為艦隊藏匿之處。[442]對於佈署在台灣的海軍，它們的統屬與指揮，海軍總司令桂永清（1900-1954）說的非常清楚。全中國有四個海軍基地：上海、青島、左營、海南島榆林，均設立基地司令部。同時在各基地司令部內成立巡防處，左營基地所設的巡防處，分別在基隆與澎湖馬公。至於造船所是在左營與馬公。不過1946年7月美國國會才通過第512號援華法案，移贈中國護航驅逐艦以下輔助艦艇271艘，現海軍只接收到90餘艘。[443]因此有理由相信，在台灣的左營、基隆、馬公港內，並沒有太多軍艦駐防。

---

439 高雄市區被美軍轟炸損失慘重，而且全市的大建築，沒有一個保存完好。參閱迅之，〈東台紀行〉，《氣象通訊月刊》，台北，第2卷第6期，1947年6月，第3版。

440 李明璐，〈南行散記（續）一海，海軍與海疆〉，《中國海軍月刊》，上海，第3期，1947年6月，頁40-41。

441 彭翰，〈暴風之島——我到過澎湖列島〉，《現實新聞週報》，上海，第5期，1947年8月22日，頁5-6。

442 劉達材，〈夏季巡洋前後——航行在南中國海上〉，《海校校刊》，青島，第1卷第10期，1948年10月，頁273-277。

443 桂永清，〈中國海軍現狀〉，《中國海軍月刊》，上海，第4、5期合刊，1947年9月，頁7-9。

　　值得注意的是從1948年底，台灣是一艘不能移動的航空母艦看法又出來。記者忠實地報導，從高雄到鳳山沿海盡是前日本海軍的區域。可是沿路房屋受到戰爭破壞嚴重，尤其是要塞地區被破壞得更厲害。奇怪的是國軍仍繼續使用，看不出有什麼修復。在香蕉樹的陰影底下，只有荷槍的海軍士兵在那裡徘徊。[444]同樣地馬公也有相似的記錄，接收已經三年，但戰爭破壞的痕跡，仍沒有彌補。港灣內還有被美軍炸沉日艦的船桅浮出水面，也有沉沒的船頭發鏽著露出水面。馬公市面堆滿破壁殘垣，很多商店在半殘的店面苟延交易。[445]這就是國民政府忙於內戰，疏於建設的寫照。

　　至於在大陸戰場上，1947年底南京當局為應付吃緊的戰局，通令全國開始徵兵。當時徵兵年齡是18至45歲的男子，可是台灣、新疆、西藏三地人民，因語言隔閡與役政作業準備不及，免除兵役義務。[446]上文已經說過，這個決定普遍被認為是對台灣的「德政」。可是國共內戰進行激烈，台灣怎可能置身事外。在加上從同年底開始，中國共產黨亦對台灣進行心戰，因此在香港發刊的雜誌，紛紛撰文拉攏台灣民心。有謂國民黨內不斷有激烈的派系鬥爭，可是從蔣介石到陳立夫都嚴詞否認。魏德邁來訪之後，竟在離華前發表中國政府的顢頇腐敗，以及瀰漫著失敗主義的氣氛。蔣介石為博取美國的歡心，一定要更加賣力「剿匪」。[447]以共產黨角度來看，從1919年的「五四運動」到台灣的「二二八」，正是反壓迫、反欺凌的一脈歷史發展。甚至還宣傳1947年5月，

444 林達薇，〈一艘不能移動的航空母艦〉，《中建半月刊》，北平，第 1 卷第 10 期，1948 年 12 月 5 日，頁 20。

445 袁允中，〈南航紀行〉，《海校校刊》，青島，第 1 卷第 10 期，1948 年 10 月，頁 278-283。

446 息予，〈一月新聞輯要──徵糧和徵兵〉，《中學生》，上海，第 191 期，1947 年 9 月，頁 98。

447 黃妙賢，〈雞鳴欲曙天──祖國時局概述〉，《新台灣》，香港，新台灣叢刊第 1 輯，1947 年 9 月 25 日，頁 4-6。

在大陸如火如荼的反飢餓、反內戰運動，是受到台變的鼓勵而來。[448]表面上台灣還是中國的省分，但是美國帝國主義在遠東的擴張，台灣已經不是中國的領土。所以日後有可能發生二個局面：一是國民黨垮台，台灣可能成為國民黨殘餘勢力的最後據點。二是國民黨垮台，台灣成為美國的殖民地。[449]如此草木皆兵心態，反映在魏道明治下的台灣，出現前所未有的現象。那就是滿街滿巷都貼滿標語，告訴大家「莫談政治」。這種情景大陸來台記者認為，很像北洋政府時代在茶館酒樓裡頭，也貼滿「閒談莫論國事」的標語。政府整日標榜民主，但卻有強烈諷刺性的畫面存在。[450]然而不管如何，台灣的軍事地位對南京當局越來越重要。1948年8月台灣軍事地圖，首次繪出有別海軍的佈署，很清楚地寫明台灣是空軍重要根據地。[451]同年10月又繪出台灣是陸軍第二線作戰兵力訓練處（照片2-2-9）。[452]海陸空兵力都齊聚的台灣，漸成國府勘亂的最後據點。

　　1947年8月上海的《中國新聞半月刊》刊登一篇文章，內容在說明將領雲集南京，且被看好的四位將官：傅作義（1895-1974）、馬鴻逵（1892-1970）、董彥平（1896-1976）、孫立人（1900-1990）。[453]不過跟台灣最有關係者，則是升任陸軍副總司令，並要到高雄鳳山設立陸

448 編者，〈學聯告台灣同學書路〉，《新台灣》，香港，新台灣叢刊第1輯，1947年9月25日，頁46-48。

449 王就民，〈美帝國主義的侵略與台灣人民的生路〉，《新台灣》，香港，新台灣叢刊第1輯，1947年9月25日，頁7-11。

450 陳篤，〈台灣遠片乾淨土〉，《創世半月刊》，上海，第4期，1947年11月16日，頁18。

451 編者，〈最近國內軍事形勢圖（迄於十月十日止）〉，《創進週刊》，上海，第1卷第15期，1948年10月23日，頁20。

452 洪伯祥，〈最近國內軍事形勢圖（迄於七月底止）〉，《創進週刊》，上海，第1卷第5期，1948年8月14日，頁11。

453 當時國府還深信一傅（傅作義）、二馬（寧夏的馬鴻逵、青海的馬步芳）、河北的王鳳岡、河南的薛炳靈、山東的張天佐，可以力挽狂瀾。參閱企馮，〈崛起邊疆的新血輪〉，《大眾新聞半月刊》，南京，第1第4期，1948年7月16日，頁7-8。

軍訓練司令部的孫立人。[454]台灣之所以成為理想的訓練基地，主要原因是水電充分、交通發達、氣候溫和。除了短期雨季外，南部一帶終年少雨，又有龐大的軍營，適合做為訓練基地。國共內戰時的國軍，大多遭受鐵火長期洗禮，到處呈現疲備蕭條的景象。因此孫立人所訓練的新軍，提倡新的風氣，新的方法，終將成為一支勁旅。特別是來華特使馬歇爾將軍，出席參議院、眾議院外交聯席會議，指出美國允諾在台灣幫助中國訓練新軍。[455]也可以確定美國在幕後，大力幫助國府在台灣進行整訓。根據描述訓練課目有五千米的爬山訓練、術科著重劈刺與射擊，學科的時間很少，大多是做剿匪戰術研習。再加上美軍顧問團的建議，仿照西點軍校的訓練方式，創設戰場心理演習場，場內設置機槍與地雷、鐵絲網，藉以訓練新兵的膽識（照片2-2-10）。[456]孫立人表示昨日的戰爭是砲兵在前，空軍繼之；明日的戰爭是步兵在前，工兵繼之。近代化的戰爭就是工業化的成果，他要加強訓練司令部的技術性，以成為新的工兵溫室。至於訓練的對象有軍官與士兵。鳳山是陸軍軍官第4訓練班，接受訓練的是軍官第16期。另外士兵的訓練，孫立人很重視青年軍的歸隊，這或許是跟遠征軍經歷有關。[457]然而政府重視他們嗎？有報導指出陸軍訓練司令部設在鳳山，周圍高雄、屏東、台南有砲、騎、工、通訊訓練場，並有一支美軍顧問團。說來諷刺這麼大一個兵營，只有吉普車5輛，美軍顧問團27人有吉普車10輛。[458]

454 惠予，〈本刊專訪——四虎將訪問雜記〉，《中國新聞半月刊》，南京，第 1 第 3 期，1947 年 8 月 10 日，頁 7-8。

455 江一葦，〈評「歐洲第一」〉，《人言月刊》，上海，第 3 期，1947 年 12 月。

456 蕭學良，〈台灣新軍是怎樣訓練的〉，《國防新報月刊》，上海，革新號第 3、4 期合刊，1948 年 7 月，頁 26-30。

457 林達薇，〈一艘不能移動的航空母艦〉，《中建半月刊》，頁 19-20。

458 冷無極，〈孫立人與台灣新軍〉，《新聞天地月刊》，上海，第 53 期，1948 年 12 月 1 日，頁 7-8。

照片2-2-10【孫立人將軍表揚績優新兵】

　　二二八事件前，台灣民眾對國軍紀律不彰多有惡感。孫立人有感於此，特別強調軍紀的重要。他常以六戒訓練軍人：戒賭、戒嫖、戒貪財、戒虛偽、戒驕惰、戒擾民。講到擾民，孫氏麾下某排長，曾掏出手槍強搭公車。孫立人獲悉命令憲兵逮捕該排長，身揹「強迫停車為害公共秩序」木牌遊街一天。[459]也由於孫立人治軍嚴謹，雖有陸軍司令部與師管區之設，但絕無半夜強拉壯丁一事。街上軍人很少，極少數還是有軍人滋事個案，可是未釀成什麼大亂。[460]美軍在這個台灣新軍訓練計畫，的確佔有重要的地位。1947年10月24日台北機場已為美國第13航空隊基地，且正式裝配大批飛機，行政院長張群來台灣視察高雄、基隆、台北、台南、屏東基地。左派雜誌還指控美國在南京當局默許下，策動台灣獨立運動以便佔領台灣。[461]隔年2月南京衛戍司令湯恩伯（1898-1954），偕同聯合軍事顧問團團長巴大維將軍（David Barr）

459 子路，〈孫立人這樣訓練軍隊〉，《社會評論半月刊》，長沙，第79期，1948年12月1日，頁4。

460 橄，〈台灣是世外桃園嗎？（台灣通訊）〉，《自由與進步半月刊》，南京，第1卷第4期，1948年7月16日，頁17。

461 李亞先、李亞民記，〈一年來的往來帳（下）〉，《民主青年十日刊》，大連，第24期，1948年3月8日，頁11-13。

來台視察。[462]中國共產黨對於這樣的合作，自然又是不能容忍的事情。

香港的中國國民黨革命委員會成員之一的李濟琛，對於鳳山新軍有不同的看法。他認為「蔣美」在台灣尋找練兵場所理由有三：一為台灣在日本人士統治下曾實施徵兵制，故容易徵得新兵。二為日本統治台灣時教育普及，有國民教育底子的台灣人容易訓練。三為美國若對蔣援助，法律上要通過國會這關，過程相當麻煩。但若在台灣練兵，只需麥克阿瑟（Douglas MacArthur,1880-1964）允撥物資支援即可。[463]中共早對麥帥扶植日本「反動份子」感到不滿，現在美國決定訓練與裝備蔣介石20個師，並選擇台灣做為訓練基地，足見美國有計畫侵略台灣。[464]為了擴大宣傳，中共對於美軍在台灣的活動，透過雜誌做出具體與清楚的陳述，值得參考。雜誌內容指控美國從琉球抽調部分B-17轟炸機，以及P-38戰鬥機來到台北松山機場建立基地。又從馬尼拉運來飛行用油3萬桶，交給台灣省警備總部第23汽車團，做為基隆與台北車輛運輸用油。台南機場隸屬於台北松山美國第13航空隊起降場，從1948年7月5日起台南機場禁止民航機起降，並由菲律賓抵台的蚊式（mosquito）轟炸機駐防。由於淮海（徐蚌）戰局國軍轉趨劣勢，上海江灣機場所有物資，也陸續運抵新竹機場裝配。同年6、7月國軍對高雄港沈船的打撈更為積極，並加緊疏濬高雄港。有消息傳來高雄港要做為台灣商業港，原本的商業港基隆要讓給美軍，做為全港的海軍基地。可是基隆港是台灣的吞吐口，高雄港還沒有取代的條件，因此才做罷。美國陸軍在鳳山協助孫立人，這是由南京的聯合軍事顧問團陸軍組負責。他們透過翻譯，教導國軍中、下級幹部使用新式武器。新軍使用的武器從菲律賓運

---

462 幼慈，〈「有志一同」在台灣〉，《知識與生活半月刊》，頁15。

463 李濟深，〈全國人民的出路〉，《新台灣》，香港，刊第1輯，1947年9月25日，頁2-3。

464 編者，〈短評——美國侵略台灣的陰謀〉，《羣眾週刊》，香港，第28期，1947年8月7日，頁13。

來，編制全模仿美軍，並設「經理處」避免貪污與吃空缺的機會。[465]

　　1948年4月大陸的雜誌就以「逃向台灣為題」，看出整個局勢的不詳之兆。這些逃到台灣的人，一開始是奉政府命令調往台灣的公務員。如資源委員會把東北撤退下來的人調往台灣，又如台灣鐵路局長郎鍾騄上任時，也從上海帶了不少高級職員過來。又如台灣省通運公司總經理吳肇周，也大刀闊斧裁汰工作意願低落的老員工，預備補上新聘員工。[466]可是到了同年11月，情勢整個改觀，各雜誌紛紛報導南京大官與豪門逃難的新聞。有謂第一流的豪門在美國有房產，第二流的豪門雖在美國沒有房產，但握有大筆外匯資金，前往香港可謂理想的地方。第三流豪門為了保護自己的財產，雖不能遠走高飛，但來到台灣、廣州這塊安樂土也沒有問題。從徐州戰事開打以來，逃到香港的有「船王」汪劍平，以及名流王曉籟、陳光甫（1880-1976）。逃到台灣的有國民黨組織部副部長余井塘（1896-1985）、前湖南省主席王東原（1898-1995）、前北平市長熊斌（1894-1964）、前陝西省主席祝紹周（1893-1976）、立法委員許孝炎（1900-1980）、立法委員王世憲、國民黨中委陳果夫（1892-1951）、總統府資政李石曾，以及早在台灣養病的陳誠。[467]

　　1948年12月南京國民政府遷都之說甚囂塵上，《大公報》報導連日來南京盛傳遷都，為中樞當局尚未考慮。權威消息透露總統府、國防部，及各軍事機關會留在南京。至於其他非軍事機關，著安全起見均遷至陪都——廣州。可是傳聞海軍與空軍總司令部要遷至台灣，陸軍總司令部要遷至廣州，聯勤總司令部要遷往江西南昌。12月30日晚上總統府秘書長吳鼎昌，召集五院秘書長：行政院秘書長李惟果（1903-

---

465 羅西，〈基隆通訊——美帝軍事侵台實況〉，《群眾週刊》，香港，第 2 卷第 49 期（總第99 期），1948 年 12 月 16 日，頁 18-19。

466 幼慈，〈逃呀！逃向台灣去（台灣通訊）〉，《知識與生活半月刊》，頁 10-11。

467 本刊特約記者，〈烽煙何處覓桃源——香港‧台灣‧廣州近貌〉，《大學評論》，南京，第 2 卷第 9 期，1948 年 11 月 6 日，頁 11。

1992）、立法院秘書長張肇元、司法院秘書長端木愷（1903-1987）、考試院秘書長雷法章（1903-1986）、監察院秘書長李宗實，秘密會談共商大計，外界解讀這是為遷都做準備。[468]諷刺的是即將失敗的南京當局，先前所有謂政治利益的鬥爭，現在看來也沒有甚麼好爭。如廣東在宋子文手上，台灣有魏道明，浙江有陳儀，四川可能是張群的地盤。[469]此時的魏道明，悄然要被撤換而不自知。時論魏氏主政的台灣，表面上平靜無事，實際上挖心蝕骨。官僚資本壟斷米糖，一如長官公署時代。沿海口岸進行大規模走私，許多民生必須品流向大陸，台灣人民生活更苦。台灣米荒最嚴重的時刻，也不見魏道明巡視中南部。[470]故國府存亡危急之秋，文人統治的階段就快要結束。

　　1948年12月23日行政院長翁文灝辭職，三天之後立法院長孫科接任行政院長。孫科正是魏道明最有力的支持者，一般認為魏氏還是穩坐台灣省主席的寶座。沒想到12月29日上午魏道明，還興致高昂前赴新竹湖口檢閱台灣警衛旅演習。同一時間從南京發來的電報，中樞命令在台灣養病的陳誠，取代魏氏為新任台灣省主席。[471]這一切都變得太突然了，就像大陸的局勢轉趨惡劣，也沒有人想到國民政府會失敗。台灣，有人說像火山，有人說像不值得一顧的泡沫。可是目前泡沫卻變得像珍珠，說它像火山也未必馬上爆炸。這個載浮載沉的海上仙山，很快就會變成國民政府最後的基地。[472]

---

468 潞英，〈遷都醞釀的前前後後〉，《新聞雜誌半月刊》，南京，新第 2 卷第 3 期，1948 年 12 月 10 日，頁 7、14。

469 刻石，〈中樞要人的打算〉，《新聞雜誌半月刊》，南京，新第 2 卷第 3 期，1948 年 12 月 10 日，頁 5。

470 方淳，〈台灣歸來〉，《展望週刊》，南京，第 3 卷第 18 期，1949 年 3 月 18 日，頁 10-11。

471 本刊特約駐台記者，〈陳誠主台灣前後〉，《中國新聞半月刊》，南京，第 3 卷第 7 期，1949 年 1 月 11 日，頁 11。

472 林達薇，〈一艘不能移動的航空母艦〉，《中建半月刊》，頁 20。

第三節　蔣介石的嫡系愛將陳誠與台灣省政府

　　1948年12月對南京國民政府來說，實在是最令人氣餒的時刻。國際間美國總統特使霍夫曼（Paul G. Hoffmann，1891-1974），會晤杜魯門總統（Harry S. Truman，1884-1972），並報告遠東與歐洲之行的經過。會後霍氏發表一項重要訊息，鑒於中國情勢急迫，總數7,000萬美元的中國建設計畫暫時停止。這筆款項與台灣有關是150萬美元台灣鐵路之修復、250萬美元台灣電力之修復、100萬美元台灣糖業公司重建。[473]國內政局不管中央還是地方，連番幾次的人事更迭與調動，都重挫人民對政府的信心。同年11月2日立法院為金圓券經濟改革失敗，召開對行政院長翁文灝（1889-1971）的質詢。會上翁氏承認關於收支平衡、抑制高利貸、增加銀行存款、穩定市場價格、增加生產、吸引外匯等政策完全失敗。因此12月23日辭去行政院長一職，三天後由立法院長孫科（1891-1973）接任。[474]此外「動員戡亂」的方針，到了1948年底也徹底的失敗。在這種情勢下，蔣介石（1887-1975）只好又求助於美國，並指派蔣宋美齡（1897-2003）赴美親扣華府大門，但沒有任何回音。桂系的華中軍政長官白崇禧（1893-1966），突然在12月24日發電要求與中共和談，進而逼迫蔣介石下野。[475]當時政壇形勢對蔣氏非常不利，蔣考慮後路安排，遂主導一連串人事任命。首先在12月29日行政院會通過任命陳誠（1898-1965），接替魏道明（1899-1978）為台灣省主席。中國國民黨中常會通過任命蔣經國（1910-1988），接替丘

---

473 編者，〈國內一週（自十二月十八日至十二月廿四日）〉，《京滬週刊》，南京，第2卷第51期，1948年12月26日，頁2。

474 程棟、劉樹勇、霍用靈，《目擊中國100年（繁體中文版）第二卷》（台北：故鄉出版，2002年2月），頁534。

475 本刊特約記者，〈言戰與求和（大局綜合報導）〉，《大學評論》，南京，第2卷第10期，1949年1月8日，頁6-7。

念台（1894-1967）為台灣省黨部主委。[476]1949年1月18日國防部任命陳誠兼任台灣省警備總司令，之後亦任命朱紹良（1891-1963）為福州綏靖公署主任、福建省主席，並任命張群（1889-1990）為重慶綏靖公署主任、方天（1902-1991）為江西省主席、薛岳（1896-1998）為廣東省主席。當蔣介石把所有人事佈署完畢後，旋在1月21日宣佈引退，由副總統李宗仁（1891-1969）代行總統職務。[477]

　　1949年1月14日中國共產黨提出和平條件，這是嚴厲的八點建議，包括：懲辦戰爭罪犯蔣介石、把蔣介石的殘餘部隊併入中國人民解放軍、解散國民黨政府等。蔣介石拒絕接受這些條件，直到下野後代總統李宗仁才決定與中共和談。[478]整個中國可說都是烽火遍地的局面，只有孤懸一隅的台灣安定如初。因此新任台灣省主席陳誠，可謂替國民政府先行鞏固逃難的後路，地位之重要不言可喻。時論陳誠的為人坦率、真誠、勇敢、執著，有抱負、有大志，至於簡樸廉潔與當世同名之人不知勝過數倍。[479]最重要的是陳誠是蔣介石的心腹。當時可以不經侍衛通報，直接進入官邸，面見蔣介石者只有五個人：戴笠（1897-1946）、陳布雷（1890-1948）、張群、陳誠、張治中（1890-1969）。[480]然而他與何應欽（1890-1987）、胡宗南（1896-1962）勢成水火。再加上與黃埔系軍人、政學系官僚都合不來。所以陳誠想要打造「一人之下、萬人之上」的地位，只能多方打擊他的政敵，這就更招致各派系的圍攻了。可是陳誠依然屹立不搖，其原因是自己組織一個「團統」，再結合

---

476 有雜誌樂觀的指出，台灣惟有陳誠、蔣經國這樣朝氣勃勃，有守有為的人前去坐鎮不可。參閱本社，〈到台灣以後的動向——陳誠和蔣經國蟄龍起奮〉，《時事觀察》，北平，第1號，1949年1月20日，頁8-9、15。

477 丁永隆、孫宅巍，《南京政府的覆亡》（開封：河南人民出版社，1987年8月），頁238。

478 正清（John King Fairbank）、費維愷（Albert Feuerwerker）編，《劍橋中華民國史（1912-1949）下卷》（北京：中國社會科學出版社，1994年8月二刷），頁891。

479 懷詩，〈論陳誠〉，《人物雜誌》，重慶，第3年第8、9期合刊，1948年9月，頁37-40。

480 本社，〈不經通報而見主席、全國只有五個人〉，《紀事報（每週增刊）》，北平，第2期，1946年6月29日，頁2。

C.C.派，加上保定軍校同學，以及少壯派軍人的支持，總可以在驚濤駭浪的官場中脫身。中日戰爭結束，國共內戰爆發，陳誠是僅次於蔣介石手握陸、海、空三軍大權的人。爾後東北戰事失利，他歸咎於杜聿明（1904-1981）、熊式輝（1893-1974），並親自到東北去想要大顯身手。沒想到出師未捷，竟以「胃病復發」前赴台灣養病。這次當局令他主台，可謂東山再起的大好機會。[481]1949年1月5日陳誠就任台灣省主席，11日蔣介石電示治台方針，指出要做到六點事項。[482]其一，多方引用台籍學識較優、資望素孚之人士。其二，特別培植台灣有為青年與組訓。其三，收攬人心、安定地方。其四，處事穩重、對下和藹、切不可急躁。其五，每日特別注重制度之建立。其六，勤求己過、用人自輔。[483]

另外一位值得注意的人是蔣經國，他因為成功建設新贛南，留有威望在民間，故有「蔣青天」之稱。[484]1948年8月19日金圓券政策實施，行政院特命蔣經國為東南區經濟副督導員，督導做為全國金融中心的上海，該地金圓券發行的情況。雖然只是副督導，但正督導為中央銀行總裁俞鴻鈞（1898-1960），忙於主管央行業務。因此上海一帶的經濟督導事務，實際操在蔣經國手中。經濟督導員是什麼官位？他既非市長，但權力比市長大；他既非警備司令，但可以指揮警備司令。事實上海市長吳國楨（1903-1984）已經奉令，把全市警察局指揮的權力轉移給蔣經國。不料金圓券改革失敗，蔣經國灰頭土臉離開上海。[485]現蔣經國改

481 未央，〈陳誠其人〉，《展望週刊》，南京，第3卷第13期，1949年2月12日，頁9。

482 1月5日魏道明交接省主席印信後，當天飛離離台北前往上海。參閱林伯聰，〈台灣的內在危機〉，《輿論半月刊》，上海，第2卷第3、4期合刊，1949年2月16日，頁16。

483 李春主編，《中國國民黨史》（長春：吉林文史出版社，1990年4月），頁644。

484 本社，〈蔣經國是怎樣的一個人？〉，《中國內幕》，上海，第2集第3輯，1948年10月，頁97-101。

485 曹聚仁，《蔣經國論》（北京：人民出版社，2009年4月），頁104-106。

任國民黨台灣省黨部主委，不啻把「新太子黨」成員都聚集在台灣。[486]
再加上陳誠擔任台灣省主席，等於是替蔣介石在台營造一個沒有政敵的
環境。不過審視那一段歷史，1949年的台灣，掌握最高軍政大權的人
仍是陳誠。故他的一舉一動涉及到戡亂大業是否能成功，以及台灣的安
危。陳誠上台後打出的旗號是「人民至上、民生第一」，這比起魏道明
的「在安定中求繁榮」，更鮮明動人。然而時論提到，當時跑到台灣的
政府首長、整訓的部隊、高等而無聊的難民，對政府來說人民早被拋諸
腦後。大家只看到金條銀元、飛機引擎、砲彈槍子兒、行李箱籠、流線
汽車，隨著腦滿腸肥的達官貴人滾滾而來。[487]說得更清楚一點就是「逃
難與反共」並行，於是台灣被重新武裝，但不同於日治時期做為南進基
地，這一次是向西做為國軍的復興基地。[488]

1.復興基地的塑造

作者在中國找尋1945至1949年的雜誌，其中最早以台灣做為復興
基地標題報導者，應為1949年2月的《展望週刊》。不過該雜誌把「復
興」二字用括弧，似乎對台灣扮演這樣的角色不具信心。因為內容提到
高等難民與軍公教人員，高度集中台灣，使得台灣米價又暴漲。如果把
台幣匯率算入，它比前一年底上漲180多倍，比京滬米價漲的還多。當
時許多人對台灣前途擔憂，隨著國府控制土地縮小，台灣的負擔一天比
一天加重。萬一國府只剩台灣，那島上的負擔更為不堪。雖然台灣還未

---

486 現在台灣社會對於蔣經國總有刻板印象，認為雖位居要津，但與民眾距離卻不遙遠。可是
　　二二八事件後，蔣經國來台灣視察，對此地的第一印象是什麼？他曾說走過中國沒有像台
　　灣這地方，拿出來的東西之難吃。參閱姚鈞，〈新來晚到記台灣〉，《春秋》，上海，第5
　　年第4期，1948年9月，頁114。

487 方淳，〈台灣歸來〉，《展望週刊》，南京，第3卷第18期，1949年3月18日，頁11。

488 當時許多有錢、有地位的人，都逃到台灣來，可是大陸老百姓，甚至已經逃到台灣的人，都
　　未必了解台灣。參閱安圖審，〈談談台灣〉，《進脩》，印尼巴城，第1卷第3期，1949
　　年9月10日，頁29。

徵兵,但前線戰事激烈,國防部命令台灣設立軍管區司令部。飭令召集台灣醫護人員,凡在非軍事機關服務的軍醫,或者1945年以前畢業但未被徵召的醫生,一律要進行登記,並在1949年2月底以前報到。[489]

「鄭成功主義」仍持續蔓延,由於台灣形勢與南明類似,當時掀起一陣討論鄭成功(1624-1662)的旋風。1948年12月21日上海《申報》社論,提到昔日治理台灣成績彪炳者,首推鄭成功與鄭經(1642-1681)父子。鄭氏除了擊敗荷蘭人,也把台灣當做反清復明的基地。現在要發揚鄭成功的民族主義精神,以台灣做為復興中土的根據地,則是一件很富有歷史意義的事情。[490]更有謂台灣已成為國民黨大官的救生艇,所以鄭成功受政治人物崇拜更加熱衷。[491]有雜誌古今對照一番,稱十七世紀荷蘭統治台灣被鄭成功擊敗,有如1945年日本統治台灣卻被國民黨光復一樣。所以鄭成功的事跡:不降清、招撫台灣原始居民、大力墾殖、反清復明,都可以做為政府的借鏡。[492]曾任行政院新聞局主任秘書的蔣君章(1905-1986),更從鄭成功的戰略建議國府參照。大抵鄭成功的根據地多是島嶼,因此整訓海軍是國軍的重點。鄭成功的戰場北起江蘇,南至粵東的海岸線。國府日後真撤退到台灣,那麼反攻的地區也是江浙閩粵,值得國軍探究該區域的地理。最後鄭成功的戰略是攻勢,不像他的兒子鄭經採取守勢,這一點也是國府對中共要注意之處。[493]

雜誌再怎麼高聲疾呼,畢竟已是李宗仁上台執政。李氏對中共的策略就是和談。因此1949年1至4月大陸發刊的雜誌,所有焦點都在報導

---

489 邵二,〈台灣──最後的「復興」基地〉,《展望週刊》,南京,第 3 卷第 13 期,1949 年 2 月 12 日,頁 9。

490 林伯聰,〈台灣的內在危機〉,《輿論半月刊》,頁 16。

491 棗葉,〈鄭成功在台灣的今昔幸運觀〉,《人物雜誌》,重慶,第 4 年第 3、4 期合刊,1949 年 4 月,頁 11。

492 陳純仁,〈鄭成功論〉,《人物雜誌》,重慶,第 3 期,1946 年 5 月,頁 28-30。

493 蔣君章,〈鄭延平郡王父子保障台灣的戰略〉,《民主評論半月刊》,香港,第 1 卷第 4 期,1949 年 8 月 1 日,頁 15-18。

是否會有「新南北朝」的出現。[494]蔣介石不主張與中共和談，已是眾所周知的事情。但除了在武漢的白崇禧風雲莫測外，張治中與山西省主席閻錫山（1883-1960）也是主張和談最力的人。[495]此時的李宗仁，正處於內外交迫的困境。首先，一般輿論的看法是蔣介石只是「引退」，並沒有辭職。[496]特別是行政院新聞局長沈昌煥（1913-1998），明確地說總統蔣介石沒有辭職。對此南韓內閣總理李範奭（1900-1972）批評為爭取時間的政治謀略。[497]其次，中共沒有誠心和談，並且不斷想出問題為難李宗仁，如要求已經宣判無罪的前中國派遣軍總司令岡村寧次（1884-1966），以及在東京巢鴨監獄200多名日本戰犯，交由中國人民解放軍重審。其三，「家務問題」最令他苦悶，尤其是行政院長孫科的遷都舉動。徐蚌會戰失利後，孫科不顧立法院、監察院的勸阻，以及李代總統的制止，悄悄從上海到廣州召開政務會議，發表遷移辦公的通電。雖然「遷移辦公」與「遷都」有別，但元首孤獨留在南京，政務處理既不方便，也影響國際視聽。其四，下屬官員抗命。這裡指的就是台灣省主席陳誠，導火線是釋放張學良（1901-2001）的問題。[498]為此李宗仁還派特使程思帆與陳誠會商，得到的答案是「技術性問題」要解決才能放人。[499]為什麼陳誠拒釋張學良呢？因為官方（蔣系）認為張學良已加入共產黨，如果此時釋放讓他回到東北，豈不讓共產黨如虎添

494 公孫望，〈新南北朝會出現嗎〉，《新聞天地週刊》，上海，第 59 期，1949 年 2 月 24 日，頁 1。

495 郭布特，〈和談這一賭注〉，《新聞天地半月刊》，上海，第 56 期，1949 年 1 月 16 日，頁 1。

496 君燁，〈和戰交響曲在全國演奏中〉，《透視半月刊》，上海，第 2 本，1947 年 2 月 10 日，頁 2-3。

497 慕松，〈一月新聞綜述──蔣總統引退〉，《中學生》，上海，第 209 期，1949 年 3 月，頁 59。

498 當時謠傳張學良已經身亡。參閱本刊特派記者，〈張學良生死之謎〉，《中國新聞半月刊》，南京，第 4 卷第 5 期，1949 年 4 月 23 日，頁 11。

499 小狄，〈李宗仁的苦悶〉，《政治新聞週刊》，上海，第 1 卷第 3 期，1949 年 2 月 14 日，頁 3-4；橫眉，〈釋而不放的張學良和楊虎城〉，《展望週刊》，南京，第 3 卷第 13 期，1949 年 2 月 12 日，頁 8。

翼。[500]

1949年1月28日後南京出現政治真空，五院都遷走了，只剩代總統李宗仁、監察院長于右任（1879-1964）、和談代表邵力子（1882-1967）留在南京。諷刺的是總統府的職員也疏散了，總統玉璽也帶走，儀仗不列、威風不顯。[501]2月20日李宗仁為協調南京與廣州的權力矛盾，親自至穗向孫科移樽就教。當時中共以華南大肆備戰，質問國府和談誠意。此外李氏還刻意拉攏湖南綏靖公署主任兼省主席程潛（1882-1968），因為程潛也在自練隊伍，並且發行湖南專用貨幣：銀行券，呈現半獨立作風。李宗仁的想法欲透過在南京召開軍政會議，收攏各方勢力聽從指揮。此舉雄心雖高，但實力不足，只能到處求人。[502]不過李宗仁畢竟還有政治手腕，透過立法院發動一場「倒孫」行動。由於孫科內閣是倉皇離開南京，這當中有許多部會首長「捲款潛逃」至廣州，仍然擔任首長。孫科放任成千上萬公務員不管，社會大眾指責行政院長不該離開南京。於是2月28日立法院在南京復會，立法委員回京人數越多，倒孫氣氛越高潮。3月8日孫科辭職下台，南京政局再一次掀起波瀾。[503]事實上李宗仁前去廣州的途中，早就屬意何應欽接任閣揆。原因是何應欽與蔣介石有深厚關係，又屬於開明的將領，中共也希望有一位實力派內閣做為談判對手。在眾多因素之下，3月12日何應欽就任行政院長。[504]

支持國民政府的雜誌，都對國共和談抱持高度期待。有趣的是中共

500 洛士，〈陳誠拒釋張學良〉，《政治新聞週刊》，上海，第 1 卷第 3 期，1949 年 2 月 14 日，頁 9。

501 本刊記者，〈走的要走、留的要留──府院遷都之爭〉，《新聞雜誌半月刊》，南京，新第 2 卷第 7 期，1949 年 2 月 11 日，頁 2-3。

502 樹人，〈李代總統飛穗──五大任務〉，《新聞雜誌半月刊》，南京，新第 2 卷第 9 期，1949 年 3 月 2 日，頁 5-6。

503 尚其蕃，〈弄假成真孫閣倒台〉，《新聞天地週刊》，上海，第 62 期，1949 年 3 月 17 日，頁 5。

504 公孫望，〈何應欽鼓勇組內閣〉，《新聞天地週刊》，上海，第 62 期，1949 年 3 月 17 日，頁 3-4。

表示4月1日是開始和談的日子，可是當天也是西洋愚人節。現代年輕男女接受這股風氣，也喜歡在愚人節扯謊、愚人。中共決定這天舉行和談，是否在開國府的玩笑？原來第二野戰軍司令員劉伯承（1892-1986）、第三野戰軍司令員陳毅（1901-1972），向中共中央表達反對和談之意，最後在中央軍委代參謀長周恩來（1898-1976）堅持才進行。雖然中共不反對和談，但是大軍仍要渡過長江繼續攻擊。[505]由於共產黨的態度十分清楚，國民黨談判代表並無把握和談成功。特別中國共產黨中央軍事委員會主席毛澤東（1893-1976）放話，人民解放軍力量強大了，如果國民黨不接受（共產黨提的）和平，新疆、台灣我們也可以去。[506]

4月13日國共在北平舉行第一次正式談判，國民黨所提「就地停戰」、「劃江而治」的建議，被中共嚴詞否決。[507]荒謬的是南京方面有孫科提出的「光榮和平論」、C.C.派提出的「全面和平論」、武漢提出的「戰備求和論」，互爭談判的主導權。[508]此時代總統李宗仁顯得惶恐萬端，因為連和談期間共軍不得渡江的要求，同樣被中共駁回。故局勢演變成和談有成，共軍仍要渡江；和談不成，共軍仍要渡江。[509]美國對國共和談的態度是沒有表態，國務卿艾契遜（Dean Acheson，1893-1971）表示「等著瞧」（wait and see）。他認為除非美國直接加入中國內戰，否則沒有任何方法阻止共產主義向華南前進。現在只能以少數的美援，提供給廣東與台灣的軍隊。國民政府自己必須撐得住大局，如

---

505 危漣漪，〈這次和談讓歷史裁判〉，《新聞天地週刊》，上海，第 64 期，1949 年 3 月 31 日，頁 3。
506 公孫望，〈和談會出現奇蹟嗎？〉，《新聞天地週刊》，上海，第 65 期，1949 年 4 月 7 日，頁 3-4。
507 馬齊彬等，《中國國民黨歷史事件・人物・資料輯錄》（北京：解放軍出版社，1988 年 10 月），頁 199。
508 李任仁，〈國民黨崩潰前夕的和談內幕〉，《文史集萃（第四輯）》（北京：文史資料出版社，1984 年 10 月），頁 85。
509 施芬舞，〈殺氣騰騰下和談〉，《新聞天地週刊》，上海，第 66 期，1949 年 4 月 14 日，頁 3-4。

此美援可以接續不斷；但如果撐不住，美國也只不過「聳聳肩」，付之一嘆而已。[510]4月20日國共和談破裂，毛澤東與中國人民解放軍總司令朱德（1886-1976）下令，第二、三野戰軍在東起江蘇江陰，西至江西湖口長達500公里的戰線上，強渡長江天險。4月23日解放軍攻克南京，得到內戰中重要的勝利。[511]

1949年6月6日行政院長何應欽下台，同年6月13日由閻錫山繼任。閻氏的出線被認為是C.C.派力捧的結果，同時也被視為國民黨最後起死回生的機會。[512]不過代總統李宗仁曾警告過閻錫山，只能承受C.C.派擁護之情，不能受到他們的牽絆。[513]閻氏的確也是拼了老命，希望能對國民政府劣勢力挽狂瀾。[514]但這一切都太晚了，閻錫山就成為1949年12月國民政府結束對大陸統治前，最後一任的行政院長。[515]

不同於1949年行政院長如三日京兆一樣，接連換了三任仍止不住內戰的頹勢。台灣省主席陳誠在得天獨厚的環境中，發揮所長替國民黨穩住後路。1949年1月北平的雜誌報導陳誠的近況，由於華南五省聯防形成日急，因此國府需要物色一位將領就任剿匪指揮。當時除了陸軍總司令余漢謀（1896-1981）之外，另一個熱門人選就是陳誠。[516]其實孫科內閣成立時，總統蔣介石原本想安插陳誠擔任國防部長，但是孫科強

---

510 公孫望，〈大風暴前夕的中國和談〉，《新聞天地週刊》，上海，第 67 期，1949 年 4 月 21 日，頁 3-4。

511 楊先材，《中國革命史》（北京：中國人民大學出版社，1989 年 8 月），頁 411。

512 有雜誌報導 C.C. 派首腦陳立夫，早在孫科組閣時，因反對和談而不受重用。不過陳氏早把家眷都送往台灣，看樣子是想活躍日後台灣的政治舞台。參閱黎文，〈主戰派撤退後的孫內閣〉，《政治新聞週刊》，上海，第 1 卷第 2 期，1949 年 2 月 6 日，頁 8。

513 諸葛黛，〈閻錫山有何法寶〉，《新聞天地週刊》，香港，第 70 期，1949 年 6 月 18 日，頁 3-4。

514 羅伯特，〈如果人人都像閻百川〉，《新聞天地週刊》，香港，第 79 期，1949 年 8 月 20 日，頁 3。

515 李宗仁屬意閣揆人選先是居正，之後被立法院行使同意權否決後，才改提名閻錫山。參閱李宗仁口述，唐德剛撰寫，《李宗仁回憶錄》（台北：曉園出版社，1989 年 4 月），頁 648-649。

516 本社，〈在「以戰求和」的決策下、政府怎樣保護京滬〉，《時事觀察》，北平，第 1 號，1949 年 1 月 20 日，頁 14-15。

力反對，故蔣介石指派陳誠前去替換魏道明。[517]不過陳誠現在要擔心的事，還不是共軍馬上進攻台灣，而是台灣持續通貨膨脹。由於富戶與政府官員紛紛來此，使得台灣物價大幅上漲，台幣發行數額不斷增加。1945年台灣銀行發行台幣總數是2億8千多萬，1946年增至5億，1948年超過100億。惟台灣銀行總經理衢荊州稱發行額之半數，實為貸與國營企業，並以全國資源委員會經營的台糖、台電公司為最，故應視為投資。[518]然而上海的雜誌可不是這樣看，他們直言台幣面臨崩潰。同時傳說中央銀行在台已設分行，準備自發鈔票。沒想到因先前魏道明極力反對，該政策拖延下來。如今台灣銀行高級人員透露，台幣命運不會撐過6個月，看樣子已經為改革台幣進行舖路。[519]英國《經濟家雜誌》（The Economist）刊出一篇「避難之島」文章，內容稱在台灣樹立反共政府，乃此地是一大島，共軍非有船艦不能進攻。假定中國海軍仍效忠政府，美國海軍就會認為台灣重要而加以保護。加上蔣介石有可能會先來台灣，則有一部分「中樞」也會跟著過來，台北有可能形成一個「小南京」。果真的如此，台灣也會變成鄭成功時代的小朝廷，但歷史會重演嗎？[520]

事實上台灣不但是逃難者的福地，亦是國內第一流的軍事要塞。迷人的台灣像妖女，誘惑多少歷史學家與用兵的人。說台灣是「歷史以來的迷惑者」、「太平洋戰略的美女」、「遠東的巴勒斯坦」、「亞洲的愛爾蘭」。也有人說把高雄闢為自由港可以對抗香港，也有人把台灣比做瑞士，可以招徠大陸資本和爭取外匯。美國人比中國人更注意台灣，

517 本刊特約駐台記者，〈陳誠主台灣前後〉，《中國新聞半月刊》，南京，第 3 卷第 7 期，1949 年 1 月 11 日，頁 11。

518 本社，〈物價高漲通貨膨脹、台幣面臨嚴重試驗〉，《公益工商通訊》，上海，第 4 卷第 7 期，1949 年 1 月 15 日，頁 22。

519 鮮于雲，〈陳誠主台一月〉，《新聞天地半月刊》，上海，第 59 期，1949 年 2 月 24 日，頁 12。

520 干將，〈台灣新形勢〉，《新聞天地半月刊》，上海，第 56 期，1949 年 1 月 16 日，頁 4-5。

因為它是一艘不能動的航空母艦。更有人說一隻腳踩著台灣，另一隻腳踩著海南島，將可以成為太平洋上最穩妥的獨裁者。[521]所以1948年底「喬遷潮」來台人士沒有大亨，因為大亨都跑到美國或香港，會到台灣大概都是官場二、三等閒人，或者中上商人。有人士抱著「坐以待斃」心情來台灣，有人是到比較安定的樂園「避風頭」（照片2-3-1）。[522]

　　台灣老百姓如何看待陳誠？大部分人對陳誠主台不到2個月，但卻做了許多大事值得稱道。[523]例如：將全省食鹽價格調降40%、解散商人痛恨的台灣省通運公司、撤銷浪費公帑的台灣省訓練團、嚴厲整頓軍紀，看來陳誠很想把台灣變成全國最有行政效率的模範省。[524]1949年2月底，陳誠又對省府人事來一次大換血。其中以撤換軍統背景的警務處長胡國鎮，改派王成章（1908-？）擔任最受矚目。胡氏的丟官與二件事有關，一是發佈「限制旅客入境」的命令，並決定實施全省戶口總清查。不料困難太大，延期舉行以致於損害政府威信。二是陳誠希望警保總隊，就地招募台灣人加入，但胡國鎮堅持前往閩粵招募新血。另外交通處副處長兼公路局長華奉嵩也被免職，改換譚嶽泉（1901-1994）升任，原因可能是以公家汽油，不加給未領台灣省照的汽車。開罪了有汽車的顯要們，把飯碗給打破了。再者，鐵路局長郎鍾騋也被免職，遺缺由莫衡接任。[525]最後C.C.派的新聞處長林紫貴也被調換，可能有陳誠挾怨報復的因素。因為林紫貴先前是福建選出的國大代表，正逢陳誠在東北指揮戰事失利，許多國代對陳誠展開圍攻，林紫貴是最激烈的砲手。

---

521 林達薇，〈一艘不能移動的航空母艦〉，《中建半月刊》，頁19-20。

522 鮮于雲，〈台灣安定嗎？〉，《新聞天地月刊》，上海，第53期，1948年12月1日，頁9。

523 其實陳誠剛上台時，台灣人是皺著眉頭說「又是一條槍桿子」，可以看出台灣人對軍人沒有好印象。參閱晚敏，〈在陳誠統治下的台灣〉，《群言雜誌週刊》，上海，第33期，1949年3月5日，頁5。

524 本刊特約駐台記者，〈陳誠與台灣新聞界〉，《中國新聞半月刊》，南京，第3卷第12期，1949年3月2日，頁10。

525 本刊特約記者，〈台灣省政二三事〉，《中國新聞半月刊》，南京，第4卷第2期，1949年3月30日，頁14。

關心時事

宣相權繪

照片2-3-1【諷刺大亨逃難的漫畫】

至於台航公司先由白崇禧的姪兒：白雨生（1900-？）接任，未幾改調高雄港務局長，換下原本幹練的林則彬（1901-？）。[526]

　　至於南京被攻陷以前，政府官員向外疏散，所前往的地區不盡相同。大抵C.C.派來到台灣，政學系前往西南，孫科的太子黨往港粵發展。有雜誌戲謔翻翻名人錄，在台要人可以再分成四類，第一類以青年團為主幹的陳誠系，如國大代表柳克述（1904-1987）。第二類則是C.C.派成員，如陳立夫（1900-2001）、陳果夫（1892-1951）、程天放（1899-1967）。第三類是元老派，如吳稚暉（1865-1953）、丁惟汾（1874-1954）。第四類是曾任新聞官，如董顯光（1887-1971）、沈昌煥、許孝炎（1900-1980）。C.C.派很早就注意台灣，1948年「果老」陳果夫來台中靜養肺病，也是來台灣尋覓C.C.派的出路。[527]但最有趣的應屬孫連仲（1893-1990），代總統李宗仁上台後，任命他為總統府參軍長，但孫氏竟不願就任，寧願棲身在台北市中山北路二段的公

526 程均義、屈梅圖，〈台灣人事的更動〉，《新聞天地週刊》，上海，第 64 期，1949 年 3 月 31 日，頁 18。

527 本刊特派記者，〈政府顯要在台灣的形形色色〉，《中國新聞半月刊》，南京，第 4 卷第 1 期，1949 年 3 月 22 日，頁 13。

館。反倒是蔣緯國（1916-1997）來台探視孫連仲，他竟欣然同機飛滬。看得出當時官員中，對於依附蔣介石或者李宗仁，何者是正確的選擇。[528]這種官場權力運作的錯亂，也出現在另一個個案中。

1949年4月8日已經無官一身輕的宋子文，帶著大批隨從由香港來到台北。宋氏一行抵達台北松山機場，台灣省主席陳誠、省政府秘書長浦薛鳳（1900-1997）親自迎接。爾後聯勤副總司令黃仁霖（1901-1983）、省財政廳長兼行政院美援運用委員會聯合委員嚴家淦（1905-1993）、鳳山陸軍訓練司令部司令孫立人（1900-1990）、副司令賈幼慧（1902-1965），甚至於美國駐台北代理領事艾德迦（Donald D. Edgar）都來下榻處請見。沒想到已是「平民」的宋子文，還去視察屏東陸軍訓練部砲兵訓練中心，並在高雄市長黃強（1887-1974）陪同下，參觀高雄港與周邊建設。宋子文對外宣稱，這趟台灣行是純私人遊覽；但傳聞可能跟台幣改制有關，也可能與陳誠討論未來台灣防務，特別是購買軍火的問題。有趣的是在眾多達官貴人面見宋子文時，惟有國立台灣大學校長傅斯年（1896-1950）是宋子文的死對頭，所以傅氏盡量躲著。[529]甚至於艾德迦邀請的飯局，傅斯年也要打聽宋子文是否出席，才決定是否參加。[530]

當時上海報紙把逃難到台灣的黨政軍顯要、立委、監委、國代，均統一定名為「白華人」，典故出自於1917年俄國十月革命遠東的「白俄人」與之對照。上海出刊的《新聞天地》也痛罵來台一週的胡適（1891-1962），始終在熱鬧聲中「鬼混」。原來台灣人不喜歡這些「白華人」，惟獨對胡適抱持歡迎。而他的來台旅費，還是由板橋林家

---

528 吳恐，〈孫連仲僕僕「京」奉道〉，《新聞天地週刊》，上海，第64期，1949年3月31日，頁11。

529 1948年12月教育部長朱家驊，任命他的好友中央研究院院士傅斯年，擔任戰後台大第四任校長，1949年1月20日傅氏上任。參閱焦潤明，《傅斯年傳》（北京：人民出版社，2002年12月），頁357-395。

530 本刊特約記者，〈宋子文在台九日京兆〉，《中國新聞半月刊》，南京，第4卷第5期，1949年4月23日，頁15。

免費提供。沒想到胡適來到台灣,只公開出現二次。一次是在傅斯年的公館,對記者重談「和比戰難」的老調。另一次是在台北市中山堂舉行演講,講題是「中國文化裡的自由傳統」,吸引3,000多人前往聆聽。上海《大公報》挖苦胡適,來台下的標題是「胡適過海」。可是胡適離台返滬表示要赴美講學,看來標題要下成「胡適過洋」。這就說明台灣的氣氛,對於一下湧入台灣的政要,平時坐居中樞要津。眼見局勢不佳紛紛來台,但又妄言國家大事,有負人民所託。[531]

陳誠與台灣民眾100天蜜月期過去,對他來說有二件事情是最重要。第一是經濟問題。既然他喊出「民生第一」為口號,故先提高公教人員的待遇,並施行重要民生必需品的配給制度。再者,有上海雜誌記者報導,台灣農人竟比大陸任何省份農人生活窮困。根據數據顯示全省有3,707,650甲的耕地,但有2,680,380甲土地屬於政府或公營事業,剩下的才是私人土地。可是這些私人土地,都掌握在大地主手中,全省300多萬的農人,不是佃農就是貧農。因此1949年3月5日,台灣省政府宣佈實施「三七五減租」政策,做為台灣初步的土地改革。[532]再次,就是新台幣的問世。《新聞天地週刊》沒有報導舊台幣4萬,兌換新台幣1元的消息。僅報導台灣省將發行新台幣,並且發行1、5、10元三種,以及五角券與硬輔幣數種。當時台灣銀行計畫以2元新台幣,折合美金1元。[533]1945年6月15日台灣省政府公佈《台灣省幣制改革方案》、《新台幣發行辦法》,毅然改革台省貨幣。最後台灣銀行發行新台幣2億元,匯率以5元新台幣,折合美金1元計算。同時規定在1949年12月

531 畋文,〈胡適在台灣〉,《新聞天地週刊》,上海,第 67 期,1949 年 4 月 21 日,頁 16-17。

532 江亦青,〈陳誠與台灣人〉,《新聞天地週刊》,上海,第 68 期,1949 年 4 月 28 日,頁12。

533 更新,〈台灣將發行新台幣〉,《新聞天地週刊》,上海,第 68 期,1949 年 4 月 28 日,頁 17。

31日以前，可以把舊台幣無限制兌換成新台幣。[534]

　　除了經濟面的改革之外，非法的經濟活動也很猖獗，這裡指的就是台灣、琉球、日本的走私貿易。當時台灣五大走私港：宜蘭蘇澳、嘉義布袋嘴、基隆港、台南安平、花蓮港。特別是蘇澳走私船前往琉球、日本，布袋嘴走私船前往福建廈門、廣東汕頭與香港。值得注意的是蘇澳出發的走私船，不是直接開往琉球或日本，而是前往與那國島。走私船抵達該島，只要向琉球警察交納10元的美國軍用手票，即可以入港登陸。至於交易物品台灣人要的是美式軍裝、罐頭、軍鞋、軍襪，琉球人要的是米糧、茶、糖、香菸。美國軍用票價值等於舊台幣100元，美金0.33元。故一艘走私船回到蘇澳，可以裝載舊台幣2、3億元的貨物。有利可圖的情況，使得蘇澳的走私活動深入「基層」，包括：鎮內軍、公、政、商、漁民、海關、警察、鎮公所全同流合污。[535]

　　第二是防止反政府活動。不同於1945至1949年大陸學潮、工潮如火如荼，光復後台灣只有二次大規模的示威。一是1947年初的反美遊行，另一是1949年春台灣省立師範學院（今國立台灣師範大學）學生，突然在街頭與台灣警備司令部便衣發生衝突。不料1949年3月20至22日，又發生學生抗議事件。原來20日台大法學院學生何景岳、省立師範學院學生李元勳，共乘一部單車。可是當時共乘單車是違法，警察上前取締，二位學生置之不理，警察強勢帶往第四分局中正東路派出所留置。二校學生聽聞群情激憤，當天前往包圍派出所，並在隔天早晨遊行示威。有趣的是導火線何、李二人雖為台籍學生，但參加遊行的台籍學生不多，反而是外省籍學生很多佔總人數80%以上。學生遊行起點從台大出發，目的地是台北市警察總局，沿途不時高喊「反迫害」、「打倒官僚」、「為人民說話」。台北市警察總局長劉堅烈為了息事寧人，

---

534 陳誠，《陳誠回憶錄——建設台灣》（北京：東方出版社，2011 年 4 月），頁 44-46。
535 牛夫問，〈走私在台灣・琉球・日本間〉，《新聞天地週刊》，上海，第 64 期，1949 年 3 月 31 日，頁 11。

答應學生要求在22日的《中華報》、《新生報》、《公論報》，刊登啟事承認警察執法不當，並保證相同事情不會再犯。情勢演變至此，看似平和落幕，私底下卻暗潮洶湧。4月6日台灣警備司令部派出大批軍警，包圍台大學生宿舍與省立師院，並逮捕學生20餘人，隨後送至台北地方法院審判。[536]這是在二二八事件後，政府再一次使用武力、配合司法的整肅案件，史稱「四六事件」。

另外，1949年5月19日台灣省警備總司令頒布的「戒嚴令」，更是影響整個二十世紀中後期台灣社會的重大法令。[537]作者在中國找到的雜誌中，沒有文章討論台灣宣佈戒嚴的消息。不過在1948年5月出刊的《法制半月刊》，刊登5月18日府令公佈《戒嚴法》13條條文的訊息。其中第一條明定戰爭或叛亂發生，對於全國或某一地域應實施戒嚴時，總統得經行政院會議之議決，立法院之通過，依本法宣告戒嚴。[538]原來1948年12月10日總統蔣介石首次宣佈第一次全國的「戒嚴令」，可是台灣、西藏、新疆因非戰區，所以不適用該法。因此隔年5月台灣宣佈戒嚴，只不過跟上大陸的腳步而已。直到1949年7月7日代總統李宗仁宣佈第二次全國的「戒嚴令」，大陸戰局已經無力回天了。[539]

若干外國記者在台灣，都認為陳誠上台後最大的政績是「三七五減租」。尤其他們比較1945年以後的三任官員，認為陳儀（1883-1950）是留學日本，所以政策是學習日本。魏道明（1899-1978）曾任駐美大使，所以採取美國式放任自由主義。陳誠雖然與英國無有淵源，但準備推行英國式的社會主義。如果以社會主義的理想來批評，陳誠到任後的

---

536 本刊特約記者，〈春水星火的台北學潮〉，《中國新聞半月刊》，南京，第4卷第4期，1949年4月15日，頁13。

537 薛化元，《戰後台灣歷史閱覽》（台北：五南圖書出版，2010年3月），頁57-58。

538 編者，〈戒嚴法〉，《法制半月刊》，南京，第8期，1948年5月31日，頁12-13。

539 李潤沂，〈戡亂期中的戒嚴法〉，《軍法專刊》，台北，第9卷第6期，1963年6月，頁18-20；李潤沂，〈戡亂期中的戒嚴法（續）〉，《軍法專刊》，台北，第9卷第7期，1963年7月，頁14-18。

工作，似乎是偏重「窮人」的生活水準。譬如「三七五減租」是提高農人的生活水準，加薪是提高公教人員的生活水準，這些人在現代社會裡都是窮人。[540]然而陳誠在任內，也如陳儀、魏道明一樣，異動的傳聞總是時而頻傳。當時雜誌點名幾個人，如國大代表王世杰（1891-1981），僅在台灣做短暫停留，發表一篇確定台灣地位的演說，旋與行政院政務委員雷震（1897-1979）雙飛溪口，就謠傳王氏可能接任台灣省主席。另外甫卸任上海市長吳國楨、甫卸任交通部長俞大維（1897-1993）、甫卸任駐日代表團團長商震（1888-1978），據傳都是熱門人選。[541]

　　為什麼王世杰要來台灣發表演說？原來從魏道明時代出現的台灣託管論，到了陳誠時代不但沒有停歇，聲勢更是加強。王世杰在台提出二項重點，力闢這種謠言。第一，如果讓聯合國託管，依照憲章必須向安全理事會提出，但中、蘇都有否決權。第二，如果讓駐日的盟軍總部託管，在台灣的國軍定會群起抵抗。陳誠在台灣與國民大會座談，也力陳台灣只有三條出路。一為國民黨領導下的國民政府確保台灣安全，二為國軍力量若不能對付共軍，戰爭自然會爆發，可是共軍還沒有渡海的條件。三為全世界侵略與反侵略兩大陣營對壘，在自由中國的人民，都希望國軍能抵抗共軍。可是1949年10月國府在大陸已是全面失敗的邊緣，台灣託管的謠言又是滿天亂飛。雜誌甚至報導台灣「新政府」官員名單，由吳國楨負責政治，俞大維負責經濟，孫立人（1900-1990）負責軍事。台灣託管謠傳之烈，連短暫在台視察的行政院長閻錫山出面否認，也不能抑止。[542]

540 余從風，〈陳誠・台灣・社會主義〉，《新聞天地週刊》，香港，第70期，1949年6月18日，頁9-10。

541 平石空，〈台主席易人之謠〉，《新聞天地週刊》，香港，第70期，1949年6月18日，頁13。

542 廖南堯，〈台灣託管謠言滿天〉，《新聞天地週刊》，香港，第89期，1949年11月1日，頁9-10。

　　事實上國民政府敗象非常明顯，從被指為「政治垃圾」的300多位國民大會代表，逃難來台灣即知中華民國的法統快要「播遷」。不同於達官顯要在台處優，這群國代除了極少數可做寓公外，大部分都是潦倒狼狽不堪設想。[543]這裡舉出一例，即是西北軍政副長官兼西北行轅副主任馬鴻逵（1892-1970），總共31名眷屬，加上金條、銀元、名貴的俄國地毯，用三架飛機載往台北。[544]可知在台灣落難的國府官員，也是依照在大陸的身分，決定在台灣的一切享受與待遇。

　　1949年台灣安危與華南戰局的勝負息息相關，時論蔣介石引退南京國民政府直轄區域有所謂四大重心：代總統李宗仁坐鎮的南京、中國國民黨總裁蔣介石蟄居的浙江溪口、粵軍軍事將領拱衛的廣州，以及「獨立門面」陳誠治下的台灣。[545]有趣的是這四個地方，都有其勢力範圍與實力。例如：南京影響的地區是蘇南、皖南、贛北、湖南、湖北、廣西。至於台灣，當時被認為是國民黨的勘察加（Kamchatka），陳誠還常自比為戴高樂（Charles de Gaulle，1890-1970）。這裡有國軍陸海空第二線兵團，特別是駐紮鳳山的孫立人將軍被視為國民黨最後一張王牌，但台灣與南京的隔閡最大。[546]為何台灣可以讓陳誠有中興的期待，有如二戰時戴高樂從北非進軍歐洲？主要原因不是只有該島正在訓練新軍而已，關鍵在於島上有強大的工業基礎——金銅礦、鋁廠、石油、糖業、電力、肥料、紙業、碱業、水泥、機械造船、煤業、紡織、窯業、油脂、橡膠、林業、電工、玻璃、樟腦。隨時都可以轉化為國防

543 章閱，〈國代在台灣〉，《新聞天地週刊》，香港，第 72 期，1949 年 7 月 2 日，頁 14。

544 邱星明，〈馬鴻逵舉家飛台北〉，《新聞天地週刊》，香港，第 88 期，1949 年 10 月 25 日，頁 15。

545 台灣有日人留下良好的工業設備，又是一塊沒有「匪患」的乾淨土，但畢竟遠處南海的孤立省分，與內地遠隔一道海峽，只能做為軍事訓練基地。如果做為「中樞神經」，則指揮欠靈活。參閱巨吼，〈南遷聲中話穗垣〉，《輿論半月刊》，上海，第 2 卷第 1 期，1949 年 1 月 1 日，頁 15。

546 本刊政治記者，〈京穗台奉間的四角關係〉，《中國新聞半月刊》，南京，第 4 卷第 1 期，1949 年 3 月 22 日，頁 2-3。

工業，提供反攻所需。[547]

　　然而華南戰局一天天惡化，使得台灣越來越像國民政府最後的去所。華南各省中，則以福建與廣東對台灣的防禦最為重要。1949年4月福建還被稱為整個內戰的尾閭，當大局動盪不安時，它也跟著搖來搖去。原本福建省主席李良榮（1908-1967），有「神經主席」之稱。他在「閩人治閩」的聲浪中下台，換成閩籍的朱紹良。朱氏上台後即刻發表建軍、剿匪，馬上讓福建人感到沉重。可是當時一直有傳聞，廈門即將是下野後的蔣介石，選擇移駐的居所之一。[548]的確如此，因為蔣介石已經在鼓浪嶼購買一棟洋宅。如果時局演變成中共渡江，南京與上海也都不保，蔣氏就會從溪口遷往鼓浪嶼。更重要的是廈門已成為海軍基地，美國送給國府一艘萬噸，專司修理軍艦的海上船塢，就是停泊在廈門。廈門、廣州、台北連成三角形，現台北已被指定為「陪都」。國軍除了陸軍總司令部設在廣西柳州外，海、空軍總部都在台灣。所以蔣介石有必要前往台灣時，從鼓浪嶼或廈門出發的距離是最近。[549]然而閩南的真實情勢如何？其實是進步與恐怖。進步者是一時湧入許多富戶，街頭上有西裝筆挺、摩登小姐的裝扮人等，在談論黃金、美鈔、港幣。恐怖是通貨膨脹讓金圓券在此沒有信用，非得政府使用強迫手段，商家才承認500元金圓券的效力。有甚者如泉州、龍巖等地，已經放棄金圓券，改用銀元或米穀來交易。這樣的情況使得閩南做為台灣的橋頭堡，如果反攻的話更扮演「諾曼第」（Normandie）的角色，越發讓人懷疑。[550]

547 陳斯祿，〈台灣國防力概論〉，《建國月刊》，台北，第 2 卷第 3 期，1948 年 6 月，頁 22-23。

548 白鳳樓，〈福建是根尾巴〉，《新聞天地週刊》，上海，第 66 期，1949 年 4 月 14 日，頁 6-7。

549 蕭翼，〈蔣總統將卜居何處〉，《政治新聞週刊》，上海，第 1 卷第 2 期，1949 年 2 月 6 日，頁 9-10。

550 翻新，〈閩南——台灣的橋頭堡〉，《新聞天地週刊》，香港，第 69 期，1949 年 5 月 10 日，頁 7。

　　1947年6月共軍攻陷福建與廣東聯結的戰略要地，也是客家人的原鄉：梅縣、蕉嶺、平遠、五華、興甯、豐順、龍川，華南大為震盪。特別是龍川距離廣州僅二天車程，廣州的國民黨軍政官員倍感威脅。[551]有識者勸國軍放棄內陸，改為掌握海岸。因為海岸有島鏈、良港，又可以利用船艦互相支援，實為抵抗共軍的最後防線。當時閩粵的橋頭堡，除了以廈門為中心，漳泉二地為側翼之外。往北還有以福州為中心，鞏固福廈路的陣地；往南則以汕頭為中心，將要抵擋從梅州南下至潮州的共軍。所以北起三沙灣、興化灣的閩江口南北區域，南到泉州港、廈門港、汕頭港的閩粵海岸，暫時成為台灣以西的屏障。[552]

　　不過在這些島鏈中，最重要的防禦陣地仍是廈門，以及福建第一大島的海壇（平潭）。對於前者，軍事專家都認為廈門比上海容易守。上海可以棄守，但廈門決不能放棄，否則台灣就失去屏障了。[553]廈門防禦最高指揮官是「東南剿匪總指揮部」的總指揮湯恩伯（1898-1954）。但實際負責當地防務的是廈門警備司令，分別由做過蔣介石的侍衛長石祖德（1900-1972），以及卸任的福建省主席李良榮前後擔任。只是湯、石、李在廈門時加強戰備之餘，也嚴厲對待廈門人一致認為共產黨保壘——廈門大學的學生，徒增一些民怨。[554]對於後者，海壇在福建所有島嶼中，以貧窮著稱。可是1949年8月17日福州淪陷後，該島就被視為福建前往台灣的門戶。湯恩伯視察之後，測量隊、工程隊緊跟者進來，忙於闢建機場與修築軍港。加上福州綏靖公署與福建省政府，都遷往海壇辦公，使這座島嶼突然變得身價大漲。[555]

---

551 西門聖，〈廣東面臨考驗〉，《新聞天地週刊》，香港，第 72 期，1949 年 7 月 2 日，頁 15。

552 包顯乎，〈海岸形勢與反攻〉，《新聞天地週刊》，香港，第 73 期，1949 年 7 月 9 日，頁 3-4。

553 葉夢梅，〈湘粵贛閩戰場鳥瞰〉，《新聞天地週刊》，香港，第 85 期，1949 年 9 月 31 日，頁 10。

554 蓋霄，〈戰火邊沿的廈門〉，《新聞天地週刊》，香港，第 79 期，1949 年 8 月 20 日，頁 9。

555 黎鐘，〈閩台跳板——海壇島〉，《新聞天地週刊》，香港，第 80 期，1949 年 8 月 27 日，頁 10。

　　此時在共產黨眼中，國民黨做什麼都無益，因為它的內部矛盾重重。支持蔣介石陣營，主張以閩、粵、台為基地，並在台灣訓練新陸軍，重整海空軍，盡量利用美援。可是支持李宗仁陣營，計畫以滇、桂、粵、海南島為基地，團結僅存的軍力，並冀望得到來自越南的法國勢力奧援。最讓人啼笑的是蔣介石陣營，很害怕李宗仁在搞「西南和平」。同樣地李宗仁陣營，也怕湘、粵私自進行「區域和平」。整個國府內部完全渙散。[556]也因此國軍軍心動搖，再堅強的防禦工事，命令士氣低落的軍隊防守，也沒辦法形成金湯。1949年9月16日，中共第三野戰軍司令陳毅麾下的大軍，趁著颱風大舉渡海入侵海壇。共軍的1,500艘船隻，分別向西、南搶灘登陸，所使用的「人海戰術」，僅花費二晝夜就佔領全島。[557]不巧的是一個月後廈門也失陷。10月15日下午四時廈門攻防戰展開，二天後廈門與鼓浪嶼都被共軍佔領。駐守廈門的第8兵團司令官劉汝明（1895-1974），戰後在草山（陽明山）向蔣介石告狀，指出廈門之所以失守湯恩伯責任最大。這三大罪狀是置重兵於金門，棄廈門於不顧。湯氏搭乘軍艦指揮作戰，但連絡中斷後旋失指揮中心。湯氏在廈門失陷前，已做好棄守的準備。[558]

　　就在這一連串兵敗如山倒時，1949年10月25至27日的金門戰役，可說是同年第一次痛擊共軍的大捷（第二次是1949年11月3日的登步島戰役）。共軍在金門的失敗，時論是驕兵所致。因為被俘虜的共軍第28軍80師651團1營營長李相生說：「想不到你們在金門島還有這樣好的部隊，連做夢也沒有想到」。其實共軍進攻金門的部隊約有18,000人，是為陳毅最精銳的攻堅之師。指揮官是第三野戰軍副司令，亦是新任廈門市長葉飛（1914-1999）。這支強悍的部隊，攻克福州、海壇、

---

556 彰風，〈華南形勢發展的最後階段〉，《群眾週刊》，香港，第3卷第24期（總第124期），
　　1949年6月9日，頁7。

557 倪曉雪，〈斷送平潭島〉，《新聞天地週刊》，香港，第85期，1949年9月31日，頁
　　13。

558 參保春，〈失廈門責任誰屬〉，《新聞天地週刊》，香港，第92期，1949年11月25日，頁8。

廈門，所到之處屢奏奇功，沒想到竟在金門慘敗。檢討原因是國軍步兵
與戰車協同作戰，陸軍與空軍協同作戰成功。再加上退至金門的湯恩
伯、李良榮、第22兵團司令胡璉（1907-1977），都能親臨前線督戰，
使得這場戰爭的勝利沒有僥倖。[559]不過金門不比廈門，它是一座土地貧
瘠、物資缺乏、交通不便、補給困難的島嶼。重點是島上駐軍軍餉，士
兵每月才新台幣5元。這使得台灣省主席陳誠承諾，要把金門守軍的待
遇，調高成與台灣一樣。[560]

　　1949年底國府在大陸的失敗已成定局，有雜誌開始討論起失敗的
原因，歸咎於四大項。其一，當局把精良的美式裝備勁旅，投入交通、
補給困難的東北，注定要失敗。其二，徐州會戰一連串失策的指揮，要
扛起最大責任是顢頇的劉峙（1892-1971），再次是被美國軍事顧問批
評剛愎自用的杜聿明（1904-1981）。其三，長江本屬天險，可惜決策
當局和戰不定，沿江設防未能落實，才讓共軍渡江後橫掃華南。其四，
美國終止援華，大批投機政客向共黨靠攏，不少無能的將領也宣佈起
義，造成大局不可挽回。[561]所以1949年是大陸河山易手的關鍵年代，親
共雜誌對於此刻，紛紛透過雜誌大肆宣傳國府的失敗。重新建立新政權
的狂熱，以及一定要渡海解放台灣的決心，更是它們報導的焦點。

2.中共建政與解放台灣

　　1946年親中共的雜誌，很早就把陳誠稱為蔣介石的戈林（Hermann
Göring，，1893-1946）。[562]現在陳誠被任命為台灣省主席，等於是中共

---

559 西門聖，〈金門殲滅戰〉，《新聞天地週刊》，香港，第 91 期，1949 年 11 月 11 日，頁 6。
560 沈重，〈金門會再打勝仗〉，《新聞天地週刊》，香港，第 94 期，1949 年 12 月 8 日，頁
　　10。
561 葉夢梅，〈大陸戰與海峽戰〉，《新聞天地週刊》，香港，第 92 期，1949 年 11 月 25 日，頁 3。
562 山仁，〈蔣介石的把戲〉，《文藝雜誌》，無出版地，第 2 卷第 4 期，1946 年 12 月，頁 1。

另一個大敵。如同1949年2月大陸的雜誌最早稱呼台灣是復興基地一樣，也在1949年1月左派雜誌最早提出要解放台灣的口號。文中宣稱台灣同胞，從半世紀日本帝國主義中掙脫出來，不料又落到美國帝國主義與蔣介石反動政權之手。並且評論1947年的「二二八」事件之所以失敗，全是沒有把此鬥爭放在全國統一戰線去運用。最特別的是內容提到台灣人，不要忽略在台灣的100萬外省籍同胞，以及10多萬高山族在解放鬥爭中的作用。最後文中指控美國在背後，策動台灣獨立運動，並大肆抨擊「台灣再解放聯盟」的烏合之眾活動。[563]

1949年1月21日蔣介石宣布引退，左派雜誌披露秘辛稱1948年12月，美國總統杜魯門直接致函蔣介石，問他是否考慮辭職或繼續執政的問題。然而蔣介石沒有宣佈辭職，僅宣佈「因故不能視事」，暫時離開南京而已。引退文告提及「李代總統」，隨後由中央社更正為「李副總統」。以免人們把蔣介石總統的地位，做不當的混淆。[564]蔣的新聞報導完後，剩下的新聞焦點，只要跟台灣有關者，全是解放的問題。

台灣共產黨元老之一的蘇新（1907-1981），1947年二二八事件結束後潛逃至香港，短暫的加入「台灣再解放聯盟」與廖文毅（Thomas W. I. Liao，1910-1986）合作。可是因為理念不同，1949年3月前往北京，轉向支持中國共產黨。[565]他在離港前，以「莊嘉農」為筆名投稿大談台灣解放。不過蘇新的論述，比較從歷史的角度來看。他指出秦始皇28年就有漢人來到台灣的事實。在民族上，台灣移民先祖絕大多數都是來自閩粵。在經濟上，不能因為台灣有一些資本主義的發展，就稱其資本主義的社會。關鍵在於土地所有權高度集中於官方，封建剝削制度

563 高山，〈台灣解放鬥爭與全國解放鬥爭〉，《光明報半月刊》，香港，新2卷第9期，1949年1月1日，頁12-14。

564 新華社，〈評蔣介石「下台」〉，《雙簧（羣眾週刊）》，香港，總第105輯，1949年1月25日，頁2。

565 蘇新，《未歸的台共鬥魂——蘇新自傳與文集》（台北：時報文化出版，1993年7月二刷），頁271-274。

仍普遍存在。在政治上，台灣目前是反動派政府控制下最安定的地方。
而反動派已經把大部分軍事力量移往台灣，想以台灣做為最後基地，反
抗中國人民到底。[566]有文章特別提到陳誠，高喊台灣將成為國民黨的復
興基地，針對這一點更加快台灣解放的腳步。當時普遍的看法，大批的
軍民退往台灣，糧食自足馬上成為問題。再者，衣料也是很難解決的事
情，因為台灣的紡織規模都很小，600萬人的穿著也是問題。美國駐台
灣外交官，如台北領事布萊格（Ralph J. Blake）、副領事柯爾
（George H. Kerr，1911-1992）、新聞處長卡圖（Robert J. Catto）的
離職，「罪名」是煽動台灣人陰謀進行託管。由於與南京當局關係搞不
好，才被美國調離台灣，可見得美蔣之間也有矛盾。不過在共產黨眼
中，台灣內部更是矛盾重重。因為陳儀治台期間大力重用「半山」，可
是二二八事件後半山被冷落；魏道明治台期間重用日本時代的「御用紳
士」，「半山」對魏政府大感不滿。現在陳誠治台又多了新的矛盾，即
中央官吏壓迫地方官吏，使得外省人也分裂。[567]

　　1949年國共內戰中，共產黨已經佔了上風，故中國共產黨中央委
員會主席毛澤東（1893-1976），公開在南京發刊的雜誌上，大談新中
國治國的理念。毛澤東強調自從1919年五四運動以後，中國革命的指
導者已經從資產階級，轉移到無產階級身上。因此中國革命一旦成功，
大銀行、大工業、大商業都要收歸國有。同時也要沒收大地主的土地，
分配給無地或少地的農民。實施孫中山的「耕者有其田」政策，掃除農
村的封建關係。[568]新中國的遠景，毛澤東認為只有建立中華民族的新文
化，才有建立新中國的可能。中華民族的舊文化是封建，故中國革命的

---

566 莊嘉農，〈談台灣解放問題〉，《光明報半月刊》，香港，新2卷第11期，1949年2月1日，
　　頁4-5。

567 談輝，〈台灣一定要解放〉，《論品質（群眾週刊）》，香港，總第107輯，1949年2月12日，
　　頁17-18。

568 毛澤東，〈新民主主義的政治與經濟〉，《大學評論》，南京，第3卷第6期，1949年3月5日，
　　頁6-7。

歷史進程，第一步是走向民主主義革命，第二步才是社會主義革命。[569]
從如此的宣示來看，共產黨非常有信心席捲整個中國，惟獨對台灣的解
放沒有把握。

　　1949年初親共雜誌刊登出許多文章，直指美國介入台灣事務。雖
然事過境遷證明子虛烏有，但可以看得出中共對解放台灣遇到變數的焦
慮。首先美國國家安全委員會已向總統杜魯門建議，必須以一切代價在
台灣與海南島設防。其次，美國記者圈盛傳要把台灣經濟，合併於日本
經濟的消息。而美國西太平洋艦隊司令白吉爾（Oscar C. BadgerII，
1890-1958），於3月初抵達台灣巡視基隆、高雄海軍基地。其三，美
國駐日佔領軍統帥麥克阿瑟（Douglas McArthur，1880-1964），受到
「台灣再解放聯盟」主席廖文毅的影響，計畫將台灣獨立問題提到聯合
國討論。[570]其四，台灣省主席陳誠在蔣介石引退後表示，必要時將宣佈
台灣獨立。[571]台灣既然是共軍最後的目標，共黨分子潛伏於台灣也是難
免。當時有三個地下團體在台活動值得注意：中國人民解放軍駐台代表
團、台灣省民主自治委員會、台灣省公務員立功委員會。並且點名半山
做為國府治台的幫兇，包括：華南商業銀行董事長劉啟光（1905-
1968）、台北市長游彌堅（1897-1971）、台灣省參議會議長黃朝琴
（1897-1972）、台灣省參議會副議長李萬居（1901-1966）。甚至共
產黨所提台灣戰犯名單，除了前面劉、游、黃、李四人外，還有台灣省
主席陳誠、台灣省警備副司令彭孟緝（1908-1997）、台灣省警備司令
部參謀長紐先銘、台灣省財政廳長嚴家淦。[572]

---

569 毛澤東，〈中國向何處去？〉，《大學評論》，南京，第3卷第7期，1949年3月20日，頁7。

570 除了台灣變數不穩之外，西藏也有可能獨立。參閱新華社社論，〈決不容許外國侵略中國
　　的領土——西藏〉，《羣眾週刊》，香港，第3卷第37期（總第137期），1949年9月8日，
　　無頁碼。

571 新華社時評，〈中國人民一定要解放台灣〉，《羣眾週刊》，香港，第3卷第13期（總第
　　113期），1949年3月24日，頁4。

572 文飛，〈台北通訊——台灣的痛苦和希望〉，《羣眾週刊（航空版）》，香港，第3卷第2期，
　　1949年3月28日，頁19-20。

　　1949年5月共軍估計國軍在粵、閩、贛、海南島佈署的軍隊，連同保安團在內不足20萬人。可是華南的共黨游擊隊人數就已達10萬人，還不計算剛剛渡江的解放軍。所以蔣介石罕見調動美式裝備第65軍移防廣東，並動用外匯存底3億美元移充軍費。[573]然有識者都知，國軍佈防只是表面，實際已經把主力移駐台灣。當時台灣的國軍有陳誠直屬的3個軍，鳳山陸軍訓練司令部司令（陸軍副總司令）孫立人訓練的201、206、207三個青年師。加上蔣緯國的裝甲兵團，華北戰場敗退至台灣的9,000名殘兵，陳誠在台灣招募組織的戰鬥員。空軍方面，移防台灣的第5、8、10、20大隊，空軍子弟學校也從上海吳淞搬遷到嘉義，美國贈送給國軍60架蚊式（mosquito）轟炸機、40架戰鬥機，海軍方面，美國又贈送4艘巡洋艦給國軍，二艘取名為「太倉」、「太和」，停泊在左營軍港。有趣的是這類宣傳文章，還不忘提及台灣共產黨創立者謝雪紅（1901-1970），聲稱她帶領共軍準備解放台灣。[574]提及蔣介石與李宗仁的盤算，中共認為不管是前者的「海洋計畫」，還是後者的「大陸計畫」，終究是要失敗。只是「海洋計畫」的根據地是台灣，受到美國戰略防線的保護；又有福州、廈門、汕頭、廣州做為屏障，一時有點棘手。[575]

　　然而這些都擋不住共軍勢如破竹的攻勢，1949年8月17日福州淪陷後，共軍渡海攻台的可能性大增。當時他們認為有四大優勢，解放台灣一定會成功（照片2-3-2）。其一，冀望台灣人民再發動一場「二二八」的鬥爭。其二，國軍的鬥志不如以往，若攻台一定也會望風披靡投降。其三，共軍已經有渡海進攻山東長山列島的成功經驗，雖然台灣海

573 吳明，〈反動派還有多少本錢？〉，《光明報半月刊》，香港，新3卷第5期，1949年5月1日，頁14-15。

574 周元，〈台灣還是反動派最後的「軍事堡壘」嗎〉，《光明報半月刊》，香港，新3卷第5期，1949年5月1日，頁18。

575 朝新，〈入海還是上山——論蔣李的逃跑計畫〉，《群眾週刊》，香港，第3卷第24期（總第124期），1949年6月9日，頁10-11。

照片2-3-2【台灣人民給蔣介石準備後事宣傳漫畫】

峽比渤海海象更險,但仍有把握登陸成功。其四,重慶號輕巡洋艦已經起義(未幾被擊沉),長江第二艦隊司令林遵(1905-1979)亦率眾投誠,增加共軍海軍實力。[576]由於國軍實在無法獨立面對共軍大舉來襲,使得「外國義勇軍」的招募,成為垂死掙扎的一根稻草。這裡指的是1949年底,被獲判無罪的前中國派遣軍司令岡村寧次,為報答蔣介石開釋之恩,即與駐日代表團軍事組組長曹士澂商議,制定〈義勇軍招募工作要領〉,這就是「白團」的歷史。[577]親共雜誌非常厲害地掌握這條情報,並寫成文章大肆抨擊。文中提到前日本中國派遣軍作戰課長根本博(1891-1966),要在日本招募500名飛行員替國民黨服務。駐日代表團副團長沈覲鼎(1894-2000),也公開表示要在日本招募美籍與日籍飛行員抵抗共軍。甚至文章還點名實際負責業務的人,則是第一組的陳紹凱,以及第四組的王文仁。當時有更新的情報顯示,駐防台灣的軍機約有250架,包括:運輸機約60架、B-24轟炸機10餘架、蚊式轟炸機30餘架、驅逐機4個大隊約120架、P-38偵察機8架、B-25轟炸機3

---

576 邱勞,〈福建沿海之戰與解放台灣〉,《羣眾週刊》,香港,第3卷第36期(總第136期),1949年9月1日,頁7。

577 林照真,《覆面部隊——日本白團在台祕史》(台北:時報文化出版,1996年7月),頁20-30。

架。[578]

也或許是解放台灣勝利在望，1949年底香港的左派雜誌很少談到台灣戰事，反而把大部分的焦點，用於報導中華人民共和國的建立。9月21日中國人民政治協商會議在北平召開，這是中共建國的籌備會議。[579]在這場會議中最特別的，則是台灣民主自治同盟代表二人，即謝雪紅與台灣高山族田富達（1929-）出席。[580]毛澤東致詞時指出，此時數百萬的解放軍已經打到接近台灣、廣東、廣西、四川、貴州、新疆（照片2-3-3）。當中提到為抵抗帝國主義者的入侵，中國除了要有強大的陸軍外，還要建立一支強大的海軍與空軍。[581]海、空軍的建立當然是抵禦外侮的力量，但也是渡海攻台的保證。故會議當中對於台灣解放問題，所做的發言最值得注意者是第三野戰軍副司令粟裕（1907-1984）。粟裕表示解放軍將在最短時間內，殲滅浙江舟山群島的國軍，以及完成解放台灣的任務，粉碎美國帝國主義殖民台灣的陰謀。[582]

此外，二位台灣人在中國人民政治協商會議的發言，更受到矚目。台灣民主自治同盟首席代表謝雪紅稱，全台灣人民完全擁護全國人民民主統一戰線，所組織的新中國人民政治協商會議。也完全支持由工人階級所領導、以工農聯盟為基礎，人民民主專政的中華人民共和國中央人民政府。特別是綱領草案第十二條所說：「各級人民代表大會，由人民普選方法產生；各級人民代表大會，選舉各級人民政府。」我們（台

---

578 嚴孫，〈蔣死黨招募日軍的前因後果〉，《羣眾週刊》，香港，第3卷第39期（總第139期），1949年9月22日，頁12-13。

579 本社，〈社論：大團結，大踏步前進──祝中國人民政治協商會議開幕〉，《羣眾週刊》，香港，第3卷第40期（總第140期），1949年9月29日，頁2。

580 本社，〈中華人民共和國開國盛典──人民政協在平隆重開幕〉，《羣眾週刊》，香港，第3卷第40期（總第140期），1949年9月29日，頁3。

581 本社，〈毛主席致開幕詞〉，《羣眾週刊》，香港，第3卷第40期（總第140期），1949年9月29日，頁4-5。

582 本社，〈第三野戰軍首席代表粟裕發言〉，《羣眾週刊》，香港，第3卷第40期（總第140期），1949年9月29日，頁28。

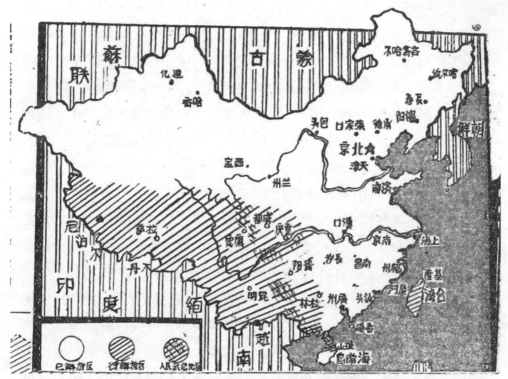

照片2-3-3【面臨解放的西南與台灣形勢】

盟）覺得非常滿意，因為這正是台灣人民的政治要求。[583]台灣民主自治
同盟高山族代表田富達，則表示中國人民政協的召開，給我們將要得到
解放的台灣高山族人民，帶來各民族平等合作的新生活。高山族人民是
台灣原來的住民，但三百多年來受到荷蘭、西班牙、滿清、日本的無情
壓榨和屠殺。國民黨反動派統治台灣以後，依然對我們高山族與其他各
族人民實行壓迫。故二二八民變就是我們與台灣人民聯合起來，向國民
黨鬥爭的典型例子。[584]

---

583 本社，〈台灣民主自治同盟首席代表謝雪紅發言〉，《羣眾週刊》，香港，第3卷第40期（總
　　第140期），1949年9月29日，頁31。

584 本社，〈台灣民主自治同盟高山族代表田富達發言〉，《羣眾週刊》，香港，第3卷第40期（總
　　第140期），1949年9月29日，頁36。

　　1949年9月22日華北人民政府主席董必武（1886-1975）報告，中華人民共和國中央人民政府組織法的經過及其基本內容。對於國家名稱問題，「人民」二字在新民主主義的中國，指的是工人階級、農民階級、小資產階級與民族資產階級。[585]它有確定的解釋，這已經把人民民主專政的意思表達出來，不需要再把「民主」二字重複在國名。[586]「中國國民黨革命委員會」委員譚平山（1886-1956）更補充，中國人民政治協商會議的立場，則是實行新民主主義，反對帝國主義、封建主義與官僚主義。而會議的任務是建立及鞏固由工人階級領導的，以工農聯盟為主體的，人民民主專政的，獨立、民主、和平、統一與富強的中華人民共和國。[587]因此10月1日中華人民共和國成立了，毛澤東領導的中央人民政府也成立了。它要號召群眾，協助解放大軍迅速地、勝利地解放華南、西南、西藏與台灣。[588]這對國民黨來說，更加篤定「改朝換代」。昔日的敵人——中國共產黨，早已不是一群游擊隊，而是一個新的國家、一個新的中央政府的出現。

　　1949年1月29日總統蔣介石雖然引退，但當時社會輿論都認為無助大局。雖然總統職務已經辭去，但蔣介石擔任中國國民黨總裁的身分，還是控制著黨務。蔣氏表示既然他已經不管政務，自然不會干涉代總統李宗仁的行動。像是行政院長孫科與李宗仁發生摩擦，蔣介石絲毫不猶豫糾正是孫科態度不好，並希望他從廣州迅速回來南京。由此可知蔣介石勢力之大，國府官員也不知道，時局究竟是讓李宗仁領導下去，還是

585 根據周恩來的解釋，人民與國民是有區別。除了董必武的報告外，再加上從反動階級覺悟過來的愛國分子，就是人民。參閱本社，〈周恩來報告：共同綱領起草經過和主要內容〉，《羣眾週刊》，香港，第3卷第41期（總第141期），1949年10月6日，頁3。

586 本社，〈董必武報告：中央人民政府組織法草擬的經過及其內容〉，《羣眾週刊》，香港，第3卷第40期（總第140期），1949年9月29日，頁23。

587 本社，〈譚平山報告：政治協商會議組織法起草經過和主要內容〉，《羣眾週刊》，香港，第3卷第40期（總第140期），1949年9月29日，頁22。

588 本社，〈社論——排除萬難，做好工作，大力建設—慶祝中華人民共和國成立〉，《羣眾週刊》，香港，第3卷第41期（總第141期），1949年10月6日，頁2。

再改由蔣介石來領導。[589]4月22日代總統李宗仁原本要舉行記者會,也宣佈要引退。因為李氏認為他上台是為了和平,現在和平已經絕望了(隔天南京淪陷),當然無戀棧職位的理由。後來在桂系的力勸之下,才打消此念頭。不過李宗仁隨後抵達杭州,曾當面向蔣介石表示,希望蔣氏再出來領導。蔣婉拒之後,李宗仁才飛往桂林、廣州。[590]事實上蔣介石與李宗仁,彼此都是惺惺做戲,只不過蔣的手段更高明些。所以1949年國府從南京遷至廣州,再從廣州遷至重慶,都有政客勸進蔣介石復職。特別是C.C.派與政學系控制的報紙,公然稱呼蔣介石為「總統」。[591]

　　這種政治氣氛在1949年底出刊的雜誌,更可以感受到形勢比人強。當時國府控制的地方僅西南、海南島與台灣,三者防禦的戰略各不相同。西南是以空間換取時間,海南島是以時間換取空間,台灣是以空間保衛空間。這三個根據地不是沒有成功守住的可能,但關鍵是沒有統一的作法。國民黨現在還談這個問題,真是讓人洩氣。由於廣州失守,大傷李代總統的權威,使得政府內部又醞釀一股確立新領導中心的運動——請蔣總裁復位總統。雜誌當時還報導李宗仁託人給蔣介石的親筆信,正式「申請」總統復位,否則「請指示宗仁如何肩荷重任支撐大局」。據傳這封信使得台北草山(陽明山)小震撼一下,並立刻由蔣介石主持一場會議,可是蔣氏自始至終不發一語。[592]當時逃難至台灣的立法委員總共有300多人,這就給了蔣介石運作的大好機會。11月13日在國民黨組織部正副部長谷正鼎(1903-1974)、張清源(1894-1978)

589 黎文,〈蔣總統即將東山再起〉,《政治新聞週刊》,上海,第1卷第3期,1949年2月14日,頁2。
590 諸葛黛,〈南京完了廣東如何〉,《新聞天地週刊》,上海,第68期,1949年4月28日,頁3、12。
591 李敖、汪榮祖,《蔣介石評傳(下冊)》(台北:商周文化事業,1995年4月),頁774。
592 西門柳,〈總統復位與西南大局〉,《新聞天地週刊》,香港,第91期,1949年11月11日,頁3。

主導下，蔣介石在草山召見60多位立法委員，並舉行2小時的談話。這
場會議被形容「小孩子見家長」，但卻是蔣介石復出的重要時刻。[593]隔
天蔣介石偕同蔣經國飛往重慶，其目的是要與李宗仁在重慶共商國事，
而且進行西南保衛戰的指示。[594]

　　事實上蔣、李二人沒有見面，政局上的勾心鬥角，早已使得大眾厭
倦。當時盛傳蔣介石已經把台灣做為基地，因此桂系不會撤往台灣，而
是前往海南島另起爐灶。如果毛澤東沒有辦法拿下台灣與海南島，那麼
中國將一分為三。[595]可是這些都是侈言，1949年11月30日共軍攻克重
慶，12月27日再攻克成都。1950年3至5月國軍經過一連串苦戰，海南
島也淪陷。[596]國民政府在大陸的任何據點都已經喪失，台灣真正成為
「復興基地」了。此時，美國的態度是狂流中最後的浮木。1949年11
月19日號稱對國府，以及共產黨認識最深的美國參議員諾蘭（William
F. Knowland, 1908-1974）訪問台灣。當時蔣介石不在台灣，故前往台
北市松山機場接機重要官員是陳誠。諾蘭來到台灣發表談話，內容最重
要的是美國承認中共政權的問題。他提到中共政府不是依法選舉出來的
政府，而是用武力奪得政權。因此它是不合法，根本不必考慮對它的承
認。[597]隨後諾蘭飛往重慶面見蔣介石，可是共軍已經逼近，只能短暫晤
談後旋搭機離華飛往日本。諾蘭此行得到一個重要訊息，即是代總統李
宗仁突然從廣西南寧飛往香港「養病」。這一點對於企盼美援的台灣，
打了一個不好的預兆。重要指標是12月中旬美國駐台北總領事羅伯特
（Robert C. Strong，1915-1999）將調返國內，如果美國大使館沒有要

593 張利耳，〈總裁立委草山一席談〉，《新聞天地週刊》，香港，第93期，1949年11月29日，
　　頁10-11。

594 邱星明，〈救火不能分家〉，《新聞天地週刊》，香港，第93期，1949年11月29日，頁8-9。

595 胡為，〈台灣桂林重慶〉，《新聞天地週刊》，香港，第93期，1949年11月29日，頁7。

596 國防大學戰史簡編編寫組，《中國人民解放軍》（北京：解放軍出版社，2003年1月四版
　　二刷），頁626-630。

597 胡為，〈諾蘭滿意台灣〉，《新聞天地週刊》，香港，第94期，1949年12月6日，頁3。

遷往台灣，那美國的立場就很明顯。[598]

　　美國政局共和黨與民主黨天天拔河，民主黨傾向歐洲，共和黨傾向亞洲。所不同的是杜魯門總統是民主黨，當然比較注意歐洲，代表作就是馬歇爾計畫（Marshall Plan）。當時國際間普遍看法，美國想要放棄亞州；不止中國要放棄，連菲律賓與日本也想放棄。要不是麥克阿瑟據理力爭，美國真的會放棄亞洲。最後美國駐兵日本已經成為定局，除了日本共產黨之外，日本政府與人民都表歡迎。至於台灣，美國決定只限於經濟與外交的援助。如果要軍事援助，陸軍部次長福脫（Tracy Stebbins Voorhees，1890-1974）表明美國政府不會同意。尤其蔣介石是一個自尊心極強的領袖，他領導的國民黨也不一定想要美國軍援。[599]

　　台灣真的需要一股清流、活水，證明國府播遷後的台灣是一個民主、自由的地方，這或許還能打動美方保住台灣。在此環境下總統府資政胡適，適時提出組織「中國自由黨」的想法。為了朝向這個目標前進，1949年11月20日在台北創辦《自由中國》半月刊，成為當時少數在台灣自由主義者的重要園地。[600]12月行政院長閻錫山決定，中央機關部分疏散到台北，交由交通部次長劉紹庭（1893-1975）負責。部分疏散到海口，交由交通部長端木傑（1897-1972）辦理。[601]不過當12月8日政府決定遷都，閻錫山飛往台灣時，傳聞台灣省政府要改組。甚至於還傳出將由中國國民黨台灣省黨部副主委李友邦（1906-1952），出任台灣省民政廳長。12月15日行政院長閻錫山召開行政院院務會議，宣佈由吳國楨接替陳誠擔任台灣省主席。然而新任民政廳長是蔣渭川

598 西門聖，〈台灣的政治行情〉，《新聞天地週刊》，香港，第96期，1949年12月20日，頁6-7。

599 諸葛黛，〈美國會放棄遠東嗎〉，《新聞天地週刊》，上海，第97期，1949年12月27日，頁3。

600 魏邃新，〈胡適‧自由‧自由黨〉，《新聞天地週刊》，香港，第94期，1949年12月6日，頁5。

601 參閱呂以太，〈海口與台北間〉，《新聞天地週刊》，香港，第97期，1949年12月27日，頁16。

（1896-1975），建設廳長是彭德。陳誠突然下台，可謂台北政壇的地震。因為一年來的主政，不管是「三七五減租」與新台幣的改制，或是登步與金門的防衛都裡外兼顧。可是在美國的眼中，前上海市長吳國楨的名氣要比陳誠為人知曉。[602]因此在一切還需要美國援助情況下，就起用吳國楨做為與美國拉近距離的棋子。

杜魯門總統決定援助75,000,000美元給敗退至台灣的國府，可是代總統李宗仁從香港準備飛往美國時，曾對新聞界表示如果美國要援助中國，非經過我代總統不可。有些敏感的觀察家認為李氏敢講這種話，多少與美國官方有點往來。不料李宗仁到達美國後，看到苗頭不好只有進入醫院先談「治病」。[603]美國如此援助蔣介石，中華人民共和國看在眼裡不會罷休。於是他們不以援蔣做為抨擊美國的藉口，反而把焦點放在美帝企圖併吞台灣的陰謀。甚至批露美國國務卿艾契遜，在參議院外交委員會的談話，聲稱：「台灣雖已加到中國領土，但在技術上講，在對日和約簽訂前，台灣仍是日本的領土。」1950年1月中華人民共和國指控，美帝與台灣的國民黨有秘密協議。主要是以吳國楨、孫立人等掌管台灣的軍事與政治，並輔以美國政府派遣軍事代表團駐台。假如這樣的援助，也都無法阻止解放軍攻台，美國會以聯合國出面代管為名，直接下手佔領台灣。[604]

不過熟知這段歷史的人都知道，吳、孫二人沒有替美國「代管」台灣，因為1950年3月1日蔣介石「復行視事」，繼續執行總統之權。3月10日蔣介石任命陳誠取代閻錫山，為新任行政院長，穩住他在台灣的局面。[605]6月25日韓戰爆發，改變了東亞局勢，也改變美國對蔣介石隔

---

602 時河清，〈看吳國楨這張王牌〉，《新聞天地週刊》，上海，第98期，1950年1月3日，頁6-7。

603 章學非，〈美國算盤敲得頂精〉，《新聞天地週刊》，上海，第99期，1949年1月10日，頁7-8。

604 中國人民解放軍總部，《中國人民解放戰爭軍事文集（第五集下冊）1949.7～1950.6》（北京：中國人民解放軍總部，1951年5月），頁727-734。

605 戴寶村，《台灣政治史》（台北：五南圖書出版，2006年10月），頁288-291。

岸觀火的態度。1952年4月28日中華民國與日本簽訂《中日和約》,同年8月5日換文生效,結束兩國自第二次世界大戰以來的戰爭狀態。[606]1949至1952年的台灣,其命運可謂峰迴路轉。然不變的蔣介石領導下的中國國民黨,仍秉持一貫反共的精神。這段歷史若真要找尋一個起點,1949年6月16日鳳山第四軍官訓練班,前往台南延平郡王祠點燃一把聖火,再折返回鳳山送給蔣介石,並高喊爭取建國大業的最後勝利,或許可以做為開始吧![607]

606 張淑雅,《韓戰救台灣?——解讀美國對台政策》(台北:衛城出版,2011年10月);林金莖,《戰後中日關係之實證研究》(台北:財團法人中日關係協會,1984年6月再版),頁112-147。

607 西門聖,〈鄭成功的聖火〉,《新聞天地週刊》,香港,第73期,1949年7月9日,頁4-5。

03

社會經濟專欄——二個迥異地域人們的接觸

　　光復初期的台灣，對於大陸人士來說，實為一個陌生又好奇的島嶼。台灣女人貌美吸引著他們，「番人」的原始又引發他們獵奇。可是當外省人表明日治歷史是奴化，一連串對立就跟著到來。加上官員接收時的貪贓，台灣人與外省人逐漸成為對立的名詞。然而有識者在接收之初，對於台灣人或台灣的評價甚高。他們來到台灣的第一印象，就是整個社會是守法、守秩序。特別是看慣內地的混亂，台灣人的高素質很容易感覺得到。其中最讓人感到驚異是台灣農、林、漁業，以及工、礦、商業的高度發展。若一定要說出領先大陸的項目，規模宏大的糖業、紙業、鹼業、肥料、電力事業、造船、水泥、煉鋁、煉油、金銅礦業，全都領先各省市。這也使得1948年大陸工廠南遷，台灣成為眾多地方的首選，並為本地的工業再打下更堅實的基礎。

第一節　台灣女性與高山族的描述

　　一提起台灣，就會使人想起女人，好像台灣同女人分不開似。上海或其他地方的太太、小姐們，如果她們的丈夫、愛人在台灣工作，必定擔心被熱帶蛇般的台灣姑娘奪去。會有這種情況，主要是當局禁止公務人員攜眷來台，其次是新聞報紙對台灣女人不太準確的報導，使得內地的太太、小姐們慌了。反觀來台的公務員，對待台灣女子不免輕舉妄動，也造成許多社會新聞。[1]1945年至1949年，大陸人士眼中的台灣有「三多」。有時稱為樹木多、自行車多、女人多。[2]有時又謂木屐多、自行車多、下女多。當時常可以看到台灣街道，一對青年男女坐在自行

1　新聞天地，〈台灣的女人〉，《讀者》，漢口，第2卷第5期，1946年7月下半月，頁12。

2　璃，〈台灣來鴻（通訊）〉，《上海郵工月刊》，上海，第13期，1947年6月，頁13。

車上，女的倚偎在男的懷中疾駛而過，令人羨煞忌妒。[3]在海水浴場上，紅紅綠綠的男女也是一海春色。而且年輕父母都帶著子女，直接進入淋浴間沖澡，絲毫沒有難為情的樣子，十足讓外省人士大開眼界。[4]對於台灣女子的描述，很顯然是這時期雜誌報導的重點。更有謂台灣女人確實多於男子，給人的感覺喜敷厚粉、著豔裝，機關雇員以下多屬此輩。她們相貌多額短而圓，雖少嫫母（《史記》典故指醜女），亦難得佳麗。而赤足拖屣，行動尤欠雅味。使得有些鰥夫，亦不想在台灣求偶。[5]這就突顯雜誌的投稿人，「審美」標準的不同。大抵來說，大陸人士來台對於台灣女子的注意，不論美醜總是深刻描述。這成為光復初期，不同雜誌大篇幅報導的有趣現象。[6]

　　針對於此，可以先從台灣女子的打扮談起。1948年知名漫畫藝術家豐子愷（1898-1975）曾來台灣遊玩，返回上海後投稿於兒童雜誌，向小朋友們介紹台北的女子。他云日本統治台灣五十年，台灣女子的服裝仍照中國式。可是中日戰爭爆發日本人推行「皇民化」，強迫台灣女子穿著日本服裝。台灣女子不敢完全違背，就想出一個辦法改穿西洋服裝。於是年輕女郎上身穿襯衫，下面束長裙，好像跳舞的衣服很好看。光復以後穿這種跳舞式衣服的女郎還是很多，可是開始有人效仿上海、杭州的女郎，改穿旗袍。旗袍在來台外省人眼中算是老式，但台灣女子看來是新式。台北開設許多裁縫店，專做旗袍。特別是招牌上還寫著「最新流行江浙旗袍公司」（照片3-1-1）。[7]

3　KH，〈台省來鴻——我到了台北〉，《茶話月刊》，上海，第 10 期，1947 年 3 月，頁134。

4　劉冬陽，〈淡水看海〉，《工商新聞》，南京，第 51 期，1947 年 10 月 20 日，頁 8。

5　本社，〈各地通訊——台灣女人多〉，《湖南青年》，長沙，第 7 卷第 10 期，1947 年 2 月12 日，頁 23。

6　台灣婦女是報導的焦點，就連「男扮女裝」的人，也是國內簡訊的新聞。參閱本社，〈國內簡訊〉，《華文國際》，大阪，第 2 卷第 9 號，1948 年 9 月 21 日，頁 4。

7　豐子愷，〈南國女郎〉，《兒童故事月刊》，上海，第 3 卷第 1 期，1948 年 12 月，頁 5。

照片3-1-1【台北的南國女郎穿著】

　　透過上文可知，台灣女子對於衣著的變通，以及追隨流行的敏銳，並且「熱帶感」十足。外傳台灣人多與馬來人混血，女子的臉龐有時看來像是西洋美女。台灣農村婦女也身著西裝（洋裝），同時也流行燙髮，這樣的打扮連南京的大小姐也不過如此。[8]或許在外省人士的眼中，清代的漢人移民都與原住民通婚，而原住民被誤認是馬來人後裔，故才有「混血」之說。這樣的錯覺還不少，台灣女子喜歡濃妝豔抹，也不一定受到歡迎。有謂台灣女人的服裝與馬來人差不多，上面是小短衫，下面是小布裙。穿鞋子的女子很少，都是光著腳或穿木屐；如女工光腳在尖石子上，看來都若無其事的樣子。下女都是15、16歲的小姑娘，外表都老得可怕，看起來像是25、26歲。她們的手腳尤其粗大，應該從小做慣粗活。餐廳、旅館的女招待，她們的臉畫上濃妝讓人驚

8　劉光炎，〈台灣歸來（一）〉，《中央週刊》，南京，第 8 卷第 43 期，1946 年 11 月 7 日，頁 16。

嚇。故其裝扮與上海大世界、大新公司門口站的妓女，已經沒有太大差別。有許多上海男子去台灣，沒有定力的人，肯定與台灣女子廝混。獨身在糖廠宿舍的男人，也常有深夜抱著下女胡亂親吻的傳聞。[9]

台灣人審美觀念是以「鰱魚（鯉魚）嘴、柳葉眉、鵝蛋臉」，為理想美型。《紅樓夢》中探春的描寫，「削肩細腰、長佻身材、鵝蛋臉面、俊眼修眉、顧盼神飛」，都是台灣知識婦女心中崇拜的典型。至於女子的表情，隨著年齡的增長也相當豐富。大致少女時代多愛撒嬌、羞人答答、含情脈脈。鄉村少女則以憨態無邪見稱、崇尚樸實。城市婦女則趨於奢華，服裝五花八門。特別是上身花樣更繁，下半身大抵為裙，也愛在頸上圍著珠串或珊瑚。50歲以下、10歲以上的女子，都喜歡燙頭髮。台灣女子的面貌多半美麗，喜歡在臉頰與嘴唇塗上濃厚的脂粉。然而美中不足是台灣女子的腳不好看，自膝至腳掌，蚊蟲叮咬的小圓黑點，成為不雅觀的圖案式花腿。光復以後台灣女人的穿著樣式有很大的改變。日本式的和服只有在老太太身上才能看到，年輕女子有的是巴黎風的衣裙、革履。[10]台北的一切流行極力模仿上海，台灣姑娘都想變成「上海小姐」。不過上海女人是中國流行的尖端，她們模仿紐約、巴黎，而全國各地都在模仿上海，也不是只有台北。[11]

對於沒有來過台灣的各省人士來說，除了聽聞台灣女性的軼事外，最讓他們有直接感受，應是1948年5月在上海舉行的第七屆全國運動會，台灣代表隊女子選手的表現。台灣女運動員的時髦是一大焦點，她們雖有燙頭髮，但卻沒有塗脂粉，表露出臉上原有健康的顏色。[12]得到

9　陳煒，〈台灣通訊（第一信）：台灣的飲食男女〉，《小上海人半月刊》，上海，第1卷第2期，1946年10月10日，頁10-11。

10　茵露，〈漫談台灣女人──台灣通訊〉，《家月刊》，上海，第11期，1946年11月，頁22。

11　鄭孝舜，〈台灣紀行〉，《華文國際》，大阪，第2卷第9號，1948年9月21日，頁6。

12　沛人，〈譽滿全國的台灣隊〉，《中央日報週刊》，南京，第4卷第7期，1948年5月23日，頁6-7。

獎項的台灣女子選手，包括：標槍冠軍張妍瑞（照片3-1-2）、八磅鉛球亞軍張妍瑞、鐵餅亞軍張妍瑞、跳遠殿軍張甘妹、鐵餅殿軍顏綉玨、400公尺女子接力殿軍、60公尺短跑第5名郭美麗、跳高第6名邱月嬌、女子排球亞軍、女子乒乓球季軍、50公尺自由式游泳第5名顧綉鈺、100公尺自由式游泳殿軍顧綉鈺、100公尺仰泳亞軍張雲英、100公尺仰泳第5名李佳惠、100公尺仰泳第6名顧綉鈺、200公尺女子游泳接力亞軍。最後女子田徑比賽積分排名第四，女子游泳比賽積分排名第二，女子組比賽總積分是31分排名第三。[13]

照片3-1-2【女子標槍冠軍張妍瑞】

台灣女子常赤腳，這是雜誌記者第二個深刻印象。為何會如此？一半是氣候的關係，一半也是房屋的關係。雖然到了冬天，她們都穿著襪子，但寒冷的天氣不長，大多還是赤腳。台灣女子外出時為了禮儀，也穿著襪子，可是在家還是盡量赤腳。雖然赤腳很普遍，但出門一定穿

13 中央社、世界社等，〈第七屆全國運動大會〉，《寰球月刊》，上海，第31期，1948年5月，頁4、6-7、8。

鞋。她們特別喜歡穿木屐,而且是日本式的木屐。老太太有裹小腳,她們的小腳甚至比大陸老嫗裹的小腳更小。有的台灣老嫗裹上小腳,還穿著木屐四處走動,比起滿洲婦女穿的「旗鞋」還難走。[14]劇作家田漢(1898-1968)的「二房」——安娥(1905-1976)[15],在1947年來到台灣小住。她對裹著小腳的台灣老嫗感到驚豔。或許是禮失求諸野的心態,沒想到在日本統治五十年的台灣,還能看到就算是在大陸也快消失的古風。[16]總結台灣女子多穿西式長服,光復初也有人穿起旗袍。女子多赤足、不穿鞋襪,屢見於雜誌報導。不過台灣農村生活貧苦,女人在夏天也有半裸。[17]

台灣女子普遍受過教育,又是雜誌記者第三個深刻印象。日本統治台灣時代,對女性的教育很注意也很普及。根據估計台灣女性約有60%受過教育,所以不論是女店員、女招待都能看懂日文報紙與書籍。這種現象常讓內地各省來台者,感到十分新奇。日治台灣女子的教育,與同時期中國女子教育大不相同。台灣女子就讀小學與男子一樣,屬於義務教育的一環。讀完小學的女子若要升學,大多進入高等女子學校。這些學校相當於中國的初級中學,她們在學校接受的課程,全是訓練禮節與家事。坦白地說就是訓練她們,成為一個標準的家庭主婦。因為如此,台灣婦女做事都很勤快。她們對待客人、整理家事井井有條,對丈夫之溫順體貼,無微不至。台灣的家庭主婦差不多5點起床,忙碌一整天要到晚上11點。未婚女性生活比較自由,婚前可以外出旅行,但結婚後都深居不出。[18]

---

14 秋星,〈台灣之起居服食(二)〉,《茶話月刊》,上海,第 33 期,1949 年 2 月,頁 62-63。

15 本社,〈藝文壇〉,《紀事報(每週增刊)》,北平,第 22 期,1946 年 11 月 16 日,頁 7。

16 安娥,〈第一次接觸台灣青年〉,《婦女月刊》,上海,第 3 卷第 4 期,1948 年 7 月,頁 4-5。

17 賈嶽生,〈初訪台灣〉,《草書月刊》,上海,新 5、6 期合刊,1948 年 3 月,頁 54。

18 寒柏,〈漫談台灣婦女〉,《婦女月刊》,南京,復刊號第 5 卷第 1 期,1946 年 11 月,頁 20-21。

　　台灣女子過去在日本五十年教育下，造就賢妻良母的作風。有人認為她們若與大陸來台青年通婚，真是珠聯璧合。絕對可以促進台灣與中國，民族之間的團結。[19]不過也有看法直指五十年的殖民地教育，幾乎把台灣女子倔強性格磨滅了。她們成為柔而怯、嬌而媚，低聲下氣好像一隻待宰的羔羊。或許被教育得過於禮貌，有雜誌投稿人親身經歷，在台灣被人介紹與一名台灣女子相識。初次見面雙方準備握手時，台灣女子卻馬上跪地叩首（可能在榻榻米上），讓男方不知所措。日本統治時期的教育，已經讓台灣女子說得上一口流利的日語。但也有少數女子因父老的愛國熱忱，暗地裡教授她們漢語。不過鄉間女子大多沒有受過教育，封建意識很重，「女子無才便是德」的觀念，尚存一般人的腦海。閩南系的婦女多半在外接受日文教育，在家接受漢文教育，她們多半不事勞務，只操家務而已。廣東系的婦女仍以耕種田地為業，不過最近數年受到潮流影響，到城市就業者不乏其人。[20]

　　台灣受到日本統治「重男輕女」陋習的影響，婦女僅能當小學老師與醫院看護。然而好學精神卻是沿襲舊時代教育的結果，這裡指的是大部分婦女白天忙碌之餘，晚上還去補習學校學習國語。[21]值得注意的是台灣女子，在學校擔任教職都以小學居多，但是她們在國民學校（小學）服務的精神，真是叫人敬佩。她們不像大陸的學校教師，不肯負擔學校清潔工作。特別是台灣的女教師們，都帶領學生動手拖地板、擦玻璃窗，讓來台參訪的大陸學校訪問團驚訝不已。[22]

　　可是台灣的女子如同男子一樣，對於中國的認識都很模糊。曾有雜誌記者訪問台灣婦女，問到她們對祖國的認識。但是大部分都搖頭說不

19　詹志雄，〈漫談台灣的教育〉，《建國月刊》，台北，第 1 卷第 4 期，1948 年 1 月，頁56。

20　茵露，〈漫談台灣女人——台灣通訊〉，《家月刊》，頁 21。

21　志青，〈台灣婦女〉，《婦女導報月刊》，南京，第 201 號，1948 年 1 月，第三版。

22　朱君愓，〈台灣的國民教育〉，《正論週刊》，上海，第 2 期，1947 年 12 月 31 日，頁 5。

知道，或者開口云「你們中國怎麼樣」、「我們台灣怎麼樣」。有的甚至問中國在什麼地方？有沒有台灣大？或是上海有沒有自來水與電燈？於是大陸記者省思，政府對於台灣人的教育還是不夠。台灣女人除了六、七十歲的老太婆，以及一小部分的中、小學女生還有點認識外，絕大部分對中國都很漠然。妙的是有六、七十歲的台灣老嫗，竟然知道康熙、乾隆，朱元璋（1328-1398）與洪秀全（1814-1864）。至於孫中山（1866-1925）與蔣介石（1887-1975），也可以如數家珍講清楚。可是當談到大陸與台灣的事情，老嫗滿臉皺紋閃出的光輝，頓時如曇花一現消失了。[23]

　　台灣女子的多情，這是雜誌記者對她們第四個刻板印象。台灣女性都很大方熱情，但也因為太熱情而被誤解。當時有人說過一句話，只要你真心愛一個女人，你在台灣不愁找不到一個愛人。這句話中肯說出台灣女子的性格。[24]山東青島海軍官校學生畢業前的遠航實習，也見識到台灣女子的熱情。撰文者提到前往上海、福建海壇、廈門、海南島、西沙群島時，都沒講述當地女子的事情。唯獨軍艦離開高雄碼頭的時候，一位多情的台灣女郎，她以揮巾為「峨嵋」號上的水兵送行。[25]再用一句形容詞來描述台灣女子，她們像一朵早開的玫瑰，又像一株半謝的薔薇。乍看嬌豔欲滴、芬芳四溢，細望衣衫襤褸、笑容滿面。她們有著太多的災難和憂鬱，有著無窮的辛酸與血淚。[26]1945至1949年台灣女子的不幸遭遇，有著太多的故事。

　　初到台灣的外省人，除了注意各城市街道整齊、寬廣，還會留意台灣女多男少的現象。茶房、酒館的侍者，全是16、17歲的妙齡女郎。

23　秋田，〈關于台灣女人〉，《中國新聞半月刊》，南京，第 1 卷第 3 期，1947 年 8 月 10 日，頁 19-20。

24　寒柏，〈漫談台灣婦女〉，《婦女月刊》，頁 20。

25　李明璐，〈南行散計（續）——海、海軍與海疆〉，《中國新聞半月刊》，上海，第 3 期，1947 年 6 月，頁 34-35。

26　秋田，〈關于台灣女人〉，《中國新聞半月刊》，頁 20。

商店的店員十分之九也是濃妝豔抹的少女。很奇怪這裡的男子都跑到哪去？最簡單的答覆就是二次大戰時被日本徵兵，民間非正式估計，台灣女子比男子人數多約三分之二。因此當時台灣女子，她們的婚配對象就不一定是台灣男子。時值政府機關來台接收的公務員，很多都是男性。他們發現台灣有一大群女子，性情溫柔、天真活潑又容易接近，處理日常家務又勤儉簡樸，服侍起居更殷切周到。所以未婚男子就在台灣物色對象，已婚男子只要妻子沒有來台，不少也逢場作戲一下。台灣人與內地人結婚機會增多，有人稱這種現象為婚姻對象之外流。台灣婚姻對象外流若處在正常、穩定的社會中，不會造成什麼重大問題。但中國處於內戰的動盪，來台的公務員很多都會被調返。這些外省男性是否有意願，帶著台灣妻子返鄉就很有疑問。因此常發生許多個案，都是台灣妻子與外省丈夫回到大陸，旋被遺棄的悲慘事件。更進一步說內地來的單身男子，對於台灣女子多抱輕率與玩弄的態度。因為內地來的公務員待遇都比較高，自然輕視同職場的台灣人。又因為台灣女子很容易親近，且多從事下女的工作，就更容易讓人玩弄感情。不正常男女感情發展常造成悲劇，引發的後果是台灣人與內地人關係更難融洽。[27]

　　大陸的雜誌常報導，光復以後去台工作多數為單身男子。可是這些單身漢非真正的單身漢，在大陸早有妻室，他們與台女認識只得一時安慰。例如：《大公報》駐台記者楊寶琳，結識台北市新光餐廳台籍女侍陳柳。二人相識即告同居，每月楊某給陳柳台幣5,000元（約法幣25萬）生活費，二人決定廝守終生。不料楊寶琳的髮妻追蹤來台，陳柳得知大受刺激。因不能白首偕老，陳柳竟自縊於《大公報》辦事處樓下。此事鬧到北平由《紀事報》刊出可見一般。[28]但當時最有名的桃色糾

27　朱荷生，〈性比例與婚姻——台灣采風錄之一〉，《中央週刊》，南京，第9卷第2期，1947年1月8日，頁24-25。

28　本社，〈白首偕老無望、一女侍自縊〉，《紀事報（每週增刊）》，北平，第57期，1947年7月19日，頁9。

紛，卻與台灣女人無關。1947年12月田漢帶著17歲女兒瑪利，以及任光（1900-1941）的妻子安娥來台旅遊，未幾田漢的「元配」林維中（1900-1985）追到台灣，也同住在台北市泰山公司。可是田漢不搭理元配，又帶著安娥與女兒去台南，林維中氣得投稿至《新生報》，發表一封致田漢的公開信，內容聲淚俱下控訴自己成為棄婦。[29]田漢的感情風波竟鬧到台灣來，本文著墨於此是因為光復初期，台灣社會有太多類似的感情糾紛報導。大部分都是外省元配跑到台灣來，「看管」自己的丈夫有無在台灣另築小公館。由於這類事情太多了，遂成為小說家創作題材，如〈叛徒〉一文就是深刻描寫的佳作。[30]

　　1946年底知名化工實業家陳調甫（1889-1961）來台旅遊，返回天津後曾在塘沽發表演說談論來台心得。陳氏對台灣女子有相當的惡感。他云在台灣所發生的一切壞事，台灣人都推給內地人。而且「歷史告訴我們」台灣女子的習慣，未婚前每行隨便。從前（清末）更有一個內地去的旅客，將台灣的風俗習慣刻在石碑，做為來者的旅行指南，其中一條就是「戒女色」。台灣的酒樓女侍，遠比上海、香港輕佻。陳氏氣憤指出台灣人將男女感情憾事，全都歸咎於內地人身上。[31]1947年初出現首部以台灣為創作題材的小說——〈葬送〉，描寫台灣在接收之初，不少女子成為接收大員的情婦。這些女子跟當時中國官場上的稱呼一樣，都被稱為××太太，可是全部沒有跟接收大員結婚。[32]

　　除了外省男子對台灣女子不夠尊重外，台灣男子對本省女子也是如此。上海《茶話月刊》報導新任新竹縣長鄒清之的妙文，他對女職員下一手令，輕薄之心躍然紙上。文稱：「人分男女，生理各異。女賦經

29　章怡，〈田漢婚姻糾紛鬧到台灣〉，《週末觀察週刊》，南京，第 3 卷第 3 期，1948 年 1 月 17 日，頁 7-8。

30　武久兒，〈叛徒〉，《婦女月刊》，南京，第 7 卷第 1 期，1948 年 3 月，頁 39-44。

31　陳調甫，〈重入慈母懷抱的小弟弟：台灣（一）——三十七年二月二十日在塘沽的演辭〉，《海王旬刊》，南京，第 20 年第 26 期，1948 年 5 月 30 日，頁 402。

32　鄒重燨，〈葬送〉，《太平洋月刊》，北平，第 1 年第 3 期，1947 年 3 月，頁 22-24。

潤，經有常序。潮滋臨堤，須用物具。合乎衛生，需以棉絮。茲據查本府各局、科、室女職員，每際經期，輒以文稿紙代替棉花。既不衛生，又屬浪費。公帑有限不能負此重大消耗，為此相應通告。」被人批評為此類公文，實屬罕見。[33]

撇開感情之事不談，台灣傳統婚俗也是記者們感到好奇。特別從婚俗來看台灣與中國的關係，雜誌特別強調台民雖受日本統治，但仍維持民族意識，未曾忘記組國。而且台灣婚俗保存的古風，還比內地各省為多。時論台灣男子適婚年齡25歲，台灣女子適婚年齡21歲。嫁娶的對象大多遵守父母之命、媒妁之言，可是受到西風的影響，自由戀愛而結婚者也不少。訂婚俗稱「送定」，大部分都用聘金。戰前金額換算成台幣約是300至3,000元，1946年行情變成台幣10,000至20,000元。此外男方還需準備「龍鳳餅」給女方，由女方分送給親朋好友，表示婚事已經確定。從這一日起，男女雙方的親朋好友都會送上賀禮，稱之為「添莊」。[34]再者，男方送到女方家的訂婚禮物，除了聘金與龍鳳餅外，還有豬肉、罐頭、食品、香燭等。同時男方要準備二枚戒指，第一枚是金、銀，或是鑲鑽皆可。但第二枚一定要銅戒，表示取其諧音「同心」之意。有錢人家在送定後，還會有「送日頭」，通知親朋好友結婚日期，即是「完聘」的意思。有趣的是近年來，男女雙方常自己舉行訂婚，不拘古禮的要求。當男女把戒指互換給對方時，訂婚儀式就完成了。[35]

台灣婦女運動方面，大陸記者很早就注意這項重點。當時台灣女性的專門雜誌，主要有《婦女界》、《婦女俱樂部》、《少女俱樂部》三種。前二種雜誌是以家庭主婦為對象，後一種是以女學生為對象。不過

---

33 本社，〈風雨集——妙文共賞〉，《茶話月刊》，上海，第 15 期，1947 年 8 月，頁 13。

34 編者，〈台灣的男婚女嫁、仍然保留著我國古風〉，《時代生活三日刊》，北平，第 4 卷第 7 號，1946 年 12 月 22 日，頁 7。

35 編者，〈台灣的男婚女嫁、仍然保留著我國古風（續）〉，《時代生活三日刊》，北平，第 4 卷第 8 號，1946 年 12 月 25 日，頁 7。

三種雜誌的內容，大部分都是小說、縫紉、烹飪、家庭醫藥衛生等。[36]1946年10月25日蔣介石伉儷首次來台灣視察，蔣宋美齡（1897-2003）以茶會招待台灣婦女，並決定成立新運婦女指導委員會、台灣省婦女工作委員會。同年12月5日指派新運婦女總會委員劉我英女士，來台協助陳儀（1883-1950）的夫人古月芳（本名古月好子，亦稱陳月芳），推行台灣省婦女工作。12月28日台灣省婦女工作委員會，就在台北市中山堂舉行成立大會。按照道理這是國府接收後，台灣婦女運動的里程碑。可是當時台灣發生一起轟動社會的殺妻案，讓人直覺新台灣婦運只是紙上談兵。原來台灣省警備司令部總務科長李祝三，強佔房屋數棟、小汽車二輛，小老婆不知其數。1946年12月5日晚上，李祝三要把最喜歡的小老婆帶回家時，不料彼此發生口角，李氏掏出手槍旋即把她擊斃。當時輿論不滿同年底的沈崇案，美軍姦淫女大學生，民主與左派人士隨發動全國性的示威。然而台灣官員殺妻，反倒沒有人理睬。[37]這被認為官辦婦女團體，在台灣姐妹們面前首次的嚴格考驗。[38]

　　1948年台灣省婦女工作委員會，把一年來成果做出總結。她們創立《台灣婦女週刊》做為喉舌，婦女國語補習班2班、英語補習班1班，3班人數總共96人。[39]既然政府大力推行新婦女工作運動，台灣社會也必須有所表示。其中最要改變的是日本人的教育，把台灣婦女都鎖在家裡。為了家庭台灣婦女耗盡一生，但對社會卻不聞不問。中華民國憲法公佈以後，對女子權力的保障更加完整。需要把日治殘留「男尊女卑」觀念洗刷乾淨，多參加社會活動，多接受祖國的教育。[40]或許如

36　林汶，〈台灣婦女生活〉，《輔導通訊》，上海，第 1 卷第 2 期，1945 年 12 月，頁 5。

37　白茜，〈台灣通訊——現在科長殺妻案〉，《現代婦女》，上海，第 8 卷第 5 期，1947 年 2 月 10 日，頁 18-19。

38　編者，〈國內外婦女動態〉，《現代婦女》，上海，第 8 卷第 5 期，1947 年 2 月 10 日，頁 22。

39　朱敬儀，〈台、粵、滬、湘四婦女工委會工作概況表〉，《婦女新運月刊》，南京，第 8 卷第 2 期，1948 年 3 月，頁 31。

40　萍心，〈台灣婦女應有的努力〉，《民教月刊》，台南，第 3 期，1948 年 3 月，第一版。

此，台灣公家單位也紛紛成立婦女組織。例如：郵務工會全國聯合會早有規定，全國郵務工會的理事名額中，應按人數比例產生女理事，或者至少一名女理事。1946年8月台灣省郵務工會成立後，對此奉行不渝。1948年的報告指出台灣女郵工，成立次級團體直屬於理事會。她們常與各省女郵工團體聯絡，舉行集會與倡導活動。[41]不過台灣女子對於外省人士，有相當大的吸引力。不同身分的女子，亦有不同的報導。

1.職業婦女、下女、色情業女

台灣女子有三大職業圈，殖民時代謂女給事（也稱女給仕）[42]、女中與女給。台北的女孩子在各部門工作，不管是機關與商店都有她們的足跡，這與國內有許多機關把女子當做點綴品不同。[43]女給事在機關會社裡居於半工役的差事，在「三女職」中身分最高。她們要不是公學校畢業，就是女子高校畢業。體態豐腴貌美，打扮非常時髦。她們工時與普通職員一樣，皆準時上、下班。工作內容為擦桌掃地、來客倒茶、傳遞文件、抄繕文書等。而且每位女給事都有辦公座位，閒暇時她們就伏案用功。晚上她們更會去補習學校學習國語，希望由女給事晉升為正式職員。可惜許多外省官員的抹煞與鄙視，把她們當作女勤務或女工友看待，傷了她們的自尊心。[44]不過台灣省行政長官公署的女給事，可不是身份低下的角色。有雜誌記者形容台北賓館席間伺候女子，妙齡三五、宛宛嬰嬰，體貼周至。她們多為公學校畢業生，家中小康、競相自立，

---

41 王啟震，〈郵工運動在台灣〉，《中華郵工》，上海，第 3 期，1948 年 5 月，頁 12-13。

42 市，〈不幸的台灣女性〉，《紀事報每週增刊》，北平，第 32 期，1947 年 1 月 25 日，頁 6。

43 胡爾，〈台灣通訊〉，《世界半月刊》，上海，第 1 卷第 2 期，1946 年 11 月 16 日，頁 52。

44 劉冬陽，〈台灣——女人的世界〉，《生活文摘半月刊》，上海，第 1 卷第 1 期，1947 年 9 月 5 日，頁 19。

非大陸各省小女子之嬌懶可比。[45]

至於女公務員的勤奮，也讓外省人感受到明顯的不同。台灣社會不管是街上、酒館、辦公室，到處都擠滿女人。[46]通常在大陸各省，女子是被摒棄在辦公室之外。就算是內地各機關辦公室的女職員，普遍都有遲到早退的現象。但是在台灣女公務員做事很勤快，她們一大清早就來辦公室將室內打掃乾淨，然後再給隨後抵達的男職員倒茶。一些不太識相的外省男公務員，更常以命令的方式頤指氣使，台灣女子總不以為意。然而職場上女子們待遇極低，相同職級的公務員，男性如果月俸台幣1,000元，她們只有台幣400至500元。[47]台灣人認為沒有一個職業是恥辱，台灣的女子幾乎每人都有職業。說也奇怪她們的表現比男性還好，如當時乘車秩序比日治差很多，但20歲左右的女子對驗票、賣票的工作應付得宜，全省侍應生據說達30,000人。[48]

當時台灣女職員的待遇，機關女辦事員台幣8,000至10,000元，女店員6,000至10,000元，女侍6,000至8,000元，下女2,000至4,000元，公共汽車女職員8,000至10,000元，當時台幣與法幣的兌換是1：150。[49]如果從女權運動來看，雖然台灣婦女沒有真正的達到解放的理想，但有些進步的地方卻值得注意。最重要的是她們有著不同的職業，去謀取生活上的獨立。台灣女人與內地女人迥異，她們參加社會各種職業。如醫生、工廠職工、茶房、女招待、會計、銀行員、新聞記者、郵務員、教員、商店老闆、店員、汽車上的售票員、電影院售票員、理髮師、按摩

45　劉光炎，〈台灣歸來（一）〉，《中央週刊》，頁15。

46　不止台灣如此，澎湖女子也是充分就業，如銀行、郵電局與其他機關，女性約佔三分之二。在市場上做生意的人，更有四分之三是女性。而理髮店、酒樓、食堂的招待全是女性。參閱袁允中，〈南航紀行〉，《海校校刊》，青島，第1卷第10期，1948年10月，頁282-283。

47　寒柏，〈漫談台灣婦女〉，《婦女月刊》，頁19-20。

48　志青，〈台灣婦女〉，《婦女導報月刊》，第三版。

49　之芬，〈基隆通訊——台灣所見〉，《羣眾週刊》，香港，第2卷第14期（總第64期），1948年4月15日，頁22。

女。[50]即便是微不足道的工作，如侍用生、女工友等，也是要負起家庭的經濟重任。有趣的是台灣女子的職業到底是一個什麼樣的情況？根據統計女公務員已經達到9,553人，佔全省公務員14.37%。女公務員的職務有秘書、公牘、會計、簿計、書記、辦事員，尤其是小學教員差不多都是女子。所以把大陸與台灣比較，台灣婦女在職場工作者，不論何種職業大多受過八年教育，很少有文盲。[51]可是在大陸只有受過八年教育，從中學畢業的女子，誰肯去機關擔任工友，還不是擺出大小姐的心態。但是台灣的婦女覺得這是一種職業，不是富貴貧賤鑑別的身分。特別是台灣的婦女有無窮的上進心，你會發現許多女工友閒暇時，都捧著日文小說或中文課本在研讀。只要一講到台灣婦女，回頭看看大陸的婦女，三十多年來婦權運動大聲疾呼，到底解放了什麼？（照片3-1-3）[52]

照片3-1-3【台北街頭少女攤販在看書】

50　茵露，〈漫談台灣女人──台灣通訊〉，《家月刊》，頁21。

51　當時上海綢廠男工3,889人、女工2,659人。可是綢廠女工識字率不高，平均100人還不到20人，最多也只讀過二、三年書，小學畢業100人中只有2、3人。參閱阿英，〈綢廠中的女工〉，《生活知識週刊》，上海，休刊號，1946年8月31日，頁4-5。

52　為春，〈各地通訊──你憧憬台灣嗎〉，《婦女月刊》，上海，第2卷第11期，1948年2月，頁14-15。

　　其實日治時期因男尊女卑的觀念，使得女子參政的機會很少。1947年11月因應行憲，各省市均選出國民大會代表，台灣亦不例外。1948年3月29日第一屆國民大會在南京召開，台灣的國民大會代表，以女性最受到雜誌的青睞而有專訪。當時總共有4位女性受到矚目，霧峰林家就佔了2位。

　　第一位是鄭玉麗（1921-2006），她是台灣新竹人，當時才28歲，長的小巧可愛。談話時眼睛喜歡看著地板，羞答答的笑著。誰會相信她是台灣省婦女會的理事、台灣省婦女運動委員會委員、台北市婦女會的常務理事，而且日治時期還是台灣總督府的書記官。第二位是林珠如（1915-？），台中霧峰人，當時34歲。日治從彰化高等女學校畢業後，即留學日本東京音樂專科學校。她的丈夫林攀龍（1901-1983）先生，為留學英國牛津大學的學者，現正在台灣創辦學校（今明台中學）。林珠如厚厚的嘴唇、大大的臉孔，洋溢出她內心一股奔騰澎湃的熱情。第三位是楊郭杏（1909-？），她是台南人，已經40歲。日治台北第三高等女子學校畢業，曾經到過日本。也許是年齡限制了她，活潑天真的勁兒已經沒有了。忠厚、沉默只有在偶而微笑時，才會流露出一顆赤子之心。第四位是林吳素真（1900-？），她也是台中霧峰人，當時49歲。給人第一印象是和藹可親的賢妻良母，她研究漢文長達19年之久，國學基礎很好。日治時期歷任霧峰：新株式會社社會部委員，彰化婦女共勵會委員。發展社會新生活運動，推動社會文化事業不遺餘力。她的閨女林雙媛（1929-？）小姐也隨著她來首都觀光，她覺得南京非常好玩，只是不太衛生（照片3-1-4）。[53]

　　值得注意的是台灣省婦女的職業雖很普遍，但均散於下層社會當中，踏入高級社會者鳳毛麟角。例如：郵差大多是女子，旅館和辦公室的侍役也都是女子，甚至於煤礦場也有女工，公共汽車的司機也不少是

53　天行，〈國大之花訪問記〉，《中國新聞半月刊》，南京，第 2 卷第 1 期，1948 年 3 月 25 日，頁 14-15。

照片3-1-4【台灣女姓國大代表四人側影】

女子。[54]這是因為日本統治多年，強壓婦女不使其受高深教育，亦不讓其邁入高級社會。可是也因為如此，台灣女性進入職場，都可以用自己的勞力換得飯吃。如小販，台灣婦女從事此項行業者，人數很多而且經營容易。也有在大街小巷賣香菸、賣小吃、賣菜。又如清道夫，台灣的清道夫都由女性擔任。她們不但要清掃街道，如果街道有所損壞也要負責修理。台灣女性服務於學校者，只限於小學教師。[55]下層社會婦女的職業，也有做草蓆、草帽，因為這是台灣聞名全球的特產。[56]不過大陸的雜誌對其描述不多，反而對女工有更多的著墨。有云台灣的女人都喜歡打扮，但並不「豪華」。她們的臉上擦胭脂粉，身上只穿一襲花布衣。這樣實在很美也很經濟，好像任何人都打扮得起。內地的女工一般都不塗胭脂，僅穿素淨的藍布掛，但台灣女工的打扮，真是美麗很多。台灣真的需要女人工作，餐館、旅社的侍者，商店的店員，都是女人的專業。台灣的女人表現在工作上，實在是特別的能幹。所以台灣少有失業的人，因為連女人都有工作保障。例如：台灣工礦股份有限公司汐止橡膠廠，現有工人700餘人，絕大多數是女工。[57]

---

54 任美鍔，〈台灣印象〉，《京滬週刊》，南京，第1卷第49期，1947年12月14日，頁14。

55 陶陶，〈各地通訊──台灣省的職業婦女〉，《婦聲月刊》，北平，第2卷第1期，1947年4月，頁25。

56 林汶，〈台灣婦女生活〉，《輔導通訊》，頁5。

57 陳滋文，〈台灣雜寫〉，《海王旬刊》，南京，第20年第35期，1948年8月30日，頁555-556。

　　台灣女人還有一特殊的本領，她們可以挑擔子與騎腳踏車滿街跑。因為台灣的飯館外送的都是蛋包飯，所以就是由這些女子負責送去。女工的打扮是頭戴大草帽，四肢纏上布僅露出手與腳。身上的衣服窄又小，把身上裹得跟條柴一樣。[58]台灣的職業婦女，以競賽的方式報導她們的專業，又是雜誌取材的另一番景象。這裡指的是1948年台北縣文山區舉行第一屆女子採茶比賽。其實當地的小粗坑（新北市新店區）是台灣茶葉的聖地，最好的烏龍茶與包種茶都產於此，最好的茶葉技師也在這裡。比賽評分標準是採收茶葉的重量佔總成績35%，茶葉老嫩、長短、有無蟲蛀佔30%，茶葉母株採收後是否乾淨25%，茶園採收後是否清潔美觀、不能折斷茶枝、散落茶葉10%。[59]參加單位共有16個，每個單位選出3名採茶女，所以總共有48名選手參賽。最後個人冠軍由小粗坑茶葉公司的林秋珠小姐獲得，團體冠軍也是由小粗坑茶葉公司獲得。由於台灣的「烏龍」與「包種」茶早已馳名中外，故舉行女子採茶技術競賽是為了表示，女子可以對國家與社會提供能力與技術。[60]

　　不過仔細分析，台灣女人並不多，會讓人感覺到台灣女人多，其實指是她們到處活躍，跟男人平均分擔生活責任。台灣全島的女性，不分老幼都高踞在自行車上，風馳電掣掠過馬路。上身是五顏六色的短衣，下身是一條短裙活潑自在。她們不是在表演技術，因為自行車上往往有一大堆東西。車上要不是放著竹筐，就是放著家庭手工、漿洗的衣服。另外在街上買東西，女店員含笑以對，絕不會像上海等地的流氓店員，馬上質問「你買得起嗎？」的無理回應。女性在台灣交通機構，所扮演的角色相當重要。日治時期以來尊重公共秩序的影響，南京、上海混亂的交通還沒傳染到台灣來。所以各個車站僅有幾位女性著手收票、剪

58　陳煒，〈台灣通訊（第一信）：台灣的飲食男女〉，《小上海人半月刊》，頁10。

59　山達，〈台北縣提倡生產──採茶女技術比賽〉，《婦女月刊》，上海，第3卷第6期，1948年9月，頁26。

60　本社，〈提高婦女工作效率、台北舉行採茶競賽〉，《婦女導報月刊》，南京，第209號，1948年9月，第一版。

票,乘客都聽命於女管理員的指揮。[61]因此女給事、女公務員、女國大代表、女店員、女工來看,外省人士對她們的印象或評價都不錯。

下女,也稱女中,但外省人習慣稱為下女。她們的地位僅次於女給事,可是「下女」輕蔑的稱呼,戕傷了她們的自尊心。事實上從事這行的女子,家境都屬於小康;入行之因是為了生活獨立,也為出嫁準備嫁妝。雇請她們的人,都是接收大員。這些人接收日本官舍,由於房屋規模太大,需要幫手整理家務與打掃,更需要專人洗衣、煮飯、看家。下女的工作並不下賤,她們的打扮也燙髮、腮紅、朱唇,有時竟比她們的女雇主還體面。[62]其實中國對於雇傭女子也有稱呼,如北方對於年輕者有「小老媽」之稱,南方則稱呼「姨娘」,婢女則稱呼「大姊」,乳傭稱為「奶嬸嬸」。[63]只不過台灣的下女,都是從國民學校,或者女子高等學校畢業。下女招待保持日本傳統婦道作風,非常注重禮貌。對於男子尤其是外賓,更是格外體貼恭敬。這是當時每位去往台灣的旅客,都最清楚的事情。[64]後來下女一詞衍生出去,只要是尋常人家的女傭全稱下女。所以當時外省人才會稱台北市有三件頭痛之事,一是等公車、二是找旅館、三是找下女。因為下女今天來報到,明天就不辭而別。[65]

不過對下女還有另一種解釋,稱為「げじょ」是日本名詞。日本低階婦女來別人家工作,稱之為下女。台灣受日本統治五十年,一切教養風俗與日本同化,故台灣也有下女。日治時代台灣的下女,還區分台灣下女與日本下女,台灣下女工資比日本下女為低。可是日本戰敗,所有

61 秋凡,〈一幅綺思的畫面——活躍在生活戰線上的台灣女性〉,《工商新聞》,南京,第70期,1948年3月1日,頁10。

62 劉冬陽,〈台灣——女人的世界〉,《生活文摘半月刊》,頁19-20。

63 秋星,〈台灣下女的分析——台灣小記之一〉,《茶話月刊》,上海,第31期,1948年12月,頁67-68。

64 冰獨,〈台灣行(三)〉,《寰球月刊》,上海,第25期,1947年11月,頁14。

65 大弓,〈台北小東〉,《新聞天地週刊》,香港,第76期,1949年8月2日,頁9。

日本人盡數遣返日本，只剩下台灣下女而已。[66]下女不僅用於家庭，舉
凡機關、衙署、公司、旅館、食堂，為了供給之事奔走的女人，都可以
稱為下女。下女以年齡區分，還有年老與年輕的下女。年老下女年紀在
30至50歲間，年輕下女年紀在18至20餘歲間。年老下女僅佔總數的十
分之一，年輕者有十分之九之多。日治時代台灣社會對下女較有禮貌，
若是主人家是知識階層，對下女從不疾言厲色，反之下女對主人也極為
順從。1945至1946年時，台灣下女受過舊時代的要求，因此訓練有
素。如洗衣打掃不需吩咐，可以漂亮完成；訪客來家，主人不在亦能周
旋。可是1948年之後，雜誌報導人稱下女能力全變質。此等皆從農村
應徵，毫無訓練就投入職場，主人家也罵聲連連。往昔訓練有素的下
女，轉換工作場合變成機關的女給事。所以當時上海等地遷徙至台者，
「下女荒」缺得很嚴重，下女變成炙手可熱。有趣的是下女與主人家太
太，偶爾竟有緊張關係。原來下女外出一定化妝，此為太太們不能忍受
之事。有些太太雖為「夫人」，但教育程度不高，也被讀了八年書的下
女所輕視。[67]

　　因為「下女」聲名遠播，所以有記者未來台灣，就已聽聞下女的故
事。[68]抵達台灣才發現，下女跟台灣大部分婦女一樣都喜歡赤腳。她們
終年赤腳，冬天也不怕冷。[69]同樣地台灣婦女好豔妝，雖下女之微，也
一定擦脂滴粉，燙其頭髮。[70]也有外省旅人對台灣下女細緻的觀察，據
云大部分外省人來台前，都聽過下女的傳聞。可是真正在台灣看到下

66　1946 年中國東北來台人士，看到台灣充斥下女並不感到奇怪。因為在滿州國時期，受到日
　　本的影響，也有下女的存在。只是 1945 年 10 月日本投降以後，還留在東北充任下女，全
　　都是日本人，而台灣都是本地人擔任，才覺得驚訝。參閱楊森，〈東北‧台灣之行──市
　　政建設和一般觀感〉，《貴州建設月刊》，貴陽，第 1 卷第 5、6 期合刊，1947 年 1 月，頁 9。

67　秋星，〈台灣下女的分析──台灣小記之一〉，《茶話月刊》，上海，第 31 期，1948 年 12 月，
　　頁 67-70。

68　夢君，〈台灣紀行──由南京到高雄〉，《時事評論週刊》，上海，第 1 卷第 10 期，1948
　　年 9 月 8 日，頁 19。

69　秋星，〈台灣之起居服食（一）〉，《茶話月刊》，上海，第 32 期，1949 年 1 月，頁 46。

70　秋星，〈台灣之起居服食（二）〉，《茶話月刊》，頁 64。

女，不一定第一印象是好的。例如：有的下女還是日本式打扮，臉上擦得又白又紅，頭髮電燙起來，這在大陸是前所未見。可是當報導人直接與下女們接觸，就了解濃妝豔抹背後有無窮的心酸。下女們的待遇，以旅館下女的待遇最好。不過旅館老闆不提供薪水，只提供住宿與伙食，所謂的薪水只能靠旅客的小費。因此當時的台灣，中等伙食費用每月約台幣3,000至4,000元，差一點700至800元也可以度日。所以旅館下女的小費收入，扣除自用還可以養活4、5個人。[71]曾任南京《中央週刊》主編的劉光炎（1903-1983），1946年10月參加京滬記者訪問團來到台灣，也記下台灣下女多風騷。甚至於日月潭涵碧樓女招待與客人打情罵俏，讓同行單身男子心動。[72]

　　若在餐館幫傭，這種下女亦稱女招待，遠在澎湖也是如此。光復初期澎湖酒樓的下女，還穿著和服並唱著日本歌，讓前來接收的海軍官兵更感異國。[73]曾任上海《鐵報》總編輯的作家文宗山（1919-？），也在1947年底來台一遊。他驚訝台北市的建築物很多是日本式，即便是旅館也是日式榻榻米。只要一下榻旅館，下女就送上日本式的茶葉與茶具。在文宗山的筆下，台北市的夜生活紙醉金迷。走進任何一家酒樓，女招待也就是所謂的下女，在樓梯口恭迎。她們厚厚的脂粉，新穎的旗袍，裝出的笑靨，兩只金牙微露唇邊。她們把食客帶進木板隔間，許多下女輪流陪客人喝酒。於是鈔票換得肉香，青春的代價在此交易。這些出賣色情與廉恥的女人，都有一段淒涼的身世。有人透露自己是台北高等女子師範畢業（今台北市立大學），二戰期間在三井商社擔任會計。不料光復後她立刻感到失業的痛苦，挨不過物價上漲，才會不顧自己是讀過書的人，在酒樓裡陪酒。這就是當時台北市幾座有名酒樓：「上林

71　冷清，〈下女〉，《婦女月刊》，上海，第 1 卷第 12 期，1947 年 3 月，頁 26-27。

72　劉光炎，〈台灣歸來（二）〉，《中央週刊》，南京，第 8 卷第 44 期，1946 年 11 月 15 日，頁 14-16。

73　許成功，〈港灣指南一斗室孤燈話澎湖〉，《中國海軍月刊》，上海，第 4、5 期合刊，1947 年 9 月，頁 35。

花」、「萬里紅」、「蓬萊閣」、「新中華」的寫照。[74]有的雜誌對酒樓下女描寫更入骨，聲稱台北有「三花一紅」酒家：上林花、姊妹花、白菊花、萬里紅，即便是台中、台南、高雄的酒家，也有態度高貴、裝束入時的下女來應酬。她們臉塗脂粉，燙髮垂環，身穿白旗袍，腰繫藍圍巾，腿着絲襪，腳登皮鞋，手持酒瓶，慇勤勸酒。[75]

其他如舞場與咖啡座，也被視為女招待熱門的地方。當時一杯紅茶台幣1元（法幣25元），一杯咖啡與冰激凌（冰淇淋），需要台幣2元（法幣50元）。在這種地方工作的女招待，每月薪水僅台幣150元。而台灣舞場的費用與上海大異其趣，在上海一進門就要泡茶，一壺茶法幣1,000元以上。另外再買舞票，若要坐枱費用更高。台灣的舞場沒有泡茶的規矩，舞票每「一跳」台幣18至20元，加上稅也不過台幣30元，比上海便宜太多。特別是台灣的舞女，沒有上海老舞女的習氣，每位都富有熱帶美的健康。[76]

所以總括下女，即是不願拋頭露面的女性。如果她身邊沒有小孩累贅著，那就給人家當傭工。也有年輕的女性，只為賺取三餐有限的工資，也當人家的傭工。尤其是「國內人」（外省人）在台灣，十之八九都雇有下女，這是家庭間的下女。另外在飯館、咖啡館、旅館的下女，稱為侍應生或女招待。操此種職業者多為年輕女子，而且學歷都是國民學校（小學）以上。她們很多是為家境所迫才會入行，除了照料客人外，有的還兼操暗娼。特別是台北的北投溫泉，旅館中的下女即是如此。[77]看樣子被稱為女招待、侍應生的下女，生活還不是最痛苦，至少不必賣淫賺取皮肉錢。

色情業女，有很多種行業，如果只是專門陪客人喝茶吃酒者，則稱

---

74 文宗山，〈台灣行〉，《生活月刊》，上海，第 5 期，1948 年 1 月，頁 11-13。
75 林佛士，〈台灣的女子職業〉，《十月風月刊》，南昌，新 6 期，1948 年 10 月，頁 10。
76 華子，〈麗島風光〉，《大中國月刊》，北平，第 3 期，1947 年 8 月 8 日，頁 51。
77 陶陶，〈各地通訊——台灣省的職業婦女〉，《婦聲月刊》，頁 25。

為女給。她的地位比女給事、女中地位還低。按照1947年底的行情，陪伴每位客人費用至少100元台幣起跳。陪客的規矩是輪番安排，一人來一番出，五人來五番出。這種專門陪酒、陪茶的女給，可以任客人撫弄，並伺候猜拳喝酒。[78]大陸的雜誌記者普遍都會報導，在台灣親眼看到春色無邊的新聞。其中最多的是前往茶室，跟著大批女招待、女給喝酒。此時這些女子都會告訴客人「有房間」，一個晚上費用台幣500元（折合法幣約20,000元）。可是店老闆抽成一半，女子實際所得只有台幣250元。[79]所以有謂台灣有三件事一定要管，一是「尿屎」、二是「死屍」、三是「女兒」。女兒要管是怕她流於下賤，淪落成跟尿屎與死屍一樣。[80]

　　台灣的溫泉區，分佈在台北近郊的是草山、北投、烏來、礁溪（宜蘭），新竹井上溫泉，中南部是關仔嶺，東部是蘇澳冷泉與知本溫泉（台東）。[81]溫泉區女侍如雲，如果男子是縱情恣慾之徒，那麼台灣女性出賣肉體，正是迎接不肖者之流。台灣女子若是甘心賣淫，就被稱為熱帶蛇。[82]特別是台北的溫泉，它幾乎與色情分不開，因為這裡的氣氛實在宜於淫樂。溫泉池若是大池則是男人使用，中池為男、女共浴，小池是一男一女玩鴛鴦游水的勾當。當時行情價一位女性夜渡資是台幣5,000至6,000元，食米一石就要11,000至12,000元，使得女性投入色情禁不勝禁。[83]由於大陸遊客從沒體驗這種服務，故日治以來沿襲的「溫

78　劉冬陽，〈台灣——女人的世界〉，《生活文摘半月刊》，上海，頁19。

79　市，〈不幸的台灣女性〉，《紀事報（每週增刊）》，北平，第32期，1947年1月25日，頁6。

80　本社，〈台灣的三件事〉，《紀事報（每週增刊）》，北平，第26期，1947年12月14日，頁4。

81　北投溫泉所有旅館的營收，保守估計平均一天合計100萬台幣的營業額。參閱丁貝彥，〈台北山水間〉，《工商新聞》，南京，第30期，1947年5月26日，頁7。

82　江雲，〈世界通訊——溫泉與熱帶蛇〉，《春秋》，上海，第5年第5期，1948年10月，頁128-129。

83　姚鈞，〈新來晚到記台灣〉，《春秋》，上海，第5年第4期，1948年9月，頁115。

泉文化」，他們看來也大驚小怪。[84]這裡指的是溫泉旅館女侍替客人擦背，也被視為風化顯得不倫不類。[85]台北的幾處大酒家，徹夜燈紅酒綠。妙齡的女招待打扮得花枝招展，漂亮的小姐一天的收入就有1、2萬元台幣。北投、草山的溫泉旅館，更是盟軍闊佬散心尋樂的場所。[86]在這些地方，酒、女人、大菜、麻將，成了享樂的最高目標。[87]這種在溫泉旅館賣淫者，也稱為野妓，讓在台的遊客流連忘返。[88]

　　另外，台北市也有所謂「神秘浴室」。雜誌報導它暗藏在巷弄中，必須要熟門熟路引領才能進入。行規是洗澡費用台幣100元，若女郎與客共浴費用台幣500元。大陸來台者聽聞此事，都感到很有興趣。[89]值得注意的是不僅大都市，已經被色情給污染，即便在純樸的東部也有粉味。1948年初花蓮市已有人口28,000多人，它的夜晚被形容比白晝還美。市內南京街也是燈紅酒綠的地方，酒家門口也坐著身穿白衣的女侍應生，此時是城市罪惡的時候。[90]

　　台灣的按摩女，沒有固定的住所，沒有相當的技藝。她們既不能像女伶一樣，可以靠自己的歌喉博取客人的歡心；也不能像賣符的巫婆，仗著滿口謊言欺騙世人。所以只能像賣淫的妓女一樣，以自己的青春與皮肉，滿足男人的慾望來賺錢。在上海、天津、廈門等地，按摩是一種

84 男女共浴溫泉的色情噱頭，的確大陸很少見，但若是旅館應招隨叩隨到，也如同上海旅館的妓女一樣。參閱林佛士，〈台灣的女子職業〉，《十月風月刊》，頁10。

85 編者，〈世外桃源——台北〉，《時代生活三日刊》，北平，第3卷第19號，1946年10月30日，頁5。

86 大陸的雜誌提及台灣溫泉的色情，最嚴重地方是北投溫泉，而近在咫尺的草山溫泉數家旅館，看似是「正派經營」。參閱劉冬陽，〈珊瑚網——上草山〉，《工商新聞》，南京，第49期，1947年10月6日，頁7。

87 高超，〈「阿山」台灣人之間〉，《中建半月刊》，北平，第1卷第4期，1948年9月5日，頁21。

88 何陋室主，〈旅台雜記〉，《民治週刊》，天津，第2卷第11、12期合刊，1948年1月4日，頁14。

89 本社，〈台北——秘密浴室〉，《紀事報（每週增刊）》，北平，第76期，1947年11月29日，頁7。

90 李爾康，〈靜靜的花蓮〉，《週末觀察週刊》，南京，第3卷第5期，1948年1月31日，頁8。

秘密組織，必須偷偷摸摸的開設。但在台灣卻是一種普通又公開的職業，她們之中有不少是半老的徐娘，也有殘廢的老嫗，或者正當花開的妙齡女郎。她們晚上執業，都是吹著竹製尖銳的口笛，聲音既淒厲又哀婉，聽了讓人感到心酸。根據統計台灣的按摩女，粗估有13,000餘人。[91]

台灣女人是否就是外傳缺少貞操觀念，或許是台灣色情業沒有不景氣而衰落。她們懂得日文、國語、英文，所有的旅館、家庭、要人公館、妓院、舞廳都是下女們包辦。沒想到1946年7月政府下令禁舞、8月禁娼，再公佈管理女招待的辦法。她們只能去包圍婦女會長謝娥（1918-1995），要求找工作餬口。[92]在外省人眼中，日本統治時期台灣女性淪為娼妓不少。光復後當局為整頓市容，以及重視女權起見下令禁娼。雖然公娼已經禁止，但暗娼還是很多，每年罹患花柳病者更多。[93]1946年根據醫院統計，全年罹患花柳病者達5,000人之多。[94]同樣地高雄的私娼也相當多，女侍應生可說全都在賣淫。這又有什麼辦法呢？因為她們要負擔家計。[95]所以台灣娼妓之多，跟男女性別比例失調無關，主要是經濟因素。[96]

左派雜誌抓住這一點，大肆宣傳台灣女性被逼良為娼的血淚。其中提到日治時期受過中學教育的女子，時任公共汽車的車掌。光復以後因抗議同事被旅客毆打，參加集體交涉遂被公司免職。不料父親過世，迫

---

91 秋田，〈台灣的按摩女（一）〉，《中國新聞半月刊》，南京，第2卷第3期，1948年4月25日，頁20。

92 江慕雲，〈台灣的女人〉，《新聞天地月刊》，上海，第14期，1946年7月15日，頁9-10。

93 1946年7月台灣省行政長官公署禁舞，同年8月禁娼，又公佈管理女招待的辦法，然全是徒具形式。參閱新聞天地，〈台灣的女人〉，《讀者》，頁12。

94 陶陶，〈各地通訊——台灣省的職業婦女〉，《婦聲月刊》，頁25。

95 編者，〈內貫線來去記——台灣人對內地人、最初好感、其次惡感、現在反感〉，《時代生活三日刊》，北平，第5卷第5號，1947年3月22日，頁6。

96 朱荷生，〈性比例與婚姻——台灣采風錄之一〉，《中央週刊》，頁24。

於經濟困窘只能把自己賣給一家旅社，從此過著皮肉的生涯。[97]或云男人失業，女人一批批擠到繁榮的城市，使得台灣私娼氾濫。可是人肉市場的行情，有的一次才值一包香煙的價錢。[98]台灣所有婦女中，站在生活最前線僅求溫飽的人，不是別人而是妓女、酒家婦。[99]台灣知識份子也深知此等情況，當大陸人士詢問娼妓問題時，為了台灣的尊嚴，總是很嚴肅地回答，本人「沒去過、不知道」。這就是安娥在南台灣看到的寫實描述。[100]

　　讓人好奇的是台灣女性何人最為亮眼，值得大陸的雜誌記者進行專題報導？答案僅有三人。一是知名舞蹈家蔡瑞月（1921-2005），二是國民大會代表謝娥，三是台灣共產黨創始人謝雪紅（1901-1970）。蔡瑞月為台南人，中學畢業後赴日深造，先學於舞踊元老石井漠（1886-1962），後投入名女踊家石井綠（1913-2008）門下。前後經過8年的苦練，追隨其師到各地表演達千餘場次。台灣光復以後，蔡瑞月從日本返台，前後在台南、台北，開設舞踊研究所轟動一時。最有名表演曲目是「牧童」、「再建設」、「印度之歌」、「耶穌讚歌」與「白鳥」（照片3-1-5、3-1-6）。[101]知道蔡氏聲名的大陸人士，來到台北必會到舞踊教室訪問。特別是教室裡看到學舞的孩子，有小娃娃、青少女，都是大陸難得一見的景象。[102]

---

97 之芬，〈基隆通訊——台灣所見〉，《羣眾週刊》，頁22。

98 其善，〈異地書簡——台灣來鴻）〉，《光明報》，香港，新9號，1946年12月8日，頁12。

99 秋凡，〈一幅綺思的畫面——活躍在生活戰線上的台灣女性〉，《工商新聞》，南京，第70期，1948年3月1日，頁11。

100 安娥，〈第一次接觸台灣青年〉，《婦女月刊》，頁5。

101 佚名，〈台灣舞蹈家蔡瑞月女士〉，《寰球月刊》，上海，第36期，1948年10月，頁27。

102 編者，〈內貫線來去記——台灣人對內地人、最初好感、其次惡感、現在反感〉，《時代生活三日刊》，北平，第5卷第5號，1947年3月22日，頁6。

照片3-1-5【蔡瑞月的建設舞】

照片3-1-6【蔡瑞月的牧童舞】

　　謝娥為台北人，日本東京女子醫專畢業，曾在前台北帝國大學附屬
醫院擔任醫師。[103]左派雜誌稱她的政治屬性，傾向國民黨的C.C.派，並
在支持下勝選為國大代表。二二八事件爆發時，謝娥立刻跑到廣播電
台，代替陳儀（1883-1950）說話，要求人民不可輕舉妄動。可是3月1

103 志青，〈台灣婦女〉，《婦女導報月刊》，第三版。

日憤怒的群眾，前往謝娥家中抗議並焚燒物品。事件結束後陳儀慰勞她，並以損失賠償台幣200萬元。

謝雪紅為彰化人，日治時期因加入共產黨被逮捕，入獄數次。光復後被譽為台灣婦女運動的領袖。國民黨在台灣組織婦女工作，沒有謝雪紅相助是不行，遂由她出任台灣婦女工作委員會常務理事。二二八事件發生時謝雪紅在台中，領導市民舉行遊行示威。同時在埔里組織一支軍隊，跟國民黨1,000餘人部隊激戰。[104]最後謝雪紅還是逃出台灣，1947年8月25日在新加坡的《南僑日報》，發表一篇3,700多字的「告同胞書」。不過台灣人多不知道此事，反而是南洋的華僑，根據這篇文章來認識台灣的二二八事件。[105]

2.「未開化民族」的印象與探訪

1944年中日戰爭正酣時，遠在重慶的雜誌刊登一篇關於台灣番人的文章。它跟日本人一樣，稱台灣的原住民為「番人」。番人還分為「熟番」與「生番」。前者指的是與城市接近之番人，風俗服飾近似漢人；後者指的是隱居於深山絕谷的番人，仍保持傳統但有「愛吃人肉」的怪癖。番俗以女承家，而番人已婚者稱「暹」，未婚者稱「麻達」。番人以皮膚刺花為美觀，其法以針刺皮膚，漬以墨汁。數日後遍體悉成青紋，有如花草錦繡之台閣之狀，且刺花最多者為雄長。[106]從這段敘述來說，已知當時的中國對「番人」所知有限，不乏錯誤的敘述。首先台灣原住民從已知的習俗中，從未有吃人肉的習俗。再者麻達的用語，為清代稱呼健走的熟番男子，也不是指未婚者。不過它讓我們了解，戰前

---

104 王蕃薯，〈兩個婦女在民變中的活動〉，《新台灣》，香港，第1輯，1947年9月25日，頁29-30。
105 編者，〈台灣消息〉，《新台灣》，香港，第1輯，1947年9月25日，頁57。
106 矯漢治，〈台灣島〉，《政治生活半月刊》，重慶，第1卷第4期，1944年9月1日，頁26-27。

中國社會對台灣的原住民，有一種神祕探知的慾望。

　　光復以後大陸最早刊登台灣原住民的專文，可能是1946年2月介紹台灣「番族」一文。[107]有云番人是台灣最古老的民族，並有土番與野番的差別。前者性情溫馴，多住在平原；後者難以教化，居住高山巨谷。番族共分七社（七族），經濟形勢各族迥異。如太野兒族（泰雅族）為家族單一制，以年紀最大者為領袖。曹米族（鄒族）以歷史上門第相當為領袖。培望族（排灣族）、阿米族（阿美族）的領袖是共同推舉出來。亞米族（雅美族／達悟族）選社內有聲望的人擔任領袖。番人的家庭分成父系制與母系制，父系制者須馘人首者，才有女子肯嫁給他，母系制實相反。保隆族（布農族）婚俗是以部落彼此子女相配，而不願與他族結婚。太野兒族實行競爭婚俗，間有共妻制度。亞米族實施父系婚制，阿米族與培望族婚俗都用聘禮。[108]番人武勇好殺，其中太野兒族與培望族精於戰術，武器使用腰刀、弓箭、矛、標槍。文化程度最低者為阿米族與亞米族。[109]跟上文一樣，本段敘述有太多錯誤，例如：使用土番與野番，顯然是清代的用法。台灣本島原住民，不論父系與母系社會都有馘首習俗，不是母系的部族就放棄。各族的婚俗描述都有錯誤，僅有勇猛戰鬥一項勉強正確（漏掉布農族）。[110]

　　台灣番人都居住在山上，一般人都習稱為「高山族」。他們住在叢山峻嶺，過著原始的生活。有的甚至不知道中國，也不知道世界。思想簡單、知識落後，生活簡單跟禽獸差不多。未到過台灣的人，會以為高

---

107 1945 年 9 月大陸出刊的雜誌，提到中國少數民族時，只有寫道福建的畬族，還沒有放入台灣的高山族。參閱吳清友，〈新中國的民族政策〉，《大學月刊》，成都，第 4 卷第 5、6 其合刊，1945 年 9 月，頁 40-46。

108 這些報導數月後，竟也從上海的雜誌被轉載到北平去。參閱本社，〈台灣的番人社會〉，《紀事報（每週增刊）》，北平，第 25 期，1946 年 12 月 7 日，頁 6-7。

109 傅子里，〈台灣番族的經濟生活〉，《真理與自由週刊》，上海，第 5 期，1946 年 2 月 20 日，頁 11。

110 鈴木直著，林川夫審訂，《台灣蕃人風俗志》（台北：武陵出版社，1998 年 11 月），頁 55-115。

山族是一種土著民族。其實並非如此，他們是由泰耶爾族（泰雅族）、薩賽特族（賽夏族）、不如族（布農族）、齊阿族（鄒族）、拔灣族（排灣族）、耶美族（雅美族／達悟族）、阿美族共七族組成，人口合計167,463人。[111]另外也有云台灣的高山族同胞，占全台人口的2.8%，亦分成七大部族，即太牙入族（泰雅族）、塞色多族（賽夏族）、布陰族（布農族）、自奧族（鄒族）、排旺族（排灣族）、阿密族（阿美族）、牙希族（雅美族／達悟族）。全台總共458社，25,194戶，152,350人。[112]當時原住民被畫分成七大族，已是所有雜誌報導的共識（照片3-1-7）。又稱高山族同胞以人數論，不及台灣省人口的3%，所占的地區卻達全省土地45%。高山族人數最多統計有22萬人，保守估計也有13萬人。其族群分成七族：一為太么族（Taiyar／泰雅族），大部分居住在埔里以北，人數最多約有55,000。二為薩衣設特族（Saishet／賽夏族），居住在新竹縣竹南庄附近較低山區，人數不足2,000人。三為蒲嫩族（Bunnung／布農族），住在台中與台東縣之間，人數21,000多人。四為朱歐族（Tsowu／鄒族），住在新高山（玉山）西面的河流間，其地緊鄰阿里山，人數不滿3,000人。五為派宛族（Paiwang／排灣族），住在高雄縣東部與台東縣南部，人數54,000多人。六為阿眉族（Ami／阿美族），居住在花蓮與台東縣平原地帶，人數與排灣族相近。七為野眉族（Yami／雅美族／達悟族），居住在台東縣外海的紅頭嶼，被認為是高山族中，文化最落後者。[113]

　　從高山族的人口而論，22萬至13萬人似乎是上、下限。但實際人數15至16萬應較接近事實。至於分族描述，作者僅找到一篇文章。原來1946年台灣省人口統計共有6,041,506人，其中熟番約有5萬人，生番約有15萬人。熟番居於平原，開化較早，種族界線不嚴。最初十大族

---

111 秋田，〈關于台灣女人〉，《中國新聞半月刊》，頁20。

112 金德璋，〈訪問高山同胞〉，《人民世紀》，上海，第5期，1946年3月30日，頁18。

113 魯愚，〈初訪台灣〉，《邊疆服務雙月刊》，南京，第22期，1948年4月，頁5-6。

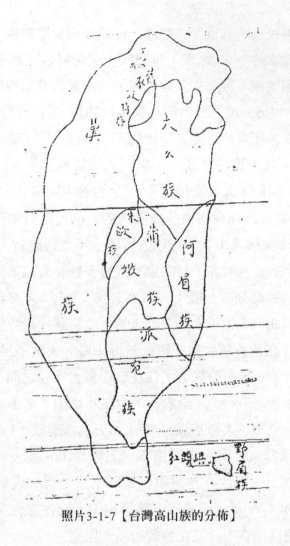

照片3-1-7【台灣高山族的分佈】

有克塔干蘭族（凱達格蘭族）、噶瑪蘭族、托喀斯族（道卡斯族）、帕
色黑族（巴宰族）、帕浦拉族（拍瀑拉族）、巴布薩族（貓霧捒族）、
沙族（邵族）、霍安尼亞族（洪雅族）、西拉亞族、塔族（馬卡道
族？）。如果以「生番」而論，他們居住在高山故名「高山族」。七族
細論為：其一，泰耶爾族（泰雅族），分佈在台北縣文山、羅東、蘇
澳，新竹縣大溪、竹東、大湖，台中縣東勢、花蓮港高山中。人口約
36,000人，細分為南澳、屈尺、溪頭、前山、北勢、霧社、萬大諸

族。[114]

其二，薩塞特族（賽夏族），居住在新竹縣南庄區較低山地，又稱南庄番，僅1,566人。

其三，不奴族（布農族），居住在台中縣能高、花蓮縣鳳林、台東縣諸山中。他們之中很多人不願與外界接觸，人口約2,000人（照片3-1-8）。

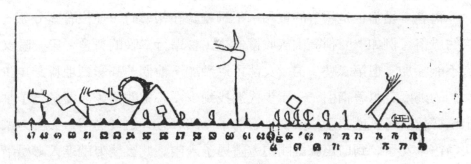

照片3-1-8【布農族的日曆】

其四，齊阿族（鄒族），又稱曹族。分佈於新高山（玉山）以西之河川上游，人數約2,200人，被視為較文明的部落。

其五，拔灣族（排灣族），又稱培旺族。分佈於高雄縣與台東縣山地，人口40,000人。

其六，亞美族（雅美族／達悟族），居住在台東縣台東區紅頭嶼（蘭嶼），人口1,700人，被視為和平的部落。

其七，阿眉族（阿美族），分佈於花蓮縣花蓮、鳳林、玉里，台東縣新港各區，人口70,000人，被視為開化最早的部落。[115]

另外，高山族的風俗也讓記者感到興趣。可以分為雜俗、刺青與鑿

---

114 也有數據稱泰耶爾族人數為46,165人，參閱秋田，〈關于台灣女人〉，《中國新聞半月刊》，頁20。

115 王慰曾，〈介紹台灣〉，《太平洋月刊》，北平，第1年第4期，1947年4月，頁44。

首。雜俗方面，有人提到高山族有一種隆重的禮節，即是全社或全族人，集體歡迎最高貴的賓客時，用一種類似抬轎式的禮儀，把被歡迎人抬到頭上，一上一下拋高。這種動作雖然粗魯，但越是尊貴之人，他們才肯這樣賣力。記者第一次看到這樣的情景十分驚嚇，一時腦海映出非洲土人抬人殺祭的畫面，後來才知道這是高山族的習俗。[116]這段文字看來很有趣，不過當時大陸人士對台灣一切都很陌生，遑論對原住民更是如此。

再者，婚俗也是報導的重點。不過雜誌在報導時，並沒有區分哪一族的風俗。例如：聲稱高山族收穫告竣，會舉行二晚的舞會。第一晚女人不能參加，但第二晚少男少女都可以參加。他們興高彩烈地舞蹈，少女們的媽媽就幫著指引，一步步挨近找到少女心儀的男子。要是男子拿出檳榔給女子，就表示二人初步定情了。四、五天之後男子會去女方家吹口笛，女子聽到口笛聲就開門邀請男子入內。此後雙方就進入議婚階段，男方親屬討論全體通過，婚事就成定局。結婚當天新娘家人領隊去男方家迎親，新郎一到女家就和新娘家屬共同飲酒慶祝。婚後出嫁的丈夫在妻子家生活二、三年，才可以回去原本的家中幫忙二、三年，做為回報本家的養育之恩。[117]

高山族婚姻，都實行一夫一妻制，且不允許重婚。他們所重視的胎教是懷孕後，女子禁食獸類幼兒，家人也嚴禁在孕婦旁邊講述兇惡與污穢之事。[118]高山族女性穿著的衣服，多係自己縫製。她們用鹿皮、羊皮、苧麻、芭蕉為製衣原料。每到夏天，均赤裸著上體，下體僅以長方之小布遮住。不奴（布農族）、齊阿（鄒族）的女人，到了夏天甚至於全身赤裸。高山族的婦女喜歡纏頭巾，常以花圈做頸飾，並以珠寶、獸

---

116 雪屏，〈台灣警務處長更迭內幕〉，《羣言雜誌週刊》，上海，第 22 期，1948 年 12 月 18 日，頁，頁 8。

117 秋凡，〈原始的羅曼蒂克——高山族婚俗誌〉，《工商新聞》，南京，第 46 期，1947 年 9 月 15 日，頁 7。

118 魯愚，〈初訪台灣〉，《邊疆服務雙月刊》，頁 6-7。

牙、羊角、瑪瑙做頭飾。食物以粟、米、包谷（玉米）、番薯為主，其餘則以狩獵充飢。熟食有用鐵製、土製之鍋烹煮，也有泥燒、木製、椰殼做成的食器。[119]

由於高山族對漢番通婚，多抱排斥的態度，這就給了戲劇創作的大好題材。成名於上海的台籍名導演何非光（1913-1997），在1948年回台拍攝電影「花蓮港」。本片劇本由名劇作家唐紹華（1908-2008）編寫，並聘請台灣文學家張文環（1909-1978）擔任顧問，得到不少珍貴史料做為參考。劇中女主角為沈敏，男主角就是日後活躍於台灣影壇的王玨（1918-2015）。該片描寫台灣高山族，固守他們的舊習，不與平地人通婚造成的愛情悲劇。[120]

刺青方面，此習俗是大陸少數民族少有，深具吸引力。當時普遍認知，高山族外型，一般來說皮膚黃褐色，髮黑而長，鬚髯少，體毛稀，顴骨高，眼大鼻高。加上有紋身刺面的習俗，大部分人認為與南洋馬來人血統相近。但也有人說是南宋末年，金人浮海避元，漂至台灣形成。高山族以前也盛行紋身刺面的習俗，及男女到了成年的時候，用針在臉上和身上各部刺花。身上所刺多為花草鳥獸的形狀，可是臉上圖案就大不相同。男子刺在額上，長約一吋多，寬約2、3公分。女子刺在口的兩旁，如V字型，自兩耳下到兩頰，寬約一吋不等。不過當時40歲以下的男女，已不見刺青的情形，只有老人還留下標記。[121]也有對女人紋身，做出更仔細的描述。如成年的女人在面上，常用針刺出各種花紋與星點。額上除了刻有橫線外，還有自兩耳邊起，刺成一交叉之線直達嘴邊。線條寬度有合成人字，有做下垂狀、有像彎月形，有做一指之帶形。不過拔灣族（排灣族）之女人，也常在手上刺上幾何之花紋，線條

---

119 秋田，〈關于台灣女人〉，《中國新聞半月刊》，頁20。

120 本社，〈「花蓮港」拍攝完成〉，《明報畫刊》，北平，第120期，1948年10月9日，頁13。

121 魯愚，〈初訪台灣〉，《邊疆服務雙月刊》，頁6-7。

複雜讓人不可思議。[122]

　　馘首方面,此習俗是大陸少數民族沒有,報導時充滿文化低落的蔑視。例如:台灣土人結婚時,男家應送一個異族人的首級給女家,當做是禮物,否則新娘必不願下嫁。[123]更有雜誌錯誤地報導,二二八事件時台灣「暴徒」藏匿山中,軍警原本可以入山剿捕,但山區住著一群血統、語言,完全與漢人不同的高山族。他們性情凶暴、個性野蠻,又有馘首的風氣。現在「暴徒」躲藏在番社,如果入山進剿,一定會發生比「二二八」還殘酷的悲劇。[124]事實上獵人頭的動機除了報復之外,還有爭奪異性、預防自己遭遇不幸的事情、死後可以進入天堂,以及誇耀自己的勇猛。[125]

　　1945年後政府對高山族的施政,每成為政治宣傳的重點。最常聽聞的是高山族在日本統治時期,完全把他們當成劣等民族,並且用最嚴密的警察網進行理番。他們的生活狀態、生產方式、交易情況都受到壓制。高山族非常剽悍,對於日本的高壓統治,常有反抗的事情發生。於是日人運用「以番制番」策略,想在社會進步的浪潮下淘汰高山族。記者看到原住民,穿著古代傳統服飾已經很少,都跟漢人一樣都穿西式服裝。從前的高山族人還有黥面、紋身,裝飾也用珠玉、牙角、瑪瑙,穿著用芭蕉葉、鹿皮、羊皮、苧麻,可是現在都是購買的衣料為主。台灣光復以後,政府對高山族完全給予平等對待。當時將全島高山族改成30個鄉,並設法改善他們的生活,提升文化水準。台灣省訓練團中也設山地行政組,培養山地工作幹部。[126]

　　山地行政方面,省政府對高山族照顧十分重視。首先根據三民主義

122 秋田,〈關于台灣女人〉,《中國新聞半月刊》,頁20。

123 辛之,〈結婚奇俗〉,《長江月刊》,北平,第 10 期,1948 年 4 月,頁 10。

124 鳳茜,〈台灣暴動祕聞〉,《巨型》,上海,第 2 期,1947 年 8 月 1 日,頁 38。

125 周洪達,〈台灣散記〉,《中國的空軍》,南京,第 102 期,1947 年 5 月,頁 26。

126 沈娠璋,〈台灣高山番族采風錄〉,《紀事報(每週增刊)》,北平,第 22 期,1946 年 11 月 16 日,頁 6。

的精神，積極保護山地同胞，增強國家概念，提升文化水準。為了解山地實際情況，省政府還組織山地考察團，深入各社考察訪問。最後取消番社名號，改編鄉村。時至1947年1月共編成30鄉，165村。鄉設辦公所，村設辦公處。鄉公所與村辦公處設有民政、經濟、文化、警衛四股。行政機構完成以後，在鄉普設國民學校（小學）、衛生所、職業補習學校。1946年的統計，鄉設國民學校143所，就學兒童22,000餘人，入學率達70%。職業補習學校在台北、新竹、台中、台南、高雄、台東、花蓮縣各設一所，加授水產、養蠶、印刷、工藝、縫紉等科。另外還有二項措施值得注意：一是政府限制平地人隨意入山，免得純樸的山地同胞受到壞人的欺騙。二是限制山地女子嫁給平地人，免得山地人口男女相差太多。[127]

　　這就是光復之初，大陸期刊對高山族的通論。這當中存有很多歷史與文化上的偏見，但不能否認的是這就是他們最早的認知。只是對不同族群，看法有別、報導也有別。刻板印象都稱今蘭嶼的達悟族最未開化，鄒族與阿美族是最為文明，泰雅族與排灣族的戰力最強等。欲了解雜誌對各族的看法，還要分別敘述；特別以今天原住民的分類，總計有六族最重要。

　　泰雅族，當時亦稱太野兒族、泰耶爾族、太牙入族、太么族（照片3-1-9）。[128]1946、1947年的三篇報導，分別介紹今宜蘭蘇澳、今桃園角板山、今新北市烏來區、今台中市和平區的泰雅族。第一篇文章投稿人提到40多歲的番婦，最吸引她注意就是那一張臉。番婦的額上刺著青色的倒三角形，頂點落在兩眉正中。嘴的兩端對稱著刺上兩個大的三角形，三角形的底垂直兩嘴角，兩頂點落在兩耳根。突然看到這樣的

---

127 魯愚，〈初訪台灣〉，《邊疆服務雙月刊》，頁 9-10。

128 泰雅族本來是台灣原住民分佈最廣的一族，但 2004 年分出獨立族群「太魯閣族」，2008 年再分出獨立族群「賽德克族」，使得泰雅族人口大幅減少。現總人口 8 萬多人，屈居於阿美族與排灣族。參閱根誌優，《台灣原住民歷史變遷──泰雅族》（台北：台灣原住民出版有限公司，2008 年 9 月）。

臉龐,投稿人誤以為來到妖魔國。不過番婦都有一雙美麗的眼睛,據推測生番們可能還含有荷蘭人的血統。[129]第二篇文章認為角板山是台灣名勝之外,其命名也與劉銘傳有關。中外遊客前往角板山,參觀高山族生活狀態者頗多。山上女人多不穿上衣,孩子們圍著貓頭鷹玩耍,則是給人的印象。[130]另外對於泰雅族的描述還有烏來,當時已經被定名為「烏來鄉」,全鄉人口2,700人,其中高山族為700人。日治時期為便於監視與管理,把他們遷往忠治村、孝義村、信賢村、福山村,這就是所謂烏來四番社。這一帶高山族原本與漢人常發生糾紛,可是日本人來了以後,雙方竟覺得是一家人。他們遇到事情相互協助、扶持,現在已無彼此之分。[131]第三篇文章報導明治溫泉(今谷關溫泉),當時前往溫泉的觀光客,都會順道參觀九良栖社。根據形容社中的泰雅族十足漢化,散發出一股慈祥和平之氣。[132]

照片3-1-9【泰雅族】

129 璃,〈蘇澳一日遊〉,《上海郵工月刊》,上海,第8期,1946年11月5日,頁16。

130 編者,〈台灣名勝角板山〉,《時代生活三日刊》,北平,第3卷第23號,1946年11月11日,頁5。

131 魯愚,〈台北見聞〉,《邊疆服務雙月刊》,南京,第24期,1948年6月,頁10。

132 邵度,〈台灣行(二)〉,《寰球月刊》,上海,第24期,1947年10月,頁16。

　　賽德克族，當時認為是泰雅族的一支。他們在台灣歷史上重要事蹟，應該就是1930年爆發的霧社事件。有報導指出殖民時期，因應理番的需要，遂在山地設立許多番童公學校，教導他們養蠶、農耕。但是1918年第一次世界大戰結束後，番民的民族意識日漸高漲，理番事務倍受考驗。[133]1947年報導人來到此地時，專程是為了憑弔霧社事件。可是霧社在他的筆下，僅是一個寥寥幾十戶人家的部落。霧社事件在大陸期刊的報導下，篇幅都沒有太多。甚至於可以說，當時來台的大陸人士，究竟有無知道霧社事件都是一個疑問。不過文章敘述的霧社事件還是有出入，1930年10月20日（正確為10月27日），霧社國民學校（小學）舉行秋季運動會。群番在羅那羅達奧（莫那魯道）父子率領下，運動會當天衝入會場襲擊日本官員與貴賓，結果造成日本官民130多人（134人）死亡。事後番人焚燒學校與房舍，並佔領霧社三天，然後退守深山進行游擊戰。最後番族因不肯屈服，不分男女老幼都上吊自殺。第二年又有3個番婦遭日人虐殺，又爆發一次暴動（第二次霧社事件）。[134]「騙」、「壓」、「殺」是殖民者的三部曲，但生番都不肯買賬。隨著勝利來到台灣的祖國官吏們，對於治台政策擬定與實施，霧社事件算是一個很好的教材。[135]

　　邵族，很有意思的是當時對高山族的分類，還沒有這一族的存在。[136]可是只要去台灣首屈一指的觀光景點：日月潭，全部遊客莫不記

133 周文德，〈台灣番族（下）〉，《科學畫報月刊》，上海，第13卷第5期，1947年5月，頁332。

134 霧社事件其實有二次，第二次霧社事件其實是依附日人的賽德克族，受到日本人的唆使，偷襲住在川中島（今南投縣仁愛鄉互助村清流部落）舉事賽德克族戰士的遺孀與遺孤。參閱中川浩一、和歌森民男，《霧社事件——台灣原住民的蜂擁群起》（台北：武陵出版有限公司，1997年4月二刷），頁78-158。

135 舜英，〈台灣印象〉，《民潮月刊》，香港，第6、7期合刊，1947年4月5日，頁30-31。

136 事實上邵族成為「法定」原住民，也要晚至2001年才被承認。1997年邵族人口為263人，現約700餘人。參閱鄧相揚、許木柱，《台灣原住民史——邵族史篇》（南投：台灣省文獻委員會，2000年12月），頁19-24。

錄邵族的風土人情。每到日月潭的遊客，決不會放棄前往水社大山下，化番部落的機會。不過到化番部落去都要乘船，向涵碧樓旅館商借電動小艇，為最方便的辦法。因為旅館還會派出翻譯，解決語言溝通上的問題。

航程中遊客都會看到二個景點，一是浮於潭中的珠仔嶼（舊稱光華島，今名拉魯島（照片3-1-10），二是南岸的大石尖，遠看肖似印章，即是石印。[137]漫畫藝術家豐子愷也前去日月潭遊玩，投稿於上海兒童雜誌介紹風光。他提到台灣番人的杵舞，他們每人手拿一根舂米用的木杵，一面在地上敲，一面跳舞唱歌。這種番人本來住在深山中，都與台灣人隔絕，後來漸漸交流。杵舞所唱的歌，我們聽不懂，但音調很悲哀。杵舞本來是舂米時所唱，他們在地上掘一個洞，洞裡放一個石臼，石臼裏放稻穀。可是他們因時代進步，不再用人力搗穀；失去實用性的杵舞，專門做為歌舞之用。杵舞可說是台灣番人的藝術（照片3-1-11）。[138]

照片3-1-10【日月潭光華島的牌區懸於日治建造的鳥居】

---

137 鳳茜，〈美麗月刊——日月潭紀勝〉，《茶話月刊》，上海，第18期，1947年11月，頁5-6。
138 豐子愷，〈杵舞和台灣的番人〉，《兒童故事月刊》，上海，第3卷第2期，1949年1月，頁4。。

照片3-1-11【豐子愷繪畫日月潭邵族杵歌】

　　大陸記者採訪的日月潭番社有二個——石印社與德化社。對於前者來說，報導的文章僅有一篇，文章云湖的東部（南岸？）是一個吸引遊客的所在地，石印番社在那裡白成一個部落。家家以農桑漁樵為業，自耕自足。遊客為了滿足他們的好奇心，都會去那裡訪問。酋長看到遊客一到，就會敲鑼招集族人。此時一大群少年男女頭戴花朵，每人手持兩頭大、中段小的木杵，圍著一塊隆起的石墩，用木杵輕拍石頭，循著樂音、轉著舞步。歌名為「湖上的喜悅」，而歌詞內容為：

　　痛快阿！痛快阿！前人未踏之湖，如今獨木舟上，載酒

　　高歌，眼看著月影波光，身邊還有那可愛的人兒。

或者是另一首相似的歌詞，內容為：

　　好極了！好極了！在前人未到的湖裏，撐著獨木舟，開

　　襟喝酒，稱心滿意。大波小波任去流，來，來，來，我

　　們喝酒吧！

　　番婦們跳舞後還可以跟遊客拍照，也有人兜售著明信片，都收取新台幣百元左右。由於政府還沒有什麼幫助他們改善生活，讓他們整天像猴子似的供人觀賞，真是少數民族的悲哀。[139]豐子愷認為的藝術，有人看法不見得如此。而且大部分的文章，也認為商業色彩濃厚，也不是真藝術。

　　對於後者，可謂十之八九的遊客都前往德化社。文章提到遊艇駛入番社，可以看到幾條獨木舟浮於潭畔，漁網則是灑入潭中，岸上三三兩兩的番人，服裝奇特而久遠。他們被稱為「卜吉族」（清代文獻的剝骨社，舊稱德化社，今稱伊達邵），凡是來日月潭的遊客，一定會來社中參觀他們的舞蹈。有趣的是這些番人不但能說台語、日語，連國語也能說上幾個字。[140]當時番社共有32戶，男子96人、女子108人。村落有毛、林、石、陳、謝、袁、黃七大姓。酋長毛信孝現年43歲，膝下無子，只有二位女兒。大女兒名為毛阿金，現年21歲，一般都成為大公主；小女兒名為毛便宜（也稱毛秋香），現年17歲，一般都稱為小公主（照片3-1-12）。高山族的習俗每年農曆初一至十五日，都是最快樂的日子。此時他們停止工作，專事飲酒、跳舞、唱歌。不過現在他們已經信仰道教或佛教，沒有以往的信仰。觀光客來到時，必做跳舞與杵歌讓人欣賞。杵歌即以木材製成木樁，在住屋中央廣場一塊大石頭四周歌唱。這時手持的木樁就觸及石頭，發出類似撞鐘的回聲。[141]

　　杵歌的報導，德化社更多。原來日月潭化番社為高山族的一個村落，位於涵碧樓對面的湖岸，小舟須划槳2小時才能抵達。番社房屋由茅草與竹籬搭成，總共有數十間之多。番社中還有解說牌告訴遊客，邵族的來歷與文化。原來三百多年前，嘉義下大浦的豬母蜈社高山族壯丁

---

139 舜英，〈台灣印象〉，《民潮月刊》，頁31；鳳茜，〈美麗月刊——日月潭紀勝〉，《茶話月刊》，上海，第18期，1947年11月，頁8；文宗山，〈台灣行〉，《生活月刊》，頁15-16。

140 文宗山，〈台灣行〉，《生活月刊》，頁14-15。

141 賈嶽生，〈初訪台灣〉，《草書月刊》，頁55。

照片3-1-12【日月潭邵族二位公主】

20餘人，出獵於八通關與巒大社時，為追捕一隻白鹿，翻山越嶺抵達日月潭。見其風光明媚，適合農耕遂舉族遷徙於此。現在番民都已經被漢人同化，有時穿上番服吟唱杵歌，表演給觀光客欣賞，藉以討賞費用台幣300元。不少文章認為番人的行為幼稚可笑，職業化的東西觀賞毫無樂趣，也談不上任何藝術（照片3-1-13）。[142]國民黨三民主義理論委員會主任委員梁寒操（1898-1975），於1947年7月抵台半月遊。他對日月潭原住民杵歌觀察頗值得一提，詩云：「逐利心能賊自然、無邪匪復似從前；杵歌難見含餔樂，祇向遊人博賞錢。」[143]記者蕭鐵也認為日月潭邵族都被台灣人同化，一樣在臉上塗上胭脂、口紅與電燙頭髮。看不出高山族的原始味道，恐怕就只剩下幾套以娛嘉賓的服裝了。[144]

　　不可否認這些向觀光客索取的費用，對他們來說有相當大補貼家用幫助。但也有云真正的公主是毛信孝的長女——毛阿金，她生的面目俏麗、能書漢文。她可以與遊客合照，然後在照片上簽名留念，每人費用

142 韋壁，〈天下事——日月潭遊踪〉，《北方雜誌》，北平，第 2 卷第 5 期，1947 年 11 月，
　　頁 38-40。

143 梁寒操，〈友聲集〉，《京滬週刊》，南京，第 1 卷第 33 期，1947 年 8 月 24 日，頁 18-
　　19。

144 蕭鐵，〈台中遊·看蕃人歌舞〉，《新聞天地月刊》，上海，第 25 期，1947 年 7 月 1 日，
　　頁 22-24。

照片3-1-13【手拿木杵的大陸觀光客】

台幣200元。或者是由毛阿金嚮導,帶去參觀杵歌舞蹈。她們由番女十數人組成,各執中空之木杆,圍以大石,以杆擊地,吟唱歌曲。此曲與苗夷音樂相似,如果遊客有興趣,也可以加入持杆共舞,並照像留念。[145]另有報導遊客與她們們照相,每人需索費台幣100元;並且拍照姿勢不是搗杆,就是在日月潭泛舟(照片3-1-14)。值得注意的是這些賺觀光財的原住民,全部都是女人。因為白天男子們全都到山上去工作,番女們卻因遊客經常光臨,早就準備好接待客人。她們穿著鑲邊緊身的花襖與寬裙,上身則紮著一條花布,每人腿部都特別粗大。當中有二位面貌姣好的女郎,頭上戴著珠串並插著野雞毛,這就是大公主與二公主。照相後遊客若要她們舞蹈,在幾經籌措後就由大公主領頭,20幾位老老少少的番女,手挽著手圍成一個圓圈,開始清唱山歌。[146]

145 劉光炎,〈台灣歸來(二)〉,《中央週刊》,頁 15-16。

146 研薇,〈日月潭——台灣電氣化的心臟〉,《自由天地半月刊》,南京,第 2 卷第 9 期,
　　1947 年 10 月 1 日,頁 18-19。

照片3-1-14【酋長毛信孝與二位公主操舟於潭面】

　　鄒族，當時亦稱曹米族、齊阿族、自奧族、朱歐族。[147]光復初期真正去阿里山原住民部落的遊客，沒有像日月潭之多，因為此地的番社不是景區。[148]可是他們所留下來的報導，卻不亞於邵族，關鍵是對吳鳳故事的崇敬。由於阿里山也是台灣著名觀光勝地，並且有高山火車舖設於此，所以很早就有的二篇文章報導。1946年住在阿里山的鄒族，被劃分成五個番社——達邦、樂宇野（樂野）、鳥居林（里佳）、來來居（來吉）、山美居（山美），其中以達邦社較常被人訪問。該社有人口693人，男性369人，女性324人。達邦在五個番社中，受到日本教育影響最大。所以記者只聽到年長的原住民，仍用番語講話外，其餘青壯年男女都用流利日文溝通。不過該社接受中等教育的人很少，僅有3人而已。最高學歷者是矢多一生（漢名高一生，1908-1954），之前從台南師範學校畢業，現在是全社行政與教育的靈魂人物。[149]達邦社頭目是山

---

147 鄒族舊稱曹族，分佈在今嘉義縣阿里山鄉，以及高雄市桃源區與那瑪夏區。1964年人口3,638人，現今人口約6,300人。2014年6月高雄市桃源區與那瑪夏區的鄒族，再更名為拉阿魯哇族與卡那卡富族，成為台灣原住民第15、16族。參閱王嵩山、汪明輝、浦忠成，《台灣原住民史——鄒族史篇》（南投：台灣省文獻委員會，2001年7月），頁13-18。

148 外省人對阿里山盛名的景仰，僅次於台灣最高峰玉山。參閱趙定明等，〈台灣特輯之二：二大名山〉，《藝文畫報》，上海，第2卷第8期，1948年7月，頁3。

149 台灣學界對高一生的研究不多，但日本學界卻異常重視。日本天理大學國際文化學部，為

中五郎，不過領導地位還是遜於矢多一生。台灣光復以後高山族都決定
放棄日本姓氏，達邦社決議全社改姓「高」。[150]

　　有趣的是外省記者對台灣原住民仍有刻板印象，如鄒族就被傳言面
目猙獰、腰繫短刀，準備要去殺人的樣子。這可能受到吳鳳故事的影
響。但是真正抵達番社，才知道不是那麼回事。番社招待人很慇懃地把
家中成員一一介紹，又把雕刻很精美的菸管給記者抽一口，表達尊敬之
意。最後用大瓢敬酒，此酒被形容成清純非凡。[151]然而吳鳳畢竟影響深
遠，雜誌大量報導下，外省讀者可能比較知道「捨身取義」的故事，多
於對鄒族的認識。

　　大陸雜誌最早報導吳鳳事蹟，可能是1946年11月北平出刊《紀事
報》。文章提到台灣番族有用人頭祭神的習俗，可是在清代有人嘗試廢
除這項陋俗。原來康熙年間原籍漳州府平和縣的吳鳳（1699-1769），
來到台灣阿里山擔任通事。謂革除番人馘首的習俗，用計自我犧牲。事
後番人發現所殺者是吳鳳，被他的死諫所感動，乃立誓不在馘首殺人。
當地漢人遂在中埔建立「吳鳳廟」，每年農曆五月二十三日舉行祭
典。[152]有意思的是隨著文章報導越多，額外的故事情節也越多。如吳鳳
任職通事，專事撫番、力行仁政，於是番人皆服，視吳鳳為慈父。然而
阿里山番以凶暴聞名，還經常出草獵取人頭。因此漢人出入番界時，就
常被番人殺害。特別是鄰近不肖通事，更常誘騙罪犯進入番界，故意讓
番人獵取人頭，滿足番人們的需求。也因為如此，吳鳳才會決定犧牲自
己，感化番人揚棄馘首的惡俗。[153]

___

　　此還創立「高一生」研究會並發行期刊。從 2005 年 7 月的創刊號，至 2008 年 4 月第 9、10
　　號合刊，已經有非常豐碩的成果。參閱參考書目期刊論文。

150 金德璋，〈訪問高山同胞〉，《人民世紀》，上海，第 5 期，1946 年 3 月 30 日，頁 18-
　　19。

151 黎堅，〈台灣番區獵奇特輯〉，《紫羅蘭畫報三日刊》，北平，第 19 號，1946 年 12 月 9 日，
　　頁 4-5。

152 沈娵璋，〈台灣高山番族采風錄〉，《紀事報（每週增刊）》，頁 6-5。

153 周文德，〈台灣番族（上）〉，《科學畫報月刊》，上海，第 13 卷第 4 期，1947 年 4 月，

　　我們知道吳鳳故事有加油添醋的過程，但內容仍出現漢番關係中，重要的事物，例如：通事、番界。這就表示報導的記者，仍試圖了解台灣歷史。可是這樣的故事，越到最後加工痕跡越深。最常看到的是清代因官官相護，使得奸人百出並欺負生番。康熙時朱一貴事件爆發，高山族趁機集合起事，戕殺漢人與官員，最後透過鎮壓才平定下去。兵禍平息以後，朝廷得知過去用人不當，故對於通事的任命顯得格外重視。所以才會拔擢吳鳳擔任阿里山的通事。[154]

　　康熙把這塊「反清復明」的根據地收入版圖，對於台灣日後的治理，費盡了一些心思。所以朝廷派來的官老爺，一方面要鎮壓叛亂的餘黨，一方面又要防止番人做亂。好在番人們都住在高山，和漢人不相往來，老爺們也樂得把他們都留在化外。免得和漢人勾結起來，反叛朝廷。由於番人們要向朝廷繳捐納糧，才算大清國的子民。故掌管此業務的差事，就由「通事」來負責。不過在通事中也有許多壞傢伙，趁此機會勒索番人。由於狐假虎威、濫用職權、敲詐浮收。使得激動的番人，常出草殺掉無惡不做的通事。[155]番人的仇恨，顯示出朝廷把台灣視為化外之地，尤其是番人被看做成像動物般的野獸。也因為如此，使得「品德高尚」的吳鳳，在任職阿里山通事期間，番人都誠心悅服顯得不可多得。[156]不料吳鳳的故事，也讓雜誌報導的同時，藉機譏諷時政。稱中國今日多的是殘忍的「番人」（貪官汙吏），殺的是毫無差異的同胞。但是此時此刻，中國沒有一位甘地（Mohandas K. Gandhi，1869-1948），更沒有一位吳鳳，以血肉之軀來震撼人心。[157]

頁 247。

154 金德璋，〈吳鳳的故事〉，《大中國月刊》，北平，創刊號，1947 年 6 月 6 日，頁 61-62。

155 鄭鳴，〈義人吳鳳（歷史故事）〉，《民眾週刊（雙週刊）》，上海，第 2 卷第 3 期，1948 年 2 月 7 日，頁 1-5。

156 亥子，〈偉大的吳鳳先生——台灣民間偉人記之一〉，《人物雜誌》，重慶，第 3 年第 2 期，1948 年 2 月，頁 7-9。

157 曉吾，〈台灣之神——吳鳳〉，《社會評論半月刊》，長沙，第 62 期，1948 年 3 月 16 日，頁 10。

　　1947年初阿里山鄒族幾乎要發生暴動，但消息被封鎖以致外界無從得知。原來山上有一種玉兒子（涼粉子），鄒族人可以摘採拿到山下販賣。殖民時期這種交易都相安無事，不料接收後官員強迫鄒族人必須統一賣給林所。然而市場價格一斤68元，林所收購一斤才12元。鄒族派人至林所協調，希望收購價格升至一斤28元。所長（首任林場場長尹傳鐸）推卸、敷衍，鄒族忍無可忍，刀已出鞘準備暴動。所長見狀不對立刻逃回台北，幸好林場有400多名伐木工人亦是鄒族，趕快出面排解。最後林所同意以市價之六成收購，才結束這場風波。[158]

　　阿美族，當時亦稱阿米族、阿眉族、婀美族。[159]該族分佈在東台灣，此地的高山族，一般都認為佔當地居民十分之六。他們已經學會平地的生活，幾乎等於同化了。[160]光復後雜誌對阿美族的報導也有錯誤。有云東部的原住民分成阿美族與高山族，就是熟番與生番的意思。阿美族早就跟本省人生活在一起，除了眉毛與嘴唇上可分辨外，一切面貌特徵都跟漢人相同。所謂高山族，就是住在秀林、萬里（萬榮）、卓溪三鄉的番人。最近秀林鄉的番人700餘，從山上遷到山下。雖然他們對祖國缺乏認識，但都有一顆赤誠的愛國心。[161]其實以前或者現在，住在秀林、萬榮、卓溪鄉的原住民都有不同。秀林鄉是太魯閣族的故鄉。萬榮鄉主要是太魯閣族，但也住有布農族。卓溪鄉主要是布農族，少數分佈太魯閣族。[162]

　　南京《工商新聞》雜誌的記者，提及台東街頭隨處可以看到番人。

---

158 舜英，〈台灣印象〉，《民潮月刊》，香港，第6、7期合刊，1947年4月5日，頁32。

159 阿美族分為北部群、中部群、南部群，北部群與中部群分佈在花蓮縣，南部群分佈在台東縣，所以本文介紹者為南部群。該族現為台灣原住民中，族群人數最多的一族，約有18萬人。參閱許木柱、廖守臣、吳明義，《台灣原住民史——阿美族史篇》（南投：台灣省文獻委員會，2001年3月）。

160 迅之，〈東台紀行〉，《氣象通訊月刊》，台北，第2卷第6期，1947年6月，第三版。

161 李爾康，〈靜靜的花蓮〉，《周末觀察週刊》，頁9。

162 參閱旮日昇‧吉宏，《太魯閣族部落史與祭儀樂舞戰記》（台北：山海文化雜誌社，2011年5月）。

不過台灣省當局已經明令，要稱呼他們為山地居民。阿美族在當地人數頗多，最特別的是仍然保存女性至上的習俗。因為阿美族的婚姻，全由女性主動。女性本身就是家長，而家長的權力是絕對。女性對婚姻的主張是至高無上，這在外省記者眼中，根本是一個女兒國的再現。所以一個家庭的靈魂——財產，全是控制在女人手裡。男人只有奴服，沒有發言權。記者提及阿美族的小孩，對於「父親」一詞觀念淡薄。甚至在小學生的作文簿上，也找不到「父」字的記錄。[163]

　　達悟族，當時亦稱亞米族、耶美族、牙希、野眉族。[164]達悟族是唯一居住在台灣本島以外的原住民，所居地為台灣島南端、巴士海峽之東，距離台東49海浬的紅頭嶼（蘭嶼）。由於遠離台灣，很多的傳說也不脛而走。其中著名的是日治時期一艘美國商船，不小心在紅頭嶼附近失事。大難不死的船員，游泳到該島求救。不料看到一群手持魚叉的番人，魚叉上還有叮噹作響的鐵環，誤以為遇到吃人的野蠻民族。其實達悟族是愛好和平，但美國船員見狀仍逃至山中。達悟人不察也尾隨在後，美國人害怕開槍擊斃數人。達悟人大怒以為自己欲營救船員，不料卻被攻擊致死，遂大舉報仇殺害所有美國船員。美國政府獲知，立即向日本政府提出抗議。可是日本議會正在開議，對此事毫無所悉。於是日本政府派出5名警員駐在紅頭嶼，並另派專家前去調查研究。最後發現紅頭嶼上的達悟族，仍過著原始的共產社會。如過令其保留原始狀態，非常地可以提供研究古代原始社會，不可多得的一個學術處女地。[165]

　　事實上在今蘭嶼的歷史中，從未有上述故事的情節，作者懷疑是清末同治十三年（1874）牡丹社事件的訛傳。不過同一份在南京出刊的《工商雜誌》，也刊登出恆春四重溪牡丹社與高士滑社原住民，激烈抵

163 秋凡，〈新女兒國婀美族〉，《工商新聞》，南京，第50期，1947年10月13日，頁7。
164 達悟族舊稱雅美族，1998年改稱達悟族，現今人口約近4,000人。參閱余光弘、董森永，《台灣原住民史——雅美族史篇》（南投：台灣省文獻委員會，1998年12月）。
165 嚴澤，〈烏托邦的紅頭嶼（一）〉，《工商新聞》，南京，第52期，1947年10月27日，頁7。

抗日本軍隊的報導。[166]由此可見採訪記者們，應該可以區分歷史與傳說的內容。蘭嶼不管在哪種雜誌，其導一口同聲指出真是一處人間仙境。當時島上達悟族人口1,273人，男性680人，女性593人，男女比例懸殊（照片3-1-15）。島上劃分出東清、野銀、紅頭、漁人、朗島、椰油等六個公社。他們居住的房屋分為兩種，一為高屋、一為矮屋。高屋用四枝木頭架住，屋頂蓋以人字型的茅草，中架木板、四面通風。只有在風雨來襲時，才加掛草簾以避風雨。矮屋為一面短牆，屋頂傾斜上舖茅草，屋裡有一方形石洞，做為臥窟之處。達悟人不食米飯，台東縣政府山地行政人員想要教導他們農耕，達悟人竟質問芋頭體型大、還是米粒體型大，弄得行政人員無言以對。芋頭（水芋）是他們的主食，或者駕駛名為「他他拉」（拼板舟）的漁船，下海捕捉飛魚。飛魚捕獲後並不生吃，而是用瓦罐烹煮食用。另外也放養豬、羊與雞，但全島沒有牛、狗、鴨。[167]

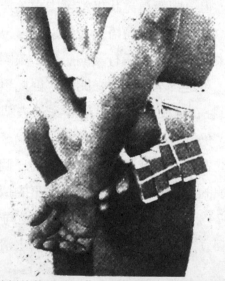

照片3-1-15【達悟族的男子工作二天換得5盒火柴，謹慎地繫在腰間】

166 凡秋，〈台灣鵝鑾鼻燈塔（一）〉，《工商新聞》，南京，第 43 期，1947 年 8 月 25，頁 8。
167 姚少滄，〈海上先山蘭嶼〉，《寰球月刊》，上海，第 21 期，1947 年 7 月，頁 16-17。

　　有報導稱日本人想永久保持達悟人的原始生活，故意不去開發它。如此的觀點，大陸記者多不認同。他們是站在「人類愛」的角度，希望政府有誘導達悟人接受現代文明的義務。如果到今天還留有這種「落後低能」的支系，無論如何都是中國民族的恥辱。由於國府接收台灣以後，一直存有教化原住民的想法，使得蘭嶼的調查很早就進行。1947年二二八事件結束不久，台灣科學研究所組織蘭嶼調查團。當時蘭嶼被認為在國防環境、氣象測候、海洋研究上，都是中國最理想的地區。可是當調查團抵達蘭嶼時，該團成員表示先看到沙灘上排列20幾艘的木船，踏上陸地竟看到所有達悟人，幾乎是光著身子、裸體見人。達悟的男子僅在肚臍下方，繫圍一條一吋半的土布帶。女子則是繫圍整塊布當做圍裙，但裙子的長度只到膝蓋而已。[168]

　　達悟人的習俗是男女平等，男子16歲若還不會下海捕魚，將沒有娶妻的希望。女子16歲即有出嫁的資格，但不講自由戀愛，全憑媒妁之言。女子新婚必須在男方家先住滿一個月，經過男方家長觀察後才承認婚約。此時男方家會餽贈鮮魚給同村鄰人，婚事甫告確定。新婚夫婦可以搬離舊居，另外住在新居，不一定要與男方父母同住。由於島上女子很少，所以形成尊重女子的習俗。生育方面，傳說昔日女子生產時，都用竹片切斷臍帶，造成嬰兒死亡率提高。後來看到山羊生產，加以學習之後死亡率才下降。[169]不過達悟人沒有對祖先的祭典，卻是另一個很奇特的風俗。其實他們對祖先墓地是很憎惡，在信仰中祖先過世會成為惡魔。然而島上最可怕的疾病，實為紅虫病與不明熱。紅虫（恙蟲）是肉眼不見的昆蟲，牠會隨風飄散，一旦接觸到人，會咬破皮膚鑽入體內，一週內人會發高燒而死。不明熱可能是蚊子所傳染，應為惡行瘧

168 魏雲樓，〈蘭嶼耶美族生活寫真〉，《自由天地半月刊》，南京，第 2 卷第 5 期，1947 年
　　9 月 15 日，頁 18。
169 魏雲樓，〈蘭嶼耶美族生活寫真〉，《自由天地半月刊》，頁 19。

疾。[170]

　　1946年10月中國新聞界知名記者曹聚仁（1900-1972），隨同上海記者訪問團來台採訪。他很清楚地說若本團為學術團體，那麼台灣是一座寶山，絕不會空手而回。學界研究的議題若與古代社會相關，那麼高砂族（高山族）是最好的對象。[171]民國知名伊斯蘭教學者金祖同（1914-1955），曾在1947年受聘至國立台灣大學歷史系任教。他搜集日本學者留下的研究成果，並配合自己考察資料，寫成可能是接收時期，大陸學者最早完成的原住民著作：《台灣的高山族》。1948年在上海名醫、古物收藏家丁惠康（1904-1979）博士的贊助下，將在台灣搜集到的高山族歷史文物、照片、書籍，全部運到上海孔德圖書館展覽。[172]由於這是台灣光復以後，首次在大陸展覽的高山族文物，很受到重視。南京出刊的《文藻月刊》，還特別撰文報導。由內容可知當時展覽文物中，比較吸引參觀者的有排灣族的蛇板圖騰、達悟族的拼板舟、布農族婦女衣服。[173]上海出刊的《寰球月刊》，也大幅報導該次展覽。不過文章很坦白提到，會中展覽品都是日本人掠奪、搜集而來，否則已沒有辦法得到這些精品。不同於上述，該雜誌選出的是布農族的人板圖騰（照片3-1-16）、排灣族的木雕蛇（照片3-1-17）、阿美族的木梳（照片3-1-18）。[174]

　　另外有二篇研究型的文章需要注意，一是1947年金陵大學社會學研究部碩士研究生何肇發（1921-2001），翻譯1941年刊登在《Sociology and Social Research》的一篇文章——〈Primitive Society

---

170 嚴澤，〈烏托邦的紅頭嶼（二）〉，《工商新聞》，南京，第53期，1947年11月3日，頁7-8。

171 曹聚仁，〈記者團在台灣〉，《上海文化》，上海，第10期，1946年11月1日，頁64。

172 百度百科金祖同 http://baike.baidu.com/view/865793.htm

173 編者，〈介紹台灣高山族的風土藝術〉，《文藻月刊》，南京，新1卷第8、9期合刊，1948年8月，頁18-19。

174 唐正平，〈台灣高山族土俗展覽會〉，《寰球月刊》，上海，第15期，1947年1月，頁24-25。

照片3-1-17【排灣族的木雕蛇】

照片3-1-16【布農族的人板圖騰】　　　　照片3-1-18【阿美族的木梳】

of Formosa〉。該文與上述最大的差別，在於依據台北帝國大學的研究成果，區分原住民為九族──阿太麼族（泰雅族）、朱歐族（鄒族）、蒲嫩族（布農族）、盧凱依族（魯凱族）、排宛族（排灣族）、滿零馬族（卑南族）、阿眉族（阿美族）、薩衣設特族（賽夏族）、野眉族（雅美族／達悟族）。[175]

　　另一是周文德在上海《科學畫報月刊》，連續二期投稿介紹台灣的原住民。周氏先訴說番地的分佈。該地區都是崇山峻嶺、奔流激澈；但是氣溫調和、景色宜人。高山族人在此地作息，儼然自成一國，故也有「高山國人」的稱呼。周氏認為台灣原住民為七族──太么族（泰雅族）、薩依設特族（賽夏族）、蒲嫩族（布農族）、朱歐族（鄒族）、

175 何肇發譯，〈台灣之初民社會〉，《中央週刊》，南京，第9卷第11期，1947年3月11日，頁 8-11。

派宛族（排灣族）、阿眉族（阿美族）、野眉族（雅美族／達悟族）。各族遷來台灣的歷史都十分久遠，大抵太么族、薩依設特族、蒲嫩族為最早，阿眉族、野眉族最晚。以人口而論，阿眉族最多，其次依序為派宛族、太么族、蒲嫩族、朱歐族、薩依設特族、野眉族。[176]

最後是台灣原住民為題的文學創作上，吳鳳的故事一直是重要的素材。特別是番人鹹首的習俗，在外人看來既神秘又恐怖。[177]1947年9月24日吳鳳成仁178週年，嘉義市各界舉行悼念大會，並前往吳鳳廟致敬。與會重要人士有吳鳳的第七代孫吳吼、第八代孫吳業，以及台灣省參議員劉傳來（1899-1985）、吳鳳鄉長高一生。會中結束以前，還舉行「吳鳳柿」的命名儀式。[178]因為如此，當時藝文界創作了第一部吳鳳故事的歷史劇，劇中多個場景以番人出草的台詞、對白，甚至出草歌聲做為伴樂，藉此突顯番人茹毛飲血的可怕。[179]1947年來台的知名中國通俗文學作家包天笑（1876-1973），二年後離台赴港之前，也完成一篇連載小說〈番蓮〉。故事情節為外省青年畫家江澹雲，前往花蓮「鷗波館」旅館住宿，並在東台灣遊玩取景寫生，不料遇到美麗動人的番族少女阿蓮，結局是有情人終成眷屬。[180]不愧是「鴛鴦蝴蝶派」大師想像的作品，或許也代表當時外省人士，心中對原住民「低落文化」垂憐的寫照吧！

---

176 周文德，〈台灣番族（上）〉，《科學畫報月刊》，頁 245-250、280。

177 鋒武，〈成仁取義的吳鳳〉，《建國月刊》，台北，第 1 卷第 2 期，1947 年 11 月，頁 32-33。

178 記諸，〈吳鳳永在人間——吳鳳殉職紀念日盛況〉，《建國月刊》，台北，第 1 卷第 2 期，1947 年 11 月。

179 居仁，〈吳鳳（台灣史劇）〉，《建國月刊》，台北，第 1 卷第 2 期，1947 年 11 月，頁 34-42；居仁，〈吳鳳（台灣史劇）〉，《建國月刊》，台北，第 1 卷第 3 期，1947 年 12 月，頁 37-45；居仁，〈吳鳳（台灣史劇）〉，《建國月刊》，台北，第 1 卷第 4 期，1948 年 1 月，頁 39-51。

180 天笑，〈番蓮（上）〉，《茶話月刊》，上海，第 29 期，1948 年 10 月，頁 14-25；天笑，〈番蓮（中）〉，《茶話月刊》，上海，第 30 期，1948 年 11 月，頁 12-20；天笑，〈番蓮（下）〉，《茶話月刊》，上海，第 31 期，1948 年 12 月，頁 14-24。

第二節 最早的省籍對立與疏通

　　1947年初台共分子蘇新（1907-1981）的一篇文章值得注意，他提到殖民時期日本人自稱「內地人」，以蔑視的態度稱台灣人為「本島人」。不料光復以後，來台的其他省分人士，皆自稱「內地人」或「國內人」，稱呼台灣人為本省人，實在是一種隔膜的說法。[181]可見得省籍情結是一個很微妙的東西，它不見得要政府執行不公平政策，突顯省籍的對立。只要從稱呼字眼，就可以區別彼此的不同。台灣光復之初，國府大員、軍隊前來接收，人民夾道歡迎，各地萬人空巷的情況，都在所有口述歷史與回憶錄提及。可是為什麼短短一年多的時間，竟會發生二二八事件？造成台灣人與外省人的悲劇。追溯以往雙方的看法差距頗大。以台灣人來說，他們面對的大陸人士，全部都與想像中戰勝日本該有的強國風範不同。以外省人來說，台灣是一塊極待被改造的島嶼，「落後」的環境也讓他們極度瞧不起台灣人。問題是當時的台灣真的落後嗎？作者極力找尋1945至1949年外省人對台灣的看法，最後證明當時的觀點，絕大部分稱讚日本對台灣的建設，亦稱讚台灣是一個進步的地方。此景表現在城市風情上，著墨最多是台中市與台北市。

　　初到台灣的人，都會注意到城市街道的整齊與寬廣，以及市容的美感。[182]有云本省最美的城市是台中市，因為市區街道整齊、清潔，還有那一塵不染的柏油路。道路兩旁栽種著樹木形成林蔭路，玲瓏美麗的洋房，以及一座修剪整齊的公園。這都讓來到台中市的人，立刻對它產生好感。[183]不過大部分記者或投稿人的觀察，還是以台北市的居多。1946

---

181 甦牲，〈「內地」與「內地人」〉，《新新》，台北，第 2 卷第 1 期，1947 年 1 月，頁 25。

182 朱荷生，〈性比例與婚姻──台灣采風錄之一〉，《中央週刊》，南京，第 9 卷第 2 期，1947 年 1 月 8 日，頁 24。

183 韋墾，〈天下事──日月潭遊踪〉，《北方雜誌》，北平，第 2 卷第 5 期，1947 年 11 月，頁 37。

年10月曾任中國國民黨中央宣傳部宣傳委員劉光炎（1904-？），跟著京滬記者訪問團來台。劉氏對台灣人民勤奮有禮大加讚許，如前往新公園博物館（今國立台灣博物館），看到博物館有許多小孩正在參觀，每個小孩都很守秩序，證明台灣教育程度之高。劉氏又前往台北市公會堂（今中山堂），看到堂皇建築可以容納4,000人，比起南京國民大會堂遠過之而有愧色。根據陪伴於側的友人相告，美國人遊台認為美國人在菲律賓的事業，遠不如日本人在台灣的建設，故對（戰敗）日本人有同情之感。[184]

　　台灣翠綠多樹的清新，讓上海《鐵報》總編輯文宗山（1919-？），也大力讚揚。他說台灣被塗上一層綠色，連天際的白雲也被蒼翠的大地，反映著像有點淡綠色。天氣不暖不冷，真是海外的一個長春島。台北市的馬路修築的平滑而寬闊，三條馬路平行著，中間種植熱帶出產的棕櫚樹。汽車與行人稀少，有靜悄悄的感覺。台北市的道路與建築非但冠於台灣，就算是跟大陸幾個大都市比較起來，也不會遜色。走到台北市熱鬧的市區，商業呈現畸形的發展。外省人把台灣當作獵奇的地方，當地的土產也成為獵奇的收穫，如珊瑚、珠子、草蓆與貝殼飾物等。他們盡可能的收購，再把這些土產品價格抬高至數倍。台北市的人行道有一半被攤販佔據，商人在畸形貿易中得到收穫。[185]

　　看來外省人帶給台灣人的感覺，其印象已經轉為負面，而且這種印象從商人身上得到不少。不過台北市整齊、美麗，已是公認的事實。該市柏油馬路長又筆直，寬闊可以讓三、四輛大車，從容地並肩駛過。兩旁行人道上排列著青翠樹木，路邊的房屋巧適精緻。此地異國情調中還留著古樸的中華風俗，因為不懂日語和閩南語的人來到台灣，簡直有口難言。幸好國語已經積極的提倡，尤其是商人與職業婦女紛紛學習，希

---

184 劉光炎，〈台灣歸來（一）〉，《中央週刊》，南京，第 8 卷第 43 期，1946 年 11 月 7 日，頁 15-16。
185 文宗山，〈台灣行〉，《生活月刊》，上海，第 5 期，1948 年 1 月，頁 10-11。

望不久的將來，語言上的隔膜能逐漸減少。台灣由於氣候優良，農產品特別豐富。街頭上少見菜色而營養不良的人，縱使有日本人的剝削與壓榨，祖國同胞那種悲慘的生活，台灣人是難以想像。如此的土地、如此的人民，台灣真是一個讓人留戀的地方。可是台灣暴動事件以來，每一位台胞都對祖國同胞在態度上，從尊敬、失望，轉成輕蔑、仇視與憎恨了。[186]

　　大部分來台旅遊的人，都不吝嗇讚美台灣、讚美台北市的一切。特別是國人赴台者絡繹不絕，甚至於交通困難也阻擋不了。中航班機由上海飛往台北，普通人不太能享受。若搭乘招商局輪船由上海出發，則船期無定，有人在滬候船經有2、3個月之久。[187]可是有文章表示台灣光復後，台灣人都用日語、方言溝通，這在外省人看來簡直就像來到外國。[188]於是非常謹慎地提醒當政者，彼此的不了解產生的衝突可能性大增。事實上台灣擁有取之無盡的資源，日本統治時代台灣曾以殖民地經濟型態，對日本提供寶貴的貢獻。現在台灣已經歸返祖國，自當可以有助於祖國的建設與復興。內地不少人抱著淘金夢前往台灣，不幸的是二二八事件爆發，把許多人的美夢一起打碎。台灣雖然還是台灣，對於內地人士而言卻是一個謎。其中的關鍵有人認為中國人對日本的態度很重要。由於西洋人常常譏笑日本人眼光淺薄、缺乏遠見，中國人常隨之附和，對日本的一切都加以蔑視，這種錯誤應該改正。從大的政治與軍事設施來看，日本人的確缺少氣魄與眼光。可是若對殖民台灣時的建設而言，則要佩服日本人的建設。中國如果與日本相比，不能對台灣有更好

186 舜英，〈台灣印象〉，《民潮月刊》，香港，第6、7期合刊，1947年4月5日，頁30-32。

187 本社，〈台灣——美麗的綠島〉，《機聯會刊》，上海，第187期，1946年11月1日，頁5-6。

188 時任台灣省菸酒公賣局酒科科長朱梅，從台北市松山機場落地，聽到當地人都用日文交談，即認為來到外國。1948年漫畫家豐子愷來到台灣過雙十節，當他看到鳥居與神燈，也感覺到了日本。參閱朱梅，〈為官一年〉，《世界月刊》，上海，第2卷第9期，1948年3月，頁41；豐子愷，〈台北雙十節〉，《兒童故事月刊》，上海，第2卷第12期，1948年11月，頁2-3。

的業績與表現，根本沒有資格藐視日本。以往日本為打擊台灣人對中國的「祖國觀」，於是竭力強調中國社會的陰暗面，並以中國最落後的東西，與日本最現代的東西相比較。於是光復後的台灣人，希望中國樣樣的表現都要勝過日本。只是二二八事變造成的瘡疤，非短時間之內可以消除。除了中國在台灣建設，要拿出比日月潭發電廠更偉大的工程，種種一切都比日本時代還好的成果，才能讓台灣人信服。[189]

台灣和內地比較起來，仍不失為一塊樂土，各方面的情況都很好。台胞的知識水準、守法精神、儉樸耐勞，皆為旅台者所共見。如果有良好的教育配合著運動，在任何方面一定會有更好的表現。有遠見的人提到，不能讓內地的惡習傳染到台灣。若僅憑台幣做為防波堤來保護，未在經濟上更有積極作為，台灣遲早會被捲入內戰的漩渦中。如此的危機是國人必須密切注意。[190]特別是內地人在台灣的工作環境都掌握著上層，台灣人做的工作都是中、下層，形式上造成統治者與被統治者的對立。內地人薪水高，台灣人待遇低，使得生活都很難維持，又造成經濟上貧富對立。它造成的結果是台灣政治與經濟上的不幸，也是整個中華民國的不幸。[191]然而省籍對立的問題，畢竟還是發生了。於是就需要探究根源，討論這樣的問題出於何處。

1. 台灣人對「阿山」、「外省人」與官員貪贓的反感

《時代生活三日刊》記者忠實寫道，台灣人對內地人從最初的好感，到惡感，到反感。[192]為何會有如此的變化？1945至1949年大陸人

---

189 李秋生，〈專論——台灣問題的癥結〉，《亞洲世紀月刊》，上海，第2卷第2期，1948年2月，頁5-6。

190 李秋生，〈專論——台灣問題的癥結〉，《亞洲世紀月刊》，頁7。

191 朱荷生，〈性比例與婚姻——台灣采風錄之一〉，《中央週刊》，頁25。

192 編者，〈內貫線來去記——台灣人對內地人、最初好感、其次惡感、現在反感〉，《時代生活三日刊》，北平，第5卷第5號，1947年3月22日，頁6。

稱台灣人為本省人，同樣地台灣人也有回敬的稱呼，只是指涉對象稍
多。台灣人稱內地人為「阿山」，不過要是出生於台灣、長大於內地者
稱「半山」。台灣人對阿山的辨別，不但看其服飾，也會聽辨會不會說
台灣話與日語。[193]其實「阿山」是台灣人給外省人取的稱呼，帶有極度
的憎恨與敵視。他們認為到台灣去的內地人，全是為了發財而來。「阿
山」就變成統治者與噬血者的代名詞。[194]可見得「阿山」是當時台灣
人，使用最廣泛的稱呼。另外「外省人」一詞也會使用，只是沒那麼普
遍。二二八事件時台灣人曾對公家單位大聲喊：「本省人出來，留外省
人在裡面，一會兒把他們都打死。」[195]由於二二八事件時台灣人都稱外
省人為「阿山」，因而引起一般人說台灣人都有反抗祖國的心理。[196]

　　回首近七十年前的往事，現在看來似乎難以想像。如果要細究原
因，整個大環境、也就是語言有著重要的地位。當時的官方語言已經從
日文變成中文。光復初期台灣人尚在學習中文階段，大多數台灣人都無
法與外省人溝通。本省人使用日語、閩南語、客語，而日語比閩南語、
客語更為流通。由於語文障礙，台灣人與外省人無法談心，感情更無法
融洽。[197]外省人的觀察，台灣人的方言分成閩南與廣東語系，國語對他
們來說顯得格格不入。由於內地人來者頗多，語言上發生困難，台灣人
與大陸人溝通，一開始都用筆談。[198]台灣為何成為日語的世界？因為從
1933年開始，總督府進行國語十年計畫。到了1945年日本投降，台灣

193 勤公，〈愛國乎？叛國乎？「民主造反」在台灣——所謂二二八事件插曲〉，《聱言雜誌月刊》，上海，復刊第 7 期，1947 年 5 月，頁 11。

194 雪穆，〈我從台灣活著回來〉，《文萃叢刊》，上海，第 2 年第 24 期，1947 年 4 月，頁 38。

195 胡帝，〈台北二週記〉，《時與文週刊》，上海，第 1 卷第 3 期，1947 年 3 月 28 日，頁 11。

196 張琴，〈台灣真相〉，《文萃叢刊》，上海，第 2 年第 24 期，1947 年 4 月，頁 23。

197 王濟昌，〈台灣二二八事件之分析〉，《再生週刊》，上海，第 159 期，1947 年 4 月 12 日，頁 9。

198 陳泧文，〈台灣雜寫〉，《海王旬刊》，南京，第 20 年第 35 期，1948 年 8 月 30 日，頁 555。

的日語人口達到全島的70%。光復以後台灣省行政長官公署,成立國語推行委員會,任命魏建功(1901-1980)為主任委員、何容(1903-1990)為副主任委員。實際工作未能達到預期,二二八事件又讓台灣同胞學習國語熱忱大減。[199]

很遺憾的是當外省人講到日本統治台灣,表明那一段歷史就是奴化。[200]有云日本統治台灣太厲害,不但不准收藏中國書,連方言也不准說。若是偷聽中國廣播被查獲,要懲處極重的罰責。這就說明當時台灣青年們,為什麼數典忘祖?因為他們在日本殖民地教育下中毒很深。現在突然告訴他們,中國是他們的祖國;如果不是他們的祖輩能提供若干的證據,他們是絕對不會相信。[201]至於台灣人身上都有日本時代統治的遺毒,昔日大和魂式奴隸教育陰影仍在,短時間內無法消除。此教育是偏狹的歌頌日本,對於台灣人的祖國——中國,卻很少談到。[202]甚至有的人還認為,台灣受日本統治五十年,風氣未開、政治不明,若跟大陸相比實超越訓政時期而過之。也有人指出當時溢美於台灣的輿論,都是京滬報章所提出。這種論點要不是走馬看花,就是人云亦云。[203]台灣人受日本五十年的奴化教育,遺留一種不正確的狹隘思想。仇視祖國、輕視同胞、蔑視國軍,時有所聞。復以統治當局施政欠當,貪官污吏勢所難免。中國政府在二二八事件之初,仍本著寬大為懷宗旨,凡具有國家觀念、民族意識之人民,無不以德服之。不料奸黨無國家觀念,又無民

---

199 薛綏之,〈旅台雜記(台灣通訊)〉,《北方雜誌》,北平,第6期,1947年6月,頁32。

200 朱荷生,〈日本的失敗與台灣的改造——台灣采風錄之三〉,《中央週刊》,南京,第9卷第5、6期合刊,1947年2月4日,頁31。

201 易正甫,〈台灣還需要些什麼〉,《小象旬刊》,上海,第1卷第4期,1947年8月15日,頁13。

202 王濟昌,〈台灣二二八事件之分析〉,《再生週刊》,頁9。

203 東方生,〈台灣通訊二則〉,《三民主義半月刊》,南京,第10卷第4期,1947年5月1日,頁31。

族意識,更談不上受到三民主義的薰陶,不得已政府才以武力解決。[204]

　　然而台灣人受日本統治五十年,真的是風氣未開嗎?首先秩序良好,可以說是外省人對台灣最好的印象。看慣了大陸各地人潮洶湧的混亂,一般都認為台灣人最好的習慣就是守秩序,所以火車站、汽車站、任何公共場所,都沒有憲警維持秩序,每個人都會自動排成行列。其次市場買賣雙方交易誠實,亦是另一個良好的印象。台灣的商人在日本統治時期,真的是「言不二價」、「童叟無欺」。各種商品都有標準價格,同樣的東西,全城賣的價錢都一樣。可是光復以後,這樣的情況已經沒有了。內地人把討價還價的風氣帶往台灣,台灣人也慢慢學會這套做生意的方式。[205]

　　也有辯稱台灣接收之後,國內同胞渡海前來的人漸漸多起,良莠不齊自然是難免的事。日本帝國主義壓迫下的台灣人,都已經學會守法的好習慣。一旦看到來台的國內人有不守法的行為,便誇大其詞認為大陸來的人都不守法。如台灣的單車店都備有許多單車,讓客人承租。國內同胞來到台灣,店主為表示親愛常不收租金。不料有少數敗類把單車牽走,永遠不再歸還。於是店主人毫不客氣,對於國內人就不再承租。旅館的營運也有相似個案,如門口常懸掛雨衣,以備不時之需。台灣人使用都會歸還,大陸人使用都一去不回,久之旅館這種貼心的服務就取消。此等小事下層社會傳播最快,遂使台灣人輕視國內來台之人,而「台灣人」與「外省人」就逐漸成為對立的名詞。[206]

　　1946年底知名化工實業家陳調甫(1889-1961)來台旅遊,返回天津後曾在塘沽發表演說談論來台心得。他提到日本統治時期對於台灣人,只給予普通的教育與低級的職業教育。進入大學台胞只能學醫,凡

---

204 章戍夫,〈讀者投書——對台灣叛亂的認識〉,《國防新報半月刊》,上海,第9期,1947年5月,頁6-7。

205 陳滋文,〈台灣雜寫〉,《海王旬刊》,頁555。

206 張琴,〈台灣真相〉,《文萃叢刊》,頁24-25。

政治、經濟、社會、歷史、工程等學科，日人都禁止台胞學習。因為學醫的人，大多對政治沒有什麼興趣，所以不會發生革命思想。[207]這一點對南京當局來說，或許是一個好消息。可是外省有識之士，仍想從文化拉近台灣與中國的關係。台灣文化需要進步，需要內地文化工作者來開闢，來幫助台灣同胞改進。五十年的隔離，內地人不了解台灣，台灣對內地也很有隔閡。辛亥革命如何發生？國內同胞如何團結抗日？勝利後國共為何大打內戰？像這樣的問題台灣同胞都不清楚。[208]台灣人與外省人五十年的歷史與生活經驗，完全大異其趣，非常不利於接收後，政治、社會與經濟上的穩定。

其實外省人對台灣人態度輕慢，台灣人都可以忍受。[209]惟獨長官公署官員貪污歪風，傷害到民生經濟的發展，成為台灣人攻擊外省人最有利的口實。光復還不到半年，台灣人即感到情況不對。台灣省行政長官公署繼承台灣總督府般，控制大部分台灣的土地。「封條接收主義」使得工廠煙囪不再冒煙，日治總督府保有的八種專賣商品，行政長官公署繼承六種：樟腦、煙、酒、鹽、火柴、度量衡用具，僅取消鴉片與石油。官舍換了主人，明搶暗奪、貪污走私遍及全島。如今新添出來的是台北熱鬧的街頭白晝行劫，以及比昔日漲了15倍的高物價。真是下鄉怕土匪、居家怕強盜（照片3-2-1）。[210]

1946年夏季台灣對時局流行說有「三望」：希望、失望、絕望。希望指的是戰後國府接收，讓台灣人民做一個「自由的中國人民」。沒想到光復之後政府接收人員的無能，外省人的傲慢，本省人與外省人的

---

207 陳調甫，〈重入慈母懷抱的小弟弟：台灣（一）——三十七年二月二十日在塘沽的演辭〉，《海王旬刊》，南京，第 20 年第 26 期，1948 年 5 月 30 日，頁 401。

208 朱荷生，〈日本的失敗與台灣的改造——台灣采風錄之三〉，《中央週刊》，頁 32。

209 知名劇作家、中共黨員安娥（1905-1976），1947 年來到台灣小住，想接近台灣人群，但又怕與台灣人刻板印象，認為「內地來的人都有優越感」。參閱安娥，〈第一次接觸台灣青年〉，《婦女月刊》，上海，第 3 卷第 4 期，1947 年 7 月，頁 4。

210 張子華，〈救救台灣人〉，《消息半週刊》，上海，第 2 期，1946 年 4 月 1 日，頁 41。

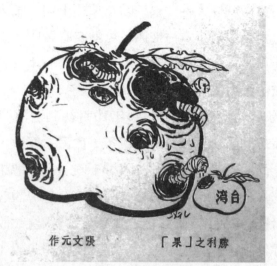

作元文張　　　「果」之利勝

照片3-2-1【勝利之果──諷刺台灣被「劫收」的漫畫】

差別待遇，這些都是讓人失望。但真正絕望的是盛產米糧的台灣吃不到
白米，平生可以吃飽（小康）的民眾淪落到乞食（乞丐），許多自殺案
件在報紙上憂鬱的報導，民眾更聽到某局長、某縣長貪污舞弊。二二八
事件後，台灣人希望的是大陸有能幹的人來台灣工作，但不希望有名無
實的人來吃米。因為台灣是生產地、中國的寶貝，不是遊園地。[211]
　　台灣人民為了生活走到絕境，他們不得不與環境鬥爭。所以社會大
眾都有一個普遍的作法，台灣人賣蔬菜、賣肉類給官吏，都賣的特別
貴。少女們在專賣局、貿易局，財政處、工礦處、農林處、糖業公司、
酒業公司、樟腦公司等的老爺家充當下女。這些官老爺家庭一天伙食費
是700至800元台幣，而且他們常去應酬不在家吃飯，下女們趁機浪費
他們的東西。普通人們都憎恨官吏，甚至憎恨外省人。政府說的話，台
灣人民完全不相信。台灣的報紙，除了台灣新生報之外，其餘都是站在
反對政府的立場。遇到貪官污吏就口誅筆伐毫不客氣。台灣的政界有一

---

211 台籍一郵工，〈從台籍同胞眼中看「二‧二八」事變〉，《上海郵工月刊》，上海，第13
　　期，1947年6月，頁6-7。

種傳聞，認為有貪污就要大幹一票。因為頂頭上司怕鬧大了，妨礙他的名譽就不會辦。可是要是小貪污被抓，可就要吃苦頭。如樟腦廠長劉熾章貪污錢太多，可是愛上一位台灣小姐，髮妻心有不甘密告劉氏貪污，果然調查一年貪污數百萬台幣。[212]

有正義感的外省記者直言，1946年10月初到台灣時，感覺此地真是世外桃源。沒想到國府接收台灣一年多，貪污、腐敗、無能的官僚政治，造成台灣全面的饑饉、失業、貧困、不安。這種惡果逐漸在台胞心中滋生仇恨，它像一顆炸彈一樣隨時會引爆。有報導說在二二八事件前一週，外省記者與台灣朋友酒酣耳熱之際，台灣人突然說：「你瞧，只要一出事情，你們阿山都要被殺光。」另一位台灣人說：「阿山幹的好事，比日本人還狠毒。」聽到此話的人，心情都無比的沉重。果然所有的事情，都在二二八事件時應驗。[213]

有人比較國府在台灣與東北的統治方式，就政治制度來說台灣有行政長官公署，等同於日本統治時期的總督府。東北有行轅，舉凡政治、軍事、經濟，行轅無所不管，可比擬昔日的關東軍司令部。另外，台灣有專賣制度，東北雖然沒有專賣，但有雄厚的官僚資本，以及一些莫名其妙的壟斷制度。至於行政效率的低下，和貪污風氣的盛行，二地的情況都不必再贅述。[214]官員接收的腐化，也讓參觀過台灣工業的記者覺得可惜。如汐止的台灣工礦股份有限公司橡膠廠，之前是日本因應太平洋戰爭需要所設，其產品主要為輪胎、雨鞋、膠鞋。可是接收之後卻變得沒落，一葉知秋是台灣工業籠罩著可怕的陰影。第二次世界大戰的勝利，為中國帶來工業的光輝；一是東北，二是台灣。然而東北已經被內

---

212 張琴，〈台灣真相〉，《文萃叢刊》，頁 30-31。

213 雪穆，〈我從台灣活著回來〉，《文萃叢刊》，頁 38。

214 霍餕，〈瀋陽「戰時」風光〉，《時與文週刊》，上海，第 1 卷第 19 期，1947 年 7 月 18 日，頁 18-19。

戰糟蹋了，有識者都希望能扶植台灣的工業。[215]

除了大陸的雜誌報導台灣之外，本地雜誌對於相同的新聞又何其多？作者認為寫得最好的是〈燒肉粽〉。當時「賣燒肉粽」的聲音，以及「賣香煙」、「賣米奶」的聲音，都是台北夜市悽慘的聲音。也都是十幾歲男女孩童，為生活所迫的呼聲。他們都是小販，從早晨到深夜都是這麼喊。勝利的消息傳來，台灣人有著從古至今未有興奮，但二年來美夢變成泡沫，經濟變調、物價高漲，這就是勝利帶給台灣人，讓人禁不住落淚。[216]

其實對國府官員來說，台灣就像一座寶庫。所以接收就是「劫收」，用在台灣人身上，也就不足為奇了。官員與軍隊從大陸來到台灣，都是美軍用船艦運輸。台灣人民流行說，美國人對日本人太好了，只投了兩顆原子彈而已。美國人對台灣人太狠了，把中國貪官投到台灣來。當時台灣都大罵外省官員，這些貪官只是「裝滿了錢的中山袋」，只是「貪食懶做的豬」。台灣人曾貼過這種標語——日本狗、中國豬。狗可以守門，豬有何用。中國在第二次世界大戰之後晉升為「四強」的幌子，在台灣可以招搖宣傳，但卻騙不了台灣人。如果南京當局還不正視台灣的問題，那麼如美國所說的台灣將變成「中國的愛爾蘭」，也相去不遠了。[217]

台灣人如此憤怒的情緒，就以「中國豬」為名，取笑外省人來發洩。所以當抗戰勝利了，台灣人恢復中國籍了，但最先感觸到的竟是「以豬易狗」。[218]台灣人對於官員的貪污忍無可忍，故對中國人用日語

215 陳滐文，〈台灣雜寫〉，《海王旬刊》，頁556。

216 明心，〈世態一幅——賣燒肉粽〉，《建國月刊》，台北，第1卷第4期，1948年1月，頁92。

217 劉乃光，〈「劫收」下之台灣〉，《青年與婦女》，上海，第1卷第6期，1946年9月，頁7、9。

218 琛，〈法律時評——從法律的角度望台灣〉，《法律知識》，北平，第1卷第4期，1947年3月15日，頁1。

說出「Shina Buda Kane Taberu（中國豬要錢）」。[219]或者認為接收台灣的軍隊，國府派遣的士兵行為都不檢點。引發台灣人的輕視，最後造成對政府的失望。當時台灣人稱內地人為「十二號」，原因是亥字是地支的十二位，所以就是「豬」的意思。[220]陳儀（1883-1950）接收台灣之後，很自然把他在福建的班底全部帶往台灣。這些人在台灣海闊天空、胡鬧一氣，坐車不買票，冷眼對待台灣人。台灣人雖然也有擔任公務員，但都是書記等的三、四流角色。故街頭流行一首歌：

> 打走了一條狗阿，來了一隻豬。狗還可以看家護宅院，
>
> 要這個懶豬做什麼？吃了又睡、睡完吃，倒在泥潭哼、
>
> 哼、哼！

若問陳儀居心何在，外省的記者也編了一首歌，諷刺長官公署貪官污吏施政不當：

> 餓死台灣人，捏死台灣人，打死台灣人，我們大家毒死
>
> 台灣人！[221]

當然，「中國豬」的說法套在外省人頭上，自然也被大大地反擊。因此外省人罵得最兇，就稱台民受日本奴化教育，中毒頗深，輕視祖國衰弱無能，輕視國人愚笨無用。台灣人把日本人比喻為狗，而狗尚能看守門戶，喻國人為豬或者「阿山」，只可殺而食之。二二八事件中，有打殺「阿山」，趕走「半山」。內地人被慘殺者有三、四千人之多。[222]不過這場事件讓留台日人也飽受懷疑，因為衝突發生當下，台灣民眾僅襲擊外省人，但揚言不攻擊日本人。大陸人士一直懷疑留用日籍教授用

---

219 John W. Powell 作，守一譯，〈時論選輯——台灣需要好政府〉，《湖北論壇》，漢口，第 2 卷第 5 期，1947 年 5 月，頁 30。

220 陳調甫，〈重入慈母懷抱的小弟弟：台灣（一）——三十七年二月二十日在塘沽的演辭〉，《海王旬刊》，頁 402。

221 王慰曾，〈介紹台灣〉，《太平洋月刊》，北平，第 1 年第 4 期，1947 年 4 月，頁 31。

222 章戍夫，〈讀者投書——對台灣叛亂的認識〉，《國防新報半月刊》，頁 7。

日語上課，難保沒有故意歪曲之辭。留用日人很容易讓台胞誤會，國內沒有人才，進而輕視祖國、不信任政府。[223]

　　台灣民眾激變的結果，竟以流血表達對長官公署治理的不滿。事實上在1946年初就有消息傳來，台胞可能會鬧民變。[224]可是有關當局沒有正視，前去關心體察民情。直到二二八事件發生，多數的投稿者才歸納、整理事件的起因。時論認為總共有17點原因。其中竟有9點跟政府顢頇、貪汙有關，例如：國內政治紊亂無軌引發失望、中央接收大員假公濟私與中飽私囊、各地官吏政績不良怨聲載道、清查團奉命來台官箴不振引起反感、長官公署辦理公案不顧民瘼、台胞主持機關首長不問才具一律撤換、專賣局壟斷物資與民生、台胞公務員待遇受到不平、專賣局查緝私貨濫施職權。[225]

　　事發後外省記者普遍認為，陳儀統治下的台灣，把這座島嶼視為一塊肥肉，做為內戰進行的倉庫。台灣的米被搬走、台灣的糖被搬走，一切都去填內戰的無底洞。[226]後任國立成功大學建築系主任、當時在台灣的王濟昌（1917-？）亦撰文檢討二二八事件。他認為光復後台灣失業問題嚴重，從各地返台的台籍日本兵更讓問題雪上加霜。為生活所逼，女的為娼、男的為盜。當局雖然嚴格禁娼，但暗娼卻與日俱增。走私問題也難以解決，當時用小船載運糖米赴日（琉球）者頗多。台灣海岸線太長，軍警人員太少，自然無法阻止。[227]

　　至於二二八事件之因與省籍情結有關者，包括：台灣的高級官吏大多為外省人，本地同胞居高位者甚少，肇因於行政長官公署認為台灣無行政人才，地方自治的訓練至少要經過三年。再者，行政官員多是親戚

---

223 曾今可，〈台變實錄〉，《國防月刊》，南京，第 3 卷第 1 期，1947 年 5 月，頁 51。

224 無我輯，〈世外桃源的台灣——「殺雞取卵」而激起的暴動〉，《現代知識半月刊》，北平，第 1 卷第 2 期，1947 年 5 月 16 日，頁 19。

225 台籍一郵工，〈從台籍同胞眼中看「二‧二八」事變〉，《上海郵工月刊》，頁 10。

226 楊羣，〈痛苦的台灣〉，《民潮月刊》，香港，第 11 期，1947 年 8 月，頁 3。

227 王濟昌，〈台灣二二八事件之分析〉，《再生週刊》，頁 10。

與同鄉關係援引而來，既無行政效能，又多貪污舞弊、肆無忌憚。從內地派住台灣的官員與士兵，常霸占人民的私產，幾乎視台灣為殖民地。妓院、酒館如雨後春筍般發達，都把內地的頹風帶往台灣的惡果。[228]事件的導火線——私菸查緝人員，往往他們去民宅搜索時，常會順手牽羊帶走別人的物品，台灣民眾恨之入骨。接收大員舞弊叢生，貪污、欺瞞、不盡職、不認真，早已經不是新聞。外省人與本省人在二二八事件的遭遇，外省人從外表一看即知，如果開口說話立刻分辨。當時口號「台灣人打中國人」，即本省人打外省人。台灣人稱來自大陸的人為中國人，意思是台灣人就不是中國人。可是當時也非全部台灣人都打外省人，不少台灣人挺身保護外省人。[229]

　　有云台灣就像中國失去的孩子，雖然被收回來，彼此也有著血緣的關係，但交往卻是很淡薄。這使得協調上需要很大的工夫，政府沒有做好才造成二二八事件。[230]南京大公報記者、亦是中共地下黨員李純青（1908-1990），也站出來替台灣人說話。他提到二二八事件國府定調是「奸人」做亂，問題「奸人」來自何處？台灣歷史上有獨立運動，也有台灣共產黨，使得台灣人的意識，有一種流浪人團結的思維。說這種意識帶有排外性可以，但說它背叛國家則不可以。因為李氏親眼見到1945年10月接收官員抵台，台灣民眾熱烈歡迎的盛況。[231]可是二年來台灣的接收，統治者的施政並不成功，台灣民眾仇恨政府的心理加劇。有謂台灣青年受過軍事訓練者數十萬，如果事發不可收拾，用武力鎮壓是萬萬不能。[232]不過陳儀與南京當局最後還是選擇血腥鎮壓。

---

228 本社，〈社論——台灣事件的教訓〉，《民主與統一旬刊》，上海，第29期，1947年3月20日，頁2。
229 洪瀑，〈各地通訊——一個台灣國語推行員的信〉，《中流月刊》，北平，第2期，1947年4月，頁20-21。
230 易正甫，〈台灣還需要些什麼〉，《小象旬刊》，頁10。
231 純青，〈台變我感〉，《中國建設月刊》，上海，第4卷第1期，1947年4月，頁24-26。
232 錫凡，〈不幸的台灣事件〉，《羣言雜誌月刊》，上海，復刊第6期，1947年3月，頁3。

　　二二八事件發生後，外省人受到傷害的城市以台北、新竹、台中、嘉義、台南、高雄較為嚴重。基隆因為有駐軍，所以動亂未擴大；花蓮、台東消息不靈，動亂也可以控制。這次事變得平息，全然是政府使用武力的結果。坦白說這將讓台胞與祖國的距離，更加深一層裂痕。[233]特別的是該事件發生時，有些外省人還認為台灣人是很守法，如果躲到派出所就不會被攻擊。台灣人對外省人的觀念是每個外省人都有手槍。台灣人說你們外省人來台灣都是不好。[234]然而被台灣人攻擊的「阿山」，都是跟台胞一樣的貧困，一樣受到迫害的小公務員與小商人。那一些統治者的「阿山」，早就被軍警嚴密的保護，在官署裡策劃虐殺和鎮壓。台灣人的理智早就被憤怒給淹沒，他們需要的是盡情的發洩，已經不考慮任何的後果。[235]尤其讓統治者惱怒，即二二八事件處理委員會，綜合各方意見，提出所謂的三十二條，竟比日本人對中國提出的廿一條還多。[236]

　　二二八事件為官逼民反的典型例子，政府自1947年3月15日以來實施報復政策，已經有10,000人被殺害或失蹤。[237]也由於台灣人流血太多，於是有人索性把事件喻為「嘸吧哖事件第二」。[238]外省人談到這起事件不免色變，同樣地台灣人談起也是如此。雖然政府以武力鎮壓，事件表面上是被平定，但二次暴動的傳聞日復一日。一方面台灣人失蹤的

---

233 無我輯，〈世外桃源的台灣──「殺雞取卵」而激起的暴動〉，《現代知識半月刊》，頁20-21。

234 胡爾，〈台灣逃生記（一）〉，《世界月刊》，上海，第 1 卷第 9 期，1947 年 5 月，頁38、40、41。

235 雪穆，〈我從台灣活著回來〉，《文萃叢刊》，頁39。

236 勤公，〈愛國乎？叛國乎？「民主造反」在台灣──所謂二二八事件插曲〉，《羣言雜誌月刊》，上海，復刊第 7 期，1947 年 5 月，頁 12。

237 翌，〈時與潮──聲援台灣同胞〉，《民潮月刊》，香港，第 6、7 期合刊，1947 年 4 月 5 日，

238 陳儀知道兵器的利弊，曾三令五申不准出巡人員攜帶槍械，但底下的人根本就不聽他那套。他們把台灣人當做內地目不識丁的農工群眾，以為打死二個不要緊，把人命當做兒戲吧。參閱蕭鐵，〈我在二二八暴風雨中〉，《新聞天地月刊》，上海，第 24 期，1947 年 6 月 1 日，頁 30-32。

消息也時有所聞，對於他們的遭遇都是凶多吉少的想像。況且台灣是一個海島，如果買不到通過憲警之手的船票，或是陳儀親批的飛機票，誰也別想離開台灣。台灣的外省記者寫好文稿，託人帶離台灣投至上海的報館、雜誌社，若被發現也會有殺身之禍。[239]有雜誌記者直指，二二八是狹義的排外行動，當時台灣人幾乎是總動員，各階層人物都有，包括：流氓、地痞、學生、青年、失業份子、店員，都視外省人為敵人。遺憾的是他們沒有目標看到外省人就揍，原先做為對象的大員絲毫無損，遭殃的是餓不死、吃不飽的小公務員。[240]

國防部長白崇禧（1893-1966）來台宣慰，加強駐軍以示台灣離開不了祖國。簡言之，台灣若想獨立，根本是不可能的幻想，當然更不許台民排斥外省人。[241]二二八事件後台灣獨立的言論立即出現。支持國民政府的雜誌，對此批判不遺餘力。聲稱台灣是中國人的台灣，除非中國陸沉，或者台灣地陷，台灣將永久屬於中國與中國人民。可是事件畫分出的鴻溝，對於台灣前途的看法，如託管、自治、獨立，甚至於革命、投票公決、第二次暴動說，都時有所聞（照片3-2-2）。[242]

台灣人付出很大的代價，這次失敗實為日本人統治五十年，沒有可以起中心領導人物來帶領。事情鬧大為首的人無法控制，亦產生不出各方擁護的代表。結果要求超出政治改革的範圍，遂被政府以武力解散「二二八事件處理委員會」，大部分的領導人下落不明，台灣人的言論與行動自由，更被加上一層桎梏。[243]加上國軍開到後，大搜大殺、錯上

---

239 竺君，〈淚眼看台灣〉，《現代新聞週刊》，上海，第 1 年第 1 期，1947 年 5 月 10 日，頁 22-23。

240 路人，〈台灣 228 真相〉，《新聞天地月刊》，上海，第 23 期，1947 年 5 月 1 日，頁 27-28。

241 章戍夫，〈讀者投書——對台灣叛亂的認識〉，《國防新報半月刊》，頁 9。

242 陳中平，〈台灣與中國——為台灣光復二週年併駁斥菲律賓人的謬論而作〉，《三民主義半月刊》，南京，第 11 卷第 7 期，1947 年 12 月 15 日，頁 27-29。

243 薛綏之，〈旅台雜記（台灣通訊）〉，《北方雜誌》，頁 31。

照片3-2-2【要划遠黑暗的大陸─二二八事件後的諷刺漫畫】

加錯，造成本省人與外省人的鴻溝。[244]可是事平綏靖，台灣人暗殺外省人員事件又開始。政府沒有具體保護外省人的辦法，搞得大家人人自危。如果當局嚴禁外省人員離台，最起碼要照顧生活上的安定。台灣危機猶自潛伏，特別有可能爆發第二次暴動。雜誌指出若不積極調整台省人事，想要趁機敷衍過去，那麼南隅海疆將無寧日。日本人曾說二十年後再來，不必等到那時台島旗幟又將新換。[245]針對這點統治當局，已經心生警惕。1947年下半年台灣發生米荒、台南發生水患，600多萬台胞的生活受著威脅。政府若不能減除他們的威脅，很容易讓他們勾起「日本時代」的回憶。台灣人不會想到生活維艱的現象，實為日本發動戰爭的後果，而是新的統治者賜予。[246]

陳儀也許富有理想，亦為國府官場大吏中佼佼之選。不解的是他卻

244 本刊特約記者，〈紙包著火的台灣〉，《大學評論》，南京，第 2 卷第 7 期，1948 年 11 月 16 日，頁 12。
245 東方生，〈台灣通訊二則〉，《三民主義半月刊》，南京，第 10 卷第 4 期，1947 年 5 月 1 日，頁 30。
246 易正肅，〈台灣還需要些什麼〉，《小象旬刊》，頁 14。

放任部下驕橫搆怨，台灣人壓抑甚久而無察覺。竟說「台灣治績決不下於祖國的任何一省」，把罪過完全推給整個中國官僚機構腐敗無能，並且嘆息縱有好長官，其意志無法貫徹徒喚奈何？[247]輿論疾呼解決台灣社會問題的方法，不是嚴懲歹徒，宣慰傷亡就可以。最重要的是滅絕貪官污吏、修明政治、提高效率、救失業、救娼妓，不分省籍衡之於法，不分軍民置之以序，推行國語、禁用日語，獎勵異省通婚，如此才能真正安定人心。[248]

2. 外省人對台灣人正、負兩面評價

不同於1945至1949年，台灣人全面對外省人產生的反感；同一時期外省人對於台灣人的評價，有著正、負面二極化的反應。[249]台灣的特殊化讓來台外省遊客感到奇怪，首先台灣實施行政長官公署制度，行政長官權力比省主席大。其次台灣沒有國家銀行，法幣不能在台灣流通。其三台灣有獨特的專賣事業。一般來說政府與人民感情不融洽，台灣同胞稱內地人為「阿山」，對官吏稱呼更糟糕為「豬官」。[250]但這不妨礙外省知識份子的判斷。正面評價除了直接了當稱讚台灣人的個性外，有反省能力者也會批評外省人的缺點。當時觀察台灣人的行為舉止，不乏投稿讚揚。如聯合國救濟總署（UNRRA）在台灣廣施濟眾的時候，從美國運來一批奶粉與舊西裝，在台灣散發的經過與情形非常良好。但有關單位把受領者的姓名公佈在牆上，其中有一位受救濟的老翁看到大為

247 雲波，〈時事評論——遷怒與回敬〉，《湖北論壇》，漢口，第2卷第4期，1947年4月1日，頁4。

248 王濟昌，〈台灣二二八事件之分析〉，《再生週刊》，頁16。

249 陳儀在某個會議上說：「外省人來台灣找不到住的地方，我們與其花錢到省外宣傳，還不如幫他們安置一個好的處所，讓他們回去做義務的宣傳員。」這表示來到台灣的外省官員，也視來台旅遊者為外省人嗎？參閱星辰，〈台灣的新聞界〉，《新聞天地月刊》，上海，第15期，1946年8月15日，頁12-14。

250 鄭一禾，〈台灣的秘密〉，《新聞天地月刊》，上海，第18期，1946年11月30日，頁2-4。

憤慨，就把衣服還給救濟總署，自己再把牆上的命字塗掉。他說不願意為了一套衣服拋頭露面，讓別人知道丟自己的臉。這種窮硬氣概讓人動容，文章結論是告訴讀者，應該重新認識台灣人與他們的人格。[251]

特別是陳儀（1883-1950）曾告戒僚屬說：「台灣人最大的優點，就是每個人都有守法的習慣。我們大家當公務員，應該要絕對地守法。」[252]可以想見台灣人的素質極高，到過台灣的外省人都說，台灣交通方便、水電便宜，日本人建設得好，台灣人儉樸、守秩序。這些是一般的印象，看慣了內地混亂、無秩序的人，最容易感觸到。[253]不少外省人不會吝嗇稱讚日本統治的成績。這在今天用民族主義的角度來看，簡直是難以置信。為什麼他們不用民族主義的情緒，看待台灣的一切？原因是中國為戰勝國，日本為戰敗國。台灣是被接收的地方，他們不需要詆毀日本的壞，藉以突顯中國的好，這使得觀察後的評論更有價值。

當然，這也不是說國府接收台灣，在宣傳上肯定日本的治績。1948年2月國民政府副主席孫科（1891-1973）伉儷來台灣視察，受到台灣交大同學會與大夏大學同學會歡迎。他發表的談話，可以視為高層政府官員，對於光復後台灣人的期許。孫科致詞時指出台胞愛國熱忱，不亞於外省。這二所學校畢業生在台工作，得到台灣人的協助，必可事半功倍。現在台灣的工廠大多已經修復，希望全體校友在此基礎上追求進步，一舉超過日本統治時代的成績。[254]1947年二二八事件以前，台灣人熱愛中國的心情，躍然於任何報導。國立台灣大學代理文學院院長林茂生（1887-1947），在成功中學演說時勉勵學生，認為台灣人的創造能力，並不亞於外省同胞。現在台灣回歸祖國的懷抱，台灣已經是中國

---

251 子，〈台灣一老者〉，《人物雜誌》，重慶，第 3 年第 2 期，1948 年 2 月，頁 39。

252 歐陽予倩，〈台遊雜拾〉，《人世間》，上海，第 2 期，1947 年 4 月，頁 43。

253 楊益泉，〈冷眼看台灣〉，《創世半月刊》，上海，第 14、15 期合刊，1948 年 5 月 1 日，頁 16。

254 編者，〈台灣交大同學會歡迎孫前校長蒞台大會誌盛〉，《交大週刊》，上海，復刊第 18 期，1948 年 4 月 8 日，第二版。

　　的一部分，台灣應該做為中國的模範，才不愧於外。[255]

　　拉近台灣與中國的關係，亦是稱道台灣的作法。大部分人未來到台
灣之前，都猜想這個海島被日本統治五十年，大概已經全面日化了。台
灣社會與內地存有異樣，如台灣同胞衣著不穿和服，但漢服也有不同
（照片3-2-3）。沒想到台灣盛行的野台戲（歌仔戲），表演身段與觀
眾互動的傳統方式，即便在內地的都市也很少見。它在台灣普遍的程
度，讓人有「禮失求諸野」之感。由此可以知道，台灣戲曲保留了中國
生活習慣、風俗、倫理思想、制度，甚至於歷史，故台灣文化也是中國
文化的一部分。[256]

照片3-2-3【台北街頭的和服穿著與漢服穿著的行人】

　　若把上海與台灣比較，在上海住久的人，初到台灣會感到不便。因
為上海搭乘電車、公共汽車是很方便，無論去哪個地方，鄰近都有電車

---

255 林茂生，〈三個「Tion」〉，《成功月刊》，台北，創刊號，1946 年 12 月 15 日，頁 6。
256 朱荷生，〈從草台戲看台灣文化——台灣采風錄之二〉，《中央週刊》，南京，第 9 卷第 4
　　期，1947 年 1 月 22 日，頁 7、23。

路線。台北的公共汽車也很發達，總共有17條路線。但有些地方很偏僻，由於人少使得車次半個鐘頭，或者一個鐘頭才會發車。最惱人是與台灣人打交道，像是去購物不能殺價，否則台灣人會覺得你輕視他。台灣人的觀念是商品，再加上幾成做為市場的標準價格，這樣買賣雙方不會吃虧，也不會佔誰的便宜。可是現在受到內地人的影響，市場交易開始有虛價。最不同的是台灣人很好客，如果他跟你成為朋友，就算是小茶館的老闆也會請客，或者獨霸一方的流氓也會跟你結拜、送東西給你吃。[257]

　　當時在上海頗負盛名的《兒童故事月刊》，連續幾期刊登大陸小朋友，以及台灣小朋友互相往來的信件。編者還特別提到台灣小朋友，在日本統治時不准讀中文。但現在小朋友都學會國語，可以跟大陸小朋友寫信溝通。大陸小朋友眼中台灣是出產蔗糖的地方。[258]台灣小朋友投稿內容，直誇新竹是重要工業區所在，當地有製糖廠、樟腦公司、中國石油公司研究所、竹東水泥廠、火柴廠、玻璃廠、肥料廠等，而且「新竹風、基隆雨」齊名。[259]

　　上述都是輕鬆的說法，但嚴肅地看待台灣人、外省人個性的差異，台灣人優良習性似乎成為榜樣。有云中國民族生活墮落、思想紊亂與政治的不改進，尤其內戰造成中國建設的危機。要看中國人民生活情況如何？不必去其他國家借鏡，只要看台灣人的生活即可。台灣收復不到二年，就發生二二八事件。光復時台灣民眾歡迎國軍、官員之熱烈，要不是親眼所見絕不會相信。現在中國人心、習俗之壞，全是舊的未去，新的未來。於是產生懶散、自私、淺見、不團結與缺乏民族愛的怪現象。故要去除中國民族的壞習性，要向哪個對象學習？台灣同胞優良習性，

---

257 洪荒，〈從台灣到上海〉，《春秋》，上海，第 5 年第 3 期，1948 年 8 月，頁 134。

258 陳小平，〈給台灣小朋友們的一封交誼信〉，《兒童故事月刊》，上海，第 2 卷第 2 期，1948 年 1 月，頁 20-21。

259 吳芷淵，〈交誼信──台灣新竹市兩個小朋友寫給國內小朋友的兩封交誼信〉，《兒童故事月刊》，上海，第 2 卷第 3 期，1948 年 2 月，頁 26-27。

或可加以學習。如果把大陸各省人民，以及台灣同胞習性優、缺點加以
比較，更可以讓人清楚。[260]台灣人的長處稍多，短處中唯一讓人覺得可
怕，則有陰險和殘忍的表現。這樣的看法肇因於二二八時，台灣人攻擊
外省人的結果（參閱表3-2-1）。

表3-2-1 台灣同胞與外省人民習性比較

	台省同胞	大陸各省人民
長處	1. 儉樸生活已經養成，一切都不浪費，能夠刻苦又耐勞。 2. 勤勞與腳踏實地，做事情有計畫、重實踐，不重虛榮。 3. 不論男女都殷勤向學，遇問題能下工夫研究。 4. 待人謙恭有禮、講究團結合作。	1. 外表好看，長於交際。 2. 凡事隨便，能迎合別人心理，引起別人快感。 3. 有樂觀的心情。
缺（短）處	1. 過於簡樸，流於小氣。 2. 性情悲觀，容忍到極限的時候，有陰險和殘忍的表現。 3. 對於政治太少認識。	1. 浪費、虛榮、無計畫、不切實際。 2. 做事浮華，言行不一，希望大於行動。 3. 不肯虛心研究，缺乏恆心、毅力。 4. 不團結、自私。

資料來源：鍾郅元，〈民族習慣的滲和問題──介紹台省同胞的優良習性）〉，《青年中國週報》，上海，第 57 期，1947 年 12 月 14 日，第四版。

　　不過也有對台灣人個性，極為負面的看法。認為台灣人的個性勇
敢、冒險，但不及閩南人的豪爽、坦率。台灣人頭腦較為簡單，遇事欠
缺深思熟慮而輕率衝動。例如：台灣人在開會場合，常常侃侃而談。說
到官吏貪污理直氣壯，動輒捶拳拍桌，一點也不把上官的威嚴放在眼
裡。又與國內人士交往，不管因公因私，總是抱著一種懷疑的態度。或
者別人對台灣人有十次好，但假定有一次辜負了他，台灣人便把九次的
好全抹滅。換句話說，台灣人是比較忘恩負義。[261]
　　可是二二八讓台灣人學會謹慎，他們大多對現狀不願再表示意見，
只以沉默表示抗議。或者說話萬分小心，如提到中國時，就會刻意強調

260 鍾郅元，〈民族習慣的滲和問題──介紹台省同胞的優良習性）〉，《青年中國週報》，上海，
　　第 57 期，1947 年 12 月 14 日，第四版。
261 閩友，〈台灣「光復」三週年──從民心看台灣〉，《展望週刊》，南京，第 2 卷第 24 期，
　　1948 年 10 月 30 日，頁 12。

「我們中國」，語氣是那麼的不自然。於是外省人與台灣人的距離越來越遠，外省人帶著優越感走在台灣各地。不過敏感的外省人，也會彼此警惕若再發生一次「二二八」那可怎麼辦？[262]大陸期刊也細緻觀察到，二二八事件造成內地與台省的重大傷痕。但事件的過程，有時台灣人保護外省人，有時外省人保護台灣人，都是冒了相當大的危險。這種患難的友誼，絕對是從火焰中煉出的真金，將來一定會有它正面的作用。[263]南京當局的立場，二二八事件的發生，把原因推給中國共產黨是一個省事的作法。對外宣傳抗戰勝利以後，由於共匪的叛國殃民，使得中央政府對接收後的台灣，無法進行充分建設。事件發生後台灣內部出現小小的齟齬，也都是事實。台灣畢竟是中國的台灣，「弟兄」之間的誤會，頃刻就能夠清除。由於共產黨與同路人，自始至終破壞台省同胞與內地同胞的感情，讓彼此互相懷疑與猜忌，達到中國分崩離析的目的。[264]

這是僅見從中國國民黨宣傳刊物上，把台灣與中國定位為「弟兄」的論調。事實上官員接收之初，許多是捷足先登，懷抱著升官發財的大志來台灣。這些人有無比的優越感，進衙門、搶位子，劫搜物資、霸佔房產。大者帶班底，小者帶跟班，任用私人就算不合法，也被視為天經地義。因此一朝親戚，也都跟著飛黃騰達，大小衙門都是家庭班。這等情事在大陸原本不是大驚小怪之事，不料台灣人不識相，把事情看得太嚴重。這些班底好壞是一大問號，但「簽到」、「抽煙」、「聊天」、「看報」的衙門混子，薪水都比台灣人為高。怪不得人們說得好，「不

262 高超，〈「阿山」台灣人之間〉，《中建半月刊》，北平，第 1 卷第 4 期，1948 年 9 月 5 日，頁 22。

263 本社，〈社論——台灣改制後怎麼辦？〉，《世紀評論週刊》，南京，第 1 卷第 18 期，1947 年 5 月 3 日，頁 3-4。

264 本社，〈中外一週——發揚偉大的祖國愛〉，《中央日報週刊》，南京，第 2 卷第 2 期，1947 年 11 月 2 日，頁 4。

為掙錢升官,誰到台灣來?」[265]

　　幾十年來中國都沿襲著「科員政治」的舊習,科員政治所持的武器,只不過是一紙「等因」、「奉此」的公文而已。只要你文字熟練,找不到漏洞,公家機關的責任,絕不會落在自己頭上。台灣人做事都是實事求是、隱忍耐勞,就很看不慣這種官樣文章。不過台灣人稱內地人為「阿山」,此語含有輕視的意思。據說阿山名稱的由來,為大陸內省小縣的山村人來到台灣,看見寬闊的柏油路與明亮的電燈,就耳暈目眩花了眼,此後台灣人就稱大陸人為「阿山」。可是把所有的外省人稱為阿山,其實並不恰當。因為接收時的阿山是特殊統治階級,現在逃難來的阿山也是經濟上層階級,因此全稱阿山太簡單了。[266]

　　1948年以後台灣人對中國人說:「台灣是中國的樂園哪」。這句話有不簡單的意思,當時台北一地,人口就增加約30萬人。國內遍地烽火,台灣卻偏安一隅,獨享太平。所以現在停靠在基隆的船,仍載著一大批的外省客,有的索性把家業都搬過來,做久居之計。最初來台灣的外省人是來淘金,每想到現在是來逃難。台灣的確不壞,可是當台灣人說這句話的意思,也不見得單純。台灣雖是中國的樂園,但台灣人是活在樂園的地獄裡。[267]光復之後台灣人守法也大不如前,日本統治下的台灣比現在更安定、更充實、更平和、更有秩序。現在內地人在台灣越來越多,「政治」早已經走樣了。如今戰勝者不願向戰敗者學習,內地人不屑向台灣人學習,只好叫台灣人向內地人學習了。[268]在這段時期,最諷刺的是台灣人學習三民主義過程。當時的台灣人動不動就說三民主義,接收要員講、三尺童子也講。有一回一位小孩子詢問記者,說「是不是三民主義說媽媽不該打我」,讓人啼笑皆非。台灣人總覺得到台灣

---

265 高超,〈「阿山」台灣人之間〉,《中建半月刊》,頁 20-21。

266 高超,〈「阿山」台灣人之間〉,《中建半月刊》,頁 21。

267 高超,〈「阿山」台灣人之間〉,《中建半月刊》,頁 20。

268 陳滾文,〈台灣雜寫〉,《海王旬刊》,頁 555。

的中國人，每一位都披上三民主義的外衣。如果長官公署的宣傳人員，
連這些問題都無法解決，還不如不要宣傳三民主義。[269]

　　「省籍」問題也開始在台灣社會發酵。台灣省警備司令部參謀長
鈕先銘已經注意到它的嚴重性，元旦致辭中特別指出，台灣650餘萬同
胞都是來自閩粵，同我個人比較只是來台時間不同而已。我現在是台北
市民，我現在想請問當局者，外省人要有什麼條件才能落籍？要是居住
6個月以上就有資格，那末我想申請在台灣落籍，這裡何嘗有民族界線
的存在？[270]台灣省氣象局蘭嶼測候所所長林秉衡（1920-1947），在任
內夙夜匪懈卻因病去世，成為本省科學事業犧牲的第一位外省人。可見
外省人對台灣建設的奉獻，不能因為省籍不同，而有任何異樣的眼
光。[271]

　　在台的日本人對於國府不當接收台灣很清楚，也捨不得建設半世紀
的台灣，拱手讓給中國。所以他們臨走之前，都說「六年之後還會回來
台灣」。[272]問題是說這話的日本人到底是誰？迄今已不可考。新加坡日
軍投降時，第七方面軍司令板垣征四郎（1885-1948），曾說二十年後
他還會回到新加坡。台灣總督、第十方面軍司令安藤利吉（1884-
1946），雖然沒有公開說這樣的話，但是他的作為比板垣還露骨。因
為安藤秘密組織暗殺團，準備暗殺中國軍政人員。此事後來被證明是子
虛烏有，可是在台日人準備更改姓名，長期居留台灣。再加上50歲以
下的台灣人，都忘卻了祖國，或對祖國認識不清。有的人說「我是台灣
人」，意思是把中國與日本都當成外國。這幾點對來台的接收官員、外

269 黎保，〈台灣的隱憂〉，《民主週刊》，北平，第6期，1946年3月18日，頁19。
270 鈕先銘，〈從南京失守說到台灣光復〉，《建國月刊》，台北，第1卷第4期，1948年1月，頁17。
271 本社，〈追悼林所長秉衡君殉職專刊〉，《氣象通訊月刊》，台北，第2卷第9期，1947年9月，第四版。
272 劉乃光，〈「劫收」下之台灣〉，《青年與婦女》，頁9。

省平民來說很刺耳。[273]

以往在台日本人都是天之驕子，在政治與經濟上都有優越的地位。但現在戰敗了，卻像一隻媚態的貓，過分馴良與獻媚。戰敗的日本人都低聲下氣，反而沒有一點怨恨。難道日本民族性改變了嗎？其實他們隱藏在內心的倔強，以及忍耐與堅毅的性格，讓人感到不寒而慄。美國人一談起戰敗日本變得服從，總是說可怕！可怕！另外在台灣的日本人都不願意回到祖國，大部分的人積極想改成中國籍，或者乾脆嫁給台灣人取得中國籍。這一點也讓人懷疑，想要改籍的日本人，想留在台灣的真正目的為何？[274]再加上台灣已經完全日本化了，如果沒有去過日本的人，來到台灣看也可以，因為台灣就像一個小日本。[275]所以已經日化的台灣人、更改漢姓的日本人，以及即將被遣返的日本人，全部都是外省軍民警覺的對象。

有意思的是來台的外省人，靠著本身的觀察，也寫下少見的記錄。如台灣人除了50歲以上，12歲以下用台語交談外，其餘一律用日語。不過他們對於國語，還是努力學習。另外台灣懂得英語的人甚少，受到日語發音的影響，英文的發音很奇怪。值得一提的是台灣人取名更奇怪，像是林蕃薯、林乞兒、胡塗生、金火木、林水木、施大耳等怪名，讓人忍不住一笑。[276]台灣人在日本統治之下，培養出以個人為中心的濃烈資本主義色彩。假使你走在台灣的街道，就會看到招牌寫著「林外科醫院」、「林理髮店」、「陳月宮產科」、「陳廉記旅館」。[277]日本統治時期，在台灣施行的法律都很森嚴。凡台灣人偷竊不論案情大小，一

273 鄧漏禹，〈台灣是日本的秘密〉，《中國的空軍》，南京，第 88 期，1946 年 1 月，頁 1-2。

274 黎保，〈台灣的隱憂〉，《民主週刊》，北平，第 6 期，1946 年 3 月 18 日，頁 19。

275 秋星，〈台灣之起居服食（一）〉，《茶話月刊》，上海，第 32 期，1949 年 1 月，頁 45。

276 韋伯文，〈台灣印象〉，《生活文摘半月刊》，上海，第 1 卷第 6、7 期合刊，1947 年 12 月 15 日，頁 8-9。

277 幼慈，〈「有志一同」在台灣〉，《知識與生活半月刊》，北平，第 23 期，1948 年 3 月 16 日，頁 14。

律槍斃。這種殖民統治的手段非常殘忍，不把人命當一回事。但那個時候每個台灣人都有職業，都可以養活自己，不需要去偷竊。[278]

　　在所有觀察中，也有提出負面批評。例如：有人說台灣光復是偶然的現象，尤其受過深刻日本帝國主義教育的人，更抱著這種信念。[279]另外，雜誌作者曾經聽到一個台灣人說：「我們日本時代，夜不閉戶，路不拾遺，從未為衣食而擔憂，為什麼回到中國來會令我莫名其妙？」記者也聽到一個來自內地人說：「台灣人奴隸性重，束縛慣了，一旦恢復自由便無所適從，不知祖國予以自由的寶貴。」[280]有謂過去日本人與本省人所受的教育是不平等，尤其是女性所受的教育更是極端的限制。他們在女性上扣上一條極度束縛的繩索，只許她們接受「皇民」教育。人人只能看得懂天皇的告示，過著最低等的生活，便於日本人的統治罷了。[281]甚至外省人剛來台灣想吃本地菜，餐館主人說沒有本地菜，但有閩南館子。其實外省人對台灣菜不敢恭維，有如蔣經國（1910-1988）首次來到台灣，嫌棄說：「走過中國沒有像台灣這地方拿出來東西之難吃。」首任台灣省政府主席魏道明（1899-1978）視察屏東，吩咐當地人準備2隻烤雞，結果屏東餐館竟沒有人會做，只有準備白水煮雞加鹽接待。[282]

　　其實上述的內容，除了飲食文化看得出台灣與大陸的差距外，其餘似是而非的觀察不少。教育可以說是錯誤最多，因為差別教育使得台灣人，過著「低等」生活的看法失真。又如安娥詢問台灣大學的台灣學生，想知道日治時期女子受教育的情況。安娥問：「台灣中等學校以上

---

278 洪荒，〈從台灣到上海〉，《春秋》，上海，第 5 年第 3 期，1948 年 8 月，頁 135。

279 蕭金堆，〈台灣光復的必然性〉，《建國月刊》，台北，第 1 卷第 5 期，1948 年 2 月，頁 67。

280 韋伯文，〈台灣印象〉，《生活文摘半月刊》，上海，第 1 卷第 6、7 期合刊，1947 年 12 月 15 日，頁 8。

281 周而親，〈介紹台灣省立台北女子師範學校〉，《建國月刊》，台北，第 1 卷第 5 期，1948 年 2 月，頁 66。

282 姚鈞，〈新來晚到記台灣〉，《春秋》，上海，第 5 年第 4 期，1948 年 9 月，頁 114。

的女生，是否比男生的程度低一點？」台大學生回答完全一樣。安娥又問：「日本人所發展台灣的小學，不發展中學，限制大學。我以為他們只想造就，在台灣足以使用的工作人員，而不給台灣管理與領導人材？」台大學生回答說是的。[283]有此可知，光復初期外省人對於台灣日治時期的報導，正確有之、錯誤也有。但最重要的是這些東西，都是台灣人受到奴化的證據。

1895年台灣割讓予日本之後，經過五十年奴化與皇民化的統治，文化上起了根本的改變。[284]台灣文化內容是很複雜的東西，它不是純粹的中國文化，也不是純粹的日本文化。日本統治期間不允許台灣人學習社會科學，現在光復台灣人的國語程度也不能趕上中國人。因此要建設新台灣的文化，台灣人必須親近祖國文化，也要努力學習社會科學才行。[285]台灣省立師範學院教授毛文昌認為，日本的奴化教育造就台灣人自私、狹隘、小器，沒有互尊互助的精神。這使得台灣人對祖國的思想逐漸隔離，也對祖國的語言文字逐漸遺忘。於是光復以後需要對台灣人，進行「再教育」工程，使台胞成為三民主義新中國的國民。[286]

從學習中文的情況來看，顯然是台灣人被指責最力之處。光復後台灣文化發展停滯了，因為書店賣的都是日文書居多，間有中文書竟然都是上海出版「海派」週報，或者不入流、汪精衛時代的上海電影歌集。商店的中文也是莫名其妙、文法不通，如「處處各色之筆，到此至今，安全第一」。又「慶祝台灣光復、台灣省民一同」，一同就是日文いち

---

283 安娥，〈第一次接觸台灣青年〉，《婦女月刊》，上海，第 3 卷第 4 期，1947 年 7 月，頁 6。

284 1947 年 10 月 10 日台北市政考察團抵達南京，台北市教育局長黃啟瑞，接收記者訪問時提到：「在日本佔駐下的台灣，兒童在學校裡的生活，與大人們一樣是極度痛苦。兒童閱讀的日文課本，內容充滿欺騙孩子的鬼話，台灣兒童受了奴化教育」。參閱葦偉，〈台北市教育局長黃啟瑞談台灣兒童的生活〉，《兒童故事月刊》，上海，第 2 卷第 1 期，1947 年 12 月，頁 40。

285 遊客，〈從伊藤博文的遊臺詩說到建設新台灣的文化〉，《建國月刊》，台北，第 1 卷第 3 期，1947 年 12 月，頁 48。

286 毛文昌，〈關於今後台灣教育的我見〉，《建國月刊》，台北，第 1 卷第 3 期，1947 年 12 月，頁 47。

どう全體之意，台灣省民一同指的是全省台灣民眾。又「華達洗衣舖、親切第一、配達迅速」，配達也是日文（はいたつ）為代辦托運、分送之意。這就是台灣光復八、九個月以來的文化運動。[287]持續到1947年底，台灣還是被稱為「奴化」。理由是台灣光復二年，日本奴化台省的遺跡處處可見。最顯著是全台600萬同胞中，懂得漢文不到十分之一。[288]台灣四處可及的日本風，成為民族主義情緒高漲的外省人，非常看不慣的地方。然而實情又是如何？〈兩年之感〉一文或許可以參考，內容提到台灣光復已經兩年，今日的台灣與昨日的台灣當然不同。可惜的是「不同」的地方距離尚遠，有些地方並無「不同」，有些地方「不同」的令人慚愧。日本太陽旗已經絕跡，這裡飄揚的是中華民國國旗，這是很大的不同。可是在二二八事件時，台灣人把集中保護的外省人，竟命令他們要唱日本國歌。直到今天機關、學校、家庭、團體與街頭，都有人還說著日語。這是台灣人不學國語嗎？一位小學生在日記上寫道「國語有六種」，指的是他聽到老師們的國語有六種腔調。此時你能怪台灣人不學國語嗎？另外電台廣播節目專門給高山族聽眾，也是日語播報。大街小巷還是可以看到拖著木屐的人，每家都還用「タタミ」，這一點與日本統治時代相比沒有不同。台灣以前是夜不閉戶、路不拾遺，現在治安這麼差，的確是不同了。[289]

以往日本人對台灣人宣傳中國不好，所以在台灣人眼中，中國都是「要不得」，甚至於台灣人都認為以當「中國人」為恥。然而話說回來，中國收復台灣實在也「拿不出東西來」，可以讓台灣人很驕傲地說我是中國人。[290]鈕先銘也認為，台灣被日本竊據有五十年之久，所以拿

---

287 錢塘江，〈台灣的文化線〉，《中央週刊》，南京，第8卷第24期，1946年6月29日，頁17。

288 徐昭，〈談台灣文化〉，《建國月刊》，台北，第1卷第2期，1947年11月，頁52。

289 遊子，〈兩年之感〉，《建國月刊》，台北，第1卷第2期，1947年11月，頁3。

290 洪瀑，〈各地通訊——一個台灣國語推行員的信〉，《中流月刊》，頁22。

光復後的生活水準來做比較,當然很容易說到日治時代。[291]如此發展不獨台灣人因二二八事件,造成對外省人極大的仇恨,外省人也因該事件對台灣人更有負面的看法。事件發生前,有很多台灣人認為國軍的槍是打不死人,也嫌棄祖國來的人沒有文化。同樣地很多外省人嫌本省下級的辦事員笨,工作效率事倍功半,更沒有文化。[292]二二八事件之後,其陰影一直籠罩著台灣,台灣同胞與內地人之間,劃出一條無形的鴻溝。事件之後台灣人變得沉默,甚至有一段時間台灣人走在街上,雙手都高高舉起做投降狀。[293]即便事隔一年,在一般人的眼中都認為是過去陳跡,但在台灣同胞心中不嘗抹滅,並且印象尚新。台灣父老很感慨地說,政府善後措施的嚴厲(清鄉),不僅未能壓平台灣人的情緒,相反更加深台灣人仇恨之心。只是為了避免吃眼前虧,守口如瓶硬充傻瓜。[294]

也有作法希望透過感召——祖國就是台灣的母親,勸說台灣人忘卻仇恨融入中國。[295]文章中認為台灣人回到了「媽媽」的懷裡,重溫著久別的慈母。日本奴化的遺毒,不管是政治、社會、經濟、文化,深深留在台灣的搖籃裡。詎料二二八事件發生,要負起最大的責任當然是你們的「媽媽」。你們的媽媽沒有忘記久別的兒女在海外受苦,因為世界上絕沒有一種母親希望子女沒得到幸福。你們的媽媽要完成國父遺志,會小心照料你們,不會讓你們在海外受盡無情的風雨。[296]可是事件後政府

291 鈕先銘,〈從南京失守說到台灣光復〉,《建國月刊》,台北,第 1 卷第 4 期,1948 年 1 月,頁 16。

292 姚鈞,〈新來晚到記台灣〉,《春秋》,上海,第 5 年第 4 期,1948 年 9 月,頁 116。

293 本刊特約記者,〈烽煙何處見桃源——香港・台灣・廣州近貌〉,《大學評論》,南京,第 2 卷第 9 期,1948 年 11 月 6 日,頁 12。

294 編者,〈關於台灣〉,《新聞天地月刊》,上海,第 45 期,1948 年 8 月 1 日,頁 8。

295 台灣人的祖國就是中國,不僅在台灣是如此教育,連上海的兒童雜誌,也花費不少筆墨,幫台灣人進行宣傳。參閱金枝,〈一個台灣省的小朋友——林忠祖〉,《兒童知識》,上海,第 1 期,1946 年 7 月,頁 15-16。

296 鄒惕永,〈心聲——寫給台灣青年的一封信〉,《建國月刊》,台北,第 1 卷第 5 期,1948 年 2 月,頁 68。

的懷柔政策，一點也沒有溫潤台胞受創的心。他們喪失原有的熱情，因為所謂的不咎既往，早有許多人被暗中解決，結案的方式就是用「逃跑」、「迄未歸案」處理。這使得台灣人在仇恨他的「親爹娘」。[297]上海《兒童故事月刊》還特別把二二八事件，繪製成故事一則成為童書教材。內容稱二月二十八日那天發生紛擾，毆打旅台的外省人，侮辱外省婦女，把外省人辦的事業搗毀，造成恐怖一幕。據說還有些人竟喊起獨立的口號，多麼痛心啊！台灣島與大陸同屬中華民國版圖，台灣人怎樣可以為了省界之分，就歧視起外省人呢？[298]

　　二二八事件的紛亂平安度過了，但內地人與台灣人的隔閡去沒有消除。以前日本人宣傳「中國人是劣等民族、日本人是優秀民族」。台灣人下意識還記得這一句話。現在中國人來了，並未使台灣人生活過得更好，相反地生活還日漸艱困。外省記者認為台灣人，還是相當懷念日本時代的日子。他曾好幾次詢問台灣人的意見，到底是「中國人好，還是日本人好？」台灣人的回答總是一陣苦笑，接著說「你們好」。再追問「你是中國人還是日本人？」回答台灣人的最多，其次才是中國人。[299]台灣人民歷經二二八的劇變，對內地去的人，特別是官吏與軍人都保持戒心。他們表面上和你寒暄聊天，實際上內心都深藏著仇恨。[300]

　　大部分外省人，認為台灣一般的老百姓是善良，但受日本奴化教育和軍閥之毒的流氓，非嚴辦不可。台灣剛光復的時候，政府的措施太寬大，這是造成二二八事件最大的遺憾。[301]省籍的問題不因事件的結束，

---

297 闊友，〈台灣「光復」三週年──從民心看台灣〉，《展望週刊》，南京，第 2 卷第 24 期，1948 年 10 月 30 日，頁 12。

298 錫壽，〈二・二八事件（台灣通信）〉，《兒童故事月刊》，上海，第 1 卷第 5 期，1947 年 4 月 1 日，頁 8-9。

299 楊益泉，〈冷眼看台灣〉，《創世半月刊》，上海，第 14、15 期合刊，1948 年 5 月 1 日，頁 17。

300 方淳，〈台灣歸來〉，《展望週刊》，南京，第 3 卷第 18 期，1949 年 3 月 18 日，頁 10。

301 易方，〈台灣事變的真相〉，《湖南青年》，長沙，第 7 卷第 12 期，1947 年 4 月 20 日，頁 29。

有任何的解決。例如：基隆是台灣第一吞吐要港，從上海出發的「中興輪」都要在此靠港。客輪灣泊後，港醫登船檢查每個人的注射證，可是醫生是台灣人，不通華語，倨傲無禮。全輪載客一千數百人，都要一一檢查，方許登陸。所有旅客聽聞大譁，船主折衝協調也無效。所以從下午三時船隻下錨，到晚上七時折騰四小時後，才允許登岸。文章投稿人生氣地說，台灣已經隸屬中國版圖，但台灣人依然歧視國人。台亂之作大概就是這個原因吧！[302]至於二二八的善後，更有云是台灣人的責任。因為台灣光復二年了，但台灣內部有一小群人，久受日本毒化政策的影響，又昧於世界大勢，遂發生流血舉動。事平後台灣人民應深自反省，養成奉公守法的習慣，為祖國奮鬥而努力。[303]

另外，也有外省人把台灣視為沒有文化的地方。本文找到民國戲劇大師歐陽予倩（1889-1962）的回憶，頗具參考價值。1946年底歐陽受到台灣省行政長官公署的邀請，初次來到台灣。不料同行的人，都認為台灣是一個沒有文化的地方。可是歐陽聽到一則故事，內容是台灣大學的一位學生質問教官，「你們說我們沒有文化，可是台灣人至少不會隨地吐痰。何以今日給我們文化和教育的外省先進，反而隨地吐談呢？」歐陽覺得外省官員每每喜歡說台灣沒有文化，有的說台灣受日本統治五十年，有的說都是奴化教育。這些都使台灣人聽的十分難過。[304]

外省人在台灣沒有公德心，早已不是什麼新聞。上海《茶話月刊》也報導，在台灣的內地人，他們的房子都不會保持整潔。垃圾滿地、泥腳狼藉，香煙頭、自來火（打火機）到處亂扔，最惡劣的是連痰也吐在

---

302 冀翁，〈台游詩記〉，《大家月刊》，上海，第1卷第2期，1947年5月，頁63。

303 柯豪，〈中華民國三十六年之回顧與前瞻〉，《建國月刊》，台北，第1卷第4期，1948年1月，頁19。

304 光復初期在台灣演出戲劇，要經過四個單位的審查：台灣省行政長官公署宣傳委員會、長官公署教育處、中國國民黨台灣省黨部，台灣省警備司令部。至少要有三個機關通過審查，戲劇才能夠上演。如果只有二個機關核准，大家必須坐下來開會決定。參閱歐陽予倩，〈台遊雜拾〉，《人世間》，上海，第2期，1947年4月，頁38-40。

地上。[305]可是當時台灣同胞最痛心，別人說台灣沒有文化。省參議員黃純青（1875-1956）於某次座談會上鄭重說：「台灣雖淪陷五十年，但文化始終是中國的。」又某次報紙新聞中曾說：「台灣人也會唱滿江紅。」當地人認為係極大侮辱。又台灣同胞對內地去台之人，自稱「國內」來，無異視台灣為「國外」，亦頗起反感。[306]

　　受到日本教育成長的台灣人是否都沒有文化？關鍵就是日本教育給人的評價是什麼？台灣省行政長官公署氣象局應該是所有接收官員中，學歷與素質最高的一群人。依據回憶錄的記載，台灣氣象局留用日人只有西村傳三博士是大學畢業，其餘的人都是日本氣象訓練班出身。所以當時接收人員，不少是大學畢業的官員，見到日本人學歷不高就神氣起來。沒想到所謂的技師，竟然都通曉英文、德文、法文，甚至於中文，不免讓接收官員驕傲氣燄澆熄。有反省能力的官員，都說移交過渡階段不會忘記日本人刻苦耐勞、實事求是的精神。[307]

　　最後是外省人，咸認為台灣人都把他們視為「上海人」感到相當奇怪。為何會如此？可能是從內地來台灣的人都從上海出發，因此一些上海壞的習氣就帶到台灣。這使得台灣人把所有的外省人都稱做「上海人」。[308]亦有記者認為台胞與上海人之間有一條鴻溝，他們對所有外省人都視為上海人。[309]

　　台灣人對上海人極度不滿，似乎在二二八事件以前就是如此。當時上海財閥帶著千根金條來到台灣購賣日產，並成立「房屋租戶聯誼會籌

305 秋星，〈台灣之起居服食（一）〉，《茶話月刊》，上海，第 32 期，1949 年 1 月，頁 48。

306 編者，〈中國文化〉，《上海文化》，上海，第 11 期，1946 年 12 月 1 日，頁 10。

307 李家盛，〈我的回憶和感想〉，《氣象通訊月刊》，台北，第 2 卷第 11 期，1947 年 11 月，第四版。

308 紹玄，〈從上海到台灣〉，《輿論半月刊》，上海，第 2 卷第 2 期，1949 年 1 月 16 日，頁 16。

309 胡爾，〈台灣通訊〉，《世界半月刊》，上海，創刊號，1946 年 11 月 1 日，頁 45。

備處」。[310]所以在台灣同胞的印象中,「上海人」已經不是名詞,而是形容詞。台灣人把貪污、投機、奸詐,以及任意揮霍,種種不良的行為與它連結。值得注意的是台灣人把所有的外省人,都看成上海人。台灣人心中的「上海人」,在全中國同胞的心中,也是異常切齒憤恨。外省人與台灣人之間,決不是「鴻溝」兩個字包括得了,也不是浮在表面的「現象」可以掩飾。[311]因此有外省記者寫道,台灣人最怕颱風,只要颱風一來,水電、交通一概停頓,機關停止辦公,人民不敢外出。然而台灣人現在又怕「海風」來了,海風就是外省人帶去台灣的風氣。因為外省人來台多半從上海出發,台灣人就將這種壞風氣稱為「海風」。上海去的風氣是什麼呢?為什麼這樣令人害怕?台灣人無論在什麼場合,如火車站、公車站、商店,都是排隊按次進行。這些外省人去了,就破壞這些行列,擠上前去搶購、搶行。至於買賣交易,上海人要回扣、留一手的習慣,台灣人都不敢領教。於是久而久之,台灣人內心感覺,中國人不如日本人,外省人也不如台灣人。[312]

1948年在中國東北撤退下來的技術人員,據說都要轉移到台灣去。台灣省政府要大量裁汰台灣人的職缺,用來安插這些東北技術人員。這則報導沒有後續追蹤台灣人的感受,但是奢侈之風已經從中國吹到台灣,在台北市內很容易看到動輒幾十萬台幣的汽車。[313]諷刺的是這些都是富人的報導,真正平民老百姓在大陸早已走投無路。由於各地搶米風潮四處蔓延,有的地方踩死人,有的地方與軍警爭鬥,如臨大敵、拋兒棄女。貧病投江的慘事時有所聞,連國立台灣大學國文系主任喬大

310 本社,〈社論——台灣事件的教訓〉,《民主與統一旬刊》,上海,第 29 期,1947 年 3 月 20 日,頁 2。

311 鄭笑,〈台灣人看上海人〉,《羣言雜誌週刊》,上海,第 21 期,1948 年 12 月 11 日,頁 13。

312 凱,〈短評——颱風與海風〉,《創進》,上海,第 1 年第 6 期,1948 年 8 月 21 日,頁 86。

313 楊益泉,〈冷眼看台灣〉,《創世半月刊》,頁 16。

壯（1892-1948）也在蘇州投了河。[314]

　　1949年初南京當局在內戰轉趨惡劣，大批的難民開始逃往台灣。台灣省主席陳誠（1898-1965）此時卻宣布，內地難民來台者太多。遂制訂許多嚴厲的辦法，限制難民來台人數。歷史上有美國與暹羅（Siam）制訂類似限制華人入境的條款，沒想到台灣當局也有類似的作法。為什麼連自己祖國的土地也不能自由通行？[315]時局急速演變，使得台灣做為「民族復興根據地」，每個月有5萬名高級難民，挾帶著大量游資騰空躍海而來。台灣人看到街頭上充斥著海、空軍軍人，以及各式各樣的軍車，加上從未見過的小汽車，到處都是軟綿綿江浙口音歡笑。於是台灣人更加憤怒，這些人把台灣僅有的物資蠶食更快。台幣與金圓券的匯率從1,835元台幣兌換1元金圓券，急升50元台幣兌換1元金圓券。不利於出口的局面，台灣人又發現錢袋日漸乾癟。台灣島上龐大的人口壓力，使得台灣人憤恨的說：「東西都快吃光了，這叫我們如何生活下去啊！」[316]

　　幸好台灣的優秀高中，從知道的幾個案例，省籍不合的問題正在化解中。如台北市成功中學有多個外省老師，台灣籍學生都非常敬愛他們。[317]1947年台北市建國中學全校千餘名學生，外省學生有200餘人。該校據稱沒有本省同學與外省同學之分。雖然言語隔閡讓彼此不能盡情的談吐，並且採分班上課的方式。但在閒暇之餘，外省學生與本省學生仍打成一遍。外省學生盡量將祖國的一切，客觀地告訴本省學生。[318]

　　台灣沒有文化的看法，長期成為外省人對台灣的印象。本文力駁這

314 萬枚子，〈怎樣救中國？！救人民？！〉，《春秋》，上海，第5年第4期，1948年9月，頁13。

315 方淳，〈台灣歸來〉，《展望週刊》，南京，第3卷第18期，1949年3月18日，頁11。

316 曉敏，〈在陳誠統治下的台灣〉，《羣言雜誌週刊》，上海，第33期，1949年3月5日，頁5。

317 林博修，〈給外省的小朋友〉，《成功月刊》，台北，創刊號，1946年12月15日，頁10。

318 王家　，〈我們的學校〉，《建國月刊》，台北，第1卷第3期，1947年12月，頁57。

種錯誤的觀點，同時也想究其根源。或許有二個原因，讓當時的外省人有這樣的認知。其一，中文的使用，標準是用「中文環境」來衡量。1945至1949年台灣人尚在學習中文，特別是1947年以前學習中文的台灣人，還不能運用熟練的中文閱讀、寫字，只能用日文或方言。這樣的環境在其他省分來台人士眼中，稱為「沒有文化」。其二，政治上的居心。1945年來台接收的國府官員，他們對於日本人五十年統治下的台灣，基礎建設與大陸其他省份相比，到底誰比較進步，心中早已有所答案。陳儀也在公開場合，讚揚日本人對台灣的建設，能在半個世紀就有如此的佳績，要所屬同仁與日本學習。可是長官公署的部分官員，還是對外宣稱台灣「沒有文化」。最有可能是「面子問題」，因為一個名列「四強」的統治者，不能容許被統治者，各方面都比他們優越。遂在被刻意的渲染下，台灣終究是「沒有文化」。讓人好奇的是一個沒有文化的地方，怎可能有高度發展農、林、漁業，以及頗具規模的工、礦、商業？這所有的一切，透過產業研究恐是最好的答案。

第三節　台灣農、林、漁業成就的讚賞

1. 日治時期各項的傲人成果

　　1945年10月國民政府接收台灣以後，赴台官員都認為來到寶島。這座美麗島嶼，面積只有福建省的三分之一，但農業生產量是福建的3倍。根據1946年美國駐中國大使館商務參贊卡爾德估計，台灣的平均總貿易額幾乎與菲律賓相等。卡爾德再依據1944年日本年鑑數字推算，台灣人每年平均輸出額高達30美元，遠比美國人平均數23.44美元為高。如此富饒的土地，加上農、工業基礎，台灣將成為中國東南的寶庫。[319]

　　1947年底台灣出刊的雜誌，發表日治時期台灣農業的研究，對日本人在台灣的農業建設稱道有佳。特別是台灣可耕地面積使用比例達45.12%，世界排名僅次於丹麥、印度、義大利、英國。[320]不管是大陸的雜誌，或者是台灣的雜誌，莫不讚賞日本人在台灣農、林、漁業建設的成績。

　　日治台灣究竟是什麼樣的發展？或許從歷年數據資料中，能略知一二。表3-3-1內容不管何時，台灣農、林、漁業的產值都佔全年50%以上。而且在台灣的農產品中，稻米居於最重要的地位。因為台灣夏令氣候可以延續8個月以上，雨量也很充足，稻米每年可以二熟。以1937年為例，稻米生產16,655,730公石，價值208,758,065日元，略超過當年農產品總值的50%。至於其他農產品產值重要者，包括：甘蔗64,277,000日元，茶業10,288,000日元，香蕉8,132,541日元，鳳梨3,155,000日

319 王時，〈台灣展開農業革命〉，《周末觀察週刊》，南京，第 2 卷第 7 期，1947 年 11 月 15 日，頁 14。

320 楊文通，〈台灣之農業及其研究〉，《台灣銀行季刊》，台北，第 1 卷第 3 期，1947 年 12 月，頁 1-19。

元，柑橘2,081,082日元，黃麻1,517,274日元。稻米、甘蔗、香蕉是當時台灣重要的出口商品，即便到了1945年三樣物品的出口，稻米仍有470,319日元、甘蔗6,550日元、香蕉7,013日元。[321]

表3-3-1　1914至1937年台灣各項產業產值百分比

	農業	漁業	林業	礦業	工業
1914 年	60%	2.3%	0.4%	3.3%	34%
1921 年	55.5%	2.6%	3%	2.8%	36.1%
1929 年	50.4%	3.5%	2.3%	2.5%	41.3%
1937 年	47.2%	2.5%	2%	4.3%	44%

資料來源：王成組，〈台灣農業與工商業之關係〉，《周論週刊》，北平，第 1 卷第 15 期，1948 年 4 月 23 日，頁 7。

值得注意的是其他描述，也都說明台灣農業的發達。因為台灣氣候溫和，加上日本人經營得法、注意試驗研究，並嚴格執行產業政策，故成效卓著。農作物的統計數字還包括：稻米，台中為主要產區，年可二熟，米質優良，色澤也佳。其中以葫蘆墩（台中市豐原區）為最有名，年產9,800,000日擔。甘蔗，出產在台南、高雄一帶，種植面積達15,106平方公里，產量最高時達2萬擔。鳳梨，出產在台中、高雄一帶，最高產量達145,000,000斤，製作罐頭160餘萬箱。茶，以台北、新竹為主要產地，產量達20,000,000斤，當中以「青心烏龍」、「青心大有」為最優。樟腦，出產在台東山地，屬於熱帶植物年產3萬擔，佔全球70%居世界第一。[322]

若以糧食作物來論，台灣產量最大的是稻米，大部分都銷往日本。1941年台灣稻米栽培面積為66萬多公頃，達到歷年最高記錄，同時產米1,510萬石也達最高峰。其次是番薯，1943年栽培面積16萬多公頃，

---

321 王成組，〈台灣農業與工商業之關係〉，《周論週刊》，北平，第1卷第15期，1948年4月23日，頁 7-9。

322 王慰曾，〈介紹台灣〉，《太平洋月刊》，北平，第1年第4期，1947年4月，頁45。

採收番薯28億多石。[323]經濟作物從上述討論來看,重要性依次為甘蔗、茶葉、香蕉、鳳梨、柑橘、黃麻。因此稻米主要產地是台北、新竹、台中、台南、高雄,甘蔗栽種分佈在台中、嘉義、台南、高雄。至於香蕉、鳳梨、柑橘是台灣三大名產水果。[324]

光復初期的大陸期刊,並沒有全部討論日治台灣農業,僅選擇重要者介紹。在所有項目中,以甘蔗栽培最為重要。1895年日本領台之初,台灣甘蔗的品種只有六種:竹蔗、蚋蔗、紅蔗、南貢蔗、青皮蔗、竹蚋蔗。其中竹蔗栽培最廣,佔全台蔗園大部分。爾後台灣總督府開始重視糖業發展,1896年先從夏威夷輸入蔗苗。1900年日本三井財閥,投資100萬日元創設台灣製糖株式會社,成為本省最早新式糖業公司。之後二位日籍人士對台灣糖業發展,具有關鍵性的影響。一為台灣糖業株式會社經理山本悌二郎(1870-1937),他視察爪哇、夏威夷糖業回來,大力主張修建糖業鐵路運輸原料,故成為台灣糖鐵的推手。二為留學美國農業博士新渡戶稻造(1862-1933),他就任總督府民政部產業課長時,向當局提出糖業改良意見旋獲採納。其中最重要的是確立原料採收區,用以確保甘蔗穩定供應。[325]

台灣甘蔗種植以濁水溪之南最適合,其次是中部。種植歷史可以追溯到1624年荷蘭人統治時期,歷經鄭氏、清代。直到1895年因馬關條約之故,台灣割讓與日本,糖業的發展才有新的變化。台灣製糖株式會社成立後,代表新式製糖工業的開始。這當中以1905年公佈製糖工廠取締規則為最重要,它確立了每個糖廠的原料採收區。這種制度使得糖廠經總督府許可後,可以劃定原料採收區,區內原料不准供應給其他糖

---

323 陳調甫,〈重入慈母懷抱的小弟弟:台灣(一)——三十七年二月二十日在塘沽的演辭〉,《海王旬刊》,南京,第 20 年第 26 期,1948 年 5 月 30 日,頁 402。

324 趙定明等,〈台灣特輯之四:農產品得天獨厚〉,《藝文畫報》,上海,第 2 卷第 8 期,1948 年 7 月,頁 5。

325 陳西流,〈台灣糖業發展簡史〉,《台灣糖業季刊》,台北,創刊號,1947 年 10 月,頁 223-224。

廠，但是採收區的糖廠有義務購買所有的原料。此點使得光復後來台的記者，稱呼製糖會社為封建時代的諸侯，原料採收區為采邑，台灣蔗農都是奴隸。不過他們也肯定日本統治下，台灣糖業有著高度的發展。特點是甘蔗栽培面積增加，甘蔗品種大加改良，以及製糖設備與技術的提升。此台灣糖業在日本經營下，有著飛躍性的發展。以1934年為例，台灣糖業產量為111萬噸，全球排名第四，僅次於印度的460萬噸、古巴的230萬噸、菲律賓的140萬噸。[326]

日治時期台灣四大製糖會社：台灣、明治、日興、鹽水港，全盛時期蔗田16萬餘公頃、糖業鐵路2,564公里、台車線859公里、車站300座、長100公尺以上的大橋固定者23座、臨時者21座、機關車208輛、各級車廂18,236輛、管制行車專用電話2,468具、電話交換機55具。接收官員看到這些設備時，都云不愧在世界糖市有一席之地。[327]他們做了結論，一般說來台灣省的農業與工業，都比中國任何一個省份還要強。而與製糖工業有關的甘蔗栽培，更是台灣農業的強項。事實上台灣栽培的甘蔗，不利於菲律賓、爪哇等地競爭。因為台灣甘蔗生長期達十八個月，每株甘蔗含糖量僅7%至8%。但總督府不惜投下鉅資，並且以有利的條件，幫助日本的大商社投資與發展台灣糖業，終於得到成功。[328]

其次是台灣的茶葉，從表3-3-2來看全世界產茶主要六個國家或地區，台灣為其中之一。有趣的是當時中國茶業生產世界第一，但外銷卻是世界第三。可見得中國茶大部分為內銷，只有剩餘才外銷。台灣不像中國以內銷為主。雖然茶葉生產與外銷均是世界排名第六，但外銷所佔世界茶葉出口的比例，比茶葉生產佔全世界比例為高，證明台灣茶葉發展的導向以外銷為主。另外從表3-3-3來看，台灣茶葉出口的商品以烏

---

326 陳子文，〈台灣：我們的糖罐子〉，《中堅月刊》，上海，創刊號，1946年1月，頁41-46。

327 蘆荻，〈台灣台糖業〉，《工商新聞》，南京，第98期，1948年9月13日，頁911。

328 貞伯，〈台灣印象——人力與科學的結晶地〉，《科學大眾》，上海，第1卷第1期，1946年10月，頁14-15。

龍茶為主，甚至於全世界的烏龍茶市場，已被台灣全數壟斷。這可以說是清末台灣茶葉史一路發展的脈絡。[329]不過台灣出口的「其他茶」不算少，這種茶指的是包種茶、茶梗、茶末。當時的台北、新竹為外銷烏龍茶的二大基地。[330]

表3-3-2　1928至1932年台灣茶佔全世界比重

1928-1932 年各國或各地茶葉生產量		1928-1932 年各國或各地茶葉輸出量	
各國（各地）	佔世界總百分比	各國（各地）	佔世界總百分比
中國	48.9%	印度	38.7%
印度	22.3%	錫蘭	25.8%
錫蘭	13.4%	荷屬印度尼西亞	19.6%
荷屬印度尼西亞	9.2%	中國	11.0%
日本	4.7%	日本	2.6%
台灣	1.2%	台灣	1.9%
其他	0.3%	其他	0.4%

資料來源：陳舜年，〈戰後國茶外銷展望──從統計數字中觀察〉，《茶葉研究》，福建，第 1 卷第 2、3 期合刊，1944 年 3 月，頁 6。

表3-3-3　1932年各國輸出各種茶葉數據（單位千磅）

產茶國（地）	紅茶	綠茶	磚茶	烏龍茶	其他茶	合計
印度	430,211	3,448	—	—	—	433,659
錫蘭	252,361	463	—	—	—	252,824
荷屬印度尼西亞	173,643	—	—	—	—	173,643
中國	19,609	36,628	28,224		2,680	87,141
日本	—	28,238			1,301	29,532
台灣	—		—	8,424	6,834	15,258
合計	875,824	68,777	28,224	8,424	10,815	992,064

資料來源：陳舜年，〈戰後國茶外銷展望──從統計數字中觀察〉，《茶葉研究》，福建，第 1 卷第 2、3 期合刊，1944 年 3 月，頁 7。

　　其三是台灣的漁業，本島周邊海底200公尺內的漁場，台灣海峽有

329 林滿紅，《茶、糖、樟腦業與台灣之社會經濟變遷（1860～1895）》（台北：聯經出版社，2001 年 11 月四刷），頁 19-23、37-45。

330 吳覺農，〈戰後茶葉建設計畫草案〉，《茶葉研究》，福建，第 3 卷第 1、2、3 期合刊，1945 年 3 月，頁 3。

11.759平方公里,台灣東部海岸有2.277平方公里,兩區共有14.036平方公里,魚產種類非常豐富。東部海底有鰹魚、鮪魚、飛魚、旗魚、沙魚等,西部海底有連子鯛、大刀魚、黃花魚、真鰹等。總督府對於漁業發展非常重視,除了擬定水產設施計畫,還有試驗研究事業的推進、水產技術的教導,確立了發展的基礎。[331]1907年日本開始進行漁業移民,考其目的是將台灣幼稚的漁業方式,逐步淘汰改革並建立新式漁業。當時台灣漁業建立起新的根基,不像中國沿海各省漁業方興未艾。[332]

日治台灣最高記錄擁有大、小漁船15,000餘艘,其中機器漁船佔10%,總共有3萬多噸。漁夫約有5萬人,內含漁業技術者15,000人。漁業總類分為遠洋、近海、沿岸、養殖四種,每年平均出產鮮魚9萬噸。此外與漁業發生密切關係者,還有製冰、冷凍、冷藏、加工、漁船修理、漁具製造、運輸等業者約計12萬人。[333]從表3-3-4來看,1939年台灣的漁獲量多達97.545噸,其中最值得注意是同年「動力漁船業」漁獲量62.390噸,為1935年數據記錄以來最高。

表3-3-4 1935至1943年台灣漁獲量數據

	動力船漁業	無動力船漁業	養殖漁業	合計
1935 年	40.908 噸	28.725 噸	13.906 噸	92.539 噸
1937 年	55.557 噸	22.538 噸	15.683 噸	93.778 噸
1939 年	62.390 噸	20.242 噸	14.913 噸	97.545 噸
1941 年	56.641 噸	20.585 噸	11.082 噸	88.308 噸
1943 年	16.670 噸	20.060 噸	9.913 噸	46.643 噸
資料來源:李兆煇,〈台灣省之水產業〉,《水產月刊》,上海,復刊第 1 卷第 2 期,1946 年 7 月,頁 39-40。				

---

331 李兆煇,〈台灣省之水產業〉,《水產月刊》,上海,復刊第 1 卷第 2 期,1946 年 7 月,頁 39。

332 鄧騰裕,〈台灣的日本漁業移民〉,《水產月刊》,上海,復刊第 2 卷第 2 期,1947 年 3 月,頁 15-22。

333 本社,〈新聞(國內之什)——台灣水產之今昔〉,《水產月刊》,上海,復刊第 1 卷第 3 期,1946 年 8 月,頁 87。

　　日治台灣漁業發展屢創佳績，代表著當地漁業發展的現代化。歸納最重要的原因——水產獎勵事業的推動。因此在半個世紀的時間，總督府制定出25個補助條列。其中重要者有七條：改良漁具漁法之獎勵、建造動力漁船之獎勵、製造業之獎勵、養殖業之獎勵、改善漁船設備之獎勵、漁業共同設施之獎勵、漁港建設之獎勵。[334]

　　不過在所有漁業事業中，日本人並不熱心於水產教育的推展。主因是水產教育實施的時間不長，1922年總督府才在高雄州東港街與馬公街，設立2所二年制的「街立水產補習學校」。之後陸續在台南州安平、基隆市，設立所謂的水產補習所，都談不上高等水產人才的培育。直到1930年代台灣機船拖曳漁業日漸發達，高級工作人員日益缺乏。總督府有鑒於此，遂在1936年於基隆市設立三年修習的水產講習所。該所成立後，原本在安平與東港的學校停招，僅留澎湖的水產專修學校（原街立學校）。[335]

　　日本人對於漁業組織與硬體設備，亦投入大量人力與金錢。台灣總督府水產課掌管全台灣所有漁業，而各州廳產業部設有水產課分掌各地漁業。1941年總督府在基隆社寮島（和平島）設立水產試驗所，內有漁撈、海洋、養殖、水產加工等科。同時也在台南、高雄各設一支所，從事水產調查、研究、試驗。當時台灣重要漁港有基隆、蘇澳、梧棲、安平、高雄、新港（台東縣成功鎮）、花蓮港、馬公港。另外製冰工廠的設立，全台51座製冰廠，總合每日製冰1,100餘噸。冷凍工廠21所，除了製冰廠附設的16所外，單獨設立有5所。總合冷凍能力49噸，冷藏能力3,100噸。貯冰庫共有21所，容量近1萬噸。魚類加工廠有13所，從

---

334 鄧騰裕，〈台灣水產事業獎勵之實績〉，《水產月刊》，上海，復刊第2卷第1期，1947年1月，頁72-80。

335 因此光復後國府接收台灣的水產學校就只有2所，即改制的省立基隆水產職業學校，以及省立澎湖初級水產職業學校。參閱鄧騰裕，〈台灣的水產教育〉，《水產月刊》，上海，復刊第2卷第3期，1947年6月，頁8-9。

事水產加工製造，其中最重要的是魚罐頭與魚肝油製造。[336]

　　還有幾項栽培，日治時期發展得不錯，但光復以後報導不多。例如：全世界蝴蝶蘭只分佈在暹羅、緬甸、新幾內亞、菲律賓、台灣。特別是台灣的蝴蝶蘭，花色純白非常典雅。當時在中國境內，蝴蝶蘭產地僅在台灣。日治時期台灣蝴蝶蘭外銷至歐美得到好評，可是接收後這種賺取外匯的生意反倒消失。[337]

　　藺草的種植也值得注意，它栽種的區域是苗栗與台中沿海。這些藺草收成後，全部拿去製成草帽、草蓆。除了台北有加工廠外，主要分佈在新竹、竹南、通霄、苑裡、大甲、清水。雖然大甲涼蓆與草帽很有名，但產量最多是苑裡，單投入生產線的婦女就萬餘人。光復後榮景依然持續，1948年藺草收穫量打破以往記錄為200萬斤。可是貯藏不得法，颱風來襲全部泡水，損失不下台幣千萬元。[338]

　　最後是木瓜的栽培，此種作物在光復初期被稱為「番木瓜」。原產地在中、南美，17世紀傳入中國的廣東、福建，再傳入台灣。清代台灣的農戶把番木瓜做為養豬飼料，1908年台灣總督府恆春地方官廳大力推廣提倡，才成為食用性水果。雖然台灣的高雄、台南、嘉義，家家戶戶都種有木瓜，但是這種水果沒有外銷。光復初期台灣人把它視為「家庭水果」，而非賺取金錢的經濟作物。[339]

　　第二次世界大戰結束前的中國農業，受到內憂外患的影響，政府沒有太大心力發展，更談不上現代化成長，農政單位都是仕途受限的「冷衙門」。可是光復以後台灣的所有農、林、漁業，全歸台灣省行政長官公署農林處管轄。為了推行事業，遂成立茶業、鳳梨、農產、水產、畜

---

336 鄧騰裕，〈台灣省漁業展望〉，《水產月刊》，上海，復刊第 1 卷第 6 期，1946 年 12 月，頁 40。

337 王繼孫，〈蝴蝶蘭〉，《大眾農業》，上海，第 1 卷第 4 期，1948 年 11 月 25 日，頁 115-116。

338 陸草原，〈台灣的蓆帽業〉，《工商新聞》，南京，第 97 期，1948 年 9 月 6 日，頁 6。

339 楊致福，〈番木瓜〉，《大眾農業》，上海，第 1 卷第 6 期，1949 年 1 月 25 日，頁 174。

牧五大公司。只要行政院農林部的「農官」來台，看到長官公署農林處
業務繁盛，每個人不禁羨慕起來。[340]1947年台灣省政府設立後，省農林
處成為台灣最高農業行政機構；下轄五科五室，以及林產管理局與檢驗
局，作物、蔗苗、種畜、稻、蔴五個繁殖場，加上四個模範林、十個森
林管理局、茶葉傳習所、蠶桑改良場、獸疫血清製造所，直轄附屬單位
26個，職員800餘名，每月經費台幣6億元（法幣3千4百億）。[341]

　　1948年初大陸國共內戰局勢，南京國民政府開始趨於劣勢，「建
設台灣」、「開發台灣」的聲浪越來越高。美國還對台灣表露出興趣，
外交界盛傳台灣將要變成「南方之滿洲」。原因是東北若陷入共產黨之
手，台灣可以建設成中國最富饒的地區。加上台灣農、工業之發達，與
滿洲比較不遑多讓；此地又不受內戰戰火波即，欲恢復戰前之規模比較
容易。當時台灣也流傳許多謠言，聲稱本省之漁業、鐵路、電力、糖
業、鋁業、林業、造船等七項實業，已經決定中美合作。[342]值得注意的
是七項當中，漁業與林業皆被點名，可見得它們是台灣的要項。

　　1948年3月國立中山大學法學院經濟系畢業生組織台灣經濟考察
團，並由該系教授召調地率領來台。他們回粵後撰寫報告，大力稱讚台
灣農業先前的發展，只可惜接收後人謀不臧，並沒有多大進步。台灣七
大農產品——米、甘蔗、番薯、香蕉、茶葉、鳳梨、花生，被視為重點
發展項目。[343]這七點與上文提到相比，只是柑橘、黃蔴換成花生而已。
可見得台灣農業從日治到光復初期，發展的項目具有延續性。

　　1948年4月粵、桂、湘、贛、閩省台灣農業考察團一行十餘人，來

---

340 梁希，〈日本人在台灣留下的禮物〉，《文匯叢刊》，上海，第 6 期，1947 年 9 月，頁
　　25。

341 熊襄龍，〈台灣農業改良與發展〉，《廣西農業通訊》，桂林，第 7 卷春夏季合刊，1948
　　年 6 月 30 日，頁 9。

342 心茲，〈中美合作開發台灣〉，《工商天地》，上海，第 2 卷第 11 期，1948 年 3 月，頁
　　19。

343 李振業，〈台灣經濟鳥瞰：中山大學台灣經濟攷察團報告之一〉，《經濟建設》，廣州，
　　第 3 卷第 3 期，1948 年 9 月，頁 16-23。

台參訪農業發展近況，並受到台灣省主席魏道明（1899-1978）熱烈接待。廣東省府委員黃晃返粵後發表談話，聲稱台灣農業讓華南各省借鏡者甚多。最重要的是台灣農業行政，由省至縣、再至鄉鎮，均有健全的推廣機構，以及完備的試驗體系。其次是農村工、農能普遍發展，配合農產區即成立專業家工廠。一方面可以吸收過剩勞力，一方面又可以刺激農業增產。再次是台灣的農田水利，嘉南大圳化300萬畝荒地為沃田，成為台灣米、糖的經濟命脈。[344]同行的廣東省外籍顧問麥康基（Meconkey），他把注意力放在留台日籍技術人員的報告，包括：研究稻米與輪作法的E.Jso教授、研究農場管理的C.Osaki（大崎）君、研究牲畜改良的G.Yamane（山根）教授、研究糖業的E.Hamaguchi（濱口）教授。而回程時考察團攜回印度的新地牛（Sindi）、伯克夏豬（Berkshire）、謬斯克鴨（Muscovy）、那格亞雞（Nagoya）等。讓該團成員見識到台灣農業進步一面。[345]

　　總之，光復初期不管是官員，抑或是來台採訪的記者，無不對台灣農業的成就感到讚賞。非常特別的是他們不會以民族主義的立場，大力抨擊日本人毫無節制地掠奪台灣資源。反而認為台灣一蕞爾小島，經過日本半世紀統治，能有傲人成果為之側目。也就是在此基礎上，國民政府開始對台灣，展開最早的農、林、漁業的建設。

2. 光復後水利、農耕與作物的栽培

　　稻米與甘蔗的栽培，都需要水源灌溉。因此台灣農業發展的關鍵，即是擁有完善的水利設施。台灣水利事業歷史悠久，19世紀開鑿的曹

---

344 本社，〈經建一月：五省農業考察團考察台灣省經過〉，《經濟建設》，廣州，第2卷第5期，1948年5月，頁3。

345 參康基著，李振邦譯，〈華南台灣農業考察團報告〉，《經濟建設》，廣州，第2卷第5期，1948年5月，頁13-14。

公圳就是一個代表。日治時期總督府把台灣所有埤圳，畫分為公共埤圳與官設埤圳。前者大多為灌溉需要，所設立的堤堰、水溝及附屬設施。後者除了灌溉事業受到官方保護外，也由政府獨佔經營。[346]接收時台灣水利灌溉農田面積53萬公頃，台灣省行政長官公署計劃實施排水灌溉若能成功，預計受益農田面積可以再增至10萬公頃。台灣主要河川19條，次要河川29條。接收時河川堤防總長度419,153公尺，受益田畝1,848,764畝。不過戰時損壞不少，現由台灣省政府水利局積極修復。[347]當時修復的河堤與灌溉系統，哪一個是最重要？關鍵在於誰是由中央機關撥款修復。1946年11月行政院善後救濟總署台灣分署，協助修復嘉南大圳烏山頭貯水工程，僱用工人134,000餘人，歷時半年在1947年5月完工。[348]已經給了答案。

　　名震遠東的嘉南大圳為一個規模宏大的水利工程，看過嘉南大圳就知道台灣民眾力量偉大。它灌溉浩浩無垠的平原，總共佔全台平原面積70%（照片3-3-1）。如果要把這片土地做比較，嘉南大圳工程，它灌溉著台灣南部約十個上海大小的土地。[349]1920年日人八田與一（1886-1942），施工興建嘉南大圳。工程設計主要是引導各處溪流，並興建儲水池儲存河水與雨水做為灌溉之用。根據統計嘉南平原可耕地為37萬餘畝，大圳完成可以灌溉面積竟達34萬餘畝，在地50萬餘居民獲利。[350]

　　嘉南大圳做為東亞數一數二的水利工程，來到台灣的外省人無不稱

346 周文德，〈重歸我國懷抱的台灣〉，《科學畫報月刊》，上海，第12卷第10期，1946年9月，頁459-460。

347 曾其新，〈考察台灣之感想〉，《廣西農業通訊》，桂林，第7卷春夏季合刊，1948年6月30日，頁2。

348 本社，〈台南烏山頭水庫貯水池工程已全部竣工〉，《福建善後月刊》，福州，第2卷第1期，1947年6月1日，頁45。

349 貞伯，〈台灣印象──人力與科學的結晶地〉，《科學大眾》，頁15-14。

350 舜英，〈台灣印象〉，《民潮月刊》，香港，第6、7期合刊，1947年4月5日，頁31-32。

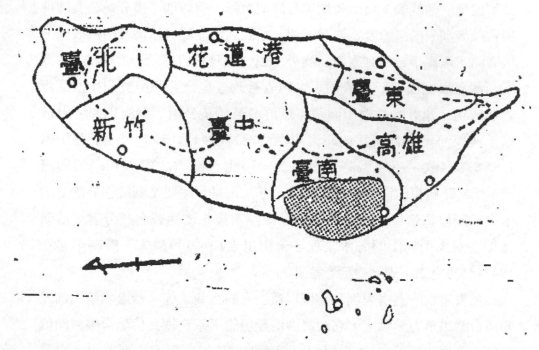

照片3-3-1【嘉南大圳位置簡圖】

讚。有人提到這項工程雖是日本人所建，但這類工程對於中國實在太重
要了。嘉南大圳的工程浩大，取水源頭從曾文溪而來，並在烏山嶺山腳
開鑿一條長約3,000公尺的隧道，將曾文溪的水引到烏山頭來。而在烏
山頭前面再用人工，修築長約1,270公尺、高56公尺、底寬約300公尺、
頂寬約9公尺的大堤。於是大堤堵住水路，利用天然的谿谷，形成一個
秀美無比的大湖，故名「珊瑚潭」。根據估計嘉南大圳灌溉區域一次的
收穫，至少可以養活23萬人，未來實有台灣T.V.A.（Tennessee Valley
Authority）的遠景（照片3-3-2）。[351]嘉南大圳工程以全世界而論，大
概只有印度恆河水利工程可以比擬。嘉南大圳完成後，增收稻米

---

351 貞伯，〈興水利、話嘉南〉，《科學大眾》，上海，第1卷第6期，1947年3月，頁161-
　　164。

460,000石、甘蔗240,000,000斤、雜糧1,100,000斤，土地增值價格95,000,000元。[352]

照片3-3-2【嘉南大圳的灌溉主線搭橋過河壯觀畫面】

　　除了嘉南大圳之外，光復初期被外省記者注意的二條水圳，也頗為重要。一為斗六大圳，原來靠著水利形成穀倉的台南縣，除了原有的嘉南大圳外，台灣省政府已經計畫興建斗六大圳，將成為光復初期最大規模的水利建設。規劃中的斗六大圳主幹長度32公里，大、小支線長度2,414公里。此項工程從1947年11月開始動工，預計5年完工，總工程費約台幣14億多。不管從大陸各省來看，還是台灣一隅來看，它都是二戰結束後浩大的工程。斗六大圳完工後，農田耕作面積可增至2萬餘畝，每年可增值36億台幣以上的收成，但土地本身增值的地價還未算入。[353]

　　另一為草嶺潭水利工程。早在1941年台南州嘉義發生大地震，濁水溪的支流——清水溪上游，有一座大山名為草嶺突然坍塌。結果把清水溪上游堵住，形成罕見的天然霸。此壩長約1,800公尺，高度70至120公尺不等。崩塌下來的土石計有35,000,000立方公尺，造成一個容量約

352 周文德，〈土木事業在台灣〉，《交大土木》，上海，第 4 期，1946 年無月份，頁 30。
353 本社，〈台南新水利工程斗六大圳興建中〉，《中國工程週報》，南京，第 35 期，1948 年
　　 3 月 22 日，頁 5。

10,000,000立方公尺的天然水庫。之後蓄水成長，到了1942年湖水面積比起日月潭不遑多讓。光復後政府竟然沒有取名，使得外省投稿人暫時命名為「草嶺潭」。台灣省政府水利局、嘉南大圳農田水利協會，不約而同計畫利用此潭，發揮防洪、發電、灌溉的效用。不過以灌溉的功能最大，預計引出的水可以灌溉嘉義14,000公頃的農地，多餘的水還可以引入嘉南大圳的北幹線，用來灌溉東石、北港一帶的蔗田。[354]

合作農場與機械耕作方面，1946年台灣省行政長官公署擬定五年經濟建設計畫，欲設置合作農場，鼓勵青年農民自動辦理。[355]1947年4月台灣省政府改制後，決定將公有地開放給予農民，同時與他們組辦合作農場。聯合國善後救濟總署（UNRRA）運到大批耕種機器，使台灣農民操作機器代替人力耕種。這是農業新制度與新技術的運用，給中國落後的農業帶來希望。當時台灣已經擁有126個合作農場、3個示範農場；一方面解決農村失業人口，一方面奠定良好土地制度。台灣興辦合作農場有許多優越的條件，例如：台灣農村組織很嚴密、台灣農民具有知識且守秩序、現有的信用合作與運銷合作都很發達。[356]其實合作農場的構想，孕育在陳儀（1883-1950）主政時。陳儀卸任前宣佈將台灣86.08%的公有地給予開放，租給農民組織合作農場。依據台灣省公地放租租約規定，合作農場承租期9年，零星土地承租期5年，期滿雙方倘無異議可以續租，租率定為農作物收成的四分之一。聯合國善後救濟總署運台的40架農耕曳引機，全部放在屏東，並在當地成立機械農耕總指揮部。再酌量分配給台南、台中、高雄、花蓮的工作隊。差不多30個農民組織的合作農場，分配1台曳引機已經足夠。加上台灣省政府

---

354 徐修惠，〈草嶺潭天然壩〉，《科學大眾》，上海，第6卷第1期，1949年6月，頁3-7。

355 本社，〈各省紛謀加強合作行政機構〉，《河南合作半月刊》，開封，新1卷第1期，1946年6月16日，頁8。

356 中國是一個農業國家，因此戰爭結束以後，如何復興農村，成為重建農業的當務之急。不過從台灣農村的情況來看，運作的一切遠優於大陸各省。參閱編者，〈發刊詞〉，《大眾農業》，上海，創刊號，1945年8月25日，頁1。

設立九個農業學校，分佈在屏東、台南、嘉義、台中、台北、宜蘭，培養的人才定能與新式農業技術結合，共創台灣農業的美景。[357]

1947年8月善後事業委員會機械農墾管理處，共同與台灣省政府合辦曳引機復耕業務。當時雙方合組台灣機械農墾委員會，由機墾處提供物資、台灣省政府提供經費。該會委員先由鄭善甫，後由朱剛夫擔任。[358]1948年2月因業務更動，改與台灣糖業公司合作。台糖公司總經理沈鎮南（1902-1951），偕同本處駐台代表劉淦芝（1903-1995）來到上海簽約。[359]於是機墾處購買曳引機59架運台，並在台灣成立修理廠1座，選定台南、屏東約13,000畝蔗田，進行機械化農耕。[360]

1948年5月在善後事業委員會機械農墾管理處長馬保之（1907-2004）、協理處長方恩士的推動下，計畫在台灣成立分處。並且增建修理廠3座，再運台曳引機70架、抽水機104具、鑿井機4具、碾米機5具，以便開展業務。[361]善後事業委員會機械農墾管理處台灣分處設立後，暫時借用台灣省政府農林處辦公，並由原台灣省政府農林處檢驗局長陳啟東擔任主任，美籍Frank L.Woodard擔任協理主任。當時最重要的業務集中在屏東修理廠，最近運台物資近150噸，都在屏東修理廠裝配。此外在台中、花蓮港各增設修理廠1座，以應需要。[362]

1948年全中國實施農耕機械化同時，台灣的成果最引人矚目。同年1至5月機墾處分配在全國的物資，不管從數量上、金額上，都以台

357 王時，〈台灣展開農業革命〉，《周末觀察週刊》，南京，第2卷第7期，1947年11月15日，頁14。

358 編者，〈朱剛夫報告台灣工作〉，《機墾通訊》，上海，第4、5、6期合刊，1948年6月1日，頁12。

359 編者，〈要聞——處長赴台與台糖公司簽訂合作辦法〉，《機墾通訊》，上海，創刊號，1948年3月15日，頁1。

360 編者，〈本處各復耕隊概況〉，《機墾通訊》，上海，創刊號，1948年3月15日，頁3。

361 編者，〈要聞——台灣分處即將成立〉，《機墾通訊》，上海，第2、3期合刊，1948年4月16日，頁1。

362 編者，〈要聞——台灣〉，《機墾通訊》，上海，第4、5、6期合刊，1948年6月1日，頁3。

灣最多。如機械設備總共625噸,遠比排行第二的廣東370噸多;汽油總共14,640 加侖,也比廣東2,968加侖還多。只有柴油15.5噸加侖,比湖北25噸加侖為少。[363]

機墾處台灣分處有宏大的規劃,想要振興台灣的農業,但1948年初業務推廣並不順利。如籌設農場的工作,已經在高雄、屏東一帶盡力尋覓,然考慮太多最後竟不能決定。又分處轄下5個曳引機工作隊,分佈在屏東、高雄旗山、雲林虎尾、彰化二林、花蓮。可是各隊工作效率不彰,耕地面積不多。[364]因此利用「代耕」做為業務推廣工作,成為可行的過渡性辦法。[365]當時代耕土地有二處:一為台灣省農林公司屏東老埤農場50甲,每甲耕種費用台幣26,660元。這項工作由屏東機耕隊,調派曳引機8架助耕、效果良好。二為台灣糖業公司虎尾示範農場,工作項目是翻綠肥田,翻耕面積3.6甲,翻土深度8吋。[366]

機墾處台灣分處編制龐大,包括:職員、外籍職員、司機、技工、工役、警衛在內總共133人,僅次於湖北分處328人,以及江西分處193人、廣西分處173人、湖南分處144人。[367]1948年8月該分處得到台灣省政府之助,終於把台中縣公館機場用地撥交使用。該地方佔地3,000餘畝,地勢平坦為黏質黃土。[368]同年底知名農業專家蹇先達,來到台灣考察農業,留下一篇對台灣省農墾機械推廣的文章。他根據1946年台灣省行政長官公署的數據,認為台灣農村人力、畜力不缺,惟有耕地面積

363 編者,〈附錄:機械農墾管理處配運各地物資簡表〉,《機墾通訊》,上海,第7期,1948年6月16日,頁7。

364 編者,〈要聞——台灣〉,《機墾通訊》,上海,第8期,1948年7月1日,頁3。

365 代耕的業務不僅在台灣,同時期東北也大力推展。參閱編者,〈機墾動態〉,《機墾通訊》,上海,第14、15期合刊,1948年10月16日,頁9。

366 編者,〈要聞——台灣〉,《機墾通訊》,上海,第10、11期合刊,1948年8月16日,頁4。

367 編者,〈特載——本處業務概況及展望〉,《機墾通訊》,上海,第9期,1948年7月16日,頁4。

368 編者,〈簡訊——台皖分處分別籌設示範農場〉,《機墾通訊》,上海,第12、13期合刊,1948年9月16日,頁10。

狹小，頗難以推行機械化農耕（表3-3-5）。

表3-3-5　1946年台灣農業年報統計數字

農業統計名稱	數字
台灣省耕地總面積	831,950甲（一甲 =14.5 畝）
台灣省耕牛總數	279,705 頭
每頭耕牛平均耕地面積	43 畝弱
台灣省農戶總數	527,016 戶
每農戶平均耕地面積	23 畝弱
台灣省農村人口總數	3,522,880 人
每人平均耕地面積	3.4 畝
資料來源：賽先達，〈台灣省農墾機械推廣檢討〉，《機墾通訊》，上海，第 2 卷第 1 期，1949 年 1 月，頁 2。	

1948年11月賽先達與台灣省農林處、地政局、水利局、台灣糖業公司開會，商討利用機械開墾台灣農地的問題。賽氏認為台灣現存的荒地，可以分為二個層面。一是日本時代廢棄農場，約有50,000畝；二是易遭旱潦或颱風災害的荒地，約有1,740,000畝。至於台灣省大農場面積農戶，擁有20甲以上土地者有530戶，10至20甲土地者有2,976戶，其餘都是不及10甲的小農。[369]台灣糖業公司農場34處，總面積13,000餘甲（約20萬畝）。如果真的以前述大農場土地而論，那麼台灣糖業公司擁有的曳引機200架足夠，各大農戶全部擁有100架足夠。故機械化的台灣農業，擁有的曳引機不須超過300架足可。[370]

　　台灣農業機械化有多重要？以當時物價計算，每甲曳引機耕地一天完成，成本台幣103,766元。換成牛隻耕地成本，一甲地牛隻耕耘需要8天，每天人工成本6,500元，8天總共52,000元。雖然牛隻耕地看似比曳引機便宜，但它需要8天才能完成，比不上曳引機一天可以完成。至於

---

[369] 華北平原平均耕地是 7.56 畝，華南僅 0.7 畝，對照這些數據，台灣農民可耕地面積不算太小。參閱徐明光，〈台灣省獲得低廉農村動力可能性的探討〉，《機墾通訊》，上海，第 2 卷第 2 期，1949 年 2 月，頁 42。

[370] 賽先達，〈台灣省農墾機械推廣檢討〉，《機墾通訊》，上海，第 2 卷第 1 期，1949 年 1 月，頁 2。

機器所需的燃料，除了汽油之外，台灣盛產的酒精，也可以稍做改良用做燃料。[371]從上述可以知道，農民擁有可耕地面積，實為農耕機械化的關鍵。時論稱日本人留給國民政府最大的禮物，則是台灣可耕地竟有66.6%，全數移交給台灣省行政長官公署。所以把這麼多土地分給佃農，難道還怕做不成「耕者有其田」嗎？[372]

　　台灣佃耕土地面積佔耕地面積56.33%，半自耕農佔全體農戶31%，佃農佔全體農戶37%，兩者合計68%。可見得台灣土地有一半以上，都是在租佃制度下進行耕作。台灣的租佃關係與內地相同，都是將土地生產物50%繳給地主，農民生活痛苦不言可喻。光復以後政府接收大筆土地，差不多佔全省耕地面積五分之一的日本公、私有耕地全歸省有。1947再將土地放租給農民，並由各縣市組織合作農場，採用新式機器投入耕作。這些土地的農民，繳納的租金是土地生產物的25%。這對承租公地的農民卻有實惠，但這些農民所佔整體比例還是太少。[373]

　　左派雜誌對台灣農耕發展也極為注意，他們認為台灣20萬人口以上的都市僅台北市，10萬人口以上的都市僅台中市、台南市、高雄市，2至3萬人的鄉鎮有200多個，可見得台灣的經濟重心不在都市而是在鄉鎮。加上台灣土地在光復前，約有七成控制在日本人手裡，現在國府接收這些土地，重新分配給農民做到「耕者有其田」，應該是一件很容易的事情。[374]不過這項政策，要到1953年第三任台灣省主席吳國楨（1903-1984）時，才制定條例付諸實施。

　　1948年國共內戰正酣，台灣做為一個糧倉，自然會被政府善用。

---

371 蹇先達，〈台灣省農墾機械推廣檢討〉，《機墾通訊》，頁 3-4。

372 梁希，〈日本人在台灣留下的禮物〉，《文匯叢刊》，上海，第 6 期，1947 年 9 月，頁 25。

373 張浩如，〈台灣土地問題與經濟建設（上）〉，《工商新聞》，南京，第 79 期，1948 年 5 月 3 日，頁 679；張浩如，〈台灣土地問題與經濟建設（下）〉，《工商新聞》，南京，第 80 期，1948 年 5 月 10 日，頁 3、6。

374 東美，〈耕者有其田、工者有其食——台灣具有「東方之樂園」的基礎條件〉，《新台灣》，香港，新台灣叢刊第 1 輯，1947 年 9 月 25 日，頁 25-26。

同年台灣省政府為獎勵農民稻作技術，訂定〈本省稻作增產競賽辦法〉，分電各縣市與有關機關辦理。條文規定台灣省政府農林處另組「稻作增產競賽會」，舉辦稻作增產事宜。其會長由農林處長兼任，副會長由農林處副處長兼任，評判長由農林處農務科長兼任，顧問聘請台灣省農業試驗所長、台灣省農會理事長擔任。競賽資格一定要每甲收穫稻穀10,000台斤以上，以及限種蓬萊種者才能參與。[375]

　　光復後對於台灣農耕的討論，也注意到澎湖群島的情況。由於島上土壤貧瘠、氣候不佳，種植作物單純，平常收穫量不多。番薯與落花生可謂澎湖最重要的農作物。在可耕地10,082公頃土地中，番薯種植佔39%，落花生種植佔32%，最後才是高粱、玉蜀黍等雜糧種植。番薯是島上的主食，品種有台農3號、9號、10號、31號、27號。落花生屬於經濟作物，品種有中粒種、大粒種。有趣的是為了保護番薯與落花生的生長，島上紛紛築起「防風牆」，牆體多是用珊瑚礁修葺十分有風格。台灣省政府有計畫種植防風林，取代舊有的短牆。可能的樹種有木麻黃、黃槿、莿桐等。此外試種綠肥與牧草，亦是改善土壤有機質的良法。[376]

　　甘蔗栽培方面，這涉及到台灣最引以為傲的產業：糖業，上游原料供應的問題。台灣製糖業在日人銳意經營下甚為發達，主要公司有日糖興業（大日本製糖）、台灣製糖、明治製糖、鹽水港製糖會社。當時台灣有大小糖廠42個，蔗作面積200萬畝，糖業鐵路2,500餘公里。1940年台灣產糖高峰曾達到140萬噸，但戰時毀損嚴重，1945年10月為止產糖僅剩30萬噸。1945年12月長官公署把17個糖廠修復開工，可是到了1946年4月為止，台灣產糖剩下9萬噸，可謂每況愈下。[377]然而接收之

375 編者，〈獎進農民稻作技術力求糧食增產〉，《工作競賽月刊》，南京，第 5 卷第 5 期，
　　1948 年 9 月，頁 32。

376 陳錦文，〈旱作農業的澎湖群島〉，《大眾農業》，上海，第 1 卷第 5 期，1948 年 12 月，
　　頁 166-167。

377 本社，〈台灣糖業現況〉，《化學世界半月刊》，上海，第 1 卷第 4 期，1946 年 6 月 16 日，

初，官方對振興台灣糖業一度還充滿期待。

　　光復後長官公署監理台糖時期，從1945年12月1日至隔年3月底。這段時期完成三件事：其一，植蔗面積僅3萬公頃（約3萬甲），此面積原可製糖10萬噸；但為恢復增產起見，將三分之二蔗株留做蔗苗。其二，盡量將日人留下的甘蔗，壓榨製成糖蜜約8萬6千公噸。其三，日人留下的蔗糖在接收後，全運往上海解決該地糖荒。這樣政策使得京滬公教人員，都可以配給到台灣糖。台糖公司再將四大會社改組為四區分公司——虎尾、屏東、麻豆、新營。並制定五年生產計畫，第一年預計製糖3萬噸，第二年30萬噸，第三年50萬噸，第四年60萬噸（有云75萬噸），第五年達到80萬噸（有云100萬噸）生產目標。[378]政府鑒於台灣糖業復興，關係全國經濟甚大，遂指定資源委員會與台灣省行政長官公署接收整理。1946年5月1日雙方合組台灣糖業公司，肩負振興台灣糖業的重任。1945至1946年糖廠修復開工者僅17所，直到1947年5月止再修復6所。台灣糖業公司成立以後，政府當局以上海為全國食糧貿易中心，故奉命在上海配售食糖再轉銷全國。當時台糖制定三大方針：其一，採取躉售不做零售，以收產銷合作之效。其二，定價必低於市價，以協助政府平抑物價。其三，大量消費的用戶，可以依法登記為消費合作社，由糖業加工廠直接配售。[379]

　　合作事業最早開始在資本主義的國家，肇因於勞工大眾感到生活壓迫，故群起共謀合理的解決。勞工看到自己生產的產品，受到層層剝削，才能到達自己的手裡。於是產生信用合作、運銷合作、生產合作等組織。特別是消費合作，這些單位不以營利為目的，避免中間商人剝削，讓社員得到比較低廉的物品。[380]台灣為加強合作事業的推行，已經

頁 11。

378 蘆荻，〈台灣台糖業〉，《工商新聞》，頁 911。

379 本社，〈台灣製糖工業復興近景〉，《工商新聞》，南京，第 53 期，1947 年 11 月 3 日，頁 4-5。

380 胡長怡，〈什麼叫合作事業〉，《河南合作半月刊》，開封，新 2 卷第 4、5 期合刊，1947

成立合作事業監辦委員會；將日本統治時期各種組合，均改為合作社，並督導加強業務經營。[381]1946年初台灣糖第一次配給已經開始，合作社共獲糖160包，規定每百斤為台幣74,000元，配售給各社員。[382]

1946至1947年台灣甘蔗收穫面積，總計有10,428甲，總產量489,974,300台斤，共計製糖30,883噸。[383]這一點與原本預計「第二年30萬噸」，差距實在太大。直到1947年底台糖生產因蔗作面積增加已達8萬餘甲，預料可以比原來計劃產量多增兩成。此時台糖公司已經修復糖廠36座，預計隔年可以產糖30萬噸。又該公司利用殘蔗煉製酒精，本年底也可以生產8萬加侖。[384]接收後的台灣糖業粗估產值台幣60億，國幣現值4,200億。從國家立場來說，這是一椿大產業，只許成功、不許失敗。從民生來說，台灣現有42座糖廠開工，可以產糖150餘萬公噸，供給全中國綽綽有餘。1947年6月台灣省政府公佈「分糖法」後，台灣蔗農已經不是糖廠的附庸。分糖法的目的不僅是維護蔗農的利益，也要糖廠張開門戶請蔗農去做主人。1948年度台糖公司準備植蔗9萬甲，開工32個廠、產糖40萬公噸。[385]

台灣糖業公司成立後，遂把原本42個糖廠合併為36個，並劃分4區分公司各司其職。1948年台灣產糖數據：第一區分公司榨蔗量每日24,850噸，第二區分公司榨蔗量每日16,100噸，第三區分公司榨蔗量每日16,350噸，第四區分公司榨蔗量每日11,900噸。如果以第三分區的新營糖廠為例，該廠每日榨蔗量60萬斤，甘蔗每100斤可以得糖11至14

年7月5日，頁2。

381 本社，〈合作天地〉，《河南合作半月刊》，開封，新1卷第3期，1946年7月16日，頁10。

382 本社，〈合作天地〉，《河南合作半月刊》，開封，新1卷第4期，1946年8月1日，頁10。

383 俊傑，〈台糖積極增產〉，《工商新聞》，南京，第48期，1947年9月29日，頁3。

384 本社，〈工礦要訊——台糖增產〉，《化學世界半月刊》，上海，第2卷第12期，1947年12月5日，頁31、33。

385 顏市，〈台灣的糖業〉，《建國月刊》，台北，第1卷第5期，1948年2月，頁21-22。

斤、蔗渣24斤。事實上食用糖量多少，跟國民的文化素質看似有關。全世界食用糖量最多是丹麥人，每人每年食用58公斤。其次是英國人49公斤，美國人47公斤。東方國家只有日本人稍高為13公斤，中國人則不到2公斤。[386]

　　中國在戰前於山東省、東三省、新疆省、甘肅省生產少許的甜菜製糖，可是這些與台灣的甘蔗製糖比較起來，顯得微不足道。種植甘蔗從每年7、8月開始，到次年的12月收穫，總共18個月。甘蔗的無性繁殖方法有二種，一為「宿根」，日本人名為「株出」。故名思義就是收穫以後，把根留在田裡，繼續讓它發芽成長。可是這種方法，容易孳生病蟲，所以台灣蔗農並不常用。二為「新植」，就是每次用試驗所培養出來的蔗苗，埋在田裡讓它發芽成長，這是台灣蔗農常用方法。故每株蔗苗株距在30或35公分左右，使得每公頃種植蔗苗約20,000到25,000株。甘蔗的成長只吸收土地的肥料遠遠不夠，還必須施以鉀、燐、氮肥才可以。所以每12萬公頃的蔗田，必須用上60,000至80,000噸的化肥。如果再細分，每一公頃蔗田須使用氮肥300公斤、燐肥250公斤、鉀肥50公斤。至於灌溉蔗田，梅雨季節不需要人工灌溉，出梅後每個月灌溉二次即可。不過颱風對甘蔗是很大的損壞，有時蔗農會用木條固定，遠看就很像士兵架槍一樣。[387]

　　1948年5月台灣省台南縣政府在新營鎮召開全縣甘蔗增產會議，對於1947、1948年甘蔗生產，以及同二年早種深耕成績優良者，分別給予獎勵。[388]顯示出地方政府，開始配合台糖公司大量植蔗政策。為什麼會有如此效率做法出現？這跟台糖與其他單位土地地權問題解決有關。同年台糖公司的地權問題，自接收以後幾經接洽請示，都沒有具體結

386 陳調甫，〈重入慈母懷抱的小弟弟：台灣（四）──三十七年二月二十日在塘沽的演辭〉，《海王旬刊》，南京，第20年第29期，1948年6月30日，頁458。
387 楊乃藩，〈甘蔗是怎樣種植的？〉，《科學大眾》，上海，第6卷第1期，1949年6月，頁8-10。
388 編者，〈競賽消息──台灣台南縣政府召開甘蔗增產會議〉，《工作競賽月刊》，南京，第5卷第5期，1948年9月，頁31。

果。當時行政院邀集資源委員會、地政部等有關機關開會決定。凡以前各製糖會社所有土地，應屬台糖公司所有。前總督府所屬土地，則為台灣省政府所有。決議後台糖公司即刻將土地權利憑證、攝成照片，寄至資源委員會轉呈行政院核辦。預計接收後懸而未解的土地問題，應該很快就可以得到解決。[389]

　　1948、1949年度台糖公司製糖工作開始以來，進行頗為順利。截至1949年3月3日為止，全部產量已達40萬噸，並且一個月以後可累積增至50萬噸。目前的問題在於外銷、倉庫與資金三項，加上台米價格日益飆高，原來一公斤的糖易二公斤的米，已經變成一比一的態勢。這使得蔗農因利益所在，皆不願意再種植甘蔗。1948年台糖公司預計植蔗（近）12萬甲，但在蔗農不願契作的情況下，只有10萬甲的植蔗面積。當今台灣農村越來越貧困，以台糖簽約蔗農為例，多發生賣青現象。這種高利貸式的交易，正是農村貧困的原因。[390]

　　大陸期刊也直言，光復以後台灣糖業管理不善，引起很大的問題。原來台灣南部與東部的蔗農，為了抗議台糖公司收購的價格與方法不公，紛紛將原有的蔗田改種雜糧。日治時期台灣蔗種面積為169,048公頃，1949年初僅剩124,017公頃。特別是台南縣蔗田面積為7萬多公頃，如今只剩5萬多公頃。這使得台糖公司極力宣傳，本期台糖產量已經突破預定計畫，但蔗田面積大幅減少無疑是負面影響。這道出一個事實，光復後蔗農的生活改善了嗎？根據一位蔗農向日後成為新聞界大老的楊乃藩（1915-2003）表示，每年他的蔗田能收穫甘蔗10萬斤，可是半數繳給台糖糖廠，剩下的再拿出半數給地主充做地租，此時僅剩下原先的四分之一（25,000斤）左右。但在扣除僱工、肥料、糖稅等成本，最後只剩9,000斤糖。1948年12月台灣的物價，每公斤白米售價台幣7,000至

---

389 本社，〈台灣糖業公司拾零〉，《中國工程週報》，南京，第53期，1948年8月16日，頁5。
390 本社，〈台糖本年增產順利、農村貧苦賣青者多〉，《公益工商通訊》，上海，第4卷第12期，1949年3月31日，頁24。

8,000元，但糖的價格每公斤才2,500元，使得3公斤的糖才能換得1公斤的米，蔗農生活困苦可想而知。[391]

　　本文使用大陸出刊的雜誌，其報導新聞的珍貴，在於有話直說、有事必報的特性。1948年底至1949年期間，南京當局在內戰已經屈居下風。台灣的雜誌已受到政治環境肅殺的影響，根本不可能提到「蔗農生活困苦」之類，擾亂人心的消息。不過對於其他農產品的消息，則稍為輕鬆活潑一點。只是相較於日治台灣七大經濟作物：甘蔗、茶葉、香蕉、鳳梨、柑橘、黃麻，僅前四者作者找到相關文章刊載。

　　時論台灣收歸中國後，不啻為中國茶業的生力軍，今後當於福建福州、安徽祁門、江西九江、湖南安化、四川灌縣、雲南普洱、台灣台南各設機器製茶廠一所。[392]這與台灣糖業一樣，都算是一個理想而已。事實上1940年代全球茶葉市場，把茶業種類區分為紅茶、綠茶、青茶、黑茶、黃茶、模型茶、花香茶七種。當時與台灣有關的茶種，包括紅茶與青茶。台灣紅茶產在台北與新竹，種苗與印度、錫蘭紅茶相同。台灣青茶外省人稱烏龍茶，或者半發酵茶。這類茶種以鐵觀音、大紅袍、武夷山岩茶最有名，台灣銷往美國的烏龍茶，以及銷往華北與東北的包種茶亦屬此類。中國茶業曾獨霸全球，沒想到第二次世界大戰結束後，產量竟一落千丈到退居全球第四，輸出量僅佔全球10.5%，即便算入台灣的1.8%，總合也只有12.3%。[393]

　　香蕉的栽培，光復初期與日治的成績也相差太遠。其實香蕉原產於東南亞，清代台灣早有香蕉的記錄。不過台灣的香蕉種類繁多，包括：適合生食的北蕉、適合煮食的木瓜芎蕉、不宜遠運的粉蕉，以及日治時

---

391 楊乃藩，〈甘蔗是怎樣種植的？〉，《科學大眾》，上海，第 6 卷第 1 期，1949 年 6 月，頁 11。

392 蔣君章，〈中國工業建設問題（下）〉，《三民主義半月刊》，南京，第 10 卷第 10 期，1947 年 8 月 1 日，頁 16-20。

393 愧三，〈茶話（續）〉，《大眾農業》，上海，第 1 卷第 3 期，1948 年 10 月 25 日，頁 99-100；愧三，〈茶話（續）〉，《大眾農業》，上海，第 1 卷第 5 期，1948 年 12 月 25 日，頁 157-159。

期引進的紅毛蕉、蘋果蕉、冰淇淋蕉。大正初期台灣香蕉栽培面積僅
1,000公頃，但到了1935年栽種面積竟達20,000公頃。光復後台灣香蕉
栽培面積也有6,000公頃，可是跟日治全盛時期差距太大。香蕉主要分
佈在台中、台南、高雄，從1945年底產量數據來說，高雄12,396,117公
斤居冠，台中10,527,606公斤居次，排名第三才是台南5,109,996公
斤。[394]

　　光復後鳳梨的發展，應算差強人意。鳳梨原產於熱帶美洲，其栽培
的歷史很久，在哥倫布發現新大陸前，美洲土人已經懂得栽種。之後葡
萄牙人把鳳梨種苗帶到澳門，再傳入廣東、福建，最後可能是在鄭氏時
期傳到台灣。1891年台灣始有栽培鳳梨的記錄，日治時期總督府刻意
發展鳳梨事業，全盛時期生產鳳梨罐頭佔世界第三位。其品種分別以
Smooth-cayenne與Sarawak為主，兼有新嘉坡種、刺紅皮、無刺紅皮、
黃皮、烏皮、台灣種一至八號等。[395]台灣省農林公司鳳梨第二分公司鳳
山第二工廠，戰時被盟軍轟炸一部分，1946年由洪榮國廠長主持，積
極修復投入生產。1947年6月開始製造鳳梨罐頭，預計採收原料300
噸，製成罐頭6,000箱。[396]

3. 光復後林、漁業的延續發展

　　南京中央大學森林系教授梁希（1883-1958），以自己的專長對日
治台灣林業發展讚賞不已。他稱台灣總面積為356萬甲，其中有228萬
甲，約佔總面積64%屬於山林（照片3-3-3）。台灣森林以前有日本農
民、工人，甚至於日本科學家的勞力、汗水、心血。到了戰爭結束，長

---

394 楊致福，〈香蕉〉，《大眾農業》，上海，第1卷第5期，1948年12月25日，頁140-
　　141。
395 楊致福，〈鳳梨〉，《大眾農業》，上海，第1卷第3期，1948年10月25日，頁75-76。
396 太白，〈鳳梨罐頭開始製造〉，《工商新聞》，南京，第43期，1947年8月25日，頁4。

官公署就一股腦兒接收了。當時台灣國有林地佔總數的88.8%，公有林地佔總數0.9%，私有林地佔總數10.3。[397]

照片3-3-3【台灣林業資源分佈】

397 梁希，〈日本人在台灣留下的禮物〉，《文匯叢刊》，上海，第6期，1947年9月，頁24-25。

表3-3-6　台灣森林資源估計砍伐量

	寒帶	溫帶	亞熱帶	熱帶
估計蘊含噸數	193,609 噸	980,359 噸	2,702,396 噸	4,915,613 噸
百分比	2%	11%	31%	56%

資料來源：許爾清，〈台灣及其自然資源的發展〉，《工業月刊》，天津，第4卷第7期，1947年7月，頁22。

從上表來看，熱帶樹種所佔比例最大，已經超過台灣整體森林資源半數以上。在這些熱帶樹種中，以樟木最為重要，種類也最多，可以分為七種。

其一，本樟，分佈在台灣北部海拔1,200公尺，以及南部1,800公尺的山上。平均含腦率0.8%，樟腦油1.6%，樟腦油中含腦50%。

其二，芳樟，本省特產，樟腦油取得2.4%，樟腦油中含25%例拿羅（Linalod），係香料之寶貴原料。

其三，油樟，分佈在台灣東部、南部，腦含量很少，但油含量很多。

其四，陰陽樟，分佈在台灣北部、中部，含有少量例拿羅（Linalod）。

其五，栳樟，分佈在恆春半島、台灣東部，含腦與含油不多。

其六，牛樟，分佈在新竹、嘉義，並無腦份，腦含量很少，但油含量很多，亦是雕刻上好木材。

其七，有樟分佈在台灣北部，樟腦油取得在2%至2.4%。[398]

殖民時期日本人用機器砍伐森林與運輸原木，但僅限於山區狹小部分。至於山區內部交通不便，森林大多未砍伐。於是台灣山區旅遊，一眼望去青蔥一片，令人心曠神怡。光復後台灣省行政長官公署林務局，接收台灣所有林場，過程費了一番工夫。首先，1945年12月20日林務

---

398 許爾清，〈台灣及其自然資源的發展〉，《工業月刊》，天津，第4卷第7期，1947年7月，頁22。

局成立，大部分工作重點是接收與林業有關的日本會社82所的業務。1946年的預算書內容，提到決定先恢復山林管理所10所、林場4處、模範林4處。其次，林務局把「治水」、「造林」、「防砂」，做為1946年度業務重心。目的是要把台灣森林資源，變成為中國國內需求之用。其三，器材補充方面，政府已經向聯合國善後救濟總署，請求撥給重要物資救濟。並託長官公署工礦處，前去日本代買器材。其四，1945年8月15日以前，日人核發的伐木許可證，林務局全部予以承認，可是之後核發者，即不予承認。當時全省砍伐待運木材，總共有706,882立方公尺。[399]

台灣地理的類型，每年6至9月颱風季節過後，便是伐木最好的季節。伐木的程序，第一步是先用斧頭從樹幹的一側砍進，砍進的深度以樹幹寬度三分之一為標準。砍成的口子稱為「受口」，此時要用鋸子從受口的對向稍高平鋸進去，鋸進取的口子稱為「鋸口」。鋸口身度是樹幹的三分之二，這時樹木就會自動向受口處方向倒下（照片3-3-4）。而倒下的木頭除去枝葉，修整後就成為「原木」。然後伐木工人會把原木搬運到台車上，送至森林鐵道車站，再搬運至車箱載往平地。[400]

台灣在遠東為數一數二的大森林區，全盛時期最高產量曾達55餘萬立方公尺。台灣不但林區廣大，樹種也多樣，可供砍伐者約有300多種。台灣的林區可以分成四個：北部鹿場大山、宜蘭濁水溪流域，棲蘭山多為針葉樹，油羅山與阿玉山多為闊葉樹。中部從阿里山到玉山西北，全都是針葉樹的大森林，如巒大山、八仙山。南部是屏東大武山至恆春半島，全為闊葉大森林。東部是丹大山到能高山，有太鞍溪、媽立芝溪、架肯溪、木瓜溪流域的森林。而主要的林場，台北（宜蘭）則有太平山，新竹的香杉山，台中是八仙山與（南投）望鄉山、台南（嘉

---

399 本社，〈接收後的台灣林業——林務局的工作概況〉，《機聯會刊》，上海，第182期，1946年7月16日，頁14-15。
400 嘉樂，〈伐木在台灣〉，《科學大眾》，上海，第5卷第5期，1949年2月，頁191-194。

照片3-3-4【伐木工法與順序】

義）是阿里山，以及花蓮的木瓜山與林田山。台灣現在的蓄林量是
207,114,136立方公尺，其中闊葉林佔大多數，針葉林與竹林次之。
1946年台灣省行政長官公署統計，該年度砍伐森林34,601立方公尺，遠
遜於日治時期的成果。[401]

　　光復後台灣林業的成績普通，但阿里山聲名遠播還是值得注意。中
外聞名的阿里山，素有森林寶庫的美譽。其山海拔5,759尺（約2,216公
尺），日人修建森林鐵路，總長度約有130多里，鑿穿山洞82座，架設
橋梁120多座。工程之艱鉅，讓人不得不佩服日人的毅力。沿著鐵路集
木機很多，可以把砍伐下來的樹木，勾起吊到火車上運載。之後火車運
輸原木到山中的鋸木廠，當機器鋸下木頭後，再由火車運載到山下。阿
里山整個山林幾乎都是原始林，人造林只有15年的歷史，現有的森林
資源還可以提供採伐15年。山谷中木材以紅檜最為出色，此木結實、
不生蟲是台灣名產。直徑30至40尺的紅檜，山上舉目所得，怪不得日
本人視阿里山為寶庫。[402]

　　有云阿里山、八仙山、太平山，被譽為寶島的三大森林資源所在，
其中以阿里山最為著稱。重要的是阿里山林場，分佈著四種不一樣林相
——熱帶、暖帶、溫帶、寒帶。熱帶林分佈在海拔700公尺（獨立山）

401 懷豐，〈台灣的林業〉，《青年中國週報》，上海，第 60 期，1948 年 2 月 15 日，第二版。
402 舜英，〈台灣印象〉，《民潮月刊》，頁 32-33。

以下，主要有榕樹、木棉、龍眼樹、相思樹、楓樹、桂竹。暖帶（亞熱帶）林分佈在海拔760公尺至1,700公尺（平遮那），有樟樹、樫樹、椎樹、楠樹、烏心石、櫸樹。溫帶林分佈在1,700公尺至3,000公尺，重要的有肖楠、紅檜、亞杉、扁柏、姬子松、栂樹。寒帶林分佈在海拔3,000公尺以上，重要的有椴樹、唐檜、石楠、柏樹。1901至1923年間，台灣總督府對阿里山林場的投資，換算成台幣約有6,087,527,970元。如此大規模的林業，獲利亦相當可觀。以1941年為例，官賣額計材積55,324立方公尺，換算價值台幣2,561,000元。至於阿里山森林鐵路，更是林業發展主要命脈。1906年日商藤田組開始鋪設嘉義到二萬平的鐵路，直到1945年台灣省行政長官公署接收時，森林鐵路的總長度已有110公里。當時旅台的外省人士，只要有歐洲旅行經驗者，莫不稱阿里山森林鐵路可以媲美瑞士的螺旋鐵路（照片3-3-5）。[403]

最後是光復後漁業的發展，它與海事建設息息相關。所謂海事建設，狹義上從國防角度而言，當樹立一支強大的海軍。可是從廣義國防經濟而言，則是要發展航運業與漁業才是第一目標。以當時漁業發展來說，有四個重點是有識之士大聲疾呼。它們包括：全國水產資源及漁業現狀之調查、確定全國魚類名稱、漁村建設之實驗、遠洋漁業的建立。[404]中國的漁場北起鴨綠江口，南到廣東的崙河口，若不含台灣的海岸線，則大陸海岸線綿延8,633公里。故從海岸線推進到緣海的漁場十分廣大，總共可以區分為北部、中部、南部漁場。中國的漁場，屬於近海者多，遠洋者少。加上漁業技術幼稚，未經開拓的漁場比比皆是。[405]

1945年11月1日起台灣省行政長官公署農林處，接收台灣總督府轄下所有漁業設施。計有台灣水產株式會社、各地的製冰廠、冷凍倉庫、

403 周文德，〈阿里山上的森林〉，《科學大眾》，上海，第2卷第2期，1947年5月，頁47-50。

404 屈均遠，〈從海洋建設談漁業建設〉，《海建》，上海，第1卷第5期，1948年9月10日，頁5-6。

405 鄧騰裕，〈中國之漁場〉，《海建月刊》，上海，第1卷第5期，1948年9月，頁24-26。

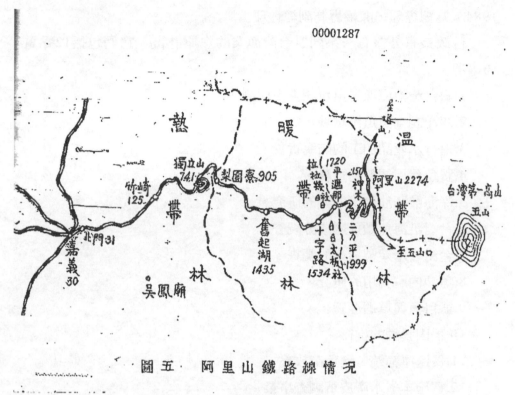

00001287

圖五　阿里山鐵路線情況

照片3-3-5【阿里山鐵路路線與途經的林區】

罐頭加工廠共39個單位。船隻方面有拖網船22艘、損壞待修漁船10
艘。現農林處為拓展台灣漁業，決議先成立台灣省水產公司，統轄基
隆、蘇澳、高雄、台南等製冰廠與冷凍工廠。並且再興建沿岸拖網漁船
95艘，無機器小漁船780艘，以及30噸以下機帆船55艘。[406]其實台灣光
復以後，長官公署接收昔日六大漁業會社：台灣水產株式會社、台灣水
產販賣株式會社、葛原工業社、高雄水產加工株式會社、東港製冰株式
會社、開洋興業株式會社，並計畫予以合併。1946年4月成立公司籌備
處，同年11月成立台灣水產公司。行政長官陳儀指派陳同白（1901-

---

406 本社，〈新聞（國內之什）──台灣水產之今昔〉，《水產月刊》，上海，復刊第1卷第3
　　期，1946年8月，頁87。

1984）為總經理，陳椿壽為副總經理。[407]

行政長官公署有一系列對台灣漁業的復原計畫。它們包括12點重要事項：

1.對台灣沿海漁場重新調查、探測。

2.海洋調查與魚況試驗。

3.進行水產品加工的防腐實驗。

4.養魚代用飼料的實驗。

5.深海鮫肝油化學成分的研究。

6.台灣沿海魚類魚體成分調查。

7.台灣省水產製造業的調查。

8.魚類內臟利用的研究。

9.虱目魚與草蝦混養。

10.稻田養鯉的推行。

11.長途運輸鯇、鰱魚苗放養。

12.實施本省水產皮革調查事業。

從上述來看，淡水漁業養殖顯得特別。台灣淡水魚的養殖已經有200餘年的歷史，其魚種主要有鯉、鯽、鰱、鯇、鯆、鯖、鯁。鯉魚苗與鯽魚苗台灣出產甚豐，可是鰱魚苗、鯇魚苗、鯆魚苗、鯖魚苗、鯁魚苗，全部都要仰賴中國大陸進口。每年運銷期間是5月到8月，魚苗長度有5、6公分，也有1吋多，被稱為「新魚」或「魚粒」。新魚通常從粵東梅溪出口，運載到汕頭港裝船航行至高雄港，再以汽車或火車運送到桃園、新竹、彰化、嘉義、台南的魚池。[408]更有云台灣西海岸地勢低窪、池沼棋布、氣候溫暖，最適合養殖漁業的發展。其中的魚種有虱目魚、牡蠣、鰱魚、草魚、鯰魚、黑魚、鯁魚、鱉、蟹等。這當中以虱目

---

407 本社，〈新聞（國內之什）——台灣成立水產公司〉，《水產月刊》，上海，復刊第2卷第1期，1947年1月，頁86。

408 馬振平，〈我國魚苗之產銷〉，《水產月刊》，上海，復刊第3卷第5期，1948年6月，頁8。

魚最為重要,其產值佔整體三分之二左右。台灣養殖虱目魚的地區,主
要分佈在屏東的恆春與東港、高雄紅毛港、台南佳里、台中大甲、新竹
香山。漁獲時間中部比南部晚二個月,不過全省捕獲虱目魚都先集中在
台南買賣,然後再運往各地。[409]

　　光復初期台灣漁業發展的前景是光明,因為台灣天然環境的優越、
地近漁場的位置,加上捕撈魚類之豐富、獎勵事業的普遍、水產團體的
健全、試驗指導的切實,前途無可限量。[410]最重要的是台灣環境已經工
業化,又有水產科學設備為基礎,加上台灣交通運輸甚為便利,大量新
鮮漁貨都能即時上市。最重要的是台灣漁業的成就,可以做為江、浙、
閩、粵、冀、遼、魯沿海漁業發展的楷模。[411]

　　1946年台灣水產公司統計全年漁獲量2,925,099公斤,1947年截至4
月底為止,漁獲量為1,057,747公斤。該公司有冷凍廠22所,現開工15
所。此外該公司所製作魚肝油丸品質優良,售價每粒台幣700元。1947
年4月底止,銷量3,290,150粒。[412]從這些佳績來看,台灣漁業的復元似
乎很快。不過我們想要知道過程的梗概,還需要透過俞飛鵬將軍
(1884-1966)的報告了解。

　　1947年初國民政府水利委員俞飛鵬,來到台灣參訪接收後漁業建
設,行程中為我們留下當時水產事業的難得記錄。當時的報告分為六項
重點:其一,台灣水產公司的規模。總公司設於台北,下分總務、業
務、會計、人事四部門;最重要的業務部,再分製造、漁業、工務、營
業四課。基隆、高雄二地設立分公司,蘇澳、花蓮港、馬公三地設立事

---

409 王平江、朱林庚,〈台灣及南洋之虱目魚養殖〉,《水產月刊》,上海,復刊第3卷第9、
　　10期合刊,1948年12月,頁27-30。

410 鄧騰裕,〈台灣省漁業展望〉,《水產月刊》,上海,復刊第1卷第6期,1946年12月,
　　頁42-13。

411 李兆煇,〈台灣省之水產業〉,《水產月刊》,上海,復刊第1卷第2期,1946年7月,
　　頁43-44。

412 波,〈工商珍聞〉,《工商新聞》,南京,第34期,1947年6月23日,頁3。

業所。又在基隆設立漁業作業人員訓練班，全省分設冷凍廠22所、罐頭廠3所、造船廠3所、魚肝油廠與機具廠各1所，農場1所，均受總公司統轄。

其二，台灣省水產試驗所設於基隆社寮島（和平島），接收後首任所長李兆輝（1907-？）。1941年日本人設立此機構，名為水產試驗場，各州廳均設分支機構，辦理績效東亞第一。本所設總務、漁撈、加工、海上調查四科，直屬於台灣省行政長官公署。值得注意的是日治時期的高雄分場，工作重點是以鮫魚皮鞣製成皮革，以補台灣皮革短缺之不足。光復後本試驗所積極恢復舊觀，期待再為本省帶來財源。

其三，台灣水產公司基隆分公司。下轄磚造分間冷藏庫與冷凍庫共13間，冷藏庫可以保持攝氏2至7度，冷凍庫可以保持攝氏零下10度，每年平均儲藏量為12噸。在冷藏庫與冷凍庫樓上，設有製冰廠與冰庫，製冰廠每日製冰量為60噸，冰庫可以貯冰470噸。至於基隆漁業修造廠，專門修造小型木殼機漁船。1946年曾造船344噸，修船700餘艘。不過所造之船，多是75噸的手網船。

其四，台灣水產公司高雄分公司。該公司下轄魚肝油廠1所，每日可以製造魚肝油丸30,000粒。製冰廠3所，其中以新濱町（高雄市鼓山區）製冰廠規模最大，一日可以製冰50噸；由於製冰廠在漁船碼頭旁，有冰槽可以直接送達漁船。高雄漁具廠1所，專門製作棉線、棉繩、棉網。最大生產量每日可以製作棉線203貫（一貫等於3.75公斤）、棉繩330貫、棉網16貫。光復後高雄漁業發展短暫熱絡，以1947年6月為例，漁獲量為163萬多公斤，比去年同期增長42餘萬公斤。當時高雄港擁有漁船260餘艘、竹筏690餘艘，漁業從業人員4,737人。[413]1948年中，因冰塊大幅漲價成2,800元一噸，比前一年多40%，

---

413 本社，〈新聞（國內之什）——台高雄捕魚〉，《水產月刊》，上海，復刊第2卷第4期，1947年8月，頁78。

使得全港機帆漁船半數以上停止作業。[414]

其五，恆春大板埒捕鯨廠。台灣屏東縣恆春至台東縣外海一帶為著名捕鯨區，每年一至四月是捕鯨季節。[415]日治初期由挪威漁船前來捕鯨，1919年日本收回利權，在大板　設立日本水產株式會社台灣捕鯨事業所，每年平均捕獲鯨魚數目50頭，每頭重量2萬至4萬斤。然而太平洋戰爭捕鯨碼頭被炸毀嚴重，光復後長官公署農林處雖負責接收，但無力在短時間修復，只能先把毀損的設備，暫交給恆春鎮公所保管。

其六，澎湖水產公司事業所。該公司下轄製冰廠1所，每日可製冰40噸。冷凍庫雖被美軍飛機炸毀，但冷凍管皆無損壞，早日維修仍可以運作。不過在修復之前，澎湖的漁船都要前往高雄載運冰塊，耗費不少時間也不利當地漁業發展。[416]因為如此，1947年6月澎湖漁獲量，從每年平均400萬公斤，銳減成只剩100多萬公斤而已。[417]

俞飛鵬對於台灣漁業的期許很高，即便現在不為人所熟知的台灣捕鯨業，他也大力提倡與振興。不過鮮魚罐頭廠在俞氏的報告中輕描淡寫，其實這也是台灣漁業發展的強項。台灣的鮪魚詰（鮪魚罐頭）在光復以前，屬於一種重要的水產加工業。主要的罐頭工廠設在高雄、蘇澳、花蓮，並且在1941年達到最高產量65萬箱。台灣的鮪魚詰在台灣與日本沒有銷路，因此全部外銷至美國。這些罐頭名為「海底雞」（chicken of the sea），美國消費者非常喜歡並視為珍品。鮪魚在中國沿海不常見，但在台灣卻常被捕獲。現在台灣已經光復，昔日製作鮪魚的三個工廠，都已經撥交台灣水產公司經營。不過這個可以賺取外匯的

---

414 本社，〈新聞（國內之什）——台省農林公司原料自給、大量製冰發展漁業〉，《水產月刊》，上海，復刊第3卷第8期，1948年9月，頁52。

415 也有謂恆春半島每年11月至隔年4月，又大批鯨魚會游到附近海域，每年漁民出海總要捕捉到數十頭。凡秋，〈台灣鵝鑾鼻燈塔（二）〉，《工商新聞》，南京，第44期，1947年9月1日，頁8。

416 俞飛鵬，〈台灣漁業參觀記〉，《水產月刊》，上海，復刊第2卷第4期，1947年8月，頁2-15。

417 本社，〈新聞（國內之什）——澎湖產魚銳減〉，《水產月刊》，上海，復刊第2卷第4期，1947年8月，頁78。

生意，現在卻全部停頓。這肇因於台灣漁業尚未大規模復員，其次是製作罐頭的空罐已經用罄，然新貨還沒著落。故鮪魚加工業的重建，的確是台灣漁業的當務之急。[418]

　　光復後台灣省行政長官公署，亦有計畫設立水產學校培育人才。有云在台灣設立水產大學，或者專科學校；有云在台東與花蓮二地，再設立高級水產職業學校。然而有識者認為，接收之後百廢待舉，與其新設許多學校，倒不如把接收的省立基隆水產職業學校，以及省立澎湖初級水產職業學校整頓好。特別是日後省立基隆水產職業學校運作良善，將再改制成省立海事職業學校，並在高雄成立分校。[419]

　　1947年台灣省行政長官公署未撤銷前，最具體漁港建設即是台東縣新港（成功鎮）的擴建。該港口是東部重要漁港，1933年日本人花費80多萬日元，築港成現代化碼頭。它可以容納80艘漁船，以及設立2個造船所，有能力建造300噸以下的漁船。1947年仍有17艘漁船出海作業，長官公署正計劃再繁榮此港。[420]之後漁港的擴建，遂成為有關單位大力推動漁業的重要一環。1948年台北縣蘭陽區地方人士建議政府，可以在頭城與龜山島興築漁港，以補蘇澳港之不足。原來蘇澳港是僅次於高雄與基隆的漁港，可是它地處偏遠，颱風季節常有暴風侵襲。如果選擇在頭城與龜山島各修建港口，二地港灣灣泊條件優越，又可以增加就業機會。只是總經費多達台幣20億，亟需要有關單位給予協助。[421]

　　1948年7月台灣水產公司總經理徐晴嵐對記者表示，台灣四面環海、魚場與陸地距離甚近，加上漁船修理、冷藏、加工設備極為完善，

---

418 陳同白，〈台灣的鮪罐詰〉，《水產月刊》，上海，復刊第 2 卷第 1 期，1947 年 1 月，頁84。

419 鄧騰裕，〈台灣的水產教育〉，《水產月刊》，頁 12。

420 本社，〈新聞（國內之什）——台東魚港即將復興〉，《水產月刊》，上海，復刊第 2 卷第 1 期，1947 年 1 月，頁 87。

421 本社，〈新聞（國內之什）——台灣蘭陽人士呈請當局、興建頭城與龜山漁港〉，《水產月刊》，上海，復刊第 3 卷第 8 期，1948 年 9 月，頁 51。

實為優良發展水產的區域。台灣水產公司漁獲量，雖然比去年成長許多，但要全面開發水產，必須還要做到兩項工作：訓練技術人員、恢復捕鯨事業。對於人員訓練，因為日本戰敗後，趁著國府未來到台灣接收，把海洋調查研究記錄全予銷毀。加上技術人員非常缺乏，使得近海漁業發展成長緩慢。至於捕鯨是一個具有希望的事業，而台灣捕鯨的發展，更可以做為中國捕鯨事業的先鋒。[422]

1948年9月台灣區漁業物資處理委員會，假台灣省政府農林處會議室舉行第一次委員會議。主任委員徐慶鐘（1907-1996），以及副主任委員陳同白、葉松濤（1900-？）蒞臨指導。原來為善用台灣漁業物資，遂由台灣省政府農林處、善後事業委員會漁業物資管理處台灣分處、台灣省漁業聯合會、台灣省政府農林處水產科、台灣省社會處合作事業管理處、行政院農林部閩台區海洋漁業督導處、行政院社會部全國合作物品供銷處台灣分處、台灣省合作金庫、台灣省參議會，共九個單位組成台灣區漁業物資處理委員會。同年10月舉行第二次會議，對於下年度台灣漁業發展政策，做出3點重要決議。一為無機器小漁船的建造，每年約佔整體漁船建造的45%。在這45%的數額中，十分之三金額的補助由本會統籌，另外十分之七的金額須由各縣市支應。二為全省漁具製作20%的費用由本會支付，其款項將交由各地漁會。三為劃定台灣省漁業發展的12個區：基隆市、台北縣、新竹縣、新竹市、台中縣、台南縣、台南市、高雄縣、高雄市、花蓮縣、台東縣、澎湖縣。[423]值得注意的是在同年底，台灣省琉球人民協會理事長喜友名嗣正，公開表示琉球人將盡其海洋所長，協助祖國（中國）開拓海洋資源。原來台灣光復日籍技術人員被遣返，台省漁業人才感到缺乏，當時台灣公私立漁業

---

422 本社，〈新聞（國內之什）——開發台灣水產工作〉，《水產月刊》，上海，復刊第3卷第7期，1948年8月，頁43。

423 本社，〈新聞（國內之什）——台灣〉，《水產月刊》，上海，復刊第3卷第9、10期合刊，1948年12月，頁46-47。

單位，多雇請琉球人擔任漁夫。[424]

　　1949年9月台灣省政府農林處召開漁業行政工作會議，由農林處長徐慶鐘主持，與會成員有農林處副處長徐世琛、水產科長楊基銓（1918-2004）、台灣水產公司總經理徐晴嵐、漁管分處處長陳同白，以及漁聯會理事長葉松濤、各縣市代表40餘人。會中制定下年度重點施政方向，包括：規定20噸以上漁船的船長、漁撈長、輪機長，均集中至基隆市、高雄市訓練班訓練。20噸以下漁船就近在各縣市，開辦之訓練班訓練。而訓練科目為國語、數學、運用學、漁撈學、漁具學、航用測器學、造船學、海洋氣象學、海事法令等。[425]

　　綜合上述的內容，可以了解光復初期台灣農、林、漁業發展的重心。1946年初知名植物學家蔣英（1898-1982）來台考察植物，他提出二個重要問題，認為是內地植物學界要注意之事。一是台灣植物的分類問題，事實上早在1936年，植物學家正宗嚴敬（1899-1993）已經替台灣植物分類為4,837種、12亞種、369變種。接收後所有標準標本典藏在台灣省林業試驗所、國立台灣大學理學院與農學院。台灣省林業試驗所有一套植物學家早田文藏（1874-1934），以前拍攝的植物標本照片1,000多張。可是早田之後發現的新品種，就典藏在台北帝國大學。蔣英因留台業務繁忙，沒有時間拍攝這些照片攜回內地，只能請中央政府飭令台灣省行政長官公署配合，物色人選完成這項工作。

　　二是日本統治台灣半世紀，已經引進許多外國植物物種，特別是包含許多國防與經濟物種。中國政府應該選擇時機，再把這些物種引進至內地試種繁衍。蔣英前瞻性地提出可以引進的植物，例如：木材類的柚木、紅木、紫檀、花欄、桃花心木、鐵刀木、太平洋鐵木、烏木、鐵

---

424 本社，〈協助祖國發展漁業、台省琉人民協合理事談〉，《水產月刊》，上海，復刊第3卷第9、10期合刊，1948年12月，頁50。

425 本社，〈台灣省農林處舉行漁政工作檢討會議〉，《水產月刊》，上海，復刊第3卷第9、10期合刊，1948年12月，頁48-49。

稜、輕木。樹膠與漆樹類的阿拉伯樹膠木、安南漆木。藥用植物類的金雞納樹、古柯樹、白檀、毒魚藤、玉開藤、貓鬚草。纖維植物類的巴拿馬帽草、馬尼拉麻。橡膠植物類的巴西橡膠樹、巴拉橡膠樹。觀賞植物類的南洋杉、麵包樹、大王椰子、孔雀椰子等。[426]

　　由此可知光復初期限於人力、物力，政府對於接收台灣，只在政治、軍事、經濟、教育上著墨，對於學術並沒有重視。再者，日本治理下的台灣，農、林、漁業高度發展，這讓蔣英提供多項樹種，做為移植到中國的建議。然而「學術接收」未盡理想，造成什麼樣的結果呢？要回答這個問題，就必須了解台灣的農、林、漁業成就，都是學術研究堆積出來。1948年國立廣西大學教授熊襄龍來台考察農業，總結台灣地理環境屬於「先天不足」的省分，但物產仍然十分豐盛，完全是人為努力所致。成功的原因有四點：其一，台灣農業改進技術貢獻最大。其二，台灣農作物收成之豐關鍵為水利設施普遍。其三，台灣農業法令雖有數百種，但執行非常徹底。其四，台灣農業有遠大的目標，政府與民間不惜投下鉅資，精益求精成功非偶然。[427]

　　上述第一、二點顯然是科學的成果，而台灣科學建設農、林、漁業的基地，即是分佈於各地的「試驗所」。1945至1949年大陸的雜誌，並沒有一一介紹各所，只挑選嘉義農業試驗支所來報導。該所可說是台灣龐大的農業培育中心，光復以後莫不吸引國、內外學者來此參觀。它的佔地有700多市畝，大小不等的溫室8座，土質是壤土與砂質壤土，非常適合種植園藝作物。1918年日本人設立此試驗所的目的，著重番薯、水稻、棉花的改良，以及收集、試種各熱帶水果。台灣省行政長官公署接收以後，改組所內架構為三系一課：農藝、園藝、病蟲害與總務課，分別進行水稻、番薯、特作、果樹、經營、果苗繁殖、果品加工等

426 蔣英，〈學術通訊——考察台灣植物之簡報〉，《科學》，上海，第29卷第11期，1947年11月，頁344-345。

427 熊襄龍，〈台灣農業改良與發展〉，《廣西農業通訊》，頁15。

工作。最值得一提的是接收3年以來，學術與農業上的成就有五件事：一為訂定熱帶果樹的名稱，二為成立熱帶果樹資料園，三為發現抗病稻種光復一號，四為繁殖推廣熱帶果苗，五為建立中國番薯改良中心。[428]

光復後台灣農、林、漁業的成就，要下什麼樣的註腳？或許可以用同是1948年訪台的廣東省外籍顧問麥可康凱（Meconkey）評論做為結尾。他對於半世紀來台灣農業發展讚不絕口，並認為在日本人建設下，台灣是全世界唯一擁有對於熱帶、亞熱帶，農業改進的實驗農場。而且大部分農業實驗成果，都可以移植到華南與海南島。總括台灣農業具體的成果，包括：土壤調查、土壤研究、肥料、綠肥、輪耕、改良種子、改良牲畜與家禽、農具改良、農產加工品發達（糖廠、碾米廠、罐頭製造、茶葉、漁業等）、水利灌溉系統、農村合作機構、農業貸款、農業教育。最重要的這些項目，領先中國任何一省。[429]台灣之所以被稱為寶島，原因大概就在這裡吧！

428 楊致福，〈介紹嘉義農產試驗支所〉，《大眾農業》，上海，第1卷第5期，1948年12月25日，頁168。

429 麥可康凱著，李振邦譯，〈台灣對於華南作物與牲畜改進之貢獻〉，《經濟建設》，頁14-16。

第四節　台灣工、礦、商業發展的肯定

1. 日治時期各項的堅實基礎

　　第二次世界大戰結束之後，中國不僅為戰勝國，還是世界「四強」之一。可是中國與其他三強：美國、英國、蘇聯，比較彼此的工業實力，究竟是什麼樣的情況？1945至1949年大陸出刊的雜誌，有許多文章討論中國的重建。透過它們忠實的評論，能夠了解中國工業的程度。事實上中國企業與世界各國相比，可以說是幼稚可笑。因為技術幼稚、資金貧乏、產量微渺，實無工商大企業可言。第二次世界大戰造成中國工業80%的毀損，影響到對外貿易，輸入竟比輸出多出二倍。[430]

　　加上中國的交通事業十分落後，工業基礎也十分脆弱，都市與農村形成二個不同的社會。文化水準極為低下，這都是交通不發達，不能互相交流的結果。[431]二戰結束後，中國只能算是一個農業國家。要讓中國工業化，必須有優良的工礦技術。可是中國科學教育很落後，技術與科學管理人才缺乏，要達到工業建國的目標並非易事。[432]

　　有識者直言，二戰後各國科學的進步，反觀中國無一事比得上歐洲。雖然中國也算得上世界五大國之一，但講到實力無一不落人後。[433]戰爭結束後中國需要重建，可是隨之到來的內戰，又讓工商業未積極復員，呈現出不景氣的狀態。戰時受到物價高漲的刺激，中國經濟發展表面上很繁榮，但實質已逐步走到損毀的地步。[434]中國工業的興衰，不是

---

430 蔡經濟，〈發刊詞〉，《工商經濟》，廣州，創刊號，1947 年 5 月 15 日，頁 1。

431 李甲孚，〈台灣鐵路概況（續）〉，《警務月刊》，上海，第 1 卷第 5 期，1947 年 7 月，頁 17。

432 本社，〈發刊詞〉，《工礦建設》，上海，創刊號，1947 年 6 月，頁 4。

433 陳一厂，〈發刊旨趣〉，《化學世界半月刊》，上海，創刊號，1946 年 5 月 5 日，頁 2。

434 俞佐廷，〈創刊詞〉，《工商月刊》，上海，創刊號，1946 年 8 月 15 日，頁 1。

各廠或各公司互相競爭的問題,而是同業間一致協力,爭取整個民族工業生存的問題。中國幼稚的工業基礎,同行還互相傾軋,將難逃夭折的厄運,工業化的願景更談不上。[435]這就是國民政府接收台灣時,中國工業能力與經濟發展的背景。台灣與中國相比,情況又是如何?

　　同時期大陸出刊的雜誌,對於台灣工業發展的評論,可說褒多於貶。因為台灣的農業與工業,比起中國任何一省都要強。該島不是一塊天然的樂土,能夠有今日的成就,不能不感嘆人力與科學結合的偉大。最值得稱許的是水利與水力發電,代表設施分別是嘉南大圳與日月潭發電廠。不過台灣的工業是殖民地式,屬於日本整體經濟的一環,沒有獨立性。項目可以分為農產品加工工業,如糖、紙張、罐頭、茶、水果;以及原料礦工業,如煉銅、煉金、水泥、煤礦。[436]

　　由於台灣曾經是日本的殖民地,故一切的建設都依母國需要而定。它使得台灣的工業都是「跛行」,有了上半部生產過程,就少了下半部。同樣地有了下半部,也少了上半部。例如:鋼鐵的冶煉就只有上半部,除了「鎔化」之外,不再有什麼精製。鉛廠的規模極大,它的生產量連中國市場都消化不了。可是台灣既無鉛礦,又無需要鉛為原料的工業,它是屬於後半段的工業。[437]針對這一點,1948年初知名化工實業家陳調甫(1889-1961)來台考察,亦指出台省工廠的特點,一切設施與日本國策配合,成為日本工業勢力圈之一環。[438]同年江西省一群民營工商業者,為了建立江西的工業基礎、提高生產水準,也組織訪問團來台灣參觀。事後總結訪談心得也有同感,並認為台灣的工業有規模而無基

---

435 榮鴻元,〈發刊辭〉,《公益工商通訊》,上海,創刊號,1947 年 4 月 15 日,頁 3。

436 貞伯,〈台灣印象──人力與科學的結晶地〉,《科學大眾》,上海,第 1 卷第 1 期,1946 年 10 月,頁 11-14。

437 龍在田,〈台灣現態勢提綱〉,《新文化半月刊》,上海,第 2 卷第 1 期,1946 年 4 月 16 日,頁 23。

438 陳調甫,〈重入慈母懷抱的小弟弟:台灣(六)──三十七年二月二十日在塘沽的演辭〉,《海王旬刊》,南京,第 20 年第 29 期,1948 年 7 月 20 日,頁 490-491。

礎。台灣的生產設備都有規模，但機器的製造、零件的配修、原料的供應都不在台灣。[439]

當時台灣工業條件有十項特色：其一，台灣的地理位置良好，實為扼守著南洋的門戶。其二，台灣的地形雖有許多高山，但與閩、粵比較起來也是良好。其三，台灣氣候溫暖。其四，除了農產品豐富外，其他工業原料比較缺乏。其五，台灣的電力豐富，並且煤炭可以自給自足。其六，勞動力足夠工業生產線運用，而且勞動者素質良好。其七，交通雖說不十分發達，但比中國還要優越。其八，工商業資本缺乏。其九，學術、科學、技術還不夠。其十，治安良好、政治穩定。[440]1937年中日戰爭爆發，日本為彌補或分擔戰時的消耗，將台灣迅速完成重工業的建設。因此化學工業、金屬工業進展一日千里，輕工業發達也日新月異。日後的國共內戰當中，台灣屹立於海中，環境比中國任何省份優良，工業設備比中國任何省分完整。[441]

亦有一些大陸期刊文章，以「幼稚」稱呼台灣的工業建設。有云台灣工業不發達，除了樟腦工業與鴉片工業之外，其他如紡織工業、酒精工業、鐵工業、纖維工業、菸草工業都相當幼稚。雖然製糖業十分發達，但嚴格來說不能算純工業的一種，只能歸類於農產加工的範圍。值得注意的是台灣工業雖然很幼稚，可是手工業卻很發達。尤其草帽、紙帽的製作，素有「台灣巴拿馬」之稱。[442]紡織工業一再被點名，號稱物產豐饒的台灣獨缺棉花，所以棉紡織工業幼稚異常，不脫家庭工業的局面。[443]最嚴重看法認為台灣的工商業是落後，而且若干的工業都是獨佔

439 魏天驥，〈台行觀感〉，《創進》，上海，第 1 卷第 4 期，1948 年 8 月，頁 67。

440 方見惠，〈台灣工業的剖視（一）〉，《工商新聞》，南京，第 55 期，1947 年 11 月 17 日，頁 2。

441 趙定明等，〈台灣特輯之三：工業化稱雄全國〉，《藝文畫報（台灣專號）》，上海，第 2 卷第 8 期，1948 年 7 月，頁 4。

442 林尚炎，〈素描台灣〉，《中堅月刊》，上海，創刊號，1946 年 1 月，頁 43-45。

443 范劍平，〈台灣的紡織業〉，《機聯會刊》，上海，第 234 期，1948 年 9 月 16 日，頁 3-5、9。

性。此地缺乏重工業，紡織業的發展比朝鮮還弱，只有製糖業最為重要。[444]知名地理學者，亦是國民政府政務委員蔣君章（1905-1986），撰寫中國工業建設問題時，討論鋼鐵五金、水電建設、機器業、基本化學、染料、造紙、酒精的內容中，都沒有提到台灣。只有在水泥、茶葉的生產中才有討論。[445]

　　從本質上來看，台灣工業先天根基不好，日本人投入技術與金錢，遠不如東北的滿州國。可是日本人運用工業設備，大大增強對台灣的控制，讓台灣600萬人有安定的生活。[446]如果台灣的工業真的那麼「幼稚」，曾任四川省重慶江津職業學校校長李式中，來台考察台灣電力事業時，一定會有所批評。但他認為電力是一切工業動力的來源，中國電力之發展雖有資源委員會規畫，但事倍功半亦如老牛破車。反倒是日人在台建設成績，以及東北淪陷時期的一切建設，讓人感慨萬千。[447]

　　1947年底中華化學工業會創始人、北京大學化學系教授陳世璋，來台環島參觀工業建設。他也提到台灣的地理與資源，雖然不是理想的工業區域，但是日本人五十年的建設，最後用人力戰勝一切。特別是台灣的基礎建設完善，公路四通八達、鐵路設施良好、電力設施與煤產可以自給自足、嘉南大圳對農業有裨益。中國接收如此偉大的工業組織，人力不敷分配、財力更嚴重不足復員。如果肯投入經費、大力整頓，一定可以使台灣成為工業計畫的一環，對於全國經濟的發展大有幫助。[448]

---

444 唐喬珊，〈台灣史話〉，《六藝月刊》，上海，第 1 卷第 5 期，1946 年 2 月，頁 38-40。

445 蔣君章，〈中國工業建設問題（上）〉，《三民主義半月刊》，南京，第 10 年第 6 期，1947 年 6 月 1 日，頁 9-13；蔣君章，〈中國工業建設問題（下）〉，《三民主義半月刊》，南京，第 10 年第 10 期，1947 年 8 月 1 日，頁 16-20。

446 潤，〈台灣工業的全貌（下）——民變的基本原因〉，《工商新聞》，南京，第 22 期，1947 年 3 月 31 日，第 3 版。

447 李式中，〈台灣電力的中心——日月潭水力發電廠〉，《科學畫報月刊》，上海，第 14 卷第 3 期，1948 年 3 月，頁 143。

448 陳世璋，〈台灣之化學工業（續完）〉，《化學世界月刊》，上海，第 3 卷第 3 期，1948 年 3 月，頁 12。

　　不過台灣工業仍有三項重大危機；其一，戰亂破壞台灣工業發展的條件，工廠無法修復，生產力無法達到最高。其二，台灣工業發展本身存在一些缺陷，產品生產成本太高。其三，影響台灣工業發展的人為因素，在於管理組織欠缺完善。第二次世界大戰結束後，帶來工業的光輝有二地──東北、台灣。東北因內戰完全糟蹋，只剩台灣能留下一點根基。[449]有意思的是不管評論如何，都希望台灣的工業能幫助中國重建。當時台灣對於國家經濟貢獻之大，沒有任何一個省市可以相比。[450]台灣的交通與建設事業，比大陸著實要進步二十至三十年。水電設施即使在偏僻的鄉間，也有都市才會安裝的衛生設備與明亮的電燈。[451]

　　戰爭結束後的中國，何嘗不想往工業建設的方向邁進。1947年底全國經濟委員會通過經濟改革方案，其中民生工業規畫，應該以糧食、衣服、居室、行動、印刷五大類著手。[452]歷經八年的對日戰爭，已讓工程業界技術人員知道，只有在澄清的政治環境下，才能獲得民生的安定，才能循著建設計畫逐步邁進。只有不搶地盤，不受賄賂，大公無私的領導，才能廓清混濁八年的政治氣氛。因此工業建國的要務，在於改善技術人員的待遇、提高他們的生活地位、廣泛採納專業的意見，確立全國工業建設的計畫，從事新中國的建設。[453]更有謂中日戰爭以前，中國工業建設與分佈毫無計畫。所有重要工業都集中於沿海，戰爭爆發後大多燬於戰火。因此戰後中國工業重新建設，必須注意全國一貫與各區的聯繫。當時工業區可以畫分為七區：東北、華北、西北、華中、東南、西南、台灣。台灣在日本五十年經營下，工業建設超越國內任何一

449 陳浤文，〈台灣雜寫〉，《海王旬刊》，南京，第 20 年第 35 期，1948 年 8 月 30 日，頁556。
450 蔣國楷，〈台灣工鑛業及其五大試驗所（一）〉，《公理報五日刊》，台北，創刊號，1948 年 4 月 1 日，頁 12。
451 希安，〈台灣你這可愛的世外桃源〉，《工商新聞》，南京，第 37 期，1947 年 7 月 14 日，頁 8。
452 徐百益，〈發刊旨趣〉，《工商管理月刊》，上海，創刊號，1948 年 1 月 15 日，頁 1。
453 編者，〈技術界的願望──發刊詞〉，《工程界》，上海，第 1 卷第 1 期，1945 年 10 月，頁 1。

省。按照「地域分業」的原則，台灣適合發展製糖、樟腦、造船、水果罐頭、木材、製鹽、石油、天然氣。[454]

戰後全國工礦事業畫歸行政院經濟部負責，全國分成七區：1.蘇浙皖區，特派員張茲閩（1900-1983）、2.閩粵區，林繼庸（1896-1985）、3.湘鄂贛區，李景素、4.東北區，孫越琦（1893-1995）、5.台灣區，包可永（1905-？）、6.冀熱察綏區，王翼、7.魯晉豫區，楊公兆。台灣區的特派員包可永，本身也是台灣省行政長官公署工礦處長。根據報導台灣的工業在太平洋戰爭時期，發展頗為迅速。主要工礦事業的工廠總共有236所，惟戰時受到美軍轟炸，受到不小的破壞。中國重建的道路，遠比想像中困難。之後成為知名經濟學家季崇威（1922-2001）曾在1947年初撰文，談及抗戰勝利已經一年，工業復員與接收敵產將近一載，勝利前有識者遠大夢想，讓中國能走上工業化大道，可是事實卻完全相反。當時常從輿論知道，大後方在戰時所興建的工業，因抗戰結束紛紛倒閉。收復區接收的工作混亂與黑暗，俗稱「接收等於劫收」一點不假。[455]中國工業復員連喘息的餘地也沒有，何來侈言工業化的發展。[456]這些災難都是人為所造成，台灣在這大環境中如何應變，需先審視殖民時期台灣工業發展情況。

台灣的工業大部分都是農產品加工業，如糖業的原料是甘蔗，紙業的原料是甘蔗渣滓，碱業的原料是海鹽。台灣沒有完善的機械工業，基隆與高雄的船廠主要從事船隻修理。為了應付太平洋戰爭之需，日本才在台灣建立最新式的煉鋁廠與煉油廠。工業中最重要的是糖業，從數據上來看清末1856年，台灣出口159,600擔蔗糖，可是到了1938年出口已

---

454 黎小蘇，〈論中國工業區位問題〉，《工礦建設》，上海，第 1 卷第 5 期，1947 年 10 月，頁 6-8。

455 偏向中國國民黨的《中堅月刊》在發刊詞中提到，抗戰勝利的果實應屬於人民全體，不屬於任何特權階級。只可惜當時的政治環境，理想總與現實存在極大落差。參閱本社全人，〈中堅力量團結起來、共為建國大業奮鬥——代發刊詞〉，《中堅月刊》，上海，創刊號，1946 年 1 月，頁 4-5。

456 季崇威，〈一年來的中國工業〉，《工商特刊》，上海，第 1 卷第 4、5、6 月合刊，1947 年 1 月 1 日，頁 13-14。

經激增23,645,509担蔗糖。太平洋戰爭初期，台灣還有出口18,360,000担蔗糖；到了1945年大幅衰退，只有出口1,400,000担蔗糖。至於台灣的造紙廠，規模最大者有五個：台北（宜蘭）、台中大肚、高雄小港、台北士林、台南新營。1940年造紙僅洋紙一項就有16,000餘公噸，另有香菸紙、打字紙、證券紙的生產。[457]

台灣的礦業主要是煤，1940年最高產量達280萬噸，太平洋戰爭被美軍轟炸不少。1945年底接收以後，每月僅開採1萬噸左右，1947年初每月可以出產10萬噸。台灣的電力事業也很發達，日月潭發電廠有10萬瓩容量，加上先前日本在別處興工9處電廠，加起來總計有11萬瓩容量。當時台灣總發電量有18萬多瓩，接收後台電預計要發電至30萬瓩。肥料工業的建立稍遲，可是跟糖業一樣，日本視肥料工業為台灣重點建設。總計台灣需要施肥的土地有1,664萬市畝，肥料消耗量是62萬餘噸。既然肥料的生產是重要，那麼肥料的原料：酸鹼就不可忽視。鹼工業的原料都是海水，日治時期台灣每月可以生產液鹼333噸、漂粉169噸、鹽酸72噸。這些產量與中國同期相比不能算少，光復以後台灣的酸鹼產品，可以大大幫助江南的紡織業。[458]

當時普遍認為，台灣的富有不是地藏之「富」，而是工業的發達。日治初期台灣還是貧困，經過半世紀的建設，台灣已經由貧轉富。1942年台灣生產總值達700,027,475日元之譜。前三名依序是食品工業為408,510,791日元，化學工業為89,824,974日元，雜（貨）工業58,476,592日元（參閱表3-4-1）[459]

---

457 潤，〈台灣工業的全貌（上）——民變的基本原因〉，《工商新聞》，南京，第21期，1947年3月24日，第2版。

458 潤，〈台灣工業的全貌（下）——民變的基本原因〉，《工商新聞》，南京，第22期，1947年3月31日，第3版。

459 許汝鐵，〈台灣工業的生產概況〉，《機聯會刊》，上海，第184期，1946年8月16日，頁8。

表3-4-1　1940年代初日本統治時期台灣各項工業生產量比例

編號	工業類別	百分比	編號	工業類別	百分比	編號	工業類別	百分比
1.	食料品工業	66.9%	4.	雜工業	5.5%	7.	紡織工業	1.6%
2.	化學工業	10.9%	5.	機械工業	4.3%	8.	木材業	1.5%
3.	金屬工業	5.3%	6.	窯業	2.6%	9.	印刷業	1.4%
資料來源：季崇威，〈一年來的中國工業〉，《工商特刊》，上海，第 1 卷第 4、5、6 月合刊，1947 年 1 月 1 日，頁 17。								

　　眾多的工業項目中，台灣肥料工業的發展，似乎受到雜誌記者的重視。日治時期台灣肥料工業有2個組織，一是1910年創立的台灣肥料株式會社，二是1935年創立的台灣電化株式會社。前者設有基隆、高雄二工廠，利用硫鐵礦製造硫酸，再用硫酸與磷礦石製造磷酸鈣，後者利用焦碳石灰製造電石，藉液化空氣設備製造氮氣，再將氮氣與電石合製氫碳化鈣。除了基隆設有電化工廠外，宜蘭羅東設有分廠專製電石，並在宜蘭蘇澳設有石灰石礦廠。[460]從表3-4-2來看，磷肥是台灣肥料重點產品，最高產量是1937年24,771噸。

表3-4-2　1935至1945年台灣磷肥與氮肥產料數據

磷肥生產量數據				氮肥生產量數據			
年代	產量	年代	產量	年代	產量	年代	產量
1935	17,421 噸	1941	17,482 噸	1935	—	1941	11,965 噸
1936	22,522 噸	1942	18,077 噸	1936	11 噸	1942	10,428 噸
1937	24,771 噸	1943	25,449 噸	1937	8,346 噸	1943	11,745 噸
1938	20,014 噸	1944	8,389 噸	1938	4,857 噸	1944	3,111 噸
1939	22,320 噸	1945	400 噸	1939	8,998 噸	1945	227 噸
1940	21,785 噸	—	—	1940	11,290 噸	—	—
資料來源：本社，〈台灣肥料工業概況〉，《中華工程週報》，南京，第 14 期，1947 年 8 月 2 日，第二版。							

　　煉鋁也有報導。台灣高雄鋁廠的前身為日本鋁株式會社，分別由三井、三菱、住友、古河與台灣電力株式會社共同投資，資本額6,000萬

---

460 本社，〈台灣肥料工業概況〉，《中華工程週報》，南京，第 14 期，1947 年 8 月 2 日，第二版。

日元。除了高雄之外，花蓮也設立一座鋁廠。日治高雄鋁廠一年最高產量，鋁氧42,000噸、鋁錠15,000噸，花蓮廠一年最高產量9,000噸。第二次世界大戰日本人為應付戰爭需求，大力建設煉鋁工業。除了高雄鋁廠外，還有中國山東張店的鋁廠、遼寧的滿洲輕金屬株式會社、朝鮮半島的朝鮮輕金屬株式會社。二戰結束之後，國共內戰的戰火緊接而起，山東與東北的鋁廠很快被破壞。朝鮮鋁廠不屬於中國，只剩下台灣高雄的鋁廠，為國民政府控制的唯一鋁廠。[461]

紡織工業仍被批評為幼稚。日治時期依其殖民政策，榨取台灣出產原料與半成品，運回日本加工後再運往台灣，使得台灣人民需要的布料都要仰賴日本。直到太平洋戰爭爆發，日本人考慮航運受阻，才有日本吳羽紡績株式會社拆運舊式紗錠2萬枚、織機535部運台，成立台灣紡績株式會社。不過台灣的蔴織工業很有歷史，採用原料多為亞蔴、黃蔴、苧蔴。1906年日本人組織台灣製蔴株式會社，開始生產蔴袋。1934年再設立台南製蔴株式會社。總計二會社擁有工廠紡錠4,700枚、蔴織機212架。估計日夜開工20小時，可以年產蔴袋500萬只、蔴絲10萬公斤。亞蔴與苧蔴紡織始於1935年，日本人在台北設立台灣纖維工業株式會社，並於台北與新竹各設立一座工廠，生產棉與苧蔴、亞蔴混紡物。台北廠原有紡錠5,100枚，可是戰時全部受到炸毀，1945年長官公署接收時只剩新竹廠紡錠600枚。此外還有毛紡織，計有南方纖維株式會社走錠式舊紡機1,500枚、織機20餘架。[462]

貿易的發展上，19世紀末日本統治台灣初期，台灣對外貿易額僅3千多萬日元，嗣後飛躍式成長。1941年太平戰爭時台灣對外貿易額，已經高達14億4千多萬日元。事實上僅台糖在1939年的輸出，就是同年

461 陳世璋，〈台灣之化學工業（續）〉，《化學世界月刊》，上海，第3卷第2期，1948年2月，頁12。

462 弘一，〈台灣省的紡織工業〉，《工商新聞報》，南京，第9期，1946年12月28日，第5版。

中國對外貿易額的70%，價值2億5千萬日元。[463]砂糖的確是台灣對外貿易，最重要的商品。不過砂糖運銷地點，不是只有中國而已。1936至1945年台灣砂糖出口地，以日本排名第一，中國排名第二，香港排名第三。[464]日治時期台灣的工廠數目已有9,000多家，這些工廠就企業型態而言，大部分是個人經營，法人組織極為少數。1942年的調查，法人組織的工業有688家，其中股份公司有472家，兩合公司143家，無限公司39家，有限公司34家。如果以工業種類區分，將股份有限公司的經營以百分比分析，則電氣煤氣工業100%、紡織工業85%、窯業或化學工業80%、金屬工業73%、木製品工業67%、食品工業65%、機械器具57%、印刷業54%。第二次世界大戰結束時，台灣工業總資本額是23億日元。[465]

　　光復以後的態勢，台灣工礦事業接收與國內情形不同，1945年10月至1946年6月處於監理階段。當局僅派員監督各工礦廠商，並責成日人繼續開工。之後陸續由京滬加派技術人員至台灣，接管日人遺留職位。台省主要工礦均交由行政院資源委員會經營，該會已於1946年5月在台成立七大事業機構—台灣電力公司、台灣糖業公司、台灣水泥公司、台灣電化公司、台灣肥料公司、台灣紙業公司、台灣機械造船公司。[466]

　　實際上國民政府接收台灣以後，把日本人遺留的企業、商社，分成三個類別：國營、國省合營、省營繼續經營。其一，國營就是由行政院資源委員會經營，管轄鋁業、金銅、石油。其二，國省合營是由資源委

---

463 朱維清，〈台灣光復後之對外貿易（一）〉，《工商新聞》，南京，第 41 期，1947 年 8 月 11 日，頁 2。

464 台灣糖業公司，〈參考資料〉，《台灣糖業季刊》，台北，第 1 卷第 2 期，1948 年 1 月，頁 246-247。

465 方見惠，〈台灣工業的剖視（二）〉，《工商新聞》，南京，第 56 期，1947 年 11 月 24 日，頁 2。

466 季崇威，〈一年來的中國工業〉，《工商特刊》，頁 13-22。

員會與台灣省行政長官公署合辦，利潤所得資委會得十分之六，長官公
署得十分之四。管轄糖業、肥料、造紙、製鹼、造船、電力、水泥七大
公司。其三，省營即是由台灣省行政長官公署經營，但隸屬於三個不同
單位。專賣局管理的是樟腦、菸草、酒、火柴四個公司。交通處管理的
是航業公司與通運公司。農林處管理的是茶葉、農產、鳳梨、水產。[467]

　　台灣的工業可以與東北媲美，它可以區分為七大項目：製糖工業、
電力事業、化學工業、纖維工業、食品工業、金工與機械業、窰業。日
治台灣製糖產量曾達16,110,119擔，約佔世界生產量16%。電力的發
展，接收前有火力發電廠8座，水力發電廠26座，總發電量340,000瓩。
尤其是日月潭發電廠，工程浩大可以發電80,000瓩。化學工業以肥料為
主，製紙、木炭、植物油、石灰次之，紙廠每日造紙產量可達5噸。纖
維工業主要指的是蔴袋生產，台灣草帽品質可比巴拿馬帽，戰前最高產
值3,330,000美元。食品工業為製茶與鳳梨罐頭。金工與機械業主要是2
座鍊鉛廠、7座煉銅廠、72座機械工廠。窰業主要是煉瓦，其次是水
泥，台灣總共有6座水泥廠。[468]

　　1946年6月台灣所有工礦事業，已經從監理進入接管階段。設有管
理委員會者，包括：糖、電、電冶、石油、肥料、水泥、煤、製鹼、金
銅礦、電工、機械、紙、紡織、化學、油脂、玻璃、印刷、工礦器材、
窰業。其中除一部分國營，或中央與省合營，或地方經營之外，其餘都
出售或出租。當時整個工礦事業以糖業、煤礦、電力最為重要。1946
年上半年，糖業僅生產9萬噸（最高140萬噸），燃煤每月生產9萬噸
（最高每月20萬噸），電力恢復5,200瓩（最高32萬瓩）。其他如肥料
──氮肥生產7,000噸、磷肥生產3,000噸，橡膠每月可以生產卡車用輪
胎2,000條、自行車胎2,000條、膠鞋46,000雙。煉鋼業全部復工，月產

467 梁希，〈日本人在台灣留下的禮物〉，《文匯叢刊》，上海，第6期，1947年9月，頁24-
　　26。
468 王慰曾，〈介紹台灣〉，《太平洋月刊》，北平，第1年第4期，1947年4月，頁46。

100噸鋼鐵。水泥業目前月產8,000噸，造紙業出產洋紙6,000噸、印刷紙1,400噸、紙漿3,600噸。[469]

1946年7月台灣重要產品數量，較上一月增加一倍者有酒精、氧氣、石灰、赤磷、鹽酸、瓷器。產量銳減者有紙張、自行車胎、食用香料、乾電池。營業情況較佳，收支可以平衡者有電力、水泥、製碱、窯業、鐵工、化學、紡織、玻璃、印刷、紙業、工礦器材。其餘七家公司：糖、石油、肥料、煤、金銅礦、機械、紙，苦於營業情況欠佳，或者資金週轉不足。[470]

1947年初行政院資源委員會長錢昌照（1899-1988）在台灣省參議會，報告該會在台灣有關事業情況。內容總共十項：一為煉油設備修復率達90%，本年正月可以煉油16,000桶。二為煉鋁設備在本年10月完成，屆時可以生產鋁錠8,000噸。三為金鋁方面，本年4月可以生產金鋁300噸、沉澱鋁45噸。四為電力事業方面，接收時是42,000瓩，現在是183,000瓩。五為糖業方面，接收後毫無生產，本年可以生產蔗糖100,000噸。六為肥料方面，現在磷肥可以生產25,000噸，氮肥可以生產9,600噸。七為製碱方面，主要為燒碱、漂白粉、鹽酸，將來擬用日賠機器投入生產。八為水泥方面，高雄水泥廠月產11,000噸，蘇澳水泥廠4,000噸，竹東水泥廠1,000噸。九為紙業方面，本年預計可以生產紙42噸、紙漿35噸。十為機器造船方面，擬將來可以製造3,000至5,000噸船隻。[471]錢氏的報告內容，可以視為國府來台接收後的總帳。不過還有一項接收清查也很重要，1947年7月台灣省日產處理委員會，已經工作一年四個月，最後完成接收日產的總報告書。據悉接收在台日產為

---

469 本社，〈工商動態——台灣的工礦事業現況〉，《化學世界半月刊》，上海，第1卷第3期，1946年6月1日，頁15。

470 本社，〈台灣工礦業概況〉，《化學世界半月刊》，上海，第1卷第10期，1946年9月16日，頁14。

471 彬如，〈新聞點滴——台省工業漸復舊觀〉，《中國工程師學會武漢分會會刊——工程》，武漢，第3、4期合訂本，1947年4月，頁264。

15,665,351,808日元,包括房屋31,886棟、倉庫1,014座、船舶1,124
艘、車輛49,959部、機器設備434,018,289日元、原料及物品
903,413,568日元。[472]

此外1947年還有幾項數據,大陸記者顯得十分有興趣。從表3-4-3
來看,當時台灣工礦產能被做一調查,編號1至7都是與能源有關,真
正的產業是編號8至12的糖業、紙業、水泥與鉛,可見得在報導人眼
中,這四項都是光復後台灣最重要的產業項目。

表3-4-3 1947年台灣工礦產能數量

編號	工礦項目	最高能量或年產量	編號	工礦項目	最高能量或年產量
1.	火力發電	270,000 千瓩	7.	其他燃料	18,000,000 加侖
2.	水力發電	50,000 千瓩	8.	糖業	300,000 公噸
3.	煤	917,000 公噸	9.	紙業(紙張)	8,700 公噸
4.	汽油	6,000,000 加侖	10.	紙業(紙板)	5,800 公噸
5.	煤油	4,000,000 加侖	11.	水泥	200,000 公噸
6.	柴油	400,000 加侖	12.	鉛	4,000 公噸

資料來源:祝百英,〈一年來工礦業之境遇〉,《工礦建設》,上海,第 1 卷第 8、9 期合刊,1948
年 2 月,頁 3。

表3-4-4 1947年台灣農林漁工業生產量

編號	種類	數目	編號	種類	數目	編號	種類	數目
1.	稻米	10,000,000 擔	2.	甘蔗	23,000,000 擔	3.	番薯	2,870,000,000 斤
4.	香蕉	330,000,000 斤	5.	茶葉	22,000,000 斤	6.	鳳梨	116,000,000 個
7.	落花生	540,000 擔	8.	柑橘	60,000,000 斤	9.	雜糧	108,000 擔
10.	咖啡	76,000 斤	11.	煙葉	4,800,000 斤	12.	樹薯	150,000 斤
13.	蔴	18,000,000 斤	14.	鹽	290,000,000 噸	15.	漁產	130,000,000 元
16.	煤	2,800,000 噸	17.	林木	81,400,000 石	18.	輕重工業	12,000 個工廠
19.	電力	22 萬瓩	20.	公路	16,700 餘公里	21.	商港	3 個

資料來源:蔣國楷,〈台灣工鑛業及其五大試驗所(一)〉,《公理報五日刊》,台北,創刊號,
1948 年 4 月 1 日,頁 12。

---

472 本社,〈工業與資源——台接收日資產 156 億日元〉,《中華工程週報》,南京,第 12 期,
1947 年 7 月 14 日,第四版。

　　表3-4-4亦是1947年的數據，僅顯示台灣農、林、漁、工業，或是公路、港口等基礎建設的成果。台灣的礦物可以分為金屬類、非金屬類、煤炭、石油四大類。金屬礦分佈在北部與東部，非金屬礦分佈在全省，煤炭分佈在北部與中部，石油分佈在南部。光復以後政府為整理全省礦權，訂定辦法令人民限期登記。1946年7月統計數字已申請的礦區總計有826個。[473]同年行政院經濟部調查全國礦產蘊藏量，屬於台灣省部分有煤礦4,200,000噸、鐵8,000噸、銅27,000噸、錳300,000噸、硫5,300,000噸。[474]

　　1948年10月26至29日中國工程師學會第15屆年會在台北召開，與會1,500餘人創下歷年的新記錄。會議成果主要是將台灣訪查所得彙整成報告，再交由專家制定開發工作，綜合成一建設大台灣的計畫。[475]1949年3月17日行政院資源委員會總工程師張光斗（1912-2013），在水力工程學會舉辦的演講中提到，除東北外台灣為全國電力設備最充沛之區。[476]因此我們可以了解，不管是台灣省行政長官公署，亦或是改制成的台灣省政府，或者是行政院資源委員會。台灣都是一個可以放開手腳，大刀闊斧重新建設的地方。問題是要如何的建設？台灣的國營事業有中國石油公司台灣分公司、金銅礦物局、鋁業公司。國省合營有台灣糖業公司、電力公司、肥料公司、水泥公司、鹼業公司、紙業公司、造船公司、機械公司。省營事業有煤礦、鋼鐵機械、紡

473 李振業，〈台灣經濟鳥瞰：中山大學台灣經濟攷察團報告之一〉，《經濟建設》，廣州，第3卷第3期，1948年9月，頁24-25。

474 經濟部統計處，〈礦業類——表25 全國主要礦儲量〉，《經濟統計月報》，南京，第1期，1946年12月，無頁碼。

475 方柏容，〈獻給中國的工程師們——特別是獻給參加過台灣年會的〉，《紡織建設月刊》，上海，第1卷第12期，1948年11月15日，頁3-4。

476 張光斗先生講，電機會學術股記錄，《中國水力發電事業》，《交大週刊》，上海，復刊第59期，1949年3月30日。

織、陶業、電工、油脂、玻璃、橡膠、樟腦、菸酒、醫療藥品等。[477]對於他們來說，把接收的會社與工廠進行重整，應該是當務之急的工作。[478]

2.光復後農、林、畜加工業——糖業、樟腦、製革

　　台灣是中國版圖最甜蜜的一塊領土，如果像古巴和爪哇一樣，甘蔗產量之大被譽為「世界的糖罐子」，那麼台灣也可被稱為「我們的糖罐子」。日本統治時期台灣糖業發展有三大特色——甘蔗栽培面積擴大、甘蔗品種的改良、製糖設備現代化與技術提升。[479]這就是當時對台糖的看法，可以說台灣光復以後，為中國的糖業就開創新紀元。[480]不過台灣新式糖業是日本人建立，不論在學術、技術、產量上，都有非常顯著的成績，值得中國人學習。勝利後政府接收所有敵產事業中，台糖公司僅次於上海中國紡織建設公司之最大生產事業。對於台糖的接收有監理、接管二步驟，並在1946年5月正式成立台灣糖業公司。新公司仍按原有系統分成四區，同時將一地二廠合併，最後成為擁有36個糖廠的規模（參閱表3-4-5、3-4-6、3-4-7）。[481]

---

477 陳景美，〈參加本屆工程師學會感想〉，《紡織建設月刊》，上海，第2卷第1期，1948年12月15日，頁103-104。

478 行政院經濟部工廠登記之工業分類：水電煤氣工業、冶煉工業、金屬品工業、機器工業、電器工業、木材處理工業、土石品工業、化學工業、飲食品工業、紡織工業、服飾品工業、木竹藤草器工業、交通用具工業、文化工業、軍械工業。參閱宋梯雲，〈工業分類之商榷〉，《公益工商通訊》，上海，第2卷第11期，1948年3月15日，頁3-6。

479 陳子文，〈台灣：我們的糖罐子〉，《中堅月刊》，上海，創刊號，1946年1月，頁41-46。

480 楊乃藩、葉于鎬，〈台糖〉，《科學畫報月刊》，上海，第14卷第6期，1948年6月，頁332。

481 陳世璋，〈台灣之化學工業〉，《化學世界月刊》，上海，第3卷第1期，1948年1月，頁9。

表3-4-5　1946年台糖公司各廠生產量

編號	公司名稱	原有名稱	工廠	每日榨蔗能力	酒精廠	酒精每日產量	糖鐵里程
1.	第1區分公司	日糖興業株式會社	13	22,450 噸	4	153 千升	1,157 公里
2.	第2區分公司	台灣製糖株式會社	10	15,950 噸	2	87 千升	761 公里
3.	第3區分公司	明治製糖株式會社	8	16,400 噸	6	119 千升	641 公里
4.	第4區分公司	鹽水港製糖株式會社	5	10,200 噸	3	56 千升	439 公里
合計		—	36	65,000 噸	15	415 千升	2,998 公里

資料來源：陳世璋，〈台灣之化學工業〉，《化學世界月刊》，上海，第3卷第1期，1948年1月，頁9。

表3-4-6　光復後台糖四個區分公司所轄糖廠

第一區分公司（13 個糖廠）						
虎尾糖廠	龍巖糖廠	北港糖廠	大林糖廠	斗六糖廠	竹山糖廠	台中糖廠
潭子糖廠	烏日糖廠	彰化糖廠	苗栗糖廠	月眉糖廠	新竹糖廠	
第二區分公司（10 個糖廠）						
屏東糖廠	橋仔頭糖廠	車路墘糖廠	灣裡糖廠	三崁店糖廠	旗尾糖廠	恆春糖廠
東港糖廠	後壁林糖廠	埔里社糖廠				
第三區分公司（8 個糖廠）						
總爺糖廠	蕭　糖廠	蒜頭糖廠	南靖糖廠	烏樹林糖廠	南投糖廠	台東糖廠
溪湖糖廠						
第四區分公司（5 個糖廠）						
新營糖廠	岸內糖廠	溪州糖廠	花蓮港糖廠	玉井糖廠		

資料來源：本公司經濟研究室，〈光復以來之台灣糖業〉，《台灣糖業季刊》，台北，創刊號，
1947 年 10 月，頁 234。

表3-4-7　1946年台糖公司各分公司設備

台糖各分公司	壓榨機	蒸汽機	加熱機	壓濾機	蒸發機	結晶機	分蜜機	發電機	蒸餾機	發酵槽	倉庫
第1區分公司	79	120	120	199	117	90	464	52	13	119	319
第2區分公司	56	61	50	120	47	89	337	31	2	57	298
第3區分公司	34	60	23	107	58	75	217	15	10	136	200
第4區分公司	28	54	30	103	28	50	173	15	5	69	158
合計	197	295	223	529	250	304	1,191	113	30	381	975

資料來源：陳世璋，〈台灣之化學工業〉，《化學世界月刊》，上海，第3卷第1期，1948年1月，
頁 10。

　　從上面3個表格來看，可以知道台灣糖業，由日人經營數十年才發達。主要公司有日糖興業（原大日本製糖）、台灣製糖、明治製糖、鹽水港製糖。原本共有糖廠42個，自設農場，農田達200萬畝，並有運蔗鐵路2,500餘公里。1940年台糖產量達到高峰為140萬噸，戰時被轟炸損失嚴重，1946年產量僅30萬噸。嗣後又因糧食缺乏，蔗田改種稻米，導致蔗田面積銳減。1946年12月陸續有17座糖廠開工，直到1947年4月總共製糖9萬噸。[482]

　　戰前中國的蔗糖進口多半來自爪哇，全年食用蔗糖、甜菜糖的數量總合不到100萬噸。日本統治台灣時期，年產蔗糖平均在80萬至150萬噸之間。台灣光復以後一省所產之糖，足夠全國食用矣。不過太平洋戰爭時，台灣糖廠受到轟炸破壞甚大，使得復員期間產糖不如以往。因此台灣執行五年計畫，預期第一年產糖3萬噸，第二年產糖30萬噸，第三年產糖50萬噸，第四年產糖75萬噸（有云60萬噸），第五年產糖100萬噸（有云80萬噸）。100萬噸的意義為何？當時全中國一年產糖1,250,000噸，台灣的產量佔全國五分之四。[483]

　　台灣糖廠製糖方法有三種：一為碳酸法，約有半數以上糖廠使用；二為亞硫酸法約有三分之一糖廠使用，三為石灰清淨法，剩下的糖廠使用。[484]石灰清淨法是製造粗糖之用，碳酸法或亞硫酸法是用以製造耕地白糖、精煉製糖。[485]其中虎尾糖廠壓榨甘蔗能力最強，每日可以壓榨4,900噸；竹山糖廠能力最弱，每日僅可以壓榨600噸。可是從產糖能力來看卻不一定，以1945年下半年至1946年全年為例，產糖量最大的前五名糖廠，分別是龍巖糖廠8,027噸、新營糖廠7,507噸、蕭壠糖廠

---

482 本社，〈台灣糖業現況〉，《化學世界半月刊》，上海，第1卷第4期，1946年6月16日，頁11。

483 中國製糖技術協會，〈戰後全國製糖工業的五年計劃〉，《台灣糖業季刊》，台北，創刊號，1947年10月，頁1-4。

484 楊乃藩、葉于鎬，〈台糖〉，《科學畫報月刊》，頁334-337。

485 繼雲，〈台灣蔗糖製造法〉，《藝文畫報》，上海，第2卷第3期，1947年9月，頁12。

7,337噸、虎尾糖廠6,788噸、蒜頭糖廠6,717噸。[486]

1947年台糖公司各廠次第開工,需要技術員工日眾,正值暑假將屆,各大學學生畢業之際,該公司向國內著名大學物色人才。總計需要機械工程人員40名,電機工程人員40名,化學工程人員40名,土木工程人員20名,經濟會計40名,農科人員80名,運輸管理80名,總共達340名之多。[487]同年台糖生產現因蔗田增加,已達88,000餘甲,預料可將生產預定目標增加二成。[488]台糖公司能夠短時間內重建,有幾項措施值得留意,包括:光復後台糖公司重建廠房,獎勵甘蔗種植、擴大蔗田面積,穩定原料供應來源之餘,也有幾項振興糖業措施值得注意。其一,大量農業貸款給蔗農,截至1947年6月底止,農貸金額台幣670,000,000餘元。期待1950至1951年,台糖能夠增產88萬噸。[489]附帶一提的是台灣糖業公司台中糖廠附設植物殺蟲劑製造廠,生產出可以與美國DDT相媲美的農藥。原料是一種植物「蒂利斯」(Derris),原產地是婆羅洲、爪哇、蘇門答臘。1927年日本自新加坡引進台灣栽種,推廣種植並設立工廠製造,專門用來對付蚜蟲與白蟻。有趣的是光復以後,此產品被譯為「滴了死」,每磅售價台幣20元。[490]

台灣糖業公司歷經二年來積極整理修復,原有糖廠都已經開工。種蔗面積也由30,000甲增至88,000餘甲,1948年可望再增加種蔗面積。1947年台糖預計可以生產30萬噸。又該公司以殘蔗為甘蔗接苗後的殘留物,過去皆不利用,因為收集所需人工費用太大。當時酒類價格高

---

486 本公司經濟研究室,〈光復以來之台灣糖業〉,《台灣糖業季刊》,台北,創刊號,1947年10月,頁252、256。

487 本社,〈台糖公司遴選大批技術員〉,《中華工程週報》,南京,第10期,1947年6月30日,第四版。

488 本社,〈工商要聞——台糖增產〉,《化學世界半月刊》,上海,第2卷第7期,1947年7月5日,頁33。

489 陳世璋,〈台灣之化學工業〉,《化學世界月刊》,頁10。

490 周文德,〈台灣產殺蟲新劑——「滴了死」〉,《科學畫報月刊》,上海,第13卷第3期,1947年3月,頁160。

昂,利用該項物資製造酒精非常划算。該公司所屬第三分公司已經試煉,本年約可煉得80,000加侖酒精,其他各廠亦將殘蔗煉製酒精。[491]從下表3-4-8來看,1948年台灣酒精的製造量,雄冠各地酒精製造廠數倍。最驚人的是1948年,中國各地酒精廠製造量總合為2,500加侖,還不及台灣的二分之一。

表3-4-8 1948年中國各廠酒精產量

編號	廠 名	1948 年每月產量	最高每月產量
1.	上海浦東中國酒精廠	—	210,000 加侖
2.	上海同濟酒精廠	25,000 加侖	36,000 加侖
3.	上海華星化工廠	—	30,000 加侖
4.	上海美利化工廠	—	36,000 加侖
5.	上海遠東酒精廠	25,000 加侖	30,000 加侖
6.	台灣糖業公司	700,000 加侖	2,500,000 加侖
7.	重慶各酒精廠	200,000 加侖	30,000 加侖
資料來源:楊乃藩,〈從糖蜜做酒精〉,《科學大眾》,上海,第 4 卷第 4 期,1948 年 7 月。			

1948年初台灣糖業公司所屬36個糖廠,除了恆春一廠尚在修復外,其餘35個廠均已開工。[492]1948年度台糖擬擴充植蔗面積11萬8千甲,所需肥料8萬公噸。已設法向國、內外購買,該公司之前向蘇聯採購硫酸氫25,000噸,不久將陸續運台。[493]大陸的記者對於光復後台灣糖業的發展,有相當大的興趣。特別是台灣新式的糖廠設備,都是各省少有。以第3區分公司新營糖廠為例,介紹該廠每日榨蔗量為60萬斤,甘蔗每100斤產糖11至14斤(照片3-4-1)。蔗渣24斤,渣中含水39%、糖1.5%、灰份10%,其餘是雜質,可以製成紙板或燃燒鍋爐,熱量為煤

---

491 本社,〈工礦要訊——台糖增產〉,《化學世界半月刊》,上海,第 2 卷第 12 期,1947 年 12 月 5 日,頁 31。

492 本社,〈台灣糖廠全部開工製糖〉,《中國工程週報》,南京,第 31 期,1948 年 2 月 23 日,頁 8。

493 本社,〈台糖增產首需肥料〉,《中華工程週報》,南京,第 10 期,1947 年 6 月 30 日,第四版。

的40%。[494]當然台糖的副產品：「滴了死」農藥，想必還是持續生產。不過行政院善後救濟事業委員會，計畫在台灣興辦一座DDT工廠，希望隔年可以開始生產DDT農藥。工廠的機械全套來自美國，製造的原料除了氯氣、水電，由台灣鹼業公司和台灣電力公司提供外，其餘都是從美國運來。[495]透過上述可知，光復後台灣工業的復甦就是先從糖業開始。

照片3-4-1【台灣糖廠壓榨甘蔗的機器】

至於樟腦工業，台灣省樟腦局工廠使用原料：樟樹，不是自己砍伐，也不是向盤商收購。而是購買農民自己煉製的樟油，再運回工廠提煉高純度樟腦油。其成品的含樟量高達99.7%。1948年生產900噸樟腦油，大部分都賣往英國。另外提煉的副產品——白油、芳油、赤油，則銷往上海成為香水、肥皂的原料。美國的化學合成樟腦廠，一年可以生產1,500噸。雖然產量比台灣為多，但是台灣的樟腦都是天然，在世界

494 陳調甫，〈重入慈母懷抱的小弟弟：台灣（四）——三十七年二月二十日在塘沽的演辭〉，《海王旬刊》，南京，第 20 年第 29 期，1948 年 6 月 30 日，頁 458。

495 本社，〈工礦要訊——高雄設 DDT 廠〉，《化學世界月刊》，上海，第 3 卷第 2 期，1948 年 2 月，頁 29。

上仍有一定的地位。光復初期外省人士看台灣的樟腦工業相當特殊，因為台灣的工業60%以上都是農產品加工。之前日本人對台灣工業的建設，以殖民地依存性工業為主。一切的生產須看日本本土的需求，尤其是鋼鐵、機械，均限制發展。只有樟腦的生產，從原料到成品，台灣自己可以完成一個體系。[496]

　　全台唯一公營的樟腦工廠——台北市南門樟腦工廠，佔地3.35甲，接收後的職工200餘名，機械設備擁有每小時可以蒸餾600公斤，以及240公斤的的蒸餾器各一具。日治產量最高可達8,000噸，然美國Dupone公司以松節油為燃料，研發提煉合成樟腦產量頗豐，天然樟腦出路頗為苦悶。[497]不過樟腦工廠提煉粗腦為精製樟腦，成品百分比包括：再製樟腦46.8%、白油18.2%、芳油9.1%、粗Turpenol2%、紅油17.4%、藍油1.2%、瀝青2.3%、損失3%。近年來人造樟腦雖有取代自然樟腦的趨勢，幸好印度人信仰虔誠，必用自然樟腦供奉給神明，故台灣樟腦銷售市場不致全盤萎縮。[498]

　　製革工業方面，本文僅找到一篇大陸雜誌的報導。台灣畜產公司台北第一製革廠，位於台北縣士林鎮。日治規模已經不小，專門製造麂皮以供航空隊使用。整個製革的程序為裏漉→脫灰軟化→淨面→浸酸→製鞣→水洗→中和→水洗→染色→加油→乾燥→加濕→揉軟→堆置→打光→成品。製革廠的成品，包括：鉻揉的黃牛面皮、單甯揉的鮫魚革、混合單甯揉的豚革、羚羊皮、銀色牛皮甲、錫揉的白色豚手套革。然而光復的台灣製革仍有陰影，因為最重要的原料——牛皮與豬皮不多，而且揉皮用的單甯（Tannin）也缺乏。該廠每月只能生產皮革6,000張，跟

---

496 陳㳘文，〈台灣雜寫〉，《海王旬刊》，南京，第20年第35期，1948年8月30日，頁556。

497 黃鎮中，〈台灣樟腦的製法〉，《經濟專報週刊》，香港，第1期，1947年1月1日，頁27。

498 陳調甫，〈重入慈母懷抱的小弟弟：台灣（五）——三十七年二月二十日在塘沽的演辭〉，《海王旬刊》，南京，第20年第30期，1948年7月10日，頁474。

全盛時期1943年每月生產30,000多張相比，實在有一大段差距。[499]

3.光復後輕工業——橡膠、玻璃、造紙、紡織

　　台灣是不出產橡膠的地方，原料都要仰賴東南亞進口。全台最重要的橡膠廠，位於台北縣汐止鎮的台灣工礦股份有公司橡膠廠。該廠創立於1941年，為日本進攻南洋重要的軍事補給廠，專門生產汽車輪胎、雨鞋、膠鞋。光復後被台灣省行政長官公署接收，分設五個部門繼續生產。首先由第四廠進行「鍊膠」，將生膠加硫混合其他藥劑，使其穩定後送入第三廠。第三廠負責「成形」，製成輪胎或鞋底的雛形，再分送第一廠製成鞋子，或第二廠製成輪胎。該廠每月生產汽車輪胎20根，不足提供台北的需要，遑論其他地區。鞋子都是日本舊式鞋模，生產後亦無法外銷，只能賣入台灣鄉間。[500]

　　最有趣的是台灣的玻璃工業，它的評價非常兩極，看得出外省記者對台灣工業報導的好惡。有云台灣的玻璃工業很進步，可以製造日常應用，以及科學、化學的儀器。包括：二十吋直徑的大水槽、20,000C.C.的大燒瓶、醫療用的大小注射器、各種管瓶與熱水瓶、碟杯碗都可以製造。[501]可是也有人認為在日本投降之前，台灣僅有玻璃工廠14個。它們不但都是小廠，而且出產的製品都是低級，如玻璃瓶、藥瓶之類。使得每年玻璃銷量的二分之一，必須購自日本。事實上台灣自行生產玻璃不是難事，因為有充足的原料——矽土、石灰石、煤、天然氣、碳酸鈉。光復後台灣省行政長官公署工礦處，先組織輕工業監理委員會，並派陳尚文（1887-1969）監理負責。隨後組織台灣玻璃業接管委員會，

---

499 錢江，〈台灣的製革工業——台北第一製革廠訪問記〉，《工商新聞》，南京，第56期，1947年11月24日。

500 陳宓文，〈台灣雜寫〉，《海王旬刊》，頁556。

501 碧霞，〈工商報導——台灣工業的側影〉，《工商新聞》，南京，第12期，1947年1月20日，第3版。

仍由陳尚文擔任主任委員。1946年3月18日開始接收日本遺留的8個會社與9個工廠。同年9月1日整合所有會社與工廠，成立台灣玻璃工業有限公司，仍由陳尚文擔任總經理。光復後台灣玻璃工業前景看好，就新竹縣境來說，矽土蘊藏量達2萬噸以上，每年可以生產50萬箱的玻璃板。台玻公司研究之後，決定每年生產3,000箱玻璃板，等到新購得美國機器裝上生產線，將要大幅增產每年製造玻璃板50萬箱。[502]

戰前中國與台灣都沒有製造玻璃板的工廠，戰後重建許多公私建築都燬於戰火，玻璃板需求量大增。1946年底台灣玻璃公司採用LOBBLE方法試驗，並向美國訂購新式機器，預計投入生產線，每年可以製成玻璃板達50萬箱。除了供本省之用外，也可以銷往大陸。不過玻璃板廠設備需花費美金100萬元，折合台幣2,200萬元，可謂大手筆投資。[503]由於耗費金額太大，加上新竹的玻璃工廠停工許久，使得台灣省政府決定向行政院救濟總署請求援助，以便恢復生產。[504]

造紙工業方面，全國造紙工業有基礎者，只有台灣與東北兩處。[505]中國的造紙工業在抗戰前非常落後，只能自行製造粗糙的紙張，其餘都要向國外進口。直到抗戰勝利後，中國的輕工業才有造紙部門。日本在台灣、遼寧、天津設有龐大的紙廠，政府接收之後，遂有了造紙工業。然而遼寧、天津的紙廠，身陷於國共戰火之中，只有台灣的造紙工廠可以復員。[506]光復後經濟部資源委員會、台灣省行政長官公署，共同接收台灣的紙廠並成立國省合營的企業——台灣紙業公司。

---

502 姚犘，〈台灣玻璃工業的搖籃——記台灣玻璃工業有限公司〉，《工商新聞》，南京，第51期，1947年10月20日，頁4-5。

503 台灣航訊，〈台灣製玻璃板〉，《工商新聞》，南京，第16期，1947年2月17日，第4版。

504 本社，〈工商要聞——台紙漿廠開工〉，《化學世界半月刊》，上海，第2卷第7期，1947年7月5日，頁33。

505 陳駒聲講，周洵鈞摘錄，〈上海化學工業近況〉，《化學通訊》，南京，第13卷第1、2期合刊，1948年5月30日，頁19。

506 齊，〈台灣的造紙工業〉，《工商新聞》，南京，第86期，1948年6月21日，頁6。

表3-4-9　光復後台灣紙業公司各廠產量

廠別	原名稱	廠址	主要原料	造紙法	出品種類	每日生產力
台北廠	台灣興業株式會社	台北縣羅東區	木材、桂竹	亞硫酸鈣蒸煮法	道林紙、印刷紙、報紙、包裝紙、捲菸紙、圖畫紙、有光紙、平板證券紙、皺紋紙	7噸
台中廠	台灣紙漿工業株式會社	台中縣大甲區大肚鄉	蔗渣、桂竹月桃、芭蕉	亞硫酸鈣蒸煮法	模造紙、印書紙、毛道林紙、包裝紙、圖畫紙、灰色防潮紙	模造紙5噸
台南廠	鹽水港紙漿工業株式會社	台南縣新營區新營鎮	木材、蔗渣	亞硫酸鈣蒸煮法	蔗板	蔗板200張
高雄廠	東亞製紙株式會社	高雄縣鳳山區小港鄉	蔗渣、芭蕉稻草、鬼萱	燒鹼蒸煮法	水泥袋紙	紙漿444噸
士林廠	台灣製紙株式會社	台北縣士林鎮	紙屑、稻草香水草	燒鹼蒸煮法	褐、白、灰、黃色紙板、屋頂紙板、車票紙板、皮革紙板、高極白、褐色紙板	932噸
林田山管理處	台灣興業林田山事業所	花蓮縣鳳林鎮	森林	伐木	原木、建築木材	原木23,907石材木5,149石

資料來源：陳世璋，〈台灣之化學工業（續完）〉，《化學世界月刊》，上海，第3卷第3期，1948年3月，頁10。

　　從表3-4-9來看，台灣紙業公司有5個紙廠與林田山管理處。事實是台灣造紙廠的規模都比大陸宏大，以規模最大的台北（羅東）造紙廠為例，其設備包括：備料工廠設有帶鋸、橫鋸、削片、壓碎機全套，硫磺燃燒爐、冷卻器、吸收塔，每日可以製酸400立方公尺。製漿工廠有蒸煮鍋、循環泵、回收氣體冷卻器，每次平均蒸煮25個小時，可得化學木漿250至300噸。調節器、分散機、沉砂溝，進行去節、平篩、濃縮、儲漿、儲粕，平篩機總共24台，最高一天可以處理70,000磅木漿。另有磨木、粗篩、細篩、濃縮、精製、濕紙等機器，濕紙機每日可以抄漿6,000磅。再有漂白、漂漿、濃縮、打漿、儲漿機，每日能打道林紙

45,000磅、新聞紙70,000磅。最後再送入抄紙機、烘缸機、切紙機、捲紙機、熱風機處理，紙張即製作完畢。[507]

　　1947年4月台灣紙業公司台南廠，早經修理完工且多日試車運轉良好，準備隔月就要開始量產。該公司所屬高雄紙廠，也預計在同年5月試車，估計二廠開工後所生產紙張，可以運銷到國內以濟紙荒。[508]其中台南紙廠開工後，估計每天可以生產紙漿50噸。該廠除用蔗渣造紙外，也用竹片屑製造。[509]再根據報導，台灣紙業公司所屬羅東、二結、士林紙廠，現在每日生產新聞紙與廉價紙總共20噸，幣紙、郵電、繪圖、書寫用紙總共20噸，道林紙、彩色圖紙、水泥袋紙總共8噸，打字、複寫、包裝紙總共2噸，捲菸紙2噸。其中羅東紙廠專門生產新聞紙，當時亦決定開放酌收民股。[510]

　　事實上光復之初，台灣有民營紙廠20餘家，但不及資源委員會與長官公署合辦的台紙公司來得重要。1947年5月台灣紙業公司成立後，據估計總資產有800億到1,000億台幣。該公司下轄5個廠，各情況分述如下：

　　台北廠在宜蘭羅東，日治稱羅東台灣興業株式會社，每日造紙能力為48噸。有闊120吋造紙機2部，產品種類有道林紙、鈔票紙、紙菸紙。1948年1至5月總共產紙1,091噸。

　　士林廠在台北縣士林，日治稱台灣製紙會社，專製紙板，每日產紙20噸，1948年1至5月總共產紙1,751噸。

　　台中廠在台中縣大肚，專造蔗渣紙漿，每日產紙50噸。不過當時

507 陳世璋，〈台灣之化學工業（續完）〉，《化學世界月刊》，上海，第3卷第3期，1948年3月，頁10。

508 本社，〈台灣紙業公司開工〉，《中華工程週報》，南京，第10期，1947年6月30日，第四版。

509 本社，〈工商要聞——台紙漿廠開工〉，《化學世界半月刊》，上海，第2卷第7期，1947年7月5日，頁33。

510 本社，〈工礦要訊——台紙產量〉，《化學世界半月刊》，上海，第2卷第9期，1947年9月5日，頁33。

蔗渣不易取得，遂改竹子、香水草、鬼萱草造紙。生產紙製水泥袋、香菸殼、道林紙。1948年1至5月總共產紙626噸。

高雄廠在高雄縣小港，1948年4月才試車運轉，每日生產牛皮紙、水泥袋紙10噸。

台南廠在台南縣新營，日治稱鹽水港紙漿會社，每日生產紙漿100噸，為中國最大的紙漿廠。1948年1至5月總共生產蔗渣板70,988張。

長官公署工礦處長包可永樂觀地表示，台灣木材、糖產均豐，紙漿原料供應沒有問題。1948年蔗糖產量可達40萬噸（實際30萬噸），蔗渣供應相當可觀。不過蔗渣纖維短，用來製紙需摻以長纖維，此點台灣紙廠有非常豐富的經驗，可以提供給川、閩、粵、贛產糖省份參考。1948年1至5月台灣外銷紙張所得約台幣2億元，運至上海的紙板、道林紙所得約法幣2億元。台灣不啻為中國紙業的生力軍。[511]如果以1948年全年紙張生產量，加上銷售地區來看，下表3-4-10則是難得的數據。

表3-4-10　1948年台灣紙業公司計畫月產數量

名稱	數量	銷京滬	銷華南	銷南洋
新聞紙	200 噸	—	—	—
印刷紙	700 噸	425 噸	100 噸	—
包裝紙	100 噸	30 噸	—	—
袋用紙	200 噸	80 噸	—	—
黃紙板	400 噸	150 噸	50 噸	100 噸
白紙板	200 噸	150 噸	—	—
紙漿	1,250 噸	900 噸	—	—

資料來源：宋彥科，〈紙及製紙工業（續完）〉，《公益工商通訊》，上海，第 2 卷第 3 期，1947年 11 月 15 日，頁 11。

1948年底盛產木材的台灣卻鬧木材荒，林業行政與交通運輸單位難辭其咎。台中、新竹、宜蘭一帶盛產桂竹，市場價格竹子竟貴於木

---

511 宋彥科，〈紙及製紙工業（續完）〉，《公益工商通訊》，上海，第 2 卷第 3 期，1947 年 11 月 15 日，頁 9-11、17。

材，可是產地竹子的價格只有木材的三分之一。台北紙廠利用原木漿機加入亞硫酸鈣液，加入微量碱性物質，並在攝氏140度下蒸煮12個小時，製出品質優於木漿的紙張。[512]光復初期的台灣紙業，在國內佔有重要的地位。以紙漿製造來說，僅東北有能力可以相埒。其中以台中紙廠製紙的品質最佳，所製毛道林紙色澤純白、質地堅硬，實為接收人員的貢獻。日本宣傳「中國人無能」、「中國人無工廠、無技術人員」之惡毒宣傳，遂不攻自破。[513]

紡織工業方面，該工業不是台灣的強項，但是大陸的雜誌報導頗多。1945年政府接收台灣的棉蔴紡織業會社，總共有16個單位。其中台灣纖維工業株式會社、台南製蔴株式會社、帝國纖維株式會社、新竹紡織株式會社、台灣織布株式會社、南方纖維株式會社共6家。由於規模較大不宜民營，遂整合共組台灣紡織公司。其餘10家紡織會社，因規模較小適於民營，日產處理委員會接收後評價標售民營。當時省營的台紡公司，轄下紡織廠6所、亞蔴加工工場11所、蠶絲實驗場1所、原蔴推廣處1所。該公司員工總數2,790人，其中工人2,499人，職員291人。[514]

台灣省行政長官接收日本遺留紡織會社，再合併成立台灣紡織股份有限公司。該公司統轄的單位到底有多少？不同文章介紹內容有差異。1946年台紡所轄8處工廠、13處工場。其中專營棉紡織有台中烏日廠，專營棉織為新竹新豐廠，專營毛紡織為彰化廠，專營棉、苧蔴混紡為台北廠，專營黃蔴紡織為台中豐原與台南廠，專營棉絲、毛、苧蔴、亞蔴紡織為新竹廠。所有工廠中以烏日廠規模最大，總共有紡錠20,608枚，織機535架。其次是台北廠，總共有紡機14架、紡錠5,536枚，織機500

---

512 本社，〈工礦新聞──竹漿紙新猷〉，《工礦建設》，上海，第1卷第12期，1948年10月9日，頁32。

513 本社，〈台灣造紙工業〉，《工人週刊》，天津，第21期，1948年8月28日，頁5。

514 華美晚報台北航訊，〈台省紡織業透視〉，《公益工商通訊》，上海，第2卷第4期，1947年11月30日，頁26。

架。[515]

　　台紡公司的主要業務為棉蔴紡織，織布廠需要的棉紗與蔴線，均由紡廠供給，不需向外尋求。棉紗產品以20支紗與16支紗為標準，但棉織品種類不多，產品還是以供應島內為主。蔴織品以蔴袋為最重要，毛紡織因原料缺乏，故產量極少。當時台紡公司的生產量，配合市場需求量仍有一段差距。該公司定下擴建生產的目標：第一與農林處合作，推廣種植原棉，預計1947年要收穫30,000台斤，1948年要收穫100,000台斤以上。第二推廣黃蔴栽種，購買原料無息貸款給農民。第三推廣栽種亞蔴800甲，預計收成「正線」與「粗線」350,000台斤。擴充設備方面，也訂出三點為目標：其一，修整紡錠25,000枚。其二，修理好紡織機1,500台。其三，修理好製造蔴織品與混合織品機270台。預計一年之後台灣可以生產棉紗286,363公斤、布疋1,350,000碼、純蔴織品及各種混合織品368,000碼、蔴袋288,000只。

　　至於本省民營紡織工業，大多集中在中、北部。總計74家紡織廠分佈於：台北市21家、台北縣12家、新竹市5家、新竹縣3家、台中市2家、台中縣9家、彰化市5家、台南市9家、台南縣6家、高雄市1家、高雄縣1家。各廠使用動力，最少者1匹馬力，最多者109匹馬力。普通廠房使用10匹馬力以上，30匹馬力以下的機具。全省民營紡織廠員工總共4,380人，銷售產品總類包括：瓦斯布條、汗衣、棉帶、面巾、襪子、車線、粗布、衛生衣等。[516]民營工廠從紡錠數來看，規模最大的是元茂織布廠15,360枚，其次是蓬萊紡織廠12,800枚。不過從織布數量來看，1947年每月最多的是中南紡織公司150,000碼，其次是國榮行織布廠15,000疋。[517]

---

515 弘一，〈台灣省的紡織工業〉，《工商新聞報》，南京，第9期，1946年12月28日，第五版。

516 華美晚報台北航訊，〈台省紡織業透視〉，《公益工商通訊》，上海，第2卷第4期，1947年11月30日，頁26-27。

517 金霞，〈台灣紡織業〉，《紡織建設月刊》，上海，第1卷第5期，1948年4月15日，頁3-5。

　　上述提到的蘇，在台灣的發展十分重要。所謂的蘇可以分為四種：一曰苧蘇ramie，二曰大蘇或火蘇hemp，三曰亞蘇Flax，四曰榮蘇jute。這四種植物中國都有種植，亞蘇在察哈爾、綏遠，不用纖維加工，用於榨油。大蘇多種於華北，做為衣著原料。榮蘇又稱黃蘇，種於台灣與湖南、廣西。苧蘇是中國主要製蘇業原料，四川、湖南、江西出產久負盛名。中國農業生產，如大豆、米、糖、花生都需要蘇袋，粗佔一年需要1億只。[518]

　　台灣地理環境不適合棉花的生長，這已經決定棉紡織工業的未來。特別是殖民地經濟發展，要使台灣成為日本的子體。台人的衣著都要仰賴日本，直到太平洋戰爭爆發，恐於軍需糧服匱乏，總督府才在台灣建立棉紡織工業。台灣的棉紡織工業雖不發達，但是蘇紡織工業卻很發達，這有其歷史背景。其中地理條件適合蘇類植物生長，加上台灣米糖業發展繁榮，需要儲運包裝的蘇袋，故蘇紡織工業孕育而生。以大陸各省為例，浙江與江西都是苧蘇產量豐富的地方，可是對於蘇紡織的技術，還要來台取經，可見得台灣蘇紡織已是全國矚目的工業。先前原料的供應以亞蘇與黃蘇為主，苧蘇次之。黃蘇栽培面積一度高達23,838公頃，產量15,426,431公斤。苧蘇栽種面積3,000公頃，產量1,069,349公斤。亞蘇栽培面積一度從3,780甲，擴增至15,000甲。

　　光復後台灣蘇紡織工業由台灣工礦公司紡織分公司接收，並將舊有台灣製蘇株式會社改組為台灣工礦公司紡織分公司豐原廠繼續開工。原有的台南製蘇株式會社，則改組為台灣工礦公司紡織分公司台南廠，1947年修復後投入生產。當時台灣蘇紡織廠，除了豐原、台南外，還有新竹廠。台南廠紡機1,700錠、織機100台。豐原廠紡機2,100錠、織機112台。新竹廠苧蘇機300錠、蘇織機300台。合計台灣蘇紡織工業設備7,800錠、織機212台。改制以來台灣蘇紡仍持續運作，以1947年為

---

518 梯雲譯，〈台灣大麻工業〉，《公益工商通訊》，上海，第4卷第5期，1948年12月15日，頁8。

例，豐原廠製作糖袋475,331只、米袋247,475只。台南廠製作糖袋
270,633只、米袋199,288只。台灣現有設備，以每日工作20個小時，每
年工作300天計算，可產蔴袋7,527,000只。不過米糖需要22,800,000只
蔴袋，這些數字比較起來相差甚遠。台灣蔴紡織工業前景可期，因為台
灣蔴紡原料供應沒有問題，加上島內、外市場需求量大增，以及日本遺
留的設備都是英製最優良機器，只要人才培育足夠，台灣仍可以成為中
國蔴紡織重鎮。[519]

　　台灣紡織業最感困擾的是原料，全生植棉面積總共有3,000多公
頃，本來可以生產棉花270,000公斤，可是肥料與人力不足產量打
折。[520]1948年初中國大陸的工業發展，突然出現「南遷」的問題，英文
經濟週刊稱它為Go South，與抗戰時工廠西遷相對。這肇因於國共內
戰，戰局越來越不利國府，資本家考慮之後才準備遷廠於華南。行政院
經濟部也注意到此問題，著手調查工廠遷至香港的數量。工廠南遷如果
目的地是兩廣、閩台，問題都不甚嚴重，因為所遷地都是在國內。可是
若遷至香港，就是遷到國外的土地，涉及到資本外流的問題不容小覷。
中國工業的發展，以上海為主是不爭的事實。全國棉紡織業總共450萬
錠，上海棉廠總共有275萬錠，佔全國比例62%。如此的規模，若分散
到其他省分，看似可以幫助他省建立紡織業，但其實不然。因為工廠遷
移後，金融、勞工、商業、原料都會受到影響。拆遷工廠去繁榮華南，
不是就地建設，只是挖肉補瘡。[521]

　　這一片工業南遷的聲浪中，台灣是一個蒙受利益的地方。南遷過程
中工廠選擇不限於兩廣與香港，最重要的是考慮到原料與工資的問題。
台灣逐漸成為首選，關鍵是當地環境安定、氣候溫暖適宜、電價低廉每

---

[519] 蓬子，〈台灣的蔴紡織工業〉，《公益工商通訊》，上海，第 4 卷第 2 期，1948 年 10 月 31 日，
　　頁 9-10、14。

[520] 狄蘋，〈「台紡」剪影〉，《工商新聞》，南京，第 57 期，1947 年 12 月 1 日，頁 4。

[521] 本社，〈著論——工廠南遷與資本外流的檢討〉，《公益工商通訊》，上海，第 3 卷第 3 期，
　　1948 年 5 月 15 日，頁 2-5。

度僅台幣13元（法幣3,484元）。電力供應比上海多、工資低廉，男工每月台幣800至1,000元（法幣20萬至26萬）、女工每月台幣400元（法幣10萬元）。在這情況下上海萬新紡織廠先搬遷紗錠1,920枚至台北，後續還要搬遷6,000枚過來，成為最早來台的上海紗廠。[522]

　　由於台灣的社會安定，加上工礦頗具規模，電力供應充足與低廉，交通又非常方便，被內地工廠視為環境中，最適合遷廠的地方。此點以紡織廠最為踴躍，已遷台者有台北縣士林的萬里紡織廠、台北縣三重埔的華南紡織廠，上海最富盛名的中新紗廠也在松山覓地。[523]可是非所有的紡織廠，在這個時候南遷到台灣，都會得到當局的允許。例如：寧波萬豐祥紡織廠前呈紗管會，以電力不足、原料價格高昂與技工缺乏為由，請准許遷台經營。紗管會轉呈經濟部決議，遂被經濟部駁回提議。理由是台灣非產棉區，棉花價格在當地更為昂貴，同時與經濟部提倡振興內地紡織業政策不符，故不准許萬豐祥紡織廠遷台。[524]又如中國紡織建設公司已經著手南遷，其中一部分紡織機器遷往台灣繼續開工。台灣電力充足，人工又比上海便宜，可以順利發展紡織業。業務部分暫時遷往香港，可以強化國產紗布之推銷。[525]不過紡建公司的常務董事會議，認為南遷廠房移往台灣，牽涉到業務事項太多，因此放棄遷台。惟將台灣辦事處組織擴大，由董事會秘書彭敦仁擔任辦事處主任。[526]

　　另外，台灣區棉紡織工業公會理事長李占春等五人，為要求救濟台省紗荒，抵達上海與當局接洽一週。中央銀行業務局副局長陳述曾，已

522 本社，〈工廠南遷聲中、台灣成為理想對象〉，《公益工商通訊》，上海，第3卷第3期，1948年5月15日，頁25。

523 張伯鈞，〈台北素描〉，《生活與時代旬刊》，長沙，第1卷第5期，1948年10月11日，頁13。

524 本社，〈鄞萬豐祥紡織廠不准遷台灣經營〉，《公益工商通訊》，上海，第3卷第7期，1948年7月15日，頁24-25。

525 本社，〈紡建機器部分遷台〉，《公益工商通訊》，上海，第4卷第5期，1948年12月15日，頁20。

526 本社，〈紡建放棄南遷計畫、擴大台灣辦事處〉，《公益工商通訊》，上海，第4卷第6期，1948年12月31日，頁23。

經允諾將台灣省紡織公司代紡行總棉花掉紗600件撥售該會，轉配會員工廠以應急需。但李氏稱台灣每月需棉1,500多件，目前中國紡織建設公司才允售193件，行總紗600件只能濟急。[527]1948年9月行政院經濟管制委員會上海區物資調節委員會召開第四次會議。會中主任委員劉攻芸（1900-1973）、副主任委員李立俠、委員沈熙瑞、江杓（1900-1981）、林崇墉、張茲闓、張希、程遠帆、何墨林、邱良榮，決議在台物資交換辦法未決定前，暫試以紗布交換台煤，並由燃管會與紡建公司接洽辦理。[528]周占春返台後，宣佈台省棉紗短缺的解決已有初步的辦法。中國紡織建設公司決定1948年10與11月，售予台灣的棉紗仍是183件，但12月起改以棉紗換取台煤。紡建公司答應以棉紗1,000件，按照「八一九」金圓券改制匯率來算，運輸由台灣方面負責。[529]

　　台灣紡織工業的有利條件，包括：氣候良好，尤以台中乾溼度最適合。人民非常馴良，不容易發生工潮。最重要的是紗布供需銷路不成問題。可是缺點是植棉不易，原料都要仰賴進口，並且工人技術很差，生產效率也低。[530]不過國共內戰的局勢，對南京當局越來越不利。直到1948年底上海市中國紡建公司決定，將所屬紗廠全遷往台灣、廣東一事已經確定。該公司計畫把天津、青島、上海紗廠設備全部運台。由於台灣省電力充足，不止紡建公司遷台，上述的華南紡織搬遷3,000枚紗錠，前往台北縣三重埔覓地開工。另外搬遷到桃園的大華紗廠總數有20,000錠，台北市松山的中新紗廠總數也有20,000錠，台北縣七堵鎮的大秦紗廠有10,000錠，台北縣板橋、新竹縣中壢、台南縣虎尾的紗廠都

---

527 本社，〈救濟台省紗荒央行允撥售六百件〉，《公益工商通訊》，上海，第 4 卷第 2 期，1948 年 10 月 31 日，頁 24。

528 本社，〈紗布運台易煤〉，《公益工商通訊》，上海，第 3 卷第 12 期，1948 年 9 月 30 日，頁 16。

529 本社，〈台煤二萬噸換紗一千件自十二月份起實行〉，《公益工商通訊》，上海，第 4 卷第 3 期，1948 年 11 月 15 日，頁 20。

530 德，〈台灣紡織業現狀〉，《經濟家月刊》，南京，第 2 卷第 5 期，1948 年 4 月，頁 49-50。

各有5,000錠。連同台灣紡織公司20,000錠,再加上其他紡廠錠數,台灣的紡織業將有90,000錠以上的紡織能力。[531]

1945年台灣光復以來,島內資金、器材、技術人才的缺乏,使得台灣工業未能恢復戰前水準,只能恢復到70%左右。1948年底遷台工廠以紗廠最多,連帶使得上海土木工程師也紛紛來台,希望承辦紗廠的建築工程。[532]台灣的棉紡織工業一向沒有基礎,不料大陸棉紡業大舉南遷來台,使得輕工業項目中最重的紡織業,一夕之間有了堅實的發展。這對日後台灣經濟的起飛,有十分正面的幫助。

4.光復後化學工業——碱業、肥料

碱是重要的工業原料,主要是製成鹽酸。鹽酸的製作都用電化法,成品是漂白粉或苛性鈉。鹽酸的用途以調味品為大宗,其他如染織、製藥、造紙、電鍍、琺瑯、製革都要用到鹽酸。不過中國製造鹽酸的工廠不多,只有上海天原電化廠每年生產20,000箱(每箱淨重54公斤),上海天中電化廠每年生產6,000箱,台灣碱業公司每年生產20,000箱。漂白粉主要用於染織業與造紙業。上海市電化廠總共有13家,每年可以生產漂白粉144,671噸。台灣製碱公司每日可以生產漂白粉10噸,一年可以生產3,000噸。苛性鈉與純碱,台灣所屬的工廠有二,一是高雄碱廠每年生產2,000噸,二是台南碱廠每年生產1,000噸。[533]

從上述可知,戰後台灣碱業公司在中國有重要地位。該公司屬於國省合營企業,由行政院資源委員會與台灣省行政長官公署合辦,並管轄四座工廠(參閱表3-4-11)。台碱總部在高雄市,總經理是方以矩

531 本社,〈國民營紗廠遷往台粵〉,《公益工商通訊》,上海,第4卷第4期,1948年11月30日,頁22-23。

532 本社,〈遷台工廠以紗廠最多〉,《公益工商通訊》,上海,第4卷第6期,1948年12月31日,頁24。

533 陳陶心,〈中國工業原料的自給計劃〉,《工商特刊》,上海,無卷期,1947年12月,頁7。

（1899-？），內部組織設總務、業務、會計三處與技術室，並於台北、上海設辦事處，專司銷售與採購事宜。該公司下轄四廠，第一廠廠長宋廷幹，第二廠廠長張權，第三廠廠長范敬平，第四廠廠長方栻。[534]

表3-4-11　1946年台灣碱業公司各廠產量與設備

編號	公司名稱	原有名稱	地點	光復開工	工 廠 設 備	產 量
1.	碱業第1廠	南日本鹽業株式會社	高雄	1945年12月	90 噸冷凍機一組 水銀整流器二組 中野式電解槽 70 只 旭電化式電槽 64 只	固碱 102 噸 液碱 156 噸 鹽酸 119 噸 漂白粉 148 噸 液氯 4.7 噸
2.	碱業第2廠	鐘淵曹達株式會社	台南	1946年12月	7500KVA 主變壓器一組、500KVA 分變壓器二組、水銀整理器二組、鹽融化槽二座、淡鹽水儲槽及過濾槽各二座、鹽水精製槽24 座	固碱 90 噸 鹽酸 128 噸
3.	碱業第3廠	南日本鹽業株式會社	台南	1946年9月	—	溴素 0.24 噸
4.	碱業第4廠	旭電化工株式會社	高雄	籌備中	—	—

資料來源：陳世璋，〈台灣之化學工業〉，《化學世界月刊》，上海，第 3 卷第 1 期，1948 年 1 月，頁 11。

台灣碱業公司擁有台南、高雄、安平三廠，主要產品為燒碱、鹽酸、漂白粉、液氯、溴素等。當時大陸各地需碱孔急，台碱頗感供不應求，欲計畫在高雄增設新廠。[535]1947年台灣碱業公司生產量，總計液碱2,395噸、固碱2,492噸、鹽酸2,922噸、漂白粉1,986噸、液氯911噸、溴素3噸、工業鹽1,264噸。其中液碱多分配給民營工廠，固碱多分配給國營工業。1948年台碱計畫增產，包括：燒碱（液態與固態）6,875噸、漂白粉4,400噸、鹽酸5,720噸、液氯1,900噸，並將台碱生產餘量運滬。台碱整理日本遺留的旭電化工業株式會社，計畫成立第四製碱廠，

---

534 本社資料室，〈介紹台灣碱業公司〉，《工商新聞》，南京，第67期，1948年2月9日，頁6-7。
535 本社，〈台灣碱業〉，《化學世界半月刊》，上海，第2卷第8期，1947年8月5日，頁31。

可望在1948年6月開工，預計每月能生產燒碱250噸（照片3-4-2）。[536]

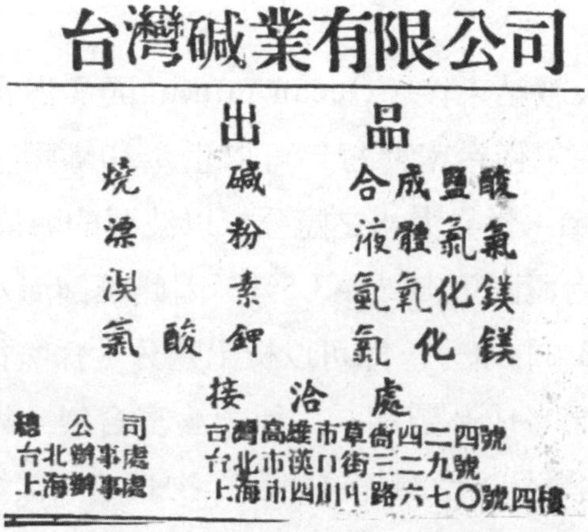

照片3-4-2【刊登於南京雜誌的台灣碱業公司廣告】

　　台灣碱業公司主要產品都與民生有關，例如：燒碱，用於造紙、肥皂、紡織、火藥、煉油、製鋁、食品工業。鹽酸，用於醬油、味精、葡萄糖、染料、紡織、製革、製膠、金屬精煉、化學藥品、食品工業。漂白粉，用於造紙、紡織。氯酸鉀，用於火柴、炸藥。液氯，用於淨水、染料、毒氣、氯化有機物製造。[537]台灣的燒碱廠有石棉隔離與水銀隔離二種，利用天然氣為原料的還有墨灰廠、石油精鍊廠。其他工廠還出品氰氨基化鈣、炭化鈣、丙鈣、過磷酸鈣、氯酸鉀等。[538]不過也有人認為，台碱公司全部為日本設備且設計陳舊，難與歐美碱業工廠相比。因此電解鹽的用電量多，平白增加不少成本。另外台灣所產之石灰品質欠佳，有效Ca（OH）2僅70%至80%左右。所製漂白粉有效氯僅25%，雜質含量多又不穩定，運往上海銷售尤不合宜。至於鹽酸的製造，因為台

536 本社，〈台灣碱業公司上年產量統計〉，《中國工程週報》，南京，第35期，1948年3月22日，頁6。

537 樹業，〈台灣製碱工業〉，《藝文畫報》，上海，第2卷第2期，1947年8月，頁23。

538 佚名，〈中國之化學工業〉，《工商管理月刊》，上海，創刊號，1948年1月15日，頁18。

灣南部氣候炎熱，對於氯化氫的吸收難免有影響。出品僅以20°Be（31.46%）為限，上述問題為今後在台灣新設碱業工廠者需要注意。[539]

第二次世界大戰結束後，Ocean mining開發海水提煉工業已是潮流。台灣四面環海，僅台南縣每年可以生產30噸鹽，帶動的碱業每年也可以生產1萬多噸。世界海水之鹽分，以波羅的海最濃約有7%，其次是紅海約有4%，台灣附近海域為3.5%。因此蒸餾海水濃縮出鹽分，普通製鹽只要蒸發93%的水分，即可以析出鹽分。採鹽後最後的殘餘稱為「苦汁」，再蒸餾2%成為苦滷。這種苦滷富含鎂、鉀、溴等元素，可以製成高價值的化學品。台灣採鹽與農作物栽培一樣全靠人力，因此從成本計算每噸鹽工資需台幣3,875元。如果以六口之家來說，一個月的收入還不及台幣24,000元。因此管理、採收科學化，則是台鹽改革的當務之急。以美國為例一個工人，每月可以採鹽150噸。以現行台灣工資的計算，如果每月產收可以提高至50噸，則鹽工的生活會很寬裕。[540]

台灣六大鹽場一年產量：嘉義布袋鹽場年產110,000噸、台南七股鹽場110,000噸、彰化鹿港鹽廠8,000至10,000噸、台南安順鹽場12,417噸、台南鹽埕鹽場8,495公噸、台南灣裏鹽場3,750噸。[541]鹽的用途在工業製造中很重要，如鹽酸、人造纖維等。1947年台鹽產量23萬餘噸，運往京、滬、湘販售有72,000噸，運往日本102,100噸，運往韓國2,000噸，本省銷路50,000噸，帶來收益達7億元台幣之鉅。[542]

台灣產鹽豐富，的確是製碱的良好地區。在高雄的碱業第一廠，製

---

539 陳世璋，〈台灣之化學工業〉，《化學世界月刊》，頁12。

540 李潤海，〈工業通信——海水利用在台灣〉，《工業月刊》，天津，第5卷第11期，1948年11月，頁23-25。

541 陳調甫，〈重入慈母懷抱的小弟弟：台灣（六）——三十七年二月二十日在塘沽的演辭〉，《海王旬刊》，頁489。

542 偉顯，〈台鹽近況——鹽是建設工業的推動力〉，《工商新聞》，南京，第94期，1948年8月16日，頁2。

作的產品最多也最重要，故介紹該廠製造方法與流程如圖3-4-3。[543]另外，1948年底中國鹽業公司台灣分公司試製芒硝已經成功，計畫將大量生產。芒硝是製造玻璃與各項化學工業的原料，雖用途甚廣，但全國只有上海永利化工廠生產。此次中鹽台灣分公司計畫在嘉義布袋化工廠改建，擴大芒硝的生產量，預計每天可以生產20噸。[544]台灣製碱的技術，跟歐美各國比較起來，的確有一大差距。可是每個月的產量，足夠台灣與上海使用亦是事實。

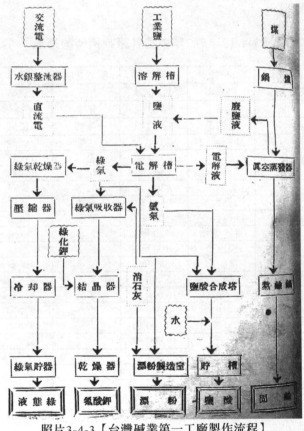

照片3-4-3【台灣碱業第一工廠製作流程】

---

543 陳調甫，〈重入慈母懷抱的小弟弟：台灣（五）——三十七年二月二十日在塘沽的演辭〉，《海王旬刊》，頁474。

544 本社，〈新聞選輯——中鹽台分公司試製芒硝成功〉，《公益工商通訊》，上海，第4卷第8期，1949年1月31日，頁25。

化學肥料的生產，台灣足以傲視大陸各省。工業原料為工業化的命脈，中國工業原料大多無法自給，例如：火柴業的磷、氯酸鉀，橡膠業之橡膠與促進劑，紡織業的棉花，呢絨業的羊毛等。因此國內可以自製的工業原料，顯得彌足珍貴。在這些原料當中依重要性，排名第一的是硫酸。硫酸的用途是染織、染料、肥料、造紙、銅料、蓄電池、搪瓷、製藥、製革、機器、針織、電鍍、琺瑯。[545]戰後中國硫酸製造工廠，除了南京永利公司外，產量超過10,000噸者，都是戰時日本興建（參閱表3-4-12）。

表3-4-12　1947年中國各廠製造硫酸產量

編號	廠　名	地點	一年產額	製造方法	原料	經營者
1.	江蘇藥水	上海市	4,000 噸	鉛室	硫磺	美商
2.	開成	上海市	5,400 噸	鉛室	黃鐵礦	商
3.	新業	上海市	3,500 噸	接觸	硫磺	商
4.	永利	南京浦口	36,000 噸	接觸	硫磺	商
5.	利中	天津市	1,350 噸	鉛室	黃鐵礦	商
6.	梧州	廣西梧州	3,600 噸	鉛室	黃鐵礦	公
7.	廣州	廣州市	7,300 噸	鉛室	硫磺	公
8.	西北	山西太原	7,300 噸	接觸	硫磺	公
9.	集成	陝西西安	500 噸	鉛室	硫磺	商
10.	化工	甘肅蘭州	720 噸	鉛室	硫磺	公
11.	廣益	重慶市	100 噸	鉛室	硫磺	商
12.	合作社	重慶市	96 噸	鉛室	硫磺	商
13.	葫蘆島	遼寧葫蘆島	15,000 噸	接觸	黃鐵礦	原日現公
14.	撫順第一	遼寧撫順	15,000 噸	接觸	黃鐵礦	原日現公
15.	撫順第二	遼寧撫順	30,000 噸	鉛室	黃鐵礦	原日現公
16.	鞍山	遼寧鞍山	40,000 噸	鉛室	黃鐵礦	原日現公
17.	滿洲化學	大連	19,800 噸	接觸	黃鐵礦	原日現公
			20,000 噸	鉛室	黃鐵礦	原日現公
18.	本溪湖	遼寧宮原	12,000 噸	鉛室	黃鐵礦	原日現公
19.	滿洲染料	瀋陽市	20,000 噸	—	黃鐵礦	原日現公
20.	台灣肥料	台灣台北	20,000 噸	—		原日現公

資料來源：陳陶心，〈中國工業原料的自給計畫〉，《工商特刊》，上海，無卷期，1947 年 12 月，頁 5-6。

---

[545] 陳陶心，〈中國工業原料的自給計劃〉，《工商特刊》，頁 5。

　　台灣化學肥料工業，由於領先大陸各省，因此被報導的文章很多。光復以後長官公署把5個肥料生產單位，合併為台灣肥料製造股份有限公司，由行政院資源委員會與長官公署合營（參閱表3-4-13）。該單位轄下5個廠，復員情況各有不同。第一廠前身為台灣電化株式會社基隆工廠（外木山），該廠戰時被炸毀30%設備。1946年3月修復後開工，當時每月肥料生產可達800噸、電石300餘噸、氧氣20,000立方米。

　　第二廠前身為台灣肥料株式會社基隆工廠，該廠戰時被炸毀50%以上設備。接收後努力修復，1946年10月開始生產磷肥。

　　第三廠前身為台灣肥料株式會社高雄工廠（前鎮），該廠戰時被炸毀50%以上設備。接收後努力修復，1946年11月開始生產磷肥。

　　第四廠前身台灣電化株式會社羅東工廠，由於規模不大故戰時損傷輕微。該廠主要生產電石，1947年1月開始復工，每月可以生產電石270噸。

　　第五廠前身為台灣有機合成株式會社新竹工廠，原擬生產電石，進而製造各種有機化合物。不料重要機件戰時運輸途中均被擊沉，接收後長官公署更改設計，準備生產氮肥，各種設備亦向美方進口。

　　農業興盛發展的前提必須有充足肥料供應，台省當局不同於大陸各省，對肥料生產與供應異常重視。更特別的是大陸各地農民，經常被無知宣傳所愚，以致於不知化學肥料的重要（照片3-4-4）。有識者皆認為，期待以台灣農民本身的經驗，領導全國農民擴大使用化肥。[546]

---

[546] 本社，〈台灣肥料工業概況〉，《中華工程週報》，南京，第14期，1947年8月2日，第二版。

表3-4-13　1946台灣肥料公司各廠產品

公司名稱	原　稱	廠址	主要產品與產量	現有重要設備
台灣肥料公司第1廠	台灣電化株式會社基隆工場	基隆	氰氮化鈣 3,204 噸（石灰窒素）電石 3,262 噸	6000KW 弧熱電爐 2 座 液化空氣機 1 具 氰氮化鈣爐 12 座 石灰窰 1 座
台灣肥料公司第2廠	台灣肥料株式會社基隆工場	基隆	過磷酸鈣 420 噸66°Be 硫酸 160 噸	硫化鐵礦燃燒爐 3 座 除塵室 1 所，鉛室 3 所 硫酸塔 4 座，鍋爐 1 座 濃酸爐 1 座，磨碎機 1 具 製造磷肥設備 1 套
台灣肥料公司第3廠	台灣肥料株式會社高雄工場	高雄	過磷酸鈣 1,219 噸66°Be 硫酸 10 噸	硫化鐵爐 1 座 硫酸礦石混合機 2 具 濃酸器 2 座，硫酸塔 6 座 除塵器 1 具，棒磨機 1 具 電器吸塵器 1 具 150KVA 變壓器 3 只 30KVA 變壓器 2 只
台灣肥料公司第4廠	台灣電化株式會社羅東工場	羅東	電石 678 噸	1200KW 弧熱電爐 2 座 1500KVA 變壓器 2 具 石灰窰 2 座 500KVA 變壓器 3 只 300KVA 變壓器 1 只
台灣肥料公司第5廠	台灣有機合成株式會社	新竹	電石 67 噸電極 65 噸	6000KW 弧熱電爐 2 座 製造電極設備 1 套 石灰窰 10 座 500KVA 變壓器 3 只 300KVA 變壓器 1 只

資料來源：陳世璋，〈台灣之化學工業〉，《化學世界月刊》，上海，第 3 卷第 1 期，1948 年 1 月，頁 12；陳世璋，〈台灣之化學工業（續）〉，《化學世界月刊》，上海，第 3 卷第 2 期，1948 年 2 月，頁 9。

　　台灣肥料有限公司總部在台北市，總經理為湯元吉，內分總務、業務、會計三處與技術室，並在上海設有辦事處。下轄五個工廠，第一廠廠長陳垚（1911-？），第二廠廠長由總經理湯元吉兼任，第三廠廠長繆鍾彥，第四廠廠長為張勝游，第五廠廠長為李國柱。[547]該公司由資委會與台灣省政府合辦，雙方各派董事與監察人組成董事會。以董事一人兼總經理，董事會設於南京，但公司設於台北。該公司下轄5個肥料

---

[547] 本社資料室，〈產品優良之台灣肥料公司〉，《工商新聞》，南京，第 71 期，1948 年 3 月 8 日，頁 8-9。

照片3-4-4【刊登於南京雜誌的台灣肥料公司廣告】

廠，分設基隆、台北、高雄、新竹。現有職員281人、工人1,506人。1948年總共生產化學肥料40,000噸，1949年計畫增產108,000噸。

　　1946年3月台肥第一工廠開始生產電石，同年7月開始生產氧氮化鈣。直到1947年底，完成運輸物料的通廠公路與鐵路支線，並增建工場、倉庫、禮堂、宿舍、醫務所等房屋50餘棟。該工廠設備有石灰爐2座、蜂房試煉焦爐38座、500KW弧熱電爐2座、液化空氣機2座、氮肥爐12座。

　　1946年1月台肥第二工廠開始動工整修，1947年3月開始大量生產磷酸鈣，至同年12月已生產9,000噸。該廠有哈式硫鐵礦燃燒爐3座、鉛室3座、克羅未爾塔1座、軋爐撒克塔1座、階級式濃縮爐1座、磷肥化成機3座。

　　1946年10月台肥第三廠終於修竣，該廠設備有哈式磷鐵礦燃燒爐2座、塔係式硫酸塔6座、階級式濃縮爐2座、磷肥化成機3座，1948年生產硫酸鈣200,000噸（照片3-4-5）。

　　1947年1月台肥第四廠復工，該廠設備有石灰爐2座、1,500KW弧熱電爐及變壓器各2座、電極烘爐3座、壓碎機2具，1948年生產電石

照片3-4-5【高雄第3肥料工廠巨型硫酸塔】

1,080噸、電極204噸、矽鐵600噸。不過該廠擬改變生產產品，將原本製造電石的電爐，改裝後製造電熔磷肥，預計年產可達30,000噸。

　　1946年8月台肥第五廠動工整修，除原有設備外，再另建電爐2座。1948年收到向美國採購的8,000KVA變電器3座，以為製造電石進而製造氮氣之用。除了向美採購外，原有設備為7,800KVA與弧熱電爐2座、500KVA變壓器3座、300KVA與150KVA變壓器各1座、石灰爐10座，年產電極與電石500噸。1937年台灣肥料使用達622,000噸之譜，其中化學肥料佔半數以上。1946、1947年聯合國善後救濟總署（UNRRA），提供台省化學肥料15萬噸。[548]

　　事實上1946年長官公署農林處預計當年肥料需求量，總計硫酸錏262,003噸、過磷酸鈣140,830噸、硫酸鉀38,924噸。可是台灣肥料公司產量無法供給需求，單單過磷酸鈣一年只產50,000噸而已。1947年台灣省主席魏道明（1899-1978）上任，向中央請求由行政院善後救濟總署調撥肥料硫酸錏95,000噸援台，於是1948年台灣肥料供給稍解燃眉。當

---

548 本社，〈台灣肥料公司概況〉，《公益工商通訊》，上海，第 4 卷第 11 期，1949 年 3 月 15 日，頁 29。

時這批肥料的用途與分配如（照片3-4-6）所示，混合肥料、硫酸氫雨過磷酸為全農作物使用，化成肥料、氮化石灰與硫酸鉀施用於水稻或甘蔗，大豆餅也可以施用於水稻、智利硝施用於甘蔗或苧蔴，骨粉施用於柑橘。[549]1948年中央政府再供給台灣化學肥料84,000噸，而這二個年度台灣糖業公司也自行購買化肥70,400噸。然而與1937年台灣化肥使用量相較仍太少。台灣省政府農林處統計今後本省需要化肥，1949年約需要473,355噸，1950年為510,828噸，1951年為547,248噸。[550]

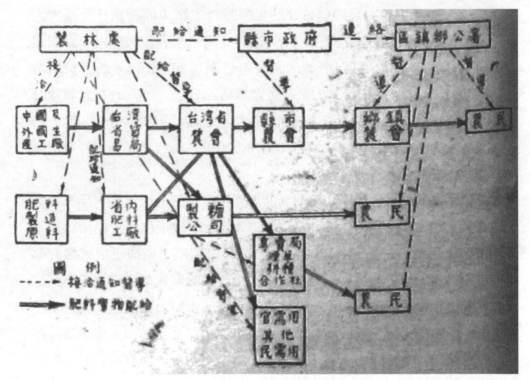

照片3-4-6【台灣肥料銷售管道】

549 陳調甫，〈重入慈母懷抱的小弟弟：台灣（三）——三十七年二月二十日在塘沽的演辭〉，《海王旬刊》，南京，第20第28期，1948年6月20日，頁438。

550 本社，〈台灣肥料公司概況〉，《公益工商通訊》，頁30-31。

　　可以很確定地說，光復後台灣肥料工業的復員，美國在幕後出力甚大。1948年7月3日中美協定簽署，該協定主要的目的是美國援助中國政府，穩定經濟與建立和平之用。內容中援助經濟部分，有規定專款用於建設中國農村。最重要的項目之一，就是投入化學肥料的製造。當時估計中國一年需要的化肥，約在50萬噸左右（或更高），其中40萬噸為氮素肥料。可是國內肥料工廠，可以生產氮素肥料僅10萬噸、磷肥4萬噸而已。簡言之，中國缺少氮肥30萬噸、磷肥5萬噸、鉀肥1萬噸。故五年之內中國肥料工廠，要達到製造氮素肥料30萬噸、磷素肥料10萬噸。全中國只有六家設備較好的化學肥料工廠，能夠擔任此重責大任，包括：台灣基隆石灰氮廠（第1廠）、南京永利硫酸錏廠、台灣羅東電爐熔凝磷石廠（第4廠）、台灣新竹廠（第5廠）、新台灣錏廠（第3廠）、廣東廠。台灣的肥料廠竟然佔三分之二，同時在此經建計畫下，基隆廠增產石灰氮26,000噸、羅東廠增產熔凝磷酸30,000噸、新竹廠增產熔凝磷酸90,000噸與石灰氮18,000噸、新台灣錏廠增產硫酸錏20,000噸與硝酸錏20,000噸。[551]

　　除了化學肥料之外，台灣農業的施肥工作還有其他。從科學來推估1948年台灣需要化學肥料為75萬噸，1938至1939年化肥實際消耗量為50萬噸。過去台灣所使用的大餅幾乎都來自大連，硫酸錏與硫酸鉀都來自於日本。[552]戰後形勢丕變，台灣不是日本的殖民地，自然得不到日本的支援。國共內戰的戰火，難以購自大連的大餅。由於台灣肥料生產線未復員，缺乏肥田粉的情況下，只能想辦法從上海進口。據悉當時在上海的台灣商人正大力收購肥田粉，不過上海肥田粉僅有日貨雙吉牌，其他品牌非常缺乏。[553]

---

551 編者，〈中國農村復興計劃之一——化學肥料的製造〉，《海王旬刊》，南京，第20年第36期，1948年9月10日，頁568-569。

552 陳世璋，〈台灣之化學工業〉，《化學世界月刊》，頁12。

553 本社，〈工商動態——台幫收購肥田粉〉，《化學世界半月刊》，上海，第1卷第3期，1946年6月1日，頁15。

　　1947年台灣肥料公司所屬各廠產量，第一廠可以生產氮化鈣12,000噸、電石3,000噸。第二廠可以生產磷酸鈣16,800噸、濃硫酸430噸。第三廠可以生產磷酸鈣5,200噸、濃硫酸1,070噸（照片3-4-7）。第四廠可以生產電石1,080噸、電極145噸。第五廠可以生產電石261噸、電極550噸。[554]加上行政院資源委員會中央氮肥公司派員赴新竹，調查硫酸氮廠設立的條件，如硫化鐵、天然氣、煤電等問題。計畫將美援款項撥出一部分，建設一年可以生產50,000至70,000噸的硫酸氮廠。[555]光復最早的4年，台灣肥料傾力工業農業的栽培，應不是嚴重的問題，只是關鍵為原料的取得至關重要。

　　台灣不出產磷礦，只能從外地穩定供應才行。1946年台肥公司派員，前去江蘇海州接洽開採磷礦事宜。台灣農業亟需氮肥與磷肥，全年消費在35萬噸以上。該公司除全力生產之外，也向美國訂購硫酸氮20萬噸，速運來台幫助農產。[556]另外南中國海西沙群島盛產鳥糞（磷礦），其開採權利屬於行政院資源委員會。該會所辦之台灣肥料公司，擬將該礦運台製造肥料。台肥目前生產磷肥是高雄、基隆二廠，總共產量為40,000餘噸。[557]

　　1947年夏行政院資源委員會在安徽鳳台發現磷礦，平均層厚一公尺，蘊藏量2,590,000噸。挖採樣品送至台灣肥料公司試驗，發覺磷礦品質甚佳，擬與台肥公司合作開採。[558]爾後台肥得到聯合國善後救濟總署（UNRRA），致贈製造氮肥器材總計40萬美元。第一批已經自美運

554 本社，〈台肥料廠增產〉，《化學世界半月刊》，上海，第 2 卷第 8 期，1947 年 8 月 5 日，頁 31。

555 本社，〈工礦要訊──新竹煤礦〉，《化學世界月刊》，上海，第 3 卷第 2 期，1948 年 2 月，頁 29。

556 本社，〈台灣肥料製造〉，《化學世界半月刊》，上海，第 1 卷第 10 期，1946 年 9 月 16 日，頁 14。

557 本社，〈工礦要訊──西沙群島鳥糞〉，《化學世界半月刊》，上海，第 2 卷第 9 期，1947 年 9 月 5 日，頁 33。

558 本社，〈資委會計畫開採皖省磷礦〉，《中國工程週報》，南京，第 32 期，1948 年 3 月 1 日，頁 7。

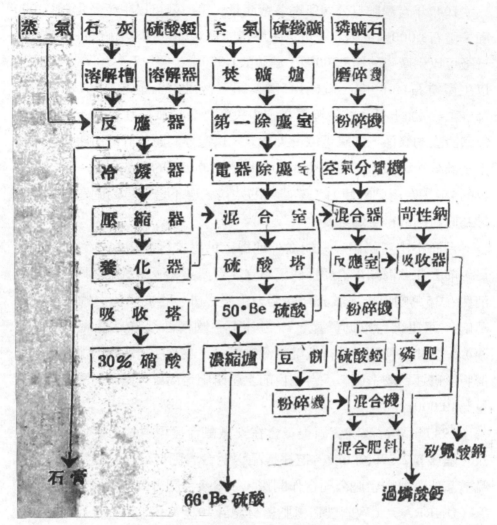

照片3-4-7【台肥公司第3廠製作肥料流程】

到，旋裝配於生產線。1947年底台肥又得到6萬美元外匯，打算採購越南磷砂以製造磷肥。這批海防出產的燐砂品質很好，期待磷肥生產大增。[559]

559 本社，〈台灣肥料公司產量逐漸增加中〉，《中國工程週報》，南京，第35期，1948年3月22日，頁6。

　　就技術而言，台肥5個廠的生產沒有太大問題。台糖公司與台灣銀行，已經給予台肥莫大的幫助。原料供應上，台灣所產石灰尚能使用。不過基隆煤田的燃煤品質太劣，所煉焦炭，水份與灰份都太多。不過透過技術提升，此問題逐步克服。該公司最大的缺點，則是台灣沒有出產磷礦，全數仰賴進口。日治時期台灣磷礦都從越南進口，可是越、法糾紛沒有解決，進口越南磷礦有困難。南太平洋各島都在美軍佔領下，進口磷礦也不容易。從江蘇海州買入磷礦，但品質欠佳，原料問題遂成為台肥重建首要解決。[560]

5.光復後重工業──電力事業、機械造船、煉鋁製鉛、鋼鐵業

　　光復以後台灣的電力事業是全中國第一，其中以日月潭發電系統最重要。日月潭的水力發電工程非常偉大，在當時中國首屈一指。而且在潭邊可以看到，主要有貯水池與排水閘。[561]日月潭其實是日潭與月潭的合稱，當時它已經成為台省水力發電主要來源。濁水溪上游的河水，在名為武界的地方導流入日月潭。此地築起一條高達48.5公尺的大壩阻止水流，再導入水流進入深藏在地中長達15公里的水道，直接注入日月潭增加蓄水量。日本工程師為增加日月潭水量，又在湖畔築起堤防，可以讓水位增至21公尺。如果要發電時，水會被導入一條長3公里的水管，轉折進入大觀發電廠（日月潭第一水力發電廠），其發電量達100,000KW。[562]大觀發電廠排出的水，再順著導管流入鉅工發電廠（日

560 陳世璋，〈台灣之化學工業（續）〉，《化學世界月刊》，頁9。

561 趙定明等，〈台灣特輯之九：日月潭〉，《藝文畫報（台灣專號）》，上海，第2卷第8期，1948年7月，頁10。

562 1946年蔣介石與宋美齡首次來台，即到日月潭一遊。當時蔣介石改第一發電廠之名為「大觀」，宋美齡改第二發電廠之名為「鉅工」。參閱研藏，〈日月潭──台灣電氣化的心臟〉，《自由天地半月刊》，南京，第2卷第9期，1947年10月1日，頁19。

月潭第二水力發電廠），其發電量43,000KW。[563]更有雜誌評論，名列
遠東第二位的日月潭發電廠，整體建設規模雄偉，在中國簡直不曾夢想
過。特別只靠二所發電廠80,000瓩的電力，就已經足夠全省所需了（照
片3-4-8）。[564]

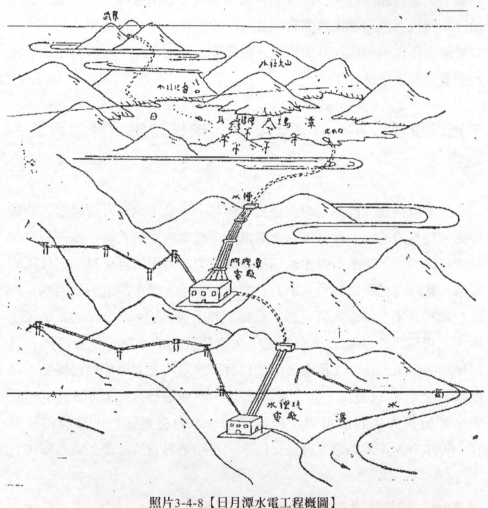

照片3-4-8【日月潭水電工程概圖】

563 韋壁，〈天下事——日月潭遊踪〉，《北方雜誌》，北平，第2卷第5期，1947年11月，
　　頁38。

564 舜英，〈台灣印象〉，《民潮月刊》，香港，第6、7期合刊，1947年4月5日，頁31。

其實日本人在台灣全島興建水力發電廠26座，總發電量267,156,000瓦特；火力發電廠8座，總發電量54,220,000瓦特。島內南北裝設送電線路有電壓150,000伏特的幹線，總長度386.4公里；66,000伏特的電線，總長度161.5公里；33,000伏特的電線，總長960公里，其他電壓較低的電線不計其數。[565]

當時來到台灣旅遊的大陸人士，必定會去日月潭參觀，而到了日月潭一定也會看到發電廠的宏偉。台灣電力公司日月潭發電所在台中縣境內，為日本統治時期電力事業的主幹。整個日月潭發電系統包括三大發電所：大觀、鉅工、霧社（照片3-4-9）。1934年大觀發電所完工，1937年鉅工發電所完工，1943年霧社發電所完工。日月潭三座電廠的總發電量16萬瓩，可是戰時受到嚴重損壞。1948年發電量只有10萬瓩，幸好台省所需電量高峰為7萬瓩，該系統供電仍綽綽有餘。[566]

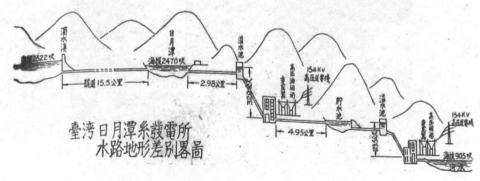

照片3-4-9【日月潭發電廠各建築海拔剖面圖】

---

565 周文德，〈重歸我國懷抱的台灣〉，《科學畫報月刊》，上海，第12卷第10期，1946年9月，頁457。

566 李式中，〈台灣電力的中心——日月潭水力發電廠〉，《科學畫報月刊》，上海，第14卷第3期，1948年3月，頁28-29。

　　組織上日月潭電廠分為三處：霧社（又名萬大）、大觀、鉅工，其各廠設備大致如下：

　　霧社發電廠，高度落差275公尺，水車為日立23,000HP衝動式1部，日立17,200KVA橫軸式發電機1部，發電力5,000至8,000KW（照片3-4-10）。大觀發電廠，位置在台中縣新高區集集鎮的門牌潭，取水口位置在台中縣能高區武界，放水口位置在台中縣新高區魚池鄉。高度落差320公尺，水車為德國J. M. Voith製33,000HP衝動式5部，美國G.E.製20,000KVA橫軸式發電機5部，發電力80,000KW（照片3-4-11）。

照片3-4-10【海拔3700公尺的霧社發電所】

　　鉅工發電廠，位置在台中縣新高區集集鎮的社子，取水口位置在大觀放水口，以及台中縣新高區魚池鄉水社水里溪左岸，設有預備取水口。高度落差123.45公尺，水車為德國J. M. Voith製33,000HP反衝式2部，德國A.E.G.製23,300KVA發電機2部，發電力35,000KW（照片3-4-12）。

照片3-4-11【大觀發電廠】

照片3-4-12【鉅工發電廠】

　　台灣光復時上述設備大都毀於轟炸，廠房設備都處於監理階段，長官公署督促日人積極修復。1946年5月1日台灣電力公司正式成立，發電量已經增至40,000KW。可是供應全台發電的是日月潭發電所，因為第一、第二發電所被美軍轟炸過於慘重，光復初期一時沒辦法修復。[567]

567 鳳茜，〈美麗月刊──日月潭紀勝〉，《茶話月刊》，上海，第18期，1947年11月，頁10。

直到1947年初大觀、鉅工發電廠修復運轉正常，發電量分別又回到日治時期的80,000KW、35,000KW。[568]

　　不過台灣電力事業仍有隱憂，1947年6月20日日月潭大觀發電廠，因連日豪雨致使地層下陷，首次在光復後停機檢修。該廠機電處長孫運璿（1913-2006）親自檢察水塔設施，以及長達2,000公尺的隧道，沒有發現異常與裂痕。根據了解此項地陷，完全是大雨地鬆所致，跟電廠輸水隧道水壓沒有關係。[569]時至1949年2月孫運璿又表示，台灣電力系統多用水力，水量多寡影響電量增減。1946年春台灣大旱，濁水溪累積流量，過去最低為72,000個日。1948年為5,038個日，這種枯旱情形要延續多久，還不敢準確預測。當時日月潭存水僅十幾公尺，假如1949年3月無雨，全省用電將減至一半。[570]

　　而與其他工業復員不同，台灣電力公司各電廠修復，仍沿用日本機器、日本規格。除了向日本訂購發電機外，也運用日本賠償的設備。[571]1948年行政院資源委員會本年度工作計畫已訂定，該會利用國外採購器材、聯合國善後救濟總署（UNRRA）器材、開始運華的日本賠償機器，充實台灣、華南、華中原有工廠，積極投入生產。特別是台灣工礦復員頗為順利，由於用電需求增多，台灣電力公司擬於台北縣烏來架設12,500瓩發電機2套，以應需要。[572]

　　台灣廉價的電力跟大陸相比簡直不可多得，1946年秋安徽省安慶的電力，每度法幣5,486元。南京市、天津市、廣州市的電力，每度法

568 李式中，〈台灣電力的中心──日月潭水力發電廠〉，《科學畫報月刊》，頁139-143；陳調甫，〈重入慈母懷抱的小弟弟：台灣（二）──三十七年二月二十日在塘沽的演辭〉，《海王旬刊》，南京，第20年第27期，1948年6月10日，頁422-423。

569 中國工商社訊，〈日月潭地陷原因、雨大地鬆與水壓無關〉，《中華工程週報》，南京，第10期，1947年6月30日，第四版。

570 本社，〈苦旱若影響電源、台工業面臨危機〉，《公益工商通訊》，上海，第4卷第11期，1949年3月15日，頁24。

571 本社，〈電業消息〉，《中國工程週報》，南京，第35期，1948年3月22日，頁7。

572 本社，〈資委會本年工作著重台灣、華中、華南〉，《中國工程週報》，南京，第34期，1948年3月15日，頁8。

幣2,000元。可是同時期台灣的電力，每度僅合法幣186元。[573]1947年11
月行政院經濟部核定各電廠電價，台灣電力公司供應路燈，40瓦每盞
120元，表燈一度台幣18元，民生用電每度電價8元。[574]這也可以解釋
在上一段，討論紡織工業內容中，絕大部份紗廠都因為台灣電力便宜，
決定要遷廠至台的主要原因之一。

　　機械造船工業方面，1946年5月1日台灣機械造船公司成立，首任
董事長為杜殿英（1893-1978），代總經理為高襈瑾（1904-？）。公司
組織有董事會、總經理、總工程師、協理，內設秘書、技術、業務、會
計四處，外設高雄機器廠與基隆造船廠。[575]1947年初根據專家估計，上
海待修之船舶，至少300艘以上。大部方是戰後接收，或者向英、美購
買的舊船，船底與外殼都未經檢驗。蓋因於戰後，海運頻繁需船孔急，
當局只能放寬尺寸以應急需。若以上海船塢趕工驗修，大約要花2年時
間。戰前台灣為因應日本南進政策，已於基隆設立台灣船渠株式會社，
現接收改稱國（省）營台灣機械造船公司。該公司船廠有船塢3座，最
大者為20,000噸（其實為25,000噸）[576]，亦是中國最大船塢所在。1944
年日人修船最高記錄是150萬噸，到了光復以後1946年修船30萬噸。希
望航運界與有關當局，設法利用基隆設備，疏散在滬待修船隻，並為乘
客與船員造福（照片3-4-13）。[577]

　　基隆船廠設備的能力，在同時期中國各造船廠中，有讓人刮目相看
的成績。1947年春二戰時沉沒於基隆港的5,000噸輪船山澤丸，被打撈

573 陳調甫，〈重入慈母懷抱的小弟弟：台灣（二）——三十七年二月二十日在塘沽的演辭〉，
　　《海王旬刊》，頁422-423。

574 本社，〈電價核定〉，《工商部公報》，南京，第1卷第1期，1948年7月，頁25。

575 老留，〈台灣機器造船工業的展望〉，《工商新聞》，南京，第87期，1948年6月28日，
　　頁4-5。

576 許毓良，〈光復初期台灣的造船業（1945～1955）——以台船公司為例的討論〉，《臺灣
　　文獻》，台北，第57卷第2期，2006年6月，頁194。

577 張喬治，〈台灣修船能力——最高紀錄一百五十萬噸〉，《中華工程週報》，南京，第12期，
　　1947年7月14日，第三版。

照片3-4-13【發登於南京雜誌的台灣機械造船公司廣告】

後拖至台灣機械造船廠修理。初步檢查時發現問題嚴重，原來該船使用
蒸汽三程膨脹式引擎馬力2,500匹，汽缸直徑為1.6公尺。其中一只汽缸
竟發生裂縫，這種問題很少會出現。解決之道是重新翻砂，可是翻砂需
要熟鐵百噸之多，要向上海購買原料，緩不濟急且沒有經費。最後公司
大膽使用「補丁」方法，再使用蒸汽實驗通過，聽聞戰時日本工程師常
用此法，但在中國還是第一次使用。[578]基隆造船廠三噸半電器煉鋼爐，
因在戰時受到美軍轟炸損毀嚴重，經多方添補配件，1948年初已完全
修復。迄今已煉鋼13爐，產品標準遠較一般為高。同年1月基隆造船廠
修理的輪船，計有台灣航業公司的「高雄輪」、「台中輪」、「台東
輪」、「鳳山輪」、「鳳林輪」，民生公司的「民眾輪」等小修船隻。
再加上基隆港務局第1號拋石船、新竹號挖泥船、美國海軍1047號登陸
艇、台灣碱業公司沉沒鐵駁船進行大修。總共10艘船隻，總計25,000
噸。[579]

　　高雄機械廠方面，機械工業在日治時期與紡織業相同，都不是台灣
重點發展項目。不過日本人在台灣遺留的設備，仍有可取之處值得發
展。中國戰前也只有小規模的機械工業，抗戰時期經濟部資源委員會建

---

578 本社，〈補縫汽缸壁、台灣船廠硬幹成功〉，《中華工程週報》，南京，第 9 期，1947 年
　　6 月 23 日，第四版。

579 本社，〈台灣機械造船公司近訊〉，《中國工程週報》，南京，第 37 期，1948 年 4 月 5 日，
　　頁 1。

立5個機械廠，戰後接收日本遺留的許多工廠，機械工業的基礎稍有輪廓。當時全國有13個資委會直轄的機械廠：中央機器有限公司、上海機器廠、天津機器廠、昆明機器廠、瀋陽機器廠、瀋陽製車廠、馬鞍山工具機製造廠、台灣機械造船公司、瀋陽機車車輛公司、中央造船公司、通用機器有限公司、中央汽車配件製造廠、遼寧滾珠軸承廠。[580]

當時大陸記者對高雄機械廠報導不多，幾則新聞是台灣機械造船公司基隆與高雄二廠，業務蒸蒸日上。除裝修蒸汽透平、修理船隻、製造各種機器之外，還製造窄軌機車與船用柴油機。高雄廠近月又進行三漲立式蒸汽機的製造，其中已經製成0-6-0式機車，軌距762mm，重約15噸，牽引力2,700公斤，平直道路每小時可達30公里。[581]高雄機器廠製造六輪式窄軌機車2部，已經售予台灣碱業公司與金銅礦物局。惟訂購者極多，半年的時間還需完成2輛。[582]

附帶一提，台灣的鐵工廠公營有第一至第七廠，各廠分佈地區不同，出產成品也不同。第一廠出品糖機、農具機，第二廠出品罐子與盒子，第三廠出品洋釘、鐵網，第四廠出品化工、機械、鋼鐵建築，第五廠洋釘、鋼鐵、鐵線，第六廠專製度量衡器具，第七廠出品最重要，專製大小內燃機、大小抽水機、車船用品。[583]

煉鋁與製鉛工業上，行政院資源委員會管轄的台灣鋁業公司高雄鋁廠，則是中國唯一的煉鋁工廠。1947年12月開工生產，但戰時破壞嚴重，以致於鋁錠產量不多。1948年1月美國第二大規模的萊諾公司（Reynolds Metals Company）來到高雄鋁廠參觀，最後決定與資源委

---

580 郭紹基，〈國營機械工業現況〉，《工商新聞》，南京，第 52 期，1947 年 10 月 27 日，頁 2-3、5。

581 本社，〈台灣機械造船公司自造窄軌機車〉，《中國工程週報》，南京，第 35 期，1948 年 3 月 22 日，頁 6。

582 本社，〈台灣機械造船公司近訊〉，《中國工程週報》，頁 1。

583 碧霞，〈工商報導——台灣工業的側影〉，《工商新聞》，南京，第 12 期，1947 年 1 月 20 日，第 3 版。

員會合作投資鋁廠。台灣鋁業公司經理孫景華、台灣電力公司總經理劉晉鈺（1898-1950），同時表示發展鋁業需要充沛電力也需要眾多人才，台鋁與台電可以肩負這項使命。1948年2月中央銀行總裁張嘉璈（1889-1979）亦視察台灣，允諾提供32,000億法幣，改善台灣交通、糖業、電力之用。由於政府決定大力發展台灣工業，萊諾公司亦決定1,000萬美元於台鋁高雄廠，計畫年產25,000噸鋁錠。[584]

其實1947、1948年資源委員會，對於台灣鋁業的重建不遺餘力。1947年底鋁廠建築物部分，鋁氧部全部完工，第一電解工場、熔融工場、水晶石回收工場、築爐工場也全部完工。電器部第一變電所、機械部火力發電所、修理工場都已經完工。預計1948年可以生產鋁氧16,000噸、鋁錠8,000噸。原料供應方面，已經在福建漳浦發現大量鋁土，品質合格可以供應高雄鋁廠。另外製造鋁氧每噸需要燒鹼120磅，全年需要500噸。資委會雖在高雄也有鹼廠運作，可惜製造鹼量不多，原料供應有些困難。另外製造純鋁一磅，在還原爐需要用碳極0.8磅，故該廠全年需要碳極3,000餘噸。資委會中油公司高雄煉油廠已經開工，石油焦（Pitch coke）與軟瀝青（Soft pitch）之供應大有幫助（照片3-4-14）。[585]

1947年12月12日國貨鋁錠由台灣鋁業公司生產，這是一個值得紀念的日子。[586]因為中國首次可以自製鋁錠。該公司總工程師鄭逸羣提到鋁，上海人稱它為「鋼精」或「輕銀」。中國工業落後，知道鋁的人很少，知道鋁合金的人更少。鋁合金分成二類：一是鑄造用的合金（Costing Alloy），二是軋壓用的合金（Wrought Alloy）。台灣的合

584 心茲，〈中美合作開發台灣〉，《工商天地》，上海，第2卷第11期，1948年3月，頁19。

585 陳世璋，〈台灣之化學工業（續）〉，《化學世界月刊》，頁12。

586 本社，〈工礦要訊──台設製鋁廠〉，《化學世界半月刊》，上海，第2卷第12期，1947年12月5日，頁31。

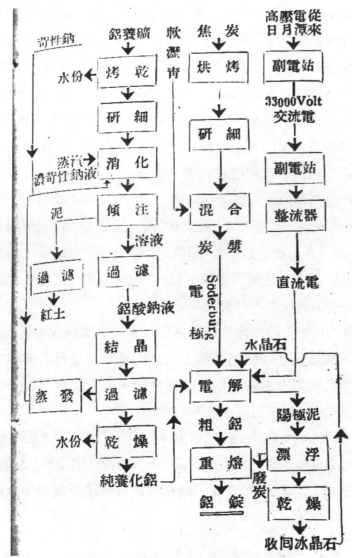

照片3-4-14【日治時期高雄鋁廠煉鋁流程】

金技術在太平洋戰爭時也有成長,當時日本用鋁、鋅、鎂合金,做為零式戰鬥機的骨架。因此要建設中國的空軍,台灣的鋁業必須發揮極大作用,根據計算最少要耗費3萬噸的鋁。台灣每年僅生產4,000噸,這對中

國唯一鋁廠來說，則是一個責任重大的事，而且可以節省許多外匯。[587]

　　雖然台灣鋁業公司是國內第一個鋁廠，但是戰時高雄鋁廠廠房受損40%、機器受損27%。花蓮鋁廠受損慘重，一時無法修復。[588]製作鋁錠1噸，需要原料燃煤4.5噸、鋁土4.2噸、碳酸鈉0.85噸、電極0.56噸、冰晶石0.2噸。當時製作鋁錠一磅需要用電0.95度，製造成本每磅美金0.11元，售價每磅美金0.15元。[589]1948年初美國萊諾公司投資高雄鋁廠一事，已經確認無誤。草約已在1947年底簽成，二個月後可以簽訂正式合同。台鋁公司包括生產線與建築物，總資產為800萬美金。美方投資金額約在50%左右，可能在700萬或800萬美元之間。高雄鋁廠每年製作鋁錠4,000噸，美方投資以後每年可以生產25,000噸鋁錠。值得注意的是台灣電力公司供給鋁廠的電量，只能電鍍4,000噸鋁錠，因此想要提高產量，電力的建設也不可或缺。[590]

　　製鉛業方面，大陸的雜誌報導更少。本文僅找到台灣鉛業公司即將修復一文，該廠預定1947年底開工。該工廠最早是日人興建，戰後行政院資源委員會擬與加拿大鉛業公司合作，但未能實現遂決定自己修復。預計開工後，每年可以生產4,000噸鉛。[591]

　　最後是鋼鐵業的發展，此項目也不是日治台灣工業的強項。同時期中國的鋼鐵業也極為簡陋，產量也微不足道，總計全國最高產量生鐵不過11,000餘噸、鋼錠6,500餘噸。戰後鋼鐵產業積極復員，全國區分為

---

587 鄭逸羣，〈談鋁〉，《中國工程週報》，南京，第 49 期，1948 年 6 月 28 日，頁 2-4；一士，〈復興中的台灣鋁業〉，《工商新聞》，南京，第 84 期，1948 年 6 月 7 日，頁 5。

588 編者，〈台灣鋁業公司積極恢復生產〉，《工業月刊》，天津，第 4 卷第 2 期，1947 年 2 月，頁 12。

589 陳調甫，〈重入慈母懷抱的小弟弟：台灣（四）——三十七年二月二十日在塘沽的演辭〉，《海王旬刊》，南京，第 20 年第 29 期，1948 年 6 月 30 日，頁 458、461。

590 本社，〈中美合辦台鋁廠〉，《中國工程週報》，南京，第 30 期，1948 年 2 月 16 日，頁 7。

591 本社，〈工礦要訊——高雄製鉛廠〉，《化學世界半月刊》，上海，第 2 卷第 9 期，1947 年 9 月 5 日，頁 33。

四個鋼鐵產區——華中、華北、東北、其他地區。其他地區又分為重慶區、海南島區與台灣區。台灣的公營煉鋼廠與軋鋼機的產量，前者每年生產14,400噸，後者每年產量3,500噸，煉鐵爐每年產量12,250噸。[592]台灣鋼鐵機械所轄事業，包括：鋼鐵廠4所、煉焦工場2所、機械廠8所、氧氣工廠1所。其中煉鐵爐每日可以生產生鐵20噸，煉鋼設備每日可以生產鋼材10噸。[593]

6.光復後礦業——水泥、煤礦、石油、金銅礦、硫磺

　　水泥的消耗量與一個地方的工業程度有關，戰前中國每一位國民水泥消費量平均是4.5磅，然而美國人有450磅，日本人有130磅，安南、朝鮮、台灣都各有7.5磅。[594]台灣水泥公司一如經濟部資源委員會所轄單位，都先經過監理、接管二階段。1946年5月1日成立台灣水泥公司，而所轄各廠均用乾法式製造水泥。主要原料是石灰石、黏土、矽砂，這三樣東西在廠區附近開採方便。鐵渣、煤炭仰賴基隆供應，石膏取自台南鹽田石膏，惟缺乏品質優良的包裝紙袋，對於推銷不無影響。[595]不過台灣水泥的產量，居於全中國重要的地位，倒是值得注意的事。1946年的數據顯示，除了東北水泥公司之外，台灣水泥公司的產量為全國第二，即便將來生產量的預估也是排名第二（參閱表3-4-14）。

592 堅白，〈我國鋼鐵事業近貌〉，《工商新聞》，南京，第51期，1947年10月20日，頁2。

593 陳世璋，〈台灣之化學工業（續完）〉，《化學世界月刊》，頁11。

594 蔣君章，〈中國工業建設問題（下）〉，《三民主義半月刊》，南京，第10年第10期，1947年8月1日，頁16-20。

595 陳世璋，〈台灣之化學工業（續）〉，《化學世界月刊》，上海，第3卷第2期，1948年2月，頁10。

表3-4-14　1946年中國主要10家水泥業生產量

編號	公司名稱	所在地	現在生產能力（每日桶數）	擴充生產能力（每日桶數）	將來生產量（每日桶數）
1.	啟新洋灰公司	河北唐山	7,000	—	7,000
2.	中國水泥公司	江蘇龍潭	4,500	—	4,500
3.	西村士敏土廠	廣州市	3,600	—	3,600
4.	西北水泥廠	山西太原	1,500	—	1,500
5.	四川水泥廠	重慶市	900	—	900
6.	華記水泥廠	湖北大石	800	6,200	7,000
7.	江南水泥廠	上海市	—	4,500	4,600
8.	華北水泥公司	天津市	3,600	—	3,600
9.	台灣水泥公司	台灣台北	10,000	—	10,000
10.	東北水泥公司	大連市	30,000	—	30,000

資料來源：子薯，〈我國戰前戰後的水泥工業〉，《工業月刊》，天津，第4卷第6期，1947年6月，頁7。

　　1946年台灣水泥公司轄下三廠：高雄、竹東、蘇澳，其中高雄廠已經部分修復，開始出貨（表3-4-15）。[596]到了1947年中國水泥的生產量排名，台灣水泥公司居全國第一，其次是啟新、中國、西北實業，惟當時只有名次，沒有產量數據。[597]

表3-4-15　1946年台灣水泥公司各廠產量

廠名	廠址	接收日本的企業單位	1946.5-12	1947.1-8
高雄廠	高雄市	淺野水泥株式會社高雄工場 台灣水泥株式會社 高雄水泥板工場 台灣製袋株式會社 台灣洋灰加工株式會社	57,462 噸	80,821 噸
蘇澳廠	台北縣蘇澳鎮	化成工業株式會社	16,384 噸	22,454 噸
竹東廠	新竹市竹東區	南方水泥工業株式會社 台灣石灰石礦業株式會社	2,558 噸	5,802 噸
松山廠	台北市松山區	台灣水泥管株式會社 大和水泥管柱合名會社		

資料來源：陳世璋，〈台灣之化學工業（續）〉，《化學世界月刊》，上海，第3卷第2期，1948年2月，頁10。

---

596 子薯，〈我國戰前戰後的水泥工業〉，《工業月刊》，天津，第4卷第6期，1947年6月，頁7。

597 本社，〈我國水泥工業近況、生產數量以台灣為首位〉，《公益工商通訊》，上海，第4卷第8期，1949年1月31日，頁29。

　　行政院資源委員會所轄三家國營水泥公司，總共有台灣水泥公司、華北水泥公司、遼寧水泥公司。其中以台灣水泥公司最重要，因為產量最大。不過為了再擴充產量，台泥在聯合國善後救濟總署的協助下，購買高達283萬美元的設備，預計1948年上半年可以安裝完成。[598]同年3月高雄水泥廠產量為16,000噸，已經突破自1917年設廠以來產量最高記錄。7月新式機器安裝後，渴望再提高生產量。1947年全年該廠生產水泥13萬噸，1948年全年預計可生產28萬噸，1949年全年預計可以生產40萬噸。[599]

　　在煤礦開採方面，台灣的煤礦都蘊藏在北部，煤種大致可以分為柴煤與油煤。前者可以用於汽鍋燃料，後者可以煤氣或焦煤的原料，但二者都富含粉末故質地稍遜。[600]全島煤田屬於第三紀，煤田分上、中、下三系，相距500至800公尺不等，分佈於基隆、台北、新竹。[601]中日戰爭以後台灣煤產量，在1941年達到最高峰為2,853,551噸。台灣光復之後煤產量，若以1945年9月至1946年8月計算，只有782,435噸而已。本省礦區總數有700個，台北縣分佈555個最多，其次是新竹縣127個。從燃煤品質來看，只有基隆礦區部分是無煙煤，品質最好之外，其餘都是瀝青煤。[602]台灣省煤礦分為省營與民營二種，省營有煤礦公司負責生產，計有基隆、永建、七星、是福、海山、三德煤礦，分佈於基隆市與台北縣境。民營者有115個煤礦，亦分佈在台灣北部。惟該省煤層較薄，且斷層折曲迭見，施工較難、成本較高，所產之煤多供本省使用。[603]

598 厲英，〈國營水泥工業全貌〉，《工商新聞》，南京，第 62 期，1948 年 1 月 5 日，頁 6-8。

599 本社，〈高雄水泥產量激增〉，《中國工程週報》，南京，第 40 期，1948 年 4 月 26 日，頁 8。

600 周文德，〈重歸我國懷抱的台灣〉，《科學畫報月刊》，頁 458。

601 陳調甫，〈重入慈母懷抱的小弟弟：台灣（六）——三十七年二月二十日在塘沽的演辭〉，《海王旬刊》，頁 489。

602 路荻，〈台灣煤礦業近貌〉，《工商新聞》，南京，第 63 期，1948 年 1 月 12 日，頁 4-5。

603 本社，〈工礦要訊——台省煤礦〉，《化學世界月刊》，上海，第 3 卷第 2 期，1948 年 2 月，頁 25。

　　1945年台灣省出產煤礦約79萬噸，1946年出產煤礦120萬噸。由於台省交通運輸事業、電氣事業、化學工業，均異常進步與興隆，所採燃煤都可以供給所需。茲舉1945年4至12月台灣用煤為例，金屬業3,349噸、電力電燈23,237噸、化學工業5,965噸、陶瓷工業29,725噸、纖維工業8,084噸、製鹽工業499噸、製糖工業73,420噸、食品工業4,786噸、私有鐵路4,593噸、民間所需272,062噸、公家所需92,001噸、軍用20,228噸。[604]

表3-4-16　1946年中國各省產煤數量

編號	省別	煤產量（公噸）	編號	省別	煤產量（公噸）
1.	河北	4,617,000	12.	陝西	450,000
2.	遼寧	1,800,000	13.	山東	350,000
3.	四川	1,457,000	14.	湖北	257,000
4.	熱河	1,333,000	15.	甘肅	200,000
5.	台灣	917,000	16.	江西	182,000
6.	安徽	726,000	17.	雲南	167,000
7.	河南	600,000	18.	貴陽	166,000
8.	湖南	583,000	19.	察哈爾	150,000
9.	江蘇	520,000	20.	新疆	143,000
10.	遼北	500,000	21.	寧夏	133,000
11.	山西	500,000	22.	浙江	83,000

資料來源：祝百英，〈一年來工礦業之境遇〉，《工礦建設》，上海，第 1 卷第 8、9 期合刊，1948 年 2 月，頁 3。

　　從上表來看，1946年台灣煤礦的產量與全國各省比較為第五名，僅次於河北、遼寧、四川、熱河。1947年全國產煤排行榜，第一名是開灤的4,870,284噸，第二名是撫順的1,382,976噸，第三名是阜新的1,223,981噸，第四名的是淮南的805,183噸。第五名仍是台灣民營煤礦678,576噸，第六名的是天府的619,300噸，第七名的是台灣省營的610,821噸，第八名的是華東478,281噸。[605]遼寧省的撫順與阜新煤礦總

<hr>

604 幼卿，〈台灣之燃煤〉，《人道》，香港，第 13 期，1948 年 4 月 9 日，頁 9-10。

605 本社，〈工礦要訊──去年煤產〉，《化學世界月刊》，上海，第 3 卷第 2 期，1948 年 2 月，頁 25。

合2,606,957噸，僅次於河北開灤煤礦，排名全國第二。台灣的民營、省營若合計為1,289,397噸，總產量超越安徽淮南煤礦，應該是第三名。故以省份而言，全國煤礦產量排名是河北、遼寧、台灣。

此外在1947年，澎湖縣馬公鎮菜園村發現煤礦，礦脈厚約一尺餘，蔓延甚遠，預估數量可以達到2,000餘萬噸。該縣已呈請建設廳派員勘察，據云這是澎湖島上首次發現煤礦。[606]加上新竹煤礦產量甚豐，行政院資源委員會決定開採，計畫最初每月採煤萬噸以上。如此新竹的肥料廠與水泥廠，所需煤源的問題可以解決。[607]1948年台省當局預定開採燃煤200萬噸，根據估計到同年4月底止，已經開採50萬噸，其餘150萬噸的開採當沒有問題。煤礦界人士認為，台省在當局扶持下，燃煤產量大增。可是最近船運阻滯，台煤運往上海數量銳減。目前各礦廠堆滿煤炭，總計有15萬噸之多。業界人士警告這種情況，若不加以改善，一來浪費外匯，二來十足打擊剛有起色的台煤。[608]

不過國共內戰如火如荼，全國最安定地區的台灣煤礦，終於成為重要的補給資源。特別是台灣煤礦第一大礦坑：瑞芳煤礦，斜線直入地下礦坑長度有6,000公尺，其中在海面下的深度有2,000公尺。該礦雇用2,000多名礦工，瑞芳煤礦每月產量1萬噸，估計還可以開採50萬噸。[609]1949年的統計數字，台灣工礦煤礦分公司擁有職員500餘人、工人13,000餘人，資本額289,650,000元，為台灣省營企業中工人最多的機構。[610]

---

606 本社，〈工礦要訊──澎湖島發現煤礦〉，《化學世界半月刊》，上海，第 2 卷第 9 期，
　　1947 年 9 月 5 日，頁 33。

607 本社，〈工礦要訊──新竹煤礦〉，《化學世界月刊》，上海，第 3 卷第 2 期，1948 年 2 月，
　　頁 29。

608 本社，〈台今年產煤定二百萬噸〉，《中國工程週報》，南京，第 44 期，1948 年 5 月 24 日，
　　頁 7。

609 本報特約記者，〈海底煤礦巡禮──瑞芳煤礦已有五十年歷史，蘊藏豐富〉，《工商新聞》，
　　南京，第 101 期，1948 年 10 月 18 日，頁 5-9。

610 曉年，〈台灣的壟斷資本──「省營」台灣工礦公司（一續）〉，《經濟導報週刊》，香港，
　　第 133 期，1949 年 8 月 9 日，頁 12。

　　石油的開採與提煉也是光復初期，台灣工業優於大陸的指標。中國的石油蘊藏主要分佈在甘肅玉門、六盤山、青海祁連山、新疆天山，其次浙江長興、貴州、四川。[611]台灣石油蘊含的地方，主要是新竹縣（苗栗）錦水、員崠子、寶山、楊梅排，台南縣的六重溪、竹頭崎、牛角崎、九層材，高雄縣的甲仙、千秋寮等。[612]接收之初，有種普遍但錯誤的看法，認為台灣省油田分佈幾乎佔全島一半，油質適合提煉上等油料，而與油層有密切關係的天然瓦斯分布更廣。光復時台灣每日煉油達30,000立升，油礦開採較有效用者在於四處地方：一為苗栗公館出礦坑油田，每日可以生產原油5,000至6,000立升，將來可以增至20,000立升。二為苗栗泰安錦水油田日產2,000立升，然而第二、三層的深量，可能有大量油源。如用新式設備鑽探，前途很有希望。三為台南新營牛山油田，背斜層約4,000公尺，因有高壓瓦斯存在，須採用加壓式強鑿法，共有井口54處，目前出產大量天然瓦斯。四為台南白河六重溪油田，鑿井17口，均用美國設備開採天然瓦斯。[613]

　　中國石油公司在台灣總共接收四個單位——台灣油礦探勘處、高雄煉油廠、新竹研究所、嘉義溶劑廠。1946年6月正式成立台灣油礦探勘處，它是接收日本帝國石油株式會社，以及日本石油株式會社的設施。煉油廠設於新竹縣之苗栗，礦區有四處——出礦坑、錦水、竹東、新營。苗栗煉油廠的煉製法，原油用油管輸入至蒸餾釜，利用天然氣為燃料徐徐加熱，原油開始氣化進入精餾塔，利用溫度調節，分出汽油、煤油、柴油，以及各種油氣，然後送入油槽儲存。[614]

---

611 薺文，〈從石油說到我國的石油〉，《科學畫報月刊》，上海，第14卷第2期，1948年2月，頁84。

612 周文德，〈重歸我國懷抱的台灣〉，《科學畫報月刊》，頁458。

613 本社，〈台省油源豐富〉，《化學世界半月刊》，上海，第1卷第7期，1946年8月1日，頁15。

614 陳世璋，〈台灣之化學工業（續完）〉，《化學世界月刊》，上海，第3卷第3期，1948年3月，頁8。

表3-4-17　1946至1947年台灣苗栗四處石油礦區總產量

年度	原油產量	汽油	煤油	柴油	石蠟
1946 年 1 至 12 月	670,452G.L.	321,176G.L.	194,587G.L.	138,861G.L.	33,392G.L.
1947 年 1 至 6 月	453,745G.L.	107,669G.L.	206,741G.L.	56,920G.L.	69,117G.L.
年度	天然氣	天然汽油	壓縮天然氣	液化天然氣	炭煙
1946 年 1 至 12 月	39,026,355M³	426,088M³	996,357M³	20,112M³	455,166M³
1947 年 1 至 6 月	21,849,404M³	281,462M³	451,357M³	17,027M³	202,437M³

資料來源：陳世璋，〈台灣之化學工業（續完）〉，《化學世界月刊》，上海，第 3 卷第 3 期，
　　　　　1948 年 3 月，頁 8。

　　上表是1946至1947年，苗栗油源開採種類與數量，行政院資源委員會中國石油公司，從光復以來一直在台灣探勘石油礦源。結果發現台灣油田原油出產量很少，但天然氣蘊藏卻很豐富，修正當時對於台灣產油豐富的錯誤印象。值得注意則是高雄煉油廠，每日可達煉油2萬桶，器具正在新購中，以期增加產量。[615]

　　高雄煉油廠，它得前身是日本帝國海軍第六燃料廠，一般被稱為日本海軍最大的油料供應處。1945年9月中國海軍奉命來台接收位於高雄左營的燃料廠，同年11月移交給台灣區特派員辦公處石油事業接管委員會。直到1946年6月才交由行政院資源委員會中國石油有限公司接管，正式成立高雄煉油廠。1947年4月第二蒸餾工廠開爐，每日提煉5,000至8,000桶原油。同年4月量產時，原油來自伊朗英伊石油公司（Anglo-Persian Oil Company），當時購入原油17,229長噸，煉得汽油21,106桶、煤油8,327桶、柴油7,338桶、重油59,390桶。1947年7月台灣高雄石油提煉廠開始出貨，其油質與美國所產者並無高下，首批2,200噸已經運至上海銷售。[616]同年12月始有中國油輪，萬噸之「永洪號」自伊朗載運原油至高雄，首創中國油輪向海外購油自運的記錄。1948年2月

---

615 本社，〈石油增產在進行——台灣、甘肅等處開鑿新井〉，《中國工程週報》，南京，第32期，
　　1948 年 3 月 1 日，頁7。
616 本社，〈台灣石油出貨〉，《化學世界半月刊》，上海，第 2 卷第 8 期，1947 年 8 月 5 日，
　　頁 31。

「永洪號」從阿拉伯第二次載運原油抵達高雄，航行過程情況非常順利。同年3月第一蒸餾工廠修竣，隔月開爐煉油。整個高雄煉油廠設備，可以分成14個單位——輸油組、蒸餾工廠、裂煉工廠、化學處理工廠、滑油工廠、試驗室、製氧工廠、製桶工廠、修理工廠、電工工廠、給水工廠、原動力工廠、土木工廠、磚窯工廠。之後中國油輪公司噸位僅次「永洪號」的「永澤號」，也出發至阿拉伯載運石油回台，1948年5月底抵達高雄。因此當時原油的運載，就以永洪、永澤油輪為主，再搭配陸續趕造的永清、永顯油輪。[617]

新竹研究所，它的前身是天然瓦斯研究所，總共有5個試驗工廠——水電解工廠、炭黑工廠、氫化油脂工廠、食鹽電解工廠、機械工廠。光復後進行研究項目有六個：丙烷之分離、台灣產白土之研究、苗栗重油研究、石蠟製潤滑油研究、噴漆溶劑之製造、溶劑脫蠟研究。[618]

嘉義溶劑廠，接收前本廠是中國工業前所未有，它的前身是台灣拓殖化學工業株式會社。該廠規模龐大，廠區設備包括：原料處理、蒸煮、發酵、過濾、蒸餾、倉儲、包裝、蒸氣、電力、修配、運輸、研究、甲醇、乙醇、製冰等設備。最特別的是以往都用番薯簽做為原料，但光復後搜羅不易，遂用糖蜜為原料。各產品化學比例為丁醇2、丙酮3、乙醇1，此外尚有微量的丁醇油。全廠每日可以生產丁醇6.5噸、丙酮3.25噸、乙醇1.1噸。該廠當時的研究工作，重點放在副原料的研究、酸酵菌選種之研究、丁醇油低壓分餾之研究。[619]

日人興建的丙酮工廠，製造丙酮的原料很多，含澱粉質者都可以製作，但以廉價材料為條件。嘉義廠以番薯為主要原料，再添加油粕或硫酸氫若干，成為細菌的營養品。據稱每天原料60噸，可以生產11噸產

617 陳世璋，〈台灣之化學工業（續完）〉，《化學世界月刊》，頁8；賓果，〈台灣高雄煉油廠概況〉，《建設季刊》，上海，第2卷第2期，1948年夏季，頁79-87。

618 此外也進行石油製造酒精的研究，參閱陳世璋，〈台灣之化學工業（續完）〉，《化學世界月刊》，頁9。

619 陳世璋，〈台灣之化學工業（續完）〉，《化學世界月刊》，頁9。

品，按比例可得丙酮30%、丁醇60%、乙醇10%。[620]嘉義溶劑廠接收之初，沒有經費重建，直到1947年行政院資源委員會，才有計畫修復，製造噴漆換取外匯，遂改名嘉義溶劑廠。[621]該年6月1日開始整建，首起工程以3個月時間完工，並計畫生產丁醇、丙酮與酒精。[622]

有機溶劑為基本化學工業之一，二戰結束之後各國發展均突飛猛進，唯有中國的有機工業建設毫無成績，有機溶劑的製造更鳳毛麟角，實為我國科學工業落後之羞。直到台灣光復後，獲得嘉義溶劑廠，規模宏大遠東第一。1948年1月首次出貨，所生產的丁醇（Butyl alcohol）符合國際標準，表示接收後技術研究成果進步，發展前景看好。值得注意的是丁醇的用途，主要用於製造乙酸丁脂（Butyl acetate），提供噴漆溶劑之用。近年來汽車工業的興盛，很關鍵一點是噴漆發展的功勞。此外石油工業中丁醇是提煉白蠟的最佳溶劑，造紙工業也可以利用丁醇製造木漿。嘉義溶劑廠未來計畫有三項——研究二氧化碳的利用、研究氫氣的利用、研究酯類的製造（照片3-4-15）。[623]

台灣金銅礦的開採上，台灣蘊藏礦源計有金礦、砂金、金銀銅礦、銀礦、水銀、石油、硫磺、磷礦、煤礦等。[624]可是光復以後有開採價值以金礦、金銅礦、石油、煤礦為主。石油、煤礦上文都已敘述，而大陸的雜誌對金銅礦報導，比起金礦還多。

中國向來缺乏銅礦，亞洲也只有印度與日本產量較多。根據經濟部

---

620 陳調甫，〈重入慈母懷抱的小弟弟：台灣（五）——三十七年二月二十日在塘沽的演辭〉，《海王旬刊》，頁474。

621 陳文琦，〈嘉義溶濟工廠計劃開工改製噴漆〉，《工商新聞》，南京，第43期，1947年8月25日，頁4。

622 當時嘉義溶劑廠酒精的製造情況，雜誌沒有進一步說明。不過利用石油，生產無水酒精，則是1949年的事情。參閱東，〈工商珍聞——台石油溶劑廠復工〉，《工商新聞》，南京，第46期，1947年9月15日，頁5；張明哲、松村元、陳萬秋，〈台灣石油用於製造無水酒精之研究〉，《工程》，南京，第20卷第4期，1949年6月，頁9-20。。

623 本社，〈台灣嘉義溶劑廠概況——吾國唯一大規模之溶劑廠〉，《化學世界月刊》，上海，第3卷第10期，1948年10月，頁24-25。

624 周文德，〈重歸我國懷抱的台灣〉，《科學畫報月刊》，頁458。

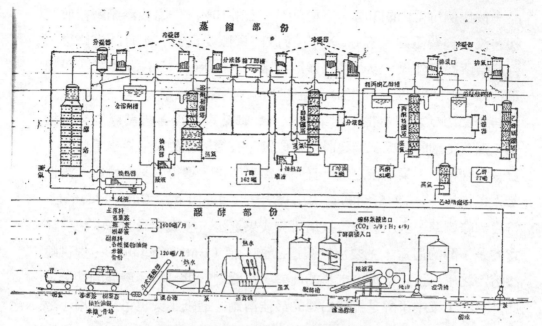

照片3-4-15【嘉義溶劑廠生產線作業流程】

資源委員會礦業研究所估計，扣除兵工所需純銅外，民間純銅需求約
10,000噸。中國重要銅礦皆在西康、雲南省，因交通不便、難以開採。
1945年資委會接收台灣之日本礦業株式會社，監理期間設台灣銅礦籌
備處。日治時期日人耗資5,400萬日元，大力建設台灣銅礦廠，故有
「東亞第一」的稱號。其規模有每日處理銅砂2,000噸的設備、處理金
砂1,300噸的氰化設備、地下採礦坑道403公里。過去礦廠工作限於採礦
與洗礦，所得半成品銅精砂（Copper Concentrate）、礦水沉澱銅
（Cement Copper）、金銀沉澱物，全部送到九州佐賀加工精製，礦廠
沒有冶煉設備。當地以金瓜石礦脈最重要，礦床如果是海拔300公尺以
上的丘陵，則以金礦為主，300公尺以下則是銅礦為主（照片3-4-
16）。根據統計金礦砂500噸，可以提煉純金15.5噸、純銀47.5噸。銅
礦砂580噸，可以產純銅420噸、副產金7.8噸、銀61.3噸。日本人開採
銅礦，最高記錄是一年提煉純銅7,000噸。金銅礦物局從接收到1947年7

月，總共開採金砂40,000餘噸，得純金143公斤。沉澱銅部分為819噸，
內得純銅532噸。不過該局未來的期望是每月，能夠處理金砂800噸、
銅砂1,500噸，俾能大大獲得最高利益。[625]

照片3-4-16【金瓜石的露天採礦場】

　　日治時期的作法是將台灣出產的粗金、粗銅送往日本提煉，台灣本
地並無提煉設備。資委會接辦以來，利用上海與台省的器材均完成日人
以前沒有在台灣建立的設備。1948年每個月產金1,200兩，含金量
99.7%。中央銀行計畫購買黃金9,000兩，現已交貨4,000兩。[626]亦有其
他報導稱，台灣金銅礦物局，近日已安裝新式金銅礦設備。煉金方面包
括：鎔化、分銀、電鍊三階段的機器。新式機器提煉後，含金量可以從
99.7%提升為99.9%。至於煉銅包括粗銅、精銅、電銅三階段的設備。
電銅含量最高為99.9%，目前每月生產80噸，三個月後每月可達150

625 陳世璋，〈台灣之化學工業（續）〉，《化學世界月刊》，上海，第3卷第2期，1948年2月，
　　頁11。

626 本社，〈台灣煉金月產千二百兩〉，《中國工程週報》，南京，第41期，1948年5月3日，
　　頁6。

噸，專供軍用。⁶²⁷

較不為人所熟知是硫磺，台灣出產硫磺礦的地點有5處：北投十八份大礦碎（嘴）、金山鄉頂中股大油坑、金山鄉頂中股社磺仔坪、萬里鄉下萬里庚仔坪、北投竹仔湖。可是前四者早在日治時期，就是英國人與總督府簽訂採礦協議的礦區，不料太平洋戰爭爆發，日本人沒收所有礦礦。台灣光復以後，英國人向台灣省行政長官公署申訴擁有採礦的權利，長官公署無法決定遂請示中央。在這段期間，英國人仍在北部開採硫磺，每日可出產10,000斤硫磺，每月出產20至30噸。⁶²⁸

7.光復後商業──交通、貿易

商業的發展上，交通與貿易彼此關係連結甚大。日本統治台灣半世紀，交通建設有顯著的進展。接收時台灣鐵路總長度為15,721公里，營業里程為9,012公里，私營鐵路6,922公里。台灣鐵路營運極佳，惟速度不如京滬火車快速，每小時約40公里而已。特別是台灣鐵路營運不隸屬於行政院交通部，而是交由台灣省行政長官公署交通處管理。公路的建設亦佳，道路總長7,692公里，民營路線有4,830公里，由省公路總局管理。至於航空業務，日治時期國際飛行航線有四條：台北─福岡、台北─曼谷、台北─香港、橫濱─淡水─曼谷（水上飛機）。光復後台灣航空業務由中航公司辦理，只開闢台北─上海航線，每週有三趟往返航班。台灣交通的便捷，僅一日半就可以環台一周，若由台北搭乘火車出發至高雄，花費時間11個小時。再由高雄轉成汽車至林邊為2小時。再由林邊搭乘汽車至台東為5小時。再由台東搭乘火車至花蓮為10小時。

627 本社，〈台灣省近已完成提煉金銅礦設備〉，《公益工商通訊》，上海，第3卷第3期，1948年5月15日，頁25。

628 楚濱清，〈台灣硫磺礦落在外人手裏〉，《工商新聞》，南京，第54期，1947年11月10日，頁4。

再由花蓮搭乘汽車至蘇澳為3小時。最後由蘇澳搭乘汽車回台北為3小時。至於海運更是發達，本省自辦台灣航業公司開闢航線環行全島。招商局也已開闢基隆至大陸沿海重要港口的航線，如上海、福州、海南島海口。每年基隆港吞吐量為300萬噸左右，高雄港為基隆港的三分之二。[629]

　　光復後從台灣省行政長官公署，到後來的台灣省政府，只要延續以往的交通建設，就可以恢復台灣商業榮景。台灣的陸上交通以鐵路與公路為主，台灣鐵路密度遠較大陸本土為大，但系統以輕便者居多。當時鐵路系統分為縱貫線405.9公里，宜蘭線98.8公里，平溪線12.9公里，淡水線22.4公里，台中線91.2公里，集集線79.7公里，台東線71.2公里，潮州線17.9公里，阿里山線82.6公里，太平山鐵道37.4公里，八仙山鐵道39公里，合計959公里。[630]台灣西部幹線鐵路，從基隆通至高雄，總共有大、小車站79座。1899年縱貫線開始興工，1908年全線通車。不過雙軌工程的進行稍晚，直到1929年台北到高雄的雙軌才舖設完成。[631]台灣光復以後，鐵路由台灣鐵路管理委員會接收。1947年上半年的票價，基隆到高雄的二等票價是台幣729元，三等為台幣349元，台北到淡水二等為台幣10元，花蓮港到台東為台幣77元。[632]

　　1947年中國戰後鐵路復興計畫沒有包括台灣，或許大陸交通亟待建設，也或許台灣的鐵路已經很完善。[633]隔年2月中央銀行總裁張嘉璈視察台灣後認為，台灣省鐵路運輸能力每日12,000噸，運輸貨品以糖米鹽煤為大宗。以蔗糖來說，1948年預計產糖30萬噸，若全部經由鐵路運輸完畢約要一個月，時間上不容易掌握商機。張氏認為肥料與酒精，

---

629 王慰曾，〈介紹台灣〉，《太平洋月刊》，頁47。

630 周文德，《土木事業在台灣》，《交大土木》，上海，第4期，1946年無月份，頁33。

631 李甲孚，〈台灣鐵路概況〉，《警務月刊》，上海，第1卷第4期，1947年6月，頁9-10。

632 李甲孚，〈台灣鐵路概況（續）〉，《警務月刊》，頁13-17。

633 編者，〈戰後五年鐵路建設計劃圖〉，《京滬週刊》，南京，第1卷第2期，1947年1月19日，頁15。

則是僅次於鐵路與電力，台灣最重要的四大產業。同時張氏認為利用台省物資去換取外匯，為比較可行的辦法。中信局台灣分局經理周紹曾表示，該局已經自美國訂購肥料8萬噸。1萬噸已運至台灣，全部價款甚鉅，如果全付現金，勢必引起台省通貨膨脹。現擬辦理易貨，即以台灣出產之茶葉、樟腦、鳳梨運美，俾以售價抵充肥料價款。[634]同年5月台灣鐵路局工務處長樊祥孫（1905-？）赴南京公幹，對外表示台灣公、私鐵路合計3,000公里。日本統治時期管理良善，惟戰時受到美軍轟炸頗有損失。現計待換枕木65萬根，大、小橋梁都要補強，現設法改善。近年來客、貨運輸皆有成長，大約每日1萬噸貨運量，可以淨賺17億元台幣。[635]

台灣省的公路密度，連鄉道合併計算，每100平方公里有47公里道路，也是全國第一。光復後長官公署把公路維修列為優先施政，1947年4月底止，除台東至花蓮的公路尚未修復外，其餘路線完全暢通，營業里程達1,547公里。二二八事件以後，公路局奉命接管台北、基隆、高雄三市的公共汽車，以及台北近郊、宜蘭、台中四區公商合營的公共汽車（照片3-4-17）。根據統計公共汽車每日行駛里程，平均26,100餘公里，早已大幅超過日治時期公共汽車的每日平均里程9,239公里。當時台灣省公路分為三種：第一為2條省道，環島幹線1,031公里，中部橫斷線173公里。第二為縣道2,500餘公里，第三為鄉道13,000餘公里。[636]

另外，海上交通可以分為港口與航線來討論。1936年中國沿海與台灣港口出入船舶總數前五名，排名第一名是上海31,810,000噸，第二名是九龍30,000,000噸，第三名是基隆23,582,610噸，第四名是大連

634 心茲，〈中美合作開發台灣〉，《工商天地》，頁19。
635 本社，〈樊祥孫譚台灣鐵路〉，《中國工程週報》，南京，第45期，1948年5月31日，頁7。
636 華壽嵩，〈台灣省的公路〉，《科學大眾》，上海，第3卷第3期，1947年12月，頁150-151。

照片3-4-17【台北市的公共汽車】

16,219,000噸、第五名是天津5,165,247噸。[637]上海港的設備有躉船、浮筒、碼頭，吃水30呎的洋輪可以停泊。基隆港內水深約9至11公尺（約27至33呎）有碼頭設備。高雄港水深27呎，也有碼頭設備。花蓮港水深6公尺（約18呎），也有碼頭設備。[638]可是到了1940年代，東方第三良港就是台灣的基隆。上海雖列為世界第一大商埠，但萬噸以上的輪船不能灣泊，於是搬運船上物資上下全靠人力。所以由美國運往上海的貨運費用，還比黃浦灘運往上海市區還要便宜。1946年台灣省行政長官陳儀（1883-1950）與美國商定，同年運往溫州、福州、廈門、汕頭的物資，船隻都先在基隆港停靠轉運，故該港的繁榮指日可待。當時政府有雄心壯志20年以後，要讓基隆成為「亞細亞的紐約」。[639]

　　基隆做為台灣北部第一大港，從香港、上海、美國的商輪絡繹不絕，形成繁榮的局面。該港有18座碼頭，每座碼頭都有3噸的起重機2

637 本局，〈中國沿海港口調查表〉，《港工》，青島，創刊號，1947年7月1日，頁29。
638 周易之，〈從港埠淺深觀航業〉，《海建》，上海，創刊號，1948年5月10日，頁16-17。
639 苔蘚，〈東方第三良港──基隆〉，《茶話月刊》，上海，第9期，1947年2月10日，頁39-40。

架，並有很好的鄰港倉庫。最特別的是每座碼頭都鋪設鐵軌，起卸貨物都可以省力、迅速。例如：從美國運來1,600噸的機械，只需要五天的光景，就從船上裝卸到一百餘節的車廂，運離基隆。若跟運輸維艱的內地比較，這恐怕是一種奇蹟。[640]光復後長官公署接收基隆港，對它有無限期待。該港口設施總計有碼頭2,547.20公尺、可以停泊3,000至10,000噸船隻7艘，以及10,000噸以上船隻7艘。浮標6個可以維繫3,000至10,000船隻6艘，躉船一座，淺水碼頭3,976.10公尺，以及面積287,658平方公尺之船溜5處，公私所屬倉庫80餘棟，面積134,710平方公尺，儲煤場可貯存13萬噸燃煤，3噸起重機10座，10噸起重機2座、30噸起重機1座、35噸水上起重機1座。旁邊還有台灣機械造船公司一處，設有船渠3座，可供25,000噸、15,000噸、3,000噸船隻使用。戰前基隆港每年吞吐量，平均為360萬噸，貨物裝卸達400餘萬噸，但是1946年吞吐每月僅10餘萬噸。其實基隆港與華南各港甚近，可以發展成為國外貿易轉口港，減輕上海港的負擔。[641]然而實情卻非如此，因為1946年度基隆港一年進出口量是748,866噸。這些數字都比日治時期大幅衰退，特別是基隆港只有1939年全盛時的五分之一。因此檢討光復後台灣貿易衰退的原因，大致上可以區分為二點——戰後生產力不足以製造充足物資、日本建構的貿易關係被切斷。[642]

　　1947年7月7日行政院交通部召開全國航政會議，會中討論航政管理、船舶增加、船員檢定、港口管理等議題，當時全中國商港21處，僅青島、基隆、廣州灣、上海、高雄、葫蘆島港灣較大。其中與台灣相關者，則是會後決議提請交通部，把基隆、高雄港做為替代香港的國際

640 張伯鈞，〈台北素描〉，《生活與時代旬刊》，長沙，第 1 卷第 5 期，1948 年 10 月 11 日，頁 13。

641 允良，〈台灣南北兩大海港的現況及其計劃〉，《海事》，台北，第 2 期，1947 年 4 月，頁 25-26。

642 朱維清，〈台灣光復後之對外貿易（二）〉，《工商新聞》，南京，第 42 期，1947 年 8 月 18 日，頁 2。

貿易轉運港。[643]

　　高雄港位於台灣南部，戰前每年港口吞吐量為170餘萬噸。雖然該港吞吐量比基隆港少，但港灣長達12公里，可以停泊10,000至20,000噸船隻150艘，並且港區旁邊有鉛鐵、肥料、煉油、煉鋁與其他化學工業，將來發展無可限量。[644]光復後台灣省行政長官公署接收高雄港，港區有六項重要設施值得注意：第一，防波堤為全港最艱鉅工程。未修築防波堤必需先拋石持入海底，時間長達10餘年。南座堤長938公尺用於防波，北座堤長938.8公尺用於防沙。第二，全港深水碼頭24座。碼頭建築樣式分成三大類——混凝土方塊積累式、鋼筋混凝土棧橋式、鋼矢板樁岸壁。第三，14座繫船浮標。第四，港務局所屬倉庫20座，儲量16萬噸；私有倉庫50餘座，儲量17萬噸。第五，各式起重機械。舉重力造高者為50噸，另15噸舉重車1部，5噸舉重車2部。亦有浮動式蒸汽船2艘，一艘為30噸，一艘為15噸。第六，1,000噸船塢一座。1946年度下半年高雄港進出口量是84,600噸。[645]1948年航政會議有開闢高雄港為國際港的提議，加以工廠林立，如鋁廠、煉油廠、水泥廠、碱廠、水泥、鋼鐵機械、糖廠、肥料廠全部在此。[646]

　　花蓮港與基隆港、高雄港並稱台灣三大港，該港關係到整個東台灣的繁榮。[647]然而光復後花蓮港年久失修，1946年竟遭六次颱風襲擊，損壞嚴重。花蓮港務局決定重建設備，三個月內集中人力、物力，投入台

---

643 張寶田，〈全國航政會議記實〉，《港工》，青島，第1卷第2期，1947年10月1日，頁38-40。

644 允良，〈台灣南北兩大海港的現況及其計劃〉，《海事》，頁25-26。

645 朱維清，〈台灣光復後之對外貿易（二）〉，《工商新聞》，頁2。

646 沈嘉濟，〈高雄港〉，《工程界》，上海，第4卷第2期，1949年2月，頁12-13、18。

647 台灣光復之初的港口吞吐，從引水員的收入可知。1947年高雄港的收入只有基隆港的三分之一，花蓮港的收入更只有基隆港的三十分之一。如果費用沒有平均分攤，高雄、花蓮二港引水員將無人問津。唐桐蓀，〈台灣省的引水工作〉，《海建月刊》，上海，第1卷第5期，1948年9月，頁9-11。

幣3千萬元搶修。[648]特別是花蓮港的興衰,帶動的不僅為花蓮而已,還有台東的發展。花蓮港向南和台東縣有鐵路可達,但台東縣是未經開發的處女地,必須仰賴花蓮現供給物資。可是花蓮縣商業不盛,光復後花蓮港對國外的航線尚未開放,因此溝通宜蘭與花蓮的蘇花公路更顯重要(照片3-4-18)。1916年日本人動工興建,1925年才全線通車。蘇花公路全長119.9公里,在臨海的峭壁上開鑿出一條公路,特別是它有開通世界第二大斷崖—

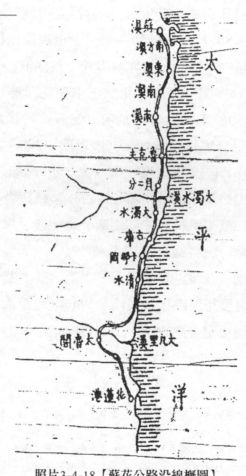

照片3-4-18【蘇花公路沿線概圖】

648 編者,〈科學新聞——建設台灣、修復花蓮港〉,《科學畫報月刊》,上海,第13卷第3期,1947年3月,頁202。

649 周文德,〈蘇花公路一百二十公里〉,《科學大眾》,上海,第2卷第5期,1947年8月,頁189-192。

　　台灣島內、外航線上，1947年為長官公署制訂五年經濟建設計畫的第一年，當時涉及到航運事業推動的方案，可以分為目的、辦法、步驟三項。目的方面有經濟需求，繁榮本省工、商業，解決民生問題，進而成為國家總動員生產力之一。政治需求為國家爭取海上航權，使國際重視中國的海洋地位。

　　辦法方面屬於港灣者，即是基隆港與高雄港的建設。首先擴大基隆港與高雄港的吞吐量，讓這二個港口成為中國最大的港口。其次讓基隆港成為中國北洋航線，並肩負中國對南、北美與蘇聯的貿易。其三也讓高雄港成為中國南洋航線的起迄點，同時肩負中國對印度、歐洲、非洲的貿易。

　　屬於航線者，環島航線的發展需強化。同時在中國沿海重要港口，例如：廣州、汕頭、廈門、福州、溫州、寧波、上海、南京、九江、漢口、青島、天津、大連、秦皇島，設立各航運公司的據點。

　　屬於步驟方面，五年計畫的第一年先強化環島航線，也確立對國內口岸的航線，第二年發展南洋，開闢馬尼拉、西貢、曼谷、新加坡，雅加達、仰光、加爾各答、孟買、墨爾本的航線。第三年發展歐洲與非洲，開闢法國馬賽、英國利物浦、非洲亞歷山大港的航線。第四年發展南、北美，開闢紐約、舊金山、布宜諾斯艾利斯、里約熱內盧的航線。第五年開闢蘇聯海參崴航線。[650]

　　持平而論，光復初期台灣省行政長官陳儀對於台灣港務與航運重建，的確有一張藍圖。如派任基隆港務局長唐桐蓀（1911-？）、基隆港務局航政組組長范恆、台灣省航務管理局長徐祖藩、副局長馮法祖（1912-？）。[651]這些人在當時中國航運界，算是優秀的人才。又如戰後各國港口管理港市行政一元化傾向成為趨勢，陳儀主政時也有相同的

---

650 蒼生，〈我談五年計劃〉，《海事》，台北，第 2 期，1947 年 4 月，頁 14-15。

651 本社，〈為台省盡心服務的船員們速寫之一〉，《海事》，台北，第 2 期，1947 年 4 月，頁 39-40。

想法。故想調派基隆港務局長為高雄港務局長，而兼任高雄市長，但之後卻以人事因素未見實行。[652]

　　民用航空發展上，日治時期台灣已經有多條國際航線，飛往福岡、橫濱、曼谷、香港，可是光復以後有極大的改變。當時中國境內的城市，擁有國際航線的屈指可數。例如：上海擁有飛往馬尼拉、香港、東京、關島的航線，廈門擁有飛往馬尼拉的航線，昆明擁有飛往香港、河內、加爾各答的航線。廣州擁有飛往曼谷的航線而已。1945至1947年台灣的民航都是國內線，並且全由中央航空公司與中國航空公司承攬。當時中央航空開闢一條航線：台南—廈門—香港，中國航空開闢五條航線：第一條上海—福州—台北、第二條上海—台北、第三條上海—台北—台南、第四條上海—廈門—台南、第五條廈門—台南—汕頭。[653]直到1947年的國際民航會議，才決議中國應於1948年5月1日，完成四個國際機場的建設，包括：上海龍華機場、廣州白雲機場、廈門預備機場、台北松山緊急著陸機場。[654]

　　光復後台灣的貿易發展，在外省記者的眼中是「壟斷式」經營，有別於大陸各省。台灣工礦公司是規模最大的生產機構，經營項目包括：機械、煤礦、橡膠、油脂、電工、陶業、工程與玻璃公司，下屬工廠與辦事單位109個，生產品達數百種。其實台灣光復後，台灣省行政長官公署接收日人的11個會社：鋼鐵機械、煤礦、紡織、油脂、玻璃、化學、電工、印刷、工礦器材、窯業、工程，分別監管。[655]1947年5月1

---

652 經海，〈讀港政管理研究書後〉，《海事》，台北，第 8 期，1947 年 12 月，頁 9。

653 本社，〈統計資料〉，《民用航空月刊》，南京，第 1 期，1947 年 12 月，頁 24。

654 資料室，〈交通簡訊〉，《交通與警察》，南京，第 1 卷第 1 期，1947 年 7 月 15 日，頁 32。

655 台灣工礦公司所轄 11 個單位到底有哪幾家公司？至少有 3 個版本。劉進慶教授研究有炭礦、鋼鐵機械、紡織、玻璃、油脂、化學、印刷、窯業、橡膠、電氣器具、土木建設，但沒有電工。1947 年台北的期刊稱煤礦、鋼鐵機械、紡織、玻璃、工程、電工、油脂、化學製品、印刷紙業、窯業、橡膠，但沒有工礦器材。1949 年香港的期刊稱鋼鐵機械、煤礦、紡織、油脂、玻璃、化學、電工、印刷、工礦器材、窯業、工程，但沒有橡膠。參閱劉進慶，《台灣戰後經濟分析》（台北：人間出版社，1995 年三刷），頁 27；台灣銀行金融研究室，〈台灣省營工礦企業

日工礦公司正式成立，遂把這些單位改組成分公司。若按照國立中山大學台灣經濟攷察團的報告，台灣工礦股份有限公司所轄12個分公司——窰業、鋼鐵機械、橡膠、化學製品、印刷紙業、工程、電工、紡織、玻璃、油脂、工礦器材、煤礦。[656]

此外還有所謂「貿易公司」，直屬於台灣省行政長官公署，直到1946年2月改名為貿易局。該機構專門經營進出口生意，出口辦理者有茶、糖、煤、樟腦、鳳梨罐頭、木材、大甲蓆；進口辦理者有布、肥料、麵粉、油、器材。貿易局有特權控制物資，也有能力調節物資。據估計1945年10月至1946年10月，貿易局獲利台幣4至5億元。由於壟斷交易的商品太多，一般商人深受貿易局獨佔的打擊，抱怨連連。台灣省行政長官公署撤廢後，首任台灣省主席魏道明（1899-1978）宣布裁撤貿易局，另組物資調節委員會。[657]

1945年底由上海來到台灣接收的技術人員與行政人員不到2,000人[658]，可是馬上主宰台灣的生產與貿易。1946年7月以前台灣接收各部門，都處於監督、接管狀態；一直要到同年7月以後，才進入正式生產階段。1947年台灣對外貿易還算差強人意，主要輸出品是燃煤439,597噸、水泥19,149噸、罐頭1,113噸、水菓21,254噸，糖40,000噸、茶12,086噸、食鹽194,100噸。至於進口的項目，以紡織最為重要。台灣非常缺乏紗布，因此與中紡公司簽約，以煤交換紗布。第一期台灣先運

概況（資料）〉，《台灣銀行季刊》，台北，第1卷第3期，1947年12月，頁95-157；晚年，〈台灣的壟斷資本——「省營」台灣工礦公司〉，《經濟導報週刊》，香港，第131期，1949年7月26日，頁8-9。

656 李振業，〈台灣經濟鳥瞰：中山大學台灣經濟攷察團報告之一〉，《經濟建設》，廣州，第3卷第3期，1948年9月，頁25。。

657 朱維清，〈台灣光復後之對外貿易（三）〉，《工商新聞》，南京，第42期，1947年8月25日，頁2。

658 柳培潛，〈從工商業不景氣說到台灣工礦事業前途的展望〉，《經建季刊》，南昌，第2期，1947年1月，頁92。

出燃煤20,000噸，二個月內運完。[659]之後台灣煤礦每個月要供應上海10萬噸之需。[660]

表3-4-18　1946中國貿易主要關別前十名（法幣千元）

編號	關別	進口總值	出口總值
1.	上海	1,280,916,920	255,303,759
2.	廣州	47,013,628	36,040,163
3.	天津	45,756,558	45,959,873
4.	九龍	37,726,182	8,326,596
5.	膠州	21,405,294	11,943,024
6.	汕頭	20,529,961	11,562,754
7.	昆明	13,060,530	504,211
8.	台北	1,206,421	617,386
9.	梧州	38,613	15,328,444
10.	其他各關	33,511,139	26,525,621

資料來源：經濟部統計處，〈進出口貿易類——表 54 中國對外貿易主要關別統計〉，《經濟統計月報》，南京，第 1 期，1946 年 12 月，無頁碼。

從上表來看扣除其他各關綜合，1946年台北關（基隆）進、出口的商品總值，在全國海關排行僅第十名而已。這與日治時期基隆港的吞吐量，遠超過天津、廣州、九龍、膠州（青島）、汕頭，真不可同日而語。同時也表示台灣在光復第一年，復員的速度太慢了。其實這一年台灣農業收穫量減少，主要原因是化學肥料供應政府不及日本的五十分之一。每年台灣肥料正常供應是25萬噸，1945年10月中國政府所接收使用不到5,000噸。[661]1946年台灣的貿易對象，僅有大陸各省各市，並以上海為最重要。台灣物產當時運至上海銷售者，以燃煤與蔗糖最多。由於台灣每月燃煤產量逐漸增加，故運至上海數量每月達40,000噸，足夠

659 俞康羣，〈台灣的對外貿易〉，《工商天地》，上海，第 2 卷第 10 期，1948 年 2 月，頁 19。

660 本報特約記者，〈海底煤礦巡禮——瑞芳煤礦已有五十年歷史，蘊藏豐富〉，《工商新聞》，南京，第 101 期，1948 年 10 月 18 日，頁 5。

661 Zd Vic Sdnejenyon 著，尹明譯，〈台灣經濟〉，《金融匯報》，長沙，第 28 期，1946 年 10 月 16 日，頁 7-8。

供給上海水電廠運用。但是蔗糖在基隆港堆積甚多，將由招商局陸續派
船運滬。台糖公司大量配售上海及外埠各糖商，1946年底糖價應該會
下跌。[662]1947年底台灣進出口貿易逐漸繁榮，原因是進口商需向政府登
記，出口商可以自由輸出貨物。台灣銀行信託部購買外匯，手續也非常
簡便。輸入的日本貨，多是魚翅與其他海味，泛濫於台灣的市場。[663]下
表也是1947年，全國海關進、出口的商品總值排名，跟前一年不同的
是多了一個「台南關」（高雄）。台灣的兩海關：台北、台南如果相
加，進、出口淨值超越河北省秦皇島。全國排名差不多為第五名，顯示
台灣農、工、礦業逐漸復甦。

表3-4-19　1947年中國貿易主要關別前十名（法幣萬元）

編號	關別	進口淨值	出口淨值
1.	上海	7,986,987,164	3,851,037,392
2.	九龍	837,378,415	903,403,174
3.	天津	451,828,307	505,532,269
4.	廣州	362,383,391	507,782,520
5.	秦皇島	230,091,030	108,807,190
6.	拱北	164,169,488	23,039,253
7.	汕頭	138,240,744	107,181,509
8.	膠州	137,918,850	46,860,491
9.	台北	119,518,026	72,949,773
10.	台南	94,550,069	93,084,701

資料來源：編者，〈貿易統計（三十六年中國對外貿易統計輯要）〉，《進出口貿易月刊》，上海，創刊號，1948年6月。

　　1947年中國的國際貿易出現重大改變，同年9月15至19日召開全國
對外貿易會議，最後一次議程對是否與日本恢復貿易，正反意見爭論不
休。台灣、東北等地的代表，認為非開放對日貿易，不能協助當地的建
設。有若干專家如知名經濟學者袁慶炎，站在「國民經濟」的立場，也

662 本社，〈台省煤糖運滬〉，《化學世界半月刊》，上海，第1卷第12期，1946年10月16日，頁15。
663 德，〈工商珍聞──日貨泛濫閩台〉，《工商新聞》，南京，第48期，1947年9月29日，頁5。

主張開放。惟有上海廠商為維護「民族工業」，堅決反對。[664]南京國務
會議不顧人民的反對，決定恢復對日貿易。有云國際貿易雖說是一個國
家對世界的通商問題，但不能僅做為商業行為來看對日貿易，還有政治
與軍事等的重要問題。香港左派雜誌已經注意到，恢復對日貿易後跟台
灣相關的三個問題：台灣在中國對日貿易所佔的地位？以及恢復對日貿
易之後對台灣的影響？最後是台灣人民對於恢復對日貿易所採取的態
度？當時認為依照台灣先前是日本殖民地商業體系的關係，如果中國恢
復對日貿易，台灣有可能成為最重要的省份。假定中國不恢復對日貿
易，台灣以往對日本輸出的原料，可以供給中國的工業。因此恢復對日
貿易，等於是把台灣的資源又奉送給日本。特別在工業成本上，國貨高
於日貨，台灣人又用慣了日貨，故台灣與日貿易後，國貨在台灣的市場
一定不敵日貨。當時左派攻擊最力的是台灣省物資調節委員會，已經決
定運輸5萬噸的糖前往日本。台灣省政府又核准台灣省青菓產銷合作
社，對日輸出台灣青菓的計畫。因此左派大力疾呼，台灣人民也要向內
地人民學習，反對官僚資本的貿易壟斷，發動推銷國貨運動。[665]

　　可是恢復對日貿易，不啻為台灣經濟發展一線生機。1948年對台
灣貿易發展來說，應是大幅成長的一年。例如：水泥的外銷屢創佳績，
1948年2月台灣水泥公司，光復後首次外銷水泥至菲律賓，總計1,500噸
從高雄港出口，售價每噸美金20元。[666]同年招商局「麟閣輪」，從高雄
又運載4,000噸水泥至馬尼拉。[667]由於台灣水泥品質在菲律賓受到高度
評價，1948年2月至3月已運去水泥16,600噸。同年4月預計再運去6,500

---

664 陸民，〈斥主張開放對日貿易者的謬論〉，《工商天地》，上海，第1卷第12期，1947年
　　10月1日，頁12-16。

665 周日常，〈「恢復對日貿易」與台灣〉，《新台灣》，香港，新台灣叢刊第1輯，1947年
　　9月25日，頁41-45。

666 本社，〈台灣水泥外銷〉，《中國工程週報》，南京，第31期，1948年2月23日，頁8。

667 本社，〈台灣水泥源源外銷〉，《中國工程週報》，南京，第35期，1948年3月22日，頁6。

噸水泥去馬尼拉，台灣水泥開拓菲律賓市場已經成功。[668]

　　蔗糖也是台灣賺取外匯的重要商品，1948年1月中信局與麥帥駐日本總部簽訂合同，預計將台糖25,000噸運往日本銷售。原本中方計畫台糖運輸使用中國船隻，但美方強力堅持由日方派船運送。估計每噸運費美金6.7元，蔗糖售價每噸美金200元。[669]銷日的台糖自從與日方訂約後，從1948年2月起開始陸續交貨，截至6月23日止，總計前後運輸5次、數量25,000噸。[670]總之1948年底，台灣糖銷往日本打開市場，品質比古巴糖、美洲糖、爪哇糖還好。當時銷往日本蔗糖已達6萬噸，並有1萬噸運往香港與新加坡販售。最重要的是土耳其也向台灣訂購蔗糖26,000噸，已經分裝出口。[671]當然，台糖販運到大陸收益更大。台糖公司在上海售糖，向來都採取議價配售的方式。實施以來有感於機動性少，亦使糖商從中獲取暴利。1948年8月上海市物價評議會決定，取消議價配糖制度，改用報價核售的方式先行試辦。[672]

　　此外，台灣糖業公司對外宣稱，1948年預估酒精製造量為500萬加侖，當中210萬加侖出售與台灣省公賣局製酒外，自同年5月開始每月有11萬加侖的量，滲入在台灣販售的汽油，製成混合汽油。另有7萬5千加侖銷售到香港，售價每加侖美金5角。又台糖公司計畫在1948年以10萬噸糖換取外匯，除已售日本的2萬5千噸，先後運銷香港與南洋者，已達10,300噸。[673]從國際貿易角度來看，香港應是日本之後，台灣重要的貿易對象。特別是台灣與香港貿易，台灣所需者為五金工業原

668 本社，〈高雄水泥產量激增〉，《中國工程週報》，頁8。

669 本社，〈二萬五千噸台糖輸日〉，《中國工程週報》，南京，第31期，1948年2月23日，頁8。

670 本社，〈台灣糖業公司拾零〉，《中國工程週報》，頁5。

671 編者，〈貿易消息──國內之部〉，《進出口貿易月刊》，上海，第1卷第6期，1948年11月，頁38。

672 本社，〈台灣糖業公司拾零〉，《中國工程週報》，南京，第53期，1948年8月16日，頁5。

673 本社，〈台糖公司十萬噸外銷〉，《中國工程週報》，南京，第40期，1948年4月26日，頁8。

料、袋皮、蔴包；出口者為糖、茶葉、樟腦油。一般認為港台貿易若能
貨暢其流，對台灣經濟繁榮有很大幫助。[674]

　　1948年台灣對外出口，茶葉也是另一項重要商品。同年9月中國茶
葉出口銳減，因為各國購買力降低所致。英國方面原本大量採用台灣
茶，甚至還親自派人至台灣選購。可是戰後各國都在復員，人民生活普
遍困苦，影響購買力與意願。[675]幸好台灣茶葉還有出路，當時中央信託
局運蘇償債之紅茶9,000箱，已經由台灣採購足數，並由「太平輪」從
基隆運往上海途中。1948年10月15日由蘇聯輪船「司門雷號」，將所
有台灣紅茶運回蘇聯。[676]

　　時論都認為國共內戰使得中國工業的遠景：東北，完全無法建設，
這讓台灣未來成為執中國重工業的牛耳。特別美援即將到來，台灣的電
力、肥料與糖業，均可以獲得助力。電力從13萬瓩可以增至17萬瓩，
肥料可以從年產5萬噸增至16萬噸，糖業再增產10萬噸達到40萬噸，燒
鹼每月生產450噸可以增至1千噸，水泥月產400噸也可以超過日治，紙
月產1千噸可以自給自足。最重要的是對內地貿易出超，台幣匯率一直
上升成1:700。[677]1948年8月19日法幣改制成金圓券後，台省出口值增長
一倍以上。同年8月1至20日台灣出口貨物僅值美金240,483元，但23至
31日大幅成長為美金588,644元。金圓券改制之後，台灣出口物資貿易
量排名為糖410,914美元、茶葉135,877美元、竹竿18,322美元、水泥
31,250美元。[678]

674 編者，〈貿易消息——台省當局嚴格管制港台貿易未能通暢〉，《進出口貿易月刊》，上海，
　　第1卷第2期，1948年7月，頁28。

675 編者，〈貿易消息——國內之部〉，《進出口貿易月刊》，上海，第1卷第5期，1948年10月，
　　頁38。

676 編者，〈貿易消息——國內之部〉，《進出口貿易月刊》，上海，第1卷第6期，1948年11月，
　　頁38。

677 星，〈七日談——台灣工業的發展與憂慮〉，《工商新聞》，南京，第88期，1948年7月
　　5日，頁2-3。

678 編者，〈貿易消息——國內之部〉，《進出口貿易月刊》，上海，第1卷第5期，1948年10月，
　　頁37。

　　光復初期的台灣商業，可謂由衰轉盛。相關單位做為幕後推手也有關係，如台北市商會為鼓勵本省商人向外發展，擬協助各運輸商會組織參觀團、視察團，前往省外觀摩考察。經台灣省政府財政廳長嚴家淦（1905-1993）、台灣銀行總經理瞿荊州（1901-？），協商後大體決定本省商號主人，或者經理人前往外省辦貨，經市商會證明後，台銀可以給予台幣100萬元優先匯款，旅行匯款亦擬由每人台幣4萬提高至20萬元。[679]但也不是沒有負面看法，其中對於台灣人民購買力薄弱，一直是來台的外省商人心中的疑惑。

　　據稱台灣光復以來，上海人到台灣來遊歷考察的人真不少，工商業到台灣觀光的人更多。凡是來到台灣的人，或者現住在台灣的人，都會說台灣人的購買力很弱。的確台灣人的收入少，購買力自然就弱，但這都是短期現象，將來購買力一定會好起來。台灣人與外省人完全平等，不像以前日本人壟斷所有行業，台灣人可以在外省人身上做生意。因此有識者認為台灣，仍然是上海國貨廠商亟待開發的處女地。例如：梅林牌罐頭、家庭工業社的產品、化學工業社剪刀牌肥皂、三星牌與長城牌的鉛筆、永字牌橡皮、民生牌的墨水與印台等。不過上海各大工廠都沒有駐台辦事處，台灣的國貨都是靠大約500餘人的「跑單幫」送來。跑單幫把價格抬得很高，這也是造成台灣人買不起國貨的主因。[680]

　　也有稱光復之初台灣人買不起美國貨，這使得台灣與上海不同，美國貨並不猖獗。日本貨的存貨反而要多一些，特別是藥房還有許多日本藥。由於台灣沒有大規模的製藥廠，如果上海的藥廠把產品輸往台灣，應該會有一筆不小的利潤。不過到台灣來開店辦廠，絕非可以立刻賺錢，但可以有一段長的時間，安穩地得到利益。上海人不肯來台灣吃苦開店辦廠，則是因為上海的錢賺得很快，但也花費得很快。台灣的錢賺

---

679 波，〈工商珍聞——台灣商人向外發展〉，《工商新聞》，南京，第 32 期，1947 年 6 月 9 日，頁 4。

680 劍平，〈台灣生意經〉，《機聯會刊》，上海，第 233 期，1948 年 8 月 16 日，頁 4-6。

得很慢，但容易儲蓄、不容易浪費。[681]

　　台幣存廢的問題，曾經在國內興論界加以抨擊過。台灣是光復未久之地，日人所遺留下來的建制，一時難以改變。國內通貨膨脹與物價狂潮，一定不能讓它們流向台灣。這樣安定的環境，才能進行經濟復興的工作。因此台幣就成為物價防波堤的功能，它的比率較法幣為高，而比率高低標準隨上海物價起落而定。台幣之所以定的比法幣為高，則是因為台灣有相當的工業基礎建設，如此的生產力就是台幣價值的保證。[682]

　　總結1945至1949年台灣的工商業發展，如果說農、工業的產值，可以說明一個地方的社會性質。那麼1943年台灣的總生產額，農業37.3%、工業51.1%、其他11.6%[683]，是否就已說明台灣已是工業社會？不管答案是什麼，透過大陸期刊報導，台灣工、礦、商業的發展，有它最進步的一面。可以跟台灣比較，就只有全大陸進步的城市：上海。當時全國工礦發展形勢，以台灣最為重要。該地沒有受到內戰波及，又有良好的電力供應、農產品原料、穩定的勞僱關係，成為全國唯一可以投資和發展工礦之處。[684]不過這座島嶼被日本統治五十年，由「下種籽而開鮮花」，的確也結果實了，但果實還不高明。接收台灣之後，除了使這座島嶼中國化之外，還要把工業的生產線，從戰時停頓恢復到平時生產，由半製品改良到全製品，由粗製品改良到精製品。[685]歷史證明如此宏大的建設，要到1960年代以後才實現。

---

681 范劍平，〈台灣生意經〉，《機聯會刊》，上海，第 233 期，1948 年 9 月 1 日，頁 9-10。

682 路荻，〈關於台幣問題〉，《工商新聞》，南京，第 83 期，1948 年 5 月 31 日，頁 2-3、9。

683 許毓良，〈戰後台灣史研究的開啟：以 1945-1949 年台灣各類型雜誌刊載的內容為例（下）〉，《輔仁歷史學報》，台北，第 23 期，2009 年 7 月，頁 304。

684 祝百英，〈一年來工礦業之境遇〉，《工礦建設》，上海，第 1 卷第 8、9 期合刊，1948 年 2 月，頁 3-4。

685 柳培潛，〈從工商業不景氣說到台灣工礦事業前途的展望〉，《經建季刊》，南昌，第 2 期，1947 年 1 月，頁 89-115。

04

旅遊見聞——《旅行雜誌》對台灣的介紹

　　《旅行雜誌》可說是民國時期，介紹國內、外旅遊的高水準期刊。它對於台灣的報導，從1945年5月開始，直到1950年3月停刊才結束。五年的時間，幾乎每期都有台灣訊息，成為光復初期的重要記錄。值得注意的是文章中對於台灣的肯定，已經超越當時中國第一大都市：上海。但從旅遊史脈絡來看，日治被選定的「八景十二勝」，甚少大加著墨。其實用「休閒」角度觀察，光復後台灣也有「可愛」的取材。投稿人把他們的好惡，毫不掩飾地發表在文章上；結果是有趣好玩的故事多，失望難過的心情少。以往學界對1945至1949年的研究，比較偏重政治、經濟、教育等嚴肅議題。或許這本雜誌的取向，可以反映當時社會輕鬆、活潑的一面。

第一節 北部現代化建設的驚嘆

　　台灣觀光業發展，起始於日治時期，已經是一般的認知。[1]不過現代觀光事業的推動，還需要諸多條件配合才行，包括：旅行、交通、風景、古蹟、保險、治安等，均是缺一不可的要素。[2]雖然日治半世紀的歷史，使台灣的觀光事業呈現出「現代觀光」趨勢，但過程中卻有二點值得注意。其一，旅遊活動的制度化。特別是政府專司旅遊機構與民營業者的出現，以及風景名勝地點的指定與導覽。[3]其二，台灣人受到殖民者推動觀光事業的影響，學習觀光做為休閒旅遊的經過。由於這項發展還深化到農村，使得農民進行觀光時，還帶有節慶性格的心態。[4]

1　張世倫，〈日治時代：台灣觀光業的起點〉，《台灣光華雜誌》，台北，第31卷第3期，2006年3月，頁46-47。

2　葉龍彥，〈台灣戰後初期旅遊業的復甦（1945-1955）〉，《台北文獻》，台北，直字第163期，2008年3月，頁34。

3　呂紹理，〈日治時期台灣旅遊活動與地理景象的建構〉，《畫中有話：近代中國的視覺表述與文化構圖》（台北：中央研究院近代史研究所，2003年12月），頁290-291。

4　蘇碩斌，〈觀光／被觀光：日治台灣旅遊活動的社會學考察〉，《台灣社會學刊》，台北，第36期，2006年6月，頁192-200。

「旅遊書寫」，主要是透過戰前日本文學家來台灣旅行的遊記，或者旅程中所得的靈感，創作出來的小說為對象。明治維新以後的日本，國民在海外旅遊心態帶有文化的二元性——城市與鄉村、自然與人類、核心與邊陲。它表現在西川滿（1908-1999），以及日影丈吉（1908-1991）身上。[5]另外，詩人兼小說家佐藤春夫（1892-1964），也是旅行文學的擘建者。佐藤的作品不僅開啟許多日本人的殖民想像，也引發後輩作家的南方憧憬，甚至成為日人作家在台書寫的典範。[6]

「風景圖像」，有別於文字敘述的記錄，透過圖像也可以達到相同的意涵。台灣的寫生繪畫，主題充滿殖民地的地方色彩與熱帶表徵：椰子樹、香蕉。甚至於不忘展示現代化之後的台灣，人文景觀上重大的變化——橫跨淡水河上台北橋的「鐵橋夕照」。[7]有意思的是在旅遊景觀上，1927年台灣「八景十二勝二別格」確定後，島上風景類型化的框架已經完成。此框架引導日本觀光客如何採取合宜的位置與視角，來欣賞台灣的風景。最重要的是透過旅行案內，描述台灣風景的過程。日本帝國疆域中台灣成為一個清晰的指認對象，呈現出日本對殖民地的收編與運作的過程。[8]

上述所提跟光復初期台灣有何關係？原來日治台灣觀光、旅遊的發展，在步入1945年以後，逐漸淡化或整個中斷。取代的是民國以後，也在大陸行之有年的旅遊業。只不過這樣的發展，如何與台灣「接軌」？特別是「八景十二勝與二別格」的22處風景，繼續受到青睞的程度如何？這需要以民國時期，最暢銷也是最具代表性的《旅行雜誌》

5　阮斐娜，〈目的地臺灣！——日本殖民時期旅行書寫中的台灣建構〉，《台灣文學學報》，台北，第 10 期，2007 年 6 月，頁 61-75。

6　邱雅芳，〈殖民地的隱喻：以佐藤春夫的台灣旅行書寫為中心〉，《中外文學》，台北，第 34 卷第 11 期，2006 年 4 月，頁 103-131。

7　廖新田，〈從自然的台灣到文化的台灣——日據時代台灣風景圖像的文化表徵探釋〉，《歷史文物》，台北，第 14 卷第 1 期，2004 年 1 月，頁 16-36。

8　陳衍秀，《日治時期「台灣鐵道旅行案內」的風景論述：一個考古學的閱讀》，新竹，國立交通大學語言與文化研究所碩士論文，2005 年 8 月。

探討。[9]

　　《旅行雜誌》創立於1927年，創辦人為上海商業儲蓄銀行總經理陳光甫（1881-1976）。1915年陳氏集資創立上海商業儲蓄銀行，成為民國初年在上海的第八家民營銀行。爾後上海商銀業務日漸興盛，1923年在行中成立旅行部，代售鐵路、輪船客票。1924年該銀行發行旅行支票，成為中國本土銀行的創舉。1930年以後又陸續在江蘇、江西、陝西等地，興建招待所與旅館。[10]從旅行事業經營的角度來看，日後《旅行雜誌》的出刊，可謂上海商銀跨足旅遊事業的一環。該雜誌創立時由朱成章、莊鑄九負責，並聘請《申報》編輯趙君豪（1903-1966）主持編務。[11]創刊之初以季刊的形式出版，1929年改為月刊。[12]陳光甫在《旅行雜誌‧發刊詞》開宗明義指出：

> ……今者彙編旅行雜誌，藉供社會之參考，對於國內外交通之狀況，商業之情形，及民情風俗悉加調查而載錄之。東鱗西爪固不足以稱商旅之南針，然冀由此引起國人對旅行上之觀感，以推求其益之普及。此為敝行服務社會之微旨也。[13]

　　由此可見，《旅行雜誌》的宗旨是本著服務社會為前提，透過對國、內外的交通、商業、民情風俗的調查，介紹給讀者。目的是引起國

9　對於旅行雜誌的研究，台灣學界甚少人注意，僅有一碩士論文利用 1927 至 1937 年資料做探討。不過大陸學界，已注意到其價值，並有博、碩士論文進行研究。請參閱張慧真，《近代中國避暑地的形成與發展》，台北，國立台灣師範大學歷史學系碩士論文，2004 年 6 月；黃芳，《中國第一本旅行類刊物──「旅行雜誌」研究》，長沙，湖南師範大學博士論文，2005 年 3 月；靳慶然，《「旅行雜誌」研究初探》，北京，北京師範大學歷史學系碩士論文，2005 年 5 月。

10　朱如堂，《陳光甫先生傳略》（台北：上海商業儲蓄銀行，1977 年 7 月），頁 1、20-27、60-63。

11　徐友春主編，《民國人物大辭典（下）增訂版》（石家莊：河北人民出版社，2007 年 1 月），頁 2274。

12　人民鐵道 New，http:www.rmtd.com.cn/Article/2009-01-014/20090114091723.html；參閱徐友春主編，《民國人物大辭典（下）增訂版》，頁 2274-2275。

13　陳光甫，〈發刊詞〉，《旅行雜誌》，上海，第 1 卷春季號，1927 年 3 月。

人對旅遊的重視，並培養其興趣。該雜誌在出刊後，從上海的發行所擴展到全中國38個分社，證明受到歡迎。[14]不過雜誌的內容既是以「調查」為主，換句話說就表示以往對這些旅遊景點或異地不太熟悉，故藉由此法來達到「認識」的目的。有趣的是在雜誌發行過程中，幾次社務與編輯的調整也值得注意。例如：創刊號發行時，編輯單位掛名是上海銀行旅行部編輯科，但從下一期開始到1949年為止，編輯單位已改成中國旅行社。[15]再者，《旅行雜誌》的社址一向都在上海市租界內（今四川中路）。1942年9月雜誌社鑒於時局不穩，遂遷址於廣西省桂林市。[16]1944年6月雜誌社奉政府疏散命令，又遷往重慶市。[17]直到1945年8月中日戰爭結束後，12月再遷回上海市四川路舊址。[18]1949年以後《旅行雜誌》又面臨社務發展重大變革，同年5月上海被解放軍攻佔，總發所遷往香港。發行單位也從中國旅行社，改為旅行雜誌社，並陸續設立包括台北在內的8個發行所。[19]留在上海的原旅行雜誌社，則被人民政府接管，繼續發行「中華人民共和國版」的《旅行雜誌》。1952年上海的旅行雜誌社遷往北京，1955年更名為《旅行家》。[20]1966年文化大革命發生後，旅行家雜誌社被迫停刊，直到1980年才復刊。[21]至於遷往香港的「中華民國版」旅行雜誌社，則是在1950年3月撤往台北，

14　中國旅行社，《旅行雜誌》，上海，第 11 卷第 7 號，1937 年 7 月。

15　中國旅行社，《旅行雜誌》，上海，第 1 卷夏季號，1927 年 6 月；中國旅行社，《旅行雜誌》，上海，第 23 卷第 12 期，1949 年 12 月。

16　中國旅行社，《旅行雜誌》，桂林，第 16 卷第 9 期，1942 年 9 月。

17　中國旅行社，〈旅行雜誌啟事〉，《旅行雜誌》，重慶，第 18 卷第 6 期，1944 年 6 月。

18　唐渭濱，〈二十周年獻詞〉，《旅行雜誌》，上海，第 20 卷第 1 期，1946 年 1 月，頁 47。

19　中國旅行社，《旅行雜誌》，香港，第 23 卷 7 月號，1949 年 7 月；旅行雜誌社，《旅行雜誌》，香港，第 23 卷 11 月號，1949 年 11 月。

20　收藏家：民國時期雜誌的範例——追述《旅行家》的前身《旅行雜誌》，http:www.laoditu.com.cn/。

21　中國出版網出版參考雜誌社——旅遊雜誌‧天地廣闊智者得，http:www.chinapublish.com.cn/。

但也是抵台後才發行一期，就結束營業。[22]

　　本文討論的對象，也是解讀的史料，正是1945至1950年「中華民國版」的《旅行雜誌》。該雜誌對台灣旅遊的介紹，最早從1945年5月第19卷第5期開始，到1950年3月第24卷第3期結束。五年的時間刊登跟台灣相關的文章至少有70篇。平均來說差不多每個月、每一期都有一篇，足以證明《旅行雜誌》對台灣的重視。因此可以透過此不間斷的報導，探討戰後初期來台的大陸人士，如何觀察與認識這塊土地。

1.台灣地理歷史與當代社會風貌

　　1945年6月《旅行雜誌》刊登一篇文章，提到當時的歐洲人已開始熱烈討論，歐洲戰場勝利後要如何出國旅行。原來同年4月，盟軍攻佔納粹德國首都柏林，代表二戰的歐洲戰場已經結束。現在只剩亞洲戰場的日本，還在負隅頑抗。不過該雜誌的編輯們，已經注意到如何以什麼方法，吸引歐美人士前來中國旅行？[23]《旅行雜誌》所關心者，除了前述問題之外，對於國內旅行的推動亦不遺餘力。同年4月它刊登一則啟事，針對大學生舉行獎學金徵文，藉此鼓勵青年進行學術旅行。[24]該雜誌的熱心可以從自詡的「十大特色」窺見一二如下：[25]

一、闡揚中國名勝　　二、刻畫山水人物　　三、介紹海外風光
四、提供古跡考證　　五、狀述邊疆風俗　　六、提倡學術旅行
七、刊佈交通消息　　八、報導各地旅程　　九、翻譯世界名著
十、選載小品散文

可見得上文提到的「學術旅行」，已是本雜誌社一向追尋的目標。

22　旅行雜誌社，《旅行雜誌》，台北，第24卷3月號，1950年3月。
23　編輯科，〈編者與讀者〉，《旅行雜誌》，重慶，第19卷第6期，1945年6月，頁1。
24　編輯科，〈中國旅行社啟事〉，《旅行雜誌》，重慶，第19卷第4期，1945年4月，頁1。
25　編輯科，〈本誌十大特色〉，《旅行雜誌》，重慶，第19卷第5期，1945年5月，頁98。

只是在這二戰末期，有感於青年救國的重要，開始把這種專業旅行年齡層，向下延伸到大學生身上。更重要的是十大特色之首：闡揚中國名勝。其實自創刊號以來，《旅行雜誌》所介紹者；從文章的數量來看，仍以國內風光最多。1945年5月雜誌第一次刊登有關台灣的文章，受到政治上的影響——收回台灣。當時台灣還屬於日本的殖民地，從十大特色的分類來看，應屬於「介紹海外風光」。但是台灣對當時的中國來說，實在是太陌生了。故首篇《旅行雜誌》出現的台灣專文，副標題竟為「台灣調查」，介紹的對象是台灣原住民。作者陳純仁指出：

> ……台灣的番人人口算是不多，但台灣戰後歸本還原
> 了，我們為便於撫教，使他們趨向漢化，就不得不於事
> 先有一個徹底了解……。

陳氏背景已無可知悉，從日後出版台灣專書來看，應是當時大陸少數的「台灣通」。[26]他在這篇文章開宗明義指出，報導台灣的目的跟戰後歸還有關。至於選題為原住民的動機，則是相較於漢人而言，原住民更是一無所知。受到孫文主張中國境內各民族一律平等的理念，陳氏認為漢化台灣原住民，具體的措施有三：發展番人教育、開闢番區交通、經營番區產業。除了政治角度看待原住民外，陳氏對於台灣原住民的認識大致是正確。如稱台灣最古的原始民族：土番與野番、也稱熟番與生番。熟番容易教化，又稱平埔族，生番又稱高砂族。[27]

1946年1月旅行雜誌社已從四川遷回上海，在「二十週年紀念特大號」的小啟中，該雜誌社提到在日本投降（1945年8月15日）後的一星期，在重慶就準備編纂這本專號。分函全國作家的徵文中，有所謂六大主題：東北山河、台灣瑣記、西北遊蹤、故都畫面、巴山夜話、還鄉記

26　參閱陳純仁，《近年來的台灣》（上海：新夏圖書公司，1948年）。

27　陳純仁，〈台灣番人種類及其習俗〉，《旅行雜誌》，重慶，第19卷第5期，1945年5月，頁61-63。

趣。文中尤側重東北與台灣兩地區，蓋失地初復，國人缺乏深度認識，故藉此機會做全貌之介紹。[28]

　　1946年上半年《旅行雜誌》對台灣的綜述，事實上並沒有從歷史發展的脈絡開始，反而先從地理的角度介紹。地理學者鞠孝銘（1912-？），曾從國防地理的觀點討論台灣。[29]鞠氏的看法認為，鑒於二戰時日軍轟炸中國東南沿海各地的機場，大多從台灣起飛，現台灣收回正可以做為國防的前哨。台灣居民以閩粵人為主，屬馬來族的「藩人」文化落後，散布於東半部的山地中。台灣雖四面環海，可是海岸線卻單調平直。由於缺乏良港，都市位置多遠離海濱，故影響經濟發展。不過靠著水、陸交通的發達，台灣對外貿易熱絡。主要出口產品為蔗糖、稻米、茶葉、樟腦、水果，並且有90%輸往日本，6%輸往中國。主要進口產品為棉貨、豆餅、金屬品、石油與木材，當中有75%來自日本，15%來自中國。島內最重要的城市有九座：台北、基隆、淡水、台中、嘉義、台南、高雄、花蓮、台東。最後結語時，鞠孝銘以16世紀末葡萄牙人稱呼台灣為Formosa做為註腳。[30]

　　鞠孝銘的文章可謂替光復初期，台灣對中國的旅遊事業，傳遞出優質的訊息。隔月即有筆名開明者，亦投稿至《旅行雜誌》。撰文內容在「大同」處，可視為大陸人士逐漸成形的印象；但在「小異」處，提到許多大陸與台灣的差異性。國防地理上，澎湖有海軍要港馬公、基隆為前日本海軍要塞。產業上重要者為農業（米、甘蔗、茶、番薯、香蕉與柑橘）、林業（樟樹）、畜產（牛馬羊豬與家禽）、水產（漁業鹽業）、礦業（石油、石炭與礦鑛）、工業（樟腦、製糖、酒精工業）。水陸交通之外，近年空路亦逐漸發達。飛機為貴族化的交通工具，因體積不大，只限於載客運郵。最後在旅遊上，作者的結論是台灣四季常

28　編輯科，〈旅行雜誌徵文特輯〉，《旅行雜誌》，上海，第20卷第1期，1946年1月，頁1。
29　徐友春主編，《民國人物大辭典（下）增訂版》，頁2664-2665。
30　鞠孝銘，〈台灣地誌〉，《旅行雜誌》，上海，第20卷第1期，1946年1月，頁13-18。

春，山林如畫、風景佳絕，為一個值得觀光遊覽的地方。

不過開明提出一些景點與觀光路線值得注意，他認為台北為首善之區，附近的大屯山彙，有溫泉與火山噴火口，至少要花費十天的時間遊覽。中部以日月潭與霧社為最重要，特別是霧社的櫻花非日本移植，完全是本地品種十分珍貴。最特別的是在文中，最早介紹日治以來的八景十二勝。八景：基隆旭丘（今基隆市中正區正砂里）、台北淡水、台中八仙山、南投日月潭、嘉義阿里山、高雄壽山、屏東鵝鑾鼻、花蓮大托魯閣（今太魯閣）。十二勝：台北草山（今陽明山）與北投的溫泉、台北新店的碧潭、桃園大溪河景、桃園角板山（今桃園縣復興鄉）的番社、新竹五指山（今新竹縣北埔鄉）的山景、苗栗獅頭山的寺廟、彰化八卦山的山景、南投霧社的番社與櫻花、台南虎頭埤（今台南市新化區）、高雄旗山的山水風景、宜蘭大里簡（今宜蘭縣頭城鎮）的海岸風景、宜蘭太平山的森林。[31]

在一片看好台灣的風光美景，另有筆名德群的讀者投稿，文章中從頭到尾，都認為台灣不是先前描述的那麼好。他以一個月的時間探索，認為台灣風景質素不秀，況且沒有太多古跡可尋。台灣跟天生麗質的西子湖，以及故都北平相比遜色得多。[32]看來大陸人士來台觀光者，對於本島的體驗均有不同，但《旅行雜誌》刊登的負面文章僅此一篇。同年9月接收台灣快屆滿一年，又有一篇綜述性的文章出現。不同前三篇為遊歷過台灣人士的投稿，這一篇是《旅行雜誌》首位特派員陳其英採訪。陳氏的特稿，首先從歷史脈絡介紹台灣。文中把台灣與中國歷史的淵源，從殷商時代傳說中的「岱員」、「方壺」談起，並且是台灣與澎湖的訛音。之後三國的夷州、隋代的夷州（應為琉球）、南宋與元代的琉球國都為古代的台灣。特別是元末在澎湖設立巡檢司，陳氏認為此時

31　開明，〈台灣專著──台灣的輪廓〉，《旅行雜誌》，上海，第20卷第2期，1946年2月，頁53-56。

32　德羣，〈台灣一月〉，《旅行雜誌》，上海，第20卷第5期，1946年5月，頁51。

台灣應該歸入中國版圖。西元17世紀荷、西相繼佔領台灣，為外族以武力佔據台灣開始。1661年荷蘭人被鄭延平逐出，1683年清廷派施琅攻台，1887年台灣改為行省。1895年台灣依馬關條約規定割予日本，1945年8月10日（應為15日）日本投降，台灣遂脫離日本統治，重歸祖國懷抱。光復初期改昔日的「五州三廳」為「八縣九市」。二戰期間台灣被轟炸最嚴重的都市是高雄與基隆，市容受損70%以上。其次是新竹、彰化、嘉義，市容受損60%以上。再次是台北20%、台南30%。[33]

　　民族文化上，對於漢人勤樸耐勞，以及高山同胞都要重新認識。陳其英花了不少篇幅介紹原住民，並對高山族是台省最早的民族說法完全正確。不過剩下的內容，大多強調原住民壯烈抗日，光復後要本著孫中山之民族主義精神，謀求高山族最大的福利。陳氏的文章另一特色，提到許多清代台灣史的重要描述。例如：（熟番）四大社──新港、加溜灣、歐汪、麻豆；滿清治台政策是「為防台而治台」，非理台而治台；康熙朝郁永何所著《裨海紀遊》，以及雍正朝黃叔璥《台海使槎錄》對原住民的記錄。最後是台灣豐富的旅遊資源：便捷交通與日治塑造的「八景十二勝」，的確是一個進行學術研究與旅行的地方。特別是在這光復初期，台省人士認識祖國未深切，內地人士了解台灣欠透澈。如果二地之人可以透過旅遊，進而互相了解對彼此的互動是有助益。[34]

　　光復之初台灣完善的交通設施，實為大陸來台人士共同的印象。鐵路部分，除405公里（405.9）縱貫線之外，另有十條支線──22公里（22.4）的淡水線、98公里（98.8）的宜蘭線、12公里（12.9）的平淡線（今名平溪線）、91公里（91.2）的台中線（今名海線）、79公里（79.7）的集集線、17公里（17.9）的潮州線、75公里（71.2）的台東縣、71公里（82.6）的阿里山線、37公里（37.4）的太平山鐵道、39公

33　陳其英，〈台灣環游記（上）〉，《旅行雜誌》，上海，第 20 卷第 9 期，1946 年 9 月，頁 5-9。

34　陳其英，〈台灣環游記（下）〉，《旅行雜誌》，上海，第 20 卷第 10 期，1946 年 10 月，頁 21-28。

里的八仙山鐵道。公路部分全長15,376公里，其路線之暢達、柏油路品質之佳，比起大陸不知好若干倍。航空部分，全島軍用機場11處，民用機場3處：台北松山、台中、台南。海運部分，主要港口是基隆與高雄，次要港口是澎湖馬公、宜蘭蘇澳與花蓮港，更次要港口是台北淡水、嘉義布袋嘴、恆春大坂埒（今恆春鎮南灣）。郵電部分，全台郵便所151所、普遍電訊局1所、無線電訊局1所、各大小鄉鎮均有完善電話設備。[35]

2. 台北市區

　　光復初期所謂的台灣北部，以當時的行政區而言，指的是「二縣三市」：台北縣、新竹縣、台北市、基隆市、新竹市。若以今天台灣行政區對照，即是台北市、新北市、基隆市、宜蘭縣、桃園市、新竹縣、新竹市與苗栗縣。[36]它佔台灣面積約五分之一的土地，包含的旅遊景點、遊樂設施太多了。但在一甲子前，北部的景點僅侷限在特定地區。《旅行雜誌》介紹為例，熱門「排行榜」前五名分別是台北市區、北投溫泉、草山溫泉、圓山、淡水。再依序為新店碧潭、烏來、板橋（林家花園）、木柵（指南宮）、螢橋（新店溪夜景）、基隆、宜蘭、新竹、金瓜石、獅頭山（參閱表4-1-1）。

35　資料室，〈台灣的交通建設（補白）〉，《旅行雜誌》，上海，第20卷第2期，1946年2月，頁59。

36　洪敏麟，《台灣舊地名之沿革（第一冊）》（南投：台灣省文獻委員會，1999年6月四版），頁54-56。

表4-1-1　光復初期《旅行雜誌》所刊載台灣北部景點一覽

編號	卷期	作者	台灣北部景點地名															
			台北市區	草山溫泉	北投溫泉	新店碧潭	烏來	圓山	淡水	板橋	木柵	螢橋	新竹	基隆	金瓜石	宜蘭	獅頭山	三貂嶺
1.	v.20:n.7	予風	*															
2.	v.20:n.8	陳松明			*													
3.	v.21:n.4	蔡禹門	*	*	*		*	*	*									
4.	v.21:n.10	郭祝崧	*		*					*								
5.	v.22:n.3	張契渠	*	*	*				*					*				
6.	v.22:n.3	張士超	*											*		*		
7.	v.22:n.5	徐蔭祥	*	*	*	*	*	*	*	*	*							
8.	v.22:n.9	吳沈釘	*	*	*					*	*		*			*		
9.	v.22:n.10	秦瘦鷗													*			
10.	v.22:n.11	盛成														*		
11.	v.23:n.1	徐忍寒	*	*	*	*		*			*	*						
12.	v.23:n.4	牧兆堂												*				
13.	v.23:n.4	許戴人		*	*	*	*		*									
14.	v.23:n.6	許戴人	*															
15.	v.23:n.6	張士超							*									
16.	v.23:n.7	編輯科	*															
17.	v.23:n.7	易君者		*	*													
18.	v.23:n.7	張韶	*	*	*			*	*			*						
19.	v.23:n.7	荷音	*									*						
20.	v.23:n.7	李芸生				*												
21.	v.23:n.7	凌雲						*										
22.	v.23:n.7	徐蔭祥															*	*
23.	v.23:n.7	趙定明																
24.	v.23:n.8	琅玕	*															
25.	v.23:n.9	趙定明	*										*					
26.	v.23:n.9	潘毅明					*											
27.	v.23:n.9	張禮大													*			
28.	v.23:n.11	葉又枚	*															
29.	v.23:n.12	蓀簃						*										
30.	v.24:n.1	丁作韶	*	*	*												*	
31.	v.24:n.2	晚蘋															*	
32.	v.24:n.3	巨淵					*											
33.	v.24:n.3	程其恆				*												
合計景點數目			16	9	11	5	5	6	6	3	3	3	2	3	2	3	3	1

　　《旅行雜誌》最早對台北市所做的專題，則是1946年7月由筆名予風的一篇特稿。他認為當時大陸對台灣所做的報導，均不太可靠。他在台北一個禮拜以來，被富有東洋與熱帶風味、新奇的台北市所吸引。台北市是一個完全現代化的都市，市容有點像上海，然上海還比不上台北市。原因是上海沒有寬廣的馬路與夾道成蔭的棕櫚。台北市的幽靜恬淡也有點像蘇州、杭州，但號稱天堂的蘇杭，亦比不上有健全圖書館、博物館和大學的台北市。[37]爾後在台灣成為作家的徐蔭祥[38]，1948年5月投稿一篇，算是較完整的文章。[39]當時從大陸來台北旅行的人，路線有二：一是搭乘飛機降落在台北松山機場，另一是搭乘輪船從基隆港上岸。[40]大部分投稿作者，都是搭乘飛機來台較多。當時知名唐宋史學者郭祝崧（1918-？）[41]，曾在1947年7月訪問台灣。他詳細描述飛機從上海龍華機場起飛後，降落台北松山機場，以及回程時的情形。

> （去程）……eh Formosa！飛機正橫渡海峽，一位西人
> 尖叫起來。我的臉緊貼著玻窗，吃力的向前望去，在一
> 堆積雲之下，看到一列暗黑的山脈。……平地上密密散
> 佈著數不清的房屋，全是白壁紅頂，或是紅壁紅
> 頂。……河口還有不少帆船，聚在江的左岸，飛機順此
> 河向上游而去。又在河口的右岸，看到一座相當大的市
> 鎮（河港），我當時確設以此為基隆。不過這一錯設，
> 也還附有保留……。

37　予風，〈夾道濃蔭中游賞台北市〉，《旅行雜誌》，上海，第 20 卷第 7 期，1946 年 7 月，頁 43-45。

38　徐蔭祥曾著有《荊齋八十年》，享譽文壇多年；參閱徐蔭祥著，《紫陀蘿花開的時候》，（台北：雲天出版社，1970 年 12 月）。

39　徐蔭祥，〈風光綺旎的台北〉，《旅行雜誌》，上海，第 22 卷第 5 期，1948 年 5 月，頁 1-6。

40　章士超，〈台北到宜蘭〉，《旅行雜誌》，上海，第 22 卷第 3 期，1948 年 3 月，頁 1。

41　成都大學人文社科網學報——浣花遨頭頊談，http://221.10.254.25/chinacddb/News_View.asp?N。

> （回程）……飛機低飛過台北橋，在劍潭山的上空急劇
> 升空。越過北投，側面就是草山同紗帽山。飛機依然是
> 從來路出海的，淡水安閒的靜坐在下面。除開淡水河中
> 有十隻帆船外，海上則不見一點帆影……。[42]

由於郭氏是首次來台，因此去程從高空往下看，並不知道飛機準備從淡水河口，直飛松山機場來降落。他第一次看到「河口右岸」有一座相當大的市鎮，推測可能是基隆。但作者判斷此河應該是基隆河，所謂相當大市鎮的河港，應是今台北市士林老街一帶。不過郭祝崧的觀察仍然仔細，因為回程時對景物地名的描述，完全正確。文中提到台北橋，此橋就是今台北市美術館旁的中山橋，至於劍潭山、草山、紗帽山、北投的位置亦無誤。本文之所以不厭其煩，道出這段描述，則是要說明對大陸遊客來說，從空中鳥瞰台北的風景，就已經很漂亮了。同樣的敘述到了1949年8月仍然如此。當時筆名琅玕的作者，從台北搭乘飛機前往香港，也提到中山北路大橋、台北大鐵橋。[43]前者與郭祝崧所描述的橋樑相同。後者即是日治時期所興建橫跨淡水河，聯接三重與台北市的鐵橋（照片4-1-1）；但今天已經拆毀，改修築鋼筋水泥共構的台北大橋。

再者，搭乘輪船從上海前往基隆的路線，也值得留意。二戰結束後曾在上海擔任《文潮月刊》主編的張契渠[44]，1947年11月透過海路來台。他乘坐「中興輪」，從吳淞口出航，歷經一晝二夜抵達基隆。然而不管是空路，或者海路，下飛機與下船第一個印象，就是平坦清潔的馬路。張契渠描述基隆到台北市之路面，都是品質很好的水門汀面（cement／水泥），二地行車時間半個小時可達。[45]1946年11月上海名

---

42 郭祝崧，〈走訪台灣（上篇）〉，《旅行雜誌》，上海，第21卷第10期，1947年10月，頁1-3。

43 琅玕，〈從寶島到香島〉，《旅行雜誌》，香港，第23卷第8期，1949年8月，頁19。

44 華程網：www.huachengnz.com/article/view_13890.h。

45 張契渠，〈台灣遊驄記（上篇）〉，《旅行雜誌》，上海，第22卷第3期，1948年3月，頁1。

照片4-1-1【台北大鐵橋的正面】

中醫蔡禹門遊台時[46]，稱讚台北市馬路寬闊平坦如上海中山路，其他普通馬路也比上海南京路為寬。[47]1948年5月當時還在美國密西根大學留學，1949年以後出任上海同濟大學教授吳沈釔（1914-2017）[48]，也曾來台灣一遊。吳氏認為台北的市容有計畫建設，馬路全是混凝土的底，再舖上瀝青的面。兩旁夾道有秩序地種著熱帶樹木，勝過上海的街道許多。只是大部分的馬路二旁，都開挖明溝，晚上蚊蟲很多。不過當地人告訴吳沈釔，日治時期清潔程度非常好，有蚊蟲是最近二年的事。[49]

　　光復初期的台北市範圍，以今天台北市行政區來看，僅是中正區、大安區、萬華區、大同區、中山區一帶。[50]本文統計《旅行雜誌》介紹台北市區的景點，若按文章篇數排名，依序為植物園、台北博物館、台北公園、台灣大學、其他建築物、其他街區。植物園方面，最早介紹的文章亦是1946年11月蔡禹門遊台時所作。不過蔡氏描述內容不多，只稱它位於南門町，面積頗廣，園中有植物一千數百種。內有林業試驗所

46　人物 ABC ──王紹鏊：rwabc.com/diqurenwu/diqudanyirenwu.asp？。

47　蔡禹門，〈台灣屐痕記〉，《旅行雜誌》，上海，第 21 卷第 4 期，1947 年 4 月，頁 43。

48　同濟大學暖通空調及燃氣研究所──吳沈釔：www.xl-cfd.com/tongjihvac/teachersnew/w。

49　吳沈釔，〈台灣游屑〉，《旅行雜誌》，上海，第 22 卷第 9 期，1948 年 9 月，頁 22。

50　洪敏麟，《台灣舊地名之沿革（第一冊）》，頁 195-196。

一座，其標本室有陳列品3萬多件；亦有民眾教育館（今為南海藝廊小天壇），以及（台灣省行政長官公署）宣傳部電影場各一座。[51]曾任《申報》編輯、後創辦上海民智中學並擔任校長的徐忍寒（1897-1983）[52]，也在1948年10月來台一個月。徐氏對植物園的美景讚賞不已，他稱入園後一路所見奇木珍草，富有熱帶情趣。凡編織、藥用、染料、香料、油脂等應用植物，樹木花草可供欣賞者應有盡有（照片4-1-2）。繼至農林試驗所，得觀紅檜大樹斷片，其年輪時代與日本歷史配合，光復後改配國史。[53]1949年8月台灣省立林業試驗所在植物園內，舉辦第三屆曇花展覽會。「曇花一現」被譽為難得的奇景，中日戰爭爆發之初在淞滬會戰拍攝記錄片的名攝影師趙定明[54]，因在上海園藝館無緣看到曇花綻放而深以為憾，沒想到在台北的植物園竟然目睹美景。[55]有趣的是大部分的遊客，對於植物園的美景稱道，仍有人以「平常心」看待。1949底廈門大學教授丁作韶第二次來台[56]，他說入園後除矗立的椰子樹外，僅叢林一片而已，沒什麼可供欣賞的地方。[57]丁氏之言非虛假，或許是他曾任教於廈大，相較於從華中、華北來台旅行者，熱帶植物見長的台北植物園沒有稀奇感覺。也或許是1949年底至1950年初，國民政府撤退來台，兵荒馬亂之中，也沒有多餘的心力與經費維持園中景觀，故才有「叢林一片」的記錄。

　　台北博物館與台北公園方面，前者現稱國立台灣博物館（照片4-1-

51　蔡禹門，〈台灣屐痕記〉，《旅行雜誌》，頁48。

52　嘉興市圖書館──名人簡介徐忍寒：www.jxlib.com/mrdb/show_name.php?name。

53　徐忍寒，〈台游觀感〉，《旅行雜誌》，上海，第23卷第1期，1949年1月，頁67-68。

54　中國攝影博物館──活躍的記者群：www.cpanet.cn/gcms/end.php?news_id=6322。

55　趙定明，〈曇花一現記〉，《旅行雜誌》，香港，第23卷第9期，1949年9月，頁36-37。

56　中國廈門市集美區官方網站── 9‧18前後的集美抗日救國會 ww.jimei.gov.cn/myoffice/document。

57　丁作韶，〈外省人看台灣──縱譚台灣的風景〉，《旅行雜誌》，香港，第24卷第1期，1950年1月，頁43。

照片4-1-2【植物園的椰子樹】

3），後者現稱二二八紀念公園。1946年11月蔡禹門遊台，最早對這一帶景點描述。他遊歷完台北博物館之後，什麼館藏對他印象最深刻？原來是唐景崧（1841-1903）擔任臨時總統的旗幟（台灣民主國藍地黃虎旗）、劉銘傳（1836-1896）討倭文告（應為劉永福）、鄭成功像與860年紅檜木的斷片。[58]台北公園的景色對來自大陸的遊客，興緻沒那麼高。歷史學者郭祝崧認為此園面積，尚不及上海外灘公園之大。可看處在於佈置得法，極盡玲瓏曲折；園中遍植椰子，並有噴水壇與水池呼應。還有一座仿美國「好萊塢碗」的音樂台，頗為新鮮。不過郭氏對台北博物館卻讚賞有加，他稱道此建築以大理石與鋼骨水泥建成；像這種建築全台並不罕見，但在上海不易找到可以匹敵。博物館的下層就是圖書館，館內大廳兩側一是書庫，另一是閱覽室。館中陳列都是台灣史的文物，一半是實物，一半是照片。實物中雖有一些贗品，可是讓郭氏感到吃驚的，竟有清末成都書法家郭尚先（1785-1832）的墨寶。郭祝崧說郭尚先的字畫在重慶常見，但以外地區就很難得了（其實郭尚先是福

---

58 蔡禹門，〈台灣屐痕記〉，《旅行雜誌》，頁44。

建莆田人）。郭氏還提及館藏「台灣三寶」：鄭成功畫像、台灣總督的
印信與戰刀。[59]1949年還是南京國立音專的學生，之後成為中央音樂學
院教授張韶（1927-2015）[60]，也在《旅行雜誌》發表台北博物館參觀
心得。他提到每日使用館內圖書資源者數以千計，可惜藏書部門中文書
太少。至於館藏文物一萬三千二百餘件，分為歷史、南洋、高砂、地
質、礦物、動物、高山與什類八大部門，有充分的藝術與學術價值。[61]

照片4-1-3【台北博物館與館前水池】

　　國立台灣大學與其他建築方面，對台大校園最早的描述，則是
1947年11月《文潮月刊》主編張契渠的投稿（照片4-1-4）。張氏稱讚
台大校園極廣，接收之後共分6院28系，其中以農、醫科最著名。最讓
他驚訝的是農業化學系，內有各種研究室9所，每室有儀器二、三百件
不等。當中的製糖化學研究室還附有工廠，一切設備與大糖廠相同，還
能日產精糖1噸。此外該校之醫學院與附設醫院亦很著名，上海盛傳台
灣山中產有專治肺病的特效藥，即是台大醫學院臨床試驗的藥品。只是

59　郭祝崧，〈走訪台灣（上篇）〉，《旅行雜誌》，頁3-4。
60　百度百科，張韶：baike.baidu.com/view/1306313.htm。
61　張韶，〈台北遊展〉，《旅行雜誌》，香港，第23卷第7期，1949年7月，頁7-8。

價值未確定，沒有大量生產。[62]對於台大醫院的介紹，蔡禹門一文更為詳盡。蔡氏表示他們一行參觀的是「台北醫學院」（台大醫院）。並要拜訪院長杜聰明（1893-1986），然杜氏不在改由他人接待。蔡禹門對台大醫院有所好評，提及院內外科有三部、內科二部；兒科、眼科、婦產科、耳鼻喉科、皮膚泌尿科、牙科、精神病科各一部。每部都有專屬的診療室、手術室、圖書室、研究室與病理細菌室。院內還有愛克司光機7台，其中4台診療用，另3台深部治療用。日治時期有醫師195人、護士350人、病房可容納七百餘人。蔡氏還感慨說，台大醫院迄今成績不壞，特別是收費低廉，與上海流風迥異。[63]

照片4-1-4【台灣大學正門】

至於其他建築物，女子師範也有特色。該校在戰後接收之初，稱為台灣省立台北女子師範學校，即今日台北市立大學。[64]張契渠提及該校在二戰時，遭受轟炸略有損失。不過已由省府撥款整修，並添建幼稚園與食堂、廚房。廚房保持清潔衛生，並用電氣做為鍋灶能源，還附有碗筷消毒設備。民眾教育館在植物園旁邊，日治的舊址是建功神社，專門

62　張契渠，〈台灣遊驂記（上篇）〉，《旅行雜誌》，頁3。
63　蔡禹門，〈台灣屐痕記〉，《旅行雜誌》，頁48。
64　國立台北教育大學，校史，w3.tmue.edu.tw。

奉祀日人在台戰死或因公殉職者的靈位。戰後接收改為民教館，即是今天植物園內的南海藝廊小天壇。[65]接收之初雖已改為民眾教育館，但神社擺設的遺跡仍在。如沿途燈塔林立（日式石燈籠）、土砲數尊（疑為乙未戰爭遺物）、（日俄戰爭）日本海戰勝紀念碑一座、漆有青天白日徽驅逐機殘骸一架（應為中日戰爭遺物）。另外官方建築還有勵志社與台北貴賓館。勵志社是1929年蔣宋美齡（1897-2003）設立的團體，旨在以文化活動聯絡國民黨的軍官。[66]台北勵志社的舊址，原是日本海軍俱樂部。戰後由勵志社接收，做為招待外賓與盟軍之用（今為財團法人張榮發基金會）。[67]台北貴賓館在今日稱台北賓館，此建築在日治時期是台灣總督官邸。二戰期間被炸毀，僅留旁邊西式小屋極為雄偉，內部陳設奢侈，附帶的庭園頗為遼闊（事實上台灣總督官邸就是蔡氏所稱的「小屋」，因此蔡氏所說總督官邸被炸毀僅留小屋，實為鄰近總務長官官邸被炸全毀之誤）。[68]

最後在其他街區方面，《旅行雜誌》對台北市「夜色」專題的描述也很特別。甚至有七言絕句詩來形容：「綠鬢婆娑椰樹舞，青瞳熠耀瓦燈明，夜梁漫步東門路，三線縱橫似砥平。」[69]筆名荷音的人，也認為台北的夜晚，椰子樹的月影最具特色。南門附近的公賣局與樟腦局，夜晚時這二座巨大建築跟南門聯合起來，好像上海市江西路、漢口路的建業大樓（Development Building）、漢彌登大廈（Hamilton House）與都城飯店（Metropole Hotel）的三角對立情景。[70]由此再往南行則到南

65 Jeannike's Blog，建功神社，台灣教育資料館：jeannike.pixnet.net /blog/post/22301187。

66 啟文古玩字畫播報——〈宋美齡一生財富知多少〉：club.china.alibaba.com/forum/thread/vie。

67 張契渠，〈台灣遊騁記（上篇）〉，《旅行雜誌》，頁3。

68 蔡禹門，〈台灣屐痕記〉，《旅行雜誌》，頁48。

69 葉又枚，〈旅台吟什〉，《旅行雜誌》，香港，第23卷第11期，1949年11月，頁8。

70 個人圖書館360doc ——上海散步（組圖）七十一（轉載），www.360doc.com/content/090301/08/14381。

昌路、福州路一帶，當時那裡全是擺地攤，賣著日常用品、香煙、小
吃、水果，有著平民風趣。大稻埕在北門之東，是本市古老商業區，
（台北）大橋附近與永樂町，被市府允許開設特種酒家。夜市相當熱
鬧，但流於混雜。圓環也是夜市區，但多是賣吃的攤子，好似南京的夫
子廟、北平的天橋。萬華也是台北之夜不能忘懷之地，最著名的寺廟是
龍山寺。善男信女喜歡來此求神問卜，佛前有木製神牌一對，若小魚
狀。天面凸形，地面平形。祈禱時將這對神牌在佛前一擲，若兩牌皆天
面，稱天牌；若兩牌皆地面，稱地牌。一面天、一面地，稱合牌。僅合
牌惟神明示意為「是」，故廟中摔牌聲不絕（擲筊）。[71]

3. 北投與草山溫泉

　　這二個地方都是台北近郊的溫泉勝地，不過被《旅行雜誌》先行報
導者，則是北投溫泉（照片4-1-5）。1946年8月該雜誌社駐台特派員陳
松明特別一遊，陳氏是搭乘淡水線火車前往北投。抵達北投後，他看到
山石崢嶸，四周傍山都是溫泉旅館。其景色彷彿杭州的九溪十八澗，但
北投溫泉的景緻又遠勝之。陳松明對溫泉旅館平民化的價格——每名台
幣5角，即可進入公共溫泉澡堂最感滿意。唯一美中不足，就是「下
女」不會說普通話，只能筆談才可以溝通。不過溫泉旅館所附餐點，讓
他們有酒足飯飽之感，回程搭乘晚上8時的火車返回台北。[72]

　　這種「平民化」的享受，在其他遊客的體驗中不見得一樣。1946
年11月蔡禹門遊台時，全程受到台灣省行政長官公署工礦處處長包可永
（1907-？）的招待。當時蔡氏一行前往北投溫泉，從市區搭乘汽車，
並下榻公署在北投的招待所——南方會館。稍做停留後，又驅車前往草

71　荷音，〈台北夜色〉，《旅行雜誌》，香港，第 23 卷第 7 期，1949 年 7 月，頁 8-9。

72　陳松明，〈北投溫泉試浴記〉，《旅行雜誌》，上海，第 20 卷第 8 期，1946 年 8 月，頁
　　37-39。

照片4-1-5【北投溫泉景色成爲旅行雜誌封面】

山（今陽明山後山陽投公路）。蔡禹門認為草山溫泉之硫磺味，較北投為濃。不過二地溫泉用來治療皮膚病、痛風、腺病（甲狀腺腫）很有療效。由於草山溫泉區也久負盛名，因此日治時期台電、糖業公司，在此處廣建俱樂部。光復後這些單位全被接收，昔日台灣總督在草山興建的二處貴賓館：草山御貴賓館（今新園街1號）、新館（今稱總督溫泉，位於新北市金山區），當時成為台灣省行政長官陳儀（1883-1950），星期日時前往休閒的處所。[73]

如此高級旅遊的情形，1947年10月歷史學者郭祝崧也經歷過，接待他的是台灣省防空司令官高彥明。值得注意的是當時光復已滿二年，對北投溫泉的描述更加深入。郭祝崧提到當地人以為，夜晚與雨天遊北投氣氛最好，因此有「夜北投、雨北投」的稱呼。再者，北投鎮區域甚廣，溫泉區是在新北投或頂北投之地，北投鎮中心並無溫泉，鎮中號稱的溫泉旅館，泉水全接自新北投。新北投最大的溫泉旅館是新薈芳（已拆除）、新樂園（今水美會館）[74]，但是旅客繁雜、鬧囂過甚，除宴會

73 蔡禹門，〈台灣屐痕記〉，《旅行雜誌》，頁43。
74 北投虹燁工作室──來吧！來吧！北投溫泉歡樂地 www.wretch.cc/blog/yehzi59/。

外不適合休憩。北投溫泉水質分為三類：一為土類泉，無色無味無臭，水溫60度，可治神經痛、糖尿病、痣瘡，各旅社皆有。二為酸性泉，無色無臭但有酸位，水溫68度，可治皮膚病、腺病，只在掬翠園。三為硫磺泉，有乳白色沉澱物、強烈磺臭味，水溫45度，可治貧血與婦女病，只在逸邨。不過最讓郭祝崧厭惡的是北投溫泉，成為狎妓者的大本營，台灣省警務處有時會來這清查。至於草山溫泉，郭氏只提到眾樂園，並稱該園興建的動機，原是要給昭和太子遊台時所居住。太子登基之後，總督府就把此園改為公共浴池。[75]

　　不同於前述幾位的方式，1947年11月張契渠是與上海記者訪問團來台。該團受到台灣省新聞處接待，第一站就是前往北投與草山溫泉。文中張氏也清楚地區分舊北投與新北投的差別，然他特別指出一事。當時北投溫旅的客房，價錢最貴者一日台幣1,000元，其餘400至800元不等，黨政軍警人員一律九折優惠。不過按照北投溫旅付費習慣，每名需先付300元押金；但旅館館主絕不會先索取其他費用，要等旅客退房時再結清帳目。從日治以來約定成俗的習慣，主客雙方未曾發生揩油或溜走情事。然而張契渠認為接收後，此風恐不易維持。另外該溫泉區，還有二事讓旅客大開眼界：其一，另有女子可隨時應召「侍浴」；其二，在台盲人政府不准從事算命與沿街乞討，只有投身按摩行業。所以晚上盲人外出招攬生意時，會以一小孩作嚮導，吹著口笛若鷹隼之聲，這也是大陸旅客前所未見。張氏對草山溫泉描述甚少，原因是途中正逢大雨，無法遊覽山中美景，只能在國際飯店（今國際大旅社）小憩。途中讓張氏感到新奇，在於北投前往草山公車上的票務小姐，在車行途中閱讀日文文藝書籍，手不釋卷讓他印象深刻。[76]

　　日後出現在《旅行雜誌》的報導，只要介紹到北投溫泉，大多會提

75　郭祝崧，〈走訪台灣（上篇）〉，《旅行雜誌》，頁 4-6。
76　張契渠，〈台灣遊驄記（上篇）〉，《旅行雜誌》，頁 2。

到色情一事。丁作韶教授直接說北投充滿低級的趣味，草山富有高尚的趣味。[77]往後成為上海同濟大學教授的吳沈釔，提及當時的北投溫泉旅館總共有二百家之多。規模雖然可觀，但不少旅館藏著侑酒伴眠的妓女，夜半山間還會傳來日本歌曲之聲，當局不加以導化令人不解？[78]1949年甘肅省蘭州《和平日報》社長易君左（1899-1972）首次來台旅遊[79]，對於北投溫泉鶯鶯燕燕之狀，他以「楊貴妃」一詞形容。易氏如此之作，原來是與安徽黃山溫泉、南京湯山溫泉、陝西西安華清池溫泉做比較，這是在光復初期台灣與大陸景點比擬的少見作品。此外草山的風景與溫泉，易氏也以重慶老鷹岩、蘭州安寧堡的桃林一較，結果是台北草山櫻花的風景更美。[80]可以下此結論，時至1949年，在大陸遊人的眼中，草山溫旅的地位比北投來的高。除了北投溫旅被聲色所染之外，最重要的是當時草山另有「八景」形成之說——奇嶺瀑布、礦泉玉霧、仙人奇跡、帽山銜翠、別有洞天、屯峰積雪、三石頭陀、關渡分潮。[81]

4. 圓山、淡水、碧潭、烏來

圓山、淡水、碧潭、烏來，為何會在《旅行雜誌》文章報導數目上，名列前茅呢？主因是交通路線的關係：鐵路，台北市區遊玩後，只

77　丁作韶，〈外省人看台灣——縱譚台灣的風景〉，《旅行雜誌》，頁 43。

78　吳沈釔，〈台灣游屑〉，《旅行雜誌》，頁 23。

79　易君左為易順鼎之子，易順鼎在 1895 年台灣民主國成立時，原本在擔任河南後補道之職。未幾奉南洋大臣劉坤一命令，來台支援劉永福，爾後失敗乃作《魂南記》一書。不料其子易君左，日後與台灣竟有淵源，有如胡傳、胡適父子境遇一般。1949 年底國民政府撤退台灣，易君左旋前往香港暫居，1967 年再遷居台灣。參閱（清）易順鼎，《魂南記》（台北：台灣銀行經濟研究室，1965 年 8 月）；上海歷史博物館：國民政府御用文人介紹之易君左 http://www.Historymuseum.sh.cn/bbs/viewthread；思語文：易君左探奸 www.chinese-thought.org/ddpl/00521。

80　易君左，〈北投與草山〉，《旅行雜誌》，香港，第 23 卷第 7 期，1949 年 7 月，頁 7。

81　張韶，〈台北遊屐〉，《旅行雜誌》，頁 8-9。

要搭乘淡水線與新店線火車，即可前往上述四個地方。圓山的景點最重要者為動物園（1986年遷往木柵），不過旁邊的中山橋（舊稱明治橋）、台北招待所也值得一看。1946年11月名中醫蔡禹門遊台時所作，仍為《旅行雜誌》最早對圓山動物園介紹。蔡氏筆下的園中動物有猿猴、大水鼠、小獅、大象與熱帶禽獸多種。動物房舍具有匠心的設計為鶴圃，其造型是以工字鐵為骨，鐵絲做網形成大圓罩，高十餘公尺，周圍約六十公尺，成覆碗狀。[82]隔年11月張契渠介紹該園動物，描述更為戲劇性。他說日治時期園中原本有鱷魚數頭，太平洋戰爭時期被溜走二頭，藏匿在山下塘中（基隆河旁），今已繁衍子孫數十矣。惟無害人之意，所以園方也無積極捕捉。[83]1948年10月徐忍寒（1897-1983）為參觀台灣博覽會，遂報名旅行團特來台灣一遊，也對園中動物有生動地描述。園中「台柱」為大象與獅子，日治時期經過日人訓練，仍可以做給食之表演，但必須跟牠說日語才行。大象的食物為甘蔗，獅子不吃水果，只吃鮮牛肉數斤才肯表演。另外園中駝鳥也難得一見，飼以香蕉。[84]1949年7月張韶（1927-2015）對於「台柱」的描寫不一，他稱為獅子與熊。因為在留日馴獸師的調教下，獅、熊竟能相戲。孔雀、駱駝、猴、雞、犬皆有所述，但張氏認為駱駝是遊客最少感到興趣的動物。雖然張韶對園中環境佈置，以及蒐集珍禽數量有很高的評價，但當他知道二戰時期，日人害怕盟軍空襲毀壞獸欄，園中野獸逸出肇事，只能把部分動物屠殺而惋惜不已（如婆羅洲的紅毛猩猩）。[85]

同年筆名凌雲的人，對圓山的綜述可謂集大成之作。他稱圓山是距離台北市區，路途最近的一個風景區。動物園固然是必遊景點，但旁邊的風景也不少。例如：他下榻的地方──台北招待所、圓山鐵索橋（舊

82　蔡禹門，〈台灣屐痕記〉，《旅行雜誌》，頁43。
83　張契渠，〈台灣遊騁記（上篇）〉，《旅行雜誌》，頁3。
84　徐忍寒，〈台游觀感〉，《旅行雜誌》，頁68。
85　張韶，〈台北遊屐〉，《旅行雜誌》，頁8。

士林吊橋）、圓山貝塚、「明治神宮」（應為台灣神社，照片4-1-6）、大龍峒孔廟。最值得留意的是台北招待所，該單位原址就是在今台北市立美術館。凌雲記載這片土地原本屬於板橋林家所有，戰時總督府徵收土地修建「南方資料館」，典藏在東南亞所蒐集的情報與學術資料。這一棟西洋式建築（非今日的台北故事館）[86]，光復後先充當台灣省行政長官公署秘書長葛敬恩（1889-1979）的官邸，之後又成為台灣省行政長官陳儀（1883-1950）暫時的官邸。不過陳儀有感於台灣省需要一個專門招待外賓的旅館，就電邀中國旅行社社長唐渭濱來台規劃。唐氏選中這裡，又再建一棟西洋式建築，並於1947年1月元旦正式開幕。[87]

照片4-1-6【明治橋畔台灣神社的巨大鳥居】

另外在淡水景點介紹上，1946年11月蔡禹門所作，只提到前往淡水高爾夫球場，並眺望紅毛城與淡水港。同時指出台灣的河川中，有舟

---

86 台北故事館的歷史，經筆者請教已故台灣史前輩王世慶教授，原來在日治時期該建築物稱為しじみや，是一個有名的西餐廳。再根據維基百科的說明，它建於1913年，為仿英國都鐸式建築。原為大稻埕茶商陳朝駿所有，初建完成命名為「圓山別莊」；但陳氏過逝後，該屋乏人管理，日治末期甚至被總督府，充當監獄使用。由於凌雲的撰文附有照片，因此筆者清楚辨別台北招待所，不是今台北故事館。亦可參閱維基百科台北故事館：zh.wikipedia.org/wiki/圓山別莊。

87 凌雲，〈圓山風景線──介紹台北招待所〉，《旅行雜誌》，香港，第23卷第7期，1949年7月，頁43-35。

楫之利僅有這條淡水河。[88]淡水真正吸引大陸遊客，恐怕還是海水浴場。因為日後描述淡水的三篇文章：1949年6月張士超的投稿[89]、1949年7月張韶的投稿[90]、1949年12月蓀豨的投詩[91]，主題全都是淡水海水浴場。

　　當時來到台北的旅客，都知道台北一帶附近可以遊玩的地方，主要是淡水、北投、草山、碧潭、烏來等處。[92]《旅行雜誌》刊載文章篇數的排名，也映證了此點。有趣的是烏來比新店，更侷限於內山；且山路迂迴，來往不如新店方便。但在雜誌中對烏來的介紹，比新店碧潭更早。1946年11月蔡禹門搭乘汽車從台北直抵烏來，抵達目的地後入住台電公司（招待所）小憩。屋內有溫泉浴池，烏來溫泉屬於碳酸泉，可以治療胃病。此外搭乘台車的新鮮感，對初至此地觀光客也有吸引力。他們一行由台電公司招待，宴席間還請化番女子6名表演歌舞。蔡禹門對烏來的評語是如入仙境，推薦的景點是烏來溫泉與水力發電廠。[93]

　　1948年5月作家徐蔭祥，在雜誌中最早對碧潭做描述。根據徐氏的形容，新店是溪河拐彎處（新店溪），山巒重疊、秀色可餐。在碧潭駕起小艇，來去盪漾、仰首雲天、氣概非凡。他還附帶一提碧潭也有鐵索橋（吊橋），雖然長度僅士林鐵索橋長度的三分之二，仍可通行車輛。徐氏順道前往烏來一遊，他深感烏來山路開鑿難度之高，並對日治時期不幸開路、搭橋殉職的工人表示感佩。溫泉與巨大水利設施，同蔡禹門

88　蔡禹門，〈台灣屐痕記〉，《旅行雜誌》，頁48。

89　《旅行雜誌》報導台灣景點的作者們，最後在1949年多選擇留在中國相較，張士超是少數幾個隨著國民政府來臺的人，爾後著作還被收入近代中國史料叢刊。參閱張士超，〈淡水漫步海水浴場〉，《旅行雜誌》，香港，第23卷第6期，1949年6月，頁15-16；張士超，《國民大會錄》（台北：文海出版社，1973年12月）。

90　張韶，〈台北遊屐〉，《旅行雜誌》，頁9。

91　蓀豨，〈漁家傲——淡水浴場〉，《旅行雜誌》，香港，第23卷第12期，1949年12月，頁36。

92　許轂人，〈台北指南宮〉，《旅行雜誌》，上海，第23卷第4期，1949年4月，頁49。

93　蔡禹門，〈台灣屐痕記〉，《旅行雜誌》，頁49。

的敘述相同。但徐蔭祥還提到烏來是重要林區，多出產檜柏之材。泰耶爾族（泰雅族）婦女的臉部刺青，也對初到此地的他來說，有驚奇的感覺。[94]

　　很難比較當時候的人，較熱衷前往碧潭還是烏來旅遊。如同徐蔭祥只去烏來，而不去碧潭一樣。1948年10月徐忍寒也只去碧潭，不去烏來。徐忍寒在遊記裡補充，碧潭有小赤壁的美譽。[95]1949年7月來台旅遊的李芸生，詳述從起點萬華火車站，抵達終點新店火車站的經過情形，文中提到從萬華到新店站，全長10.4公里。行車時間總共45分鐘，每天來回各12車次，每1小時有車一班。火車經過水源地後（今自來水園區），可見文山一帶山崗連連。此地盛產文山包種茶、文山烏龍茶，暢銷中外、名聞遐邇。車行至新店，正逢新店迎神賽會。李芸生完全沒有看過台灣廟會活動，最常出現的大型神明偶──七爺、八爺，他們夫妻倆目睹後覺得有趣。結論是日治時期日本人禁止台灣的廟會（皇民化運動），不料光復後還是恢復民俗舊觀，可見得征服者的心機是白費。他們徒步至碧潭，對吊橋最感興趣。此等高聳的鋼筋橋架，完全沒有橋墩支撐；幾噸重的卡車可以安全駛過，在內地非常少見。[96]1950年3月老報人程其恆遊碧潭時談到，這座被詩人曾今可（1901-1971）譽為「長空一劃」的吊橋，開始禁止3噸以上大卡車行駛。[97]

　　1949年春第四次來台的旅行家潘毅華[98]，趁著8月避暑時節，會同友人從台北市區，搭乘公共汽車直奔烏來。根據潘氏的形容，行離市郊後雖無柏油路面，但沙石混合之路，亦稱平坦、無顛簸之苦。行經碧

94　徐蔭祥，〈風光綺旎的台北〉，《旅行雜誌》，頁6。

95　徐忍寒，〈台游觀感〉，《旅行雜誌》，頁68。

96　李芸生，〈新店碧潭印痕〉，《旅行雜誌》，香港，第23卷第7期，1949年7月，頁10。

97　程其恆，〈春遊南山碧水〉，《旅行雜誌》，台北，第24卷第3期，1950年3月，頁35。

98　潘毅華生平難以考證，現可找得到僅有的資料，則是在1925年8月於上海創刊的《中國畫報》上，有「菲島見聞錄」的連載投稿，可知應是一位海外旅行人士。參閱CHKI概念知識元庫：中國畫報define.cnki.net/WebForms/WebDefines.asp。

潭，看到吊橋工程技術之優異，橋面可乘受重量之鉅，令人咋舌稱讚。公車行經龜山（今新店區龜山里），即在此稍作停留。當地有台車軌道，可以搭乘行至烏來，車程約40分鐘，來回車資每人約台幣5萬元。潘氏一行搭乘台車前往，然抵達烏來時，必須要換「入山證」才能進入。烏來也有市集，可是潘氏並沒有提到溫泉勝景，反倒是花費不少筆墨，描述泰雅族美女，以及孩童學習簡單國語的情形。[99]1950年3月最後一期《旅行雜誌》出刊時，登載筆名巨淵的烏來專欄。文中內容有三處醒目之處：其一，要辦理「入山證」才能入山。其二，對於烏來泰雅族的描述，不像以前的報導貼近生活，開始出現大量抗日的故事。其三，嘗試把烏來的美景與台灣他處做比較。就「風景格局」而言，巨淵喜歡的竟是「小家碧玉」型的（台南）關子嶺溫泉，其次才是「樸素村夫」型的烏來溫泉，再次是「平淡無奇」的（屏東）四重溪、（宜蘭）礁溪、（台北）金山溫泉。最後是已像「娼婦」般的北投溫泉。[100]

5. 板橋、木柵、螢橋、基隆、宜蘭

　　光復初期台北縣板橋鎮，並沒有著名的風景旅遊區，但有一棟全台著名的古宅——林本源宅第，成為有興趣尋幽探訪之人必去處所。它屬於私人宅第，要進去參觀，需要熟人介紹。1947年10月歷史學者郭祝崧在台北縣總務科長的陪同下，驅車前往參觀。他描述建於道光末年的庭園，面積並沒有很大（或許有25畝），但設計的奇巧曲折。全園有四、五處地方，佈置得很好。特別是一座有太湖石的假山，山形是仿林氏祖籍山脈小而成。園中有座汲古書院，聽說從前藏有中國典籍二、三十萬卷，惜已散佚。屋後有座戲台，戲台與看台的型式，略同於北平清

99 潘毅華，〈烏來一日游〉，《旅行雜誌》，香港，第23卷第9期，1949年9月，頁48-49。

100 巨淵，〈烏來獵影〉，《旅行雜誌》，台北，第24卷第3期，1950年3月，頁32-33。

宮。[101]不過1948年5月作家徐蔭祥，前去林園一遊時，記道「旅行的人
莫不接踵而至，都以一遊這林園勝景為快」。看來板橋林家花園，在當
時已經開放觀光。徐氏稱讚此園不讓蘇州獅子林專美於前，反覺有獅子
林不及之處。[102]其他地方若有讓大陸遊客，印象深刻的景象，就是板橋
西行快要離開台北縣時（今新北市鶯歌區），這一帶工廠極多，有識者
知曉幕後的功臣就是充沛的電力。[103]

　　台北縣木柵鄉地處偏僻，當地卻有一處知名景點——仙公廟（指南
宮）。前往仙公廟路徑有二：一為從台北縣景尾鎮搭乘台車抵達木柵
（今木柵路三段），然後徒步走上仙公廟。[104]另一為從台北市區搭乘公
共汽車前往，也是在木柵站下車，徒步走上山。在上山處，豎立著許多
日治遺留下來的石燈籠，並鑴刻有「文山郡指南宮道」，據聞上山石階
有二千之多。[105]拾階高昇的程度，上海民智中學校長徐忍寒認為，浙江
杭州至皇山、江蘇南京中山陵、江西盧山好漢坡、山東泰山南天門，均
有小巫見大巫之嘆。[106]

　　光復初期螢橋屬於台北市，依照行政區劃分應在「台北市區」介
紹。但本文考量台北市區的景點，全都是人工建築居多，按照螢橋夜色
觀賞新店溪的美景，屬於自然景色當另闢一段單獨探討。徐忍寒最早報
導螢橋的景色，不過他著重從新店搭船遊至螢橋。他云水光之色媲美浙
江奉化亭下、廣西桂林漓江，洵屬台北之清遊勝地。[107]日後成名的二胡
演奏家張韶，也在1949年來過螢橋。他形容此處夜景「點點螢火飛馳
於竹林間」，沿岸都有船隻可供買舟，影像非一枝禿筆可以寫得出萬

101 郭祝崧，〈走訪台灣（上篇）〉，《旅行雜誌》，頁8-9。
102 徐蔭祥，〈風光綺旎的台北〉，《旅行雜誌》，頁6。
103 吳沈釦，〈台灣游屑〉，《旅行雜誌》，頁23。
104 徐蔭祥，〈風光綺旎的台北〉，《旅行雜誌》，頁5。
105 許毅人，〈台北指南宮〉，《旅行雜誌》，頁49。
106 徐忍寒，〈台游觀感〉，《旅行雜誌》，頁68。
107 徐忍寒，〈台游觀感〉，《旅行雜誌》，頁68。

一。[108]荷音也投稿描述昔年七巧之夜，全台北市之人都來螢橋放河燈、捉螢火，極呈盛況。[109]

　　基隆市在光復後，如同台北市般都是省轄市。一般搭船初到基隆的遊客，都會被當地多雨的天氣所苦。不過過了隧道之後（今八堵隧道），天氣晴朗迴異於基隆。冬天的雨季中似以隧道，做為台北、基隆二地之界線。基隆至台北公路的優質不在話下，群山環抱的景色，張契渠比擬為四川重慶北碚的風景。[110]雖然基隆是北部最重要的港口，但《旅行雜誌》的介紹卻不多。直到1949年4月，才有筆名牧兆堂的人，專文報導基隆的美景。牧兆堂眼中，多雨的基隆可以與貴州貴陽相比。市區馬路兩旁的騎樓，有如香港之德輔道、皇后道，或者與上海法租界的大馬路。味美小吃攤、餐廳、商店、旅館、酒家、船行、保險公司林立，則是該市最常見的景象。基隆市中心以火車站做幅射狀分佈，文中還不忘一提基隆最早的鐵路，因清末淞滬鐵路舖設時，不為地方人士所贊許，拆除的鐵軌才改舖台灣而成。中國旅行社基隆分社、公路局基隆總站、國營招商局大樓（今為陽明海洋文化藝術館）、海港大樓環建火車站旁。[111]日治所修築的基隆港，港區遼闊總共有18個碼頭。1號碼頭由香港怡和（Jardine Matheson Limited）、太古公司（Swire）船舶停靠，船隻航行香港、基隆、上海。2、3號碼頭由來自大陸的客輪停靠，4號碼頭由通運公司基隆分公司使用，5至13號碼頭為貨運碼頭，14至18號碼頭為外港碼頭。其他基隆的景點還有仙洞、海水浴場（1966年港務局修建碼頭海濱消失）、[112]旭岡（今海軍醫院）、和平島。[113]

---

108 張韶，〈台北遊屐〉，《旅行雜誌》，頁9。

109 荷音，〈台北夜色〉，《旅行雜誌》，頁9。

110 張契渠，〈台灣遊騁記（上篇）〉，《旅行雜誌》，頁3。

111 基隆市仁愛區文昌社區發展協會，tw.myblog.yahoo.com/jw!3q4xWyaYGgTmcE。

112 基隆市鄉土教育資源，www.syjh.kl.edu.tw/~klhometown/new_page_16.htm.。

113 牧兆堂，〈基隆港漫步〉，《旅行雜誌》，上海，第23卷第4期，1949年4月，45-48。

　　光復初期的宜蘭隸屬於台北縣，跟其他台灣知名景點比較，不是觀光客的首選，但還是有文章報導。1948年3月已在台灣生活一年半的張士超，特別撰文介紹蘭陽美景。張氏先從台北市區搭乘公共汽車到八堵火車站，再轉乘宜蘭線鐵路的火車。這段火車旅程，最讓他印象深刻的是沿途隧道之多——18個，特別是三貂嶺隧道，當時為全台「第一大」隧道[114]，以及周遭的產煤區。從澳底站（福隆火車站的舊名）開始至頭圍站，都可以看到壯麗的太平洋。抵達宜蘭市，作者認為市區街道甚為平滑，不過商業並不發達。古蹟可以稱道者為孔廟、五谷廟、天后宮，可惜有些已毀損、亟待修理。宜蘭市周遭的景點，往南還有羅東鎮的森林鐵道、員山鐵線橋、濁水溪檜林、羅東製紙廠。往北是礁溪溫泉，其中有一家名為「樂園」的溫泉旅館最著名，因為昭和太子遊台時，曾到此經過。[115]張士超沒有提到宜蘭也是一個多雨的地方，但1948年5月吳沈釔旅遊蘭陽時，特別記下「竹風蘭雨」的地方俗諺。[116]

6. 新竹、金瓜石、獅頭山

　　光復初期新竹縣政府所在地是桃園市，此處盛產楊桃。另與新竹縣同級的新竹市，當地以大風出名，這使得空氣中的細菌，都被風所刮跑。它對罹患氣管炎、氣喘病的人來說，新竹市是一個理想的療養地方。[117]《旅行雜誌》唯一報導新竹的專欄，則是1949年7月名攝影師趙

---

114 張士超所謂「第一大」，若按原文敘述「三貂嶺到武丹坑」之間的一段，計有7,180尺長（約1,852公尺），應該指的是「第一長」之意。可是若把三貂嶺隧道，視為當時全台最長的隧道是錯誤的。因為當時最長的隧道，也是在宜蘭線鐵路上——草嶺隧道，全長2,166公尺。想必當時張士超搭乘火車去宜蘭時，都途經這二個隧道，但誤以為三貂嶺隧道為全台最長的隧道。

115 張士超，〈台北到宜蘭〉，《旅行雜誌》，上海，第22卷第3期，1948年3月，頁67-68。

116 吳沈釔，〈台灣游屑〉，《旅行雜誌》，頁23。

117 吳沈釔，〈台灣游屑〉，《旅行雜誌》，頁24。

定明的投稿。趙氏前往新竹縣關西鎮參加摘茶大會，會長李志陶、副會長羅享錦（1891-？）的陪同下，了解台灣茶的歷史與製茶過程。當時茶葉分為四種：完全不發酵的綠茶、完全發酵的紅茶、一部分發酵但接近綠茶的包種茶、一部分發酵但接近紅茶的烏龍茶。雖然台灣四種皆產，但綠茶產量很少，後三種才是主力。台灣最早產製的茶是烏龍茶，1860年就開始出口，1869年運銷到北美大受歡迎。當天舉行的摘茶比賽，20分鐘內摘茶最多的選手，摘採茶葉2斤3兩，最少也有12兩。[118]

　　金瓜石是台北縣一個「小地方」，日治時期它是台灣重要的黃金產地，但就純旅遊的觀點來看，當地並沒有值得大書特書之處。可是《旅行雜誌》卻有二篇特稿，專門介紹金瓜石。1948年7月知名小說家秦瘦鷗[119]，也來台灣一遊。同時聽從台灣金銅礦務局長施家福的意見，前往金瓜石避暑。秦氏一行從台北市區開著吉普車前往，他認為台北到基隆的公路，為全中國品質最好的公路；但基隆到金瓜石的碎石子路，讓他不敢領教。此次金瓜石之行，由台銅副局長袁慧灼（1908-？）接待。先前根據浙江杭州《東南日報》記者形容，金瓜石場區是遠東「第一破落戶」，原因是生產精銅、電解銅和純金很少。他們前往礦區與礦場參觀後，秦氏認為資源委員會接收礦區時，礦苗已經枯竭，以有限的經費和少數人員還能維持，勉強說沒有給中國丟臉。《台灣新生報》先前的報導，對局長施家福沒有好感，稱他是金瓜石的「沙皇」。原因是台銅控制金瓜石一半的土地，當地又有一半的人任職於台銅。但是秦瘦鷗認為資源委員會各單位很民主，施局長也是沒有架子的人。秦氏最後做了結論，金瓜石不是國府要員喜歡的避暑勝地，因為沒有舞場、咖啡廳，也沒有高級的中、西餐館。但可以讓月收入200元金圓券的窮公務員渡

118 趙定明，〈新竹採茶賽〉，《旅行雜誌》，香港，第23卷第7期，1949年7月，頁56-57。

119 秦瘦鷗的作品有《梨園世家第一部──秋海棠》、《梨園世家第二部──梅寶》、《韃海濤》等，但最膾炙人口之作，還是翻譯清末德齡郡主用英文所寫的回憶錄：《御香飄渺錄》。

假，倒是很合適。[120]1950年在台灣被國民政府逮捕並槍決的中國共產黨員張禮大[121]，也在前一年來金瓜石旅遊。原來基隆市八尺門有礦務局專用小鐵路，可直達金瓜石。但張氏一行沒有搭乘火車，也是乘坐局內準備的專車上山。他們參觀的是煉銅廠、選礦場、露天採礦場，不可避免地也跟東北的金礦比較。按照東北礦區標準，岩石含金量低於萬分之七以下就放棄，因為沒有開採的價值。真按此標準，金瓜石礦區早要放棄。然而靠山吃山的道理，若金瓜石廢礦，這一帶居民賴以維生的職業就沒了，也會造成社會問題。[122]

苗栗獅頭山在光復初期，隸屬新竹縣管轄。本文討論到《旅行雜誌》所載台灣北部的景點，絕大多數都是在台北縣、市與基隆市。遠離這三處地方，還能讓大陸遊客感到興趣，就只有獅頭山。曾任台灣大學教授的盛成（1899-1996）[123]，1948年7月他與杭州靈隱寺僧巨贊、友人蘇漢鈞共遊此山。盛成稱讚登山柏油路、平坦異常。他們一行從頭份（鎮）入山，沿途記下被視為台灣最重要佛教聖地——獅頭山的重要廟宇。[124]不過如此的規模與歷史，跟大陸一些也是佛教聖地的名勝，諸如：四川峨眉山、安徽九華山、山西五台山、浙江普陀山比較起來，獅頭山恐怕還略遜一籌。1950年連續二期《旅行雜誌》的文章，都提到了獅頭山的情況。丁作韶指出獅頭山雖號稱台灣十二風景之一，但他不認為山石有像獅子的地方。再者，他覺得此山如同草山、阿里山一樣沒有眼界、沒有遠景。進到山裡，如同進了井一樣，怎麼繞總出不去。獅

120 秦瘦鷗，〈台灣一瞥——金瓜石避暑記〉，《旅行雜誌》，上海，第22卷第10期，1948年10月，頁33-36。

121 天台中學校史知識：zjttzx.com/intro/news/manager/down.asp?...。

122 張禮大，〈且看金山第一鋒〉，《旅行雜誌》，香港，第23卷第9期，1949年9月，頁39-40。

123 人民網——徐悲鴻的送別詩：http://www.people.com.cn/BIG5/paper39/741/90247.html；儀征風情——又見盛成：http://www.0514.net/shengsheng/youjian.shtml。

124 盛成，〈獅頭山記游〉，《旅行雜誌》，上海，第22卷第11期，1948年11月，頁40-41。

頭山最高處開善寺，遠眺風景很美麗，但近望看到許多日本式建築。掛名佛寺的洞、宮、庵，都是女和尚，一片叢林幾點廟宇。此處風景都談不上，竟列入十二風景之一，不知何故？[125]相反地筆名晚蘋的作者，介紹上獨具慧眼。他指出台灣每年二月為櫻花盛開的季節，北部想要賞櫻者近處可至草山，其次是獅頭山，最遠要去阿里山。由此得知，去獅頭山也未必一定要抱著禮佛的心，春天的櫻花盛景也是獅頭山吸引人的地方。[126]

　　台灣北部的景點，實為《旅行雜誌》介紹台灣最多之處。從今天的觀點來看，當時吸引大陸遊客的知名景點，現已變得不重要。反而是台北101、中正紀念堂、故宮博物院、北海岸等，才是熱門的去處，忠實反映一甲子來台灣社會的變遷。

---

125 丁作韶，〈外省人看台灣——縱譚台灣的風景〉，頁42。
126 晚蘋，〈台灣的佛國獅頭山〉，《旅行雜誌》，香港，第24卷第2期，1950年2月，頁29-30。

第二節　中部與南部的湖光山色

　　光復初期所謂的台灣中部，以當時的行政區而言，指的是「一縣二市」：台中縣、台中市、彰化市。若以今天台灣行政區對照，即是台中市、彰化縣、南投縣。雖然本區面積也佔台灣五分之一的土地，但有一半的土地屬於崇山峻嶺。因此從表4-2-1來看，所介紹的景點並不多，熱門之處僅有二個：日月潭、台中市，再加上其他次要的景區。

表4-2-1　光復初期《旅行雜誌》所刊載台灣中部景點一覽

編號	卷期	作者	台灣中部景點地名										
			日月潭	台中市	大雅	神岡	大甲	台中港（梧棲）	霧峰	埔里	集集	霧社	合歡山
1.	v.20:n.5	德群					*						
2.	v.20:n.11	何敏先	*										
3.	v.21:n.4	蔡禹門	*	*									
4.	v.21:n.10	郭祝崧	*										
5.	v.22:n.4	張契渠	*	*									
6.	v.22:n.7	張士超	*	*	*	*		*					
7.	v.22:n.9	吳沈釔	*										
8.	v.23:n.1	徐忍寒	*										
9.	v.23:n.4	吳似蘭	*										
10.	v.23:n.7	陳小蝶	*										
11.	v.23:n.8	徐蔭祥	*	*	*	*			*	*	*	*	*
12.	v.24:n.1	丁作韶	*										
13.	v.24:n.2	伍稼青	*										
合計景點數目			12	5	2	2	1	1	1	1	1	1	1

1. 日月潭

　　日月潭的知名度對大陸觀光客來說，遠近皆知。《旅行雜誌》總共有12篇文章對它做介紹，比北投溫泉還多。當時政壇名人對日月潭的青睞，恐是台灣單一景點之最。根據雜誌所記，前往日月潭一遊的要人

有蔣介石（1887-1975）與蔣宋美齡（1897-2003）夫婦、白崇禧（1893-1966）、張群（1889-1990）、吳鐵城（1888-1953）、何應欽（1890-1987）、張發奎（1896-1980）、居正（1876-1951）、翁文灝（1889-1971）、李石曾（1881-1973）、朱家驊（1893-1963）、莫德惠（1883-1968）、熊式輝（1893-1974）、魏道明（1899-1978）、孫科（1891-1973）、蔣鼎文（1895-1974）等。[127]

　　為什麼《旅行雜誌》介紹其他台灣景點時，都沒有列出民國政要遊覽的記錄，惟獨在報導日月潭的時候，開列出這麼多的人物以彰其顯？1946年來台的福建記者何敏先（1912-？）的一段敘述[128]，可以反映日月潭風光在大陸遊客心中的地位。他云：

> 在我個人近十年來經歷國內南北十一省（浙、蘇、魯、冀、察、豫、鄂、湘、皖、贛、粵），及走遍自己的家鄉──福建省六十八縣市，游覽過許許多多的名勝古蹟，從未見過有如台灣八景之一的「日月潭」，那樣奇妙幽絕。在一座海拔二千四百呎的高山上，竟有周圍約七十二里，儼似杭州西湖一樣大的湖沼，讓萬千人們沉醉遨遊於其懷抱中……。[129]

　　何敏先認為日月潭的風景，可以比擬杭州的西湖；但又說日月潭的景色是11省之最，可見得已超越西湖。這種觀點不是何氏一人獨有，1949年2月上海知名畫家吳似蘭也到此一遊[130]，他也認為日月潭的廣闊

127 張士超，〈台中行腳〉，《旅行雜誌》，上海，第22卷第7期，1948年7月，頁57；丁作韶，〈外省人看台灣—縱譚台灣的風景〉，《旅行雜誌》，香港，第24卷第1期，1950年1月，頁42。

128 跟陳純仁一樣，何敏先應該也算是戰後初期，大陸少數的台灣通之一，其本人著有《琢游台灣》一書。參閱珠樓──關于丘逢甲歌頌鄭成功名聯 http://www.fpe95.com/Article/ShowArticle

129 何敏先，〈日月潭風景綫〉，《旅行雜誌》，上海，第20卷第11期，1946年11月，頁17。

130 翰文軒—吳待秋 http://www.hwxart.com/ReadNews.asp?NewsID=771

如放大的西子湖，但它的地位比西子湖更優勝奇絕。[131]由此可見，日月潭即便放在全中國的勝景中，想必也是數一數二的景區。這也說明台灣中部的其他旅遊景點，跟日月潭相比都相形失色。

交通路線方面，前往日月潭的路線，根據何敏先的記錄有二條：一條從台中市區出發，先前往埔里後稍停（今省道台3、14線）；再搭乘前往水裏坑（南投縣水里鄉）的客車，南下直達日月潭（今省道台21線）。台中前往埔里公車每天僅四班，須搭最早班到埔里，才能來得及趕上駛往水裏坑的公車。該線全程約200公里，6小時可以抵達，票價台幣102元，折合法幣約3,000元。另一條路線從彰化市出發，搭乘火車至二水站（彰化線二水鄉）；再轉乘集集線火車到水裏坑，再換乘公車北上抵達日月潭。何氏選擇第一條路線，他描述台中市到草屯（南投縣草屯鎮），沿途都是柏油公路。但草屯之後的公路，都是由卵石築成。特別是土城（南投縣草屯鎮土城里）傍溪一帶（烏溪），以及大馬隣（南投縣埔里鎮愛蘭里）到貓欄（南投縣魚池鄉中明村）段，土崩岩毀路況很差。不過沿途越過好幾座鐵索橋與水泥鋼骨橋，以及不少山洞工程都很浩大，吸引何氏的興趣。從南埔（南投縣草屯鎮南埔里）開始，即可遠望群山尖聳、羅列如屏，令人訝然。[132]

歷史學者郭祝崧（1918-？），也記錄從台中市到日月潭的風景。郭氏在駐防台中的21師副參謀長胡彤的陪伴下出遊，對於台中市到草屯的柏油路印象深刻。另外沿途有許多熱帶水果：香蕉與鳳梨，被廣泛栽培在山丘上。[133]戰後在東吳大學中國文學系擔任教授的伍稼青，也在1949年11月與知名攝影家徐德先（1914-？），同往日月潭一遊。伍氏把台中市到日月潭的公路，認為比貴州省貴陽到四川還曲折。並且形容如果貴州省桐梓縣釣絲岩、花秋坪的道路已很險陡，那麼這段公路比它

---

131 吳似蘭，〈元夜游日月潭〉，《旅行雜誌》，上海，第23卷第4期，1949年4月，頁46。
132 何敏先，〈日月潭風景綫〉，頁18。
133 郭祝崧，〈走訪台灣（上篇）〉，上海，第21卷第10期，1947年10月，頁9。

還更險陡。有趣的是按照伍氏詩人的角度，沿途熱帶風景對他來說實在太新鮮了，不止熱帶景物的代表——香蕉被記錄下來，連稻米、菸葉、蘇、甘蔗、茶樹、杉木等中國北方較少見的植物，也一併敘述。[134]

日月潭地形與風景描述方面，1946年來台的福建記者何敏先最早對其記錄。何氏認為日月潭的吸引力在於深山，它位於海拔7,202尺的水社大山，湖周圍峰環繞着，湖濱樹木蓊鬱，蒼翠欲滴。孤島珠子山（又名球仔山、浮珠嶼），凸起於湖的中央，周約一里（一華里約500公尺），高卅餘丈，山頂平坦，草木繁茂，宛如蓬萊仙島。此名在於月潭在境之南，日潭在境之東北，合稱日月潭。又湖之東有石印番社（俗呼化番），自成一部落。業農桑漁樵，自耕自食。〈番俗六考〉所謂「青障白波雲水飛動、海外別有洞天是也」。凡往日月潭探勝者，必往訪問。此外，更有「水社八景」的分述：潭中浮嶼、潭口九曲、萬點漁火、山水拱秀、番家杵聲、荷葉車鉄、獨木番舟、水社朝霧。當然湖中珍魚，如鮒、鯉、鯰、鱔與貝類，味極佳美（照片4-2-1）。[135]何敏先對日月潭的描述，有一點極需注意，即是轉引18世紀清雍正時期，巡台御使黃叔璥所著《台海使槎錄》，所附〈番俗六考〉一語。該書在光復初期不易看到，何氏竟知書中可以找到資料，表示對日月潭歷史多所涉獵。同樣的道理，對於清代以來所流傳的「水社八景」描述，也不忘在雜誌中介紹給讀者。

1947年11月《文潮月刊》主編張契渠亦來日月潭旅遊，他簡介日月潭時，沒有像何氏富於辭藻，但言簡意賅。他稱日月潭別名龍湖，海拔762公尺，四圍皆山，周徑約20公里，水深18公尺。中有小島，曰光華島。潭形恍若葫蘆，其北形圓者曰日，南之作椎狀者為月。[136]張契渠

---

134 伍稼青，〈龍湖秋泛〉，《旅行雜誌》，香港，第24卷第2期，1950年2月，頁21。

135 何敏先，〈日月潭風景綫〉，頁17-18。

136 張契渠，〈台灣遊驂記（下篇）〉，《旅行雜誌》，上海，第22卷第4期，1948年4月，頁38。

照片4-2-1【邵族獨木舟上的嘗】

的介紹錯誤不大（現測量日月潭海拔748.48公尺，水深最深27公尺，周圍33公里），不過同樣都是投稿到《旅行雜誌》，其他人的文章對日月潭的介紹明顯有誤。例如：吳沈釚（1914-2017），誤稱日月潭水深「80公尺」，周圍「8公里許」，日月潭的名字是清初一位「丁將軍」所取。[137]事實上從潭深、潭周圍的介紹來看，與實情差距頗大。日月潭之名最早出現在道光元年（1821）北路理番同知鄧傳安所著《蠡測彙抄》一書，也不是在清初之時，更不是所謂的丁將軍。[138]作家徐蔭祥二度造訪日月潭，述稱月潭、日潭之中，有長堤相間（杭州西湖的錯覺？）。[139]當然日月潭被稱為絕景，並不是晴天所見而已，丁作韶提到，此潭若逢下雨天，潭四周碧綠的山，環繞著幽幽蕩蕩的煙雲，更令

137 吳沈釚，〈台灣游屑〉，《旅行雜誌》，上海，第 22 卷第 9 期，1948 年 9 月，頁 24。

138 日月潭國家風景區——名稱的由來 http://www.sunmoonlake.gov.tw/TW/03000813.aspx。

139 徐蔭祥，〈台島中心地帶巡禮〉，《旅行雜誌》，香港，第 23 卷第 8 期，1949 年 8 月，頁 42。

人有飄飄之感。[140]最重要的是環湖四周有六大景點──涵碧樓、水社、光華島、文武廟、出水口、發電廠值得一覽。

根據伍稼青的描述，1949年11月以前日月潭的旅館僅有4家。[141]除了伍氏因抵達時人滿為患，無法住在涵碧樓，改住碧山湖旅館外，其餘的投稿人在住過涵碧樓後，莫不稱道。[142]作家徐蔭祥形容涵碧樓受歡迎的原因，主要是該建築凸入潭中如半島式的小山坡上，這使得山景與旅行者同入畫中。光復初期涵碧樓相當簡陋，自從台灣旅行社接辦以來，內部顯得整齊清潔，侍者招呼週到。如此的佳處，現在因遊客變多而熱鬧，有如消暑江西廬山的牯嶺街頭。[143]畫家吳似蘭對涵碧樓描述更仔細，他云建築分上、下二層，內部陳設為日本式，廣庭小廊、花木繽紛、小步閑眺、憑樓觀望，莫不咸宜。[144]

觀光客來到日月潭，最想參觀的景點就是水社原住民部落。作者認為《旅行雜誌》為研究台灣史重要的史料，原因就是該雜誌對1945至1949年，台灣社會有不間斷的記錄。從觀光客眼中，可以了解日月潭原住民，面對光復後大環境的變化，特別是大陸觀光客湧入，「變遷」的過程為何。這一點何敏先有詳實的報導。他云：

> ……所謂「化番」係住潭之東岸，要訪問須僱獨木舟以渡（此舟可算是世界上最原始的船之雛型，製作極簡陋，僅將整塊木頭劈去一半，在剜其心，剩下外殼就可以使用，頭尾各坐一人，時刻要抓住中心，否則即易傾覆。）……既抵化番住宅區，適有警察在此，由他介紹

---

140 丁作韶，〈外省人看台灣──縱譚台灣的風景〉，《旅行雜誌》，頁42。

141 事實上1946年日月潭僅涵碧樓一家旅館，光復後台中縣政府接收涵碧樓這棟日產，再以每月台幣600元代價，承租給魚池鄉鄉民洪振乾。參閱何敏先，〈日月潭風景線〉，《旅行雜誌》，頁18。

142 伍稼青，〈龍湖秋泛〉，《旅行雜誌》，頁21。

143 徐蔭祥，〈台島中心地帶巡禮〉，《旅行雜誌》，頁42。

144 吳似蘭，〈元夜游日月潭〉，《旅行雜誌》，頁47。

高山代表者毛信孝（該番社頭目）說明來意，併參觀其
生活。住宅和普通鄉村茅屋相仿，惟不大衛生。總共三
十五戶，分作兩列，中間闢通行大道，每列中分好幾橫
排，有如「非」字形。至其裝束，有的和平地同樣進
化，燙髮時裝。語言多操日語或台語，與之談話并不怎
樣困難。村裏尚無學校，僅一老學究權充蒙童的塾師，
兒童教育的實施不容忽視！……根據上列人口統計，前
後相距十二年（1934、1946），僅增加四戶，只多二十
八人，生殖率這樣低，殊百索莫解。[145]

日月潭原住民在何氏筆下稱「化番」，實為清代的稱呼。未料何氏
以古語稱之，原來與告示牌解說有關。不過對觀光客來說，吸引人的還
是原住民的歌舞（照片4-2-2）。按規定看一次歌舞費用是台幣500元
（折合法幣萬元），雙方允諾後毛頭目立刻敲鐘招集族人，頃刻間有
二、三十人：女人、小孩、老年、中年、少年，僅穿便服紛紛而至廣
場。同時大家手持木杵，環繞廣場中的一塊大石頭；並用木杵點擊石
頭，奏出優揚的杵音，唱出名為「湖上的喜悅」之歌。如此搗唱5分鐘
後，改換另一個節目，廣場中全體族人還是圍繞著大石，各個牽手打
圈、一進一退、邊唱邊舞。最後由幾名穿著傳統服飾的少婦，站在「化
番由來」的介紹牌攝影，照像完後還要給她們小費。「公定價」每名普
通服裝而舞者收10錢（元），正裝者（傳統服裝）要收20錢（元）。
何敏之認為日月潭原住民知識相當進步，既曉得跳舞營業，又會投機買
賣（小費可喊價）。[146]

觀其舞踊、聽其杵歌，已成為所有觀光客到日月潭水社的必須行
程。郭祝崧也在1947年7月來到日月潭，他對原住民的敘述可以跟何敏

---

145 何敏先，〈日月潭風景綫〉，《旅行雜誌》，頁 19-20。
146 何敏先，〈日月潭風景綫〉，《旅行雜誌》，頁 20。

照片4-2-2【日月潭邵族的杵歌成為旅行雜誌封面】

先比較。他云：

> ……走向一家，也是唯一一家賣照片，同汽水的店舖。
> 店裡面只有一位高山族婦女，可以說簡單的國語。所售
> 照片無非是高山族的風物，無甚麼特別的。只是價錢特
> 別貴，要比台中（市）的貴五、六倍；也比涵碧樓與碼
> 頭店家，貴上二倍。想不道高山族也有生意門檻。……
> 他們的房屋建築與台胞無啥分別，一列一列的非常整
> 齊。（房子）入門一間堆滿積穀物，中有一坑，舂米用
> 的。本來杵歌就是用杵在此坑內舂米，隨意唱的。……
> 屋內光線不充足，汙穢。臥室連窗戶都沒有。他們婦女
> 的皮膚顏色，同身上的衣服的顏色大體相似是深灰色
> 的，很像四川擦銅器用的瓦灰。酋長的房子要好些，有
> 門窗，一列三間。酋長的二個女兒——大公主、二公主

也要白淨些，她們二個還電燙了頭咧。表演杵歌就在酋
長房屋側邊一個空壩上，中間嵌有一塊光滑的石頭，番
婦歌前用杵在上面撞擊。杵是一根長木棒，兩頭方楞，
有一丈半高（450公分），約二十斤（10公斤）。杵歌開
始，有三、五十個老的、少的、小的番人婦女，圍坐在
壩子四周。中間有十多個是歌舞女，臉上撲了些粉，正
像北平人說的「驢糞球兒下了霜」。她們用杵舂石成
聲，一起一落，雜沓不成調。一陣杵聲後，她們就伊哩
伊呀的唱起來，但卻媚得我周身起雞皮疙瘩。跳舞更
糟，她們只彼此以手扶肩，一步一跳的團團跳。無論是
歌是舞，都比南洋土著同我們西南的苗族、儸儸等歌
舞，拙劣到不可以道里計……。[147]

　　邵族的杵歌真的有郭祝崧形容的這麼不堪嗎？民國以來新文學運動
的健將、爾後成為台灣大學文學院院長的臺靜農（1902-1990）[148]，曾
在1948年發表一篇文章研究「杵歌」。他認為少數民族有杵歌者，除
了台灣之外，僅貴州苗民與廣東猺人。[149]可見得杵歌珍貴性，在於文化
資產，不是表演杵歌的女子。同樣的道理，郭氏批評邵族歌舞拙劣，筆
者反而認為這是原住民，沒有隨著觀光熱潮起舞的表現，暫時保持山野
的純真。可是一旦歌舞讓觀光客覺得引人入勝，那就表示原住民文化
「物化」的傾向已經很明顯了。

　　1947年11月張契渠也來水社參觀，他的記錄可謂平允。記到「番
人見汽艇至，爭出各種照片兜售，每張售台幣四、五百元不等。……女
穿褪色之藍布背心，同色之布裙，俱與黑布雙沿邊。赤足，髮際束琉璃

---

147 郭祝崧，〈走訪台灣（上篇）〉，《旅行雜誌》，頁 12。
148 臺靜農大事記，http://www.lib.ntu.edu.tw/manuscript/taichino/event.htm。
149 臺靜農，〈從「杵歌」說到歌謠的起源〉，《創作月刊》，北平，創刊號，1948年4月，頁4-7。

花圈，金牙鬈髮（火燙），能作相當熟練之國語，蓋即高山族二公主
也。余等求與合影，每攝一影，即以台幣百元為酬。請作杵歌，惜不解
歌詞，不知所指，但覺抑揚哀怨而已。參觀費用10人以上600元，15人
以上1,000元。」[150]由此可見，邵族把自己的文化，當作是商品出售，
已經是趨勢了。在何敏先的文章中，看一次歌舞，不計人數索費500
元。然而在張契渠的文章中，變成10人以上600元，15人以上1,000元。
另外在郭祝松的文章中，只提到有一家商店在販賣照片，但在張契渠的
文章中，已是觀光客甫至，原住民即爭出兜售照片。

　　1949年作家徐蔭祥二度參觀日月潭水社，感嘆原住民婦女出賣她
們的歌舞。現和外界接觸後，歌舞日有數起，現在連上海話「阿拉」、
「飯桶」都學會了。想起二年前她們的原始態度，如今除了化妝式的穿
起番服，已經沒有什麼足以讓人產生興趣了。[151]丁作韶的批評更直接，
他說公主已經變成三位，她們不僅漢化還摩登化。頭髮是燙了，皮鞋是
穿了，臉上的胭脂粉恐怕比漢人還厚。公主簽名的照片，索價台幣
10,000元，與之一起照像為40,000元，看跳舞則是100,000元。講到跳
舞實在滑稽，根本就是西洋的，新近學的，並不是高山族的。再者，村
上賣的筷子，上刻「日月潭紀念」，竹子的外面塗以油漆，彷彿象牙
樣。又兵兵球拍、蛇皮手杖，可能都不是高山族產品，而是外邊來的。
丁氏還說要保持生意經，奉勸公主最好盡量保持一些高山族的本
色。[152]1950年3月是《旅行雜誌》，最後一次刊載日月潭原住民的事
情。伍稼青惋惜這群純樸番女已經商業化，因為金錢使她們失去早先的
天真。不過他還是樂觀指出，雖然世界在變，番社也跟著在變。只有日
月潭明媚秀麗的山光水色，才是永遠不變。[153]

---

150 張契渠，〈台灣遊驍記（下篇）〉，《旅行雜誌》，頁38。
151 徐蔭祥，〈台島中心地帶巡禮〉，《旅行雜誌》，頁42。
152 丁作韶，〈外省人看台灣──縱譚台灣的風景〉，《旅行雜誌》，頁42。
153 伍稼青，〈龍湖秋泛〉，《旅行雜誌》，頁22。

　　光華島描述上，此島作四方形，日治以來都稱為玉島，下面基石都是卵石砌的。1931年日本人曾在島上建立玉島神社，可是1946年蔣介石來日月潭參觀時，就把玉島更名為光華島（1999年正名為拉魯島）。本來島上還有一座台北帝大日籍教授所寫的記事石碑，也同時廢去。[154]不過光復之初，島上的二座鳥居仍在；其旁環植松樹，並有紅漆短欄。[155]登島除了僱請汽船之外，只能搭原住民的獨木舟前往。所有的參觀者都認為光華島，別有一番景緻，但面積過小不足暢遊。[156]1950年伍稼青前往該島一遊，寫下一段有趣的記載：「日月潭的名字，是清朝武將丁汝霖所題。」[157]原來上文說吳沈釔，誤以為日月潭是清初一位「丁將軍」所命名，看來指的就是丁汝霖。只是誰是丁汝霖？此人正是清末廣東南澳鎮總兵官吳光亮（1833-1898）的部下。1875年他奉吳光亮的命令，兼管新設日月潭正心書院的事務，只是不知為何丁汝霖會成為日月潭最早的命名者？[158]

　　文武廟與出水口，文武廟在潭中的最北邊，廟門有六扇，內殿供奉神像三：中為孔子、左為文昌、右為關羽。[159]這座廟有人云是「小廟」，參觀此廟不全是為了參拜神明。而是拾階上去之後，可以居高臨下，全潭景色瞭然眼底。至於出水口也是在潭的北面，它是日月潭發電所導高山之水，入注本潭的水口。[160]此水花飛濺之勢，高的時候約有六、七尺，低的時候也有三、五尺。聲如萬馬奔騰，震撼山谷，較之山東濟南之趵突泉大得多。[161]

---

154 徐蔭祥，〈台島中心地帶巡禮〉，《旅行雜誌》，頁43。
155 何敏先，〈日月潭風景綫〉，《旅行雜誌》，頁21。
156 吳似蘭，〈元夜游日月潭〉，《旅行雜誌》，頁47。
157 伍稼青，〈龍湖秋泛〉，《旅行雜誌》，頁21。
158 水沙連地區歷史年表：http://proj1.sinica.edu.tw/~pingpu/01/soalian/02/main-04-01.htm。
159 張契渠，〈台灣遊騁記（下篇）〉，《旅行雜誌》，頁39。
160 徐蔭祥，〈台島中心地帶巡禮〉，《旅行雜誌》，頁42。
161 伍稼青，〈龍湖秋泛〉，《旅行雜誌》，頁22。

水力發電廠上，日治時期日月潭就被整建成，非常具有規模的水力發電系統。從1920年至1930年，總督府花費十年的時間，自山外左側濁水溪上游，鑿通山腹，開成通水之隧道，引水入湖。加上湖四周山巒沿入之雨水，終年平均水深60尺（約21公尺），最低水位亦有16尺（約9.6公尺）。由於湖面與下游落差1,100尺（約660公尺），可以設計為水力發電的好地點。日月潭發電廠發電量已達十萬瓩，規模之大遠東罕見。[162]供電線路用高壓電輸送，北至台北、南抵高雄。之後總督府又在五里外的水裏坑（南投縣水里鄉），延長開鑿之水路，建成第二個發電所（今名鉅工發電廠），1938年完成後發電量有2萬4千瓩。[163]當然這些工程宏偉的電廠，也成為日月潭遊覽旅客必到之處。

1949年作家徐蔭祥對日月潭水系的發電有更詳盡的介紹，他稱遊日月潭除陶情優雅，也紀念水力發電工程的偉大。水的來踪遠在中央山脈合歡等山中，從高山引來第一貯水池在霧社（南投縣仁愛鄉），那裡還設立一座萬大發電所（仁愛鄉親愛村）。然後經過「妹妹ケ原（武界堰堤／今名妹原、姊原，仁愛鄉法治村），再通過15公里長的山洞，送抵日月潭。這個山洞都用巨大水泥鋼骨管引水，管厚0.45呎（約13.5公分），內直徑45呎（約13.5公尺），可以容納兩輛卡車疾駛通過。這些水流入日月潭時，就是在「出水口」注入。之後日月潭的潭水，要導入下游，必須經過頭社、水社二座堰堤，再穿越一個隧道，水就直接從高山，透過五條長達二千餘尺（約7公里）、內徑寬六尺（約2.1公尺）的大水管，送到門牌潭第一發電所（日治稱日月潭第一發電所）。該電廠利用過後的水，並沒有浪費，再導流入水裏坑第二發電所（日治稱日月潭第二發電所）。徐氏的結論是日月潭水系發電，可以說是全中國第一。[164]如此的評價是客觀，因為吳沈鈜（1914-2017）也指出日月潭的

162 何敏先，〈日月潭風景綫〉，《旅行雜誌》，頁21。
163 蔡禹門，〈台灣屐痕記〉，《旅行雜誌》，上海，第21卷第4期，1947年4月，頁45。
164 徐蔭祥，〈台島中心地帶巡禮〉，《旅行雜誌》，頁42。

水力發電所是全中國最大的，但是當時台灣已經戒備較嚴，水力電廠已禁止參觀，若沒有熟人安排，無緣進入一窺全貌。[165]1946年台灣光復一周年，蔣介石（1887-1975）與蔣宋美齡（1897-2003）夫婦抵台參觀日月潭，將原本的日月潭第一發電所被蔣介石重新命名為「大觀」，第二發電所被蔣宋美齡重新命名為「鉅工」，這二個名字仍保留迄今。[166]

2. 台中市區、大甲、梧棲、霧峰、霧社

　　《旅行雜誌》最早對台中市的介紹，則是1947年4月上海名中醫蔡禹門的文章。不過蔡氏一行前往台中市的行程，主要是安排去參觀台中糖廠（照片4-2-3）。該糖廠設備完善，佔地面積廣大，並舖有小鐵軌。廠區自備小火車頭，可自行運貨，達幹道之大車站，裝運出去。廠內製糖工作，從甘蔗切碎、壓榨、濃縮、乾燥、漂白、分蜜，均用大規模機械。重要的是廠中有學校、醫院、托兒所、職工住宅、俱樂部、公共食堂、招待所。蔡氏認為日人能使職工忠於職務、埋頭苦幹，此等安定生活計畫之設備大有關係，並認為國內之辦實業者應取法。[167]

　　台中市區景觀的描述，則是1948年4月張契渠撰文為始。張氏所提到台中市區的景物——體育場、台中第一中學、台中糖廠、新公園，以今天的角度來看，不一定都可以被列為景點。不過台灣因為剛剛光復，大陸旅客多少對這座城市有些好奇。張契渠認為體育場無甚可觀（今台中市立體育場），然有一特點與公園同，四周均無圍柵，可以任人出入無須門票，公共名符其實。再者看台為土堆斜坡，植以草皮，觀眾可以席地而坐，無虞傾塌。台中第一中學介紹上，它為「灣人」林獻堂等創辦。光復以前日人所辦（中）學校，例不收台籍學生。台人深感教育不

165 吳沈釭，〈台灣游屑〉，《旅行雜誌》，頁25。
166 郭祝崧，〈走訪台灣（上篇）〉，《旅行雜誌》，頁9。
167 蔡禹門，〈台灣屐痕記〉，《旅行雜誌》，頁44-45。

照片4-2-3【台中糖廠與周邊蔗田】

平之苦，爰請自辦學校，經日人批准後，林獻堂等募集經費交日當局，建立此校。光復該校學生學習國語，純用注音字拼成，故發音往往較先生為準確。蓋先生來自內地籍貫不同，難免雜有鄉音。所以台中一中校長金樹榮（1903-1982）曾笑對張氏說：「論台灣國語程度，校長不如教員，教員不如學生」事實也。對於新公園的介紹（今台中公園），園內有兒童公園、遊艇、國父戎裝銅像。門口有牌，禁止車輛與牛、羊、馬、犬入內，已坐汽車之貴人與牛羊並論，張氏覺得有趣。[168]

　　《旅行雜誌》唯一一篇對台中市區的專論，即是1948年記者張士超所作。張氏來台灣已經二年，所以對台灣歷史與社會的觀察自是熟悉。他對台中市的評論，有獨到的見解。從歷史上來看台中，康熙五十五年（1716）還是平埔番族的地區，到了雍正年間閩粵人士渡海前來，漸次將原住番人驅逐入山，著手開發。光緒十一年（1885）巡撫劉銘傳設衙此間，日本佔領期將總督府才移至台北，這些對台中歷史的敘述都是正確。張氏旅遊台中市區，盛讚這座城市都市化的進步，尤以市政府、賓館（舊台中州知事官邸）、彰化銀行、憲兵隊、醫院、車

168 張契渠，〈台灣遊驄記（下篇）〉，《旅行雜誌》，頁37-38。

站、糖廠、酒廠、女子中學等建築，堪稱偉大。[169]對於台中市的讚譽，吳沈釔也有同感。他形容台中市的市容非常整潔，馬路寬闊平坦，兩旁綠樹成蔭。房屋雖然都是日本式的建築，整齊清潔卻為其他都市所不及。加以八年戰役中，獨有台中倖免了盟機的轟炸，絲毫沒有破壞。整體來說該城市恬逸安靜，的確最能深刻縈繫著遊人深刻的印象。[170]

　　1949年作家徐蔭祥也到台中市一遊，他跟張士超一樣都在台灣超過二年，對這座城市有細微的觀察。他說台中市與台北市，在交通、經濟上都差不多。二年來台中市區建設的很進步，處處在大興土木。前些日子海派風景（上海時尚），已經吹過台中；最近港風又來，華洋百貨極盡歐美色彩。夜市舖販多了五顏六色的玻璃用具，「銀牛」出沒街頭，手握大把袁（大）頭孫（小）頭。入夜後台中市區霓虹燈彩光繽紛，更深時仍是按摩瞎子吹著凄厲竹笛之聲。[171]徐氏的描寫，當然道出台中市進步的一面，但更多的是流露對紙醉金迷，以及時局不安的心情。

　　至於台中市外圍，或者中部山區零散的景點並無太多敘述。筆者對《旅行雜誌》的作者們，一再注意到台灣原住民的歷史與現況，深感佩服。除了台北烏來山區以及日月潭外，竟然對平埔族有描寫——岸裡社。他們居住的地方，在今台中市神岡區一帶。雖然這些觀光客不是去參訪岸裡社，但還是沿途做出片段記錄。[172]大甲則是另一有趣的描述，大甲帽蓆馳名遠近，順道經過的遊客都會想參觀工廠。但抵達後才發現，原來大甲帽蓆的製作都是家庭手工副業。當地經營的店舖僅有5家，比台北市數量還少。[173]梧棲港的敘述較為特別，當時投稿介紹這個

169 張士超，〈台中行腳〉，《旅行雜誌》，頁56-57。

170 吳沈釔，〈台灣游屑〉，《旅行雜誌》，頁24。

171 徐蔭祥，〈台島中心地帶巡禮〉，《旅行雜誌》，頁42。

172 徐蔭祥，〈台島中心地帶巡禮〉，《旅行雜誌》，頁41；張士超，〈台中行腳〉，《旅行雜誌》，頁57。

173 德羣，〈台灣一月〉，《旅行雜誌》，上海，第20卷第5期，1946年5月，頁52。

港口的作者，僅有張士超一人。而張氏會去梧棲港一遊，則是有人告訴他，從此港可以看出日本經營台灣的遠大計畫。梧棲港俗名台中港，為日人修築商、漁二用的港口。據說若再給二年的時間，梧棲港就可以全部完工，屆時可以停泊二萬噸的輪船50艘。1945年時已完成防波堤、防風林、公路線、鐵道、輕便鐵路、新式住村、倉庫，如果竣工的話，要比基隆港大三倍。張士超是爬上神岡的大肚山遠眺梧棲港，他很惋惜的說光復二年來，台灣省政諸多脫節。政府並沒有妥善維修既有的設施，經過颱風與浪潮的沖毀，原有的碼頭都損毀，已浚成的港灣只能停靠千噸的船隻。[174]

　　中部山區的介紹上，霧峰是前往日月潭的中間站。1949年作家徐蔭祥曾訪問過林獻堂故居，他對「萊園」形容為佈置疏朗、顯示幽靜。園內有五桂樓、望月亭、荔子島等十二景。另外又有一種紅葉樹，不同猩猩樹，幼葉鮮豔如絲絨，令人豔羨欣賞不忍離去。埔里也是美麗的景點，但在雜誌所述者，也只有徐氏一人。徐蔭祥對埔里的第一印象，就是在搭車穿越烏牛欄大索橋（今愛蘭橋）。埔里鎮區相當熱鬧，酒家商店林立，亦有菜市場、戲院、書店、檳榔店、酒廠與糖廠。鎮東六、七里，有名「牛洞」的洞窟，為埔里的水源地，濱臨小馬耶溪，兩岸巨岩對峙風景很好。鎮東北有一座虎仔山，經日人專家測定，為全島最中心的地點（今埔里鎮台灣地理中心碑）。之後徐蔭祥還駕駛吉普車前往霧社參訪，他之所以會去霧社，則是這裡是1930年轟動全世界的霧社事件發生地。徐氏沿途讚嘆美景，特別是「人止關」的險峻。抵達霧社鄉後，這個原住民部落，已是高山族和平地人雜居之地。鎮裡有區署、警所、鄉公所、衛生所四個機關，以及農業、國民二學校。當地年老的原住民還面刺花紋，但年青人已不再刺花，少女們還燙了頭髮。服裝形形色色，有自織的蔴布，也有日本綢和花洋布。青年男子很多穿著日本士

---

174 張士超，〈台中行腳〉，《旅行雜誌》，頁56-57。

兵服，和東洋兵簡直分不清楚。男子們有些下山去做生意，但更多人去濁水溪支流淘金，或入山打獵與耕種。高山族人民好飲酒，見酒必飲，每飲必醉，醉後就發酒瘋鬧事。他們找人同飲，算是和你做知交朋友，就會用「連勝杯」──一支木棍兩端做成二個木杯。

　　徐蔭祥遊覽霧社時，也看到國民學校裡豎立著「霧社事件殉難者之墓」。對於熟知霧社事件的他來說，該事件的前因後果當然不看碑文就已知曉。不過徐氏還是在文章中，花費不少筆墨向讀者介紹霧社事件。最後他心裡憤慨的指出，台灣光復三年，還讓此墓碑留著是不應該。他建議當局應該掘墓發屍，一併毀掉，在那裡重建紀念碑塔，表揚高山革命英雄。這是台中縣政府的事，也是山地行政。[175]對於合歡山的描述，徐蔭祥的重點在於黃金蘊藏。此山他沒有嘗試攀爬，只有遙望萬大發電所，並提及萬大的傳說──那裡永遠保持一萬人口。[176]

　　光復初期的台灣南部，以當時的行政區而言，指的是「三縣四市」──台南縣、高雄縣、澎湖縣、嘉義市、台南市、高雄市、屏東市。若以今天台灣行政區對照，即是嘉義縣、嘉義市、台南市、高雄市、屏東縣、澎湖縣。本區面積佔台灣五分之二的土地，但熱門旅遊景點分佈卻很零散，甚至於澎湖完全沒有介紹。從表4-2-2來看，眾所皆知的嘉義阿里山，位居排行榜之首。但是台南市熱門程度，竟然跟阿里山是一樣。排行第三是高雄市，緊追在高雄市之後的是嘉南大圳。溫泉的介紹，雖然南部也有關子嶺、四重溪溫泉，但是遊客參訪的熱度，沒有像北投與草山溫泉受到歡迎。

---

175 台中市七七讀書會：www.77readclub.org.tw/xoops2017/modules/wordpress/。
176 徐蔭祥，〈台島中心地帶巡禮〉，《旅行雜誌》，頁43-45。

表4-2-2　光復初期《旅行雜誌》所刊載台灣南部景點一覽

編號	卷期	作者	台灣南部景點地名									
			阿里山	嘉義市	嘉南大圳	台南市	關子嶺溫泉	高雄市	屏東市	里港	四重溪溫泉	鵝鑾鼻
1.	v.20:n.3	曾今可				＊						
2.	v.21::n.4	蔡禹門	＊	＊	＊	＊		＊				
3.	v.21::n.6	朱梅						＊	＊	＊	＊	＊
4.	v.21:n.11	郭祝崧			＊	＊		＊				
5.	v.22:n.3	張契渠				＊		＊				
6.	v.22:n.9	吳沈釔	＊		＊	＊		＊	＊			
7.	v.22:n.11	徐蔭祥	＊	＊			＊	＊	＊		＊	＊
8.	v.22:n.12	章生道	＊									
9.	v.23:n.1	徐忍寒	＊									
10.	v.23:n.7	錢歌川				＊						
11.	v.23:n.7	陳小蝶			＊							
12.	v.23:n.8	陳小蝶										
13.	v.23:n.11	程其恆	＊									
14.	v.23:n.12	陳定山										
15.	v.23:n.12	程其恆										
16.	v.24:n.1	丁作韶	＊			＊						
17.	v.24:n.3	陳學明	＊	＊	＊		＊					
	合計景點數目		9	3	5	9	2	6	3	1	2	2

3. 阿里山

　　阿里山的盛名，足可以跟日月潭媲美。當時流傳的俗語：「不到阿里山，不知台灣的美麗，不知台灣的偉大，不知台灣的寶藏。」不過從《旅行雜誌》投稿文章數量來看，還是遠少於日月潭。原因是日月潭除了風景優美之外，工程雄偉的發電廠，也有吸引遊客一探究竟的魅力。阿里山地處南部，位置較為偏僻，前往攬勝的人沒有日月潭多。[177]1946年11月蔡禹門遊台時，首先投稿至《旅行雜誌》介紹阿里山的美景。綜觀包括蔡氏的文章在內，所有該雜誌對阿里山的報導，可以細分成五個

---

177 章生道，〈瑋麗的阿里山〉，《旅行雜誌》，上海，第 22 卷第 12 期，1948 年 12 月，頁 3。

項目討論——森林鐵路、吳鳳廟、山區森林、神木、雲海與日出。

　　森林鐵路上，1982年9月台18線省道（嘉義—玉山線）未通車前[178]，前往阿里山的最好方式是搭乘火車。蔡禹門曾記錄搭乘阿里山火車，從嘉義北門車站上車。不過車行緩慢，早上七點出發，要到下午五點半才到終點站。[179]事實上北門站不是起始站，嘉義市火車站東側月台才是。中國地理教育研究會成員、也是知名地理學者章生道[180]，曾在1948年8月前往阿里山一遊，就是從東側月台出發。章氏描述台灣的火車軌道（1067mm）較內地為窄，阿里山鐵道寬度（762mm）更較台灣主要鐵道為窄，大小與上海電車道差不多。再據他的觀察，當時搭乘阿里山火車的乘客，除了少部分是在地鄉民外，大部分都是遊客。遊客當中，十分之九都是來自內地，且多為男女學生。火車車頭從美國進口，沿線都由台灣林產管理處經營。在竹崎站（嘉義縣竹崎鄉）之前都是平原區，火車車行速度極快。但從竹崎之後開始爬山，火車循著鐵軌以「之」字型前進。故火車在之字轉折時，時而車身先倒退行走，時而車身又順著車頭前進。另外也讓遊客感到新鮮的是沿途山洞特多，總數達82座。

　　章生道沿途欣賞美景時，還提及有所謂「火車風景」一詞。原來曾任上海復旦大學教授的知名翻譯家傅東華（1893-1971）[181]，在旅行浙江杭州時創造「火車風景」一詞。傅氏認山水風景原本是靜止的，可是因為火車走動，可以使你以不同的角度、不同的位置，去領略它們各色各樣的美景。章生道現在搭乘阿里山火車，不僅領悟到「火車風景」的感受，還因為阿里山火車帶領他隨著山勢高低起伏賞景，比起傅東華搭

---

178 日治時期總督府開闢前往阿里山的路線，除了阿里山鐵路之外，另有一條「理蕃」道路。然路況不佳，不過這條理蕃道路，部分路段是省道台18縣的路基。參閱維基百科：台18線 http://zh.wikipedia.org/wiki/。

179 蔡禹門，〈台灣屐痕記〉，《旅行雜誌》，頁45。

180 1949年上海地理學的發展與貢獻：http://www.zlunwen.com/science/geography/。

181 百度百科：傅東華 http://baike.baidu.com/view/665711.htm。

乘杭江鐵路欣賞的景色是平面，章生道欣賞景色是垂直而更勝一籌。[182]

　　1949年10月老報人程其恆旅遊阿里山時，談到當時入山前要先到嘉義市中山堂「市軍憲警聯合督察處」辦理入山證。其規定甚嚴，普通老百姓要憑身分證，軍公人員若公務上山，還須出示出差證件。入山證全名是「北地區戒嚴司令部進入阿里山通行證」，持證後還必須隨時攜帶身分證，以備不時稽查。阿里山火車行駛也有規定，為每月單日火車上山，雙日火車下山。其車廂還區分為三等，貴賓車是給省主席專用，二等車廂是絲絨沙發，三等車廂普通座位。不過根據程氏的形容，阿里山火車車廂比上海電車還小。[183]火車離開嘉義火車站後行抵竹崎，車上所有旅客全部下車檢查入山證。另外沿途山洞之多，程其恆在未來阿里山之前，早就耳聞過。他還指出沿途橋樑之多，也是阿里山鐵路的一絕—200多座。雖然這條鐵路僅72公里，但要從平地爬行到海拔2,500公尺的高山，程氏知道必定犧牲許多開路先鋒才能換來。[184]

　　吳鳳廟的介紹上，此廟的描述不是每位遊客皆然。[185]吳鳳的事蹟，1948年來台旅遊章生道指出，已是全台婦孺皆曉的歷史。章氏看到北門車站旁豎立一座吳鳳人像，相傳吳鳳為阿里山通事，因為「山番」有馘首殺人的惡習，吳通事竭力阻止，數年中才得以平安無事。乾隆三十一年（1766）番人又要出山馘首，吳鳳苦勸不聽，遂告之明日中午有穿戴紅衣、紅帽之人路過，可將他殺死。不料此人正是吳鳳假扮，但番人已將其殺害而後悔莫及。不久番社瘟疫流行，番人認為是天譴，遂停

182 章生道，〈瑋麗的阿里山〉，《旅行雜誌》，頁4。

183 程其恆，〈壯遊阿里山（上篇）〉，《旅行雜誌》，香港，第23卷第11期，1949年11月，頁45-47。

184 程其恆，〈壯遊阿里山（下篇）〉，《旅行雜誌》，香港，第23卷第12期，1949年12月，頁37。

185 吳鳳廟在嘉義共有六座，除了熟知的1820年建於今中埔鄉社口村的阿里山忠王祠之外，還有1871年建於今梅山鄉瑞里村的源興宮，1880年代建於今竹崎鄉中和村的吳鳳廟，1882年建於今番路鄉公田村北極先天宮，1894年建於今梅山鄉太和村吳鳳廟，1949年建於今阿里山鄉豐山村吳鳳廟。參閱楊景文，《由歷史、地理、社會背景看吳鳳》（台北：前衛出版社，2004年1月），頁29-31。

止誠首習俗。後世感念吳鳳的偉大，也興建吳鳳廟奉祀。[186]對於吳鳳的遺跡，1949年程其恆旅遊時說的更詳細。程氏是搭乘汽車先前往吳鳳殉職之處，日治大正時期此處已立碑悼念。隨後趨車往吳鳳廟參觀，該廟內也有三塊日治豎立的石碑——明治四十五年（1912）台灣總督府民政長官後藤新平（1857-1929）所立、昭和六年（1931）嘉義郡守佐藤房吉所立、另一塊不明年代的精山誠翁頌德碑。[187]

山區森林的介紹上，1946年11月蔡禹門旅遊阿里山時，花費不少筆墨介紹這座山的森林。他稱台灣林相有四種：熱帶、暖帶、溫帶、寒帶。以阿里山為例，從獨立山站以下，海拔高750公尺，其區都是熱帶林，多龍眼、相思樹、榕樹。海拔760至1,700公尺，大抵到平遮那站，其間是暖帶林，多為楮、柯、楠。自此以上針葉樹漸增，海拔1,700至3,000公尺以上，為溫帶林，多扁柏、紅檜、油松、亞杉（台灣杉）、福州杉。再過3,000公尺以上為寒帶，樹木多為唐檜。日治時期曾在阿里山上興建博物館，所陳列標本有台灣五木：紅檜、扁柏、台灣杉、油松、福州杉。[188]程其恆也參觀過這個博物館，他云戰後之初最早名為「農林處林務局山林管理所博物館」，之後易名為「農林處林產管理局阿里山林場博物館。」[189]

1948年8月地理學者章生道，也提到阿里山森林資源。阿里山海拔2,800公尺（實為2,216公尺），山上都是蒼鬱茂盛的原始林，綿亙數百里，較東北長白山的「窩集」（林海）並不遜色。近年來又發現氣候特殊，使得氣象、植物、動物、地質專家入山考察，算是唯一一塊學術研究的處女地。阿里山站是該山最大的聚落，除了民家外，也有許多規模宏大的鋸木廠，成為高山上的工業中心。日治時期總督府曾組成台灣拓

---

186 章生道，〈瑋麗的阿里山〉，《旅行雜誌》，頁4-5。
187 程其恆，〈壯遊阿里山（上篇）〉，《旅行雜誌》，頁46。
188 蔡禹門，〈台灣屐痕記〉，《旅行雜誌》，頁46。
189 程其恆，〈壯遊阿里山（下篇）〉，《旅行雜誌》，頁37。

殖株式會社，開發阿里山的資源；戰後國民政府接收時，改交由台灣林產管理處繼續經營。1946年4月阿里山發生森林大火，被燒毀森林八百餘畝（約70甲面積）。日後復員每年栽種15萬株幼苗，也要6年才能恢復原狀。不過其餘林地，還是可以提供15年的伐木資源（1963年阿里山林場結束業務，與章生道所述時間吻合）。[190]

神木的介紹上，事實上除了神木之外，三代檜也是一景。神木為三千年之紅檜，高53.7公尺，周圍20公尺（應是23公尺）。[191]1948年5月也來阿里山參訪的吳沈釚（1914-2017），曾提到此樹比起浙江西天目山周圍「七抱」的大樹王，不知要大上幾倍（阿里山神木18人合抱）。[192]不過遊客來到巨木樹下，也只是拍照，並沒有到附近賞玩（照片4-2-4）。《旅行雜誌》的投稿人，常出現「山上並無特別風景」一語。因為阿里山全都是自然風景，幾乎沒有所謂的「名勝」─歷史建築。阿里山神木在神木站旁，火車抵達後會停留30分鐘，讓遊客下車拍照。[193]何謂三代木（檜）？原來這是一棵倒下的檜木，稱「初代」木；經過鋸斷叫切株，為第二代木；切株上面又長一棵樹，稱稚樹為第三代木。程其恆驚訝它是一棵「砍不死的樹」。[194]

雲海與日出的介紹上，雲海在阿里山火車的窗邊，可以瞭望得到。蔡禹門形容各個山尖透出雲海者，蔚為島嶼實為奇觀（照片4-2-

---

190 章生道，〈瑋麗的阿里山〉，《旅行雜誌》，頁5-6。

191 1906年小笠原富二郎發現這棵巨木後，遂被定名為「神木」。但是1953、1956年二次落雷均劈中神木，樹心油脂被燃燒，使得復育無望。1997年連日大雨，神木根部腐朽，一半樹身併裂壓壞鐵軌，隔年管理單位以安全理由，正式放倒神木。故現在到神木站，已看不到矗立的神木，而是「放倒」的神木。2006年嘉義縣主辦票選第二代神木，由樹齡2,300年的光武檜獲選。此木名為「光武」，據推測它發芽成長時，正是東漢光武帝在位時。2007年嘉義縣政府把光武檜改名「阿里山香林神木」，此木現在在香林國小旁。參閱維基百科：阿里山神木群 http://zh.wikipedia.org/wiki/。

192 吳沈釚，〈台灣游屑〉，《旅行雜誌》，頁25。

193 蔡禹門，〈台灣屐痕記〉，《旅行雜誌》，頁46；章生道，〈瑋麗的阿里山〉，《旅行雜誌》，頁5。

194 程其恆，〈壯遊阿里山（下篇）〉，《旅行雜誌》，頁37。

照片4-2-4【阿里山的神木】

5）。[195]章生道描述的更仔細，稱火車經過十字路站後，高度已達2,000
公尺。窗外2公尺的地方不見一物。整個火車被濕氣所包圍住，但火車
再往上爬行，就突破霧鎖，景觀恢復常態。然而雲朵、雲塊聚在鐵道兩
側，變成在人的腳底下。這些雲塊都向兩旁伸展開來，一眼望去全是雲
塊朵朵，這就是馳名的阿里山雲海。曾任廈門大學教授丁作韶，亦形容
雲海之美，連安徽黃山的煙雲、四川峨眉的煙雲、貴州遵義七十八盤吊
死巖（改為鈞詩岩）都比不上，四川青城山的煙雲與之相比更渺乎其
微。[196]

　　日出的欣賞需要安排，當時阿里山僅有一個旅館——阿里山閣，入
夜後遊客都很早就寢。原因有二，一為晚上森林無處可去，二為隔天凌
晨要早起前往祝山觀賞日出。阿里山到祝山頂約有7里路程（3公

---

195 蔡禹門，〈台灣屐痕記〉，《旅行雜誌》，頁46。
196 丁作韶，〈外省人看台灣——縱譚台灣的風景〉，《旅行雜誌》，頁42。

照片4-2-5【阿里山雲海】

里），半小時可以抵達。旭日東升時，金光密萬丈，彩雲四佈，萬象俱
寂。同時也可以遠眺台灣第一高峰——玉山，山勢壯麗、峻秀，二個景
象除自己親眼目睹外，筆墨難以形容。[197]上海民智中學校長徐忍寒
（1897-1983）認為，如此美景比廣東省羅浮山彩雲峰所見彩雲如虹，
阿里山更要偉大多矣。[198]

4. 嘉南大圳、嘉義市、臺南市、關子嶺溫泉

　　嘉南大圳的報導，很早就出現在《旅行雜誌》。不過當時觀光客參
觀嘉南大圳，最主要是前往水圳的主要源頭——烏山頭水庫。1946年
11月蔡禹門旅遊烏山頭時，已敘述它工程的偉大。烏山頭是在曾文溪上
游築壩攔水（其實是官田溪），整個工程浩費10年才完工（1920-
1930）。除了主壩之外，亦興建輸送用水的幹線1,750華里（875公
里）、支線22,500華里（11,250公里）；靠近海岸之處，還興建堤防，
防止潮水入侵。烏山頭水庫貯水量55億立方公尺，廣闊60里（30公

197 章生道，〈瑋麗的阿里山〉，《旅行雜誌》，頁6。
198 徐忍寒，〈台游觀感〉，《旅行雜誌》，頁66-67。

里），湖中小山巔盡水面者，參差錯落，遠眺狀似珊瑚，又名珊瑚湖（潭），景色不亞於日月潭。嘉南大圳灌溉面積，總計有15萬甲（水庫未完成前，僅5千甲）。整個種植區域分成三區：水稻、植蔗、雜糧，然後再以三年輪溉制的方式生產。[199]總之，整個嘉南大圳的工程，旅遊專家陳學明盛讚它是東亞[200]，僅次於印度恆河的水利工程。[201]1948年5月吳沈釸（1914-2017）參觀嘉南大圳時，還特別建議一定要乘車，因為可以沿著公路，隨時停下來看縱橫的渠道。烏山頭水庫的面積，吳氏認為與浙江省嘉興南湖相仿。[202]值得注意的是1949年初，著名書畫家也是美術史專家陳小蝶（1897-1989，與張大千齊名，四十歲以後改名陳定山）[203]，寫道日月潭時提及現在的嘉南大圳已年久失修，必須請有關當局慮及洪水一次為災的恐怖。[204]可見得除了報導旅遊之外，《旅行雜誌》的投稿人也非常關心時事。

　　嘉義市近區的報導上，1946年11月蔡禹門在文章中，最早提到嘉義市的景點。不過他不是介紹市區，而是介紹農業試驗所嘉義支所（今名農業試驗所嘉義農業試驗分所）。該所佔地700畝（約62甲），內有果實植物，如：皇榴蓮、各種椰子、文旦、香蕉、瓜類。雜糧食物，如：深褐色甘藷、白黃色甘藷。另有改良種子、土壤化學、防除害蟲與細菌的研究。[205]交通建設也是描述城市進步的象徵，從交通品質來看，嘉義市的公路卻不及中、北部優良。市區到吳鳳廟的公路，已經損壞、

199 蔡禹門，〈台灣屐痕記〉，《旅行雜誌》，頁 47。

200 陳學明身平不可考，僅查到他的一本著作——陳學明，《從新疆天山到台灣玉山》（台北：新世紀，1950 年）。

201 陳學明，〈綠蔭叢中的嘉義〉，《旅行雜誌》，台北，第 24 卷第 3 期，1950 年 3 月，頁 22。

202 吳沈釸，〈台灣游屑〉，《旅行雜誌》，頁 27。

203 典藏古美術——才氣縱橫陳定山，http://artouch.com/antique/story.aspx?aid=2008082611565。

204 陳小蝶，〈參觀日月潭水位〉，《旅行雜誌》，香港，第 23 卷第 7 期，1949 年 7 月，

205 蔡禹門，〈台灣屐痕記〉，《旅行雜誌》，頁 46。

顛簸不堪，顯然是年久失修的結果。[206]不過嘉義市北數十公里的濁水溪橋，倒是吸引觀光客的目光。作家徐蔭祥搭乘火車通過此橋，並形容鐵橋長數公里，下臨深谷，溪水湍急。由於是枯水期，河床有許多深溝，從高處看像是許多黑蛇在奔跑。[207]

　　事實上嘉義市是一座清代遺留下來的古城，陳學明在探訪它時，則是唯一一個從歷史角度介紹的作者。他云：「嘉義原名諸羅，清康熙二十三年（1684），清廷將台灣設府，府下設諸羅縣迄今。昔為平埔番社地，諸羅之名由番社Tirocen轉音譯成。乾隆五十一年林爽文反抗清廷暴政，南北諸縣先後陷落。獨此地人民協助提督，竭力死守孤城，達一年餘。事後清廷下詔，嘉賞人民之義，敕改名為嘉義。」[208]陳氏這段清代敘述完全正確。不過這座城市郊區有飛機場（今水上機場），在二次世界大戰末期，被盟軍轟炸損失慘重。1948年徐蔭祥前往嘉義市旅遊時，還稱光復時全市沒有一棟完整的房屋。[209]可是二年後在陳學明的筆下，全市已在市政府的規劃下逐漸復員中。該市的教育也很發達，有省立嘉義中學、嘉義女子中學、農業職業學校與工業職業學校。其中以嘉農的校史最悠久，校舍建築宏偉，凡來嘉遊歷之人都會前往參觀。[210]

　　嘉義市區最熱鬧的地方就是中山路，接近火車站的旅館，一個房間要新臺幣10幾元。中山路有一中央市場，裡面不是商店而是攤販，此景跟內地完全不同。中山路中央還有一個噴水池，坐在池邊納涼的人很多。[211]另外北門子山頂有座「森林公園」，為台灣早期經營的公園（1910年興建，今名嘉義公園）。市郊還有紅毛埤潭，湖光山色可供垂釣與泛舟；八掌溪畔有阿彌陀寺，有觀音顯靈神蹟。較遠西北方16

---

206 程其恆，〈壯遊阿里山（上篇）〉，《旅行雜誌》，頁 47。

207 徐蔭祥，〈南游鵝鑾鼻〉，《旅行雜誌》，上海，第 22 卷第 11 期，1948 年 11 月，頁 36。

208 陳學明，〈綠蔭叢中的嘉義〉，《旅行雜誌》，頁 21。

209 徐蔭祥，〈南游鵝鑾鼻〉，《旅行雜誌》，頁 36。

210 陳學明，〈綠蔭叢中的嘉義〉，《旅行雜誌》，頁 21。

211 程其恆，〈壯遊阿里山（上篇）〉，《旅行雜誌》，頁 47。

公里還有北港朝天宮，火車可以直達，每年香客可達30萬人。廟宇建築富麗堂皇為全省之冠，香金收入頗鉅，由董事會舉辦公益事業，設立療養院、圖書館與補助教育。[212]

　　台南市是南部僅次於阿里山的熱門景點，戰後初期大陸遊客來到台南市旅遊，參訪的地點幾乎是歷史古蹟。可是這些古蹟的年代，從最早17世紀荷蘭人留下的遺跡算起，也不過三、四百年的歷史。這與大陸各省保留動輒超過一千年以上，唐宋之前的古蹟相比，台灣的這些古蹟都「不古」。[213]因此《旅行雜誌》對台南市區描述的文章，看法有點二極。例如：丁作韶就以比較輕視的口吻認為，赤崁樓、延平郡王祠、孔子廟古蹟，僅供人憑弔，風景是談不上的。[214]丁氏的看法見仁見智，可是他提到以憑弔的心情，來參訪台南市的古蹟，已經道出這些古蹟一頁滄桑的歷史。其中最著名的三大古蹟——赤崁樓、安平古堡、延平郡王祠，全與荷蘭人、鄭成功（1624-1662）有關。

　　1948年4月張契渠遊覽赤崁樓後，有一細緻地描述，他云：「赤崁樓在台南市區內，為鄭成功登陸處；彼時此處猶為海濱，與正西的安平隔海對峙。安平乃一小島耳，至今該處尚有荷蘭人建築之砲堡，台人呼其地為紅毛城。因海砂漸長，與陸地連接，今可乘汽車遊台南市區直抵紅毛城。」張氏的這段敘述完全正確，所謂的紅毛城就是今日的安平古堡。直到今日尚容易把這二座古蹟的歷史與位置混淆，可是最早在《旅行雜誌》的介紹卻是無誤。亦提到赤崁樓之右為文昌閣，當中還有唐景崧（1841-1903）、白崇禧（1893-1966）所題對聯。殿內有玻璃櫥窗數個，內置荷蘭人所置磁器、鄭成功與荷蘭人簽訂的條約，以及安平海

---

212 陳學明，〈綠蔭叢中的嘉義〉，《旅行雜誌》，頁22。

213 筆者細讀所有《旅行雜誌》對台灣勝景的介紹，寺廟的內容非常的少。連台南市有不少清代初期留下來的廟宇——五妃墓（廟），關帝廟、開元寺、天后宮、水仙宮，也都是一筆帶過而已。而其他地方的寺廟，更不是介紹的重點。參閱郭祝崧，〈走訪台灣（下篇）〉，《旅行雜誌》，第21卷第11期，上海，1947年11月，頁35。

214 丁作韶，〈外省人看台灣——縱譚台灣的風景〉，《旅行雜誌》，頁43。

戰圖、石劍、盔帽、護身牌，甚至還有高山族使用的杯子。[215]事實上「安平海戰圖」是懸掛的6幅油畫之一，另外還有荷蘭傳教士勸降圖一幅、鄭成功受降圖一幅、荷治台灣人生活圖一幅、荷蘭人城防圖二幅。丁作韶對這幾幅畫，有整體性的評論。原因是當時的遊客認為這是日本人偽造的，可是丁氏認為它的價值就是日本人偽造的。他說：「日本是崇拜英雄，不僅崇拜自己本國的英雄，還崇拜別的國家之英雄。日本佔領中國的台灣，對中國開闢台灣的英雄予以崇拜，實為吾人所及。」[216]丁作韶的評論相當有趣，問題是日本人會「拜錯了」英雄嗎？這當中的關鍵是丁氏，可能不知鄭成功是中日混血兒的事實。也因為如此日治時期台灣的教育，自然都塑造鄭成功為日本歷史上的人物。不料戰後台灣政治環境翻轉，鄭成功也是中國歷史人物的事實，看在丁作韶眼中還以為是日本人刻意崇拜的結果。同樣對圖畫意境的反映，也出現在蔡禹門身上。蔡氏提到的是鄭成功受降圖，除了在文字以「嗬囒」取代荷蘭之外，還把此圖類比二戰日本投降。[217]日後吳沈釯（1914-2017）也在看過鄭成功受降圖後，訴說西洋人卑躬屈膝的神情，真使他神往！[218]

　　光復初期所稱的荷蘭堡、紅毛城、赤崁城、熱蘭遮城，都是今日的安平古堡（照片4-2-6）。張契渠從市區前往安平古堡的路上，看到水田池塘的景色頗似江南。安平古堡為方型二層建築，堡頂有砲台與塔樓。張氏提到他攀登至塔頂，東望台南、西眺海峽，皆可盡收眼底。[219]1949年6月曾任台灣大學文學院院長錢歌川（1903-1990）[220]，也偕同好友前往安平古堡一遊。錢氏提到安平是鄭成功為紀念起師之地所命名，原本該地稱Taioan（也寫成Tayouan），是荷蘭人根據高山同胞

215 張契渠，〈台灣遊騁記（上篇）〉，《旅行雜誌》，頁4。

216 丁作韶，〈外省人看台灣——縱譚台灣的風景〉，《旅行雜誌》，頁43。

217 蔡禹門，〈台灣屐痕記〉，《旅行雜誌》，頁47。

218 吳沈釯，〈台灣游屑〉，《旅行雜誌》，頁26。

219 張契渠，〈台灣遊騁記（上篇）〉，《旅行雜誌》，頁5。

220 台灣大學文學院：http://liberal.ntu.edu.tw。

（應為平埔族）的叫法音譯出來，也是台灣一名之由來。安平古堡的建材多是荷蘭人從巴達維亞城（Batavia）運來。鄭成功擊敗荷蘭人把此城改為王城，他本人也是死在這座城。1683年清廷派施琅來取台灣，也是從這進來。同治十三年（1874）牡丹社事件發生，清廷在台灣新建億載金城（砲台），許多材料就是拆自安平古堡的磚石。不過當錢歌川再去億載金城時，也只剩一點殘破的城壕。[221]

照片4-2-6【赤崁城（安平古堡）】

　　延平郡王祠也稱開山王廟、開台聖王廟、鄭成功祠、鄭公祠。[222]張契渠介紹時說本廟初為台人追功崇德而建，光緒初年因牡丹社事件來台的欽差大臣沈葆楨（1820-1879），奏准賜額與敕建專祠才擴大寺廟格局。1915年日人重修過一次，故拜殿格局已是日本式（1961年重建又改為中國北方式建築）。正殿主祀鄭成功，東西兩廡從祀114名部將，

221 錢歌川，〈赤崁城遊展〉，《旅行雜誌》，香港，第23卷第7期，1949年7月，頁26-27。

222 曾今可，〈台灣勝蹟〉，《旅行雜誌》，上海，第20卷第3期，1946年3月，頁52。

後殿中央祀鄭成功的母親田川氏。殿左為監國祠，祀鄭克壆（正確應是鄭克臧），右為寧靖祠，祀寧靖王與五妃。[223]不過祠中最讓人眼睛一亮，則是一株號稱鄭成功手植的梅樹。據傳此樹原在鄭氏的鴻指園，光緒元年（1875）建祠時才移植過來（照片4-2-7）。[224]

照片4-2-7【傳聞鄭成功親手栽種的梅樹】

　　1949年初書畫家陳小蝶，前往台南市一遊時，對上述的景點也有描述。不過他的書畫專業，使得參訪這些古蹟時，所得到的看法又有不同。他認為延平郡王祠鄭成功親手栽植的梅花，絕不可能是真正的。原因是該祠是光緒元年（1875）興建，鄭氏不可能在200年前先植入梅樹，再等待專祠建立。筆者認為此說雖有道理，但也有可能梅樹是自他處移植。另外陳小蝶把每處台南市的古蹟與大陸比較也很有意思，如：他認為延平郡王祠規模太小，不能與浙江西湖的岳廟、四川成都武侯祠相提並論。再者，台南孔廟規模也不大，很像浙江龍遊的孔廟。台南孔

223 張契渠，〈台灣遊驄記（上篇）〉，《旅行雜誌》，頁 4-5。
224 錢歌川，〈赤崁城遊展〉，《旅行雜誌》，頁 27。

廟屏門上有趙子昂（1254-1323）所寫〈大學〉一篇，好像從龍遊孔廟橅來，（字體）卻雕刻的很好。至於赤崁樓與南京鼓樓差不多大，但裡面有偽托鄭成功真跡的字畫要糾正。[225]最不一樣的是台南這座古都，有太多的歷史典故與史蹟，可以成為詩詞創作最好題材。於是他還特別創作〈台南詩彎〉一篇，投稿至《旅行雜誌》以饗讀者。[226]

台南市區其他的景點旅遊上，也有二處被推薦。一是台灣省立工學院，另一是台南糖業試驗所。前者就是今天國立成功大學，吳沈釭評價它的圖書設備，認為是全中國各工學院所不及。院內主要有四系：土木工程、電機工程、機械工程、電化工程。[227]此校名氣響亮，校園還有前後任行政院長翁文灝、孫科，以及國防部長白崇禧、教育部長朱家驊、台灣省行政長官陳儀（1883-1950）、台灣省主席魏道明栽種的樹木。[228]後者今名台灣糖業試驗所，1946年11月蔡禹門參觀時，所內分有蔗種改良、化學、病理等科。日治以來最傑出的成就，即是酒精製造、電木人造絲。蔡氏還深感台灣除醫學研究所外，亦有工業、農業、林業、糖業、水產試驗所，確為興辦實業之中樞。[229]

最後在台南市郊的旅遊上，關子嶺溫泉是首選。此溫泉因硫磺質特別濃，可以治療肺結核與皮膚病。[230]1949年來到台南一遊的陳小蝶，還在文中提到導遊告訴他，關子嶺溫泉一般人不常去。為什麼是溫泉勝地，但遊客卻不多？一方面它的交通不方便。因為它位於270公尺的山丘，需要特別包車前往才行。再者，陳氏一行入住設備比較完整的旅館時，還是被挑剔管理不善，可見得其他旅館品質可想而知。不過關子嶺

---

225 陳小蝶，〈台南行〉，《旅行雜誌》，香港，第 23 卷第 8 期，1949 年 8 月，頁 38-39。

226 陳定山，〈台南詩彎〉，《旅行雜誌》，香港，第 23 卷第 12 期，1949 年 12 月。

227 台灣省立工學院，《台灣省立工學院院刊》，台南，第 1 卷第 3 期，1947 年 6 月 15 日，頁 61-64。

228 吳沈釭，〈台灣游屑〉，《旅行雜誌》，頁 26。

229 蔡禹門，〈台灣屐痕記〉，《旅行雜誌》，頁 47。

230 吳沈釭，〈台灣游屑〉，《旅行雜誌》，頁 25。

的紅葉卻很美，樹種稱為橡樹。此樹在上海被視為園藝高級樹種，聖誕節售價高達幾塊美金，沒想到在關子嶺卻是看到盈千成萬。[231]

5. 高雄市

高雄市現在是南台灣第一大都市，但在光復初期人口卻沒有台南市多，原因是高雄的發展是從日治才展開。日本人計畫把高雄興建成軍事與工業重鎮，在《旅遊雜誌》的介紹上，很清楚地可以比較出高雄的市容，與台灣其他城市不同。高雄市在二戰期間也受到盟軍猛烈的轟炸，直到1946年7月戰爭結束已近一年，還是被形容為「破爛」。[232]不過高雄絕佳的地理環境，在專家的眼中可是珪寶。歷史學者郭祝崧在高雄旅遊時提到該港的地形，完全與基隆港葫蘆形港灣不同。高雄有點類似美國紐約長島，港灣被一個長約12公里的半島給抱住。1908至1934年日本人全力建築高雄港，花費3,360萬日元，完工後可以停泊3,000噸以上輪船29艘，年卸貨量100萬噸。知名地質專家徐鐵良，曾在當時告訴郭祝崧，高雄地質極佳，若加以經營三十年後，定會成為中國第一良港（1980年代以後高雄港果然成為世界第三大港口）。[233]

對於高雄重工業的描述，1946年11月蔡禹門參觀高雄鋁廠。鋁廠規模龐大，廠內小軌道密佈，但被炸損甚鉅，現正趕修當中。日治時期鋁土的來源，從印尼進口，每年生產鋁塊5,000噸。不過要製成平片或用器，還要運往日本本土加工。至於參觀碱廠時，蔡氏對廠區並沒有著墨太多。只是由感而發認為，中國推動實業之人員，多著眼於金錢或酒食，不似日人尋求專業的改進。[234]吳沈釸也讚嘆高雄的工業是驚人的偉

---

231 陳小蝶，〈台南行〉，《旅行雜誌》，頁39。
232 朱梅，〈東台灣環游記〉，《旅行雜誌》，上海，第21卷第6期，1947年6月，頁21。
233 郭祝崧，〈走訪台灣（下篇）〉，《旅行雜誌》，頁36。
234 蔡禹門，〈台灣屐痕記〉，《旅行雜誌》，頁48。

大。除了東北，中國沒有像此地同樣的工業區，資源委員會的煉油廠，佔地7,000畝大。油管一直舖到海港口，每天可生產石油10,000桶。另外資委會的鋁廠，每天可製鋁12噸；資委會與台灣省合辦的鹼廠，每天可製固體鹼10噸；二個單位合辦的水泥廠，每天可產水泥500噸。其他如紙廠、肥料廠、機械廠、造船廠因毀於戰爭，還在修復中。[235]

　　對於軍事設施的描述，由於此種「景點」必須要有熟識之人通融與帶路，才有辦法參觀。因此不是《旅遊雜誌》介紹高雄文章，隨便可以看到。1948年4月張契渠來到高雄時，已經由台灣省政府與警備司令部，提前跟高雄港務局長與要塞司令部知會過。所以他們一行得以搭乘港務局遊艇，在高雄港灣中遊覽。張氏認為此港遼闊之狀，如江蘇太湖一般。可是二戰期間，港灣被盟軍炸沉的船隻，竟有200多艘之多。現正在加緊打撈，清理航道之中。遊畢上岸後，旋前往要塞司令部，由司令官與參謀長陪同，參觀砲台與觀測所。[236]同年徐蔭祥就沒有如此幸運，他是個人前往高雄一遊。所以想要爬至壽山飽覽高雄美景，卻因為是軍事管制區，不得已鎩羽而歸。不過徐氏對高雄市區的描述倒是很仔細，他云：「高雄火車站是台省最巍峨的立體建築物，月台是那麼的長，地道是用磁石嵌壁，還裝著霓虹燈。市區有公共汽車，但路旁陽溝（未加蓋水溝）污臭，路燈也欠齊全。不過中正大橋（今亦稱中正大橋）是偉大的建築，沿（愛）河散步可以直達碼頭。」[237]整體來說高雄市尚在復員，市容整建並不令人感到滿意。吳沈釭的批評也很直接，他云：「交通工具少而失靈，公共汽車常要等一、二個小時。人力車伕的討價特別兇，裝電話的地方很少，秩序與紀律無法與台北市、台中市、台南市相比。」[238]

---

235 吳沈釭，〈台灣游屑〉，《旅行雜誌》，頁27。

236 張契渠，〈台灣遊騁記（上篇）〉，《旅行雜誌》，頁3-4。

237 徐蔭祥，〈南游鵝鑾鼻〉，《旅行雜誌》頁37。

238 吳沈釭，〈台灣游屑〉，《旅行雜誌》，頁27。

6. 屏東市、里港、四重溪溫泉、鵝鑾鼻

雖然高雄市被吳沈釚認為是「大而無當」的城市，但是他對高雄市到屏東市公路品質相當稱讚。這一段道路景色也很美，足可以比擬南京市區到湯山溫泉。橫跨於下淡水溪的大鐵橋，長達1,530公尺，不僅是全中國第一長橋，也是東亞第一長橋（照片4-2-8）。[239]戰後初期擔任長官公署專賣局酒科科長朱梅（1905-？）[240]，曾在1947年1月前往高雄、屏東一遊。他稱這座鐵橋下方的河床，枯水季節都有農民在此栽種西瓜。不過朱梅前往屏東，主要是去視察里港，因為那裡有許多栽種煙葉的田園。朱梅認為里港的風光，很像馬來亞聯邦；四周的椰子、香蕉，充滿南國的氣息。里港也有一個日光村，則是日治時期日本的移民村（在今里港鄉載興村）；煙草的種植，就是日治以來的成果。[241]至於屏東市並沒有好玩的景點，市區也很狹小，不過卻是前往四重溪溫泉與鵝鑾鼻必經之處。

從林邊到恆春的公路，雖然不是柏油路面，但也是水門汀（cement／水泥）舖的。四重溪附近有琉球人墓（屏東縣車城鄉），作家徐蔭祥介紹是明末清初，琉球人遭到船難，被土人殺死殆盡，日本藉機發兵進犯的遺跡。事實上徐氏的說法是錯誤，這個琉球人墓是1874年牡丹社事件留下來的。不過四重溪的景點不是這座墳墓，而是溫泉旅館。當時四重溪總共有4間溫泉旅館，朱梅形容水質清亮帶滑，與陝西西安華清池溫泉相仿。美中不足的是四重溪當地，要晚上六點半才提供

---

239 這座橋今名下淡水溪舊鐵橋，昔日是火車通行橋樑，現成為二級古蹟。不過吳沈釚搭乘汽車，行經的應是這座鐵橋旁邊的鋼筋水泥橋。此橋名為舊高屏大橋，其長度比下淡水溪舊鐵橋更長。1978年新高屏大橋通車後，舊高屏大橋即拆除。參閱吳沈釚，〈台灣游屑〉，《旅行雜誌》，頁27；維基百科：下淡水溪舊鐵橋，http://zh.wikipedia.org/wiki/。

240 國家文化資料庫——社會新聞，http://nrch.cca.gov.tw/ccahome/newspaper/newspaper_coll_item_。

241 朱梅，〈東台灣環游記〉，《旅行雜誌》，頁22。

照片4-2-8【遠東第一長橋：下淡水溪大鐵橋】

電源，十點就停止供電，讓遊客覺得很不方便。另外從恆春前往鵝鑾鼻，每天有三班往返的遊覽車行駛。雖然恆春侷限在台灣的南端，但是在二戰時期還是受到盟軍嚴重的空襲。恆春的民居破壞將盡，幸好有行政院救濟總署的支援，在恆春南門外建設中國式的房子，名為「善濟新村」。徐蔭祥形容來到這裏，好像回到江南故鄉。恆春到鵝鑾鼻的路上，有原始森林，有海蝕的奇岩怪石，最遠近馳名的一塊巨石就是「船帆石」。抵達鵝鑾鼻後，要欣賞的景點是燈塔。不過當時朱梅前往參觀時，燈塔在二戰時受到損壞仍未修復。旁邊的沙灘聽說可以找到化石，故常吸引遊客到此撿拾。令人訝異的是朱梅一行人，竟然把在旅遊景點牆上留名題字的舉動，視為平常而沒有勸阻。[242]

　　光復初期台灣中、南部的景點，最熱門的地方分別是日月潭、阿里山，這與今天大陸觀光客來台灣的行程如出一轍。只不過高雄已經成為南台灣第一大都市，高雄市區的「夜市」也是吸引陸客的景點。而且來台時間足夠的話，墾丁也是必去之處。不同於台北的觀光行程，一甲子的變遷極大；中、南部的旅遊沒有隨著時間淘洗，有著太大的改變。這或許這就是台灣旅遊迷人之處，有變也有不變。

---

242 朱梅，〈東台灣環游記〉，《旅行雜誌》，頁22；徐蔭祥，〈南游鵝鑾鼻〉，《旅行雜誌》，頁38。

第三節 東部的人文景致與雜誌報導的整理

1. 台東市、綠島、蘭嶼、知本溫泉

　　光復初期所謂的台灣東部，以當時的行政區而言，指的是「二縣」——花蓮縣、台東縣。若以今天台灣行政區對照，也是如此。本區面積佔台灣五分之一的土地，但如同南部一樣，熱門旅遊景點分佈也很零散（照片4-3-1）。從表4-3-1來看，花蓮市位居排行榜之首，其次是蘇花公路，再次是台東市。至於溫泉的介紹看似很多，例如：知本溫泉、玉里溫泉、瑞穗溫泉，但篇幅都很少。因此本文採取先台東、後花蓮的方式，分區介紹。

表4-3-1　光復初期《旅行雜誌》所刊載台灣東部景點一覽

編號	卷期	作者	台灣東部景點地名								
			台東市	綠島	蘭嶼	知本溫泉	花蓮市（港）	玉里（溫泉）	瑞穗（溫泉）	太魯閣	蘇花公路
1.	v.21:n.6	朱梅	＊			＊	＊				＊
2.	v.23:n.3	張士超	＊				＊	＊			＊
3.	v.23:n.7	徐蔭祥	＊	＊	＊	＊	＊	＊		＊	＊
4.	v.23:n.7	黃榮燦		＊							
5.	v.24:n.1	張士超					＊				＊
6.	v.24:n.1	丁作韶					＊				
7.	v.24:n.2	劉濟生			＊						
8.	v.24:n.3	徐蔭祥					＊		＊	＊	＊
合計景點數目			3	2	2	2	6	2	1	2	5

　　台東縣的風景名勝主要有四：台東市、綠島、蘭嶼、知本溫泉。這四個地方在今天的台灣，亦都是東部熱門景點。可是在光復初期，西部前往東部的交通不便，旅客旅遊的興緻不高。1947年1月擔任長官公署專賣局酒科科長朱梅（1905-？），曾前往花東一遊，難得提供第一手

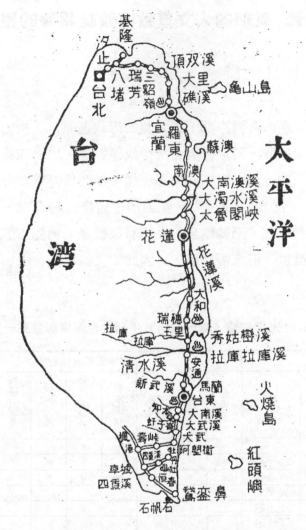

照片4-3-1　【東台灣景點簡圖】

　　的訊息。原來屏東前往台東的公共汽車是從楓港（屏東縣枋山鄉）出
發，不走海岸公路，直接穿越恆春半島的山脈到台東（今省道台9
線）。當時剛剛從美國進口一部汽車，機器新穎不需煩惱中途拋錨。可
是車上人非常的多，擁擠的程度被形容是在逃難。台東市的產業，最重
要的是一座酒廠與一座糖廠，可是二戰時2座工廠都受到嚴重的損失。

台東街上復員工作很遲緩，戰爭已結束一年多，但廢墟看起來像昨天剛轟炸似的。朱梅提到台東縣人口僅有9萬人，高山同胞佔絕大多數。他們喜歡煙與酒，為了要讓高山同胞有好的酒可以喝，朱梅主張先恢復酒廠的運作，而且還要聘請一位技師，調製高山同胞喜歡的顏色與香味酒類。[243]

　　1949年記者張士超也報導東台灣的旅遊，對於花東的近況有更詳實的描述。他云：「一般人對東台灣是不會留戀的，因為那裡生活刻苦、交通困難、災害既多、風俗又異。在日本佔領時期，是儘量鼓勵人民前往開發。光復以後政府對東部公教人員，也有特別的優待——東部二成生活津貼，表示等同於中央政府對邊疆工作人員照顧是一樣。甚至於有人說過笑話：「省政府的廳處長，沒有到過東台灣的人，將來不准他離職。」這意思是沒到過苦地方，不會真的了解民間疾苦。然而也由此證明，東台灣不被人們歡迎的程度了。」[244]張氏已經很忠實地反映出當時人們對花東的看法了。不過在他的筆下，台東也不是一無美景。他推薦在地的七處景點：台東市忠烈祠、台東大鐵索橋、里壠山天龍橋（今名天龍吊橋）、知本溪溪景與溫泉、馬武窟溪昇仙橋（舊東河橋）、虷子崙溫泉（今名金崙溫泉）、白玉瀧（今名白玉瀑布）。

　　這七處景點，如果再挑選出最吸引人，則是台東大鐵索橋與知本溫泉。1949年4月作家徐蔭祥也來到東部旅遊，他從花蓮往南一進到台東市，最先映入眼簾的就是被稱為東洋無可匹敵的台東大鐵線橋。此橋長530公尺，寬4.5公尺，鐵筋橋床，綱線吊樑。塔柱高34.5公尺，鋼線150條，有人形容它是大鵬張翼。至於知本溫泉在台東市西南10多公里，位置在知本溪的對岸。當時這條溪還沒有橋樑，需要涉溪而過，幸好溪水僅及膝。此地只有三家旅館，由於交通不便，遊客稀少。不過高

243 朱梅，〈東台灣環游記〉，《旅行雜誌》，上海，第21卷第6期，1947年6月，頁24。
244 張士超，〈東台灣旅程〉，《旅行雜誌》，上海，第23卷第3期，1949年3月，頁23。

山同胞卻能利用溫泉資源，自行挖砂砌卵石成池，享受大自然的恩賜。[245]

　　徐蔭祥也提到台東盛產蘭花，親眼所見當地人把蘭花移接在樹幹上，種在大海螺當的花盆裏面，或珊瑚石、朽木上面。大武鄉是台東前往屏東的要道（省道台9線），途中的阿朗衛（也稱巴塱衛／大武鄉大武村）、森永（達仁鄉森永村）、壽峠（達仁鄉森永村），都是休息站。特別是壽峠為整條公路制高點，可以向東遠眺壯麗的太平洋。紅頭嶼（蘭嶼）在徐氏的筆下還是原始小島，火燒島（綠島）居民多是阿眉族（阿美族），他們常搭船來台東採買日常用品。[246]有趣的是徐氏沒親自去過這二個小島，無法再描述；但另有作者刻意一遊，揭開它們神秘的面紗。

　　黃榮燦（1916-1952），四川重慶人，昆明國立藝專畢業，專攻版畫。1945年台灣光復首度以記者身分來台，1948年進入台灣省立師範學院（今國立台灣師範大學前身）擔任講師。1952年因「吳乃光叛亂案」被判處死刑槍決，成為白色恐怖的犧牲者。黃氏的作品，最著名的就是以二二八事件為題材，所作的「恐怖的檢查」（現藏於日本神奈川縣立近代美術館）。[247]1949年他也去東部一遊，並且前往更難抵達的火燒島（綠島），之後投稿到《旅行雜誌》以饗讀者，表現出過人的毅力。[248]火燒島在當時台灣人腦海中，是一個幻異無比的荒島；從日治以來監禁犯人的印象，一般看法島上只有「犯罪」的人。可是當黃榮燦初登此島後，才了解都是錯誤的。他寫道：「從台東（市）搭船出發，約3小時航程。抵達後看到島上都是性情溫和的漁民，總人數約3,000餘

---

245 徐蔭祥，〈東台灣行腳〉，《旅行雜誌》，香港，第 23 卷第 7 期，1949 年 7 月，頁 53-54。

246 徐蔭祥，〈東台灣行腳〉，《旅行雜誌》，頁 54。

247 Enrico 的部落格，http://tw.myblog.yahoo.com/jw!FOEBYEWRHxPJU1Vi23GdsA--/。

248 事實上黃榮燦不僅前往綠島，還前往蘭嶼。同時把蘭嶼旅遊心得，投稿到 1949 年 3 月發行的《台旅月刊》。參閱北投虹燁工作室，http://tw.myblog.yahoo.com/jw!kQQmrf6fG。

人，多是福建籍（徐蔭祥稱是阿眉族是錯的）。雖然當地沒有旅館，但向鄉公所職員借宿也答應了。島上沒有商店，全是自給自足。景物方面有天然溫泉，海岸線有奇形的巨岩；東北方的次頭山下（應是牛頭山），還有一座觀音洞，內有石頭風化成的觀音像（其實是天然鐘乳石）。有趣的是島上居民喜歡養鹿，每戶都有3、4隻。[249]

劉濟生，光復後活躍於台灣出版界[250]，1947年曾加入蘭嶼考察團前往一遊。[251]1950年投稿於《旅行雜誌》介紹蘭嶼，可能是回憶三年前的景物所作。劉氏認為蘭嶼已被文明所遺忘，可以稱得上是世外桃源。居民是土番耶美族（雅美族／達悟族），僅1,271人。雖然來自何方尚無確定，應是南洋遷徙過來的馬來族，他們與台灣本島高山族完全不同。島上仍保持青銅器時代的原始生活，沒有文字也沒有貨幣，都採以物易物方式。農耕作物是水芋，家畜只有豬羊雞，但做為祭祀之用，亦不食雞卵。其餘沒有牛馬、貓狗之類。蘭嶼飽受颱風侵襲之苦，故房子是掘地深五、六尺建成，屋基同地面等高。屋為木構，地鋪石塊，上葺茅草。因為沒有通風與透光，室內都很黑暗。加上他們不知道如何取火，因此視火為神火。得到火種後，終年不敢熄。耶美族人視捕魚為最重要的工作，除了水芋之外，最主要的食物是魚類，尤以飛魚為特產。最後劉氏提到，為什麼蘭嶼可以抵抗文明的入侵？原因是當地有一種可怕的紅蟲──恙蟲。被叮咬之後就會發燒死亡，痊癒的機會很低。不過卻有二件寶貝──稀有品種的蘭花、紅頭藤。前者是園藝人士視為珍品，後者可以提煉治療肺結核的藥。[252]

---

249 黃榮燦，〈記火燒島〉，《旅行雜誌》，香港，第 23 卷第 7 期，1949 年 7 月，頁 50-54。

250 1950 年代末由文星書店出版《當代名人剪影》、《歷史人物軼事》、《事業與人物》、《我最難忘的人物》等書，參閱世新大學圖書館，http://libweb.shu.edu.tw/Webpac2/ClassSearch.dll/。

251 國立教育廣播電台 http://web.ner.gov.tw/culturenews/culture/culture-detail.asp?id=64735。

252 劉濟生，〈與菲島隔海相望──蘭嶼島浮雕〉，《旅行雜誌》，香港，第 24 卷第 2 期，1950 年 2 月，頁 17-20。

2. 蘇花公路、花蓮市、太魯閣、瑞穗溫泉

　　花蓮縣的旅遊上，最重要的就是花蓮市與蘇花公路。可是如果從台北縣（宜蘭當時屬台北縣）前往花蓮，必定要先經過蘇花公路才能抵達花蓮市。所以本文先介紹蘇花公路（亦稱花蘇公路、臨海公路）。朱梅最先在《旅行雜誌》描述蘇花公路的美麗，他認為開鑿這條路的工程，已經可以跟中國的長城、法國巴黎的鐵塔、美國舊金山大橋相提並論（照片4-3-2）。[253]

照片4-3-2【蘇花公路的清水斷崖】

　　二年之後，記者張士超再對蘇花公路有更詳盡的描述，而且是從公路的起點：蘇澳開始。蘇澳鎮是一個人工築港的漁村，有海水浴場，也是台灣東北部重要的漁港。當時從蘇澳到花蓮市的公共汽車，每輛載客人數僅18人。從蘇澳到東澳（蘇澳鎮東澳里），車行時間半小時多。雖然如此，車上的乘客好像已經長時間的旅程，紛紛下車休息。附近有

253 朱梅，〈東台灣環游記〉，《旅行雜誌》，頁 25。

山地同胞的住家，看到車子一到全圍了上來，女人們的臉上還有一二道青紋。一小時之後車子抵達南澳（今南澳鄉南澳村），這裡距蘇澳鎮區有34.4公里，距離花蓮市有85.5公里。南澳有小學，也有小型罐頭魚工廠，也有神社。車子又停下休息20分鐘後，才又上路。下一站是當時蘇花公路很重要的一站，稱為魯基岳夫會車場（南澳鄉武塔村）。從花蓮市開來的公共汽車，就要與蘇澳開來的車子交會接駁乘客。可是大濁水溪（今名和平溪）的鋼索大橋因颱風斷裂，車子無法北上開抵魯基岳夫。故從蘇澳南下的車子，只能再往南開到大濁水溪北岸（南澳鄉澳花村）。此時乘客全部下車，徒步走過臨時便橋，改搭另一部車子。如此轉乘需要一個小時，從大濁水溪南岸（今花蓮縣秀林鄉和平村），再坐車到下一站：姑姑子已經是中午了，遂在這裡吃午餐（這段稱姑姑子斷崖，為和平村和中到仁和之間，張士超用膳處應已通過斷崖抵達仁和）。飽餐後出發，五、六分鐘後即到清水斷崖。這段路途經六個小隧道，傍海沿岸是鐵筋水泥建造的防壁，像萬里長城般的壯觀，下面就是波濤洶湧的太平洋。

蘇花公路是當時台北縣連接花蓮縣的重要道路，但是路面極容易受颱風而毀壞。所以每年七至十月間，除非有要緊公事，否則不會冒險走這一段道路。當然除了蘇花公路之外，從基隆港與蘇澳港也有船隻航抵花蓮港，前者航程8小時，後者6小時。船隻大者不過百噸，小者十餘噸，亦要飽受風浪之苦。汽車駛抵新城（花蓮縣新城鄉）後，以南的公路都是平原，直抵終點站花蓮市。蘇花公路沿途總共有14座橋樑，全長119公里的路程，需要6小時才能結束。[254]

花蓮原名迴瀾，為形容溪流入海時迴瀾的景象，後來音轉成花蓮。1947年朱梅未到花蓮市之前，聽聞市區可以看到三分之一的人是臉上刺花紋的高山同胞。可是當他親自來此時，只看到一個。事實上花蓮高

---

254 張士超，〈東台灣旅程〉，《旅行雜誌》，頁 23-26。

山同胞雖多，但生活習慣與平地沒有兩樣（照片4-3-3）。這次出差他
們還去看了原住民歌舞，朱梅認為他們的舞蹈與服裝，都比在台北市中
山堂看到的要好。如果安排他們去內地表演，一定大受歡迎。另外花蓮
市街道寬大，晚上燈光明亮，也給朱梅帶來深刻的印象。[255]二年後張士
超也對花蓮市區有好評，他云：「現全市人口4萬，街道整齊，多半是
柏油馬路。如果以經濟建設為標準，跟台灣其他城市比較，雖排在台
北、基隆、台中、高雄之後，但比屏東、彰化還好。」張氏還對花蓮市
的旅遊環境做一簡介，他提到全市據說有110個酒家，一千多個女招待
真是洋洋大觀。佈置比較清雅的是「大觀園」、「山水亭」、「大三
圓」、「萬里紅」、「天仙閣」、「國際館」等（成功街一帶）。戲院
也有三所，一個專演台灣歌仔戲，二個映電影，生意都不惡。日治時期
花蓮港築港工程，也是張氏重點介紹的部分。從1931年開始，總督府
已花7年的時間，花費742萬日圓經費，建造這個海港。雖然在1937年
已經完成，可是後來的擴港計畫因二戰關係，沒來得及實施，否則可以
與基隆、高雄港媲美。即便如此，張士超還是評價為東台灣的偉大建
設。[256]

　　有趣的是同年作家徐蔭祥也來到這個城市，但他說花蓮街市寥寥幾
條，店屋都是舊式的矮房子，顯得不甚繁榮。而且花蓮市內還交通不
便，因為除了樟腦辦事處有一輛自備包車外，市區沒有黃包車，更沒有
三輪車。這與張士超所說柏油路與酒家、戲院的熱鬧相比，完全是二個
不一樣的世界。不過對花蓮港的敘述，張、徐二人倒是一致，皆認為花
蓮港是東台灣唯一的海港，二戰時期也是日本的軍港。雖然該港沒有基
隆、高雄大，但在交通上很有貢獻。不過受到浪潮的影響，到了下午風
浪加劇就不能入泊船隻。[257]

---

255 朱梅，〈東台灣環游記〉，《旅行雜誌》，頁25。
256 張士超，〈東台灣旅程〉，《旅行雜誌》，頁27-28。
257 徐蔭祥，〈東台灣行腳〉，《旅行雜誌》，頁51。

照片4-3-3【東台灣的阿眉族】

　　不過整體來說，光復初期花蓮風景給人的感覺還是美麗。曾任廈門大學教授的丁作韶，對台灣風景常有批評，但對花蓮則是全面肯定。他說：「講到景，假如阿里山以雄壯勝的話；花蓮有如峨眉，以秀麗勝。花蓮不像阿里山，四面背山包圍著，沒有遠景。花蓮在一座矮矮的山坡下，背是綿延不斷的高山，面是茫茫無際的太平洋。眼界是非常開闊，左右是一望無涯。」[258]

　　1950年張士超、徐蔭祥又對花蓮各有一篇報導，介紹的是花蓮首度開闢民航客運的消息。這是台灣東部交通的大事，因為除了海運、道路之外，現在從台北市前往花蓮市便利許多。這條航線的試航是在1949年12月，由民航空運隊（1945年由陳納德將軍創辦，為中國三大民航公司）負責飛行[259]，所使用的飛機是兩架小型的空中吉普（Cessna

----

258 丁作韶，〈外省人看台灣——縱譚台灣的風景〉，頁42。
259 維基百科：民航空運公司 http://zh.wikipedia.org/wiki/。

195）。[260]這種飛機約有15公尺長，全部載重800磅，機身塗裝全部是銀色，包括駕駛總共有6個座位。[261]徐蔭祥則是親自搭乘「空中吉普」，描述從天空看花蓮的景色。在他的筆下蘇花公路的車子，變得好像爬蟲一樣。泰基里溪（立霧溪）直伸的太魯閣，在日治時期是擬建立的國家公園。遠看山巒參錯，峰頂封霧可以比擬長江三峽中的巫峽。[262]

　　太魯閣，今日是台灣在國際上知名的景點。它的美景在日治時期早被日本人發掘，所以才計畫設立國家公園。不過東部畢竟交通不便，所以光復初期來台的大陸旅客，大多沒有辦法親自前往參觀。就算已經到達花蓮的《旅行雜誌》投稿人，也不是每個人都有時間前往參訪。只有二篇文章，深入地介紹太魯閣（照片4-3-4）。1949年徐蔭祥曾到泰基里溪（立霧溪），聽聞溯溪可至太魯閣國家公園，裡面還有清水溫泉，而且有砂金的蘊藏。不過他並沒有再深入，只到溪北面的二個發電所（今名立霧發電廠，仍持續運轉）就折返。[263]

　　提到溫泉，玉里與瑞穗溫泉算是出名的。這二個地方都在花蓮市南方，以當時的交通工具而言，則是搭乘花東線的火車最方便。張士超形容車廂像是上海有軌電車，全部能容納四、五十人。不過火車沿途的景色卻不好，除了海岸山脈擋住遠眺的視線外，花蓮漫天大風，黃沙飛舞，慘殺滿野的陰沉，一目荒涼。這難道是東台灣偏僻所致的結果？[264]有趣的是上文提到，張士超對花蓮市正面的評價，在徐蔭祥眼中正好相反。但是花東線沿途景色，張士超負面評價在徐蔭祥眼中也是相反。差不多的時候，徐蔭祥也搭乘花東鐵路，他稱讚田園美麗，村落處處，山

---

260 Wikipedia-cessna195；http://en.wikipedia.org/wiki/Cessna_195。

261 張士超，〈台北飛花蓮〉，《旅行雜誌》，香港，第 24 卷第 1 期，1950 年 1 月，頁 33-34。

262 徐蔭祥，〈太平洋波濤壯闊・花蓮港明媚風光〉，《旅行雜誌》，台北，第 24 卷第 3 期，1950 年 3 月，頁 5-6。

263 徐蔭祥，〈東台灣行腳〉，《旅行雜誌》，頁 51。

264 張士超，〈東台灣旅程〉，《旅行雜誌》，頁 28。

照片4-3-4　【太魯閣峽谷的吊橋】

麓間樟林很多，樟腦製品也很多。玉里是花蓮南方第一大鎮，它的溫泉屬於公共浴室。水質相當的好，還可以飲用。可惜連接溫泉的道路損壞，否則遊客應該會趨之若鶩。至於瑞穗的溫泉有二處，一是瑞穗溫泉，另一是紅葉溫泉。二者相距五、六里路，因此瑞穗又稱外溫泉，紅葉又稱裡溫泉。來這泡浴也可以欣賞阿眉族的歌舞，並且還可以跟他們圍成一圈共舞，歡喜的程度彷彿隱避在一處世外桃源。[265]

3. 台灣景點總評與大陸景點比較

　　1945至1950年初《旅行雜誌》已經扮演好，介紹與宣傳台灣觀光景點的角色。透過幾乎每月一篇，且不間斷的報導，60多年前的台灣社會實態，躍然於眼前。現把雜誌投稿作者背景做一整理（參閱表4-3-2）。

---

265 徐蔭祥，〈太平洋波濤壯闊・花蓮港明媚風光〉，《旅行雜誌》，頁8。

表4-3-2　1945至1950年《旅行雜誌》報導台灣風光暨作者

編號	姓名	作者背景	投稿時間	來台旅遊景點
1.	陳純仁	早期「台灣通」	1945 年 5 月	─
2.	鞠孝銘	1949 年以後擔任 南京師範地理系教授	1946 年 1 月	─
3.	開明	─	1946 年 2 月	
4.	曾今可	1949 年以後擔任台灣省 文獻委員會委員（詩人）	1946 年 3 月	台南市
5.	德群	─	1946 年 5 月	
6.	予風		1946 年 7 月	
7.	陳松明	《旅行雜誌》特派記者	1946 年 8 月	北投
8.	陳其英		1946 年 9 月	
9.	何敏先	福建記者	1946 年 11 月	日月潭
10.	蔡禹門	上海名中醫	1947 年 4 月	台北市、北投與草山溫泉、烏來、淡水、基隆市、日月潭、阿里山、嘉南大圳、台南市、高雄市
11.	朱梅	台灣省行政長官公署 專賣局酒科科長	1947 年 6 月	高雄市、屏東、台東、花蓮、蘇花公路
12.	郭祝崧	1949 年以後擔任四川師範 大學教授	1947 年 10 月	台北市、北投溫泉、板橋、日月潭、高雄市
13.	張契渠	上海《文潮月刊》主編	1948 年 3 月	台北市、北投溫泉、圓山、基隆市、日月潭、台中市、台南市、高雄市
14.	張士超	─	1948 年 3 月 1948 年 7 月 1949 年 3 月 1950 年 1 月	台北市、宜蘭、台中市、花蓮、臺東
15.	徐蔭祥	作家	1948 年 5 月 1948 年 8 月 1948 年 11 月 1949 年 7 月 1950 年 3 月	台北市、烏來、木柵、日月潭、台中市、霧峰、埔里、霧社、嘉義市、高雄市、鵝鑾鼻、台東、花蓮
16.	吳沈釔	1949 年以後擔任 上海同濟大學教授	1948 年 9 月	台北市、北投溫泉、宜蘭、新竹、台中市、阿里山、嘉南大圳、台南市、關子嶺溫泉、高雄市
17.	秦瘦鷗	小說家	1948 年 10 月	金瓜石
18.	盛成	1949 年以後擔任 台灣大學教授	1948 年 11 月	獅頭山
19.	章生道	中國地理教育研究會會員	1948 年 12 月	阿里山
20.	徐忍寒	上海民智中學校長	1949 年 1 月	台北市、圓山、碧潭、木柵、螢橋、阿里山
21.	吳似蘭	上海知名畫家	1949 年 4 月	日月潭
22.	牧兆堂	─	1949 年 4 月	基隆市
23.	許穀人		1949 年 4 月	木柵
24.	易君左	甘肅《和平日報》社長	1949 年 7 月	北投與草山溫泉
25.	張韶	1949 年以後擔任 中央音樂學院教授	1949 年 7 月	台北市

26.	荷音	一	1949 年 7 月	台北市
27.	李芸生	一	1949 年 7 月	碧潭
28.	錢歌川	台灣大學教授	1949 年 7 月	台南市
29.	凌雲	一	1949 年 7 月	圓山
30.	陳小蝶（陳定山）	書畫家	1949 年 7 月 1949 年 8 月 1949 年 12 月	日月潭、台南市、嘉南大圳
31.	黃榮燦	版畫家	1949 年 7 月	綠島
32.	趙定明	名攝影師	1949 年 7 月 1949 年 9 月	新竹、台北市
33.	張禮大	中國共產黨黨員	1949 年 9 月	金瓜石
34.	潘毅華	旅行家	1949 年 9 月	烏來
35.	程其恆	老報人	1949 年 11 月 1950 年 3 月	阿里山、木柵
36.	蓀筱	一	1949 年 12 月	淡水
37.	丁作韶	1949 年前曾擔任廈門大學教授	1950 年 1 月	台北市、北投與草山溫泉、獅頭山、日月潭、阿里山、台南市
38.	劉濟生	1949 年以後在台灣擔任作家	1950 年 2 月	蘭嶼
39.	伍稼青	1949 年以後擔任私立東吳大學教授	1950 年 2 月	日月潭
40.	晚蘋	一	1950 年 2 月	獅頭山
41.	陳學明	旅行家	1950 年 3 月	嘉義市
42.	巨淵	一	1950 年 3 月	烏來

　　從表4-3-2內容來看，這4年多的時間中，介紹台灣風光投稿至《旅行雜誌》的人，總共有42位之多。事實上投稿人總數還不止如此，因為有些是談光復後台灣社會現象，非景點的介紹，所以本文並沒有列入。這42位的背景來看，除了有13位查不出身分外，其餘29位都是中國社會的高級知識分子。他們不是當時或日後在教育界、學術界服務，就是藝文界、新聞界的中堅。因此這些人對光復初期台灣社會的觀察，應該都很敏銳。透過這些人的介紹，《旅行雜誌》所刊載光復台灣景點的「排行榜」，或許可以做為當時大陸觀光客，前往這些熱門景點的參考。從區域來看，北部最多，總共有33篇文章；其次是南部，有17篇文章；再次是中部，有13篇文章；最後是東部，僅有8篇文章。可是從各個景點來看，排行榜的順序，恐還要細緻整理。下表4-3-3內容是各景點出現在雜誌的篇數。

表4-3-3 1945至1950年旅行雜誌刊登台灣景點篇數統計與排名

排行板名次	景點地名	篇數	排行板名次	景點地名	篇數	排行板名次	景點地名	篇數
No.1.	台北市區	16	No2.	日月潭	12	No.3.	北投溫泉	11
No.4.	草山溫泉	9	No.5.	阿里山	9	No.6.	台南市	9
No.7	圓山	6	No.8	淡水	6	No.9	高雄市（港）	6
No.10.	花蓮市（港）	6	No.11	新店碧潭	5	No.12	烏來	5
No.13	台中市	5	No.14	嘉南大圳	5	No.15	蘇花公路	5
No.16	板橋	3	No.17	木柵	3	No.18	螢橋	3
No.19	基隆市（港）	3	No.20	宜蘭	3	No.21	獅頭山	3
No.22	嘉義市	3	No.23	屏東市	3	No.24	台東市	3
No.25	新竹	2	No.26	金瓜石	2	No.27	台中大雅	2
No.28	台中神岡	2	No.29	關子嶺溫泉	2	No.30	四重溪溫泉	2
No.31	鵝鑾鼻	2	No.32	綠島	2	No.33	蘭嶼	2
No.34	知本溫泉	2	No.35	玉里溫泉	2	No.36	太魯閣	2
No.37	三貂嶺	1	No.38	台中大甲	1	No.39	台中港（梧棲）	1
No.40	霧峰	1	No.41	埔里	1	No.42	集集	1
No.43	霧社	1	No.44	合歡山	1	No.45	里港	1
No.46	瑞穗溫泉	1						

資料來源：表 4-1-1、表 4-2-1、表 4-2-2、表 4-3-1

　　從上表來看，排行在前15名的景點，還是以北部做高度的集中，如台北市區、北投溫泉、草山溫泉、圓山、淡水、碧潭、烏來。中部雖然只有二個景點上榜：日月潭、台中市，但日月潭的「高人氣」直逼台北市區。南部有四個景點上榜：阿里山、台南市、高雄市（港）、嘉南大圳。前三者不會讓人感到意外，可是嘉南大圳入選就很有趣，這也說明日治時期所遺留下來的重大工程建設，很吸引大陸觀光客。如此的道理，用來證明東部景點入選也適用──花蓮市（港）、蘇花公路。

　　本文為什麼要整理出「排行榜」呢？主要目的是要與日治時期所塑造的「八景十二勝」做比較。八景分別是：基隆旭丘、台北淡水、台中八仙山、南投日月潭、嘉義阿里山、高雄壽山、屏東鵝鑾鼻、花蓮太魯閣。十二勝分別是：台北草山與北投的溫泉、新店的碧潭、桃園大溪河景、桃園角板山的番社、新竹五指山的山景、苗栗獅頭山的寺廟、彰化八卦山的山景、南投霧社的番社與櫻花、台南虎頭埤、高雄旗山的山水

風景、宜蘭大里簡的海岸風景、宜蘭太平山的森林。 結果「八景十二勝」中的20處景點，有一半在《旅行雜誌》沒有介紹，表示出它們在戰後初期，並不受大陸觀光客青睞。這些景點包括：八仙山、壽山、大溪、角板山、五指山、八卦山、虎頭埤、旗山、大里簡、太平山。

　　再者日治時期以來，做為台灣熱帶地區表徵的椰子樹、香蕉，以及入畫的現代化景觀——（台北）鐵橋、原住民活動的山林，甚至於日本「內地」的象徵——櫻花，有無延續以往的風景想像，繼續發揮在光復後旅行報導的作品中？事實上從文字的介紹來看，多少還是有延續的脈絡。首先在熱帶植物的表徵方面，1946年就報導台北之所以吸引人之處，除了東洋風之外就是熱帶風。台北市植物園能成為景點，也是園內拜熱帶風情所賜。這些植物中，以椰子樹最具代表性，再來才是香蕉與鳳梨。

　　其次，橋樑成為現代化景觀，並成為繪圖的主題。《旅行雜誌》不討論繪畫，但橋樑卻成為旅遊過程中，重要的地標而被廣泛介紹。它們包括：台北市台北大鐵橋、中山北路大橋、圓山鐵索橋、碧潭吊橋、前往日月潭的鐵索橋與水泥橋、埔里烏牛欄大索橋、濁水溪大鐵橋、高雄市中正大橋、下淡水溪大鐵橋、台東大鐵索橋、里壠山天龍橋、馬武窟昇仙橋。

　　其三，原住民活動的山林。雖然《旅行雜誌》不一定以介紹原住民為主題，但原住民現況一直都是內容的重點。1945年5月該雜誌第一次報導台灣時，就是介紹台灣的原住民。當然，所有的投稿人都沒有使用「原住民」字眼。有的承襲日治用法稱「番人」，有的使用新名詞「高山同胞」。不過除了稱呼之外，讓人感到驚訝的是對原住民的介紹，大致上都是正確。例如：最早稱土番與野番，土番稱平埔族，野番稱高砂族。高山族是台省最早的民族。不過原住民一些特有的習俗，也讓這些大陸遊客印象深刻，其中最好奇的就是臉部刺青。所以在台北烏來、南投霧社、宜蘭東澳、花蓮市，均有描述。原住民與觀光客接觸後，大幅

度改變自己的生活方式,以日月潭邵族的報導最深入。它讓我們知道,受到文明洗禮的邵族,為迎合遊客不僅連國語、上海話都會說。也由於商業化氣息過重,讓參訪的遊客失去「原始」的感覺。當然最原始的原住民是蘭嶼的耶美族,在投稿人的筆下,他們還過「青銅器時代」的生活。

其四,櫻花的意涵。光復後台灣已經沒有日治所謂「內地」、「外地」的區別,自然也沒有日治時期的特殊意義。已經成為單純欣賞植物的櫻花,還是在《旅行雜誌》中不忘被提及。當時賞櫻的地點有四——霧社、草山、獅頭山、阿里山。

值得注意的是《旅行雜誌》在旅遊的報導上,有上述的「承先」之處,自然也有「啟後」的地方。整個光復台灣前五年的景點介紹中,可以分成六大重點,屬於投稿人認為比較有趣或者重要,可以讓讀者閱讀後,強烈吸引他們來台灣一遊的魅力。第一,從早期歷史來看台灣。這一點讓作者側目的,對於清代許多描述不但正確,而且有前瞻性。例如:台南熟番四大社——新港、加溜灣、歐汪、麻豆;清代治臺是「因防台而治台」,非理台而治台;描述日月潭時使用《台海使槎錄・番俗六考》,來介紹邵族的生活。提到台中平埔族的歷史時,也介紹岸裡社;甚至清末台灣建省,也正確說出省會設立在台中市的事實。還有嘉義城與林爽文的關係,以及台南市古蹟與荷蘭人、鄭成功的關係。當然小錯還是難免,最明顯的是介紹恆春牡丹社事件,整個時代的錯置。

第二,對於二戰痕跡的描述。對於飽受盟軍轟炸而損失慘重的都市,如高雄、基隆、新竹、彰化、嘉義、台北、台南、恆春、台東,以及輕微的都市,如台中、花蓮,似乎要提醒讀者,來台時要多注意。有趣的是不少投稿人把台北市圓山動物園,二戰時也受到損失的事情也寫入稿內。如鱷魚逃逸、猛獸受屠,蓋因為這座動物園是熱門景點。

第三,對於日治建設正面與負面的評價。這二點也是提醒讀者,旅遊台灣時注意的事項。不過總括來說,正面要遠多於負面。正面評價

上，焦點全都是對交通的描述。台北市區整潔而優質的馬路，以及基隆到台北的優質馬路，則是所有投稿人的共識。烏來山路、獅頭山的柏油路、台中市區到草屯的柏油路、高雄市到屏東市的公路、林邊到恆春的水門汀公路，也有很高的評價。除了馬路之外，建築物也是介紹的重點。如用大理石與鋼骨水泥的大樓、烏來的水力發電廠、日月潭發電廠、台灣三大港——基隆、高雄、花蓮、阿里山森林鐵路。對於後者來說，良好的學術與教育風氣，也是讓大陸遊客所稱道。如台北博物館、國立台灣大學、台大醫院、台灣省立工學院。在負面的評價上，品質不好公路的敘述，如基隆到金瓜石、草屯到日月潭、嘉義市區到吳鳳廟。

　　第四，對於個別景點與台灣社會旅遊訊息的提供。《旅行雜誌》介紹台灣多處景點，經過歸納有一有趣的現象，即是非常重視溫泉的訊息。文章中所出現的溫泉數目，總計有12處之多——北投、草山、烏來、金山、礁溪、關子嶺、四重溪、知本、虷子崙、玉里、瑞穗、紅葉溫泉。還會詳細介紹哪一種溫泉，可以治療哪一種疾病。筆者推測《旅行雜誌》的讀者們，在當時都是經濟程度頗佳的中產階級，或者大商人與資本家。所以「醫療保健」的訊息對他們來說，很具吸引力。同理在介紹新竹市時，也稱這個地方空氣乾淨，最適合肺與氣管不好的人居住，也是這個道理。

　　至於在一些特殊報導上，北投溫泉雖然有名，但是色情業蓬勃，也是雜誌不露痕跡的明示。台灣香火鼎盛有名的寺廟，《旅行雜誌》介紹的很少，僅有台北龍山寺、台北指南宮、日月潭文武廟、北港朝天宮、八掌溪畔阿彌陀寺五間。不過台灣人在廟中求神問卜時，一定會用到的「捽牌」（擲筊），也被寫入文章中。另外，台灣盲人的工作——按摩，偶爾也會介紹。原來盲人晚上出來工作時，都會吹著淒厲的口笛聲。這讓甫到台灣的大陸遊客，不知發生何事，經過詢問才知原委。如此的記錄，最常出現在北投溫泉的報導上。不過最重要的是政治環境的變化，影響旅遊便利的描述，1949年5月19日台灣發佈戒嚴令後，就要

辦理入山證。一是台北的烏來，另一是嘉義的阿里山。不過《旅行雜誌》也有寫錯，如稱日月潭中有長堤相間，顯然是不對的。

其五，比較台灣與大陸景點的特色。下表4-3-4是本文整理投稿人的描述，發覺對於大城市或現代交通工具的比擬，台灣的景點比起大陸，在評價上都略勝一籌。不過有三個地方，則是大陸遊客眼中，比不上大陸。其一是獅頭山的寺廟風光，其二是金瓜石的開採條件，其三是台南的延平郡王祠格局不夠。

表4-3-4　旅行雜誌投稿人對比台灣與大陸景點內容

編號	台灣景點	比擬大陸景點結果	編號	台灣景點	比擬大陸景點結果
1.	台北市	幽靜恬淡像蘇杭，但蘇杭比不上臺北市有博物館、圖書館	2.	台北市馬路	如同上海中山路
3.	台北博物館	大理石加上鋼骨水泥建築，在上海不易找到匹敵	4.	台大醫院	收費低廉，這一點與上海流迴異
5.	台北南門	與上海江西路、漢口路相仿	6.	北投溫泉	相似於安徽黃山溫泉、南京湯山溫泉、陝西華清池溫泉
7.	草山	重慶老鷹岩、蘭州安寧堡	8.	林家花園戲台	略同於北平清宮戲台
9.	板橋林家花園	蘇州獅子林不及於它	10.	木柵指南宮	浙江杭州至皇山、江蘇南京中山陵、江西廬山好漢坡、山東泰山南天門，均有小巫見大巫之嘆
11.	台北市螢橋	媲美浙江奉化亭下、廣西桂林漓江	12.	基隆至台北公路風景	比擬四川重慶北碚風景
13.	基隆	多雨的環境可以與貴陽相比	14.	基隆馬路	有如上海法租界馬路
15.	獅頭山	四川峨眉山、安徽九華山、山西五臺山、浙江普陀山	16.	金瓜石	與東北金礦相比，早要放棄開採
17.	日月潭	十一省美景之最	18.	日月潭	放大的西湖，但地位比西湖更絕
19.	台中市到日月潭公路	比貴州省貴陽到四川還曲折。如果貴州省桐梓縣釣絲岩、花秋坪的道路已很險陡，那麼這段公路比它還更險陡。	20.	日月潭擁擠的旅客	有如消暑江西廬山牯嶺街頭
21.	日月潭出水口	比山東濟南趵突泉大得多	22.	台中市區繁華	有如追求上海與外國流行
23.	阿里山森林火車景色	比起杭江鐵路的「火車風景」更有起伏感	24.	阿里山火車車廂	比上海電車車廂還小

25.	阿里山林海	與東北長白山「窩集」相比不遜色	26.	阿里山神木	比浙江西天目山大樹王，要大上好幾倍
27.	阿里山雲海	連安徽黃山的煙雲、四川峨眉的煙雲、貴州遵義七十八盤吊死巖（改為鉤詩岩）都比不上，而四川青城山的煙雲與之相比更渺乎其微。	28.	阿里山雲海	如此美景比廣東省羅浮山彩雲峰所見彩雲如虹，阿里山更要偉大多矣。
29.	烏山頭水庫	面積與浙江嘉興南湖相仿	30.	台南市區到安平古堡路上	其水田景色很像江南
31.	延平郡王祠	規模太小，不能與浙江西湖的岳廟、四川成都武侯祠相提並論	32.	台南孔廟	規模很像浙江龍遊孔廟
33.	關子嶺紅葉	高級樹種，在上海過聖誕節時價格昂貴	34.	高雄市工業區	可以與東北工業區比擬
35.	高雄港灣	面積與江蘇太湖相仿	36.	四重溪溫泉	與陝西西安華清池溫泉相仿
37.	恆春南門外村落	建築格局像江南	38.	花蓮山勢	有如四川峨眉秀麗
39.	太魯閣	峰頂霧鎖可以比擬四川三峽中的巫峽	40.	花蓮到台東的火車	車廂大小像是上海的有軌電車

其六，比較台灣與國外景點的特色。由於雜誌的投稿人都是來自大陸，不可避免的在風景比較上，都會用自己最熟悉的環境來做對比。因此雜誌內容上，台灣的風景跟國外比較的例子僅有四個。一是嘉南大圳水利建設的偉大，在東亞僅次於印度恆河工程。二是高雄港灣的形勢，很類似美國紐約的長島。三是屏東里港的風光，很像馬來亞聯邦。四是蘇花公路工程技術的鬼斧神工，可以與巴黎鐵塔、舊金山大橋相提並論。

透過上述對《旅行雜誌》的研究，已經可以了解當時大陸遊客，如何看待台灣社會與風土民情。除了澎湖之外，台灣本島與綠島、蘭嶼二大離島，都有報導人的足跡。本島的景點若說有「遺漏」，大概只有今天的雲林縣沒有介紹。由此可以發現一個事實，光復後的台灣在外省人眼中，實在是一個想很快了解的地方。或許雜誌的忠實讀者，將在1949年遷徙到台灣，在這一塊陌生的地方，僅憑雜誌中感覺的土地，住上大半輩子。

05

結論

　　作者小學的時候，閱讀一本台灣史書籍，年幼時覺得有趣，年長後重新思考，竟被內容所震撼。此書描述1949年台灣省參議會山地訪問團，深入全省山區、訪問山胞。某日下午前往烏來深山，行程發現一幢孤獨半頹的茅屋，門口有一位白頭山胞，坐在土階上曬太陽。奇怪的是他手上還拿著半卷《論語》，似乎吟喔的很入神。更奇怪的是他與訪問團打招呼，居然能說生澀的閩南語。尤其是他的第一句話，竟是問訪問團，「劉欽差也有著台北無？」訪問團成員愣了大半天，才弄明白山胞問的是清代欽差大臣劉銘傳（1836-1896）。原來此老是光緒十六年（1890），台灣巡撫劉銘傳創設番學堂，所收的番童之一。歷經滄桑60年後，尚有深山野老以為劉氏「不朽」在人間。[1]這則故事告訴我們，1945至1949年的台灣，「歷史段落」看似短暫，但有許多故事需要被挖掘。特別這段歷史對於日後台灣的發展，具有關鍵性、決定性的地位。本文設想的議題，甫成中華民國新領土的台灣，外省人士如何看待它？光復初期的台灣圖像，如果可以透過文字連結那又是什麼？從大陸期刊、雜誌的討論，已經找到了答案。

　　記者、評論員、投稿人對於台灣的觀察相當敏銳，從不同時期取名不同的別稱，可以知其變化。例如：太平洋戰爭時期，台灣是「固定的航空母艦」。接收之初，成為「國民黨中央政府的實驗地」；二二八事件後，台灣恐怕變成「亞爾薩斯與洛林」。若要吸引大陸遊客，台灣將建設成「中國的公園」。國府內戰失利又記得台灣是「一艘不能移動的航空母艦」。台灣成為「火山」、「泡沫」或者「仙山」，隱喻是否為安全逃難地。直到台灣省主席陳誠（1898-1965）上台，首次出現「復興基地」稱號。1948年底的喬遷潮，台灣又出現「避難之島」、「歷史以來的迷惑者」、「太平洋戰略的美女」「遠東的巴勒斯坦」、「亞洲的愛爾蘭」、「國民黨的堪察加」等。

1　古山，《台灣今古談》(台北：時報文化出版，1980 年 5 月)，頁 22-24。

　　學界以往對於1945至1949年台灣的研究，習慣以1947年的二二八事件，做為歷史的分水嶺。但是作者有不一樣的看法，主要是該階段分別有三位地方大員，不同的統治方式也造成不同的結果。因此要畫分成三個階段：陳儀（1883-1950）、魏道明（1899-1978）、陳誠（1898-1965），才能夠深入討論。

　　陳儀，政學系要角，1945年9月因〈台灣省行政長官公署組織條例〉賦予的大權，變成台灣最有權力的官員。可是治台之初「口號施政」不被看好，所提出的三不——不說謊、不偷懶、不揩油，被譏諷只有不偷懶做到。因為要不懶惰地揩油、撒謊，屬下才能獲取暴利。這顯示接收台灣以後，官員貪污之嚴重。可是就戰後中國局勢來說，貪污嚴重的地方豈止台灣。西安《秦風日報》社論稱「抗戰突然勝利」，由於突然所以政府不及準備，三個月來接收弄得不成樣子。上海報紙很早就發明「重慶人」的稱呼，直指「接收就是劫收」的無奈。台灣的情況尤其特別，首先1945年11月至隔年4月，發生五十年來（1895-1945）發生最嚴重的旱魃。其次台灣蕞爾小島，每平方公里人口高達177人。可是大陸若扣除東北、內蒙古、新疆、西藏，各省每平方公里人口為99人。它有可能發生的情況是台灣糧食供應出現失調，人民引發對政府的失望與不滿，將會比各省來得嚴重。其三，1946年12月5日台南發生大地震，震度是十年來未有。最大震輻超過2公分，時間長達10分鐘。總共毀房4,000餘棟，傷亡500多人。最後也是最重要，國民黨以征服者姿態回到收復區，尤以下級幹部彰顯此等作風。台灣是從日本人手中奪回，這班征服者的第一個感覺是「我解放了你們」。你們從今以後不要再做亡國奴，應該要感謝我。可惜陳儀對這些問題掉以輕心，才會導致民怨釀成巨變。

　　不過陳儀仍有機會，善用台灣人與之合作，就是一個好方法。時論台灣各方面人才優秀，接收台灣反倒可以推動中國政治、經濟、文化的進步。特別是對台治理，足以影響中國的國際地位，如果對此無充分認

識，恐會貽笑世界。台灣的人才若能善用，必能貢獻於國家；反之不利用人才，定會發生嚴重的社會問題。當時台灣人才以在華北為首選，因為他們國語能通、素質整齊、品行比較善良。善用傀儡政權治下「華北」的台灣人，這種看法對從重慶回來的「半山」，為最大的諷刺。陳儀沒有如此計畫，錯失一大良機。

陳儀最重要的謀士就是沈仲九，二人在清廉上雖有好的評價，但是公署權力運作方式卻令人咋舌。政務執行先由秘書長葛敬恩（1889-1979）、工礦處長包可永（1907-？）、財政處長嚴家淦（1905-1993）、民政處長周一鶚（1905-1984）、教育處長范壽康（1896-1983），先向「顧問」沈仲九進行政務彙報，再由沈仲九向陳儀簡報。由此可知陳儀是被屬下包圍起來，除非他想主動「貼近民意」，否則輿情很難上達。再加上陳儀性格剛愎自用，過於袒護部屬。雖得到任何部屬貪污的密報，都要檢舉人自己拿出證據，不派有關單位調查，日久民怨積累沸騰。當時最知名的案件為省專賣局長任維鈞貪污案、台北市專賣分局長李卓芝貪污案、貿易局長于百溪（1906-？）貪污案、台北縣長陸桂祥貪污案。

官僚資本的橫行，也造成台灣人民不滿。所謂官僚資本有三種定義：其一，利用公款做投機事業。其二，利用職位走私漏稅。其三，壓制私人企業，以發達同質性的政府企業。台灣人抱怨的，就是執行統制經濟的二大機構——專賣局、貿易局。專賣局方面，該局組織非常龐大，下轄分局與辦事處，遍及省內，並且還有附屬酒廠、菸廠、樟腦廠、火柴廠、糖廠等。其中釀酒廠就有34處，不但人民莫測高深，連內部人士恐也弄不清楚。又因管理不善、督導不周，成本偏高、質量很差、售價更高。所有產品都是壟斷性質，人民迫於需要也非買不可。貿易局方面，組織同樣龐大。省內有特約承銷商，省外除上海設有辦事處，亦在天津、青島、大連、福州、香港、東京設立辦事處。該局經營的項目有糖、煤、樟腦、茶葉、木材、水菓的出口，以及布匹、肥料、

麵粉的進口。

　　經濟上的壟斷，再配合統治上的管制，台灣完全就被宰制了。長官公署對於台灣管制嚴苛，當時大陸人要來台灣，除公務人員出差另有文書證明外，其他人都要持有「派司」（pass）才可以赴台。同樣地離台也要出示「出境證」。因此有雜誌直指行政長官制度不倫不類，光復之初政府規定台灣為行省，但以這種特殊化的長官制度來統治，直覺上都會認為歧視台胞。果然就以「一個擺菸攤的老太婆被捕」做為開端。起初大陸期刊都懷疑一個小事可以闖下滔天大禍，爾後才知道沒那麼簡單。

　　二二八事件發生當下，名劇作家歐陽予倩（1889-1962）正在台灣，他對於過程的描述值得注意。動亂時從海南島返回的士兵，以及從福建回台的浪人，攻擊外省人最為兇暴。群眾憤怒的時候是很可怕，甚至於有的醫院都不敢收容受傷的外省人。可是也有許多台胞，極力保護外省朋友。到了3月1日，毆打外省人的事較少，他還一個人獨自去拜訪朋友，因為路上已經趨於平靜。歐陽對這次事件看法為何？他認為台灣事變是積恨觸發，排斥外省人不過一小插曲。如果存心要對付外省人，只要一聲吆喝，全部的外省人都完了。群眾憤怒到極點，行動越出規範在所難免。二二八事變中毆打外省人一節，結果被以「排外」二字抹煞。糧食問題、失業問題、政治改革問題、專賣制度問題全部失焦。政府也把問題導向是「台人排外」，可見得台灣人對於政治運動的組織和技術都不夠。更重要的是二二八事件處理委員會是陳儀同意才成立，不料該組織不能控制群眾，事態變得嚴重。處委會最初提的條件是懲兇、撫卹、軍警不准攜帶武器等6條。之後考慮到台人治台、長官公署改制、專賣局與貿易局存廢等問題。再進一步又想到糧食物資與內戰，又要爭取七大自由。向公署提出要求內容從6條便成8條，再從8條變成22條，再從22條加成27條，最後再追加5條成為32條。其中還要警備司令部解除武裝、長官公署改成省政府、無條件釋放戰犯與漢奸，於是叛

亂罪馬上成立，政府高度鎮壓變得理所當然。

政府在二二八事件的反擊是殘酷，3月3日至8日二二八事件處理委員會假中山堂辦公，簡直變成台灣的臨時政府。他們根本沒有想到，這是官方的緩兵之計，更沒有領略祖國槍桿政治的毒辣、陰險及變化多端的滋味。雜誌記者都說台灣人真是單純天真得可怕，他們需要付出血底的代價。國立台灣大學、私立延平學院、省立台北建國中學，在國軍鎮壓時受到嚴重的傷害。當時被捕有市民、學生、紳士、浪人，最奇怪的是外省青年也一批批被抓。3月22日國民黨召開三中全會，在場面亂哄哄情況下，決議將陳儀撤職查辦。輿論認為要日後台灣政局穩定，必須讓台灣民眾享受民主的權利。具體作法是二二八事件處理委員會所提的32條，需要有所回應，以免其他地方仿效。未幾海南島也出現混亂，人民反對徵稅與對敵產管理不當，顯然是受到台灣事件的影響。當時大陸發行雜誌、期刊，已經給二二八事件起因定調，稱之為「官逼民反」。

魏道明，太子派成員，1945年4月22日行政院決議撤銷台灣省行政長官公署，改訂「省政府組織法」，並任命魏道明為台灣省政府主席。魏氏接掌省垣後有二事相當特別，一是當時26個省主席中唯一的文人，另一是從魏氏上任到卸任，被人取代的消息從沒斷過。當時的傳聞先後有資源委員會委員長翁文灝（1889-1971）、尚無出處的張發奎（1896-1980）將軍、中央黨部秘書長吳鐵城（1888-1853）、立法委員梁寒操（1902-1975）、新疆省主席張治中（1890-1969），將要取代魏氏，但最後證明僅是謠傳。魏道明以立法院副院長身分來台，表面上看好像「降格」。事實不然，因為當時官場盛傳台灣省的一個廳長，地位與中央部會次長相當。加上魏道明給人的印象是八面玲瓏，雖說是太子派，但與政學系、C.C.派有不錯的交情。因此來台任職，正是從立法院冷宮殺出。

魏道明領導的台灣省政府，開始給人氣象一新的感覺。例如：不多

帶班底的風格，很像昔日台灣總督上任的作風。其實不僅魏氏有如此作法，他任命的官員也沒有帶著大批隨員，製造出聲勢浩大的就職氣氛。再者，省府委員達15人之多，全部為文人，受過高等教育，並仿效新疆省各廳設置副廳長。重要的是台灣人被大幅提拔，在省府中有12人之多。然而官場上貪污的惡習，並沒有隨之消失。夫人鄭毓秀有很大的嫌疑，雜誌報導當時在台灣做生意，最好的辦法就是走門路。什麼事只要通過她，必可以水到渠成。如台灣銀行對商匯限制頗嚴，台灣木材是禁止出口，但在某公館卻有不少木頭在「走公」，台北幾個大公司都是「鄭記」招牌。又有台灣省氣象局長石延漢貪污被捕、基隆市長梁劼誠因案被控、花蓮縣長張文城（1904-？）等盜伐林木貪污台幣28億餘元，使得魏道明有一陣子十分倦勤。不過魏道明本身是很廉潔，在台期間沒有搜刮民脂民膏。

魏道明治台的口號是「安定中求繁榮」，不過他的省政府僚屬，還接上一句「由繁榮求進步」做為註腳。其實從物價波動來看，沒有真正安定可言。1947年7、8月米價平均維持在每市斤3萬法幣，同年9、10、11月米價平均維持在每市斤4萬法幣，同年12月與隔年1月米價平均維持在每市斤6萬法幣。1948年3月開始，台灣米價暴增到平均每市斤18萬法幣，同年8月台灣米價再暴增平均每市斤21萬法幣。省府對台灣米價平抑全面失敗。

從政府立場看，經濟失敗造成社會不安，容易加深人民的憤怒。因此利用情治單位監視老百姓，成為統治者慣用伎倆。香港左派雜誌抨擊，嚴防奸宄的前提下，軍隊、警察、憲兵、特務佈滿每個角落。戶口清查之外，還有所謂的緊急搜查；它是在夜深人靜時，出動大批人馬抓人。1947年5月大陸各省爆發學潮，魏道明剛上任台灣省主席不久，也嚴陣以待防止「國內思潮」波及。此時政府對台灣社會各階層控制轉嚴，學校有「復學」青年軍，工廠有國防部調派的轉業軍官，郵電檢查名廢實存，收音機不能從甲地搬到乙地。人民出入台灣更受限制，機

場、港口戒備森嚴,還首次出現「審核名單」。1948年底軍統背景的胡國振擔任台灣省警務處長,加上原本掌管情治的台灣省警備司令部第二處,這使得第二處的軍統特務常很得意的說:「除了魏道明,什麼人我們都可以抓。」又不諱言地說:「在國內軍統和中統是常衝突,但是在這裡(台灣)不會。」因此在魏道明任內,特務行兇轟動全國的大案,即是國立台灣大學中文系主任許壽裳(1883-1948)遇刺案。

1947年12月3日台灣省主席魏道明在省參議會進行施政總報告,他提到上任後,有許多謠言環繞著他。有人說陳儀肖似老虎,魏道明像是豺狼;而魏氏的貪污敲詐,比陳儀還要嚴重。它造成的嚴重結果,比二二八時候更壞。又有人說夫人鄭毓秀經營事業、壟斷市場。更有人說現在的台灣,政府派出十萬大軍駐紮,人民都在刺刀下過日子。魏道明直指這些謠言,目的是污衊本省同胞想要脫離祖國。並且指控散播謠言的人,一是共產黨的傑作,一是外國的刊物,它們全是國際政治的陰謀。

輿論喜歡把陳儀與魏道明拿來比較。陳儀想把台灣隔絕於中國,繼承日本的一切,拿出自己所計畫的辦法,關起門來硬幹。不幸這套辦法不被台灣人接受,幹部沒有廉潔幹練,本人又太自信剛愎,最後激起民變發生流血慘案。魏道明八面玲瓏、無為而治。所謂「安定中求繁榮」口號,就是把什麼都放寬,讓大家自由發展。魏氏對行政部門的人事並無意見,但暗地插足於省營事業。加上仕紳與官僚合作,彼此皆大歡喜。台灣人民稱魏道明為「維太命」,他們的確希望省主席能帶來維太命(vitamin),給窮困的台灣同胞滋補。事實上南京當局,已經對台灣採取寬容措施──台灣沒有徵兵、台米留台、使用台幣。對於前者來說,舉國徵兵潮鋪天蓋地,唯獨台灣人民無所顧慮。至於台米留台,雖不是百分之百,但絕大部分的米糧,還是由台省當局掌握。這對台灣勉強造就一個安定的局面十分重要。對於後者來說,中央給予魏道明「隨時自動調整台幣匯率之權」。這使得被稱為「防波堤」的台幣,更能發揮最大的效用。

　　1948年12月23日行政院長翁文灝辭職，三天之後立法院長孫科（1891-1973）接任行政院長。孫科正是魏道明最有力的支持者，一般認為魏氏還是穩坐台灣省主席的寶座。沒想到12月29日上午魏道明，還興緻高昂前赴新竹湖口檢閱台灣警衛旅演習。同一時間從南京發來的電報，中樞命令在台灣養病的陳誠，取代魏氏為新任台灣省主席。魏道明的任期超過一年半有餘，不管從哪個角度看，都是光復初期台灣史重要人物。可惜先前學界對他研究不多，本文重新評價他把二二八事件以來，台灣紛亂的時局初步穩定，才有陳誠上任後的改革。

　　陳誠，蔣介石愛將，自己組織「團統」，在官場上獨樹一幟。當時可以不經侍衛通報，直接進入官邸，面見蔣介石者只有五個人：戴笠（1897-1946）、陳布雷（1890-1948）、張群（1889-1990）、陳誠、張治中（1890-1969）。可見得陳誠在蔣氏心中的地位。1948年10月陳誠以「胃病復發」來台靜養，不料二個月後被任命為台灣省主席，並於隔年1月5日上任。陳誠上台後打出的旗號是「人民至上、民生第一」，開始進行一連串影響深遠的改革。例如：三七五減租、台幣改制、發佈戒嚴令等。可是如同魏道明一樣，政壇上取代陳誠的傳聞也沒有斷過。如國大代表王世杰（1891-1981）、甫卸任上海市長吳國楨（1903-1984）、甫卸任交通部長俞大維（1897-1993）、甫卸任駐日代表團團長商震（1888-1878），都是熱門人選。

　　陳誠能在兵荒馬亂中，穩坐台灣省主席的位子算是幸運。1949年1月21日總統蔣介石（1887-1975）宣佈引退，由副總統李宗仁（1891-1969）代行總統職務。這在國共內戰屈居下風之際，實為一招「金蟬脫殼」的妙計。可是蔣氏的引退文告雖提及「李代總統」，但隨後由中央社更正為「李副總統」。以免人們把蔣介石總統的地位，做不當的混淆。輿論的看法是蔣介石只是「引退」，並沒有辭職。特別是行政院新聞局長沈昌煥（1913-1998），明確地說總統蔣介石沒有辭職。「代總統」李宗仁上台後，不可能僅做為傀儡而已，令出多門的結果勘亂更顯

危機。以共產黨和談為例，竟有孫科提出的「光榮和平論」、C.C.派提出的「全面和平論」、武漢提出的「戰備求和論」，互爭談判的主導權。直到4月23日解放軍攻克南京，中華民國政府遷都至廣州、重慶、台北，展開半年多顛沛流離的日子。

1945年10月1日中華人民共和國建立，但同年10月25至27日解放軍在金門吃下內戰的第一場敗仗。這場戰役讓台灣民心稍安，台灣省主席陳誠立即承諾，調高金門守軍的軍餉與台灣一樣。不過對中共來說，不管是蔣介石的「海洋計畫」，還是李宗仁的「大陸計畫」，終究要失敗。只是「海洋計畫」的根據地為台灣，受到美國戰略防線的保護；又有福州、廈門、汕頭、廣州做為屏障，一時有點棘手。

12月8日中華民國政府決定遷都，行政院長閻錫山飛往台灣後，傳聞台灣省政府要改組。甚至於還傳出將由中國國民黨台灣省黨部副主委李友邦（1906-1952），出任台灣省民政廳長。12月15日閻錫山召開行政院院務會議，宣佈由吳國楨接替陳誠擔任台灣省主席。陳誠突然下台，可謂台北政壇的地震。然而在美國的眼中，前上海市長吳國楨的名氣要比陳誠為人知曉。因此還需要美國援助情況下，就起用吳國楨做為與美國拉近距離的棋子。

1950年1月中華人民共和國指控，「美帝」與台灣的國民黨有秘密協議。主要是以吳國楨、孫立人（1900-1990）等掌管台灣的軍事與政治，並輔以美國政府派遣軍事代表團駐台。假如這樣的援助，都無法阻止解放軍攻台，美國會以聯合國出面代管為名，直接下手佔領台灣。不過熟知這段歷史的人都知道，吳、孫二人沒有替美國「代管」台灣。1950年3月1日蔣介石「復行視事」，繼續執行總統之權。3月10日蔣介石任命陳誠取代閻錫山，為新任行政院長，穩住他在台灣的局面。爾後的發展就是「民國在台灣」的歷史了。

軍事方面鮮為人知的是「鄭成功主義」的流行，太平洋戰爭時期不管是重慶，還是傀儡政權發刊的雜誌，都大量報導台灣戰況。因此台灣

的戰略地位，大陸記者們不會太陌生。光復之初地理學者鞠孝銘（1912-？）曾投稿指出，戰時日軍轟炸中國東南各地，戰鬥機大多從台灣起飛，現台灣收回可以做為中國國防前哨。「鄭成功主義」這個名詞最早出現時間，應是1948年5月上海《時與文週刊》的報導。不管是台灣省警備副司令鈕先銘，還是西北行轅主任張治中，都有相同的看法。有云一旦大陸有事，台灣是最好的基地，特別是對於海軍而言更是如此。高雄港與澎湖馬公是台灣二大海軍基地，對於前者的敘述，高雄港被形容成一個很好的港灣，為了拱衛該港，要塞砲台分佈在臨海的每個山頂上。最讓青島海軍官校學生大開眼界的是要塞內，雷達設備、電器設備、防空設備、火藥庫一應俱全。對於後者的敘述，日本人已經把馬公港，建設成一個可以停泊一萬噸軍艦5艘、一千噸軍艦13艘的港口。甚至於還有作者建議，大力建設澎湖灣，讓它成為可以停泊三萬噸船艦20艘、一萬噸船艦20艘、海岸建重油池9座，儲存汽油十萬七千多噸的港口。其他的官校學生說得更傳神，並云他們看到測天島內的設施，才知道甚麼叫做軍港。港內可以停泊巨型船艦的浮筒達20多個，以馬公對外隔絕之深，必可以做為艦隊藏匿之處。海軍總司令桂永清（1900-1954）表示，全中國4個海軍基地——上海、青島、左營、海南島榆林，均設立基地司令部。同時在各基地司令部內成立巡防處，左營基地所設的巡防處，分別在基隆與澎湖馬公。至於造船所是在左營與馬公。

　　此外，陸軍也來台灣訓練新軍。1947年7月陸軍副總司令、陸軍司令訓練部司令孫立人，奉命來鳳山建立訓練基地。前一年來華特使馬歇爾（George Catlett Marshall,1880-1959）將軍，出席參議院、眾議院外交聯席會議，指出美國允諾在台灣幫助中國訓練新軍。孫立人將軍擬定的訓練課目，有五千米的爬山訓練，術科著重劈刺與射擊，學科的時間很少，大多是做剿匪戰術研習。加上美軍顧問團的建議，仿照西點軍校的訓練方式，創設戰場心理演習場，場內設置機槍與地雷、鐵絲網，藉

以訓練新兵的膽識。孫立人表示昨日的戰爭是砲兵在前，空軍繼之；明日的戰爭是步兵在前，工兵繼之。近代化的戰爭就是工業化的成果，他要加強訓練司令部的技術性，成為新的工兵溫室。至於訓練的對象有軍官與士兵。鳳山是陸軍軍官第4訓練班，接受訓練的是軍官第16期。士兵的訓練上，孫立人很重視青年軍的歸隊，或許是跟遠征軍經歷有關。

　　1949年2月台灣出現「復興基地」的稱呼，可是記者不看好台灣的現狀。因為高等難民與軍公教人員，高度集中台灣，使得台灣米價又暴漲。如果把台幣匯率算入，它比前一年底上漲180多倍，比京滬米價漲的還多。許多人對台灣前途擔憂，隨著中華民國政府控制土地縮小，台灣的負擔一天比一天加重。萬一只剩台灣，那島上的負擔更為不堪。不過「鄭成功主義」仍持續蔓延，由於台灣形勢與南明類似，掀起一陣討論鄭成功（1624-1662）的風潮。1948年12月21日上海《申報》社論，提到昔日治理台灣成績彪炳者，首推鄭成功與鄭經（1642-1681）父子。鄭氏除了擊敗荷蘭人，也把台灣當做反清復明的基地。現在要發揚鄭成功的民族主義精神，以台灣做為復興中土的根據地。更有謂台灣已成為國民黨大官的救生艇，所以鄭成功受政治人物崇拜更加熱衷。有雜誌古今對照一番，稱十七世紀荷蘭統治台灣被鄭成功擊敗，有如1945年日本統治台灣卻被國民黨光復一樣。所以鄭成功的事跡——不降清、招撫台灣原始居民、大力墾殖、反清復明，都可以做為政府的借鏡。如果要替國軍效法鄭成功找出起點，1949年6月16日鳳山第四軍官訓練班，前往台南延平郡王祠點燃一把聖火，再折返回鳳山送給蔣介石，並高喊爭取建國大業的最後勝利，或許可以做為開始吧！

　　台灣獨立，這個政治主張從二二八到1949年，成為國府治台不確定因素。事實上在抗戰時期南明史專家柳亞子（1887-1958），為鄭成功故事改編的「海國英雄」撰寫序文。柳氏在這篇文章中提到，要把日本人統治下的台灣奪取過來。不管讓它成為中華民國的一省，或者獨立另建台灣共和民主國，都要讓台灣同胞自己決定。這篇文章後來又稍做

修改刊登，但對於台灣人民自己決定前途並沒有修改或刪除。1945年8月15日日本宣佈投降後，在台日軍少佐中宮悟郎、牧澤義夫，密謀組織「台灣自治委員會」。可是該計畫得不到台灣總督安藤利吉（1884-1946）的支持，最後胎死腹中。國府接收台灣時，台灣民眾歡天喜地之情，也沒有認真看待此事。直到二二八事件發生，海外始有台獨運動的團體主張台灣獨立。

中華民國收復台灣最重要的根據是開羅會議，當時美方代表霍浦金斯（Harry L. Hopkins, 1890-1946）起草以宣言書方式公佈。不過起草內容僅提到台灣，未提到澎湖島。中國方面予以修正，但記不得澎湖島的英文名字，經過查閱字典才解決。1943年11月30日蔣介石與宋美齡（1897-2003）夫婦、邱吉爾（Winston L. S. Churchill，1874-1965）、哈里曼大使（William A. Harriman，1891-1986）和艾登（Robert A. Eden，1897-1977），在花園與羅斯福總統（Franklin D. Roosevelt，1882-1945）晤談2小時，他們草擬一個公告，決定用那些語句來告訴世界。滿洲、台灣和澎湖群島歸還中國。然而收復台灣的工作，若只憑開羅宣言（Cairo Declaration），在當時輿論看來也有爭議。上海《現實新聞周報》對於台灣歸屬的二大宣言：開羅宣言、波茨坦宣言（Potsdam Declaration），認為這類宣言都是原則性。如果在戰後沒有再簽訂國際條約，就缺乏法律上的依據。亦舉例1945年美英蘇同意的雅爾達秘密協定（Yalta Agreement），如果中國不予同意，如果沒有後來的中蘇友好條約，蘇聯在中國東北所享受到的權利是沒有根據。當時中日和約尚未簽訂，雖然已知和約內容台灣必歸中國版圖，但以當時來說中國只做了事實的占領，法律手續猶未完備。1949年8月美國國務卿艾契遜（Dean Acheson，1893-1971），在參議院外交委員會的談話，聲稱：「台灣雖已加到中國領土，但在技術上講，在對日和約簽訂前，台灣仍是日本的領土。」所謂的中日和約，要到1952年4月28日中華民國才與日本簽訂，同年8月5日換文生效，結束兩國自第二次

世界大戰以來的戰爭狀態。

　　其實台灣獨立不過是1947至1949年，眾多台灣前途看法的一個選項，還有「託管」、「自治」、「革命」、「國際共管」、「恢復日本統治」、「成為美國殖民地」的聲音。南京當局對於這些論調非常氣憤，國防部長白崇禧（1893-1966）來台宣慰，加強駐軍以示台灣離開不了祖國。簡言之，台灣若想獨立，根本是不可能的幻想。支持國民政府的雜誌，對台灣獨立的批判也不遺餘力。聲稱台灣是中國人的台灣，除非中國陸沉，或者台灣地陷，台灣將永久屬於中國與中國人民。1948年的台灣情勢出現變化，台灣海外獨立運動開始進行。該組織與台灣島內的聯繫，以台灣選出的國大代表為中心。再者，中日對於戰爭賠償的問題，日方提議台灣須派代表參加，而且所做的戰爭賠償，也必須先給台灣。此點讓蔣介石大為光火。

　　香港左派雜誌對於台灣獨立與否也反應激烈，他們不認為台灣人民高喊台灣獨立可以實現，而是害怕敗退來台的國民黨政府，在美國的扶植下「自建一國」。因此指控日本的麥帥總部捏造「台灣民主同盟」主張台灣託管，試探台灣人的反應。中國共產黨注意美國對台灣事務的介入，很有可能在戰略地理上，美國將日本、琉球、台灣、菲律賓連成一氣。進而成為抵抗華南反民主、反人民的前哨。1949年初親共雜誌刊登出許多文章，直指美國介入台灣事務。雖然事過境遷證明子虛烏有，但可以看得出中共對解放台灣遇到變數的焦慮。首先美國國家安全委員會已向總統杜魯門建議，必須以一切代價在台灣與海南島設防。其次，美國記者圈盛傳要把台灣經濟，合併於日本經濟的消息。美國西太平洋艦隊司令白吉爾（Oscar C. Badger II，1890-1958），抵達台灣巡視基隆、高雄海軍基地。其三，美國駐日佔領軍統帥麥克阿瑟（Douglas McArthur，1880-1964），受到「台灣再解放聯盟」主席廖文毅（1910-1986）的影響，計畫將台灣獨立問題提到聯合國討論。其四，台灣省主席陳誠在蔣介石引退後表示，必要時將宣佈台灣獨立。

　　1949年10月中華民國政府在大陸處於全面失敗的邊緣，台灣託管的謠言又是滿天亂飛。雜誌甚至報導台灣「新政府」官員名單，由吳國楨負責政治，俞大維負責經濟，孫立人負責軍事。台灣託管謠傳之烈，連短暫在台視察的行政院長閻錫山出面否認，也不能抑止。不過這一切都在蔣介石「復行視事」後畫下句點。1950年6月25日韓戰爆發，改變了東亞局勢，也改變美國對蔣介石隔岸觀火的態度。台灣就在這驚濤駭浪中挺了下來，歷經一甲子多的時間，直到今天局面都沒有改變。

　　另外，1946至1949年台灣省籍問題非常嚴重。只是1949年台灣宣佈戒嚴後，言論受到箝制、人民噤聲，此等記憶被整個壓制下去。直到1987年解嚴，才開始在一些回憶錄、口述歷史提及。受到現代台灣政治環境影響，每到選舉時提出省籍問題，都會被視為撕裂族群的禍首。然而政治歸政治、學術歸學術，研究歷史不能對於曾經發生過的事情，假裝沒有看見。因為光復初期的大陸期刊，有太多的文章在報導台灣省籍問題。早在接收之初各機關中，不獨首長皆為大陸來台之人，且秘書、科長、股長也是如此。台灣人民不免有嫉妒的心理，外省人士又忽視台灣人的心理，往往頤指氣使、官架子大。只因台灣人不懂「等因奉此」，便認定無工作能力、加以輕視。使得各單位常常發生，台灣人與外省人的派別，造成磨擦、爭鬧。

　　特別對於國軍的行為，士兵們踏上台灣，霸佔民房、搶奪民產，欺逼壓榨、無所不為。台胞由敬愛轉為輕蔑，再由輕蔑轉為仇視。上海《密勒氏評論報》（The China Weekly Review），其社長兼總編輯約翰・鮑威爾（John William Powell，1919-2008）曾來台考察。他明確指出台灣與中國的文化隔閡。中國官吏視為的小事，像台灣人不許在街道上丟垃圾，都讓他們感到不解。官員與士兵見到好東西就拿，甚至連食物也不例外。1947年底之前「到台灣淘金去」，已經是國人響亮的口號。當時內地省分來台人數僅2萬左右，多居住在大城市，無法與當地人士融合。復加上工作待遇比台灣人為高，尤其是官吏分配到敵產，

生活比台灣人更加優渥，容易引起反感。

1947年2月黃金潮爆發，台灣無米為炊，全島怨聲載道。長官公署無計可施，特別是對於非法走私米糧之輩，只能好官自我為之。由於人民乏食，使得抒發洩怨氣的事件不斷發生。最有名的個案是花蓮縣有一名公車司機，不滿士兵中途攔車強迫乘客下車。這些士兵不但未購票上車，還把理論的司機毆打成傷。之後司機駕駛這輛公車，行經海邊直接連人帶車衝下，遂與士兵們同歸於盡。此事迅速傳至全台，對社會人心影響不小。

二二八事件爆發後，台灣人與外省人兩敗俱傷。大陸期刊記者直言，該事件帶給外省人一個自覺，證明一切政治、教育、經濟均要再檢討不可。台灣人不能信任政府，這是不能與外省人合作最大原因。台灣已是全中國的模範省。最重要的是台灣與大陸中隔海峽，內地的陋規、民族的惡習、一切腐朽貪頑的行徑，比較不容易傳染到台灣。但國人先後赴台表現出貪污、腐敗、無能、自私、傲慢種種劣行，令台灣人齒冷，並發生不快與輕視之感。過去陳儀治台未曾弄好，魏道明上任後亦無成績。

台灣官員還沒有化解省籍衝突，國共內戰又讓更多人來到台灣。這一點連要來台灣的記者，都不客氣針砭怪象。有謂1948年4月大陸的雜誌就以「逃向台灣為題」，看出整個局勢的不詳之兆。這些逃到台灣的人，一開始是奉政府命令調往台灣的公務員，可是到了同年11月，情勢整個改觀，各雜誌紛紛報導南京大官與豪門逃難的新聞。當時第一流的豪門在美國有房產，第二流的豪門雖在美國沒有房產，但握有大筆外匯資金，可以前往香港。第三流豪門為了保護自己的財產，雖不能遠早高飛，但來到台灣、廣州這塊安樂土也沒有問題。當時上海報紙把逃難到台灣的黨政軍顯要、立委、監委、國代，均統一定名為「白華人」，典故出自於1917年俄國十月革命遠東的「白俄人」。

特別是來台要人，可以分成四類。第一類以青年團為主幹的陳誠

系，第二類則是C.C.派成員，第三類是元老派，第四類是曾任新聞官的大員。C.C.派很早就注意台灣，1948年「果老」陳果夫來台中靜養肺病，也是來台灣尋覓C.C.派的出路。此外300多位國民大會代表逃難來台灣，但不同於達官顯要在台處優，這群國代除了極少數可做寓公外，大部分都是潦倒狼狽不堪。這裡舉出一例，即是西北軍政副長官兼西北行轅副主任馬鴻逵（1892-1970），總共31名眷屬，加上金條、銀元、名貴的俄國地毯，用三架飛機載往台北。可知在台灣落難的國府官員，也是依照在大陸的身分，決定在台灣的一切享受與待遇。這就說明台灣的氣氛，對於一下湧入台灣的政要，平時坐居中樞要津，眼見局勢不佳紛紛來台，但又妄言國家大事，實在有負人民所託。

1948年以後台灣人對中國人說：「台灣是中國的樂園哪」。這句話有不簡單的意思，當時台北一地，人口就增加約30萬人。國內遍地烽火，台灣卻偏安一隅，獨享太平。所以停靠在基隆的船，仍載著一大批的外省客，有的索興把家業都搬過來，做久居之計。最初來台灣的外省人是來淘金，每想到現在是來逃難。台灣的確不壞，可是當台灣人說這句話的意思，也不見得單純。台灣雖是中國的樂園，但台灣人是活在樂園的地獄裡。

不過外省人士也有話要說，對於台灣人緬懷過去不以為然。有人說台灣光復是偶然的現象，尤其受過深刻日本帝國主義教育的人，更抱著這種信念。另外，雜誌作者曾經聽到一個台灣人說：「我們日本時代，夜不閉戶，路不拾遺，從未為衣食而擔憂，為什麼回到中國來會令我莫名其妙？」記者也聽到一個來自內地人說：「台灣人奴隸性重，束縛慣了，一旦恢復自由便無所適從，不知祖國予以自由的寶貴。」

台灣人受到奴化，亦是大陸期刊報導另一個重點。1945年10月上海雜誌報導，台北商店三千餘家、十室九空；台灣人民衣著奇缺，數年沒有更換過新衣；台灣年產一千萬石稻米，僅有三百餘萬石供台灣人食用。日本人對台灣經濟採取獨佔政策，鹽、鴉片、樟腦等實施專賣。戰

爭爆發後生活必需品，如米、糖由政府實施統制。此外又有苛捐雜稅，壓迫台灣人無法喘息。這就是大陸人士對於台灣受到日本統治的印象，整體來說好像同情居多，但實際來到台灣才知道不是那麼回事。

同時期上海出版的兒童讀物，其中一篇〈可愛的祖國〉，寫道在勝利的一天，有四個小朋友相聚，分別來自台灣、東北、北平、上海。台灣小朋友說：「我的祖國是中華民國，淪陷五十年後現在重回祖國懷抱。」來自台灣省的小朋友，深恨五十年來日本用毒辣手段，毒害台灣省同胞。「大人」們的刊物也稱，台灣被日本奴化50年之久，期間日人所施的毒辣統治手段無微不至。光復之後政府要掃除各方面的積毒，一定要有縝密的計畫，才能完成重建工作。

有云日本統治台灣太厲害，不但不准收藏中國書，連方言也不准說。若是偷聽中國廣播被查獲，要懲處極重的罰責。這就說明當時台灣青年們，為什麼數典忘祖？因為他們在日本殖民地教育下中毒很深。現在突然告訴他們，中國是他們的祖國；如果不是他們的祖輩能提供若干的證據，他們是絕對不會相信。至於台灣人身上都有日本時代統治的遺毒，昔日大和魂式奴隸教育陰影仍在，短時間內無法消除。此教育是偏狹的歌頌日本，對於台灣人的祖國——中國，卻很少談到。台灣在日本統治之下，運用有計畫的奴化教育，改變台灣人的精神與心理。根據統計1940年台灣25歲以下的男女，使用日語、日文者超過60%。台灣的教育發達，總計小學1,000所、男子中學19所、女子中學19所、師範學校6所、實業學校6所、專門學校4所、大學1所。這些數目不算小，但都是日本帝國主義者實施文化侵略的重要機關，灌輸侵略思想、提倡武士道、教育機械化。

特別在官員眼中，針對日本統治末期出現的「皇民化」，皆視為要根絕的毒草。因此台灣同胞要說得一口流利的日語，學著日本卑躬屈膝的禮節，不說祖國的方言（閩南語、客語）就是中毒太深。光復以後台灣省行政長官公署推行中華民國教育，主要方針是普及本國語言文字、

闡揚三民主義、實施教育機會均等、培養民族文化、培育台省和國家需要的人才、獎勵學術研究。當時令外省人士最不能接受，就是把行政長官公署的統治與日本的「德政」相比。例如：日治時期五分錢可以買一尺布，現在則要三、四十元；日本人管的時候街道非常整潔，誰家門前髒亂，馬上叫到派出所打一頓。中國警察現只督促各家勤於打掃，但不打不罰，所以街道不會整潔；台灣米老是漲價，都是由於中國人來之後給吃貴了。

　　1945年9月9日在南京參加受降典禮的第十方面軍（台灣軍改制）參謀長諫山春樹（1894-1990）曾私下表示，希望中國政府能對日人採取寬宏大量的政策，容許他們繼續留在台灣。諫山還說：「日本人一定奉公守法、做良好的公民」。1947年日本的這項提議，亦成為國際新聞的焦點。根據法國新聞社東京來電，日本希望與美國共同託管琉球群島，並在千島群島與庫頁島取得捕魚權，同時在台灣取得特別移民權。1947年6月日本與中國交涉，想把大量的日本人再移住台灣。此舉有記者把台灣人的心態說成來者不拒，當報紙發表日本人移民台灣的新聞，很多人多暗懷喜色正等待這一天到來，因為台灣人始終不信賴中國人。

　　台大文學院代理院長林茂生（1887-1947）曾表示，精神教育不必明示「中國化」，內地人士服務於本省，應以善良行為潛移默化，使人們心悅誠服、不言而化。上海《亞洲世紀月刊》的一則報導更具省思，文中提到台灣的省籍問題，關鍵是中國人對日本的態度很重要。由於西洋人常常譏笑日本人眼光淺薄、缺乏遠見，中國人常隨之附和，對日本的一切都加以蔑視，這種錯誤應該改正。從大的政治與軍事設施來看，日本人的確缺少氣魄與眼光。可是若對殖民台灣時的建設而言，則要佩服日本人的建設。中國如果與日本相比，不能對台灣有更好的業績與表現，根本沒有資格藐視日本。以往日本為打擊台灣人對中國的「祖國觀」，竭力強調中國社會的陰暗面，並以中國最落後的東西，與日本最現代的東西相比較。於是光復後的台灣人，希望中國樣樣的表現都要勝

過日本。只是二二八事件造成的瘡疤，非短時間之內可以消除。除了中國在台灣建設，要拿出比日月潭發電廠更偉大的工程，種種一切都比日本時代還好的成果，才能讓台灣人信服。

　　光復初期台灣社會的進步，守秩序、守紀律、有禮貌、能判斷是非，這是大部分文章對台灣的稱讚。當時台灣給人的印象是社會秩序安定、人民可愛。住家、旅館房門沒有上鎖，也很少發生偷竊的事情。街道上不容易看到警察，也很少看到不守秩序、吵架打架的事情。看慣了大陸各地人潮洶湧的混亂，一般都認為台灣人最好的習慣就是守秩序，所以火車站、汽車站、任何公共場所，都沒有憲警維持秩序，每個人都會自動排成行列。其次市場買賣雙方交易誠實，亦是另一個良好的印象。台灣的商人在日本統治時期，真的是「言不二價」、「童叟無欺」。各種商品都有標準價格，同樣的東西，全城賣的價錢都一樣。1946年10月曾任中國國民黨中央宣傳部宣傳委員劉光炎（1904-？），跟著京滬記者訪問團來台。劉氏對台灣人民勤奮有禮大加讚許，如前往新公園博物館（今國立台灣博物館），看到博物館有許多小孩正在參觀，每個小孩都很守秩序，證明台灣教育程度之高。

　　當時的報導已經明白指出，經過日本統治時期的教育，才讓台灣人養成守法的習慣。即便政府要向一般民眾進行徵糧，只要各戶應徵糧額代金全盤公佈，責成銀行代收，台灣人都會繳給當地銀行。但這在大陸就很難辦到，各省就算設立田賦糧食管理處，專辦徵收農糧之事還是很困難。普遍認為台灣和內地比較起來，仍不失為一塊樂土，各方面的情況都很好。台胞的知識水準、守法精神、儉樸勤勞也是旅台者共見，如果有良好再教育配合運動，在任何方面都可以有好的表現。但這僅是一個理想，因為也有報導稱光復以後，守法的情況已經沒有了。內地人把討價還價的風氣帶往台灣，台灣人也慢慢學會這套做生意的方式。甚至於二年下來，台灣社會和風氣每況愈下，盜竊頻傳、整潔也不能維持。搭公車、買東西爭先恐後屢見不鮮，過去商販不還價的習慣現也改變。

原因是大陸社會存在的投機取巧、欺騙敲詐的惡習已經帶入台灣,破壞台灣原有善良的風俗。以前台灣人搭乘汽車、火車都很有秩序排隊,現在也學會搶佔座位。市場交易原先都是不二價,現在都學會了謊價,對外省人尤甚。所以有記者要官商學界的人捫心自問,台灣人是向誰學會種種花樣?

1948年5月5日第七屆全國運動會在上海開幕,台灣隊的表現讓大陸人民激賞。記者們看到台灣隊競賽的成績與精神,都說不是祖國教養出來,而是日本人教育的成績壓倒內地選手。日本過去是中國的敵人,但我們不應該因為是敵人而抹煞一切。故各省同胞應該學習台灣同胞的精神,進而促成中國的現代化。當時來到台灣的都是達官貴人,或者經商的富戶巨賈,他們不會在台灣得到什麼教養與警惕。這些人也不足以擔任內地和台胞溝通的責任,只有他日大批青年前往台灣,才能加速彼此的交流。

光復初期不少雜誌報導,常有肯定日本統治台灣的新聞。如1946年10月知名教育家、福建協和大學教授檀仁梅(1908-1993)來台參訪,寫下許多對台灣教育第一手觀察的心得。他指出日治時期台灣高等教育錄取對台灣人限制很嚴,中等教育對台灣人有蔑視。但整體而言台灣人教育普及率非常高,以1943年的數據為例,竟達71.31%,比起大陸還要進步。1948年初行政院長張群出席國府月會,報告視察台灣的感言。亦稱台灣的偉大從有形方面來看,要算是阿里山的製材與日月潭的水利;但台灣的自然條件並不優厚,全靠日人以人力戰勝自然。對於大陸遊客來說,日本人在台灣優質的交通建設,更讓初到的人感到驚豔。良好的學術與教育風氣,也讓大陸遊客稱道。特別是經濟方面,大陸期刊報導許多的「數一數二」,由日本人移交給國府的企業。例如:

1.台灣糖業公司,勝利後政府接收所有敵產事業中,規模僅次於上海中國紡織建設公司之最大生產事業。當時大陸對於台糖的稱呼,叫做「我們的糖罐子」。所生產副產品──酒精,總數佔全中國一半以上。

2.台南新營紙廠，中國最大的紙漿廠。中國的造紙工業在抗戰前非常落後，只能自行製造粗糙的紙張，其餘都要向國外進口。直到抗戰勝利後，中國的輕工業才有造紙部門。台灣紙廠用甘蔗渣製紙，有非常豐富的經驗，可以提供給川、閩、粵、贛產糖省份參考。

3.台灣肥料公司，中國最重要化學肥料製造公司。1948年全中國只有6家設備比較好的化學肥料廠，台灣佔一半以上——台灣基隆石灰氮廠（第1廠）、台灣羅東電爐熔凝磷石廠（第4廠）、台灣新竹廠（第5廠）、新台灣氫廠（第3廠）。台省當局不同於大陸各省，對肥料生產與供應異常重視。更特別的是大陸各地農民，經常被無知宣傳所愚，以致於不知化學肥料的重要。有識者皆認為，期待以台灣農民本身的經驗，領導全國農民擴大使用化肥。

4.日月潭發電廠，中國最大水力發電廠。更有雜誌評論，名列遠東第二位的日月潭發電廠，整體建設規模雄偉，在中國簡直不曾夢想過。台灣廉價的電力跟大陸相比簡直不可多得，1946年秋安徽省安慶的電力，每度法幣5,486元。南京市、天津市、廣州市的電力，每度法幣2,000元。可是同時期台灣的電力，每度僅合法幣186元。

5.台灣機械造船公司基隆船塢，擁有全中國最大的船塢——25,000噸。該公司修船技術一流，1947年進行5,000噸輪船山澤丸的修理，發現一只汽缸竟發生裂縫，這種問題很少會出現。解決之道是重新翻砂，可是翻砂需要熟鐵百噸之多，要向上海購買原料，緩不濟急且沒有經費。最後公司大膽使用「補丁」方法，再使用蒸汽實驗通過。聽聞戰時日本工程師常用此法，但在中國還是第一次使用。

6.台灣鋁業公司，中國唯一運作的鋁廠。當時接收日人的企業，原本還有遼寧與山東的鋁廠，但這二廠在國共內戰中遭受破壞。1947年12月12日台鋁開始生產鋁錠，這是一個值得紀念的日子，因為中國首次可以自製鋁錠。若要建設中國的空軍，台灣的鋁業必須發揮極大作用，根據計算最少要耗費3萬噸的鋁。台灣每年僅生產4,000噸，這對中

國唯一鋁廠來說，則是一個責任重大的事，而且可以節省許多外匯。

7.台灣水泥公司，1946年全中國生產量排名第二，僅次於東北水泥公司。可是1947至1949年，台泥的生產量躍居全國首位。由於水泥是戰略物資，台泥的大量生產對於迫在眉睫的軍事建設，有著極大的幫助。

8.中國石油公司高雄煉油廠，二戰時是日本帝國海軍第六燃料廠，也是日本海軍最大的油料供應處，接收後成為中國規模最大煉油廠。重要的是1947年12月始有中國油輪，萬噸之「永洪號」自伊朗載運原油至高雄，首創中國油輪向海外購油自運的記錄。

9.中國石油公司嘉義溶劑廠，接收前本廠是中國工業前所未有，接收後當然就是唯一。有機溶劑為基本化學工業之一，二戰結束之後各國發展均突飛猛進，唯有中國的有機工業建設毫無成績，有機溶劑的製造更鳳毛麟角，實為我國科學工業落後之差。直到台灣光復後，獲得嘉義溶劑廠，規模宏大遠東第一。

10.嘉南大圳，中國第一大、亞洲第二大水利工程。當時來到台灣的外省人士，無不稱讚大圳的偉大。有人提到這項工程雖是日本人所建，但這類工程對於中國實在太重要了。嘉南大圳的工程浩大，將曾文溪的水引到烏山頭來。而在烏山頭前面再用人工，修築長約1,270公尺、高56公尺、底寬約300公尺、頂寬約9公尺的大堤。於是大堤堵住水路，利用天然的谿谷，形成一個秀美無比的大湖，故名「珊瑚潭」。根據估計嘉南大圳灌溉區域一次的收穫，至少可以養活23萬人，未來實有台灣T.V.A.（Tennessee Valley Authority）的遠景。

11.台灣省氣象局，中國規模最大的氣象局與設備，全中國最好、最先進、最完備的氣象科學儀器在台灣。

12.台灣有全中國最好的農業技術與機構。1948年4月粵、桂、湘、贛、閩省台灣農業考察團一行十餘人，來台參訪農業發展近況。廣東省府委員黃晃返粵後發表談話，聲稱台灣農業讓華南各省借鏡者甚多。最

重要的是台灣農業行政，由省至縣、再至鄉鎮，均有健全的推廣機構，以及完備的試驗體系。其次是農村工、農能普遍發展，配合農產區即成立專業家工廠。一方面可以吸收過剩勞力，一方面又可以刺激農業增產。

13.台灣有全中國最好的漁業技術與機構。光復初期台灣漁業發展的前景是光明，因為台灣天然環境的優越、地近漁場的位置，加上捕撈魚類之豐富、獎勵事業的普遍、水產團體的健全、試驗指導的切實，前途無可限量。最重要的是台灣環境已經工業化，又有水產科學設備為基礎，加上台灣交通運輸甚為便利，大量新鮮漁貨都能即時上市。台灣漁業的成就，可以做為江、浙、閩、粵、冀、遼、魯沿海漁業發展的楷模。

從農、漁、工、礦業的發展來看，不得不承認台灣有得天獨厚的地方。難怪1948年初大陸國共內戰局勢，南京當局開始趨於劣勢時，「建設台灣」、「開發台灣」的聲浪越來越高。美國還對台灣表露出興趣，外交界盛傳台灣將要變成「南方之滿洲」。原因是東北若陷入共產黨之手，台灣可以建設成中國最富饒的地區。加上台灣農、工業之發達，與滿洲比較不遑多讓；此地又不受內戰戰火波及，欲恢復戰前之規模比較容易。更有文章疾呼，今後的台灣要負擔一個重大使命，就是利用它的特點，使祖國大陸迅速工業化。台灣的新產業機構比大陸好，但比先進國家差。台灣正好做為一個橋樑，做為中國大陸新產業發展的踏腳石。現在祖國大陸不安定，台灣比較安定，因此台灣應該考慮運用時機迅速復舊，以便立定它對祖國大陸負的責任基礎。

旅遊與社會觀察上，大陸人士眼中的台灣有「三多」。有時稱為樹木多、自行車多、女人多。有時又謂木屐多、自行車多、下女多。但不管如何，台灣女人總是吸引大陸來台者的目光。台灣女子的打扮、台灣女子常赤腳、台灣女子普遍受過教育、台灣女子的多情，都是初來台灣的外省人士刻板印象。不過他們對於台灣女子的職業感到好奇，她們是

殖民時代所稱的女給事（也稱女給仕，おんなきゅうじ）、女中（じょちゅう）與女給（じょきゅう）。女給事在機關會社裏居於半工役的差事，在「三女職」中身分最高。下女，也稱女中，但外省人習慣稱為下女。她們的地位僅次於女給事，主要工作是整理家務、洗衣、煮飯、打掃、看家。下女的工作並不下賤，她們的打扮也燙髮、腮紅、朱唇，有時竟比她們的女雇主還體面。色情業女，有很多種行業，如果只是專門陪客人喝茶吃酒者，則稱為女給。她的地位比女給事、女中地位還低。台灣的色情行業吸引著大陸記者採訪，當時台灣女子若是甘心賣淫，就會被稱為熱帶蛇。

原住民，當時被稱為高山族。他們住在叢山峻嶺，過著原始的生活。有的甚至不知道中國，也不知道世界。思想簡單、知識落後，生活簡單跟禽獸差不多。未到過台灣的人，會以為高山族是一種土著民族。其實並非如此，他們是由泰耶爾族（泰雅族）、薩賽特族（賽夏族）、不如族（布農族）、齊阿族（鄒族）、拔灣族（排灣族）、耶美族（雅美族／達悟族）、阿美族共七族組成，人口合計167,463人。刺青與馘首是記者獵奇的主題，吳鳳的故事符合讀者對原住民的好奇。所有台灣原住民族群中，日月潭的邵族被採訪最多。由於邵族的歌舞商業氣息越來越濃厚，不少人認為番人的行為幼稚可笑，職業化的東西觀賞毫無樂趣，也談不上任何藝術。《新聞天地月刊》記者蕭鐵也認為日月潭邵族都被台灣人同化，一樣在臉上塗上胭脂、口紅與電燙頭髮。看不出高山族的原始味道，恐怕就只剩下幾套以娛嘉賓的服裝了。

另外，回教重新來到台灣，也是學界甚少注意的事。1948年初有「四大名阿訇」之稱的王靜齋來到台灣，王氏提到來台看到的事務，其中最讓他感到驚訝的是台灣「從無」回教徒。整個台灣也沒有一家回教食品餐廳，因此回教徒從大陸來台，都要自己燒飯做菜。當時中國回教協會台灣省支會，所收第一位台灣人回教徒，即是居住在彰化縣鹿港的郭德馨。郭氏表示在鹿港還有許多郭家後代，祖先都是來自清代福建省

泉州府惠安縣白奇鄉的回民。原來鹿港的回教徒從清代以來都被同化，只是保留一絲回教的習俗，即是家人過世七七四十九天內不吃豬肉。之後他們從祖父輩以來，就忘記回教教義與儀式。回教在當時的台灣傳播，還是有大的困難。最早入會的信徒有150名，絕大多數都是大陸來台者，本地人極少。郭氏向記者直言，找新人入教這事做不到，可是把鹿港回教徒後代介紹入教能辦到。

對於觀光的描述，或許是新鮮感十足，大部分外省遊客對於台灣風景，都讚譽有佳。不過歷史的斷裂感，從熱門觀光景點的去處可以發覺。日治時期台灣有名的22處景點，到了光復初期不受青睞竟達一半。高人氣的風景區前六名，依序為台北市區、日月潭、北投溫泉、草山溫泉、阿里山、台南市。特別與現在大陸遊客來台旅遊比較，可以看出台灣一甲子的變遷。日月潭、阿里山仍是馳名的景點，可是北投與陽明山溫泉已經不是。台北市區替換成101大樓、士林夜市、中正紀念堂與國立故宮博物院。台南市除了安平古堡、赤崁樓與以前相同外，整個南部的旅遊重心，其實已經轉移到高雄。

1948年7月上海《創進》雜誌的發刊詞，曾經說過一段話：「說實話不是一件容易的事，現在這個時候說實話尤其不容易，但又非說實話不可。現在時局真是嚴重，抗戰迄今多年戰亂、通貨膨脹、物價高漲、交通阻塞、資金外流、生產萎縮、農村衰退，士農工商難以為生。人民失望與不安，逐漸四處蔓延。今當行憲伊始，如果文過飾非、粉飾太平，固然不可。只是講求應付、緊急措施，不事根本之圖，又何嘗不會自誤。」[2]的確「說實話」需要極大的勇氣，同時也讓作者思考什麼是實話？

歷史研究離不開史料，因此當歷史學者使用何種史料進行研究，它的結論有時是可以預期。1945至1949的台灣歷史，跟當代台灣政治與

2　編者，〈說實話（代發刊詞）〉，《創進》，上海，第1卷第1期，1948年7月17日，頁2。

兩岸關係緊密結合，往往相同議題彼此看法相左的個案很多。以本文討論到的歷史人物為例，如蔣介石、陳儀、魏道明、陳誠、嚴家淦、蔣經國、林獻堂、黃朝琴、李萬居、李友邦、謝雪紅，不同政治立場恐怕對其評價也不同。同樣地該階段發生的二二八事件、台灣獨立運動、去日本化就中國化、兩個中國等問題，不同政治立場對其解讀也不同。歷史問題似乎沒有標準答案，當然涉及到主觀評價，也不需要有標準答案。不過曾經有的記錄，欲透過它們來描述歷史過程，必須盡可能搜集、盡可能講清楚。最好還能找到重要，但不被注意的史料，由它來建構一種圖像讓人了解。

　　1945至1949年大陸期刊、雜誌對台灣的報導，除了極少部分收錄在二二八事件史料彙編外，絕大部分都沒有被學界所重視。本文是一種集腋成裘之作，透過1,479篇與台灣相關的文章，解讀、討論並試圖連結成一種圖像。結果發現1950年代以後被極力強調的「抗日史」，在這段時期的大陸期刊報導不多。另外對於日本殖民時期的歷史，從民族主義的觀點一定「隱善揚惡」，可是大陸期刊的處理多採取「揚善揚惡」。最讓人驚奇的是當時外省記者，廣泛稱讚台灣人素質優秀，相隔六十餘年大陸記者重新踏上台灣採訪，結論竟也是「台灣最美的風景是人」。[3]

　　光復初期台灣的歷史，距離不到百年的時間，好像很容易追索什麼似的，也好像很容易看清楚歷史過程，其實都不盡然。30歲以下的人不會知道，可能也不想知道。50歲以下的人有興趣者，會去翻閱書籍、聽聽演講、看看電影，但很難知道故事的原貌是什麼。70歲以下的人當時還是小孩，或許還記得父母的陳述；或者記得自1950年代以後的生活體驗，勉強感受故事的情節。只有70歲以上的人，年紀越大越可以回憶當時。但是他們說出來的故事，難免隨著記憶而殘缺不全，

3　新周刊編輯委員會，《新周刊——台灣最美的風景是人》，廣州，第375期，2012年7月15日。

甚為可惜。本文的討論若說還有什麼特色，所附的98張圖片亦是重要
史料，它們可以配合文字讓所謂的「台灣圖像」更清楚。最後這本書是
從民國史角度，來討論1945至1949年的台灣，但作者希望這個成果，
對戰後台灣史研究有幫助，或許也是這本書的一點貢獻。

照片資料來源

照片1-1-1，【1939年抗戰形勢圖】
編者，〈抗戰形勢圖〉，《衢民旬刊》，浙江衢縣，創刊號，1939年1月5日，封面。

照片1-1-2，【太平洋戰爭末期北京的雜誌所刊登台灣地圖】
本社，〈十月之國際〉，《中國公論》，北京，第12卷，第1期，1944年10月，頁5。

照片1-3-1，【台灣神社內部的鳥居】
邵度，〈台灣行（二）〉，《寰球月刊》，上海，第24期，1947年10月，頁16。

照片1-3-2，【身著西裝的陳儀主持記者招待會】
張競生，〈台灣紀遊〉，《寰球月刊》，上海，第12期，1946年10月，頁25。

照片1-3-3，【台車】
趙定明等，〈台灣特輯之五：縱橫的交通線〉，《藝文畫報（台灣專號）》，上海，第2卷第8期，1948年7月，頁6。

照片1-3-4，【屏東大鐵橋】
趙定明等，〈台灣特輯之六：懸空的鐵索橋〉，《藝文畫報（台灣專號）》，上海，第2卷第8期，1948年7月，頁7。

照片1-3-5，【延平郡王祠鄭成功像】
趙定明等，〈台灣特輯之七：神社與廟宇〉，《藝文畫報（台灣專號）》，上海，第2卷第8期，1948年7月，頁8。

照片1-3-6，【錯誤的台灣環島鐵路圖】
中國史地圖表編纂社，《中學適用中國地理教科圖》（上海：大中國圖書局，1946年12月增訂再版），頁26。

照片1-3-7，【錯誤的台灣西部幹線圖】
新史地研究社主編，《最新中國分省地圖》（北京：中華書局，1948年），頁18。

照片1-3-8，【清末台灣郵票】
王炳輝，〈台灣初期郵政制度及郵票字根之分析〉，《近代郵刊》，上海，第4卷第4期，1949年4月，頁74。

照片1-3-9，【吳濁流肖像與台灣光復照片】
吳濁流，《無花果》（台北：伸根雜誌社，1984年3月），封面。

照片1-3-10，【上海市區鳥瞰圖】
毛文德，〈上海市中心鳥瞰〉，《藝文畫報》，上海，第2卷第4期，1947年11月，頁1。

照片1-3-11，【混亂的上海市街頭】

吳紹同、汪俊樑，〈上海街頭的擠與亂〉，《寰球月刊》，上海，第15期，1947年1月，頁17。

照片1-3-12，【台北市市容】
趙定明等，〈台灣特輯〉，《藝文畫報（台灣專號）》，上海，第2卷第8期，1948年7月，頁1。

照片2-1-1，【梁永祿兒女照】
梁永祿，〈台灣人的傾訴〉，《人言週刊》，北平，創刊號，1946年1月，第6版。

照片2-1-2，【1946年6月國共內戰戰區圖】
方皇繪，〈中國現勢圖〉，《民主週刊》，上海，第36期，1946年6月22日，頁900。

照片2-1-3，【台灣省戰犯軍事法庭被告家屬】
彭翰，〈台灣「自治」陰謀案紀詳〉，《現實新聞週報》，上海，第1期，1947年7月25日，頁8。

照片2-1-4，【二二八事件中台北市本　被燒毀的汽車】
劉龍光，〈國內時事——台灣二二八事件〉，《藝文畫報》，上海，第1卷第10期，1947年4月，無頁碼。

照片2-1-5，【二二八事件中學生軍所貼的戰報】
亞洲社，〈臺灣二二八事件始末〉，《寰球月刊》，上海，第18期，1947年4月，無頁碼。

照片2-1-6，【國防部長白崇禧檢視基隆要塞國軍擄獲之武器】
亞洲社，〈臺灣二二八事件始末〉，《寰球月刊》，上海，第18期，1947年4月，無頁碼。

照片2-1-7，【親共雜誌漫畫諷刺蔣介石忙於內戰又要處理二二八事件】
米谷，〈大變化的一年（漫畫）〉，《羣眾週刊》，香港，第2卷第3期（總第53期），1948年1月29日，頁20。

照片2-1-8，【陳儀告別演說】
本社，〈台灣迎新送舊〉，《中國生活畫報》，上海，第10期，1947年7月，頁13。

照片2-1-9，【陳儀走在機坪準備登機飛往南京】
本社，〈台灣迎新送舊〉，《中國生活畫報》，上海，第10期，1947年7月，頁13。

照片2-2-1，【魏道明抵達台北松山機場】
本社，〈台灣迎新送舊〉，《中國生活畫報》，上海，第10期，1947年7月，頁13。

照片2-2-2，【鄭毓秀抵達台北松山機場】
本社，〈台灣迎新送舊〉，《中國生活畫報》，上海，第10期，1947年7月，頁13。

照片2-2-3，【國民大會台灣代表】
中央社、世界社，〈中華民國首屆國民代表大會〉，《寰球月刊》，上海，第30期，1948年4月，頁3。

照片2-2-4，【張學良在台灣】
攻玉，〈張學良在台灣〉，《藝文畫報》，上海，第1卷第12期，1947年6月，無頁碼。

照片2-2-5，【全運會得獎最多的台灣隊】

中央社、世界社等，〈第七屆全國運動大會〉，《寰球月刊》，上海，第31期，1948年5月，頁9。

照片2-2-6，【魏德邁檢閱駐台國軍】

編者，〈美國大總統杜魯門特使魏德邁蒞台灣〉，《建國月刊》，台北，第1卷第1期，1947年10月，封底。

照片2-2-7，【魏德邁（右）與魏道明】

費澤，〈好似「一個主人的身份」飛到──魏德邁在台灣〉，《現實新聞週報》，上海，第6期，1947年9月5日，頁29。

照片2-2-8，【年輕時的魯迅與許壽裳（右）合照於日本東京】

馬敘倫，〈悼許季茀先生〉，《光明報半月刊》，香港，新1卷第1期，1948年3月1日，頁16。

照片2-2-9，【深紅色部分是1948年秋季中共佔領區，淺紅橫線是中共游擊區】

編者，〈人民解放軍秋冬季攻勢形勢圖〉，《十人橋（羣眾週刊）》，香港，第100輯，1948年12月23日，頁19。

照片2-2-10，【孫立人將軍表揚績優新兵】

佚名，〈中國新軍在成長中〉，《寰球月刊》，上海，第36期，1948年10月，頁10。

照片2-3-1，【諷刺大亨逃難的漫畫】

鮮于雲，〈台灣安定嗎？〉，《新聞天地月刊》，上海，第53期，1948年12月1日，頁9。

照片2-3-2，【台灣人民給蔣介石準備後事宣傳漫畫】

米谷，〈大變化的一年〉，《羣眾週刊》，香港，第2卷第3期，1948年1月29日，頁20。

照片2-3-3，【面臨解放的西南與台灣形勢】

呂汗英，〈讓五星紅旗遍插全中國──面臨解放的西南形勢〉，《民主青年十日刊》，大連，第81期，1949年9月18日，頁31-32。

照片3-1-1，【台北的南國女郎穿著】

豐子愷，〈南國女郎〉，《兒童故事月刊》，上海，第3卷第1期，1948年12月，頁5。

照片3-1-2，【女子標槍冠軍張妍瑞】

沛人，〈譽滿全國的台灣隊〉，《中央日報週刊》，南京，第4卷第7期，1948年5月23日，頁7。

照片3-1-3，【台北街頭少女攤販在看書】

姚少滄，〈台北剪影〉，《中央日報週刊》，南京，第4卷第1期，1948年4月11日，封底。

照片3-1-4，【台灣女姓國大代表四人側影】

天行，〈國大之花訪問記〉，《中國新聞半月刊》，南京，第2卷第1期，1948年3月25日，頁14-15。

照片3-1-5，【蔡瑞月的建設舞】

佚名，〈台灣舞蹈家蔡瑞月女士〉，《寰球月刊》，上海，第36期，1948年10月，頁27。

照片3-1-6，【蔡瑞月的牧童舞】
佚名，〈台灣舞蹈家蔡瑞月女士〉，《寰球月刊》，上海，第36期，1948年10月，頁27。

照片3-1-7，【台灣高山族的分佈】
周文德，〈台灣的博物館〉，《科學大眾》，上海，第1卷第6期，1947年3月，頁165。

照片3-1-8，【布農族的日曆】
周文德，〈台灣番族（上）〉，《科學畫報月刊》，上海，第13卷第4期，1947年4月，頁247。

照片3-1-9，【泰雅族】
趙定明等，〈台灣特輯之十：高山族的原始生活〉，《藝文畫報 （台灣專號）》，上海，第2卷第8期，1948年7月，頁11。

照片3-1-10，【日月潭光華島的牌匾懸於日治建造的鳥居】
賈嶽生，〈初訪台灣〉，《草書月刊》，上海，新5、6期合刊，1948年3月，頁56。

照片3-1-11，【豐子愷繪畫日月潭邵族杵歌】
豐子愷，〈杵舞和臺灣的番人〉，《兒童故事月刊》，上海，第3卷第2期，1949年1月，頁4。

照片3-1-12，【日月潭邵族二位公主】
韋璧，〈天下事——日月潭遊踪〉，《北方雜誌》，北平，第2卷第5期，1947年11月，頁39。

照片3-1-13，【手拿木杵的大陸觀光客】
劉龍光總編，〈台灣番胞裝束〉，《藝文畫報》，上海，第2卷第8期，1948年7月，封面。

照片3-1-14，【酋長毛信孝與二位公主操舟於潭面】
文宗山，〈台灣行〉，《生活月刊》，上海，第5期，1948年1月，頁12。

照片3-1-15，【達悟族的男子工作二天換得5盒火柴，謹慎地繫在腰間】
姚少滄，〈海上先山蘭嶼〉，《寰球月刊》，上海，第21期，1947年7月，頁17。

照片3-1-16，【布農族的人板圖騰】
唐正平，〈臺灣高山族土俗展覽會〉，《寰球月刊》，上海，第15期，1947年1月，頁24。

照片3-1-17，【排灣族的木雕蛇】
唐正平，〈臺灣高山族土俗展覽會〉，《寰球月刊》，上海，第15期，1947年1月，頁24。

照片3-1-18，【阿美族的木梳】
唐正平，〈臺灣高山族土俗展覽會〉，《寰球月刊》，上海，第15期，1947年1月，頁25。

照片3-2-1，【勝利之果——諷刺台灣被「劫收」的漫畫】
胡帝，〈台北二週記〉，《時與文週刊》，上海，第1卷第3期，1947年3月28日，頁13。

照片3-2-2，【要划遠黑暗的大陸——二二八事件後的諷刺漫畫】
小峰，〈要划遠黑暗的大陸〉，《紀事報畫刊》，北平，第40期，1947年3月22日，頁18。

照片3-2-3，【台北街頭的和服穿著與漢服穿著的行人】

洪荒，〈從台灣到上海〉，《春秋》，上海，第5年第3期，1948年8月，頁134。

照片3-3-1，【嘉南大圳位置簡圖】
貞伯，〈興水利、話嘉南〉，《科學大眾》，上海，第1卷第6期，1947年3月，頁161。

照片3-3-2，【嘉南大圳的灌溉主線搭橋過河壯觀畫面】
貞伯，〈興水利、話嘉南〉，《科學大眾》，上海，第1卷第6期，1947年3月，頁163。

照片3-3-3，【台灣林業資源分佈】
嘉樂，〈伐木在台灣〉，《科學大眾》，上海，第5卷第5期，1949年2月，頁191。

照片3-3-4，【伐木工法與順序】
嘉樂，〈伐木在台灣〉，《科學大眾》，上海，第5卷第5期，1949年2月，頁192。

照片3-3-5，【阿里山鐵路路線與途經的林區】
周文德，〈阿里山上的森林〉，《科學大眾》，上海，第2卷第2期，1947年5月，頁49。

照片3-4-1，【台灣糖廠壓榨甘蔗的機器】
楊乃藩、葉于鎬，〈台糖〉，《科學畫報月刊》，上海，第14卷第6期，1948年6月，封面。

照片3-4-2，【刊登於南京雜誌的台灣碱業公司廣告】
本社，〈台灣碱業公司廣告〉，《中國工程週報》，南京，第35期，1948年3月22日，頁7。

照片3-4-3，【台灣碱業第一工廠製作流程】
陳調甫，〈重入慈母懷抱的小弟弟：台灣（五）──三十七年二月二十日在塘沽的演辭〉，《海王旬刊》，南京，第20年第30期，1948年7月10日，頁474。

照片3-4-4，【刊登於南京雜誌的台灣肥料公司廣告】
本社，〈台灣肥料公司廣告〉，《中國工程週報》，南京，第44期，1948年5月24日，頁7。

照片3-4-5，【高雄第3肥料工廠巨型硫酸塔】
詠春，〈台灣肥料公司〉，《藝文畫報》，上海，第1卷第10期，1947年4月，頁21。

照片3-4-6，【台灣肥料銷售管道】
陳調甫，〈重入慈母懷抱的小弟弟：台灣（三）──三十七年二月二十日在塘沽的演辭〉，《海王旬刊》，南京，第20年第28期，1948年6月20日，頁438。

照片3-4-7，【台肥公司第3廠製作肥料流程】
陳調甫，〈重入慈母懷抱的小弟弟：台灣（二）──三十七年二月二十日在塘沽的演辭〉，《海王旬刊》，頁429。

照片3-4-8，【日月潭水電工程概圖】
周文德，〈台灣的TVA──日月潭〉，《科學大眾》，上海，第2卷第3期，1947年6月，頁91。

照片3-4-9，【日月潭發電廠各建築海拔剖面圖】
李式中，〈臺灣電力的中心──日月潭水力發電廠〉，《科學畫報月刊》，上海，第14卷第3期，1948年3月，頁139。

照片3-4-10，【**海拔3700公尺的霧社發電所**】
李式中，〈臺灣電力的中心——日月潭水力發電廠〉，《科學畫報月刊》，上海，第14卷第3期，1948年3月，頁29。

照片3-4-11，【**大觀發電廠**】
周文德，〈重歸我國懷抱的臺灣〉，《科學畫報月刊》，上海，第12卷第10期，1946年9月，頁457。

照片3-4-12，【**鉅工發電廠**】
李式中，〈臺灣電力的中心——日月潭水力發電廠〉，《科學畫報月刊》，上海，第14卷第3期，1948年3月，頁140。

照片3-4-13，【**發登於南京雜誌的台灣機械造船公司廣告**】
本社，〈台灣機械造船公司廣告〉，《中華工程週報》，南京，第9期，1947年6月23日，第四版。

照片3-4-14，【**日治時期高雄鋁廠煉鋁流程**】
陳調甫，〈重入慈母懷抱的小弟弟：台灣（四）——三十七年二月二十日在塘沽的演辭〉，《海王旬刊》，南京，第20年第29期，1948年6月30日，頁461。

照片3-4-15，【**嘉義溶劑廠生產線作業流程**】
繆莪，〈遠東第一溶劑廠〉，《科學大眾》，上海，第5卷第6期，1949年4月，頁244。

照片3-4-16，【**金瓜石的露天探礦場**】
周文德、盧善棟，〈金瓜石山全貌〉，《科學大眾》，上海，第4卷第1期，1948年4月，頁4。

照片3-4-17【**台北市的公共汽車**】
華壽嵩，〈台灣省的公路〉，《科學大眾》，上海，第3卷第3期，1947年12月，頁150。

照片3-4-18，【**蘇花公路沿線概圖**】
周文德，〈蘇花公路一百二十公里〉，《科學大眾》，上海，第2卷第5期，1947年8月，頁190。

照片4-1-1，【**台北大鐵橋的正面**】
蔡禹門，〈台灣屐痕記〉，《旅行雜誌》，上海，第21卷第4期，1947年4月，頁47。

照片4-1-2，【**植物園的椰子樹**】
郭祝崧，〈走訪台灣（下篇）〉，《旅行雜誌》，上海，第21卷第11期，1947年11月，頁30。

照片4-1-3，【**台北博物館與館前水池**】
徐蔭祥，〈風光旖旎的台北〉，《旅行雜誌》，上海，第22卷第5期，1948年5月，頁2。

照片4-1-4，【**台灣大學正門**】
張契渠，〈台灣遊騁記（上篇）〉，《旅行雜誌》，上海，第22卷第3期，1948年3月，頁3。

照片4-1-5，【**北投溫泉景色成爲旅行雜誌封面**】
張韶，〈台北遊屐〉，《旅行雜誌》，香港，第23卷第7期，1949年7月，封面。

照片4-1-6，【**明治橋畔台灣神社的巨大鳥居**】

郭祝崧，〈走訪台灣（上篇）〉，《旅行雜誌》，上海，第21卷第10期，1947年10月，頁4。

照片4-2-1，【邵族獨木舟上的醫】
編者，〈台灣日月潭（美術圖景）〉，《旅行雜誌》，上海，第20卷第8期，1946年8月，頁49。

照片4-2-2，【日月潭邵族的杵歌成爲旅行雜誌封面】
編者，〈日月潭高山族婦女杵歌〉，《旅行雜誌》，上海，第20卷第9期，1946年9月，封面。

照片4-2-3，【台中糖廠與周邊蔗田】
張契渠，〈台灣遊騁記（下篇）〉，《旅行雜誌》，上海，第22卷第4期，1948年4月，頁37。

照片4-2-4，【阿里山的神木】
陳其英，〈台灣環游記（下）〉，《旅行雜誌》，上海，第20卷第10期，1946年10月，頁26。

照片4-2-5，【阿里山雲海】
程其恆，〈壯遊阿里山（上篇）〉，《旅行雜誌》，香港，第23卷第11期，1949年11月，頁47。

照片4-2-6，【赤崁城（安平古堡）】
郎靜山，〈赤崁城〉，《旅行雜誌》，香港，第23卷第12期，1949年12月，封面。

照片4-2-7，【傳聞鄭成功親手栽種的梅樹】
張契渠，〈台灣遊騁記（上篇）〉，《旅行雜誌》，上海，第22卷第3期，1948年3月，頁4。

照片4-2-8，【遠東第一長橋──下淡水溪大鐵橋】
徐蔭祥，〈南游鵝鑾鼻〉，《旅行雜誌》，上海，第22卷第11期，1948年11月，頁37。

照片4-3-1，【東台灣景點簡圖】
徐蔭祥，〈東台灣行腳〉，《旅行雜誌》，第23卷第7期，1949年7月，頁49。

照片4-3-2，【蘇花公路的清水斷崖】
張士超，〈東台灣旅程〉，《旅行雜誌》，第23卷第3期，1949年3月，頁25。

照片4-3-3，【東台灣的阿眉族】
張士超，〈東台灣旅程〉，《旅行雜誌》，第23卷第3期，1949年3月，頁23。

照片4-3-4，【太魯閣峽谷的吊橋】
張士超，〈東台灣旅程〉，《旅行雜誌》，第23卷第3期，1949年3月，頁26。

表目次

附錄一　　北京國家圖書館典藏1945至1949年有關台灣資料的期刊與雜誌

編號	雜誌名稱	編輯單位	創刊時間	地點	編號	雜誌名稱	編輯單位	創刊時間	地點
1.	東方雜誌	東方雜誌社	1904.3	上海	2.	工程季刊	中國工程學會	1925.3	上海
3.	教育研究	國立中山大學教育學研究所及教育學系	1928.2	廣州	4.	海軍期刊	國民革命軍海軍總司令部編譯處	1928.4	南京
5.	立法專刊	立法院秘書處	1929.1	南京	6.	國立浙江大學校刊	國力浙江大學秘書處	1930.2	廣西宜山
7.	交大周刊	上海交通大學學生會	1930.10	上海	8.	國語週刊	教育部國語推行委員會、國語統籌委員會	1932.3	蘭州
9.	地理學報	地理學報社	1934..11	南京	10.	化學通訊	中國化學會	1936.8	南京
11.	地理教學	地理教學社	1937.1	上海	12.	電信界	電信界月刊社	1937.5	南京
13.	科學大眾	科學大眾社	1937.6	上海	14.	湖南青年	湖南青年月刊社	1940.1	長沙
15.	經濟部中央工業試驗所特刊	經濟部中央工業試驗所木材試驗室	1940.1	四川樂山	16.	黃河	黃河文藝月刊編輯室	1940.2	西安
17.	廣西農業通訊	廣西省政府農業管理處	1940.4	桂林	18.	河南合作	河南省合作事業管理處、河南省合作事業協會	1940.5	洛陽
19.	國文月刊	國立西南聯合大學師範學院	1940.6	桂林	20.	國際問題參考資料	中央宣傳部國際宣傳組、行政院新聞局	1940.8	重慶
21.	草書月刊	草書月刊社	1941.12	上海	22.	昆明周報	昆明周報社	1942.8	昆明
23.	國風	中央週刊社	1942.11	重慶	24.	大觀樓旬刊	大觀樓旬刊社	1943.1	昆明
25.	邊疆服務	中華基督教會全國總會	1943.4	成都	26.	大千雜誌	大千雜誌社	1943.6	桂林
27.	春秋	春秋雜誌社	1943.8	上海	28.	工作競賽月報	工作競賽月報社	1943.11	重慶
29.	輔導通訊	考試院輔導委員會	1944.6	重慶	30.	湖北論壇	湖北論壇社	1945.4	恩施
31.	科學	中國科學社	1945.7	上海	32.	觀察	觀察周刊社	1945.9	上海
33.	婦女	中華基督教女青年會	1945.10	上海	34.	財政統計通訊	財政部統計處	1945.11	南京

編號	雜誌名稱	編輯單位	創刊時間	地點	編號	雜誌名稱	編輯單位	創刊時間	地點
35.	讀者	讀者出版社	1945.11	漢口	36.	國民教育指導月刊	教育部國民教育司、台灣省行政長官公署教育處	1946.1	台北
37.	各重要城市物價指數月報	國民政府主計處統計局	1946.1	南京	38.	近代郵刊	近代郵學研究社	1946.1	上海
39.	紅十字月刊	中華民國紅十字會總會	1946.1	南京	40.	公路公報	交通部公路總局秘書室	1946.3	南京
41.	機聯會刊	上海機聯會	1946.3	上海	42.	金融匯報	金融匯報週刊社	1946.4	長沙
43.	國際貿易	中國進出口貿易協會	1946.4	上海	44.	紀事報每周增刊	北平紀事報社	1946.6	北平
45.	革新	革新周刊社	1946.7	南京	46.	兒童知識	兒童書局	1946.7	上海
47.	大眾醫學	大眾醫學出版社	1946.8	廣州	48.	貴州建設月刊	貴州建設月刊社	1946.8	貴陽
49.	光明報	新民主出版社	1946.9	香港	50.	經建季刊	江西省銀行經濟研究室	1946.9	南昌
51.	廣西教育季刊	廣西省政府教育廳	1946.9	桂林	52.	婦聲	婦聲半月刊社	1946.10	北平
53.	工人週刊	工人週刊社	1946.10	天津	54..	工商新聞	工商新聞社	1946.11	南京
55.	改造雜誌	改造出版社	1946.11	上海	56.	經濟統計月報	經濟部統計處	1946.12	南京
57.	兒童故事月刊	兒童書局	1946.12	上海	58.	經濟導報	經濟導報社	1947.1	香港
59.	經濟動向統計	行政院主計處	1947.1	南京	60.	福建善救月刊	行政院善後救濟總署福建辦事處	1947.2	福州
61.	法律知識	法律知識社	1947.2	北平	62.	廣州郵刊	廣州郵票研究會	1947.2	廣州
63.	警務月刊	警務月刊社	1947.3	上海	64.	島聲旬刊	島聲旬刊社	1947.3	青島
65.	經濟家月刊	經濟家月刊社	1947.4	南京	66.	經濟評論	經濟評論社	1947.4	上海
67.	公益工商通訊	公益工商研究所	1947.4	上海	68.	開平華僑月刊	開平華僑月刊社	1947.4	廣東開平
69.	大美週報	大美週報社	1947.5	漢口	70.	工礦建設	工礦出版社	1947.6	上海
71.	大中國月刊	大中國編輯委員會	1947.6	北平	72.	經濟建設	經濟建社出版社	1947.6	廣州
73.	交通與警察	交警月刊社	1947.7	南京	74.	長江月刊	長江月刊社	1947.7	北平
75.	巨型	大眾出版社	1947.7	上海	76.	港工	交通部青島港工程局	1947.7	青島
77.	建國月刊	建國月刊社	1947.10	台北	78.	國史館館刊	國史館	1947.12	南京

編號	雜誌名稱	編輯單位	創刊時間	地點	編號	雜誌名稱	編輯單位	創刊時間	地點
79.	紡織建設月刊	中國紡織建設公司董事會紡織月刊社	1947.12	上海	80.	海建	中國建設出版社	1948.1	上海
81.	華文國際	中華國際新聞社	1948.1	日本大阪	82.	法制半月刊	國防部政工局	1948.1	南京
83.	機墾月刊	善後事業委員會機械農墾管理處	1948.3	上海	84.	進出口貿易月刊	上海市進出口商業同業公會	1948.6	上海
85.	創進	創進社	1948.7	上海	86.	大學評論週刊	大學評論社	1948.7	南京
87.	工商部公報	行政院工商部	1948.7	南京	88.	進僑	近僑月刊社	1949.7	印尼巴城

附錄二 北京大學圖書館典藏1945至1949年有關台灣資料的期刊與雜誌

編號	雜誌名稱	編輯單位	創刊時間	地點	編號	雜誌名稱	編輯單位	創刊時間	地點
1.	婦女報導月刊	婦女報導社	1928.1	南京	2.	海王旬刊	塘沽海王社	1928.9	天津
3.	水產月刊	實業部上海魚市場籌備委員會	1934.6	上海	4.	文摘	復旦大學文摘社	1936.8	上海
5.	現代婦女	現代婦女社	1939.8	上海	6.	婦女新運月刊	新運婦女指導委員會	1940.1	重慶
7.	時代雜誌半月刊	時代出版社	1940.8	上海	8.	文友半月刊	文友社	1940.9	上海
9.	大學月刊	大學月刊社	1941.1	成都	10.	中華週報	中華週報社	1943.12	北京
11.	中國公論	中國公論社	1944.1	北京	12.	春秋月刊	春秋雜誌社	1944.1	上海
13.	求是月刊	求是月刊社	1944.3	南京	14.	政治生活半月刊	政治生活社	1944.8	重慶
15.	中央黨務公報	中國國民黨中央執行委員會秘書處	1945.1	重慶	16.	中央週刊	中央週刊社	1945.1	重慶
17.	中學生	中學生雜誌社	1945.2	桂林	18.	大義	大義週刊社	1945.2	成都
19.	369畫報	369畫報社	1945.2	北京	20.	新文化半月刊	新文化半月刊社	1945.4	上海
21.	大公	大公週刊社	1945.5	南京	22.	大眾	大眾週刊社	1945.6	南京
23.	社會評論半月刊	社會評論社	1945.8	長沙	24.	平論半月刊	平論社	1945.9	上海
25.	大華週報	大華週報社	1945.10	北平	26.	工程界	工程界發行報	1945.10	上海
27.	六藝月刊	六藝月刊出版社	1945.10	上海	28.	文教論壇	文教論壇社	1945.10	北平
29.	中國建設	中國建設出版社	1945.10	上海	30.	文匯週報	中外出版社	1945.10	上海
31.	文聯週刊	文聯社	1945.10	天津	32.	中國青年	中國青年月刊社	1945.10	重慶
33.	文潮月刊	文潮月刊社	1945.12	上海	34.	民主星期刊	民主星期刊社	1945.12	重慶
35.	真理與自由	真理與自由週刊社	1945.12	上海	36.	上海文化	上海文化服務社	1945.12	上海
37.	民主週刊	民主週刊社	1945.12	上海	38.	大地週報	大地出版社	1945.12	北平
39.	寰球月刊	寰球圖書出版社	1945.12	上海	40.	文藝雜誌月刊	太行新華日報館	1946.1	無出版地
41.	人物雜誌	人物雜誌社	1946.1	重慶	42.	民主週刊	民主出版社	1946.1	北平

編號	雜誌名稱	編輯單位	創刊時間	地點	編號	雜誌名稱	編輯單位	創刊時間	地點
43.	人言週刊	人言週刊社	1946.1	北平	44.	中國回教協會會報	中國回教青年會	1946.1	南京
45.	大陸評論月刊	國立武漢大學大陸評論社	1946.1	四川樂山	46.	文萃叢刊	文萃社	1946.1	上海
47.	青年半月刊	青年半月刊社	1946.1	北平	48.	青年中國週報	青年中國週報編輯部	1946.1	上海
49.	革新週刊	革新週刊社	1946.1	上海	50.	青年界月刊	北新書局	1946.1	上海
51.	家月刊	家庭社	1946.1	上海	52.	旅行月刊	雲霄旅行月刊社	1946.1	福建雲霄
53.	生活知識週刊	生活知識週刊社	1946.1	上海	54.	中堅月刊	中堅月刊社	1946.1	上海
55.	時代生活三日刊	時代生活社	1946.1	北平	56.	科學畫報月刊	中國科學社	1946.1	上海
57.	自由天地半月刊	自由天地出版社	1946.1	南京	58.	民主青年十日刊	關東青聯總會	1946.1	大連
59.	婦女月刊	中華基督教女青年會	1946.1	上海	60.	真話週刊	真話雜誌社	1946.2	上海
61.	民言半月刊	民言出版社	1946.2	天津	62.	一週間	長春東方出版社	1946.2	長春
63.	人民世紀	人民世紀社	1946.2	上海	64.	三民主義半月刊	三民主義半月刊社	1946.3	南京
65.	文聯半月刊	中外文藝聯絡社	1946.3	重慶	66.	青年與婦女	青年與婦女編委會	1946.3	上海
67.	文藝與生活	世界科學社	1946.3	北平	68.	上海郵工月刊	上海郵務工會	1946.3	上海
69.	消息半週刊	消息半週刊社	1946.4	上海	70.	婦聲半月刊	婦聲半月刊社	1946.4	北平
71.	文理學院院刊	廣東省文理學院	1946.5	廣州	72.	新學生月刊	正中書局	1946.5	上海
73.	化學世界半月刊	中華化學工業會	1946.5	上海	74.	民主與統一	民主與統一旬刊社	1946.5	上海
75.	文林	文林社	1946.6	大連	76.	中國學生	中國學生半月刊社	1946.6	北平
77.	青年生活半月刊	青年生活半月刊社	1946.6	上海	78.	紀事報畫刊	紀事報畫刊社	1946.6	北平
79.	茶話月刊	聯華圖書有限公司	1946.6	上海	80.	中國工程週報	中國工程週報社	1946.7	南京
81.	工商月刊	工商月刊社	1946.8	上海	82.	工業月刊	工業月刊社	1946.8	天津
83.	星報	星報社	1946.8	漢口	84.	公益工商通訊	公益工商研究所	1946.8	上海
85.	世界月刊	世界出版社	1946.8	上海	86.	民潮	民潮月刊社	1946.9	香港
87.	藝文畫報	藝文書局	1946.9	上海	88.	小上海人半月刊	小上海人社	1946.9	上海

編號	雜誌名稱	編輯單位	創刊時間	地點	編號	雜誌名稱	編輯單位	創刊時間	地點
89.	氣象通訊月刊	台灣省氣象局	1946.9	台北	90.	評論報週刊	評論報社	1946.10	上海
91.	工商新聞週刊	工商新聞社	1946.11	南京	92.	人言月刊	人言月刊社	1946.11	武昌
93.	中國生活畫報	中國生活畫報社	1946.11	上海	94.	紫羅蘭畫報三日刊	紫羅蘭畫報社	1946.11	北平
95.	工程	中國工程師學會武漢分會	1946.12	武漢	96.	大夏通訊	大夏畢業同學會大夏通訊月刊社	1946.12	上海
97.	青年知識半月刊	青年知識社	1946.12	上海	98.	上海教育週刊	上海教育出版社	1946.12	上海
99..	成功月刊	台灣省立台北成功中學成功月刊編委會	1946.12	台北	100.	太平洋月刊	太平洋雜誌社	1947.1	北平
101.	生生畫刊	生生畫刊社	1947.1	北平	102.	世紀評論週刊	世紀出版社	1947.1	南京
103.	中華教育界	中華教育界月刊社	1947.1	上海	104.	臺眾週刊	臺眾週刊社	1947.1	香港
105.	工商特刊	工商月刊社	1947.1	上海	106.	知識與生活半月刊	知識與生活社	1947.1	北平
107.	工程報導	行工學社	1947.1	上海	108.	北方雜誌	北方雜誌社	1947.1	北平
109.	國防新報半月刊	國防新報社	1947.1	上海	110.	中國工程週報	中國工程週報社	1947.1	南京
111.	半月新聞	半月新聞出版社	1947.1	上海	112.	週末觀察週刊	週末觀察週刊社	1947.1	南京
113.	天下月刊	天下出版社	1947.2	上海	114.	人道	人道周刊社	1947.2	香港
115.	人世間	人世間社	1947.3	上海	116.	中流	中流月刊社	1947.3	北平
117.	民友月刊	民友報社	1947.3	成都	118.	中國海軍	中國海軍月刊社	1947.3	上海
119.	海事	海事雜誌社商船同學會	1947.3	台北	120.	時與文週刊	時與文週刊社	1947.3	上海
121.	經濟評論週刊	經濟評論社	1947.3	上海	122.	人物季刊	人物季刊社	1947. 春	成都
123.	建設季刊	報國工業社	1947. 春	上海	124.	中華工程週報	中華工程周報社	1947.4	南京
125.	人文月刊	人文月刊社	1947.4	上海	126.	大風月刊	大風月刊社	1947.4	上海
127.	大家月刊	山河圖書公司	1947.4	上海	128.	文匯叢刊	文匯報館	1947.4	上海
129.	工商天地半月刊	工商天地出版社	1947.4	上海	130.	台灣二·二八大慘案	台灣旅平同鄉會	1947.4	北平
131.	大路半月刊	大陸半月刊社	1947.4	上海	132.	工商經濟	工商經濟月刊社	1947.5	廣州

編號	雜誌名稱	編輯單位	創刊時間	地點	編號	雜誌名稱	編輯單位	創刊時間	地點
133.	人人週報	人從眾文化公司	1947.5	上海	134.	時代生活週刊	時代生活社	1947.5	北平
135.	正論週刊	正論社	1947.5	北平	136.	民主論壇週刊	民主論壇社	1947.5	上海
137.	亞洲世紀月刊	亞洲世紀社	1947.5	上海	138.	現代新聞週刊	聯合編譯社	1947.5	上海
139.	現代知識半月刊	現代知識半月刊社	1947.5	北平	140.	工礦建設	工礦出版社	1947.6	上海
141.	現代文摘週刊	聯合編譯社	1947.6	上海	142.	工作競賽	工作競賽月刊社	1947.6	南京
143.	大中國月刊	大中國月刊社	1947.6	北平	144.	建設評論	建設評論社	1947.6	上海
145.	生活月刊	生活月刊社	1947.6	上海	146.	生活雜誌	生活雜誌社	1947.7	安東
147.	展望週刊	展望週刊社	1947.7	南京	148.	中國新聞	中國新聞半月刊社	1947.7	南京
149.	中國內幕	現代出版社	1947.7	上海	150.	小象旬刊	小象旬刊社	1947.7	北平
151.	現實新聞週報	現實新聞週報社	1947.7	上海	152.	大青島月刊	大青島月刊社	1947.8	青島
153.	中央日報週刊	中央日報社	1947.8	南京	154.	月華週報	月華週報社	1947.8	北平
155.	生活文摘半月刊	世界編譯社	1947.9	上海	156.	新台灣	新台灣出版社	1947.9	香港
157.	創世半月刊	創世社	1947.10	上海	158.	台灣糖業季刊	台灣糖業公司	1947.10	台北
159.	文藝叢刊月刊	文藝出版社	1947.10	上海	160.	新聞雜誌半月刊	新聞雜誌社	1947.10	南京
161.	正義週刊	正義週刊社	1947.12	上海	162.	民用航空月刊	交通部民用航空局直轄航空隊	1947.12	南京
163.	周論週刊	周論週刊社	1947.12	北平	164.	文藻月刊	文藻月刊社	1948.1	南京
165.	工商管理月刊	人生出版社	1948.1	上海	166.	海校校刊	海軍軍官學校校刊社	1948.1	青島
167.	生活報五日刊	生活報社	1948.1	哈爾濱	168.	民教月刊	台灣省立台南民眾教育館	1948.1	台南
169.	中國空軍	中國空軍出版社	1948.1	漢口	170.	再生半月刊	再生社	1948.1	上海
171.	東南風	台灣大學東南風社	1948.1	台北	172.	中國作家	中華全國文藝協會中國作家編委會	1948.2	上海
173.	中華郵工月刊	全國郵務總會宣傳部中華郵工編委會	1948.3	上海	174.	光明報半月刊	光明報社	1948.3	香港

編號	雜誌名稱	編輯單位	創刊時間	地點	編號	雜誌名稱	編輯單位	創刊時間	地點
175.	中國政治內幕	星期五畫報社叢書部	1948.4	天津	176.	大學評論	大學評論社	1948.5	南京
177.	海建月刊	中國建設出版社	1948.5	上海	178.	中建半月刊	中國建設服務社	1948.5	上海
179.	大眾新聞半月刊	大眾新聞社	1948.6	南京	180.	自由與進步半月刊	自由與進步半月刊社	1948.6	南京
181.	再造旬刊	再造旬刊社	1948.6	上海	182.	生活與時代旬刊	生活與時代雜誌社	1948.8	長沙
183.	創進週刊	創進出版社	1948.8	上海	184.	大眾農業月刊	大眾農業社	1948.8	上海
185.	自由批判旬刊	自由批判社	1948.8	北平	186.	風雲半月刊	風雲半月刊社	1948.8	上海
187.	政治新聞週刊	政治新聞週報社	1949.1	上海	188.	時事觀察	聯美雜誌社	1949.1	北平
189.	透視半月刊	透視叢刊本	1949.1	上海	190.	民主評論半月刊	民主評論社	1949.7	香港

參考書目

壹、史料

一、1945至1949年發行的雜誌或期刊

（一）南京出刊

1.　一士，〈復興中的台灣鋁業〉，《工商新聞》，南京，第84期，1948年6月7日。

2.　丁貝彥，〈台北山水間〉，《工商新聞》，南京，第30期，1947年5月26日。

3.　于恩德，〈勝利前東北及台灣之紅十字會〉，《紅十字月刊》，南京，第20期，1947年8月31日。

4.　凡秋，〈台灣鵝鑾鼻燈塔（一）〉，《工商新聞》，南京，第43期，1947年8月25日。

5.　凡秋，〈台灣鵝鑾鼻燈塔（二）〉，《工商新聞》，南京，第44期，1947年9月1日。

6.　方淳，〈台灣歸來〉，《展望週刊》，南京，第3卷第18期，1949年3月18日。

7.　方見惠，〈台灣工業的剖視（一）〉，《工商新聞》，南京，第55期，1947年11月17日。

8.　方見惠，〈台灣工業的剖視（二）〉，《工商新聞》，南京，第56期，1947年11月24日。

9.　心帆，〈剖視台灣教育〉，《新聞雜誌半月刊》，南京，新第2卷第2期，1948年12月1日。

10.　心意，〈政學系的難關〉，《自由天地半月刊》，南京，第1卷第5、6期合刊，1947年3月31日。

11.　毛澤東，〈新民主主義的政治與經濟〉，《大學評論》，南京，第3卷第6期，1949年3月5日。

12.　毛澤東，〈中國向何處去？〉，《大學評論》，南京，第3卷第7期，1949年3月20日。

13.　木子，〈張發奎遊台解悶〉，《中國新聞半月刊》，南京，第1卷第3期，1947年8月10日。

14.　太白，〈鳳梨罐頭開始製造〉，《工商新聞》，南京，第43期，1947年8月25日。

15.　天行，〈國大之花訪問記〉，《中國新聞半月刊》，南京，第2卷第1期，1948年3月25日。

16.　王時，〈台灣展開農業革命〉，《周末觀察週刊》，南京，第2卷第7期，1947年11月15日。

17.　王宇正、王宇高，〈丘逢甲傳〉，《國史館館刊》，南京，第1卷第4號，1948年11月。

18.　中國工商社訊，〈日月潭地陷原因、雨大地鬆與水壓無關〉，《中華工程週報》，南京，第10期，1947年6月30日。

19.　立法院祕書處，〈台灣省行政長官公署組織條例〉，《立法專刊》，南京，第24輯，1946年1月。

20. 立法院祕書處，〈台灣法院接收民事事件處理條例〉，《立法專刊》，南京，第24輯，1946年1月。

21. 立法院祕書處，〈台灣法院接收刑事案件處理條例〉，《立法專刊》，南京，第24輯，1946年1月。

22. 主計處，〈糧食徵集（民國三十六年一月）〉，《經濟動向統計》，南京，無期刊編號，1947年1月。

23. 主計處，〈糧食配撥——軍糧（民國三十六年一月）〉，《經濟動向統計》，南京，無期刊編號，1947年1月。

24. 主計處，〈物價指數（民國三十五年十二月）〉，《經濟動向統計》，南京，無期刊編號，1947年1月。

25. 主計處，〈公務員生活費（民國三十五年十二月）〉，《經濟動向統計》，南京，無期刊編號，1947年1月。

26. 主計處，〈省市庫收支（民國三十六年一月）〉，《經濟動向統計》，南京，無期刊編號，1947年1月。

27. 主計處，〈糧食徵集（民國三十六年六月）〉，《經濟動向統計》，南京，無期刊編號，1947年6月。

28. 主計處，〈糧食配撥——軍糧（民國三十六年六月）〉，《經濟動向統計》，南京，無期刊編號，1947年6月。

29. 主計處，〈物價指數（民國三十六年五月）〉，《經濟動向統計》，南京，無期刊編號，1947年6月。

30. 主計處，〈公務員生活費（民國三十六年五月）〉，《經濟動向統計》，南京，無期刊編號，1947年6月。

31. 主計處，〈省市庫收支（民國三十六年五月）〉，《經濟動向統計》，南京，無期刊編號，1947年6月。

32. 主計處，〈糧食徵集（民國三十六年八月）〉，《經濟動向統計》，南京，無期刊編號，1947年8月。

33. 主計處，〈糧食配撥——軍糧（民國三十六年八月）〉，《經濟動向統計》，南京，無期刊編號，1947年8月。

34. 主計處，〈物價指數（民國三十六年七月）〉，《經濟動向統計》，南京，無期刊編號，1947年8月。

35. 主計處，〈公務員生活費（民國三十六年七月）〉，《經濟動向統計》，南京，無期刊編號，1947年8月。

36. 主計處，〈省市庫收支（民國三十六年七月）〉，《經濟動向統計》，南京，無期刊編號，

1947年8月。

37.　主計處，〈糧食徵集（民國三十六年十二月）〉，《經濟動向統計》，南京，無期刊編號，1947年12月。

38.　主計處，〈糧食配撥──軍糧（民國三十六年十二月）〉，《經濟動向統計》，南京，無期刊編號，1947年12月。

39.　主計處，〈物價指數（民國三十六年十二月）〉，《經濟動向統計》，南京，無期刊編號，1947年12月。

40.　主計處，〈公務員生活費（民國三十六年十二月）〉，《經濟動向統計》，南京，無期刊編號，1947年12月。

41.　主計處，〈省市庫收支（民國三十六年十一月）〉，《經濟動向統計》，南京，無期刊編號，1947年12月。

42.　未央，〈陳誠其人〉，《展望週刊》，南京，第3卷第13期，1949年2月12日。

43.　台灣航訊，〈台灣製玻璃板〉，《工商新聞》，南京，第16期，1947年2月17日。

44.　本社，〈發刊詞〉，《世紀評論週刊》，南京，創刊號，1947年1月4日。

45.　本社，〈中國航空廣告〉，《中國的空軍》，南京，第99期，1947年2月。

46.　本社，〈社論──宋子文的去職〉，《世紀評論週刊》，南京，第1卷第10期，1947年3月8日。

47.　本社，〈社論──從台灣事變說起〉，《世紀評論週刊》，南京，第1卷第11期，1947年3月15日。

48.　本社，〈一週時事述評──台灣局勢展望〉，《中央週刊》，南京，第9卷第12期，1947年3月18日。

49.　本社，〈一週時事述評──台灣事件平息〉，《中央週刊》，南京，第9卷第13期，1947年3月25日。

50.　本社，〈一週時事述評──台灣事件的檢討〉，《中央週刊》，南京，第9卷第16期，1947年4月11日。

51.　本社，〈一週時事述評──台灣文人政府成立〉，《中央週刊》，南京，第9卷第18期，1947年4月25日。

52.　本社，〈社論──台灣改制後怎麼辦？〉，《世紀評論週刊》，南京，第1卷第18期，1947年5月3日。

53.　本社，〈一週時事述評──台灣省府之改組〉，《中央週刊》，南京，第9卷第20期，1947年5月10日。

54.　本社，〈補縫汽缸壁、台灣船廠硬幹成功〉，《中華工程週報》，南京，第9期，1947年6月23日。

55. 本社，〈台糖公司遴選大批技術員〉，《中華工程週報》，南京，第10期，1947年6月30日。

56. 本社，〈台灣紙業公司開工〉，《中華工程週報》，南京，第10期，1947年6月30日。

57. 本社，〈工商珍聞〉，《工商新聞》，南京，第35期，1947年6月30日。

58. 本社，〈工業與資源——台接收日資產156億日元〉，《中華工程週報》，南京，第12期，1947年7月14日。

59. 本社，〈台灣肥料工業概況〉，《中華工程週報》，南京，第14期，1947年8月2日。

60. 本社，〈考銓行政要聞——視察考銓行政〉，《輔導通訊月刊》，南京，第15期，1947年9月。

61. 本社，〈中外一週——發揚偉大的祖國愛〉，《中央日報週刊》，南京，第2卷第2期，1947年11月2日。

62. 本社，〈中外一週〉，《中央日報週刊》，南京，第2卷第2期，1947年11月2日。

63. 本社，〈台灣製糖工業復興近景〉，《工商新聞》，南京，第53期，1947年11月3日。

64. 本社，〈統計資料〉，《民用航空月刊》，南京，第1期，1947年12月。

65. 本社，〈中美合辦台鋁廠〉，《中國工程週報》，南京，第30期，1948年2月16日。

66. 本社，〈推進華南、華中工礦建設〉，《中國工程週報》，南京，第30期，1948年2月16日。

67. 本社，〈台灣水泥外銷〉，《中國工程週報》，南京，第31期，1948年2月23日。

68. 本社，〈台灣糖廠全部開工製糖〉，《中國工程週報》，南京，第31期，1948年2月23日。

69. 本社，〈二萬五千噸台糖輸日〉，《中國工程週報》，南京，第31期，1948年2月23日。

70. 本社，〈分支區會之活動——新疆台灣籌組分會〉，《中國回教協會會報》，南京，第7卷第8至12期合刊，1948年3月。

71. 本社，〈石油增產在進行——台灣、甘肅等處開鑿新井〉，《中國工程週報》，南京，第32期，1948年3月1日。

72. 本社，〈資委會本年工作著重台灣、華中、華南〉，《中國工程週報》，南京，第34期，1948年3月15日。

73. 本社，〈台南新水利工程斗六大圳興建中〉，《中國工程週報》，南京，第35期，1948年3月22日。

74. 本社，〈台灣鹼業公司上年產量統計〉，《中國工程週報》，南京，第35期，1948年3月22日。

75. 本社，〈台灣肥料公司產量逐漸增加中〉，《中國工程週報》，南京，第35期，1948年3月22日。

76. 本社，〈台灣機械造船公司自造窄軌機車〉，《中國工程週報》，南京，第35期，1948年3月22日。

77. 本社，〈台灣水泥源源外銷〉，《中國工程週報》，南京，第35期，1948年3月22日。

78. 本社，〈台灣機械造船公司近訊〉，《中國工程週報》，南京，第37期，1948年4月5日。

79. 本社，〈高雄水泥產量激增〉，《中國工程週報》，南京，第40期，1948年4月26日。

80. 本社，〈台糖公司十萬噸外銷〉，《中國工程週報》，南京，第40期，1948年4月26日。

81. 本社，〈台灣煉金月產千二百兩〉，《中國工程週報》，南京，第41期，1948年5月3日。

82. 本社，〈台今年產煤定二百萬噸〉，《中國工程週報》，南京，第44期，1948年5月24日。

83. 本社，〈台灣煉金月產千二百兩〉，《中國工程週報》，南京，第41期，1948年5月3日。

84. 本社，〈樊祥孫譚台灣鐵路〉，《中國工程週報》，南京，第45期，1948年5月31日。

85. 本社，〈上海龍華航站大廈工程近況〉，《民用航空月刊》，南京，第7期，1948年6月。

86. 本社，〈電價核定〉，《工商部公報》，南京，第1卷第1期，1948年7月。

87. 本社，〈台大再易長〉，《自由與進步半月刊》，南京，第1卷第5期，1948年8月1日。

88. 本社，〈台灣糖業公司拾零〉，《中國工程週報》，南京，第53期，1948年8月16日。

89. 本社，〈建設高雄市〉，《中國工程週報》，南京，第54期，1948年8月30日。

90. 本社，〈提高婦女工作效率、台北舉行採茶競賽〉，《婦女導報月刊》，南京，第209號，1948年9月。

91. 本刊記者，〈走的要走、留的要留——府院遷都之爭〉，《新聞雜誌半月刊》，南京，新第2卷第7期，1949年2月11日。

92. 本社資料室，〈介紹台灣碱業公司〉，《工商新聞》，南京，第67期，1948年2月9日。

93. 本社資料室，〈產品優良之台灣肥料公司〉，《工商新聞》，南京，第71期，1948年3月8日。

94. 本刊政治記者，〈京穗台奉間的四角關係〉，《中國新聞半月刊》，南京，第4卷第1期，1949年3月22日。

95. 本刊特派記者，〈政府顯要在台灣的形形色色〉，《中國新聞半月刊》，南京，第4卷第1期，1949年3月22日。

96. 本刊特派記者，〈張學良生死之謎〉，《中國新聞半月刊》，南京，第4卷第5期，1949年4月23日。

97. 本刊特約記者，〈台灣省政二三事〉，《中國新聞半月刊》，南京，第4卷第2期，1949年3月30日。

98. 本刊特約記者，〈烽煙何處覓桃源——香港‧台灣‧廣州近貌〉，《大學評論》，南京，第2卷第9期，1948年11月6日。

99. 本刊特約記者，〈紙包著火的台灣〉，《大學評論》，南京，第2卷第7期，1948年11月16日。

100. 本刊特約記者，〈春水星火的台北學潮〉，《中國新聞半月刊》，南京，第4卷第4期，1949年4月15日。

101. 本刊特約記者，〈宋子文在台九日京兆〉，《中國新聞半月刊》，南京，第4卷第5期，1949年4月23日。

102. 本報特約記者，〈海底煤礦巡禮——瑞芳煤礦已有五十年歷史，蘊藏豐富〉，《工商新聞》，南京，第101期，1948年10月18日。

103. 本刊特約記者，〈言戰與求和（大局綜合報導）〉，《大學評論》，南京，第2卷第10期，1949年1月8日。

104. 本刊特約駐台記者，〈台灣‧陳儀‧魏道明〉，《中國新聞半月刊》，南京，第3卷第4期，1948年12月1日。

105. 本刊特約駐台記者，〈陳誠主台灣前後〉，《中國新聞半月刊》，南京，第3卷第7期，1949年1月11日。

106. 本刊特約駐台記者，〈陳誠與台灣新聞界〉，《中國新聞半月刊》，南京，第3卷第12期，1949年3月2日。

107. 本刊旅台記者汝清，〈椰風蕉雨話台灣〉，《大學評論》，南京，第2卷第2期，1948年10月9日。

108. 本刊記者集體創作，〈鼙鼓聲中——大南京的小鏡頭〉，《新聞雜誌半月刊》，南京，新第2卷第3期，1948年12月10日。

109. 本社譯自六月廿八日倫敦晤士報，〈中國的交通現狀〉，《京滬週刊》，南京，第2卷第28期，1948年7月18日。

110. 民吁，〈台北通訊——封建經濟形態下的台灣〉，《工商新聞週報》，南京，第9期，1946年12月28日。

111. 江聲鏞，〈中國紅十字會的經濟復員〉，《紅十字月刊》，南京，第9期，1946年10月1日。

112. 弘一，〈台灣省的紡織工業〉，《工商新聞報》，南京，第9期，1946年12月28日。

113. 司馬天，〈台灣省易長之謎〉，《中國新聞半月刊》，南京，第1卷第12期，1948年2月29日。

114. 老留，〈台灣機器造船工業的展望〉，《工商新聞》，南京，第87期，1948年6月28日。

115. 任美鍔。〈台灣印象〉，《京滬週刊》，南京，第1卷第49期，1947年12月14日。

116. 朱荷生，〈性比例與婚姻——台灣采風錄之一〉，《中央週刊》，南京，第9卷第2期，1947年1月8日。

117. 朱荷生，〈從草台戲看台灣文化——台灣采風錄之二〉，《中央週刊》，南京，第9卷第4期，1947年1月22日。

118. 朱荷生，〈日本的失敗與台灣的改造——台灣采風錄之三〉，《中央週刊》，南京，第9卷第5、6期合刊，1947年2月4日。

119. 朱維清，〈台灣光復後之對外貿易（一）〉，《工商新聞》，南京，第41期，1947年8月11日。

120. 朱維清，〈台灣光復後之對外貿易（二）〉，《工商新聞》，南京，第42期，1947年8月18日。

121. 朱維清，〈台灣光復後之對外貿易（三）〉，《工商新聞》，南京，第42期，1947年8月25日。

122. 朱敬儀，〈台、粵、滬、湘四婦女工委會工作概況表〉，《婦女新運月刊》，南京，第8卷第2期，1948年3月。

123. 企馮，〈崛起邊疆的新血輪〉，《大眾新聞半月刊》，南京，第1卷第4期，1948年7月16日。

124. 成河，〈台灣焚車慘案的前因後果〉，《自由與進步半月刊》，南京，第1卷第6期，1948年8月16日。

125. 狄蘋，〈「台紡」剪影〉，《工商新聞》，南京，第57期，1947年12月1日。

126. 志青，〈台灣婦女〉，《婦女導報月刊》，南京，第201號，1948年1月。

127. 志徐，〈時事紀要——台灣的騷動〉，《世紀評論週刊》，南京，第1卷第11期，1947年3月15日。

128. 沙學浚，〈台灣島與台灣海峽之地位價值〉，《世紀評論週刊》，南京，第2卷第11期，1949年9月13日。

129. 宋維敬，〈跳島戰略與日本的勝敗〉，《大公》，南京，第13期，1945年7月3日。

130. 李長傳，〈鄭成功之生平〉，《求是月刊》，南京，第1卷第2號，1944年4月15日。

131. 李慕白，〈大學教授的本質問題〉，《世紀評論週刊》，南京，第3卷第1期，1948年1月3日。

132. 李爾康，〈靜靜的花蓮〉，《周末觀察週刊》，南京，第3卷第5期，1948年1月31日。

133. 何肇發譯，〈台灣之初民社會〉，《中央週刊》，南京，第9卷第11期，1947年3月11日。

134. 希安，〈台灣你這可愛的世外桃源〉，《工商新聞》，南京，第37期，1947年7月14日。

135. 沛人，〈譽滿全國的台灣隊〉，《中央日報週刊》，南京，第4卷第7期，1948年5月23日。

136. 刻石，〈中樞要人的打算〉，《新聞雜誌半月刊》，南京，新第2卷第3期，1948年12月10日。

137. 林眞，〈翁文灝南巡秘錄〉，《中國新聞半月刊》，南京，第1卷第12期，1948年2月29日。

138. 東，〈工商珍聞——台石油溶劑廠復工〉，《工商新聞》，南京，第46期，1947年9月15日。

139. 吳樹昌，〈沖繩決戰結束以後？〉，《大眾》，南京，第2期，1945年6月30日。

140. 吳承洛，〈敬祝全國運動會創造新紀錄〉，《工作競賽月刊》，南京，第5卷第4期，1948年8月6日。

141. 易聲伯，〈陳儀爲什麼在台灣失敗？〉，《周末觀察週刊》，南京，第1卷第11期，1947年9月13日。

142. 明公，〈我所知道的陳公洽〉，《自由天地半月刊》，南京，第3卷第1期，1948年1月16日。

143. 武久兒，〈叛徒〉，《婦女月刊》，南京，第7卷第1期，1948年3月。

144. 東方生，〈台灣通訊二則〉，《三民主義半月刊》，南京，第10卷第4期，1947年5月1日。

145. 周鐵，〈台灣經濟政策之過去與現在〉，《工商新聞》，南京，第49期，1947年10月6日。

146. 周洪達，〈台灣散記〉，《中國的空軍》，南京，第102期，1947年5月。

147. 美國眾議院海軍委員會，〈美國官方對於掌握太平洋根據地之意見〉，《國際問題參攷資料》，南京，第535號，1945年11月8日。

148. 波，〈工商珍聞——台灣商人向外發展〉，《工商新聞》，南京，第32期，1947年6月9日。

149. 波，〈工商珍聞〉，《工商新聞》，南京，第34期，1947年6月23日。

150. 研薇，〈日月潭——台灣電氣化的心臟〉，《自由天地半月刊》，南京，第2卷第9期，1947年10月1日。

151. 星，〈七日談——台灣工業的發展與憂慮〉，《工商新聞》，南京，第88期，1948年7月5日。

152. 邵二，〈台灣——最後的「復興」基地〉，《展望週刊》，南京，第3卷第13期，1949年2月12日。

153. 姚嫒，〈台灣玻璃工業的搖籃——記台灣玻璃工業有限公司〉，《工商新聞》，南京，第51期，1947年10月20日。

154. 姚少滄，〈台北剪影〉，《中央日報週刊》，南京，第4卷第1期，1948年4月11日。

155. 秋凡，〈原始的羅曼蒂克——高山族婚俗誌〉，《工商新聞》，南京，第46期，1947年9月15日。

156. 秋凡，〈新女兒國婀美族〉，《工商新聞》，南京，第50期，1947年10月13日。

157. 秋凡，〈一幅綺思的畫面——活躍在生活戰線上的臺灣女性〉，《工商新聞》，南京，第70期，1948年3月1日。

158. 秋田，〈關於張學良種種〉，《中國新聞半月刊》，南京，第1卷第3期，1947年8月10日。

159. 秋田，〈關于台灣女人〉，《中國新聞半月刊》，南京，第1卷第3期，1947年8月10日。

160. 秋田，〈台灣的按摩女（一）〉，《中國新聞半月刊》，南京，第2卷第3期，1948年4月25日。

161. 秋田，〈台灣的按摩女（二）〉，《中國新聞半月刊》，南京，第2卷第4期，1948年5月15日。

162. 秋田，〈台灣的按摩女（三）〉，《中國新聞半月刊》，南京，第2卷第5期，1948年6月1日。

163. 秋田，〈台灣的按摩女（四）〉，《中國新聞半月刊》，南京，第2卷第6期，1948年6月16日。

164. 秋田，〈台灣的按摩女（五）〉，《中國新聞半月刊》，南京，第2卷第7期，1948年7月7日。

165. 秋田，〈台灣的按摩女（六）〉，《中國新聞半月刊》，南京，第2卷第8期，1948年8月1日。

166. 秋田，〈台灣的按摩女（七）〉，《中國新聞半月刊》，南京，第2卷第9期，1948年8月16日。

167. 秋田，〈台灣的按摩女（八）〉，《中國新聞半月刊》，南京，第2卷第10期，1948年9月1日。

168. 秋田，〈台灣的按摩女（九）〉，《中國新聞半月刊》，南京，第2卷第11期，1948年9月16日。

169. 秋田，〈台灣的按摩女（十）〉，《中國新聞半月刊》，南京，第3卷第1期，1948年10月16日。

170. 秋田，〈台灣的按摩女（十一）〉，《中國新聞半月刊》，南京，第3卷第2期，1948年11月1日。

171. 秋田，〈台灣的按摩女（十二）〉，《中國新聞半月刊》，南京，第3卷第3期，1948年11月20日。

172. 秋田，〈台灣的按摩女（十三）〉，《中國新聞半月刊》，南京，第3卷第4期，1948年12月1日。

173. 秋田，〈台灣的按摩女（十四）〉，《中國新聞半月刊》，南京，第3卷第5期，1948年12月16日。

174. 秋田，〈台灣的按摩女（十五）〉，《中國新聞半月刊》，南京，第3卷第6期，1948年12月30日。

175. 秋田，〈台灣的按摩女（十六）〉，《中國新聞半月刊》，南京，第3卷第7期，1949年1月11日。

176. 秋田，〈台灣的按摩女（十七）〉，《中國新聞半月刊》，南京，第3卷第8期，1949年1月25日。

177. 秋田，〈台灣的按摩女（十八）〉，《中國新聞半月刊》，南京，第3卷第9期，1949年2月1日。

178. 秋田，〈台灣的按摩女（十九）〉，《中國新聞半月刊》，南京，第3卷第10期，1949年2月11日。

179. 秋田，〈台灣的按摩女（廿）〉，《中國新聞半月刊》，南京，第3卷第11期，1949年2月21日。

180. 秋田，〈台灣的按摩女（廿一）〉，《中國新聞半月刊》，南京，第3卷第12期，1949年3月2日。

181. 秋田，〈台灣的按摩女（廿二）〉，《中國新聞半月刊》，南京，第4卷第1期，1949年3月22日。

182. 秋田，〈台灣的按摩女（廿三）〉，《中國新聞半月刊》，南京，第4卷第2期，1949年3月30日。

183. 秋田，〈台灣的按摩女（廿四）〉，《中國新聞半月刊》，南京，第4卷第3期，1949年4月7日。

184. 秋田，〈台灣的按摩女（廿五）〉，《中國新聞半月刊》，南京，第4卷第4期，1949年4月15日。

185. 秋田，〈台灣的按摩女（廿六）〉，《中國新聞半月刊》，南京，第4卷第5期，1949年4月23日。

186. 俊傑，〈台糖積極增產〉，《工商新聞》，南京，第48期，1947年9月29日。

187. 勉齋輯錄，〈湖南文藝作家小誌〉，《文藝先鋒》，南京，第10卷第4期，1947年4月。

188. 茅錦泉，〈瀰漫全國的戰後學潮！〉，《大眾新聞半月刊》，南京，第1卷第4期，1948年7月16日。

189. 茅錦泉，〈瀰漫全國的戰後學潮（續）〉，《大眾新聞半月刊》，南京，第1卷第5期，1948年8月1日。

190. 胡道珂，〈兒童福利工作在中國——民國三十五年度的調查〉，《紅十字月刊》，南京，第15期，1947年3月31日。

191. 海棠，〈中國中央兩航空公司發展簡史〉，《民用航空月刊》，南京，第4期，1948年3月。

192. 涂懷楷，〈一年來台灣司法之回顧〉，《輔導通訊月刊》，南京，第13期，1947年3月。

193. 馬星野，〈獻辭〉，《中央日報週刊》，南京，創刊號，1947年8月3日。

194. 耘，〈七日談——台灣的民變〉，《工商新聞》，南京，第19期，1947年3月10日。

195. 組訓處製，〈中華民國紅十字會分會地址及負責人姓名一覽表〉，《紅十字月刊》，南京，第32期，1948年8月30日。

196. 章怡，〈田漢婚姻糾紛鬧到台灣〉，《周末觀察週刊》，南京，第3卷第3期，1948年1月17日。

197. 黃岡，〈翁文灝怎樣上台的？〉，《大眾新聞半月刊》，南京，創刊號，1948年6月1日。

198. 國民政府主計處統計局，《各重要城市物價指數月報》，南京，第4期，1946年4月。

199. 國民政府主計處統計局，《各重要城市物價指數月報》，南京，第8期，1946年8月。

200. 國民政府主計處統計局，《各重要城市物價指數月報》，南京，第12期，1946年12月。

201. 國民政府主計處統計局，《各重要城市物價指數月報》，南京，第13期，1947年1月。

202. 國民政府主計處統計局，《各重要城市物價指數月報》，南京，第14期，1947年2月。

203. 國民政府主計處統計局，《各重要城市物價指數月報》，南京，第15期，1947年3月。

204. 國民政府主計處統計局，《各重要城市物價指數月報》，南京，第18期，1947年5月。

205. 國民政府主計處統計局，《各重要城市物價指數月報》，南京，第21期，1947年9月。

206. 國民政府主計處統計局，《各重要城市物價指數月報》，南京，第24期，1947年12月。

207. 國民政府主計處統計局，《各重要城市物價指數月報》，南京，第27期，1948年3月。

208. 國民政府主計處統計局，《各重要城市物價指數月報》，南京，第30期，1948年6月。

209. 國民政府主計處統計局，《各重要城市物價指數月報》，南京，第33期，1948年9月。

210. 國民政府主計處統計局，《各重要城市物價指數月報》，南京，第36期，1948年12月。

211. 梁寒操，〈發刊詞〉，《革新週刊》，南京，創刊號，1946年7月27日。

212. 梁寒操，〈友聲集〉，《京滬週刊》，南京，第1卷第33期，1947年8月24日。

213. 梁寒操，〈友聲集〉，《京滬週刊》，南京，第1卷第35期，1947年9月7日。

214. 梅雨，〈透視黨團合併〉，《中國新聞》，南京，第1卷第3期，1947年8月10日。

215. 許壽裳，〈台灣省的編譯事業〉，《正論月刊》，南京，第1卷第3期，1947年1月。

216. 章克，〈最近國際情勢的分析（三月二十七日在南京國立中央大學演講辭）〉，《大公》，南京，創刊號，1945年5月5日。

217. 夏正時，〈談台灣經濟政策〉，《經濟家月刊》，南京，第1卷第2期，1947年4月。

218. 惠予，〈本刊專訪——四虎將訪問雜記〉，《中國新聞半月刊》，南京，第1第3期，1947年8月10日。

219. 揚村，〈訪問張學良記〉，《中國新聞》，南京，第1卷第3期，1947年8月10日。

220. 堅白，〈我國鋼鐵事業近貌〉，《工商新聞》，南京，第51期，1947年10月20日。

221. 陳文琦，〈嘉義溶濟工廠計劃開工改製噴漆〉，《工商新聞》，南京，第43期，1947年8月25日。

222. 陳中平，〈陳儀‧魏道明‧與台灣〉，《三民主義半月刊》，南京，第10卷第9期，1947年7月15日。

223. 陳中平，〈台灣與中國——爲台灣光復二週年併駁斥菲律賓人的謬論而作〉，《三民主義半月刊》，南京，第11卷第7期，1947年12月15日。

224. 陳定閎，〈安定邊疆〉，《革新週刊》，南京，第2卷第12期，1947年4月15日。

225. 陳浤文，〈台灣雜寫〉，《海王旬刊》，南京，第20年第35期，1948年8月30日。

226. 陳福悲，〈從福建說到台灣〉，《展望週刊》，南京，第3卷第11期，1949年1月15日。

227. 陳調甫，〈重入慈母懷抱的小弟弟：台灣（一）——三十七年二月二十日在塘沽的演辭〉，《海王旬刊》，南京，第20年第26期，1948年5月30日。

228. 陳調甫，〈重入慈母懷抱的小弟弟：台灣（二）——三十七年二月二十日在塘沽的演辭〉，《海王旬刊》，南京，第20年第27期，1948年6月10日。

229. 陳調甫，〈重入慈母懷抱的小弟弟：台灣（三）——三十七年二月二十日在塘沽的演辭〉，《海王旬刊》，南京，第20年第28期，1948年6月20日。

230. 陳調甫，〈重入慈母懷抱的小弟弟：台灣（四）——三十七年二月二十日在塘沽的演辭〉，《海王旬刊》，南京，第20年第29期，1948年6月30日。

231. 陳調甫，〈重入慈母懷抱的小弟弟：台灣（五）——三十七年二月二十日在塘沽的演辭〉，《海王旬刊》，南京，第20年第30期，1948年7月10日。

232. 陳調甫，〈重入慈母懷抱的小弟弟：台灣（六）——三十七年二月二十日在塘沽的演辭〉，《海王旬刊》，南京，第20年第29期，1948年7月20日。

233. 陳學稼，〈怎樣結束中日戰爭〉，《大公》，南京，第8期，1945年5月29日。

234. 陳駒聲講，周洵鈞摘錄，〈上海化學工業近況〉，《化學通訊》，南京，第13卷第1、2期合刊，1948年5月30日。

235. 舒羽，〈新台灣的建設〉，《自由天地半月刊》，南京，第1卷第9期，1947年5月15日。

236. 寒柏，〈漫談台灣婦女〉，《婦女月刊》，南京，復刊號第5卷第1期，1946年11月。

237. 陸草原，〈台灣的蓆帽業〉，《工商新聞》，南京，第97期，1948年9月6日。

238. 經濟部統計處，〈表九登記之工廠及其資本〉，《經濟統計月報》，南京，第4期，1947年12月。

239. 經濟部統計處，〈礦業類——表25全國主要礦儲量〉，《經濟統計月報》，南京，第1期，1946年12月。

240. 經濟部統計處，〈進出口貿易類──表54中國對外貿易主要關別統計〉，《經濟統計月報》，南京，第1期，1946年12月。

241. 經濟部統計處，〈收復區經濟事業接收處統計〉，《經濟統計月報》，南京，第2期，1947年6月。

242. 經濟部統計處，〈表十一登記工廠之職員及工人〉，《經濟統計月報》，南京，第4期，1947年12月。

243. 經濟部統計處，〈表十三現存登記工廠之動力設備〉，《經濟統計月報》，南京，第4期，1947年12月。

244. 經濟部統計處，〈表十九全國已註冊及註冊中之電廠及發電容量〉，《經濟統計月報》，南京，第4期，1947年12月。

245. 郭紹基，〈國營機械工業現況〉，《工商新聞》，南京，第52期，1947年10月27日。

246. 曾今可，〈台變實錄〉，《國防月刊》，南京，第3卷第1期，1947年5月。

247. 偉顯，〈台鹽近況──鹽是建設工業的推動力〉，《工商新聞》，南京，第94期，1948年8月16日。

248. 楊翰，〈台灣省博覽會記盛──台灣通訊〉，《工商新聞》，南京，第103、104期合刊，1948年11月1日。

249. 楊君勘，〈台灣民政問題探討〉，《輔導通訊月刊》，南京，第11期，1946年9月。

250. 楊起璠，〈論空中交通管制〉，《民用航空月刊》，南京，第1期，1947年12月。

251. 楊隆生，〈張治中為甚麼要到台灣去〉，《自由天地半月刊》，南京，第2卷第9期，1947年11月15日。

252. 資料室，〈交通簡訊〉，《交通與警察》，南京，第1卷第1期，1947年7月15日。

253. 路荻，〈台灣煤礦業近貌〉，《工商新聞》，南京，第63期，1948年1月12日。

254. 路荻，〈關於台幣問題〉，《工商新聞》，南京，第83期，1948年5月31日。

255. 張文鎮，〈上海風襲台灣〉，《自由與進步半月刊》，南京，第1卷第12期，1948年11月16日。

256. 張令澳，〈目前局勢論台灣〉，《自由與進步半月刊》，南京，第1卷第7期，1948年9月1日。

257. 張浩如，〈台灣土地問題與經濟建設（上）〉，《工商新聞》，南京，第79期，1948年5月3日。

258. 張浩如，〈台灣土地問題與經濟建設（下）〉，《工商新聞》，南京，第80期，1948年5月10日。

259. 張喬治，〈台灣修船能力──最高紀錄一百五十萬噸〉，《中華工程週報》，南京，第12期，1947年7月14日。

260. 張明哲、松村元、陳萬秋，〈台灣石油用於製造無水酒精之研究〉，《工程》，南京，第20卷第4期，1949年6月。

261. 楚濱清，〈台灣硫磺礦落在外人手裏〉，《工商新聞》，南京，第54期，1947年11月10日。

262. 碧霞，〈工商報導——台灣工業的側影〉，《工商新聞》，南京，第12期，1947年1月20日。

263. 魯愚，〈初訪台灣〉，《邊疆服務雙月刊》，南京，第22期，1948年4月。

264. 魯愚，〈台北見聞〉，《邊疆服務雙月刊》，南京，第24期，1948年6月。

265. 德，〈工商珍聞——日貨泛濫閩台〉，《工商新聞》，南京，第48期，1947年9月29日。

266. 蔣君章，〈中國工業建設問題（上）〉，《三民主義半月刊》，南京，第10卷第6期，1947年6月1日。

267. 蔣君章，〈中國工業建設問題（下）〉，《三民主義半月刊》，南京，第10卷第10期，1947年8月1日。

268. 齊，〈台灣的造紙工業〉，《工商新聞》，南京，第86期，1948年6月21日。

269. 厲英，〈國營水泥工業全貌〉，《工商新聞》，南京，第62期，1948年1月5日。

270. 編者，〈我們的話（代發刊辭）〉，《大公》，南京，創刊號，1945年5月5日。

271. 編者，〈大眾的立場（代創刊辭）〉，《大眾》，南京，創刊號，1945年6月23日。

272. 編者，〈發刊詞〉，《紅十字月刊》，南京，第1期，1946年1月31日。

273. 編者，〈復員期間本會各區辦事處轄區劃分表〉，《紅十字月刊》，南京，第3、4期合刊，1946年4月30日。

274. 編者，〈創刊辭〉，《工商新聞週刊》，南京，創刊號，1946年11月2日，頁1。

275. 編者，〈復刊話〉，《婦女月刊》，南京，復刊號第5卷第1期，1946年11月。

276. 編者，〈戰後五年鐵路建設計劃圖〉，《京滬週刊》，南京，第1卷第2期，1947年1月19日。

277. 編者，〈一週國內大事簡述（四月廿六日至五月二日）〉，《京滬週刊》，南京，第1卷第17期，1947年5月4日。

278. 編者，〈一週國內大事簡述（五月十日至五月十六日）〉，《京滬週刊》，南京，第1卷第19期，1947年5月18日。

279. 編者，〈一週國內大事簡述（五月三十一日至六月六日）〉，《京滬週刊》，南京，第1卷第22期，1947年6月8日。

280. 編者，〈一週國內大事簡述（八月二十三日至八月二十九日）〉，《京滬週刊》，南京，第1卷第34期，1947年8月31日。

281. 編者，〈目錄〉，《婦女月刊》，南京，第6卷第6期，1948年1月。

282. 編者，〈復刊詞〉，《文藻月刊》，南京，新1卷第1期，1948年1月。

283. 編者，〈台灣省訓練團組織規程〉，《法制半月刊》，南京，第1期，1948年1月16日。

284. 編者，〈文化消息——教部積極推行國語〉，《文藻月刊》，南京，新1卷第3期，1948年3月。

285. 編者，〈文化消息——台大正研究原子能〉，《文藻月刊》，南京，新1卷第3期，1948年3月。

286. 編者，〈國民大會代表名額分配表〉，《法制半月刊》，南京，第3、4期合刊，1948年3月1日。

287. 編者，〈立法院立法委員名額分配表〉，《法制半月刊》，南京，第3、4期合刊，1948年3月1日。

288. 編者，〈一週國內大事簡述（三月十三日至三月十九日）〉，《京滬週刊》，南京，第2卷第11期，1948年3月21日。

289. 編者，〈台北市政府組織章程〉，《法制半月刊》，南京，第5期，1948年4月15日。

290. 編者，〈中華民國紅十字會總會卅五、卅六年度工作簡報〉，《紅十字月刊》，南京，第28期，1948年4月30日。

291. 編者，〈一週國內大事簡述（五月一日至七日）〉，《京滬週刊》，南京，第2卷第18期，1948年5月9日。

292. 編者，〈戒嚴法〉，《法制半月刊》，南京，第8期，1948年5月31日。

293. 編者，〈台南市政府組織規程〉，《法制半月刊》，南京，第7期，1948年5月15日。

294. 編者，〈台中市政府組織規程〉，《法制半月刊》，南京，第7期，1948年5月15日。

295. 編者，〈基隆市政府組織規程〉，《法制半月刊》，南京，第7期，1948年5月15日。

296. 編者，〈新竹市政府組織規程〉，《法制半月刊》，南京，第7期，1948年5月15日。

297. 編者，〈全國各重要都市七種主要日用必需品每週價格表〉，《儲匯服務》，南京，第82期，1948年6月。

298. 編者，〈新聞與大眾——代發刊詞〉，《大眾新聞半月刊》，南京，創刊號，1948年6月1日。

299. 編者，〈動員戡亂時期臨時條款〉，《法制半月刊》，南京，第9期，1948年6月15日。

300. 編者，〈介紹台灣高山族的風土藝術〉，《文藻月刊》，南京，新1卷第8、9期合刊，1948年8月。

301. 編者，〈一週國內大事簡述（八月十四日至八月二十日）〉，《京滬週刊》，南京，第2卷第23期，1948年8月22日。

302. 編者，〈競賽消息——台灣台南縣政府召開甘蔗增產會議〉，《工作競賽月刊》，南京，第5卷第5期，1948年9月。

303. 編者，〈提高國教工作效率台省舉辦工作競賽〉，《工作競賽月刊》，南京，第5卷第5期，1948年9月。

304. 編者，〈獎進農民稻作技術力求糧食增產〉，《工作競賽月刊》，南京，第5卷第5期，1948年9月。

305. 編者，〈中國農村復興計劃之一——化學肥料的製造〉，《海王旬刊》，南京，第20年第36期，1948年9月10日。

306. 編者,〈國內一週（自十二月十八日至十二月廿四）〉,《京滬週刊》,南京,第2卷第51期,
　　1948年12月26日。

307. 編者,〈國內一週（自十二月二十五日至十二月卅一）〉,《京滬週刊》,南京,第2卷第52期,
　　1949年1月2日。

308. 編輯室,〈台灣糖業公司廣告〉,《工作競賽月刊》,南京,第4卷第2期,1947年8月13日。

309. 編輯室,〈台灣機械造船公司廣告〉,《工作競賽月刊》,南京,第4卷第2期,1947年8月13日。

310. 編輯室,〈台灣碱業公司廣告〉,《工作競賽月刊》,南京,第4卷第2期,1947年8月13日。

311. 編輯室,〈台灣機械公司高雄機器廠廣告〉,《工作競賽月刊》,南京,第4卷第2期,1947年
　　8月13日。

312. 編輯室,〈台灣碱業有限公司廣告〉,《工程》,南京,第20卷第1期,1948年6月1日。

313. 編輯室,〈台灣金銅礦務局廣告〉,《工程》,南京,第20卷第1期,1948年6月1日。

314. 編輯室,〈台灣電力公司廣告〉,《工程》,南京,第20卷第1期,1948年6月1日。

315. 編輯室,〈資源委員會台灣鋁業公司籌備處廣告〉,《工程》,南京,第20卷第1期,1948年6
　　月1日。

316. 編輯室,〈台灣工礦股份有限公司玻璃分公司廣告〉,《工程》,南京,第20卷第2期,1948
　　年8月1日。

317. 編輯室,〈台灣省樟腦局廣告〉,《工程》,南京,第20卷第2期,1948年8月1日。

318. 編輯室,〈台灣紡織公司廣告〉,《工程》,南京,第20卷第2期,1948年8月1日。

319. 編輯室,〈台灣金銅礦務局廣告〉,《工程》,南京,第20卷第2期,1948年8月1日。

320. 編輯部,〈公牘——全國各地標準時間推行辦法圖〉,《公路公報》,南京,第24、25期合刊,
　　1948年4月30日。

321. 樹人,〈李代總統飛穗——五大任務〉,《新聞雜誌半月刊》,南京,新第2卷第9期,1949年
　　3月2日。

322. 潞英,〈遷都醞釀的前前後後〉,《新聞雜誌半月刊》,南京,新第2卷第3期,1948年12月10
　　日。

323. 德,〈台灣紡織業現狀〉,《經濟家月刊》,南京,第2卷第5期,1948年4月。

324. 橄,〈台灣是世外桃園嗎？（台灣通訊）〉,《自由與進步半月刊》,南京,第1卷第4期,
　　1948年7月16日。

325. 劉光炎,〈國內外大事週覽——蔣主席台灣之行〉,《中央週刊》,南京,第8卷第31期,
　　1946年8月22日。

326. 劉光炎,〈台灣歸來（一）〉,《中央週刊》,南京,第8卷第43期,1946年11月7日。

327. 劉光炎，〈台灣歸來（二）〉，《中央週刊》，南京，第8卷第44期，1946年11月15日。

328. 劉光華，〈視察台灣省攷銓行政報告摘錄〉，《輔導通訊月刊》，南京，第17期，1948年3月。

329. 劉多陽，〈珊瑚網——上草山〉，《工商新聞》，南京，第49期，1947年10月6日。

330. 劉多陽，〈淡水看海〉，《工商新聞》，南京，第51期，1947年10月20日。

331. 劉謀喆、張同青，〈簡化空運旅客檢查手續之商榷〉，《民用航空月刊》，南京，第4期，1948年3月。

332. 盧前，〈小疏談往——徐燕公話台灣〉，《中央日報週刊》，南京，第4卷第8期，1948年5月30日。

333. 錢江，〈台灣的製革工業——台北第一製革廠訪問記〉，《工商新聞》，南京，第56期，1947年11月24日。

334. 錢塘江，〈台灣的文化線〉，《中央週刊》，南京，第8卷第24期，1946年6月29日。

335. 鄧漏禹，〈台灣是日本的秘密〉，《中國的空軍》，南京，第88期，1946年1月。

336. 鄧慕韓謹述，〈國父事略〉，《三民主義半月刊》，南京，第10卷第8期，1947年9月26日。

337. 潤，〈台灣工業的全貌（上）——民變的基本原因〉，《工商新聞》，南京，第21期，1947年3月24日。

338. 潤，〈台灣工業的全貌（下）——民變的基本原因〉，《工商新聞》，南京，第22期，1947年3月31日。

339. 鄭逸嬡，〈談鋁〉，《中國工程週報》，南京，第49期，1948年6月28日。

340. 鄭鶴聲，〈中華民國之眞諦及其使命〉，《三民主義半月刊》，南京，第10卷第11期，1947年8月15日，頁1-3。

341. 鄭鶴聲，〈中華民國之眞諦及其使命（續）〉，《三民主義半月刊》，南京，第10卷第12期，1947年9月1日，頁16-22。

342. 糧食部調查處，〈台灣食米之供銷〉，《糧情旬報》，南京，第248期，1946年9月26日。

343. 糧食部調查處，〈中國各省重要糧食市場中等熟米價格統計表（35年9月上旬）〉，《糧情旬報》，南京，第248期，1946年9月26日。

344. 糧食部調查處，〈中國各省重要糧食市場中等熟米價格統計表（35年10月上旬）〉，《糧情旬報》，南京，第251期，1946年10月26日。

345. 糧食部調查處，〈中國各省重要糧食市場中等熟米價格統計表（35年11月上旬）〉，《糧情旬報》，南京，第254期，1946年11月26日。

346. 糧食部調查處，〈中國各省重要糧食市場中等熟米價格統計表（35年12月上旬）〉，《糧情旬報》，南京，第257期，1946年12月26日。

347. 糧食部調查處，〈中國各省重要糧食市場中等熟米價格統計表（36年1月上旬）〉，《糧情旬報》，南京，第260期，1947年1月26日。

348. 糧食部調查處，〈中國各省重要糧食市場中等熟米價格統計表（36年2月上旬）〉，《糧情旬報》，南京，第263期，1947年2月26日。

349. 糧食部調查處，〈中國各省重要糧食市場中等熟米價格統計表（36年3月上旬）〉，《糧情旬報》，南京，第266期，1947年3月26日。

350. 糧食部調查處，〈中國各省重要糧食市場中等熟米價格統計表（36年4月上旬）〉，《糧情旬報》，南京，第269期，1947年4月26日。

351. 糧食部調查處，〈中國各省重要糧食市場中等熟米價格統計表（36年5月上旬）〉，《糧情旬報》，南京，第272期，1947年5月26日。

352. 糧食部調查處，〈中國各省重要糧食市場中等熟米價格統計表（36年6月上旬）〉，《糧情旬報》，南京，第275期，1947年6月26日。

353. 糧食部調查處，〈中國各省重要糧食市場中等熟米價格統計表（36年7月上旬）〉，《糧情旬報》，南京，第278期，1947年7月26日。

354. 糧食部調查處，〈中國各省重要糧食市場中等熟米價格統計表（36年8月上旬）〉，《糧情旬報》，南京，第281期，1947年8月26日。

355. 糧食部調查處，〈中國各省重要糧食市場中等熟米價格統計表（36年9月上旬）〉，《糧情旬報》，南京，第284期，1947年9月26日。

356. 糧食部調查處，〈中國各省重要糧食市場中等熟米價格統計表（36年10月上旬）〉，《糧情旬報》，南京，第287期，1947年10月26日。

357. 糧食部調查處，〈中國各省重要糧食市場中等熟米價格統計表（36年11月上旬）〉，《糧情旬報》，南京，第290期，1947年11月26日。

358. 糧食部調查處，〈中國各省重要糧食市場中等熟米價格統計表（36年12月上旬）〉，《糧情旬報》，南京，第293期，1947年12月26日。

359. 糧食部調查處，〈中國各省重要糧食市場中等熟米價格統計表（37年1月上旬）〉，《糧情旬報》，南京，第296期，1948年1月26日。

360. 糧食部調查處，〈中國各省重要糧食市場中等熟米價格統計表（37年2月上旬）〉，《糧情旬報》，南京，第299期，1948年2月26日。

361. 糧食部調查處，〈中國各省重要糧食市場中等熟米價格統計表（37年3月上旬）〉，《糧情旬報》，南京，第302期，1948年3月26日。

362. 糧食部調查處，〈中國各省重要糧食市場中等熟米價格統計表（37年4月上旬）〉，《糧情旬報》，南京，第305期，1948年4月26日。

363. 糧食部調查處，〈中國各省重要糧食市場中等熟米價格統計表（37年5月上旬）〉，《糧情旬報》，南京，第308期，1948年5月26日。

364. 糧食部調查處，〈中國各省重要糧食市場中等熟米價格統計表（37年6月上旬）〉，《糧情旬報》，南京，第311期，1948年6月26日。

365. 糧食部調查處，〈中國各省重要糧食市場中等熟米價格統計表（37年7月上旬）〉，《糧情旬報》，南京，第314期，1948年7月26日。

366. 糧食部調查處，〈中國各省重要糧食市場中等熟米價格統計表（37年8月上旬）〉，《糧情旬報》，南京，第317期，1948年8月26日。

367. 糧食部調查處，〈中國各省重要糧食市場中等熟米價格統計表（37年9月上旬）〉，《糧情旬報》，南京，第320期，1948年9月26日。

368. 糧食部調查處，〈中國各省重要糧食市場中等熟米價格統計表（37年10月上旬）〉，《糧情旬報》，南京，第323期，1948年10月26日。

369. 糧食部調查處，〈中國各省重要糧食市場中等熟米價格統計表（37年11月上旬）〉，《糧情旬報》，南京，第326期，1948年11月26日。

370. 魏雲樓，〈蘭嶼耶美族生活寫眞〉，《自由天地半月刊》，南京，第2卷第5期，1947年9月15日。

371. 譚空，〈張學良出山之謎〉，《周末觀察週刊》，南京，第2卷第7期，1947年11月15日。

372. 儲裕生，〈陳公俠主浙新猷〉，《大眾新聞半月刊》，南京，第1卷第5期，1948年8月1日。

373. 蘆荻，〈台灣台糖業〉，《工商新聞》，南京，第98期，1948年9月13日。

374. 懷濤，〈號稱遠東第一──金瓜石金銅礦厄運〉，《工商新聞》，南京，第95期，1948年8月23日。

375. 嚴澤，〈烏托邦的紅頭嶼（一）〉，《工商新聞》，南京，第52期，1947年10月27日。

376. 嚴澤，〈烏托邦的紅頭嶼（二）〉，《工商新聞》，南京，第53期，1947年11月3日。

（二）上海出刊

1. Keystone，〈對日和約的幾個問題〉，《文摘》，上海，第12卷第4期，1947年11月1日。

2. KH，〈台省來鴻──我到了台北〉，《茶話月刊》，上海，第10期，1947年3月。

3. The World Today載，李象偉節譯，〈英國人眼中的台灣〉，《時與潮半月刊》，上海，第31卷第5期，1948年7月16日。

4. 人本，〈收復台灣以後〉，《中國建設月刊》，上海，第2號，1945年10月。

5. 之華，〈台灣之教育〉，《改造雜誌》，上海，創刊號，1946年11月12日。

6. 小狄，〈李宗仁的苦悶〉，《政治新聞週刊》，上海，第1卷第3期，1949年2月14日

7. 小羅斯福著，蔣學模譯，〈邱吉爾如何與史達林鬥爭——開羅會議和德黑蘭會議的幕後秘密〉，《文摘》，上海，第10卷第2期，1946年10月16日。

8. 山達，〈台北縣提倡生產——採茶女技術比賽〉，《婦女月刊》，上海，第3卷第6期，1948年9月。

9. 乃鐵，〈航業的厄運〉，《工商天地》，上海，第2卷第1期，1947年10月15日。

10. 干將，〈台灣新形勢〉，《新聞天地半月刊》，上海，第56期，1949年1月16日。

11. 不移譯，〈「時代」記者格雷評中國政府——原題：「壞政府」〉，《再生週刊》，上海，第119期，1946年6月29日。

12. 中央社等，〈慶祝蔣主席六旬華誕〉，《寰球月刊》，上海，第13期，1946年11月。

13. 中央社、世界社，〈第七屆全國運動大會〉，《寰球月刊》，上海，第31期，1948年5月。

14. 中國旅行社，《旅行雜誌》，上海，第11卷第7號，1937年7月。

15. 中國旅行社，《旅行雜誌》，上海，第1卷夏季號，1927年6月。

16. 中國旅行社，《旅行雜誌》，上海，第23卷第12期，1949年12月。

17. 方柏容，〈獻給中國的工程師們——特別是獻給參加過台灣年會的〉，《紡織建設月刊》，上海，第1卷第12期，1948年11月15日。

18. 方皇繪，〈中國現勢圖〉，《民主週刊》，上海，第36期，1946年6月22日。

19. 方顯廷，〈專論——遠東各國人口問題〉，《經濟評論週刊》，上海，第4卷第19期，1949年2月26日。

20. 文宗山，〈台灣行〉，《生活月刊》，上海，第5期，1948年1月。

21. 心茲，〈中美合作開發台灣〉，《工商天地》，上海，第2卷第11期，1948年3月。

22. 毛文德，〈上海市中心鳥瞰〉，《藝文畫報》，上海，第2卷第4期，1947年11月。

23. 毛守豐，〈台灣學生〉，《新學生月刊》，上海，第1卷第6期，1946年10月。

24. 毛守豐，〈台灣溫泉勝地——草山、北投記遊〉，《新學生月刊》，上海，第2卷第3期，1947年1月。

25. 毛守豐，〈專論——台灣省教育的過去和現在〉，《建設評論》，上海，第1卷第4期，1947年8月。

26. 木，〈短評——壞政府〉，《再生週刊》，上海，第119期，1946年6月29日。

27.　木，〈「面子」問題〉，《新文化半月刊》，上海，第3卷第5期，1947年4月14日。

28.　予風，〈夾道濃蔭中游賞台北市〉，《旅行雜誌》，上海，第20卷第7期，1946年7月。

29.　天行，〈記曹聚仁〉，《上海文化》，上海，第6期，1946年7月。

30.　天笑，〈番蓮（上）〉，《茶話月刊》，上海，第29期，1948年10月。

31.　天笑，〈番蓮（中）〉，《茶話月刊》，上海，第30期，1948年11月。

32.　天笑，〈番蓮（下）〉，《茶話月刊》，上海，第31期，1948年12月。

33.　王公亮，〈權威人物論「釋放張學良」問題〉，《現實新聞周報》，上海，第1期，1947年7月25日。

34.　王村夫，〈研究台灣的四本新書〉，《上海文化》，上海，創刊號，1945年12月20日。

35.　王炳輝，〈台灣初期郵政制度及郵票字根之分析〉，《近代郵刊》，上海，第4卷第4期，1949年4月。

36.　王繼孫，〈蝴蝶蘭〉，《大眾農業》，上海，第1卷第4期，1948年11月25日。

37.　王啓震，〈郵工運動在台灣〉，《中華郵工》，上海，第3期，1948年5月。

38.　王濟昌，〈台灣二二八事件之分析〉，《再生週刊》，上海，第159期，1947年4月12日。

39.　王楚生，〈讀者投書──改革台灣建議七點〉，《觀察》，上海，第2卷第5期，1947年4月29日。

40.　王平江、朱林庚，〈台灣及南洋之虱目魚養殖〉，《水產月刊》，上海，復刊第3卷第9、10期合刊，1948年12月。

41.　水客，〈勝利後的香港新聞界〉，《上海文化》，上海，第8期，1946年9月1日。

42.　水原，〈台灣焚車案的新聞人物──郎鍾騋〉，《春秋》，上海，第5年第5期，1948年10月。

43.　公孫望，〈新南北朝會出現嗎〉，《新聞天地週刊》，上海，第59期，1949年2月24日。

44.　公孫望，〈何應欽鼓勇組內閣〉，《新聞天地週刊》，上海，第62期，1949年3月17日。

45.　公孫望，〈和談會出現奇蹟嗎？〉，《新聞天地週刊》，上海，第65期，1949年4月7日，。

46.　公孫望，〈大風暴前夕的中國和談〉，《新聞天地週刊》，上海，第67期，1949年4月21日。

47.　牛夫問，〈走私在台灣・琉球・日本間〉，《新聞天地週刊》，上海，第64期，1949年3月31日。

48.　平言，〈梁寒操何意遊台灣〉，《羣言雜誌週刊》，上海，第11期，1948年9月11日。

49.　白克，〈隨白部長宣慰〉，《新聞天地月刊》，上海，第23期，1947年5月1日。

50.　白茜，〈台灣通訊──現在科長殺妻案〉，《現代婦女》，上海，第8卷第5期，1947年2月10日。

51. 台籍一郵工，〈從台籍同胞眼中看「二‧二八」事變〉，《上海郵工月刊》，上海，第12期，1947年5月1日。

52. 台籍一郵工，〈從台籍同胞眼中看「二‧二八」事變〉，《上海郵工月刊》，上海，第13期，1947年6月1日。

53. 史思明，〈勝利面孔與妓女守節〉，《平論半月刊》，上海，第4期，1945年11月1日。

54. 石嘯沖，〈觀察哨——勝利頌〉，《文滙週報》，上海，第115、116期合刊，1946年3月16日。

55. 本社，〈漁界消息——某國人偷產、東沙島海產日形活躍〉，《水產月刊》，上海，第3卷第3、4期合刊，1936年4月。

56. 本社，〈新郵消息——台灣加蓋〉，《近代郵刊》，上海，第1期，1946年1月。

57. 本社，〈新聞（國內之什）——澎湖接收完竣〉，《水產月刊》，上海，復刊第1卷第1期，1946年6月。

58. 本社，〈工商動態——台灣的工礦事業現況〉，《化學世界半月刊》，上海，第1卷第3期，1946年6月1日。

59. 本社，〈工商動態——台幫收購肥田粉〉，《化學世界半月刊》，上海，第1卷第3期，1946年6月1日。

60. 本社，〈台灣糖業現況〉，《化學世界半月刊》，上海，第1卷第4期，1946年6月16日。

61. 本社，〈宋院長解釋當前經濟政策，並對格雷評論有所辨斥〉，《再生週刊》，上海，第119期，1946年6月29日。

62. 本社，〈台灣糖業現況〉，《化學世界半月刊》，上海，第1卷第4期，1946年6月16日。

63. 本社，〈接收後的台灣林業——林務局的工作概況〉，《機聯會刊》，上海，第182期，1946年7月16日。

64. 本社，〈新郵消息——限台灣貼用票〉，《近代郵刊》，上海，第8期，1946年8月。

65. 本社，〈新聞（國內之什）——台灣水產之今昔〉，《水產月刊》，上海，復刊第1卷第3期，1946年8月。

66. 本社，〈台省油源豐富〉，《化學世界半月刊》，上海，第1卷第7期，1946年8月1日。

67. 本社，〈台灣工礦業概況〉，《化學世界半月刊》，上海，第1卷第10期，1946年9月16日。

68. 本社，〈台灣肥料製造〉，《化學世界半月刊》，上海，第1卷第10期，1946年9月16日。

69. 本社，〈台省煤糖運滬〉，《化學世界半月刊》，上海，第1卷第12期，1946年10月16日。

70. 本社，〈新聞（國內之什）——台灣的養魚業〉，《水產月刊》，上海，復刊第1卷第5期，1946年11月。

71. 本社，〈台灣——美麗的綠島〉，《機聯會刊》，上海，第187期，1946年11月1日。

72.　本社，〈新聞（國內之什）──三門灣考察團赴台灣〉，《水產月刊》，上海，復刊第1卷第6期，1946年12月。

73.　本社，〈創刊詞〉，《兒童故事月刊》，上海，創刊號，1946年12月。

74.　本社，〈國內國外貿易消息誌要〉，《國際貿易》，上海，第1卷第14期，1946年12月15日。

75.　本社，〈新聞（國內之什）──台灣成立水產公司〉，《水產月刊》，上海，復刊第2卷第1期，1947年1月。

76.　本社，〈新聞（國內之什）──台東魚港即將復興〉，《水產月刊》，上海，復刊第2卷第1期，1947年1月。

77.　本社，〈中樞要聞──參政員任期延長〉，《半月新聞》，上海，第2期，1947年2月1日。

78.　本社，〈發刊詞〉，《中國海軍月刊》，上海，創刊號，1947年3月。

79.　本社，〈現代史料──台灣發生騷動〉，《東方雜誌》，上海，第43卷第6期，1947年3月。

80.　本社，〈學術珍聞──台灣大學歡迎內地教授〉，《化學世界半月刊》，上海，第2卷第3期，1947年3月10日。

81.　本社，〈社論──台灣事件的教訓〉，《民主與統一旬刊》，上海，第29期，1947年3月20日。

82.　本社，〈時事評論──台灣事件〉，《半月新聞》，上海，第4、5期合刊，1947年3月25日。

83.　本社，〈時事評論──台灣事件始末〉，《半月新聞》，上海，第4、5期合刊，1947年3月25日。

84.　本社，〈金融與滙兌〉，《半月新聞》，上海，第4、5期合刊，1947年3月25日。

85.　本社，〈台灣輪廓畫〉，《半月新聞》，上海，第4、5期合刊，1947年3月25日。

86.　本社，〈國內新聞──台灣事件總結〉，《半月新聞》，上海，第6期，1947年4月25日。

87.　本社，〈新郵消息──申大東版限台灣貼用票〉，《近代郵刊》，上海，第17期，1947年5月。

88.　本社，〈新郵消息──限台灣省用明信片已發行〉，《近代郵刊》，上海，第17期，1947年5月。

89.　本社，〈南行所見──周炳琳四月二十六日在北京大學講演〉，《時與文週刊》，上海，第1卷第9期，1947年5月9日。

90.　本社，〈這一週──遠東近況〉，《民主論壇週刊》，上海，第1卷第4期，1947年6月7日。

91.　本社，〈這一週──日本野心難戢〉，《民主論壇週刊》，上海，第1卷第5期，1947年6月14日。

92.　本社，〈發刊詞〉，《工礦建設》，上海，創刊號，1947年6月。

93.　本社，〈台灣迎新送舊〉，《中國生活畫報》，上海，第10期，1947年7月。

94.　本社，〈工商要聞──台糖增產〉，《化學世界半月刊》，上海，第2卷第7期，1947年7月5日。

95. 本社，〈工商要聞──台紙漿廠開工〉，《化學世界半月刊》，上海，第2卷第7期，1947年7月5日。

96. 本社，〈台灣日月潭發電廠〉，《中國生活畫報》，上海，第11期，1947年8月。

97. 本社，〈新聞（國內之什）──台高雄捕魚〉，《水產月刊》，上海，復刊第2卷第4期，1947年8月。

98. 本社，〈新聞（國內之什）──澎湖產魚銳減〉，《水產月刊》，上海，復刊第2卷第4期，1947年8月。

99. 本社，〈風雨集──妙文共賞〉，《茶話月刊》，上海，第15期，1947年8月。

100. 本社，〈台肥料廠增產〉，《化學世界半月刊》，上海，第2卷第8期，1947年8月5日。

101. 本社，〈台灣鹼業〉，《化學世界半月刊》，上海，第2卷第8期，1947年8月5日。

102. 本社，〈台灣石油出貨〉，《化學世界半月刊》，上海，第2卷第8期，1947年8月5日。

103. 本社，〈工礦要訊──澎湖島發現煤礦〉，《化學世界半月刊》，上海，第2卷第9期，1947年9月5日。

104. 本社，〈工礦要訊──西沙群島鳥糞〉，《化學世界半月刊》，上海，第2卷第9期，1947年9月5日。

105. 本社，〈工礦要訊──臺紙產量〉，《化學世界半月刊》，上海，第2卷第9期，1947年9月5日。

106. 本社，〈工礦要訊──高雄製鉛廠〉，《化學世界半月刊》，上海，第2卷第9期，1947年9月5日。

107. 本社，〈工礦要訊──台糖增產〉，《化學世界半月刊》，上海，第2卷第12期，1947年12月5日。

108. 本社，〈工礦要訊──台設製鋁廠〉，《化學世界半月刊》，上海，第2卷第12期，1947年12月5日。

109. 本社，〈工礦要訊──台省煤礦〉，《化學世界月刊》，上海，第3卷第2期，1948年2月。

110. 本社，〈工礦要訊──去年煤產〉，《化學世界月刊》，上海，第3卷第2期，1948年2月。

111. 本社，〈工礦要訊──台籌設硫酸錏廠〉，《化學世界月刊》，上海，第3卷第2期，1948年2月。

112. 本社，〈工礦要訊──高雄設DDT廠〉，《化學世界月刊》，上海，第3卷第2期，1948年2月。

113. 本社，〈政學系的來龍去脈〉，《中國政治內幕》，上海，第1輯，1948年4月。

114. 本社，〈新聞選輯──台灣紡織業環境〉，《公益工商通訊》，上海，第3卷第2期，1948年4月30日。

115. 本社，〈政治舞台上的十大派系〉，《中國政治內幕》，上海，第2輯，1948年5月。

116. 本社，〈著論──工廠南遷與資本外流的檢討〉，《公益工商通訊》，上海，第3卷第3期，

1948年5月15日。

117. 本社，〈工廠南遷聲中、台灣成爲理想對象〉，《公益工商通訊》，上海，第3卷第3期，1948年5月15日。

118. 本社，〈台灣省近已完成提煉金銅礦設備〉，《公益工商通訊》，上海，第3卷第3期，1948年5月15日。

119. 本社，〈台灣的氣象事業〉，《中國生活畫報》，上海，第13期，1948年6月。

120. 本社，〈攝影機下的空運隊——北平西郊機場塔台〉，《民航空運隊半月刊》，上海，第1卷第20期，1948年7月1日。

121. 本社，〈鄞萬豐祥紡織廠不准遷台灣經營〉，《公益工商通訊》，上海，第3卷第7期，1948年7月15日。

122. 本社，〈新聞（國內之什）——開發台灣水產工作〉，《水產月刊》，上海，復刊第3卷第7期，1948年8月。

123. 本社，〈新聞（國內之什）——台灣蘭陽人士呈請當局、興建頭城與龜山漁港〉，《水產月刊》，上海，復刊第3卷第8期，1948年9月。

124. 本社，〈新聞（國內之什）——台省農林公司原料自給、大量製冰發展漁業〉，《水產月刊》，上海，復刊第3卷第8期，1948年9月。

125. 本社，〈紗布運台易煤〉，《公益工商通訊》，上海，第3卷第12期，1948年9月30日。

126. 本社，〈台灣嘉義溶劑廠概況——吾國唯一大規模之溶劑廠〉，《化學世界月刊》，上海，第3卷第10期，1948年10月。

127. 本社，〈蔣經國是怎樣的一個人？〉，《中國內幕》，上海，第2集第3輯，1948年10月。

128. 本社，〈工礦新聞——竹漿紙新猷〉，《工礦建設》，上海，第1卷第12期，1948年10月9日。

129. 本社，〈救濟台省紗荒央行允撥售六百件〉，《公益工商通訊》，上海，第4卷第2期，1948年10月31日。

130. 本社，〈台煤二萬噸換紗一千件自十二月份起實行〉，《公益工商通訊》，上海，第4卷第3期，1948年11月15日。

131. 本社，〈國民營紗廠遷往台粵〉，《公益工商通訊》，上海，第4卷第4期，1948年11月30日。

132. 本社，〈紡建機器部分遷台〉，《公益工商通訊》，上海，第4卷第5期，1948年12月15日。

133. 本社，〈新聞（國內之什）——台灣〉，《水產月刊》，上海，復刊第3卷第9、10期合刊，1948年12月。

134. 本社，〈台灣省農林處舉行漁政工作檢討會議〉，《水產月刊》，上海，復刊第3卷第9、10期合刊，1948年12月。

135. 本社，〈協助祖國發展漁業、台省琉人民協合理事談〉，《水產月刊》，上海，復刊第3卷

第9、10期合刊，1948年12月。

136. 本社，〈紡建放棄南遷計畫、擴大台灣辦事處〉，《公益工商通訊》，上海，第4卷第6期，1948年12月31日。

137. 本社，〈遷台工廠以紗廠最多〉，《公益工商通訊》，上海，第4卷第6期，1948年12月31日。

138. 本社，〈物價高漲通貨膨脹、台幣面臨嚴重試驗〉，《公益工商通訊》，上海，第4卷第7期，1949年1月15日。

139. 本社，〈我國水泥工業近況、生產數量以台灣爲首位〉，《公益工商通訊》，上海，第4卷第8期，1949年1月31日。

140. 本社，〈中鹽台分公司試製芒硝成功〉，《公益工商通訊》，上海，第4卷第8期，1949年1月31日。

141. 本社，〈苦旱若影響電源、台工業面臨危機〉，《公益工商通訊》，上海，第4卷第11期，1949年3月15日。

142. 本社，〈台灣肥料公司概況〉，《公益工商通訊》，上海，第4卷第11期，1949年3月15日。

143. 本社，〈台糖本年增產順利、農村貧苦賣青者多〉，《公益工商通訊》，上海，第4卷第12期，1949年3月31日。

144. 本社，〈台煤銷路香港最好〉，《公益工商通訊》，上海，第4卷第12期，1949年3月31日。

145. 本社同人，〈中堅力量團結起來、共爲建國大業奮鬥——代發刊詞〉，《中堅月刊》，上海，創刊號，1946年1月。

146. 本刊同人，〈我們的態度〉，《平論半月刊》，上海，創刊號，1945年9月16日。

147. 本刊同仁，〈創刊詞〉，《上海文化》，上海，創刊號，1945年12月20日。

148. 本刊同仁，〈我們的立場與態度〉，《人民世紀》，上海，創刊號，1946年2月23日。

149. 本社資料室，〈最近國內外教育動態〉，《中華教育界》，上海，復刊第1卷第2期，1947年2月。

150. 本社資料室，〈最近國內外教育動態〉，《中華教育界》，上海，復刊第1卷第3期，1947年3月。

151. 本社資料室，〈參考資料——國立大學現設院系〉，《中華教育界》，上海，復刊第1卷第3期，1947年3月。

152. 本社資料室，〈最近教育動態——台灣文教〉，《中華教育界》，上海，復刊第1卷第7期，1947年7月。

153. 本社資料室，〈最近教育動態——高教設施學術研究〉，《中華教育界》，上海，復刊第1卷第11期，1947年11月。

154. 本社特約記者，〈「改幣」後的台灣經濟（台灣通訊）〉，《經濟評論週刊》，上海，第4卷第2期，1948年10月23日。

155. 本刊特約記者，〈海南島的台灣人〉，《觀察》，上海，第1卷第16期，1946年12月14日。

156. 本刊特約記者，〈台灣事件的分析〉，《觀察》，上海，第2卷第5期，1947年4月29日。

157. 本刊特約記者，〈隨時可以發生暴動的台灣局面〉，《觀察》，上海，第2卷第2期，1947年3月8日。

158. 本刊特約記者，〈二二八事件後的台灣〉，《觀察》，上海，第2卷第6期，1947年5月5日。

159. 田漢，〈台灣一周〉，《創世半月刊》，上海，第14、15期合刊，1948年5月1日。

160. 田漢，〈台灣一周〉，《創世半月刊》，上海，第16期，1948年5月16日。

161. 巨吼，〈南遷聲中話穗垣〉，《輿論半月刊》，上海，第2卷第1期，1949年1月1日。

162. 生甫選輯，〈陳儀的日本太太〉，《羣言雜誌月刊》，上海，復刊第6期，1947年3月。

163. 仲父，〈記政學系〉，《天下》，上海，第1卷第2期，1947年3月。

164. 冰獨，〈台灣行（三）〉，《寰球月刊》，上海，第25期，1947年11月。

165. 江雲，〈世界通訊——溫泉與熱帶蛇〉，《春秋》，上海，第5年第5期，1948年10月。

166. 江一葦，〈評「歐洲第一」〉，《人言月刊》，上海，第3期，1947年12月。

167. 江亦青，〈陳誠與台灣人〉，《新聞天地週刊》，上海，第68期，1949年4月28日。

168. 江慕雲，〈台灣的女人〉，《新聞天地月刊》，上海，第14期，1946年7月15日。

169. 安娥，〈第一次接觸台灣青年〉，《婦女月刊》，上海，第3卷第4期，1948年7月。

170. 司馬，〈台灣點滴〉，《觀察》，上海，第1卷第21期，1947年1月18日。

171. 司馬長空，〈張學良到台灣〉，《新聞天地月刊》，上海，第19期，1947年元月1日。

172. 朱梅，〈東台灣環游記〉，《旅行雜誌》，上海，第21卷第6期，1947年6月。

173. 朱梅，〈為官一年〉，《世界月刊》，上海，第2卷第9期，1948年3月。

174. 朱梅，〈為官一年〉，《世界月刊》，上海，第2卷第10期，1948年4月。

175. 朱梅，〈為官一年〉，《世界月刊》，上海，第2卷第11期，1948年5月。

176. 朱君惕，〈台灣的國民教育〉，《正論週刊》，上海，第2期，1947年12月31日。

177. 危連漪，〈這次和談讓歷史裁判〉，《新聞天地週刊》，上海，第64期，1949年3月31日。

178. 艾惕，〈如此台灣〉，《人民世紀》，上海，創刊號，1946年2月23日。

179. 艾黎，〈工合在西北〉，《工業合作》，上海，第31、32期合刊，1947年3月。

180. 竹馬，〈幽居台灣兩年的張學良〉，《羣言雜誌週刊》，上海，第7期，1948年8月14日。

181. 竹馬，〈台灣獨立的謠傳〉，《羣言雜誌週刊》，上海，第13期，1948年9月25日。

182. 危月燕，〈談中國的雜誌〉，《春秋》，上海，第5年第1期，1948年4月。

183. 君燁，〈和戰交響曲在全國演奏中〉，《透視半月刊》，上海，第2本，1947年2月10日。

184. 更新，〈台灣將發行新台幣〉，《新聞天地週刊》，上海，第68期，1949年4月28日。

185. 冷清，〈下女〉，《婦女月刊》，上海，第1卷第12期，1947年3月。

186. 冷無極，〈孫立人與台灣新軍〉，《新聞天地月刊》，上海，第53期，1948年12月1日。

187. 佚名，〈中國之化學工業〉，《工商管理月刊》，上海，創刊號，1948年1月15日。

188. 佚名，〈中國新軍在成長中〉，《寰球月刊》，上海，第36期，1948年10月。

189. 佚名，〈台灣舞蹈家蔡瑞月女士〉，《寰球月刊》，上海，第36期，1948年10月。

190. 何敏先，〈日月潭風景綫〉，《旅行雜誌》，上海，第20卷第11期，1946年11月。

191. 汪留照，〈台灣與祖國〉，《觀察》，上海，第1卷第13期，1946年11月23日。

192. 沈敏，〈還不需要再造嗎？（漫畫）〉，《再造旬刊》，上海，第1卷第1期，1948年7月5日。

193. 沈嘉濟，〈高雄港〉，《工程界》，上海，第4卷第2期，1949年2月。

194. 宋一文，〈現實評論——美奴菲律賓的狂言〉，《現實新聞雙週報》，上海，第14期，1947年12月26日。

195. 宋彥科，〈紙及製紙工業（續完）〉，《公益工商通訊》，上海，第2卷第3期，1947年11月15日。

196. 宋梯雲，〈工業分類之商榷〉，《公益工商通訊》，上海，第2卷第11期，1948年3月15日。

197. 杜鏞，〈復刊詞〉，《水產月刊》，上海，復刊第1卷第1期，1946年6月。

198. 杜天縻，〈台灣與鄭成功〉，《亞洲世紀月刊》，上海，第1卷第5期，1947年9月。

199. 杜天縻，〈一月來的教育動態：台灣教育一斑〉，《改造雜誌》，上海，創刊號，1946年11月12日。

200. 杜天縻，〈一月來的教育動態〉，《改造雜誌》，上海，第3期，1947年2月15日。

201. 杜無門，〈中華「軍」國〉，《評論報週刊》，上海，第19、20期合刊，1947年5月16日。

202. 李石曾，〈世界與中國之台灣觀〉，《世界月刊》，上海，第1卷第6期，1947年2月1日。

203. 李甲孚，〈台灣鐵路概況〉，《警務月刊》，上海，第1卷第4期，1947年6月。

204. 李甲孚，〈台灣鐵路概況（續）〉，《警務月刊》，上海，第1卷第5期，1947年7月。

205. 李宗侗，〈文物展覽會在台灣〉，《世界月刊》，上海，第2卷第11期，1948年5月。

206. 李式中，〈台灣電力的中心——日月潭水力發電廠〉，《科學畫報月刊》，上海，第14卷第3期，1948年3月。

207. 李兆輝，〈台灣省之水產業〉，《水產月刊》，上海，復刊第1卷第2期，1946年7月。

208. 李秋生，〈專論——台灣問題的癥結〉，《亞洲世紀月刊》，上海，第2卷第2期，1948年2月。

209. 李夢南，〈我們的台灣〉，《平論半月刊》，上海，創刊號，1945年9月16日。

210. 李夢南，〈我們的台灣（完）〉，《平論半月刊》，上海，第3期，1945年10月16日。

211. 李明璐，〈南行散記（續）一海，海軍與海疆〉，《中國海軍月刊》，上海，第3期，1947年6月。

212. 李繼光，〈兩年來的上海市立圖書館〉，《上海市立圖書館館刊》，上海，創刊號，1947年10月1日。

213. 李霽野，〈許季茀先生紀念〉，《中國作家》，上海，第3期，1948年5月。

214. 攻玉，〈張學良在台灣〉，《藝文畫報》，上海，第1卷第12期，1947年6月。

215. 余愷湛，〈發刊詞〉，《水產月刊》，上海，第1卷第1期，1934年6月。

216. 余景文，〈台灣政治運動的由來與內幕〉，《時與文週刊》，上海，第1卷第15期，1947年6月20日。

217. 其遠，〈台灣水產業之展望〉，《水產月刊》，上海，第1卷第4期，1934年9月。

218. 竺君，〈淚眼看台灣〉，《現代新聞週刊》，上海，第1年第1期，1947年5月10日。

219. 竺君，〈台灣事變中的張學良〉，《評論報週刊》，上海，第19、20期合刊，1947年5月16日。

220. 尚其蕩，〈弄假成眞孫閣倒台〉，《新聞天地週刊》，上海，第62期，1949年3月17日。

221. 林汶，〈台灣婦女生活〉，《輔導通訊》，上海，第1卷第2期，1945年12月。

222. 林辰，〈對於許壽裳先生的感謝與悼念〉，《中國作家》，上海，第3期，1948年5月。

223. 林之東，〈可哀的台灣〉，《時與文週刊》，上海，第3卷第6期，1948年5月21日。

224. 林尙炎，〈素描台灣〉，《中堅月刊》，上海，創刊號，1946年1月。

225. 林伯聰，〈台灣的內在危機〉，《輿論半月刊》，上海，第2卷第3、4期合刊，1949年2月16日。

226. 林建勳，〈台灣人民看憲法〉，《觀察》，上海，第4卷第7期，1948年4月10日。

227. 枚，〈二度秋風話台灣〉，《再生週刊》，上海，第187期，1947年10月25日。

228. 吳恐，〈孫連仲僕僕「京」奉道〉，《新聞天地週刊》，上海，第64期，1949年3月31日。

229. 吳沈釚，〈台灣游屑〉，《旅行雜誌》，上海，第22卷第9期，1948年9月。

230. 吳芷淵，〈交誼信——台灣新竹市兩個小朋友寫給國內小朋友的兩封交誼信〉，《兒童故事月刊》，上海，第2卷第3期，1948年2月。

231. 吳世昌，〈哀悼許季茀先生〉，《觀察》，上海，第4卷第6期，1948年4月3日。

232. 吳似蘭，〈元夜游日月潭〉，《旅行雜誌》，上海，第23卷第4期，1949年4月。

233. 吳紹同、汪俊樑，〈上海街頭的擠與亂〉，《寰球月刊》，上海，第15期，1947年1月。

234. 吳耀東、吳芷淵，〈交誼信——台灣新竹市兩個小朋友寫給國內小朋友的兩封交誼信〉，《兒

童故事月刊》，上海，第2卷第3期，1948年2月。

235. 易正肅，〈台灣還需要些什麼〉，《小象旬刊》，上海，第1卷第4期，1947年8月15日。

236. 季崇威，〈一年來的中國工業〉，《工商特刊》，上海，第1卷第4、5、6月合刊，1947年1月1日。

237. 牧兆堂，〈基隆港漫步〉，《旅行雜誌》，上海，第23卷第4期，1949年4月。

238. 金枝，〈一個台灣省的小朋友——林忠祖〉，《兒童知識》，上海，第1期，1946年7月。

239. 金霞，〈台灣紡織業〉，《紡織建設月刊》，上海，第1卷第5期，1948年4月15日。

240. 金輪，〈台灣的交通工具〉，《機聯會刊》，上海，第176期，1946年4月16日。

241. 金鵬，〈上海的日僑發福了〉，《大路半月刊》，上海，第2期，1947年5月5日。

242. 金德璋，〈美國人在台灣〉，《人民世紀》，上海，第3期，1946年3月16日。

243. 金德璋，〈訪問高山同胞〉，《人民世紀》，上海，第5期，1946年3月30日。

244. 周文德，〈土木事業在台灣〉，《交大土木》，上海，第4期，1946年無月份。

245. 周文德，〈重歸我國懷抱的台灣〉，《科學畫報月刊》，上海，第12卷第10期，1946年9月。

246. 周文德，〈台灣產殺蟲新劑——「滴了死」〉，《科學畫報月刊》，上海，第13卷第3期，1947年3月。

247. 周文德，〈台灣的博物館〉，《科學大眾》，上海，第1卷第6期，1947年3月。

248. 周文德，〈台灣番族（上）〉，《科學畫報月刊》，上海，第13卷第4期，1947年4月。

249. 周文德，〈台灣番族（下）〉，《科學畫報月刊》，上海，第13卷第5期，1947年5月。

250. 周文德，〈阿里山上的森林〉，《科學大眾》，上海，第2卷第2期，1947年5月。

251. 周文德，〈台灣的TVA——日月潭〉，《科學大眾》，上海，第2卷第3期，1947年6月。

252. 周文德，〈北回歸線上的高山國〉，《科學畫報月刊》，上海，第13卷第6期，1947年6月。

253. 周文德，〈台島科學趣談撷雜（上）〉，《科學畫報月刊》，上海，第13卷第7期，1947年7月。

254. 周文德，〈台島科學趣談撷雜（下）——建築、交通、水利〉，《科學畫報月刊》，上海，第13卷第8期，1947年8月。

255. 周文德，〈蘇花公路一百二十公里〉，《科學大眾》，上海，第2卷第5期，1947年8月。

256. 周文德、盧善棟，〈金瓜石山全貌〉，《科學大眾》，上海，第4卷第1期，1948年4月。

257. 周易之，〈從港埠淺深觀航業〉，《海建》，上海，創刊號，1948年5月10日。

258. 周斐成，〈向台省教育參訪團獻辭〉，《上海教育》，上海，第5卷第3期，1948年3月8日。

259. 屈均遠，〈從海洋建設談漁業建設〉，《海建月刊》，上海，第1卷第5期，1948年9月10日。

260. 君君，〈台灣暴動紀實〉，《觀察》，上海，第2卷第5期，1947年4月29日。

261. 施瑛，〈海東故土憶延平〉，《茶話月刊》，上海，第11期，1947年4月。

262. 施芬舞，〈殺氣騰騰下和談〉，《新聞天地週刊》，上海，第66期，1949年4月14日。

263. 苔蘚，〈東方第三良港──基隆〉，《茶話月刊》，上海，第9期，1947年2月10日。

264. 孟晉，〈告赴台郵政同人〉，《上海郵工月刊》，上海，第4期，1946年7月1日。

265. 孟憲章，〈警惕以日本爲根據地的台灣獨立陰謀〉，《輿論半月刊》，上海，第1卷第3期，1948年10月1日。

266. 孟憲章，〈從台灣獨立陰謀看日本極端國家主義之抬頭〉，《再造旬刊》，上海，第2卷第1期，1948年10月5日。

267. 爲春，〈各地通訊──你憧憬台灣嗎〉，《婦女月刊》，上海，第2卷第11期，1948年2月。

268. 邵度，〈台灣行（二）〉，《寰球月刊》，上海，第24期，1947年10月。

269. 思藍，〈我看台灣〉，《觀察》，上海，第1卷第19期，1947年1月14日。

270. 畋文，〈胡適在台灣〉，《新聞天地週刊》，上海，第67期，1949年4月21日。

271. 姚鈞，〈新來晚到記台灣〉，《春秋》，上海，第5年第4期，1948年9月。

272. 姚隼，〈許壽裳先生之死〉，《文潮月刊》，上海，第4卷第5期，1948年3月。

273. 姚少滄，〈海上仙山──蘭嶼〉，《寰球月刊》，上海，第21期，1947年7月。

274. 星辰，〈台灣的新聞界〉，《新聞天地月刊》，上海，第15期，1946年8月15日。

275. 洛士，〈陳誠拒釋張學良〉，《政治新聞週刊》，上海，第1卷第3期，1949年2月14日。

276. 洪荒，〈從台灣到上海〉，《春秋》，上海，第5年第3期，1948年8月。

277. 洪伯祥，〈最近國內軍事形勢圖（迄於七月底止）〉，《創進》，上海，第1卷第5期，1948年8月14日。

278. 范泉，〈記楊逵──一個台灣作家的失蹤〉，《文藝叢刊》，上海，第1集，1947年10月。

279. 范泉，〈論台灣文學〉，《新文學月刊》，上海，創刊號，1946年1月1日。

280. 范劍平、錢夢渭講述，〈遊歷台灣的感想〉，《機聯會刊》，上海，第219期，1948年2月1日。

281. 范劍平，〈台灣生意經〉，《機聯會刊》，上海，第233期，1948年9月1日。

282. 范劍平，〈台灣的紡織業〉，《機聯會刊》，上海，第234期，1948年9月16日。

283. 范劍平，〈台灣購廠記〉，《機聯會刊》，上海，第235期，1948年10月1日。

284. 英夫，〈申論──台灣事件與邊疆問題〉，《中堅月刊》，上海，第3卷第5期，1947年3月。

285. 若寒，〈人世點滴：三種戶口〉，《人世間》，上海，第7期，1947年10月。

286. 秋星，〈台灣下女的分析──台灣小記之一〉，《茶話月刊》，上海，第31期，1948年12月。

287. 秋星，〈台灣之起居服食（一）〉，《茶話月刊》，上海，第32期，1949年1月。

288. 秋星，〈台灣之起居服食（二）〉，《茶話月刊》，上海，第33期，1949年2月。

289. 阿英，〈綢廠中的女工〉，《生活知識週刊》，上海，休刊號，1946年8月31日。

290. 俞康嬡，〈台灣的對外貿易〉，《工商天地》，上海，第2卷第10期，1948年2月。

291. 俞佐廷，〈創刊詞〉，《工商月刊》，上海，創刊號，1946年8月15日。

292. 俞飛鵬，〈台灣漁業參觀記〉，《水產月刊》，上海，復刊第2卷第4期，1947年8月。

293. 柳浪，〈認識新四省〉，《青年知識半月刊》，上海，第11期，1946年12月1日。

294. 胡帝，〈台北二週記〉，《時與文週刊》，上海，第1卷第3期，1947年3月28日。

295. 胡爾，〈台灣通訊〉，《世界半月刊》，上海，創刊號，1946年11月1日。

296. 胡爾，〈台灣通訊〉，《世界半月刊》，上海，第1卷第2期，1946年11月16日。

297. 胡爾，〈草山散記〉，《世界半月刊》，上海，第1卷第4期，1946年12月16日。

298. 胡爾，〈台灣逃生記（一）〉，《世界月刊》，上海，第1卷第9期，1947年5月。

299. 胡爾，〈台灣逃生記（二）〉，《世界月刊》，上海，第1卷第10期，1947年6月。

300. 胡爾，〈台灣逃生記（續）〉，《世界月刊》，上海，第1卷第11期，1947年7月。

301. 胡爾，〈台灣逃生記（續）〉，《世界月刊》，上海，第2卷第1期，1947年8月。

302. 胡爾，〈台灣逃生記（續）〉，《世界月刊》，上海，第2卷第2期，1947年9月。

303. 胡爾，〈台灣逃生記（續）〉，《世界月刊》，上海，第2卷第3期，1947年10月。

304. 胡嘉，〈戰後中國政治地理的重要變革——戰後新中國之一〉，《青年界月刊》，上海，新1卷第3號，1946年3月。

305. 香港星島日報轉載，〈最近國內軍事形勢圖（迄於十月十日止）〉，《創進》，上海，第1卷第15期，1948年10月23日。

306. 貞伯，〈台灣印象——人力與科學的結晶地〉，《科學大眾》，上海，第1卷第1期，1946年10月。

307. 貞伯，〈興水利、話嘉南〉，《科學大眾》，上海，第1卷第6期，1947年3月。

308. 息予，〈一月新聞輯要——大不幸的台灣事件〉，《中學生》，上海，第186期，1947年4月。

309. 息予，〈一月新聞輯要——徵糧和徵兵〉，《中學生》，上海，第191期，1947年9月。

310. 祝百英，〈一年來工礦業之境遇〉，《工礦建設》，上海，第1卷第8、9期合刊，1948年2月。

311. 祝文雲、邵度，〈台灣行（一）〉，《寰球月刊》，上海，第22、23期合刊，1947年9月。

312. 茵露，〈漫談台灣女人——台灣通訊〉，《家月刊》，上海，第11期，1946年11月。

313. 海雲，〈台灣通訊——誰落伍？〉，《中華郵工》，上海，第7期，1948年9月。

314. 純青，〈台變我感〉，《中國建設月刊》，上海，第4卷第1期，1947年4月。

315. 馬岳，〈人物畫虎錄之一——蛻變中的張學良〉，《生活月刊》，上海，創刊號，1947年6月。

316. 馬榮，〈且從側面看台灣〉，《風雲半月刊》，上海，第1卷第3期，1948年9月1日。

317. 馬振平，〈我國魚苗之產銷〉，《水產月刊》，上海，復刊第3卷第5期，1948年6月。

318. 韋伯文，〈台灣印象〉，《生活文摘半月刊》，上海，第1卷第6、7期合刊，1947年12月15日。

319. 唐正平，〈台灣高山族土俗展覽會〉，《寰球月刊》，上海，第15期，1947年1月。

320. 唐桐蓀，〈台灣省的引水工作〉，《海建月刊》，上海，第1卷第5期，1948年9月。

321. 唐喬珊，〈台灣史話〉，《六藝月刊》，上海，第1卷第5期，1946年2月。

322. 唐渭濱，〈二十周年獻詞〉，《旅行雜誌》，上海，第20卷第1期，1946年1月。

323. 時河清，〈看吳國楨這張王牌〉，《新聞天地週刊》，上海，第98期，1950年1月3日。

324. 徐棟，〈台人看台灣獨立運動的演變和發展〉，《輿論半月刊》，上海，第1卷第4期，1948年10月16日。

325. 徐百益，〈發刊旨趣〉，《工商管理月刊》，上海，創刊號，1948年1月15日。

326. 徐金濤，〈重歸祖國的台灣〉，《青年界月刊》，上海，新1卷第1號，1946年1月。

327. 徐明光，〈台灣省獲得低廉農村動力可能性的探討〉，《機墾通訊》，上海，第2卷第2期，1949年2月。

328. 徐修惠，〈草嶺潭天然壩〉，《科學大眾》，上海，第6卷第1期，1949年6月。

329. 徐蔭祥，〈風光旖旎的台北〉，《旅行雜誌》，上海，第22卷第5期，1948年5月。

330. 徐蔭祥，〈南游鵝鑾鼻〉，《旅行雜誌》，上海，第22卷第11期，1948年11月。

331. 桂，〈時評——台幣匯率再度提高〉，《經濟評論週刊》，上海，第1卷第15期，1947年7月12日。

332. 桂永清，〈中國海軍現狀〉，《中國海軍月刊》，上海，第4、5期合刊，1947年9月。

333. 紹玄，〈從上海到台灣〉，《輿論半月刊》，上海，第2卷第2期，1949年1月16日。

334. 曹聚仁，〈記者團在台灣〉，《上海文化》，上海，第10期，1946年11月1日。

335. 記者，〈台灣大學新校長的妙批〉，《羣言雜誌月刊》，上海，第14期，1948年10月。

336. 章英，〈台灣鱗爪〉，《觀察》，上海，第1卷第9期，1946年10月26日。

337. 章士超，〈台北到宜蘭〉，《旅行雜誌》，上海，第22卷第3期，1948年3月。

338. 章生道，〈瑋麗的阿里山〉，《旅行雜誌》，上海，第22卷第12期，1948年12月。

339. 章戌夫，〈讀者投書——對台灣叛亂的認識〉，《國防新報半月刊》，上海，第9期，1947年5月。

340. 章伯鈞，〈本刊的立場〉，《現代新聞週刊》，上海，第1年第1期，1947年5月10日。

341. 章學非，〈美國算盤敲得頂精〉，《新聞天地週刊》，上海，第99期，1949年1月10日。

342. 秦瘦鷗，〈台灣一鷥——金瓜石避暑記〉，《旅行雜誌》，上海，第22卷第10期，1948年10月。

343. 黃強，〈我亦來談一談台灣〉，《國防新報半月刊》，上海，第15期，1947年8月。

344. 黃澤，〈好似「一個主人的身份」飛到——魏德邁在台灣〉，《現實新聞周報》，上海，第6期，1947年9月5日。

345. 黃文灃，〈一九三四年台灣水產業的總檢閱〉，《水產月刊》，上海，第3卷第5、6期合刊，1936年6月。

346. 黃文灃，〈一九三四年台灣水產業的總檢閱（續完）〉，《水產月刊》，上海，第3卷第7期合刊，1936年7月。

347. 黃天培，〈復刊詞〉，《人文》，上海，第1卷第1期，1947年4月。

348. 黃宇槙，〈台灣的日僑與日產〉，《青年中國週報》，上海，第58期，1948年1月11日。

349. 黃嘉音，〈「家」的誕生——代發刊詞〉，《家月刊》，上海，第1期，1946年1月。

350. 梁希，〈日本人在台灣留下的禮物〉，《文匯叢刊》，上海，第6期，1947年9月。

351. 梁叔瑩，〈記台灣民主國始末〉，《東方雜誌》，上海，第44卷第12期，1948年12月。

352. 梁辛仁，〈我們對不起台灣——二二八民變分析〉，《新聞天地月刊》，上海，第22期，1947年4月1日。

353. 啓銳，〈全運會揭幕前後〉，《上海教育》，上海，第5卷第7、8期合刊，1948年5月6日。

354. 許世琭，〈記父親〉，《世界月刊》，上海，第2卷第10期，1948年4月。

355. 許汝鐵，〈台灣工業的生產概況〉，《機聯會刊》，上海，第184期，1946年8月16日。

356. 許伯棣，〈讀者投書——台灣的公務員〉，《觀察》，上海，第2卷第5期，1947年4月29日。

357. 許成功，〈港灣指南一斗室孤燈話澎湖〉，《中國海軍月刊》，上海，第4、5期合刊，1947年9月。

358. 許成功，〈港灣指南一斗室孤燈話澎湖（續）〉，《中國海軍月刊》，上海，第6、7期合刊，1947年11月。

359. 許穀人，〈台北指南宮〉，《旅行雜誌》，上海，第23卷第4期，1949年4月，頁49。

360. 勤公，〈愛國乎？叛國乎？「民主造反」在台灣——所謂二二八事件插曲〉，《羣言雜誌月刊》，上海，復刊第7期，1947年5月。

361. 夏奕，〈它告訴我們什麼〉，《新聞天地月刊》，上海，第23期，1947年5月1日。

362. 夏瓊，〈進步中的台灣青年〉，《青年知識半月刊》，上海，第18期，1947年9月15日。

363. 商隱，〈當前經濟危機的本質〉，《工商月刊》，上海，創刊號，1946年8月15日。

364. 商務印書館教育雜誌社，〈戰後中國教育專號（上）〉，《教育雜誌月刊》，上海，第32卷第1號，1947年7月。

365. 商務印書館教育雜誌社，〈戰後中國教育專號（下）〉，《教育雜誌月刊》，上海，第32卷第2號，1947年8月。

366. 雪穆，〈我從台灣活著回來〉，《文萃叢刊》，上海，第2年第24期，1947年4月。

367. 雪門，〈日本要求移民台灣〉，《民眾週刊（雙週刊）》，上海，第1卷第6期，1946年6月28日。

368. 雪屏，〈台灣警務處長更迭內幕〉，《羣言雜誌週刊》，上海，第22期，1948年12月18日。

369. 景宋，〈我所敬的許壽裳先生〉，《人世間》，上海，第10期，1948年3月。

370. 賀霖，〈悼許壽裳先生：許壽裳先生在台灣〉，《人世間》，上海，第10期，1948年3月。

371. 傅子里，〈台灣番族的經濟生活〉，《真理與自由週刊》，上海，第5期，1946年2月20日。

372. 亞洲社，〈台灣二二八事件始末〉，《寰球月刊》，上海，第18期，1947年4月。

373. 程均義、屈梅圖，〈台灣人事的更動〉，《新聞天地週刊》，上海，第64期，1949年3月31日。

374. 盛成，〈獅頭山記游〉，《旅行雜誌》，上海，22卷第11期，1948年11月。

375. 陳惠，〈青青子佩惠我好音——歡迎台灣教育參訪團〉，《上海教育》，上海，第5卷第3期，1948年3月8日。

376. 陳煒，〈台灣通訊（第一信）：台灣的飲食男女〉，《小上海人半月刊》，上海，第1卷第2期，1946年10月10日。

377. 陳篤，〈台灣這片乾淨土〉，《創世半月刊》，上海，第4期，1947年11月16日。

378. 陳新，〈台灣人失望了〉，《新聞天地月刊》，上海，第12期，1946年4月30日。

379. 陳一廠，〈發刊旨趣〉，《化學世界半月刊》，上海，創刊號，1946年5月5日。

380. 陳小平，〈給台灣小朋友們的一封交誼信〉，《兒童故事月刊》，上海，第2卷第2期，1948年1月。

381. 陳士華，〈淡水之游〉，《中建半月刊》，上海，第3卷第2期，1948年6月16日。

382. 陳士華，〈遊新店碧潭〉，《中建半月刊》，上海，第3卷第10期，1948年10月16日。

383. 陳子文，〈台灣：我們的糖罐子〉，《中堅月刊》，上海，創刊號，1946年1月。

384. 陳子胥，〈海宙船上送客行〉，《人民世紀》，上海，第6期，1946年4月6日。

385. 陳至明，〈讀者投書——台灣暴動鱗爪〉，《觀察》，上海，第2卷第5期，1947年4月29日。

386. 陳世璋，〈台灣之化學工業〉，《化學世界月刊》，上海，第3卷第1期，1948年1月。

387. 陳世璋，〈台灣之化學工業（續）〉，《化學世界月刊》，上海，第3卷第2期，1948年2月。

388. 陳光甫，〈發刊詞〉，《旅行雜誌》，上海，第1卷春季號，1927年3月。

389. 陳同白，〈台灣的鮪罐誌〉，《水產月刊》，上海，復刊第2卷第1期，1947年1月。

390. 陳孚華，〈論上海市瀝青路面之舖築〉，《工程報導》，上海，第33期，1948年2月。

391. 陳松明，〈北投溫泉試浴記〉，《旅行雜誌》，上海，第20卷第8期，1946年8月。

392. 陳其英，〈台灣環游記（上）〉，《旅行雜誌》，上海，第20卷第9期，1946年9月。

393. 陳其英，〈台灣環游記（下）〉，《旅行雜誌》，上海，第20卷第10期，1946年10月。

394. 陳知青，〈台灣的金融經濟問題〉，《機聯會刊》，上海，第186期，1946年9月16日。

395. 陳錦文，〈旱作農業的澎湖群島〉，《大眾農業》，上海，第1卷第5期，1948年12月。

396. 陳陶心，〈中國工業原料的自給計劃〉，《工商特刊》，上海，無卷期，1947年12月。

397. 陳景美，〈參加本屆工程師學會感想〉，《紡織建設月刊》，上海，第2卷第1期，1948年12月15日。

398. 陳養浩，〈讀者投書——暴動以後的台灣〉，《觀察》，上海，第2卷第5期，1947年4月29日。

399. 陳霞洲，〈大選在台北〉，《創世半月刊》，上海，第5期，1947年12月1日。

400. 陳鶴聲，〈世界與台灣〉，《世界月刊》，上海，第1卷第10期，1947年6月。

401. 陳保羅，〈台灣的孔夫子——丘念台〉，《新聞天地》，上海，第55期，1949年1月1日。

402. 彭翰，〈台灣「自治」陰謀案紀詳〉，《現實新聞週報》，上海，第1期，1947年7月25日。

403. 彭翰，〈暴風之島——我到過澎湖列島〉，《現實新聞週報》，上海，第5期，1947年8月22日。

404. 彭翰，〈張學良在台灣〉，《現代文摘週刊》，上海，第1年第1期，1947年6月4日。

405. 陶朋非，〈地理政治的世界（上）〉，《時與潮半月刊》，上海，第27卷第7期，1947年6月1日。

406. 單志，〈徵文當選——到了台灣〉，《兒童故事月刊》，上海，第2卷第8期，1948年7月。

407. 陸民，〈斥主張開放對日貿易者的謬論〉，《工商天地》，上海，第1卷第12期，1947年10月1日。

408. 曾今可，〈台灣勝蹟〉，《旅行雜誌》，上海，第20卷第3期，1946年3月。

409. 詠春，〈台灣肥料公司〉，《藝文畫報》，上海，第1卷第10期，1947年4月。

410. 開明，〈台灣專著——台灣的輪廓〉，《旅行雜誌》，上海，第20卷第2期，1946年2月。

411. 華介人，〈光復後的上海新聞界（八）〉，《上海文化》，上海，第8期，1946年9月1日。

412. 華壽嵩，〈台灣省的公路〉，《科學大眾》，上海，第3卷第3期，1947年12月。

413. 華美晚報台北航訊，〈台省紡織業透視〉，《公益工商通訊》，上海，第2卷第4期，1947年11月30日。

414. 凱，〈短評——颱風與海風〉，《創進》，上海，第1卷第6期，1948年8月21日。

415. 郭廷以，〈台灣的國際關係〉，《新中華》，上海，復刊第6卷第6期，1948年3月16日。

416. 郭布特，〈和談這一賭注〉，《新聞天地半月刊》，上海，第56期，1949年1月16日。

417. 郭祝崧，〈走訪台灣（上篇）〉，《旅行雜誌》，上海，第21卷第10期，1947年10月。

418. 郭祝崧，〈走訪台灣（下篇）〉，《旅行雜誌》，第21卷第11期，上海，1947年11月。

419. 萬力，〈台灣的傳奇人物——沈顧問〉，《觀察》，上海，第1卷第17期，1946年12月21日。

420. 萬枚子，〈怎樣救中國？！救人民？！〉，《春秋》，上海，第5年第4期，1948年9月。

421. 新人，〈我從台灣歸來〉，《警務月刊》，上海，第2卷第6期，1948年5月。

422. 新聞報導，〈第七屆全國運動會特輯〉，《藝文畫報》，上海，第2卷第7期，1948年5月。

423. 葉明勳，〈日本統治下的台灣宗教活動〉，《新聞天地月刊》，上海，第12期，1946年4月30日。

424. 楊乃藩，〈從糖蜜做酒精〉，《科學大眾》，上海，第4卷第4期，1948年7月。

425. 楊乃藩，〈甘蔗是怎樣種植的？〉，《科學大眾》，上海，第6卷第1期，1949年6月。

426. 楊乃藩、葉于鎬，〈台糖〉，《科學畫報月刊》，上海，第14卷第6期，1948年6月。

427. 楊益泉，〈冷眼看台灣〉，《創世半月刊》，上海，第14、15期合刊，1948年5月1日。

428. 楊惠康，〈讀者投書——台灣人的行政訓練及技術訓練〉，《觀察》，上海，第2卷第5期，1947年4月29日。

429. 楊致福，〈香蕉〉，《大眾農業》，上海，第1卷第5期，1948年12月25日。

430. 楊致福，〈鳳梨〉，《大眾農業》，上海，第1卷第3期，1948年10月25日。

431. 楊致福，〈介紹嘉義農產試驗支所〉，《大眾農業》，上海，第1卷第5期，1948年12月25日。

432. 楊致福，〈番木瓜〉，《大眾農業》，上海，第1卷第6期，1949年1月25日。

433. 路人，〈台灣228眞相〉，《新聞天地月刊》，上海，第23期，1947年5月1日。

434. 路客，〈台灣小天地〉，《新聞天地月刊》，上海，第27期，1947年9月1日。

435. 愧三，〈茶話〉，《大眾農業》，上海，第1卷第3期，1948年10月25日。

436. 愧三，〈茶話（續）〉，《大眾農業》，上海，第1卷第5期，1948年12月25日。

437. 賈嶽生，〈初訪台灣〉，《草書月刊》，上海，新5、6期合刊，1948年3月。

438. 資料室，〈全國戶口統計表〉，《大風月刊》，上海，創刊號，1947年4月。

439. 資料室，〈今日的遠東〉，《改造雜誌》，上海，第4期，1947年3月15日。

440. 資料室，〈工商業寶庫〉，《機聯會刊》，上海，第210期，1947年9月15日。

441. 資料室，〈台灣的交通建設（補白）〉，《旅行雜誌》，上海，第20卷第2期，1946年2月。

442. 張琴,〈台灣眞相〉,《文萃叢刊》,上海,第2年第24期,1947年4月。

443. 張望,〈從陳儀的失敗談到幹部決定一切〉,《羣言雜誌月刊》,上海,復刊第7期,1947年5月。

444. 張一渠,〈可愛的祖國〉,《兒童故事月刊》,上海,創刊號,1946年12月。

445. 張子華,〈救救台灣人〉,《消息半週刊》,上海,第2期,1946年4月1日。

446. 張士超,〈台北到宜蘭〉,《旅行雜誌》,上海,第22卷第3期,1948年3月。

447. 張士超,〈台中行腳〉,《旅行雜誌》,上海,第22卷第7期,1948年7月。

448. 張士超,〈東台灣旅程〉,《旅行雜誌》,上海,第23卷第3期,1949年3月。

449. 張光斗先生講,電機會學術股記錄,《中國水力發電事業〉,《交大週刊》,上海,復刊第59期,1949年3月30日。

450. 張治中,〈主席一天的生活〉,《天下》,上海,第1卷第2期,1947年3月。

451. 張契渠,〈台灣遊騁記(上篇)〉,《旅行雜誌》,上海,第22卷第3期,1948年3月。

452. 張契渠,〈台灣遊騁記(下篇)〉,《旅行雜誌》,上海,第22卷第4期,1948年4月。

453. 張颱風,〈徐道鄰一怒離台灣〉,《現實新聞雙週報》,上海,第9期,1947年10月17日。

454. 張競生,〈台灣紀遊〉,《寰球月刊》,上海,第12期,1946年10月。

455. 梯雲譯,〈台灣大麻工業〉,《公益工商通訊》,上海,第4卷第5期,1948年12月15日。

456. 嘉樂,〈伐木在台灣〉,《科學大眾》,上海,第5卷第5期,1949年2月。

457. 鳳子,〈復刊辭〉,《人世間》,上海,第1期,1947年3月。

458. 鳳茜,〈世事滄桑話台灣〉,《茶話月刊》,上海,第14期,1947年7月。

459. 鳳茜,〈台灣暴動祕聞〉,《巨型》,上海,第2期,1947年8月1日。

460. 鳳茜,〈美麗月刊——日月潭紀勝〉,《茶話月刊》,上海,第18期,1947年11月。

461. 葦偉,〈台灣兒童的生活〉,《兒童故事月刊》,上海,第2卷第1期,1947年12月。

462. 榮鴻元,〈發刊辭〉,《公益工商通訊》,上海,創刊號,1947年4月15日。

463. 蔣英,〈學術通訊——考察台灣植物之簡報〉,《科學》,上海,第29卷第11期,1947年11月。

464. 蔣紀周,〈歡迎台省教育參訪團〉,《上海教育》,上海,第5卷第3期,1948年3月8日。

465. 蔡禹門,〈台灣屐痕記〉,《旅行雜誌》,上海,第21卷第4期,1947年4月。

466. 廖世承,〈抗戰十年來中國的師範教育〉,《中華教育界》,上海,復刊第1卷第1期,1947年1月。

467. 廖茂如博士,〈師範教育講座——戰後師範教育的展望〉,《上海教育》,上海,第5卷第7、8期合刊,1948年5月6日。

468. 趙定明，〈台灣第二屆全省運動會〉，《寰球月刊》，上海，第27期，1948年1月。

469. 趙定明等，〈台灣特輯〉，《藝文畫報（台灣專號）》，上海，第2卷第8期，1948年7月。

470. 趙定明等，〈台灣特輯之一：十大都市〉，《藝文畫報（台灣專號）》，上海，第2卷第8期，1948年7月。

471. 趙定明等，〈台灣特輯之二：二大名山〉，《藝文畫報（台灣專號）》，上海，第2卷第8期，1948年7月。

472. 趙定明等，〈台灣特輯之三：工業化稱雄全國〉，《藝文畫報（台灣專號）》，上海，第2卷第8期，1948年7月。

473. 趙定明等，〈台灣特輯之四：農產品得天獨厚〉，《藝文畫報（台灣專號）》，上海，第2卷第8期，1948年7月。

474. 趙定明等，〈台灣特輯之五：縱橫的交通線〉，《藝文畫報（台灣專號）》，上海，第2卷第8期，1948年7月。

475. 趙定明等，〈台灣特輯之六：懸空的鐵索橋〉，《藝文畫報（台灣專號）》，上海，第2卷第8期，1948年7月。

476. 趙定明等，〈台灣特輯之七：神社與廟宇〉，《藝文畫報（台灣專號）》，上海，第2卷第8期，1948年7月。

477. 趙定明等，〈台灣特輯之八：名勝與古蹟〉，《藝文畫報（台灣專號）》，上海，第2卷第8期，1948年7月。

478. 趙定明等，〈台灣特輯之九：日月潭〉，《藝文畫報（台灣專號）》，上海，第2卷第8期，1948年7月。

479. 趙定明等，〈台灣特輯之十：高山族的原始生活〉，《藝文畫報（台灣專號）》，上海，第2卷第8期，1948年7月。

480. 趙制陽，〈學校通訊──台灣師範學院舉行學術演講〉，《中華教育界》，上海，復刊第1卷第1期，1947年1月。

481. 趙章嘉，〈合作之頁──上海郵政員工消費合作社綜合報導〉，《上海郵工月刊》，上海，第12期，1947年5月1日。

482. 趙景深，〈復刊詞〉，《青年界月刊》，上海，新1卷第1號，1946年1月。

483. 夢君，〈台灣紀行──由南京到高雄〉，《時事評論週刊》，上海，第1卷第10期，1948年9月8日。

484. 夢君，〈台灣的教育問題〉，《時事評論週刊》，上海，第1卷第16期，1948年10月20日。

485. 夢君，〈麗島近影〉，《時事評論週刊》，上海，第1卷第24期，1948年12月16日。

486. 臺靜農，〈紀念許季茀先生〉，《中國作家》，上海，第3期，1948年5月。

487. 蓬子,〈台灣的麻紡織工業〉,《公益工商通訊》,上海,第4卷第2期,1948年10月31日。

488. 葦偉,〈台北市教育局長黃啓瑞談台灣兒童的生活〉,《兒童故事月刊》,上海,第2卷第1期,1947年12月。

489. 暮雲,〈魏道明蒞任後的台灣〉,《亞洲世紀月刊》,上海,第1卷第3期,1947年7月。

490. 賓果,〈台灣高雄煉油廠概況〉,《建設季刊》,上海,第2卷第2期,1948年夏季。

491. 劍平,〈台灣生意經〉,《機聯會刊》,上海,第233期,1948年8月16日。

492. 編者,〈我們的志趣和態度〉,《觀察》,上海,創刊號,1945年9月1日。

493. 編者,〈二戰後世界四強領袖圖畫〉,《時代雜誌半月刊》,上海,第5年第17期,1945年9月20日。

494. 編者,〈技術界的願望——發刊詞〉,《工程界》,上海,第1卷第1期,1945年10月。

495. 編者,〈上海文化簡訊〉,《上海文化》,上海,創刊號,1945年12月20日。

496. 編者,〈復刊致詞〉,《六藝月刊》,上海,第1卷第5期,1946年2月。

497. 編者,〈中國文化〉,《上海文化》,上海,第2期,1946年2月10日。

498. 編者,〈文化服務〉,《上海文化》,上海,第2期,1946年2月10日。

499. 編者,〈發刊詞〉,《青年與婦女》,上海,第1卷第1期,1946年3月。

500. 編者,〈南通血案抗議〉,《民主週刊》,上海,第26期,1946年4月13日。

501. 編者,〈畢業同學會執行委員會第四次會議錄——台灣校友會成立〉,《大夏大學校慶特刊——二十二週年紀念》,上海,第23卷第12期,1946年6月1日。

502. 編者,〈中國文化〉,《上海文化》,上海,第6期,1946年7月1日。

503. 編者,〈文化公園〉,《青年知識半月刊》,上海,第11期,1946年12月1日。

504. 編者,〈中國文化〉,《上海文化》,上海,第11期,1946年12月1日。

505. 編者,〈教育消息〉,《上海教育週刊》,上海,第1卷第2期,1946年12月23日。

506. 編者,〈復刊詞〉,《中華教育界》,上海,復刊第1卷第1期,1947年1月。

507. 編者,〈發刊詞〉,《半月新聞》,上海,創刊號,1947年1月10日。

508. 編者,〈臺南地震災情慘重〉,《寰球月刊》,上海,第16期,1947年2月。

509. 編者,〈國內外婦女動態〉,《現代婦女》,上海,第8卷第5期,1947年2月10日。

510. 編者,〈科學新聞——建設台灣、修復花蓮港〉,《科學畫報月刊》,上海,第13卷第3期,1947年3月。

511. 編者,〈發刊詞〉,《大風月刊》,上海,創刊號,1947年4月。

512. 編者,〈三月份重要電訊日誌〉,《大風月刊》,上海,創刊號,1947年4月。

513. 編者，〈我們的自救自助——代發刊詞〉，《工商天地》，上海，第1卷第1期，1947年4月10日。

514. 編者，〈人言開章（發刊詞）〉，《人人週報》，上海，第1年第1期，1947年5月5日。

515. 編者，〈政治揣摩〉，《人人週報》，上海，第1年第3期，1947年5月19日。

516. 編輯部，〈悼許壽裳先生：許季茀先生事略〉，《人世間》，上海，第10期，1948年3月。

517. 編者，〈要聞——處長赴台與台糖公司簽訂合作辦法〉，《機墾通訊》，上海，創刊號，1948年3月15日。

518. 編者，〈本處各復耕隊概況〉，《機墾通訊》，上海，創刊號，1948年3月15日。

519. 編者，〈台灣交大同學會歡迎孫前校長蒞台大會誌盛〉，《交大週刊》，上海，復刊第18期，1948年4月8日。

520. 編者，〈要聞——台灣分處即將成立〉，《機墾通訊》，上海，第2、3期合刊，1948年4月16日。

521. 編者，〈貿易統計（三十六年中國對外貿易統計輯要）〉，《進出口貿易月刊》，上海，創刊號，1948年6月。

522. 編者，〈要聞——台灣〉，《機墾通訊》，上海，第4、5、6期合刊，1948年6月1日。

523. 編者，〈朱剛夫報告台灣工作〉，《機墾通訊》，上海，第4、5、6期合刊，1948年6月1日。

524. 編者，〈政學系、民社黨、青年黨的家譜〉，《現代文摘週刊》，上海，第1年第1期，1947年6月4日。

525. 編者，〈附錄：機械農墾管理處配運各地物資簡表〉，《機墾通訊》，上海，第7期，1948年6月16日。

526. 編者，〈民國三十七年四月份進出口貨物埠別統計）〉，《進出口貿易月刊》，上海，第1卷第2期，1948年7月。

527. 編者，〈貿易消息——台省當局嚴格管制港台貿易未能通暢〉，《進出口貿易月刊》，上海，第1卷第2期，1948年7月。

528. 編者，〈說實話（代發刊詞）〉，《創進》，上海，第1卷第1期，1948年7月。

529. 編者，〈國內工程消息——台兩大水利工程完工〉，《工程報導》，上海，第37期，1948年7月。

530. 編者，〈要聞——台灣〉，《機墾通訊》，上海，第8期，1948年7月1日。

531. 編者，〈特載——本處業務概況及展望〉，《機墾通訊》，上海，第9期，1948年7月16日。

532. 編者，〈民國三十七年五月份進出口貨物價值埠別統計〉，《進出口貿易月刊》，上海，第1卷第3期，1948年8月。

533. 編者，〈關於台灣〉，《新聞天地月刊》，上海，第45期，1948年8月1日。

534. 編者，〈要聞——台灣〉，《機墾通訊》，上海，第10、11期合刊，1948年8月16日。

535. 編者，〈發刊詞〉，《大眾農業》，上海，創刊號，1948年8月25日。

536. 編者，〈民國三十七年上半年及六月份進出口價值埠別統計〉，《進出口貿易月刊》，上海，第1卷第4期，1948年9月。

537. 編者，〈簡訊——台皖分處分別籌設示範農場〉，《機墾通訊》，上海，第12、13期合刊，1948年9月16日。

538. 編者，〈民國三十七年七月份進出口貨值埠別統計〉，《進出口貿易月刊》，上海，第1卷第5期，1948年10月。

539. 編者，〈貿易消息——國內之部〉，《進出口貿易月刊》，上海，第1卷第5期，1948年10月。

540. 編者，〈機墾動態〉，《機墾通訊》，上海，第14、15期合刊，1948年10月16日。

541. 編者，〈最近國內軍事形勢圖（迄於十月十日止）〉，《創進週刊》，上海，第1卷第15期，1948年10月23日。

542. 編者，〈民國三十七年八月份進出口貨值埠別統計〉，《進出口貿易月刊》，上海，第1卷第6期，1948年11月。

543. 編者，〈貿易消息——國內之部〉，《進出口貿易月刊》，上海，第1卷第6期，1948年11月。

544. 編輯科，〈旅行雜誌徵文特輯〉，《旅行雜誌》，上海，第20卷第1期，1946年1月。

545. 編輯部，〈悼許壽裳先生：許季茀先生事略〉，《人世間》，上海，第10期，1948年3月。

546. 編輯部，〈大事類纂（民國三十六年一至三月）〉，《人文》，上海，第1卷第1期，1947年4月。

547. 編輯部，〈大事類纂（民國三十六年四至六月）〉，《人文》，上海，第1卷第2期，1947年7月。

548. 編輯部，〈大事類纂（民國三十六年十至十二月）〉，《人文》，上海，第1卷第4期，1948年1月。

549. 樹業，〈台灣製碱工業〉，《藝文畫報》，上海，第2卷第2期，1947年8月

550. 廖進來，〈臺北師範訪問記〉，《新學生月刊》，上海，第3卷第6期，1947年10月。

551. 諸葛黛，〈南京完了廣東如何〉，《新聞天地週刊》，上海，第68期，1949年4月28日。

552. 諸葛黛，〈閻錫山有何法寶〉，《新聞天地週刊》，上海，第70期，1949年6月18日。

553. 諸葛黛，〈美國會放棄遠東嗎〉，《新聞天地週刊》，上海，第97期，1949年12月27日。

554. 諸葛子明，〈張學良移居台灣〉，《評論報週刊》，上海，第4號，1947年11月30日。

555. 閩友，〈台灣「光復」三週年——從民心看台灣〉，《現實新聞雙週報》，上海，第14期，1947年12月26日。

556. 德明、健行、雨華，〈與李友邦先生談論當前台灣〉，《眞話週刊》，上海，新5期，1946年3

月9日。

557. 德羣，〈台灣一月〉，《旅行雜誌》，上海，第20卷第5期，1946年5月。

558. 嬋星，〈讓台灣隔離瘟疫〉，《青年知識半月刊》，上海，第2卷第5期，1948年11月1日。

559. 曉敏，〈在陳誠統治下的台灣〉，《羣言雜誌週刊》，上海，第33期，1949年3月5日。

560. 錫凡，〈不幸的台灣事件〉，《羣言雜誌月刊》，上海，復刊第6期，1947年3月。

561. 錫壽，〈二‧二八事件（台灣通信）〉，《兒童故事月刊》，上海，第1卷第5期，1947年4月1日。

562. 憶琴，〈不許日人重到台灣（台灣通訊）上〉，《民主論壇週刊》，上海，第1卷第7期，1947年6月28日。

563. 憶琴，〈不許日人重到台灣（台灣通訊）下〉，《民主論壇週刊》，上海，第1卷第8期，1947年7月5日。

564. 劉乃光，〈「劫收」下之台灣〉，《青年與婦女》，上海，第1卷第6期，1946年9月。

565. 劉乃光，〈台灣事變的前因後果〉，《青年與婦女》，上海，第2卷第1期，1947年4月。

566. 劉支藩，〈一年來的中國財政〉，《半月新聞》，上海，創刊號，1947年1月10日。

567. 劉多陽，〈台灣──女人的世界〉，《生活文摘半月刊》，上海，第1卷第1期，1947年9月5日。

568. 劉龍光，〈國內時事──台灣二二八事件〉，《藝文畫報》，上海，第1卷第10期，1947年4月。

569. 劉龍光主編，〈台灣番胞裝束〉，《藝文畫報（台灣專號）》，上海，第2卷第8期，1948年7月。

570. 穆異，〈台灣的新聞事業〉，《創世半月刊》，上海，第17期，1948年6月1日。

571. 潘公昭，〈台灣的土地問題〉，《中國建設月刊》，上海，第3卷第1期，1946年9月。

572. 齊化，〈台南第一要港──高雄一瞥〉，《中國海軍月刊》，上海，第2期，1947年4月。

573. 蔡力行，〈創刊的話──兼致現代經濟文摘的讀者〉，《現代文摘週刊》，上海，第1年第1期，1947年6月4日。

574. 蔡大弓，〈台大校長不易為〉，《新聞天地月刊》，上海，第49期，1948年10月1日。

575. 黎文，〈主戰派撤退後的孫內閣〉，《政治新聞週刊》，上海，第1卷第2期，1949年2月6日。

576. 黎文，〈蔣總統即將東山再起〉，《政治新聞週刊》，上海，第1卷第3期，1949年2月14日。

577. 黎小蘇，〈論中國工業區位問題〉，《工礦建設》，上海，第1卷第5期，1947年10月。

578. 慕松，〈一月新聞綜述──蔣總統引退〉，《中學生》，上海，第209期，1949年3月。

579. 錫壽，〈二‧二八事件（台灣通信）〉，《兒童故事月刊》，上海，第1卷第5期，1947年4月1日。

580. 燕武，〈台灣的「警管區」制〉，《消息半週刊》，上海，第12期，1946年5月16日。

581. 霍爇，〈瀋陽「戰時」風光〉，《時與文週刊》，上海，第1卷第19期，1947年7月18日。

582. 鄧騰裕，〈台灣省漁業展望〉，《水產月刊》，上海，復刊第1卷第6期，1946年12月。

583. 鄧騰裕，〈台灣水產事業獎勵之實績〉，《水產月刊》，上海，復刊第2卷第1期，1947年1月。

584. 鄧騰裕，〈台灣的日本農業移民〉，《水產月刊》，上海，復刊第2卷第2期，1947年3月。

585. 鄧騰裕，〈台灣的水產教育〉，《水產月刊》，上海，復刊第2卷第3期，1947年6月。

586. 鄧騰裕，〈中國之漁場〉，《海建月刊》，上海，第1卷第5期，1948年9月。

587. 璃，〈蘇澳一日遊〉，《上海郵工月刊》，上海，第8期，1946年11月5日。

588. 璃，〈台灣來鴻（通訊）〉，《上海郵工月刊》，上海，第13期，1947年6月。

589. 鄭笑，〈台灣人看上海人〉，《羣言雜誌週刊》，上海，第21期，1948年12月11日。

590. 鄭俠，〈台灣「總有一天」〉，《觀察》，上海，第3卷第19期，1948年1月3日。

591. 鄭鳴，〈義人吳鳳（歷史故事）〉，《民眾週刊（雙週刊）》，上海，第2卷第3期，1948年2月7日。

592. 鄭國駒，〈台灣氣象事業之設施〉，《寰球月刊》，上海，第26期，1947年12月。

593. 豐子愷，〈台北雙十節〉，《兒童故事月刊》，上海，第2卷第12期，1948年11月。

594. 豐子愷，〈南國女郎〉，《兒童故事月刊》，上海，第3卷第1期，1948年12月。

595. 豐子愷，〈杵舞和台灣的番人〉，《兒童故事月刊》，上海，第3卷第2期，1949年1月。

596. 靜，〈台灣蔗農是怎樣被剝削的？〉，《科學大眾》，上海，第6卷第1期，1949年6月。

597. 歐冶子，〈黃強與高雄市〉，《國防新報月刊》，上海，革新號第2期，1948年4月。

598. 歐陽予倩，〈台遊雜拾〉，《人世間》，上海，第2期，1947年4月。

599. 薛鐘彝，〈台灣氣象所簡介〉，《科學》，上海，第30卷第8期，1948年8月。

600. 錚錚，〈「上海在打老虎、台灣在養老虎」──台灣・冒險家的樂園〉，《羣言雜誌週刊》，上海，第14期，1948年10月2日。

601. 鞠孝銘，〈台灣地誌〉，《旅行雜誌》，上海，第20卷第1期，1946年1月。

602. 橘善守，〈尼米茲攻勢與大陸作戰〉，《文友半月刊》，上海，第4卷第4期，1945年1月15日。

603. 衛禮士，〈會務動態〉，《（中華基督教教育協會）會訊》，上海，第1期，1947年1月。

604. 賴明弘，〈重建祖國之日──台灣文學今後的前進目標〉，《新文學月刊》，上海，第2號，1946年1月28日。

605. 鴻文，〈詩歌──我愛我台灣〉，《兒童知識》，上海，第1期，1946年7月。

606. 繆文瑞，〈台灣的生物學界〉，《科學大眾》，上海，第6卷第2期，1949年9月。

607. 檀仁梅，〈刊前語〉，《（中華基督教教育協會）會訊》，上海，第1期，1947年1月。

608. 檀仁梅，〈從數字看台灣的教育〉，《改造雜誌》，上海，第3期，1947年2月15日。

609. 龔翁，〈台游詩記〉，《大家月刊》，上海，第1卷第2期，1947年5月。

610. 鮮于雲，〈陳誠主台一月〉，《新聞天地週刊》，上海，第59期，1949年2月24日。

611. 鮮于雲，〈台灣安定嗎？〉，《新聞天地月刊》，上海，第53期，1948年12月1日，頁9。

612. 蹇先達，〈台灣省農墾機械推廣檢討〉，《機墾通訊》，上海，第2卷第1期，1949年1月。

613. 戴介民，〈教育的交流工作——代對台省教育考察團歡迎辭〉，《上海教育》，上海，第5卷第3期，1948年3月8日。

614. 魏文華，〈二任特使魏德邁〉，《現實新聞週報》，上海，第2期，1947年8月1日。

615. 魏天驥，〈台行觀感〉，《創進》，上海，第1卷第4期，1948年8月。

616. 繆莪，〈遠東第一溶劑廠〉，《科學大眾》，上海，第5卷第6期，1949年4月。

617. 繆文瑞，〈台灣的生物學界〉，《科學大眾》，上海，第6卷第2期，1949年9月。

618. 隱，〈七日談——台灣這一棒〉，《工商新聞》，南京，第20期，1947年3月17日。

619. 鍾郅元，〈民族習慣的滲和問題——介紹台省同胞的優良習性〉〉，《青年中國週報》，上海，第57期，1947年12月14日。

620. 龍光，〈台灣新疆人事更迭〉，《藝文畫報》，上海，第1卷第12期，1947年6月。

621. 龍在田，〈問題的台灣〉，《中國建設月刊》，上海，第2卷第2期，1946年4月。

622. 龍在田，〈台灣現態勢提綱〉，《新文化半月刊》，上海，第2卷第1期，1946年4月16日。

623. 騰裕譯，〈一九三三年台灣水產統計概要〉，《水產月刊》，上海，第1卷第10期，1935年3月。

624. 懷豐，〈台灣的林業〉，《青年中國週報》，上海，第60期，1948年2月15日。

625. 蕭敫，〈陳儀管理台灣〉，《新聞天地月刊》，上海，第16期，1946年9月30日。

626. 蕭鐵，〈日月潭畔高山族〉，《新聞天地月刊》，上海，第20期，1947年2月1日。

627. 蕭鐵，〈我在二二八暴風雨中〉，《新聞天地月刊》，上海，第24期，1947年6月1日。

628. 蕭鐵，〈台中遊‧看蕃人歌舞〉，《新聞天地月刊》，上海，第25期，1947年7月1日。

629. 蕭翼，〈蔣總統將卜居何處〉，《政治新聞週刊》，上海，第1卷第2期，1949年2月6日。

630. 蕭學良，〈台灣新軍是怎樣訓練的〉，《國防新報月刊》，上海，革新號第3、4期合刊，1948年7月。

631. 嚴濟寬譯，〈中美教授待遇之比較〉，《申論週刊》，上海，第2卷第9期，1948年9月18日。

632. 薺文，〈從石油說到我國的石油〉，《科學畫報月刊》，上海，第14卷第2期，1948年2月。

633. 鑄，〈時評——台灣的經濟背景〉，《經濟評論週刊》，上海，第1卷第3期，1947年4月19日。

634. 繼雲，〈台灣蔗糖製造法〉，《藝文畫報》，上海，第2卷第3期，1947年9月。

635. 霽融，〈國語運動的難關〉，《國文月刊》，上海，第80期，1949年6月。

（三）北平或北京出刊

1. G. Y. W. Mlug著，朱望之譯，〈對於蔣總統的期望〉，《正論月刊》，北平，新6號，1948年6月。

2. 小峰，〈要划遠黑暗的大陸（漫畫）〉，《紀事報（每週增刊）》，北平，第40期，1947年3月22日。

3. 小記者，〈台灣在殺聲震撼中〉，《太平洋月刊》，北平，第1年第3期，1947年3月。

4. 方成，〈血債必須清算（漫畫）〉，《觀察》，北京，第6卷第13期，1950年5月1日。

5. 方清，〈台灣省府的人事分析〉，《正論週刊》，北平，第4期，1947年6月23日。

6. 方秋葦，〈台灣善後問題〉，《台灣二‧二八大慘案——華北輿論集》，北平，特刊號，1947年4月20日。

7. 王成組，〈台灣農業與工商業之關係〉，《週論週刊》，北平，第1卷第15期，1948年4月23日。

8. 王慰曾，〈介紹台灣〉，《太平洋月刊》，北平，第1年第4期，1947年4月。

9. 王靜齋，〈從壽縣教案談到回教再次打進台灣〉，《月華週報》，北平，第41號，1948年7月2日。

10. 市，〈不幸的台灣女性〉，《紀事報（每週增刊）》，北平，第32期，1947年1月25日。

11. 幼慈，〈「有志一同」在台灣〉，《知識與生活半月刊》，北平，第23期，1948年3月16日。

12. 幼慈，〈逃呀！逃向台灣去（台灣通訊）〉，《知識與生活半月刊》，北平，第25期，1948年4月16日。

13. 本社，〈十月之國際〉，《中國公論》，北京，第12卷第1期，1944年10月。

14. 本社，〈社說：認清時局、把握勝利〉，《中華週報》，北京，第2第4期，1945年1月21日。

15. 本社，〈全東亞無處不是「前綫」〉，《中華週報》，北京，第2第5期，1945年1月28日。

16. 本社，〈圍繞沖繩島日美兩軍激戰〉，《中華週報》，北京，第2第15期，1945年4月8日。

17. 本社，〈發刊詞〉，《大華週報》，北平，創刊號，1945年10月13日。

18. 本社，〈創刊詞〉，《中國學生》，北平，創刊號，1946年6月15日。

19. 本社，〈不經通報而見主席、全國只有五個人〉，《紀事報（每週增刊）》，北平，第2期，1946年6月29日。

20. 本社，〈藝文壇〉，《紀事報（每週增刊）》，北平，第22期，1946年11月16日。

21. 本社，〈台灣的番人社會〉，《紀事報（每週增刊）》，北平，第25期，1946年12月7日。

22.　本社，〈歐陽予倩赴台〉，《紀事報（每週增刊）》，北平，第28期，1946年12月28日。

23.　本社，〈台灣淪陷五十年談醫學的光彩〉，《紀事報（每週增刊）》，北平，第32期，1947年1月25日。

24.　本社，〈寫在刊首──我們發刊的話〉，《中流月刊》，北平，創刊號，1947年3月。

25.　本社，〈短評──打陳儀〉，《中流月刊》，北平，創刊號，1947年3月。

26.　本社，〈魏道明蒞台記〉，《紀事報（每週增刊）》，北平，第53期，1947年6月20日。

27.　本社，〈魏道明的豪語、五年改革台胞〉，《紀事報（每週增刊）》，北平，第56期，1947年7月12日。

28.　本社，〈白首偕老無望、一女侍自縊〉，《紀事報（每週增刊）》，北平，第57期，1947年7月19日。

29.　本社，〈台北──秘密浴室〉，《紀事報（每週增刊）》，北平，第76期，1947年11月29日。

30.　本社，〈台灣的三件事〉，《紀事報（每週增刊）》，北平，第26期，1947年12月14日。

31.　本社，〈日昌丸走私案內幕〉，《明報畫刊》，北平，第96期，1948年4月17日。

32.　本社，〈立委太后鄭毓秀〉，《明報畫刊》，北平，第103期，1948年6月5日。

33.　本社，〈政學系是怎樣的一個集團〉，《中國晨鐘月刊》，北平，第10卷8月號，1948年8月。

34.　本社，〈「花蓮港」拍攝完成〉，《明報畫刊》，北平，第120期，1948年10月9日。

35.　本社，〈台灣風景線──隱居台灣的陳誠將軍近況〉，《明報畫刊》，北平，第126期，1948年11月20日。

36.　本社，〈參觀台灣博覽會簡記〉，《明報畫刊》，北平，第126期，1948年11月20日。

37.　本社，〈到台灣以後的動向──陳誠和蔣經國蟄龍起奮〉，《時事觀察》，北平，第1號，1949年1月20日。

38.　本報，〈開創新紀元、台灣創建清眞寺〉，《月華週報》，北平，第30號，1948年4月26日。

39.　本報，〈中國回教史上新的一頁──回教打入台灣〉，《月華週報》，北平，第37號，1948年6月8日。

40.　本報，〈回教唯一作家、已應台灣大學之聘〉，《月華週報》，北平，第3號，1947年9月5日。

41.　本刊特約記者，〈台灣‧冒險家的樂園（台北通訊）〉，《自由批判旬刊》，北平，第1卷第11期，1948年12月1日。

42.　本報駐台灣通訊員，〈回教打入台灣之──第二次訪問郭秋興〉，《月華週報》，北平，第60號，1948年10月30日。

43.　正興，〈政學系的復興〉，《紀事報（每週增刊）》，北平，第20期，1946年11月2日。

44.　臺靜農，〈從「杵歌」說到歌謠的起源〉，《創作月刊》，北平，創刊號，1948年4月。

45.　曲厂，〈台灣的茶會──三月廿四日北平紀事報〉，《台灣二·二八大慘案──華北輿論集》，
　　　北平，特刊號，1947年4月20日。

46.　任鴻雋，〈我們的科學怎麼樣了〉，《中國學生》，北平，創刊號，1946年6月15日。

47.　呂季銘，〈氣憤填膺語台灣〉，《北方雜誌》，北平，第4期，1947年4月。

48.　沈嫄璋，〈台灣高山番族采風錄〉，《紀事報（每周增刊）》，北平，第22期，1946年11月16
　　　日。

49.　李何林，〈提供許壽裳先生兩年前在台被殺是政治性暗殺的種種事實〉，《觀察》，北京，第
　　　6卷第8期，1950年2月16日。

50.　李宜琛，〈論台籍的戰犯與漢奸〉，《法律知識》，北平，第1卷第5期，1947年4月1日。

51.　何吟，〈春在台灣〉，《生生畫刊》，北平，第30期，1948年3月28日。

52.　居燕，〈月間大事述要──國內〉，《中國建設》，北平，創刊號，1945年10月20日。

53.　林高陶，〈文化城的文化中心──國立北京大學〉，《天明月刊》，北平，第1卷第1期，1947
　　　年10月。

54.　林達薇，〈一艘不能移動的航空母艦〉，《中建半月刊》，北平，第1卷第10期，1948年12月5
　　　日。

55.　幸之，〈結婚奇俗〉，《長江月刊》，北平，第10期，1948年4月。

56.　吳世昌，〈論台灣的動亂〉，《台灣二·二八大慘案──華北輿論集》，北平，特刊號，1947
　　　年4月20日。

57.　金穎，〈台灣勞働訓導營〉，《台灣二·二八大慘案──華北輿論集》，北平，特刊號，1947
　　　年4月20日。

58.　金德璋，〈吳鳳的故事〉，《大中國月刊》，北平，創刊號，1947年6月6日。

59.　孟陶譯，〈維繫台灣安危的巴斯海峽〉，《369畫報》，北京，第31卷第6期，1945年2月23日。

60.　孟陶譯，〈美國之西南群島作戰論〉，《369畫報》，北京，第31卷第12期，1945年4月9日。

61.　皇甫嫋，〈不冒煙的煙囪──冷眼瞧台灣之一〉，《正論月刊》，北平，新8號，1948年8月。

62.　洪瀑，〈各地通訊──一個台灣國語推行員的信〉，《中流月刊》，北平，第2期，1947年4月。

63.　紀壽，〈週話──接收東北問題〉，《大地週報》，北平，創刊號，1945年12月1日。

64.　柯台山，〈論處理台灣事〉，《台灣二·二八大慘案──華北輿論集》，北平，特刊號，1947
　　　年4月20日。

65.　胡天，〈二·二八前夜的台灣〉，《台灣二·二八大慘案──華北輿論集》，北平，特刊號，
　　　1947年4月20日。

66.　釧庸，〈半月時評──台灣自治之聲〉，《現代知識半月刊》，北平，第2卷第12期，1948年4

月16日。

67. 純青，〈台灣民變真象鉤沉〉，《台灣二・二八大慘案——華北輿論集》，北平，特刊號，1947年4月20日。

68. 韋璧，〈天下事——日月潭遊踪〉，《北方雜誌》，北平，第2卷第5期，1947年11月。

69. 耿守銓，〈本刊成立編輯委員會的意義〉，《太平洋月刊》，北平，第1年第1期，1947年1月。

70. 高超，〈「阿山」台灣人之間〉，《中建半月刊》，北平，第1卷第4期，1948年9月5日。

71. 徐斌，〈吶喊——橫在人民中間的一道不可忽視的鴻溝〉，《太平洋月刊》，北平，第1年第1期，1947年1月。

72. 曹聚仁，〈從台灣揭開一頁外交秘史〉，《紀事報（每週增刊）》，北平，第24期，1946年11月30日。

73. 敏，〈史地——台灣簡述〉，《中國學生》，北平，第2卷第1期，1947年1月1日。

74. 梁永祿，〈台灣人的傾訴〉，《人言週刊》，北平，創刊號，1946年1月。

75. 達可，〈吳鐵城粵行之謎〉，《明報畫刊》，北平，第94期，1948年4月3日。

76. 琛，〈法律時評——從法律的角度望台灣〉，《法律知識》，北平，第1卷第4期，1947年3月15日。

77. 陶陶，〈各地通訊——台灣省的職業婦女〉，《婦聲月刊》，北平，第2卷第1期，1947年4月。

78. 陳天壽，〈台灣婚俗〉，《紀事報（每週增刊）》，北平，第25期，1946年12月7日。

79. 陳博生，〈我所見到慘敗的日本〉，《大地週報》，北平，創刊號，1945年12月1日。

80. 陳醒民，〈許壽裳案的審判人對於李何林文的補充〉，《觀察》，北京，第6卷第10期，1950年3月16日。

81. 斯恫，〈關於國旗〉，《大華週報》，北平，第4期，1945年11月3日。

82. 程文華，〈今日的台灣〉，《大中國月刊》，北平，創刊號，1947年6月6日。

83. 無我輯，〈世外桃源的台灣——「殺雞取卵」而激起的暴動〉，《現代知識半月刊》，北平，第1卷第2期，1947年5月16日。

84. 華子，〈麗島風光〉，《大中國月刊》，北平，第3期，1947年8月8日。

85. 越仁，〈台灣將成立影片公司〉，《紀事報（每週增刊）》，北平，第46期，1947年5月3日。

86. 雷凡，〈論國民黨〉，《太平洋月刊》，北平，第1年第2期，1947年2月。

87. 楊庭杏，〈台灣憲治的解剖〉，《台灣二・二八大慘案華北輿論集》，北平，特刊號，1947年4月20日。

88. 葉孤帆，〈專論——台灣省當前幾項緊要問題〉，《時代生活三日刊》，北平，第1卷第11號，1946年3月5日。

89. 葉孤帆，〈專論──台灣省當前幾項緊要問題〉，《時代生活三日刊》，北平，第1卷第12號，1946年3月8日。

90. 鳳炎，〈台灣最近物價的漲風〉，《台灣二‧二八大慘案──華北輿論集》，北平，特刊號，1947年4月20日。

91. 憬之，〈記許壽裳之死〉，《知識與生活半月刊》，北平，第23期，1948年3月16日。

92. 編者，〈怎樣懸掛國旗〉，《大華週報》，北平，第3期，1945年10月27日。

93. 編者，〈我們的話（創刊詞）〉，《大地週報》，北平，創刊號，1945年12月1日。

94. 編者，〈我們的話（發刊詞）〉，《人言週刊》，北平，創刊號，1946年1月。

95. 編者，〈人的呼聲──關於處理台灣人產業之意見書〉，《人言週刊》，北平，創刊號，1946年1月。

96. 編者，〈確定台灣同胞的身份〉，《人言週刊》，北平，第8期，1946年3月。

97. 編者，〈日本人的歸台夢〉，《時代生活三日刊》，北平，第3卷第13號，1946年10月12日。

98. 編者，〈世外桃源──台北〉，《時代生活三日刊》，北平，第3卷第19號，1946年10月30日。

99. 編者，〈台灣名勝角板山〉，《時代生活三日刊》，北平，第3卷第23號，1946年11月11日。

100. 編者，〈台灣的男婚女嫁、仍然保留著我國古風〉，《時代生活三日刊》，北平，第4卷第7號，1946年12月22日。

101. 編者，〈台灣的男婚女嫁、仍然保留著我國古風（續）〉，《時代生活三日刊》，北平，第4卷第8號，1946年12月25日。

102. 編者，〈台灣在十字路上〉，《時代生活三日刊》，北平，第4卷第18號，1947年1月28日。

103. 編者，〈內貫線來去記──台灣人對內地人、最初好感、其次惡感、現在反感〉，《時代生活三日刊》，北平，第5卷第5號，1947年3月22日。

104. 編者，〈發刊詞〉，《台灣二‧二八大慘案──華北輿論集》，北平，特刊號，1947年4月20日。

105. 編者，〈為台灣二‧二八大慘案敬告全國同胞書〉，《台灣二‧二八大慘案──華北輿論集》，北平，特刊號，1947年4月20日。

106. 編者，〈為台灣二‧二八大慘案敬告全國同學書〉，《台灣二‧二八大慘案──華北輿論集》，北平，特刊號，1947年4月20日。

107. 編　者，〈A PROCLAMATION OF NORTH AND NORTHEAST CHINA FORMOSA RESIDENTS ON THE FEBRUARY 28TH 1947 TRAGEDY〉，《台灣二‧二八大慘案──華北輿論集》，北平，特刊號，1947年4月20日。

108. 編者，〈台胞在華北及東北二‧二八大慘案發生後的活動經過概述〉，《台灣二‧二八大慘案──華北輿論集》，北平，特刊號，1947年4月20日。

109. 編者，〈聯合招待外國記者概況〉，《台灣二‧二八大慘案──華北輿論集》，北平，特刊號，

1947年4月20日。

110. 編者，〈致蔣主席白部長電〉，《台灣二‧二八大慘案——華北輿論集》，北平，特刊號，1947年4月20日。

111. 編者，〈隨時可以發生暴動的台灣局面〉，《台灣二‧二八大慘案——華北輿論集》，北平，特刊號，1947年4月20日。

112. 編者，〈由台灣寄到北平一封信〉，《台灣二‧二八大慘案——華北輿論集》，北平，特刊號，1947年4月20日。

113. 編者，〈「算」台灣的「命」〉，《台灣二‧二八大慘案——華北輿論集》，北平，特刊號，1947年4月20日。

114. 編者，〈台灣行署一年多的苛政、激起了台灣人民的憤怒〉，《台灣二‧二八大慘案——華北輿論集》，北平，特刊號，1947年4月20日。

115. 編者，〈台灣事件的分析〉，《台灣二‧二八大慘案——華北輿論集》，北平，特刊號，1947年4月20日。

116. 編者，〈台灣騷動的善後〉，《台灣二‧二八大慘案——華北輿論集》，北平，特刊號，1947年4月20日。

117. 編者，〈論台灣事件善後〉，《台灣二‧二八大慘案——華北輿論集》，北平，特刊號，1947年4月20日。

118. 編者，〈評台灣二二八事件〉，《台灣二‧二八大慘案——華北輿論集》，北平，特刊號，1947年4月20日。

119. 編者，〈誤天下蒼生者皆此輩也〉，《台灣二‧二八大慘案——華北輿論集》，北平，特刊號，1947年4月20日。

120. 編者，〈趕快解決台灣事件〉，《台灣二‧二八大慘案——華北輿論集》，北平，特刊號，1947年4月20日。

121. 編者，〈解決台變的方針〉，《台灣二‧二八大慘案——華北輿論集》，北平，特刊號，1947年4月20日。

122. 編者，〈再論台灣事件〉，《台灣二‧二八大慘案——華北輿論集》，北平，特刊號，1947年4月20日。

123. 編者，〈在論台變事件的善後〉，《台灣二‧二八大慘案——華北輿論集》，北平，特刊號，1947年4月20日。

124. 編者，〈唯民者察焉〉，《台灣二‧二八大慘案——華北輿論集》，北平，特刊號，1947年4月20日。

125. 編者，〈台灣問題的癥結〉，《台灣二‧二八大慘案——華北輿論集》，北平，特刊號，1947年4月20日。

126. 編者，〈罷免陳儀以甯台灣〉，《台灣二‧二八大慘案——華北輿論集》，北平，特刊號，1947年4月20日。

127. 編者，〈宣慰誰？誰偏狹〉，《台灣二‧二八大慘案——華北輿論集》，北平，特刊號，1947年4月20日。

128. 編者，〈台灣善後問題意見書〉，《台灣二‧二八大慘案——華北輿論集》，北平，特刊號，1947年4月20日。

129. 編者，〈爲台灣善後進一言〉，《台灣二‧二八大慘案——華北輿論集》，北平，特刊號，1947年4月20日。

130. 編者，〈台灣善後〉，《台灣二‧二八大慘案——華北輿論集》，北平，特刊號，1947年4月20日。

131. 編者，〈台灣醜事〉，《台灣二‧二八大慘案——華北輿論集》，北平，特刊號，1947年4月20日。

132. 編者，〈台灣事件〉，《台灣二‧二八大慘案——華北輿論集》，北平，特刊號，1947年4月20日。

133. 編　者，〈REFORMS FOR TAIWAN-from the China Weekly Review, Shanghai, Saturday, Mar. 15, 1947〉，《台灣二‧二八大慘案——華北輿論集》，北平，特刊號，1947年4月20日。

134. 編者，〈學生‧教授和二‧二八〉，《台灣二‧二八大慘案——華北輿論集》，北平，特刊號，1947年4月20日。

135. 編者，〈台灣十小時〉，《台灣二‧二八大慘案——華北輿論集》，北平，特刊號，1947年4月20日。

136. 編者，〈處委會闡明問題眞相、向中外廣播處理大綱〉，《台灣二‧二八大慘案——華北輿論集》，北平，特刊號，1947年4月20日。

137. 編者，〈我是怎樣親歷台灣事變的〉，《時代生活週刊》，北平，革新第1號，1947年5月4日。

138. 編者，〈我是怎樣親歷台灣事變的〉，《時代生活週刊》，北平，革新第2號，1947年5月11日。

139. 編者，〈台灣問題今後的處理〉，《時代生活週刊》，北平，革新第2號，1947年5月11日。

140. 編者，〈台灣問題今後的處理（續）〉，《時代生活週刊》，北平，革新第3號，1947年5月18日。

141. 編者，〈發刊辭〉，《大中國月刊》，北平，創刊號，1947年6月6日。

142. 編者，〈我們的呼聲——台灣與琉球〉，《青年半月刊》，北平，第3卷第8期，1947年11月15日。

143. 齊思和，〈台灣變亂的教訓〉，《台灣二‧二八大慘案——華北輿論集》，北平，特刊號，1947年4月20日。

144. 黎保，〈台灣的隱憂〉，《民主週刊》，北平，第6期，1946年3月18日。

145. 黎豎，〈台灣番區獵奇特輯〉，《紫羅蘭畫報三日刊》，北平，第19號，1946年12月9日。

146. 黎豎，〈天堂的地獄——澎湖〉，《紫羅蘭畫報三日刊》，北平，第19號，1946年12月9日。

147. 黎錦熙，〈國語運動對照「四行課本」建議〉，《文藝與生活》，北平，第4卷第1期，1947年2月。

148. 黎錦熙，〈國語運動五綱領〉，《文藝與生活》，北平，第4卷第2、3期合刊，1947年4月。

149. 鄧重熾，〈葬送〉，《太平洋月刊》，北平，第1年第3期，1947年3月。

150. 薛綏之，〈台灣人的悲哀〉，《台灣二‧二八大慘案——華北輿論集》，北平，特刊號，1947年4月20日。

151. 薛綏之，〈旅台雜記（台灣通訊）〉，《北方雜誌》，北平，第6期，1947年6月。

152. 薛綏之，〈替台灣中學生訴苦（台灣通訊）〉，《北方雜誌》，北平，第2卷第1期，1947年7月。

153. 蘇里曼，〈月華通訊——台灣畫面〉，《月華週報》，北平，第41號，1948年7月2日。

154. 蕭正誼，〈本刊發行的意義〉，《現代知識半月刊》，北平，創刊號，1947年5月1日。

155. 觀察編輯部，〈美帝在亞洲的新陰謀〉，《觀察》，北京，第6卷第11期，1950年4月1日。

（四）重慶出刊

1. Lowis Wood作，大公報譯，〈太平洋美軍的一次行動〉，《海軍雜誌》，重慶，第17卷第9期，1945年3月。

2. 文達譯，〈（密勒氏評論周刊）台灣——國民黨中央政府的試驗地〉，《民主星期刊》，重慶，第61期，1946年11月23日。

3. 子，〈台灣　老者〉，《人物雜誌》，重慶，第3年第2期，1948年2月。

4. 中國旅行社，〈旅行雜誌啓事〉，《旅行雜誌》，重慶，第18卷第6期，1944年6月。

5. 本社，〈特訊委員翁俊明同志〉，《中央黨務公報》，重慶，第6卷第19期，1944年10月1日。

6. 本社，〈世界海軍要聞——艦隊襲擊琉球台灣澎湖之輝煌戰果〉，《海軍雜誌》，重慶，第17卷第6期，1944年12月。

7. 本社，〈世界海軍要聞——美方發表美機襲台灣澎湖琉球呂宋雙方損失之統計〉，《海軍雜誌》，重慶，第17卷第6期，1944年12月。

8. 本社，〈世界海軍要聞——艦隊猛襲台灣之意義〉，《海軍雜誌》，重慶，第17卷第6期，1944年12月。

9. 本社，〈世界海軍要聞——文生談台灣在戰略上之重要性〉，《海軍雜誌》，重慶，第17卷

第6期，1944年12月。

10. 本社，〈世界海軍要聞——敵大本營發表「帝國海軍出動」台灣洋面〉，《海軍雜誌》，重慶，第17卷第6期，1944年12月。

11. 本社，〈世界海軍要聞——東京廣播美海空軍襲擊琉球台灣情況〉，《海軍雜誌》，重慶，第17卷第6期，1944年12月。

12. 本社，〈世界海軍要聞——航艦飛機襲台灣之戰果〉，《海軍雜誌》，重慶，第17卷第9期，1945年3月。

13. 本社，〈世界海軍要聞——東京廣播美艦隊襲台灣琉球之經過〉，《海軍雜誌》，重慶，第17卷第9期，1945年3月。

14. 本社，〈社評——不要再讓人民受勝利的災難〉，《古今談月刊》，重慶，第1第3期，1945年12月15日。

15. 本社，〈統制經濟與民主〉，《聯合經濟研究室通訊》，重慶，第5期，1946年9月。

16. 江潮，〈台灣「御史」楊亮功）〉，《人物雜誌》，重慶，第2年第5期，1947年5月。

17. 沙勒特作，掃蕩報譯，〈太平洋烽火迫近倭本土〉，《海軍雜誌》，重慶，第17卷第8期，1945年2月。

18. 杜振亞、吳建華，〈我們到台灣去——考試同年在中央訓練團台政班〉，《輔導通訊月刊》，重慶，第6期，1945年6月。

19. 易日，〈台灣概觀〉，《東方雜誌》，重慶，第41卷第17期，1945年9月。

20. 棗葉，〈鄭成功在台灣的今昔幸運觀〉，《人物雜誌》，重慶，第4年第3、4期合刊，1949年4月。

21. 芸生，〈菲律賓美日大海戰之研論〉，《海軍雜誌》，重慶，第17卷第6期，1944年12月。

22. 馬元樞，〈通訊選趣——願任台灣司法官〉，《輔導通訊月刊》，重慶，第5期，1945年3月。

23. 黃朝琴編譯，〈台灣之人口〉，《政治生活半月刊》，重慶，第2卷第4期，1945年3月16日。

24. 許同華，〈台灣舊事述略〉，《東方雜誌》，重慶，第41卷第17期，1945年9月。

25. 馮鑄，〈論東北問題〉，《大學月刊》，重慶，第5卷第2、3、4期合刊，1946年4月。

26. 程方，〈我國地方行政之幾個實際問題〉，《中國青年月刊》，重慶，第13卷第3期，1945年9月。

27. 陳幸西，〈站在軍事立場去認識台灣〉，《海軍雜誌》，重慶，第16卷第12期，1944年6月。

28. 陳純仁，〈台灣番人種類及其習俗〉，《旅行雜誌》，重慶，第19卷第5期，1945年5月。

29. 陳純仁，〈鄭成功論〉，《人物雜誌》，重慶，第3期，1946年5月。

30. 郭壽生，〈中國海防線與海權中心區域〉，《海軍雜誌》，重慶，第17卷第5期，1944年11月。

31. 郭壽生，〈論太平洋空前大海戰〉，《海軍雜誌》，重慶，第17卷第6期，1944年12月。

32. 郭壽生，〈菲律賓海戰眞相〉，《中央週刊》，重慶，第7卷第11、12期合刊，1945年3月30日。

33. 郭壽生，〈登陸華北〉，《中央週刊》，重慶，第7卷第21、22期合刊，1945年6月7日。

34. 張力田，〈台灣糖業概況〉，《工程》，重慶，第18卷第1期，1945年4月。

35. 鈺，〈台灣港口林局長打撈沉船的故事〉，《人物雜誌》，重慶，第3年第8、9期合刊，1948年9月。

36. 蔣君章，〈美軍登陸中國的有利地帶〉，《中國青年月刊》，重慶，第13卷第1期，1945年7月。

37. 遠東觀察週刊轉載，〈台灣問題〉，《國際問題參攷資料》，重慶，第522號，1945年6月23日。

38. 編者，〈創刊話〉，《人物雜誌》，重慶，第1期，1946年1月。

39. 編輯科，〈編者與讀者〉，《旅行雜誌》，重慶，第19卷第6期，1945年6月。

40. 編輯科，〈中國旅行社啓事〉，《旅行雜誌》，重慶，第19卷第4期，1945年4月。

41. 編輯科，〈本誌十大特色〉，《旅行雜誌》，重慶，第19卷第5期，1945年5月。

42. 潘委員公展，〈天快亮了！——三十三年八月十三日廣播〉，《中央黨務公報》，重慶，第6卷第16期，1944年8月16日。

43. 蔡鴻幹，〈現階段美日海戰之檢討〉，《海軍雜誌》，重慶，第17卷第6期，1944年12月。

44. 矯漢治，〈台灣島〉，《政治生活半月刊》，重慶，第1卷第4期，1944年9月1日。

45. 懷詩，〈論陳誠〉，《人物雜誌》，重慶，第3年第8、9期合刊，1948年9月，頁37-40。

（五）台北出刊

1. 毛文昌，〈關於今後台灣教育的我見〉，《建國月刊》，台北，第1卷第3期，1947年12月。

2. 王泳，〈國立台灣大學〉，《建國月刊》，台北，第1卷第2期，1947年11月。

3. 王家儁，〈我們的學校〉，《建國月刊》，台北，第1卷第3期，1947年12月。

4. 中國製糖技術協會，〈戰後全國製糖工業的五年計劃〉，《台灣糖業季刊》，台北，創刊號，1947年10月。

5. 巨淵，〈烏來獵影〉，《旅行雜誌》，台北，第24卷第3期，1950年3月。

6. 本社，〈爲台省盡心服務的船員們速寫之一〉，《海事》，台北，第2期，1947年4月。

7. 本社，〈追悼林所長秉衡君殉職專刊〉，《氣象通訊月刊》，台北，第2卷第9期，1947年9月。

8. 本社，〈在艱苦中成長——代本局二週年紀念獻辭〉，《氣象通訊月刊》，台北，第2卷第11期，1947年11月。

9.　本社，〈台灣省各港進出口船舶查驗聯合辦公處組織及辦事細則〉，《海事》，台北，第8期，1947年12月。

10.　本社，〈本局第二次台所長會議──石局長致開幕詞〉，《氣象通訊月刊》，台北，第2卷第12期，1947年12月。

11.　本社，〈本局第二次台所長會議──石局長致閉幕詞〉，《氣象通訊月刊》，台北，第3卷第1期，1947年12月。

12.　本社，〈台灣省各港進出口船舶查驗聯合辦公處組織及辦事細則〉，《海事》，台北，第8期，1947年12月。

13.　本公司經濟研究室，〈光復以來之台灣糖業〉，《台灣糖業季刊》，台北，創刊號，1947年10月。

14.　台灣省立工學院，《台灣省立工學院院刊》，第1卷第3期，1947年6月15日。

15.　台灣省國語推行委員會，〈魏主任委員在北平〉，《國語通訊》，台北，第3期，1947年2月。

16.　台灣銀行金融研究室，〈台灣省營工礦企業概況（資料）〉，《台灣銀行季刊》，台北，第1卷第3期，1947年12月。

17.　台灣糖業公司，〈參考資料〉，《台灣糖業季刊》，台北，第1卷第2期，1948年1月。

18.　沈雲龍主編，〈二二八事變圖照專輯〉，《台灣月刊》，台北，第6期，1947年4月10日。

19.　李家盛、梁濟嬡、商漢圖，〈調查報告──台灣省乾旱氣象調查〉，《氣象通訊月刊》，台北，第3卷第6期，1948年6月。

20.　迅之，〈東台紀行〉，《氣象通訊月刊》，台北，第2卷第6期，1947年6月。

21.　林茂生，〈三個「Tion」〉，《成功月刊》，台北，創刊號，1946年12月15日。

22.　林博修，〈給外省的小朋友〉，《成功月刊》，台北，創刊號，1946年12月15日。

23.　明心，〈世態一幅──賣燒肉粽〉，《建國月刊》，台北，第1卷第4期，1948年1月。

24.　周而親，〈介紹台灣省立台北女子師範學校〉，《建國月刊》，台北，第1卷第5期，1948年2月。

25.　洪波，〈記台灣省博覽會〉，《電信界》，台北，第7卷第3期，1948年12月。

26.　柯豪，〈中華民國三十六年之回顧與前瞻〉，《建國月刊》，台北，第1卷第4期，1948年1月。

27.　徐昭，〈談台灣文化〉，《建國月刊》，台北，第1卷第2期，1947年11月。

28.　徐蔭祥，〈太平洋波濤壯闊・花蓮港明媚風光〉，《旅行雜誌》，台北，第24卷第3期，1950年3月。

29.　旅行雜誌社，《旅行雜誌》，台北，第24卷3月號，1950年3月。

30.　黃強，〈高雄市之過去現在將來〉，《建國月刊》，台北，第1卷第2期，1947年11月。

31.　鈕先銘，〈從南京失守說到台灣光復〉，《建國月刊》，台北，第1卷第4期，1948年1月。

32. 甡甡，〈「內地」與「內地人」〉，《新新》，台北，第2卷第1期，1947年1月。

33. 陳斯祿，〈台灣國防力概論〉，《建國月刊》，台北，第2卷第3期，1948年6月。

34. 陳學明，〈綠蔭叢中的嘉義〉，《旅行雜誌》，台北，第24卷第3期，1950年3月。

35. 遊子，〈兩年之感〉，《建國月刊》，台北，第1卷第2期，1947年11月。

36. 經海，〈讀港政管理研究書後〉，《海事》，台北，第8期，1947年12月。

37. 楊宣誠，〈參加開羅會議經過——應台省警備司令部新聞處之邀在中山堂講〉，《建國月刊》，台北，第1卷第5期，1948年2月。

38. 鈕先銘，〈從南京失守說到台灣光復〉，《建國月刊》，台北，第1卷第4期，1948年1月。

39. 程其恆，〈春遊南山碧水〉，《旅行雜誌》，台北，第24卷第3期，1950年3月。

40. 詹志雄，〈漫談台灣的教育〉，《建國月刊》，台北，第1卷第4期，1948年1月。

41. 遊客，〈從伊藤博文的遊台詩說到建設新台灣的文化〉，《建國月刊》，台北，第1卷第3期，1947年12月。

42. 蒼生，〈我談五年計劃〉，《海事》，台北，第2期，1947年4月。

43. 鄒惕永，〈心聲——寫給台灣青年的一封信〉，《建國月刊》，台北，第1卷第5期，1948年2月。

44. 編者，〈發刊辭——東南風吹起〉，《東南風》，台北，創刊號，1948年1月12日。

45. 編者，〈朱部長視察台灣大學〉，《東南風》，台北，創刊號，1948年1月12日。

46. 編者，〈悼許季茀先生〉，《國立台灣大學校刊（半月刊）》，台北，第9期，1948年3月1日。

47. 顏市，〈台灣的糖業〉，《建國月刊》，台北，第1卷第5期，1948年2月。

48. 魏道明，〈求謀經濟安定推進復興工作——三十六年十二月三日上午八時台灣省參議會第四次大會施政總報告全文〉，《建國月刊》，台北，第1卷第4期，1948年1月。

49. 觀察，〈百字評——送往迎來〉，《海事》，台北，第2期，1947年4月。

（六）香港出刊

1. 丁作韶，〈外省人看台灣——縱譚台灣的風景〉，《旅行雜誌》，香港，第24卷第1期，1950年1月。

2. 之芬，〈基隆通訊——台灣所見〉，《羣眾週刊》，香港，第2卷第14期（總第64期），1948年4月15日。

3. 力，〈時評：邊疆問題與自治〉，《人道》，香港，第15期，1948年4月23日。

4. 文飛，〈台北通訊——台灣的痛苦和希望〉，《羣眾週刊（航空版）》，香港，第3卷第2期，

1949年3月28日。

5.　中國旅行社，《旅行雜誌》，香港，第23卷7月號，1949年7月。

6.　王就民，〈美帝國主義的侵略與台灣人民的生路〉，《新台灣》，香港，新台灣叢刊第1輯，1947年9月25日。

7.　王蕃薯，〈兩個婦女在民變中的活動〉，《新台灣》，香港，新台灣叢刊第1輯，1947年9月25日。

8.　幼卿，〈台灣之燃煤〉，《人道》，香港，第13期，1948年4月9日。

9.　本社，〈發刊詞〉，《民潮月刊》，香港，第1期，1946年9月15日。

10.　本社，〈台灣自治運動——解放日報十日社論〉，《羣眾週刊》，香港，第9期，1947年3月27日。

11.　本社，〈台灣運港貨物概須申請結匯〉，《經濟導報週刊》，香港，第27期，1947年7月3日。

12.　本社，〈社論：大團結，大踏步前進——祝中國人民政治協商會議開幕〉，《羣眾週刊》，香港，第3卷第40期（總第140期），1949年9月29日。

13.　本社，〈中華人民共和國開國盛典——人民政協在平隆重開幕〉，《羣眾週刊》，香港，第3卷第40期（總第140期），1949年9月29日。

14.　本社，〈毛主席致開幕詞〉，《羣眾週刊》，香港，第3卷第40期（總第140期），1949年9月29日。

15.　本社，〈譚平山報告：政治協商會議組織法起草經過和主要內容〉，《羣眾週刊》，香港，第3卷第40期（總第140期），1949年9月29日。

16.　本社，〈董必武報告：中央人民政府組織法草擬的經過及其內容〉，《羣眾週刊》，香港，第3卷第40期（總第140期），1949年9月29日。

17.　本社，〈第三野戰軍首席代表粟裕發言〉，《羣眾週刊》，香港，第3卷第40期（總第140期），1949年9月29日。

18.　本社，〈台灣民主自治同盟首席代表謝雪紅發言〉，《羣眾週刊》，香港，第3卷第40期（總第140期），1949年9月29日。

19.　本社，〈周恩來報告：共同綱領起草經過和主要內容〉，《羣眾週刊》，香港，第3卷第41期（總第141期），1949年10月6日。

20.　本社，〈社論：排除萬難，做好工作，大力建設——慶祝中華人民共和國成立〉，《羣眾週刊》，香港，第3卷第41期（總第141期），1949年10月6日。

21.　本報集體討論，〈工業南逃問題〉，《經濟導報週刊》，香港，第72期，1948年5月25日。

22.　平石空，〈台主席易人之謠〉，《新聞天地週刊》，香港，第70期，1949年6月18日。

23.　伍稼青，〈龍湖秋泛〉，《旅行雜誌》，香港，第24卷第2期，1950年2月。

24. 西門柳，〈總統復位與西南大局〉，《新聞天地週刊》，香港，第91期，1949年11月11日。

25. 西門聖，〈鄭成功的聖火〉，《新聞天地週刊》，香港，第73期，1949年7月9日。

26. 西門聖，〈台灣的政治行情〉，《新聞天地週刊》，香港，第96期，1949年12月20日。

27. 米谷，〈大變化的一年（漫畫）〉，《羣眾週刊》，香港，第2卷第3期（總第53期），1948年1月29日。

28. 有為，〈台灣學生在民變中的活動〉，《新台灣》，香港，第1輯，1947年9月25日。

29. 巧軍，〈台灣的特務和監牢〉，《羣眾週刊》，香港，第2卷第38期（總第88期），1948年9月30日。

30. 志中，〈台北通訊——蔣美在台灣的陰謀〉，《羣眾週刊》，香港，第37期，1947年10月9日。

31. 志中，〈紀念「二・二八」台灣民變〉，《羣眾週刊》，香港，第2卷第7期（總第57期），1948年2月26日。

32. 志中，〈回憶「二二八」民變〉，《新台灣》，香港，第1輯，1947年9月25日。

33. 余從風，〈陳誠・台灣・社會主義〉，《新聞天地週刊》，香港，第70期，1949年6月18日。

34. 呂以太，〈海口與台北間〉，《新聞天地週刊》，香港，第97期，1949年12月27日。

35. 李芸生，〈新店碧潭印痕〉，《旅行雜誌》，香港，第23卷第7期，1949年7月。

36. 李濟深，〈全國人民的出路〉，《新台灣》，香港，第1輯，1947年9月25日。

37. 其善，〈異地書簡——台灣來鴻〉，《光明報》，香港，新9號，1946年12月8日。

38. 易君左，〈北投與草山〉，《旅行雜誌》，香港，第23卷第7期，1949年7月。

39. 林以民，〈美帝國主義對台灣的侵略〉，《羣眾週刊》，香港，第2卷第7期（總第57期），1948年2月26日。

40. 吳明，〈反動派還有多少本錢？〉，《光明報半月刊》，香港，新3卷第5期，1949年5月1日。

41. 吳小敏，〈民變後台灣人民的傾向〉，《新台灣》，香港，第1輯，1947年9月25日。

42. 東美，〈耕者有其田、工者有其食——台灣具有「東方之樂園」的基礎條件〉，《新台灣》，香港，第1輯，1947年9月25日。

43. 周元，〈台灣還是反動派最後的「軍事堡壘」嗎〉，《光明報半月刊》，香港，新3卷第5期，1949年5月1日。

44. 周日常，〈「恢復對日貿易」與台灣〉，《新台灣》，香港，第1輯，1947年9月25日。

45. 胡為，〈台灣桂林重慶〉，《新聞天地週刊》，香港，第93期，1949年11月29日，頁7。

46. 胡為，〈諾蘭滿意台灣〉，《新聞天地週刊》，香港，第94期，1949年12月6日。

47. 俊英，〈水深火熱中的台胞〉，《羣眾週刊》，香港，第8期，1947年3月20日。

48. 紀鴻，〈蔣介石統治台灣的破產〉，《羣眾週刊》，香港，第8期，1947年3月20日。

49.　邱星明，〈馬鴻逵舉家飛台北〉，《新聞天地週刊》，香港，第88期，1949年10月25日。

50.　邱星明，〈救火不能分家〉，《新聞天地週刊》，香港，第93期，1949年11月29日。

51.　馬敘倫〈悼許季茀先生〉，《光明報半月刊》，香港，新1卷第1期，1948年3月1日。

52.　晚蘋，〈台灣的佛國獅頭山〉，《旅行雜誌》，香港，第24卷第2期，1950年2月。

53.　秦牧，〈從民謠看民心〉，《羣眾週刊》，香港，第35期，1947年9月25日。

54.　秦蕪，〈蛇鼠橫行的「大夏」〉，《羣眾週刊》，香港，第44期，1947年11月27日。

55.　荷音，〈台北夜色〉，《旅行雜誌》，香港，第23卷第7期，1949年7月。

56.　高山，〈台灣解放鬥爭與全國解放鬥爭〉，《光明報半月刊》，香港，新2卷第9期，1949年1月1日。

57.　旅行雜誌社，《旅行雜誌》，香港，第23卷11月號，1949年11月。

58.　凌雲，〈圓山風景線——介紹台北招待所〉，《旅行雜誌》，香港，第23卷第7期，1949年7月。

59.　徐蔭祥，〈東台灣行腳〉，《旅行雜誌》，香港，第23卷第7期，1949年7月。

60.　徐蔭祥，〈台島中心地帶巡禮〉，《旅行雜誌》，香港，第23卷第8期，1949年8月。

61.　琅玕，〈從寶島到香島〉，《旅行雜誌》，香港，第23卷第8期，1949年8月。

62.　黃妙賢，〈雞鳴欲曙天——祖國時局概述〉，《新台灣》，香港，第1輯，1947年9月25日。

63.　黃鎮中，〈台灣樟腦的製法〉，《經濟專報週刊》，香港，第1期，1947年1月1日。

64.　黃榮燦，〈記火燒島〉，《旅行雜誌》，香港，第23卷第7期，1949年7月。

65.　郇勞，〈福建沿海之戰與解放台灣〉，《羣眾週刊》，香港，第3卷第36期（總第136期），1949年9月1日。

66.　舜英，〈台灣印象〉，《民潮月刊》，香港，第6、7期合刊，1947年4月5日。

67.　章閔，〈國代在台灣〉，《新聞天地週刊》，香港，第72期，1949年7月2日。

68.　莊嘉農，〈談台灣解放問題〉，《光明報半月刊》，香港，新2卷第11期，1949年2月1日。

69.　翌，〈時與潮——聲援台灣同胞〉，《民潮月刊》，香港，第6、7期合刊，1947年4月5日。

70.　朝新，〈入海還是上山——論蔣李的逃跑計畫〉，《羣眾週刊》，香港，第3卷第24期（總第124期），1949年6月9日。

71.　陳小蝶，〈參觀日月潭水位〉，《旅行雜誌》，香港，第23卷第7期，1949年7月。

72.　陳小蝶，〈台南行〉，《旅行雜誌》，香港，第23卷第8期，1949年8月。

73.　陳定山，〈台南詩巒〉，《旅行雜誌》，香港，第23卷第12期，1949年12月。

74.　陳新唐，〈新台灣！〉，《新台灣》，香港，新台灣叢刊第1輯，1947年9月25日。

75.　程其恆，〈壯遊阿里山（上篇）〉，《旅行雜誌》，香港，第23卷第11期，1949年11月。

76. 程其恆，〈壯遊阿里山（下篇）〉，《旅行雜誌》，香港，第23卷第12期，1949年12月。

77. 曾其新，〈考察台灣之感想〉，《廣西農業通訊》，桂林，第7卷春夏季合刊，1948年6月30日。

78. 經濟座談會記錄，〈論目前經濟形勢〉，《經濟導報週刊》，香港，第98期，1948年11月23日。

79. 葉又枚，〈旅台吟什〉，《旅行雜誌》，香港，第23卷第11期，1949年11月。

80. 張韶，〈台北遊展〉，《旅行雜誌》，香港，第23卷第7期，1949年7月。

81. 張士超，〈淡水漫步海水浴場〉，《旅行雜誌》，香港，第23卷第6期，1949年6月。

82. 張士超，〈台北飛花蓮〉，《旅行雜誌》，香港，第24卷第1期，1950年1月。

83. 張利耳，〈總裁立委草山一席談〉，《新聞天地週刊》，香港，第93期，1949年11月29日。

84. 張禮大，〈且看金山第一鋒〉，《旅行雜誌》，香港，第23卷第9期，1949年9月。

85. 新華社，〈評蔣介石「下台」〉，《雙簧（羣眾週刊）》，香港，總第105輯，1949年1月25日。

86. 新華社社論，〈決不容許外國侵略中國的領土——西藏〉，《羣眾週刊》，香港，第3卷第37期（總第137期），1949年9月8日。

87. 新華社時評，〈中國人民一定要解放台灣〉，《羣眾週刊》，香港，第3卷第13期（總第113期），1949年3月24日。

88. 楊羣，〈痛苦的台灣〉，《民潮月刊》，香港，第11期，1947年8月。

89. 彰風，〈華南形勢發展的最後階段〉，《羣眾週刊》，香港，第3卷第24期（總第124期），1949年6月9日。

90. 趙定明，〈新竹採茶賽〉，《旅行雜誌》，香港，第23卷第7期，1949年7月。

91. 趙定明，〈曇花一現記〉，《旅行雜誌》，香港，第23卷第9期，1949年9月。

92. 廖南堯，〈台灣託管謠言滿天〉，《新聞天地週刊》，香港，第89期，1949年11月1日。

93. 蔣君章，〈鄭延平郡王父子保障台灣的戰略〉，《民主評論半月刊》，香港，第1卷第4期，1949年8月1日。

94. 憬之，〈台灣見聞〉，《脫胎換骨（羣眾週刊）》，香港，總第58輯，1948年3月5日。

95. 編者，〈短評——用不着「煽動」〉，《羣眾週刊》，香港，第8期，1947年3月20日。

96. 編者，〈短評——恐怖的台灣〉，《羣眾週刊》，香港，第10期，1947年4月3日。

97. 編者，〈短評——美國侵略台灣的陰謀〉，《羣眾週刊》，香港，第28期，1947年8月7日。

98. 編者，〈學聯告台灣同學書〉，《新台灣》，香港，第1輯，1947年9月25日。

99. 編者，〈全國學聯的成長〉，《新台灣》，香港，第1輯，1947年9月25日。

100. 編者，〈台灣四天地〉，《新台灣》，香港，第1輯，1947年9月25日。

101. 編者，〈台灣消息〉，《新台灣》，香港，第1輯，1947年9月25日。

102. 編者，〈短評——反對「台灣託管」陰謀〉，《羣眾週刊》，香港，第37期，1947年10月9日。

103. 編者，〈人民解放軍秋冬季攻勢形勢圖〉，《十人橋（羣眾週刊）》，香港，第100輯，1948年12月23日。

104. 談輝，〈台灣一定要解放〉，《論品質（羣眾週刊）》，香港，總第107輯，1949年2月12日。

105. 曉年，〈台灣的壟斷資本——「省營」台灣工礦公司〉，《經濟導報週刊》，香港，第131期，1949年7月26日。

106. 曉年，〈台灣的壟斷資本——「省營」台灣工礦公司（一續）〉，《經濟導報週刊》，香港，第133期，1949年8月9日。

107. 曉年，〈台灣的壟斷資本——「省營」台灣工礦公司（二續）〉，《經濟導報週刊》，香港，第134期，1949年8月16日。

108. 曉年，〈台灣的壟斷資本——「省營」台灣工礦公司（三續）〉，《經濟導報週刊》，香港，第135期，1949年8月23日。

109. 曉年，〈台灣的壟斷資本——「省營」台灣工礦公司（續完）〉，《經濟導報週刊》，香港，第136期，1949年8月30日。

110. 蔯篠，〈漁家傲——淡水浴場〉，《旅行雜誌》，香港，第23卷第12期，1949年12月。

111. 鄭克修〈揭穿台灣親美派的陰謀〉，《光明報半月刊》，香港，新2卷第8期，1948年12月16日。

112. 錢歌川，〈赤崁城遊屐〉，《旅行雜誌》，香港，第23卷第7期，1949年7月。

113. 潘毅華，〈烏來一日游〉，《旅行雜誌》，香港，第23卷第9期，1949年9月。

114. 劉濟生，〈與菲島隔海相望——蘭嶼島浮雕〉，《旅行雜誌》，香港，第24卷第2期，1950年2月。

115. 羅西，〈基隆通訊——美帝軍事侵台實況〉，《羣眾週刊》，香港，第2卷第49期（總第99期），1948年12月16日。

116. 嚴孫，〈蔣死黨招募日軍的前因後果〉，《羣眾週刊》，香港，第3卷第39期（總第139期），1949年9月22日。

117. 羅伯特，〈如果人人都像閻百川〉，《新聞天地週刊》，香港，第79期，1949年8月20日。

118. 魏遂新，〈胡適·自由·自由黨〉，《新聞天地週刊》，香港，第94期，1949年12月6日。

（七）其他地方出刊

1. A. 伏羅卡也維夫斯基作，徐鈞譯，〈南朝鮮遊記〉，《生活雜誌》，遼寧安東，第1卷第4期，1948年11月。

2. Dooman, Barton Coull 合著，譯自美國國務院公報，〈台灣——新光復的一省〉，《讀者》，

漢口，試版第4號，1945年11月16日。

3. F. C.，〈台灣的高中教育問題〉，《生活與時代旬刊》，長沙，第1卷第2期，1948年9月11日。

4. John W. Powell作，守一譯，〈台灣需要好政府〉，《湖北論壇》，漢口，第2卷第4期，1947年4月1日。

5. Zd Vic Sdnejenyon著，尹明譯，〈台灣經濟〉，《金融匯報》，長沙，第28期，1946年10月16日。

6. 山仁，〈蔣介石的把戲〉，《文藝雜誌》，無出版地，第2卷第4期，1946年12月。

7. 中國旅行社，《旅行雜誌》，桂林，第16卷第9期，1942年9月。

8. 文秀端，〈目前的東北問題〉，《大陸評論》，四川樂山，第4、5期合刊，1946年4月15日。

9. 子路，〈孫立人這樣訓練軍隊〉，《社會評論半月刊》，長沙，第79期，1948年12月1日。

10. 子薯，〈我國戰前戰後的水泥工業〉，《工業月刊》，天津，第4卷第6期，1947年6月。

11. 壬子，〈接收要幾年〉，《大觀報（原名大觀樓旬刊）》，昆明，新第2期，1946年2月28日。

12. 王易，〈還是貪污〉，《文聯週刊》，天津，第1卷第7、8期合刊，1945年12月7日。

13. 本社，〈一週瞭望——美國出襲下的台灣〉，《昆明週報》，昆明，第100期，1944年10月21日。

14. 本社，〈勝利後國語教育第一道法令〉，《國語週刊》，蘭州，第36期，1945年10月29日。

15. 本社，〈勝利前後國語推行委員會改組文件〉，《國語週刊》，蘭州，第46期，1946年1月7日。

16. 本社，〈台灣推行國語近況〉，《國語週刊》，蘭州，第58、59期合刊，1946年4月10日。

17. 本社，〈蔣主席的四項諾言之一〉，《民言半月刊》，天津，第6期，1946年4月10日。

18. 本社，〈國民黨施政的檢討〉，《民言半月刊》，天津，第6期，1946年4月10日。

19. 本社，〈各省紛謀加強合作行政機構〉，《河南合作半月刊》，開封，新1卷第1期，1946年6月16日。

20. 本社，〈合作天地〉，《河南合作半月刊》，開封，新1卷第3期，1946年7月16日。

21. 本社，〈合作天地〉，《河南合作半月刊》，開封，新1卷第4期，1946年8月1日。

22. 本社，〈邊疆政治的嚴重問題〉，《星報週報》，漢口，第30期，1947年3月16日。

23. 本社，〈各地通訊——台灣女人多〉，《湖南青年》，長沙，第7卷第10期，1947年2月12日。

24. 本社，〈白部長飛台灣處理善後〉，《星報週報》，漢口，第31期，1947年3月23日。

25. 本社，〈張學良在台近況〉，《工人週刊》，天津，第12期，1947年6月8日。

26. 本社，〈經建一月：五省農業考察團考察台灣省經過〉，《經濟建設》，廣州，第2卷第5期，1948年5月。

27. 本社，〈粵台物資交換計劃、兩省主席完全同意〉，《開平華僑月刊》，廣東開平，第2卷第6、7期合刊，1948年7月。

28. 本社，〈台灣造紙工業〉，《工人週刊》，天津，第21期，1948年8月28日。

29. 本刊，〈台南烏山頭水庫貯水池工程已全部竣工〉，《福建善救月刊》，福州，第5期，1947年6月1日。

30. 本局，〈中國沿海港口調查表〉，《港工》，青島，創刊號，1947年7月1日。

31. 台灣寄，〈台亂斷影錄〉，《島聲旬刊》，青島，第6期，1947年4月30日。

32. 台高同學會，〈論中醫問題〉，《大眾醫學》，廣州，第2卷第1期，1947年1月。

33. 台灣省教育攷察團，〈台灣教育攷察報告〉，《教育研究》，廣州，第110期，1948年9月1日。

34. 衣城，〈台灣是誰的國土〉，《文聯半月刊》，天津，革新第2號，1946年3月15日。

35. 羊卜，〈一週間：黑寡婦乘聖揚威〉，《大義》，成都，第6期，1945年3月31日。

36. 安圖審，〈談談台灣〉，《進脩》，印尼巴城，第1卷第3期，1949年9月10日。

37. 有年，〈台變的教訓〉，《湖北論壇》，漢口，第2卷第4期，1947年4月1日。

38. 年鴻，〈台灣事變〉，《社會評論半月刊》，長沙，第39期，1947年4月1日。

39. 辛烽，〈張嫄與政學系〉，《大美週報》，漢口，第1卷第9期，1947年7月。

40. 呂汗英，〈讓五星紅旗遍插全中國——面臨解放的西南形勢〉，《民主青年十日刊》，大連，第81期，1949年9月18日。

41. 言穆淵，〈黃金潮與黃金政策〉，《民友月刊》，成都，第2號，1947年4月。

42. 李石立，〈台灣的偉大〉，《社會評論半月刊》，長沙，第66期，1948年5月16日。

43. 李亞先、李亞民記，〈一年來的往來帳（下）〉，《民主青年十日刊》，大連，第24期，1948年3月8日。

44. 李振業，〈台灣經濟鳥瞰：中山大學台灣經濟攷察團報告之一〉，《經濟建設》，廣州，第3卷第3期，1948年9月。

45. 李潤海，〈工業通信——海水利用在台灣〉，《工業月刊》，天津，第5卷第11期，1948年11月。

46. 何陋室主，〈旅台雜記〉，《民治週刊》，天津，第2卷第11、12期合刊，1948年1月4日。

47. 林佛士，〈台灣的女子職業〉，《十月風月刊》，南昌，新6期，1948年10月。

48. 林敏中，〈台灣郵政史略〉，《廣州郵刊》，廣州，第3期，1947年6月。

49. 吳清友，〈新中國的民族政策〉，《大學月刊》，成都，第4卷第5、6期合刊，1945年9月。

50. 吳覺農，〈戰後茶葉建設計劃草案〉，《茶葉研究》，福建，第3卷第1、2、3期合刊，1945年3月。

51. 易方，〈台灣事變的眞相〉，《湖南青年》，長沙，第7卷第12期，1947年4月20日。

52. 明竭，〈台灣公教人員待遇〉，《旅行月刊》，福建雲霄，第3卷第4、5期合刊，1948年2月。

53. 周衍權，〈台灣光復紀念郵票〉，《廣州郵刊》，廣州，第7期，1948年1月。

54. 美國海軍中尉George Kerr作，喻德基譯，〈台灣面面觀——一個美國人為中國重建台灣設計構圖〉，《讀者》，漢口，試版第5號，1945年12月16日。

55. 柳亞子，〈海國英雄敍〉，《黃河》，西安，第1卷第12期，1941年2月。

56. 柳亞子，〈「海國英雄」序〉，《大千雜誌》，桂林，第2期，1943年7月。

57. 柳培潛，〈從工商業不景氣說到台灣工礦事業前途的展望〉，《經建季刊》，南昌，第2期，1947年1月。

58. 胡長怡，〈什麼叫合作事業〉，《河南合作半月刊》，開封，新2卷第4、5期合刊，1947年7月5日。

59. 袁允中，〈南航紀行〉，《海校校刊》，青島，第1卷第10期，1948年10月。

60. 致果，〈台灣通訊〉，《一週間》，長春，第7期，1946年8月。

61. 桂子，〈阿里山掠影〉，《民教月刊》，台南，第1期，1948年1月。

62. 麥可康凱著，李振邦譯，〈台灣對於華南作物與牲畜改進之貢獻〉，《經濟建設》，廣州，第2卷第5期，1948年5月。

63. 麥康基著，李振邦譯，〈華南台灣農業考察團報告〉，《經濟建設》，廣州，第2卷第5期，1948年5月。

64. 彬如，〈新聞點滴——台省工業漸復舊觀〉，《中國工程師學會武漢分會會刊——工程》，武漢，第3、4期合訂本，1947年4月。

65. 許爾清，〈台灣及其自然資源的發展〉，《工業月刊》，天津，第4卷第7期，1947年7月。

66. 晚，〈台公務員跳車自殺〉，《大美週報》，漢口，第1卷第3期，1947年6月。

67. 孫伏蘭，〈許壽裳先生〉，《人物季刊》，成都，第2卷第5期，1948年春季。

68. 孫伏園，〈國語運動人人有責〉，《國語週刊》，蘭州，第32期，1945年10月1日。

69. 孫伏園，〈記許壽裳先生〉，《黃河》，西安，復刊第3期，1948年5月。

70. 陳炯帆，〈發刊詞〉，《一週間》，長春，第1期，1946年1月。

71. 陳舜年，〈戰後國茶外銷展望——從統計數字中觀察〉，《茶葉研究》，福建，第1卷第2、3期合刊，1944年3月。

72. 雲坡，〈遷怒與回敬〉，《湖北論壇》，漢口，第2卷第4期，1947年4月1日。

73. 新聞天地，〈台灣的女人〉，《讀者》，漢口，第2卷第5期，1946年7月下半月。

74. 楊森，〈東北台灣之行——市政建設和一般觀感〉，《貴州建設月刊》，貴陽，第1卷第5、6期合刊，1947年1月。

75. 資料室輯，〈半月大事記（1946年3月1日-15日）〉，《民言半月刊》，天津，第4、5期合刊，1946年3月16日。

76. 張伯鈞，〈台北素描〉，《生活與時代旬刊》，長沙，第1卷第5期，1948年10月11日。

77. 張寶田，〈全國航政會議記實〉，《港工》，青島，第1卷第2期，1947年10月1日。

78. 蔡經濟，〈發刊詞〉，《工商經濟》，廣州，創刊號，1947年5月15日。

79. 蔣中正手訂，〈蔣委員長手訂合作指導人員工作信條〉，《河南合作》，洛陽，第1期，1940年5月。

80. 趙則誠，〈地理常識：中國的左腳——台灣〉，《生活報五日刊》，哈爾濱，第58期，1949年3月21日。

81. 熊襄龍，〈台灣農業改良與發展〉，《廣西農業通訊》，桂林，第7卷春夏季合刊，1948年6月30日。

82. 編者，〈抗戰形勢圖〉，《衢民旬刊》，浙江衢縣，創刊號，1939年1月5日。

83. 編者，〈一二·一慘案實錄〉，《文林》，大連，第1期，1946年6月5日。

84. 編者，〈台灣鋁業公司積極恢復生產〉，《工業月刊》，天津，第4卷第2期，1947年2月。

85. 編者，〈鄭毓秀女中丈夫〉，《民治週刊》，天津，第1卷第11期，1947年6月1日。

86. 編者，〈台灣二三事〉，《民治週刊》，天津，第2卷第10期，1947年12月14日。

87. 編者，〈旅台院友日增〉，《文理學院院刊》，廣州，第19期，1948年5月20日。

88. 編輯室，〈撤銷公賣局、換來公賣費——台灣人又眷念陳儀了〉，《島聲旬刊》，青島，第12期，1947年10月31日。

89. 編輯室，〈內地工廠大量遷台灣〉，《工商經濟》，廣州，第2卷第6期，1948年11月1日。

90. 編輯部，〈校聞——王維屏先生講台灣問題〉，《國立浙江大學校刊》，遵義，復刊第130期，1945年9月1日。

91. 編輯部，〈經濟新辭典——官僚資本〉，《工商經濟月刊》，廣州，第1卷第2期，1947年6月16日。

92. 曉吾，〈台灣之神——吳鳳〉，《社會評論半月刊》，長沙，第62期，1948年3月16日。

93. 錫金，〈悼許壽裳先生——幾何居雜記之七〉，《生活報五日刊》，哈爾濱，第23期，1948年8月21日。

94. 劉達材，〈夏季巡洋前後——航行在南中國海上〉，《海校校刊》，青島，第1卷第10期，1948年10月。

95. 蔡經濟，〈發刊詞〉，《工商經濟》，廣州，創刊號，1947年5月15日。

96. 遺民，〈財神菩薩妙計可用——陳儀治台依其藍本〉，《島聲旬刊》，青島，第7期，1947年5月30日。

97. 錢歌川，〈國立台灣大學近貌〉，《廣西教育月刊》，桂林，第2卷第1期，1948年8月15日。

98. 鄭孝舜，〈台灣紀行〉，《華文國際》，大阪，第2卷第9號，1948年9月21日。

99. 啞音，〈現階段台灣政情〉，《勝流半月刊》，杭州，第6卷第9期，1947年11月1日。

二、日記、口述歷史、回憶錄

1. Allan J. Shackleton著，宋亞伯譯述，《福爾摩沙的呼喚——一位紐西蘭人在台灣二二八事件的親身經歷》（台北：望春風文化事業，1999年5月）。

2. 王宗漢，《皖生台胞一世情——王宗漢七十自述》（台北：立華出版，2002年5月）。

3. 王桂榮，《王桂榮回憶錄——一個台美人的移民奮鬥史》（台北：遠流出版事業，1999年12月）。

4. 中國人民政治協商會議全國委員會、文史資料研究委員會，《文史集萃（第四輯）》（北京：文史資料出版社，1984年10月）。

5. 北岡正子、秦賢次、黃英哲，《許壽裳日記（自1940年8月1日至1948年2月18日）》（東京：東京大学東洋文化研究所附属東洋学文献センター——，1993年3月）。

6. 全國政協文史資料研究委員會工商經濟組，《回憶國民黨政府資源委員會》（北京：中國文史出版社，1988年2月）。

7. 何鳳嬌、陳美蓉訪問記錄，《黃天橫先生訪談錄》（台北：國史館，2008年5月）。

8. 李宗仁口述，唐德剛撰寫，《李宗仁回憶錄》（台北：曉園出版社，1989年4月）。

9. 呂興忠，《彰化縣二二八事件口述歷史（上冊）》（彰化：彰化縣文化局，2010年2月）。

10. 林木順編，《台灣二月革命》（台北：前衛出版社，1997年7月六刷）。

11. 吳三連口述，吳豐山傳記，《吳三連回憶錄》（台北：自立晚報文化出版部，1992年元月四刷）。

12. 吳尊賢著，《人生七十》（台北：財團法人吳尊賢文教公益基金會，1987年9月再版）。

13. 柏楊口述，周碧瑟執筆，《柏楊回憶錄》（台北：遠流出版事業，1996年7月）。

14. 莊淑旂口述，許雪姬執筆，《莊淑旂回憶錄》（台北：遠流出版事業，2001年11月）。

15. 陳誠，《陳誠回憶錄——建設台灣》（北京：東方出版社，2011年4月）。

16. 陳儀深計劃主持，《濁水溪畔二二八——口述歷史訪問錄》（台北：財團法人二二八事件紀念基金會，2009年3月）。

17. 陳三井、朱浤源、吳美慧訪問，吳美慧記錄，《女青年大隊訪問紀錄》（台北：中央研究院

近代史研究所，1995年9月）。

18. 許雪姬訪談，鄭麗榕記錄，《蔡萬才先生訪談錄》（台中：立法院議政博物館，2010年）。

19. 許雪姬訪問，曾金蘭等記錄，《藍敏先生訪問記錄》（台北：中央研究院近代史研究所，1995年6月）。

20. 張炎憲等採訪記錄，《嘉義北回二二八》（台北：吳三連台灣史料基金會，2011年3月）。

21. 張炎憲、曾秋美主編，《花蓮鳳林二二八》（台北：財團法人吳三連台灣史料基金會，2010年4月二版）。

22. 張炎憲、胡慧玲、高淑媛採訪記錄，《悲情車站二二八》（台北：自立晚報社文化出版部，1994年1月三刷）。

23. 張炎憲、胡慧玲、高淑媛採訪記錄，《基隆雨港二二八》（台北：自立晚報社文化出版部，1994年2月）。

24. 張炎憲、胡慧玲、黎澄貴採訪記錄，《台北都會二二八》（台北：自立晚報社文化出版部，1997年2月二刷）。

25. 張炎憲、胡慧玲、黎澄貴採訪記錄，《淡水河域二二八》（台北：自立晚報社文化出版部，1997年2月二刷）

26. 楊基銓撰述，《心中有主常懷恩──楊基銓回憶錄》（台北：前衛出版社，2000年6月增訂版）。

27. 楊逸舟，《二‧二八民變》（台北：前衛出版社，2007年4月十三刷）。

28. 楊振隆總編，《二二八口述歷史補遺》（台北：財團法人二二八事件紀念基金會，2007年12月）。

29. 楊肇嘉著述，《楊肇嘉回憶錄（下）》（台北：三民書局，1967年2月）。

30. 謝漢儒，《關鍵年代的歷史見證》（台北：唐山出版社，1998年元月）。

31. 謝雪紅口述，楊克煌筆錄，《我的半生記──台魂淚》（台北：楊翠華發行，1997年12月）。

32. 蕭學良著，《台灣聞見錄》（長沙：湖南人民出版社，1987年7月），頁5。

33. 蕭渥廷主編，《台灣舞蹈的先知──蔡瑞月口述歷史》（台北：行政院文化建設委員會，1998年4月）。

貳、專書

1. 二二八民間研究小組，《二二八學術研討會論文集（1991）》（台北：自立晚報文化出版部，1992年2月）。

2.　丁永隆、孫宅巍，《南京政府的覆亡》（開封：河南人民出版社，1987年8月）。

3.　大華晚報社，《台灣通覽》（台北：大華晚報社，1960年2月）。

4.　丘秀芷，《懷念孫運璿》（台北：天下遠見出版，2007年2月）。

5.　中央通訊社編，《台灣光復四十週年專輯》（台北：中央通訊社，1986年3月）。

6.　中川浩一、和歌森民男，《霧社事件——台灣原住民的蜂擁群起》（台北：武陵出版有限公司，1997年4月二刷）。

7.　中國史地圖表編纂社，《中學適用中國地理教科圖》（上海：大中國圖書局，1946年12月增訂再版）。

8.　中國人民解放軍總部，《中國人民解放戰爭軍事文集（第五集下冊）1949.7~1950.6》（北京：中國人民解放軍總部，1951年5月）。

9.　中國第二歷史檔案館編，《台灣光復紀實》（南京：江蘇人民出版社，2005年7月）。

10.　中國國民黨中央政策會，《「二二八事件」處理（善後）問題公聽會紀實》（台北：中國國民黨中央政策會政策研究工作會，1994年4月）。

11.　王鍵，《戰後日台經濟關係的演變軌跡》（北京：台海出版社，2009年3月）。

12.　王作榮，《壯志未酬——王作榮自傳》（台北：天下遠見出版，1999年4月八刷）。

13.　王曾才，《台灣史研討會——中華民族在台灣的拓展》（台北：國立台灣大學歷史學系，1978年6月）。

14.　王玉雲、任魯編，《台肥四十年》（台北：台肥公司，1986年）。

15.　王景弘編譯，《美國外交檔案密錄——1949大流亡》（台北：玉山出版事業，2011年4月）。

16.　王嵩山、汪明輝、浦忠成，《台灣原住民史——鄒族史篇》（南投：台灣省文獻委員會，2001年7月）。

17.　王曉波，《台灣史與近代中國民族運動》（台北：帕米爾書店，1986年11月）。

18.　王曉波，《台灣史與台灣人》（台北：東大圖書，1999年8月三版）。

19.　王曉波，《交鋒——統獨論戰三十年》（台北：海峽學術出版社，2002年1月）。

20.　王曉波主編，《台盟與二二八事件》（台北：海峽學術出版社，2004年2月）。

21.　王曉波主編，《陳儀與二二八事件》（台北：海峽學術出版社，2004年2月）。

22.　王仲孚主編，《普通高級中學教育部審定歷史1》（台北：康熹文化，2006年9月）。

23.　王國璠、邱秀堂編，《台灣叢談》（台北：台灣史蹟源流研究會，1979年7月）。

24.　台灣省政資料館，《台灣省政建設概況——慶祝台灣光復五十週年》（南投：台灣省政資料館，1995年10月）。

25.　台灣省文獻委員會，《台灣史》（台北：眾文圖書公司，1996年6月五刷）。

26. 台灣省政府新聞處編，《台灣光復廿年》（台北：中華大典編印會，1966年6月再版）。

27. 台灣省政府新聞處編，《台灣光復三十年》（台中：台灣省新聞處，1975年10月）。

28. 台灣省政府新聞處編，《台灣光復卅五年》（台中：台灣省新聞處，1980年10月）。

29. 台灣省警備總司令部接收委員會，《台灣軍事接收總報告（上、下冊）》（台北：正氣出版社，1946年6月）。

30. 台灣省警備總司令部接收委員會，《台灣軍事接收總報告附錄（上、下冊）》（台北：正氣出版社，1946年6月）。

31. 台灣糖業股份有限公司編，《台糖三十年發展史》（台北：台糖公司，1976年）。

32. 台灣糖業股份有限公司編，《台糖六十週年慶紀念專刊》（台北：台糖公司，2006年）。

33. 古山，《台灣今古談》（台北：時報文化出版，1980年5月）。

34. 田欣，《台灣，我唯一的祖國——一個外省新台灣人的心聲告白》（台北：前衛出版社，1995年12月）。

35. 安娥，《安娥文集（上、中、下冊）》（北京：中國文聯出版社，2008年9月）。

36. 行政院研究二二八事件小組，《二二八事件研究報告》（台北：時報文化出版，2003年2月十刷）。

37. 朱如堂，《陳光甫先生傳略》（台北：上海商業儲蓄銀行，1977年7月）。

38. 沈雲龍，《民國史事與人物論叢（續集）》（台北：傳記文學出版社，1988年10月）。

39. 汪其楣，《舞者阿月——台灣舞蹈家蔡瑞月的生命傳奇》（台北：遠流出版事業，2004年9月）。

40. 汪朝光，《1945～1949：國共政爭與中國命運》（北京：社會科學文獻出版社，2010年2月）。

41. 余光弘、董森永，《台灣原住民史——雅美族史篇》（南投：台灣省文獻委員會，1998年12月）。

42. 李敖，《二二八研究》（台北：李敖出版社，1991年1月）。

43. 李敖，《大江大海騙了你——李敖秘密談話錄》（台北：李敖出版社，2011年4月二十六刷）。

44. 李敖、汪榮祖，《蔣介石評傳（下冊）》（台北：商周文化事業，1995年4月）。

45. 李友邦，《日本在台灣之殖民政策（覆刻版）》（台北：世界翻譯社，1991年9月二版）。

46. 李世傑，《台灣共和國臨時政府大統領廖文毅投降始末》（台北：自由時代出版社，1988年11月）。

47. 李壬癸，《台灣南島民族的族群與遷徙（增訂新版）》（台北：前衛出版社，2011年1月）。

48. 李佳徽，《知己？異己？港台認識人——李萬居與李南雄父子的中國認識》（台北：國立台灣大學政治學系中國大陸暨兩岸關係教學與研究中心，2011年7月）。

49. 李筱峰，《台灣戰後初期的民意代表》（台北：自立晚報，1986年4月再版）。

50. 李筱峰，《二二八消失的台灣菁英》（台北：自立晚報文化出版部，1990年12月三刷）。

51. 李筱峰，《李筱峰專欄——爲這個時代留下永遠的歷史見證與紀錄》（台北：新自然主義，2004年8月）。

52. 李新民，《愛國愛鄉——黃朝琴傳》（台北：近代中國雜誌社，1984年11月）。

53. 李春主編，《中國國民黨史》（長春：吉林文史出版社，1990年4月）。

54. 李汝和主修，《台灣省通志卷首下大事記（第二冊）》（台北：台灣省文獻委員會，1968年6月）。

55. 李國祁總纂，《台灣近代史——政治篇》（台北：台灣省文獻委員會，1995年6月）。

56. 李國祁總纂，《台灣近代史——經濟篇》（台北：台灣省文獻委員會，1995年6月）。

57. 李國祁總纂，《台灣近代史——社會篇》（台北：台灣省文獻委員會，1995年6月）。

58. 旮日羿・吉宏，《太魯閣族部落史與祭儀樂舞戰記》（台北：山海文化雜誌社，2011年5月）。

59. 何應欽，《八年抗戰與台灣光復》（台北：黎明文化事業，1981年10月六版）。

60. 吳政憲，《台灣來電》（台北：遠足文化，2005年2月）。

61. 吳澄泉，《台灣肥料公司五十年紀念專集》（台北：台肥公司，1996年）。

62. 易順鼎，《魂南記》（台北：台灣銀行經濟研究室，1965年8月）。

63. 林金莖，《戰後中日關係之實證研究》（台北：財團法人中日關係協會，1984年6月再版）。

64. 林桶法，《戰後中國的變局——以國民黨爲中心的探討》（台北：台灣商務印書館，2003年11月）。

65. 林桶法，《1949大撤退》（台北：聯經出版社，2012年4月十一刷）。

66. 林清國，《悲痛的台灣》（高雄：宇宙圖書，1987年12月）。

67. 林照眞，《覆面部隊——日本白團在台祕史》（台北：時報文化出版，1996年7月）。

68. 林滿紅，《茶、糖、樟腦業與台灣之社會經濟變遷（1860～1895）》（台北：聯經出版社，2001年11月四刷）。

69. 周爲筠，《雜誌民國——刊物裏的時代風雲》（北京：京城出版社，2009年8月）。

70. 段承璞編著，《台灣戰後經濟》（台北：人間出版社，1992年6月）。

71. 洪敏麟，《台灣舊地名之沿革（第一冊）》（南投：台灣省文獻委員會，1999年6月四版）。

72. 施正鋒總編，《台灣獨立建國聯盟的故事》（台北：前衛出版社，2000年2月）。

73. 南方朔，《帝國主義與台灣獨立運動》（台北：四季出版社，1982年10月三版）。

74. 高格孚（Stéphane Corcuff），《風和日暖——台灣外省人與國家認同的轉變》（台北：允晨文化實業，2004年7月修訂版）。

75. 徐蔭祥著，《紫陀蘿花開的時候》，（台北：雲天出版社，1970年12月）。

76. 徐友春主編，《民國人物大辭典（下）增訂版》（石家莊：河北人民出版社，2007年1月）。

77. 根誌優，《台灣原住民歷史變遷──泰雅族》（台北：台灣原住民出版有限公司，2008年9月）。

78. 馬名清，《台灣與反攻》（台北：大陸出版社，1965年4月）。

79. 馬齊彬等，《中國國民黨歷史事件・人物・資料輯錄》（北京：解放軍出版社，1988年10月）。

80. 眞相研究小組，《二二八事件責任歸屬研究報告》（台北：二二八基金會，2006年2月）。

81. 夏春祥，《在傳播的迷霧中：二二八事件的媒體印象與社會記憶》（台北：韋伯文化國際出版，2007年12月）。

82. 章子惠，《台灣時人誌（上冊）──台籍人士篇（1947年覆刻版）》（台北：龍文出版社，2009年12月）。

83. 章子惠，《台灣時人誌（下冊）──大陸來台人士篇（1947年覆刻版）》（台北：龍文出版社，2009年12月）。

84. 許慶雄，《台灣建國的理論與基礎》（台北：前衛出版社，2000年10月）。

85. 許雪姬主編，《二二八事件60週年紀念論文集》（台北：台北市政府文化局，2008年3月）。

86. 許木柱、廖守臣、吳明義，《台灣原住民史──阿美族史篇》（南投：台灣省文獻委員會，2001年3月）。

87. 莊萬壽主編，《台灣獨立的理論與歷史》（台北：前衛出版社，2002年12月）。

88. 曹聚仁，《蔣經國論》（北京：人民出版社，2009年4月）。

89. 黃仁宇，《從大歷史的角度解讀蔣介石日記》（台北：時報文化出版，1995年二版二刷）。

90. 黃富三，《林獻堂傳》（南投：國史館台灣文獻館，2004年11月）。

91. 黃彰健，《二二八事件眞相考證稿》（台北：聯經出版社，2007年2月）。

92. 黃端禮，《澎湖七一三的眞相》（高雄：上鋐書庫，2011年12月）。

93. 黃英哲編，《許壽裳台灣時代文集》（台北：國立台灣大學出版中心，2010年11月）。

94. 黃克武主編，《畫中有話：近代中國的視覺表述與文化構圖》（台北：中央研究院近代史研究所，2003年12月）。

95. 黃秀政、吳文星、張勝彥，《台灣史》（台北：五南圖書出版，2007年9月初版十一刷）。

96. 焦潤明，《傅斯年傳》（北京：人民出版社，2002年12月）。

97. 程棟、劉樹勇、霍用靈，《目擊中國100年（繁體中文版）第二卷》（台北：故鄉出版，2002年2月）。

98. 湊照宏，《近代台湾の電力產業──植民地工業化と資本市場》（東京：御茶の水書房，2011年1月）。

99. 國家圖書館參考組，《台灣光復主題書目暨台灣研究網路資源》（台北：國家圖書館，2010年10月）。

100. 國防大學戰史簡編編寫組，《中國人民解放軍》（北京：解放軍出版社，2003年1月四版二刷）。

101. 陳三井，《中國國民黨與台灣》（台北：中央文物供應社，1985年2月）。

102. 陳佳宏，《海外台獨運動史》（台北：前衛出版社，1998年10月）。

103. 陳佳宏，《台灣獨立運動史》（台北：玉山社，2006年8月）。

104. 陳俐甫，《禁忌・原罪・悲劇——新生代看二二八事件》（台北：稻鄉出版社，2000年6月二刷）。

105. 陳翠蓮，《派系鬥爭與權謀政治——二二八悲劇的另一面相》（台北：時報文化出版，1995年2月）。

106. 陳隆志，《台灣的獨立與建國》（台北：月旦出版社，1996年3月五刷）。

107. 陳芳明，《落土不凋雨夜花——謝雪紅評傳》（台北：前衛出版社，1991年7月二刷）。

108. 陳芳明編，《二二八事件學術論文集》（台北：前衛出版社，1992年8月四刷）。

109. 陳世慶纂修，《台灣省通志稿卷首下大事記（第三冊）》（台北：台灣省文獻委員會，1959年6月）。

110. 陳國棟主編，《教育部審定高級中學歷史1》（台北：龍騰文化，2006年6月）。

111. 陳豐祥主編，《教育部審定普通高級中學歷史一》（台北：泰宇出版，2007年3月）。

112. 陳紅民、趙興勝、韓文寧，《蔣介石的後半生》（杭州：浙江大學出版社，2010年3月）。

113. 陳利甫、林偉盛、夏榮和譯，《台灣・中國・二二八》（台北：稻鄉出版社，1992年3月）。

114. 焦潤明，《傅斯年傳》（北京：人民出版社，2002年12月）。

115. 曾健民，《一九四五光復新聲——台灣光復詩文集》（台北：INK印刻出版，2005年11月）。

116. 曾健民，《台灣光復史春秋——去殖民、祖國化和民主化的大合唱》（台北：海峽學術出版社，2010年7月）

117. 新史地研究社主編，《最新中國分省地圖》（北京：中華書局，1948年2月）。

118. 葉偉，《1949，南渡還是北歸》（台北：海鴿文化出版，2012年3月）。

118. 葉振輝譯。《半世紀前的高雄煉油廠與台鋁公司——史料選譯》（高雄：高雄市文獻委員會，1995年10月）。

120. 張玉法，《中國現代史（下冊）》（台北：東華書局，1993年4月九版五刷）。

121. 張宗漢，《光復前台灣之工業化》（台北：聯經出版社，1985年10月二刷）。

122. 張克輝，《啊！謝雪紅》（台北：愛鄉出版社，2007年2月）。

123. 張淑雅，《韓戰救台灣？——解讀美國對台政策》（台北：衛城出版，2011年10月）。

124. 張炎憲主編，《王添灯紀念專輯》（台北：財團法人吳三連台灣史料基金會，2005年2月）。

125. 張茂桂主編，《國家與認同：一些外省人的觀點》（台北：群學出版，2010年2月）。

126. 張炎憲總編，《二二八事件研究論文集》（台北：財團法人吳三連台灣史料基金會，1998年2月）。

127. 張邦維、黃文雄主編，《二二八事件後的台灣——「觀察週刊」的報導》（台北：一橋出版社，2004年8月）。

128. 張炎憲、李筱峰合編，《二二八事件回憶集》（台北：稻鄉出版社，1989年1月）。

129. 鈴木直著，林川夫審訂，《臺灣蕃人風俗志》（台北：武陵出版社，1998年11月）。

130. 郭正民，《台灣簡史》（新竹：作者自印出版，1962年5月）。

131. 郭廷以，《台灣史事概說》（台北：正中書局，1954年台初版）。

132. 楊帆，《國民黨去台高官大結局》（北京：華文出版社，2011年五刷）。

133. 楊天石，《蔣介石日記解讀——找尋真實的蔣介石（上、下冊）》（太原：山西人民出版社，2010年7月五刷）。

134. 楊先材，《中國革命史》（北京：中國人民大學出版社，1989年8月）。

135. 楊景文，《由歷史、地理、社會背景看吳鳳》（台北：前衛出版社，2004年1月）。

136. 楊碧川，《蔣介石的影子兵團——白團物語》（台北：前衛出版社，2000年7月）。

137. 楊台執行編輯，《台肥的希望與榮耀——深耕一甲子、風華60年》（台北：台肥公司，2006年）。

138. 費正清（John King Fairbank）、費維愷（Albert Feuerwerker）主編，《劍橋中華民國史（1912-1949）下卷》（北京：中國社會科學出版社，1994年8月二刷）。

139. 費正清（John K. Fairbank）、羅德里克·麥克法夸爾（Roderick McaFarquhar）主編，《劍橋中華人民共和國史（1949-1965）》（上海：上海人民出版社，1992年5月四刷）。

140. 廖咸浩發行，《台灣光復60週年紀念專刊》（台北：台北市文獻委員會，2005年12月）。

141. 褚靜濤，《二二八事件實錄（上、下卷）》（台北：海峽學術出版社，2007年6月）。

142. 褚靜濤，《二二八事件研究（上、下冊）》（台北：海峽學術出版社，2011年7月）。

143. 潘志奇，《光復初期台灣通貨膨脹的分析》（台北：聯經出版社，1985年7月二刷）。

144. 蔣君章，《台灣歷史概要》（台北：遠東圖書，1971年11月再版）。

145. 蔣渝編輯，《台糖50年邁向新世紀》（台北：台糖公司，1996年）。

146. 蔣渝等編輯，《台糖四十年》（台北：台糖公司，1986年）。

147. 蔣永敬、劉維開，《蔣介石與國共內戰（一九四五～一九四九）》（台北：台灣商務印書館，

2011年12月）。

148. 鄭梓，《台灣省參議會史研究——變遷時代裏的一個過渡型代議機構》（台北：華世出版社，1985年3月）。

149. 鄭梓，《戰後台灣的接收與重建——台灣現代史研究論集》（台北：新化圖書，1994年3月）。

150. 穆超，《民主政治評論》（南京：時代出版社，1946年8月）。

151. 歐陽泰（Tonio Andrade）著，鄭維中譯，《福爾摩沙如何變成台灣府？》（台北：遠流出版事業，2007年2月）。

152. 鄧相揚、許木柱，《台灣原住民史——邵族史篇》（南投：台灣省文獻委員會，2000年12月），頁19-24。

153. 應大偉，《半世紀的影像與回憶——台灣女人》（台北：田野影像出版社，1996年7月）。

154. 戴寶村，《台灣政治史》（台北：五南圖書出版，2006年10月）。

155. 戴國煇、葉芸芸，《愛憎二‧二八——神話與史實：解開歷史之迷》（台北：遠流出版事業，1992年六刷）。

156. 戴國煇著，魏廷朝譯，《台灣總體相——住民‧歷史‧心性》（台北：遠流出版事業，1995年二版三刷）。

157. 龍應台，《大江大海一九四九》（台北：天下雜誌，2011年12月三版十七刷）。

158. 薛毅，《國民政府資源委員會研究》（北京：社會科學文獻出版社，2005年4月）。

159. 薛化元，《戰後台灣歷史閱覽》（台北：五南圖書出版，2010年3月）。

160. 薛化元主編，《台灣歷史年表：終戰篇I（1945-1965）》（台北：財團法人張榮發基金會國家政策研究資料中心，1990年11月）。

161. 賴澤涵主編，《台灣光復初期歷史》（台北：中央研究院中山人文社會科學研究所，1993年11月）。

162. 賴澤涵、馬若孟（Ramon H. Myers）、魏萼著，羅珞珈譯《悲劇性的開端——台灣二二八事變》（台北：時報文化出版，1993年2月）。

163. 劉士永，《光復初期台灣經濟政策的檢討》（台北：稻鄉出版社，1996年3月）。

164. 劉進慶，《台灣戰後經濟分析》（台北：人間出版社，1995年三刷）。

165. 劉淑靚，《台日蕉貿網絡與台灣的經濟精英（1945-1971）》（台北：稻鄉出版社，2001年12月）。

166. 藍博洲，《麥浪歌詠隊——追憶一九四九年四六事件（台大部分）》（台北：晨星出版，2001年4月）。

167. 藍博洲，《幌馬車之歌》（台北：時報文化出版，2004年10月）

168. 藍博洲，《青春戰鬥曲——二二八之後的台北學運》（台北：愛鄉出版社，2007年2月）。

169. 蘇新，《未歸的台共鬥魂——蘇新自傳與文集》（台北：時報文化出版，1993年7月二刷）。

170. 蘇關鑫編，《歐陽予倩研究資料》（北京：中國戲劇出版社，1989年1月）。

171. 蘇啓明、楊儒賓主編，《1949——新台灣的誕生》（台北：國立歷史博物館，2009年10月）。

172. 龔晉珠、安陽編文，方今河等繪畫，《畫說台灣民主自治同盟》（福州：福建人民出版社，1998年9月）。

參、期刊

1. J. B. Jacobs原著，陳俐甫、謝榮和合譯，〈台灣人與中國國民黨1937-1945——台灣「半山人」的起源〉，《台灣風物》，台北，第40卷第2期，1990年6月。

2. 王曉波，〈外省人權益與族群和諧——二月一日講於「洪鈞培文教基金會」〉，《海峽評論》，台北，第186期，2006年6月。

3. 本社，〈台灣光復六十五週年專題座談會——台灣光復前後之社會變遷〉，《傳記文學》，台北，第97卷第6期，2010年12月。

4. 朱重聖，〈國史館現藏「蔣經國總統檔案」介紹〉，《近代中國——蔣經國先生逝世十週年紀念專輯》，台北，第123期，1998年2月。

5. 何義麟，〈戰後初期台灣報紙之保存現況與史料價值〉，《台灣史料研究》，第8期，1996年8月。

6. 何義麟，〈戰後初期台灣出版事業發展之傳承與移植（1945-1949）——雜誌目錄初編後之參考〉，《台灣史料研究》，第10期，1997年12月。

7. 李文環，〈戰後初期（1945-1947）台灣省行政長官公署與駐台海關之間的矛盾與衝突〉，《台灣史研究》，台北，第13卷第1期，2006年6月。

8. 李筱峰，〈台灣戰後初期民意代表政治經歷分析〉，《台灣風物》，台北，第35卷第4期，1985年12月。

9. 李筱峰，〈二二八事件前的文化衝突〉，《思與言》，台北，第29卷第4期，1991年12月。

10. 李筱峰、林芳微，〈回憶錄與自傳中的二二八史料〉，《台灣史料研究》，台北，第11期，1998年5月。

11. 李潤沂，〈戡亂期中的戒嚴法〉，《軍法專刊》，台北，第9卷第6期，1963年6月。

12. 李潤沂，〈戡亂期中的戒嚴法（續）〉，《軍法專刊》，台北，第9卷第7期，1963年7月。

13. 李爽學，〈我們如何當上中國人？——評黃英哲「去日本化」「再中國化」：戰後台灣文化重建（1945-1947）〉，《文訊》，台北，第270期，2008年4月。

14. 周慕瑜，〈敬悼嚴家淦先生〉，《傳記文學》，台北，第64卷第2期，1994年2月。

15. 林呈蓉，〈評介：高格孚氏「台湾外省人の現在：変容する国家とそのアイデンティティ」〉，《台灣史料研究》，台北，第38期，2011年12月。

16. 林桶法，〈政府機關遷台的問題〉，《國史館館訊》，台北，第5期，2010年12月。

17. 阮斐娜，〈目的地台灣！——日本殖民時期旅行書寫中的台灣建構〉，《台灣文學學報》，台北，第10期，2007年6月。

18. 洪溫臨，〈檔案挖掘與真相探索——近年台灣二二八事件檔案的徵集與分析（1991-2001）〉，《國史館館刊》，台北，第30期，2001年6月。

19. 邱雅芳，〈殖民地的隱喻：以佐藤春夫的台灣旅行書寫為中心〉，《中外文學》，台北，第34卷第11期，2006年4月。

20. 高一生研究會，《高一生（矢多一生）研究》，日本奈良，創刊號，2005年7月。

21. 高一生研究會，《高一生（矢多一生）研究》，日本奈良，第2號，2005年10月。

22. 高一生研究會，《高一生（矢多一生）研究》，日本奈良，第3號，2006年3月。

23. 高一生研究會，《高一生（矢多一生）研究》，日本奈良，第4號，2006年8月。

24. 高一生研究會，《高一生（矢多一生）研究》，日本奈良，第5號，2006年12月。

25. 高一生研究會，《高一生（矢多一生）研究》，日本奈良，第6號，2007年6月。

26. 高一生研究會，《高一生（矢多一生）研究》，日本奈良，第7號，2007年9月。

27. 高一生研究會，《高一生（矢多一生）研究》，日本奈良，第8號，2008年1月。

28. 高一生研究會，《高一生（矢多一生）研究》，日本奈良，第9、10合併號，2008年4月。

29. 高格孚，〈台灣人與中國人的衝突〉，《當代》，台北，復刊第111期，2006年9月。

30. 徐秀慧報告，應鳳凰講評，〈中國化？台灣化？或是現代化？——論陳儀時期的文化政策（1945.8-1947.2）〉，《文訊》，台北，第232期，2005年2月。

31. 黃英哲，〈一九五○年代台灣的「國語」運動（上）〉，《文學台灣》，台北，第46期，2003年4月。

32. 黃英哲，〈一九五○年代台灣的「國語」運動（下）〉，《文學台灣》，台北，第47期，2003年7月。

33. 黃英哲，〈「戰後」？一個初步的反思〉，《文訊》，台北，第295期，2010年5月。

34. 黃昭堂著，林偉盛譯，〈殖民地與文化摩擦——台灣同化的糾葛〉，《台灣風物》，台北，第41卷第3期，1991年9月。

35. 莊萬壽，〈「四六事件」參考書目知見錄〉，《台灣史料研究》，台北，第16期，2000年12月。

36. 許雪姬，〈台灣光復初期的語言問題〉，《思與言》，台北，第29卷第4期，1991年12月。

37.　許雪姬，〈台灣史上一九四五年八月十五日前後——日記如是說「終戰」〉，《台灣文學學報》，台北，第13期，2008年12月。

38.　許雪姬，〈「台灣光復致敬團」的任務及其影響〉，《台灣史研究》，台北，第18卷第3期，2011年6月。

39.　許雪姬，〈去奴化、趨祖國化下的書寫——以戰後台灣人物傳爲例〉，《師大台灣史學報》，台北，第4期，2011年9月。

40.　許毓良，〈光復初期臺灣的造船業（1945～1955）——以臺船公司爲例的討論〉，《臺灣文獻》，第57卷第2期，2006年6月。

41.　許毓良，〈戰後臺灣史研究的開啓：以1945-1949年臺灣各類型雜誌刊載的內容爲例（上）〉，《輔仁歷史學報》，第21期，2008年7月。

42.　許毓良，〈戰後臺灣史研究的開啓：以1945-1949年臺灣各類型雜誌刊載的內容爲例（下）〉，《輔仁歷史學報》，第23期，2009年7月。

43.　孫越崎原作，〈我與資源委員會（下）〉，《傳記文學》，台北，第63卷第6期，1993年12月。

44.　梁裕康，〈外省人的認同探索——評高格孚著「風和日暖——台灣外省人與國家認同的轉變」〉，《政治與哲學評論》，台北，第8期，2004年3月。

45.　程玉鳳，〈沈鎮南與戰後台灣糖業的接收與重建1945-1950〉，《國史館館刊》，台北，復刊第37期，2004年12月。

46.　陳文茜，〈啊！外省人〉，《商業周刊》，台北，第842期，2004年1月12日。

47.　陳正茂，〈記光復初期中共在台之地下組織：「台灣省工作委員會」〉，《傳記文學》，台北，第95卷第3期，2009年9月。

48.　陳正茂，〈深耕台灣——記光復初期的國民黨與三青團〉，《傳記文學》，台北，第96卷第2期，2010年2月。

49.　陳幼鮭，〈戰後日軍日僑在台行蹤考察（上）〉，《台灣史料研究》，台北，第14期，1999年12月。

50.　陳幼鮭，〈戰後日軍日僑在台行蹤考察（下）〉，《台灣史料研究》，台北，第15期，2000年6月。

51.　陳翠蓮，〈去殖民與再殖民的對抗：以一九四六年「台人奴化」論戰爲焦點〉，《台灣史研究》，台北，第9卷第2期，2002年12月。

52.　陳翠蓮，〈二二八事件史料評述〉，《台灣史料研究》，第22期，2004年2月。

53.　陳翠蓮，〈戰後台灣菁英的憧憬與頓挫：延平學院創立始末〉，《台灣史研究》，台北，第13卷第2期，2006年12月。

54.　陳翠蓮，〈歷史正義與困境——族群議題與二二八論述〉，《國史館學術集刊》，台北，第16期，2008年6月，頁181-219。

55. 陳黎陽，〈外省人的惆悵與希望〉，《這一代雜誌》，台北，第1期，1977年7月。

56. 載市政，〈記台灣光復的歷史鏡頭〉，《這一代雜誌》，台北，第3期，1977年9月。

57. 張世倫，〈日治時代：台灣觀光業的起點〉，《台灣光華雜誌》，台北，第31卷第3期，2006年3月。

58. 新周刊編輯委員會，《新周刊——台灣最美的風景是人》，廣州，第375期，2012年7月15日。

59. 葉龍彥，〈台灣戰後初期旅遊業的復甦（1945-1955）〉，《台北文獻》，台北，直字第163期，2008年3月。

60. 蔡明璋，〈評介「國家與認同：一些外省人的觀點」〉，《研究台灣》，台北，第6期，2010年12月。

61. 蔡明燁，〈爭議的共識、共識的爭議——評介「風和日暖」〉，《書訊月刊》，台北，第67期，2004年7月。

62. 鄭梓，〈戰後台灣省制之變革——從行政長官公署到台灣省政府〉，《思與言》，台北，第26卷第1期，1988年5月。

63. 鄭梓，〈戰後台灣行政體系的接收與重建——以行政長官公署為中心之分析〉，《思與言》，台北，第29卷第4期，1991年12月。

64. 鄭梓，〈二二八悲劇之序曲——戰後報告文學中的台灣「光復記」〉，《台灣史料研究》，台北，第9期，1997年5月。

65. 鄭坤騰，〈政府遷台六十週年學術討論會：口述座談——我的1949〉，《國史館館訊》，台北，第4期，2010年6月。

66. 薛月順，〈陳儀與台灣省行政長官公署的興廢〉，《國史館館刊》，台北，復刊第24期，1998年6月。

67. 薛月順，〈館藏台灣省物資局檔案史料介紹〉，《國史館館刊》，台北，復刊第31期，2001年12月。

68. 薛化元、黃仁姿，〈戰後台灣精英的連續與斷裂：以農會精英為例（1945-1953）〉，《台灣史研究》，台北，2011年9月。

69. 蘇碩斌，〈觀光／被觀光：日治台灣旅遊活動的社會學考察〉，《台灣社會學刊》，台北，第36期，2006年6月。

70. 蘇瑤崇，〈「終戰」到「光復」期間台灣政治與社會變化〉，《國史館學術集刊》，台北，第13期，2007年9月。

71. 廖新田，〈從自然的台灣到文化的台灣——日據時代台灣風景圖像的文化表徵探釋〉，《歷史文物》，台北，第14卷第1期，2004年1月。

72. 謝國興，〈1949年前後來台的上海商人〉，《台灣史研究》，台北，第15卷第1期，2008年3月。

73. 戴國煇主講，〈台灣史的微觀及宏觀〉，《國史館館刊》，台北，復刊第24期，1998年6月。

74. 顏娟英，〈近代台灣風景觀的建構〉，《國立台灣大學美術史研究集刊》，台北，第9期，2000年9月。

75. 顏杏如，〈日治時期在台日人的植櫻與櫻花意象：「內地」風景的發現、移植與櫻花論述〉，《台灣史研究》，台北，第14卷第3期，2007年9月。

76. 蕭阿勤，〈評論——高格孚，「風和日暖：台灣外省人與國家認同的轉變」〉，《台灣社會學刊》，台北，第33期，2004年12月。

肆、網站資料

1. Harry S. Truman Library & Museum: Oral history Interview with Edwin W. Martin： http://www.trumanlibrary.org/oralhist/martinew.htm

2. TIME Magazine U.S.-CHINA: bad government：http://www.time.com/time/magazine/article

3. 庄明水，〈教育家的风范——记檀仁梅先生辛勤耕耘的一生〉；摘自福建省留學生同學會：http://www.forsa.org.cn/news/

4. 刘方健、蒋海曦，〈首译资本论——中国传播马克思主义经济学先驱陈豹隐〉，《北京日報》；摘自中国经济网：http://big5.ce.cn/culture/people/

5. 朱少偉，〈「密勒氏評論報」見證現代風雲〉，《新民晚報》；摘自文新傳媒：http://big5.news365.com.cn:82/gate/big5/

6. 馬善軍，〈接收台灣的辛亥革命老人王文熙（王雍皞）〉；摘自嵊州新聞網文化頻道：htp:/sznews.zjol.com.cn/sznews/system

7. 南方周末，〈特殊的大公報人李純青〉；摘自人民網名人印跡：http://media.people.com.cn

8. 百度百科，〈王靜齋〉；摘自：http://baike.baidu.com/view/481794.htm

9. 丹江口市新聞中心，〈民國時期人物——孟憲章〉；摘自水都網：http://www.hbdjk.com/html

10. 逸名網人名大全，〈蘇新的詳細資料〉；摘自逸名網：http://www.uname.cn/celeb/celeb_9008

11. 百度百科金祖同：http://baike.baidu.com/view/865793.htm

12. 百度百科何肇發：http://baike.baidu.com/view/1106635.htm

13. 人民鐵道New——：htp:www.rmtd.com.cn/Article/2009-01-014/20090114091723.html

14. 收藏家：民國時期雜誌的範例——追述《旅行家》的前身《旅行雜誌》：http:www.laoditu.com.cn

15. 中國出版網出版參考雜誌社——旅遊雜誌·天地廣闊智者得：http:www.chinapublish.com.cn

16. 成都大學人文社科網學報——浣花邀頭瑣談：http://221.10.254.25/chinacddb/

17. 華程網：www.huachengnz.com/article/view_13890.h

18.　人物ABC——王紹鏊：rwabc.com/diqurenwu/diqudanyirenwu.asp

19.　同濟大學暖通空調及燃氣研究所——吳沈釚：www.xl-cfd.com/tongjihvac/teachersnew/w

20.　嘉興市圖書館——名人簡介徐忍寒：www.jxlib.com/mrdb/show_name.php

21.　中國攝影博物館——活躍的記者群：www.cpanet.cn/gcms/end.php?news

22.　中國廈門市集美區官方網站——9‧18前後的集美抗日救國會：www.jimei.gov.cn/myoffice/

23.　百度百科張韶：baike.baidu.com/view/1306313.htm

24.　國立台北教育大學——校史：w3.tmue.edu.tw

25.　Jeannike's Blog——建功神社——台灣教育資料館：jeannike.pixnet.net/blog/post/22301187

26.　啓文古玩字畫播報——宋美齡一生財富知多少：club.china.alibaba.com/forum/thread/vie

27.　個人圖書館360doc——上海散步（組圖）七十一（轉載）：www.360doc.com/content/090301/08/14381

28.　北投虹燁工作室——來吧！來吧！北投溫泉歡樂地：www.wretch.cc/blog/yehzi59/

29.　上海歷史博物館——國民政府御用文人介紹之易君左：http://www.historymuseum.sh.cn/bbs/

30.　思語文——易君左探奸：www.chinese-thought.org/ddpl/00521

31.　維基百科台北故事館：zh.wikipedia.org/wiki/圓山別莊

32.　CHKI概念知識元庫——中國畫報：define.cnki.net/WebForms/WebDefines.asp

34.　基隆市仁愛區文昌社區發展協會：tw.myblog.yahoo.com/jw!3q4xWyaYGgTmcE

35.　基隆市鄉土教育資源網：www.syjh.kl.edu.tw/~klhometown/new_page_16.htm

36.　天台中學校史知識：zjttzx.com/intro/news/manager/down.asp?.

37.　人民網——徐悲鴻的送別詩：http://www.people.com.cn/BIG5/paper39/741/90247.html

38.　儀征風情——又見盛成：http://www.0514.net/shengsheng/youjian.shtml

39.　參閱珠樓——關于丘逢甲歌頌鄭成功名聯：http://www.fpe95.com/Article/ShowArticle

40.　翰文軒——吳待秋：http://www.hwxart.com/ReadNews.asp?NewsID=771

41.　日月潭國家風景區——名稱的由來：http://www.sunmoonlake.gov.tw/TW/03000813.aspx

42.　臺靜農大事記：http://www.lib.ntu.edu.tw/manuscript/taichino/event.htm

43.　水沙連地區歷史年表：http://proj1.sinica.edu.tw/~pingpu/01/soalian/02/main-04-01.htm

44.　台中市古蹟日——台中水源地開發史：http://kaedeko.exblog.jp/6234948

45.　台中市七七讀書會：www.77readclub.org.tw/xoops2017/modules/wordpress/

46.　維基百科台18線：http://zh.wikipedia.org/wiki/

47. 1949年上海地理學的發展與貢獻：http://www.zlunwen.com/science/geography/

48. 維基百科阿里山山脈：http://zh.wikipedia.org/wiki/

49. 維基百科阿里山神木群：http://zh.wikipedia.org/wiki/

50. 典藏古美術——才氣縱橫陳定山：http://artouch.com/antique/story.aspx?aid=2008082611565

51. 維基百科下淡水溪舊鐵橋：http://zh.wikipedia.org/wiki/。

52. 國家文化資料庫——社會新聞：http://nrch.cca.gov.tw/ccahome/newspaper/newspaper_coll_item_

53. （南榮里）本里特色：http://ttcsp.taitungcity.gov.tw

54. Enrico的部落格：http://tw.myblog.yahoo.com/jw!FOEBYEWRHxPJU1Vi23GdsA--/

55. 北投虹燁工作室：http://tw.myblog.yahoo.com/jw!kQQmrf6fG

56. 世新大學圖書館：http://libweb.shu.edu.tw/Webpac2/ClassSearch.dll/

57. 國立教育廣播電台：http://web.ner.gov.tw/culturenews/culture/culture-detail.asp?id=64735

58. 維基百科民航空運公司：http://zh.wikipedia.org/wiki/

59. Wikipedia-cessna195：http://en.wikipedia.org/wiki/Cessna_195

伍、其他

1. 許毓良，〈第15回東アジア学次世代フォーラム：1945-1949年日本の雑誌の台湾に関する報道〉，日本東京學習院大學東洋文化研究所，東京，日本東京學習院大學北1號館4樓東洋文化研究所會議室，2010年7月21日。

2. 陳衍秀，《日治時期「台灣鐵道旅行案內」的風景論述：一個考古學的閱讀》，新竹，國立交通大學語言與文化研究所碩士論文，2005年8月。

3. 張慧眞，《近代中國避暑地的形成與發展》，台北，國立台灣師範大學歷史學系碩士論文，2004年6月。

4. 黃芳，《中國第一本旅行類刊物——「旅行雜誌」研究》，長沙，湖南師範大學博士論文，2005年3月。

5. 靳慶然，《「旅行雜誌」研究初探》，北京，北京師範大學歷史學系碩士論文，2005年5月。

連瑪玉
Marjorie Landsborough

蘭醫生媽的
老ㄙ灣故事

鄭慧姃—漢譯
阮宗興—校註

台灣
經典寶庫
Classic Taiwan

定 價 **400**元

近百年前，英國青少年的台灣讀本
女性宣教師在台灣各地親身見證的庶民生命史

宣教師連瑪玉（「彰化基督教醫院」創辦人蘭大衛之妻），為了讓英國青少年瞭解台灣宣教的實際工作，鼓舞年輕人投身宣教的行列，曾陸續出版三本台灣故事集，生動有趣地介紹台灣的風土民情、習俗文化、常民生活，以及初代信徒改信基督教的心路歷程。本書即為三書的合譯本，活潑、具體、生活化地刻劃了日治中期（1910-30年代）台灣人和台灣社會的樣貌，公認是揉合史料價值與閱讀趣味的經典讀物。

前衛出版
AVANGUARD

植民地の旅

殖民地之旅

佐藤春夫 —— 著

邱 若 山 —— 譯

日治台灣文學經典，佐藤春夫的
殖民地療癒之旅，再次啟程！

1920年，日本名作家佐藤春夫帶著鬱結的旅心來到台灣，
他以文學之筆，為旅途的風景與民情，留下樸實而動人的珍貴紀錄。
他的腳步，也走出一幅殖民地的歷史圖像，透析台灣的種種問題，
作為日治時代殖民地文學代表作，如今仍令讀者讚嘆不已。

前衛出版
AVANGUARD

台灣
經典寶庫
Classic Taiwan

2016.11 前衛出版 定價480元

國家圖書館出版品預行編目（CIP）資料

台灣在民國：1945 ～ 1949 年中國大陸期刊與雜誌的台灣報導 /
許毓良著 -- 初版 -- 臺北市：前衛，2018.01
面；17x23 公分

ISBN 978-957-801-836-5(平裝)

1. 臺灣史 2. 臺灣光復

733.29   106022461

台灣在民國：1945 ～ 1949 年中國大陸期刊與雜誌的台灣報導

作　　者　　許毓良
責任編輯　　張笠
美術編輯　　郭姵妤
封面設計　　林恆葦　源生設計

出 版 者　　前衛出版社
　　　　　　10468 台北市中山區農安街 153 號 4 樓之 3
　　　　　　電話：02-25865708 ｜ 傳真：02-25863758
　　　　　　郵撥帳號：05625551
　　　　　　電子信箱：a4791@ms15.hinet.net
出版總監　　林文欽
法律顧問　　南國春秋法律事務所
總 經 銷　　紅螞蟻圖書有限公司
　　　　　　11494 台北市內湖區舊宗路二段 121 巷 19 號
　　　　　　電話：02-27953656 ｜ 傳真：02-27954100
出版日期　　2018 年 2 月初版一刷

定　　價　　新台幣 700 元

* 請上『前衛出版社』臉書專頁按讚，獲得更多書籍、活動資訊
https://www.facebook.com/AVANGUARDTaiwan